기독교문서선교회(Christian Literature Center: 약칭 CLC)는 1941년 영국 콜체스터에서 켄 아담스에 의해 시작되었으며 국제 본부는 미국 필라델피아에 있습니다.
국제 CLC는 59개 나라에서 180개의 본부를 두고, 약 650여 명의 선교사들이 이동 도서차량 40대를 이용하여 문서 보급에 힘쓰고 있으며 이메일 주문을 통해 130여 국으로 책을 공급하고 있습니다. 한국 CLC는 청교도적 복음주의 신학과 신앙 서적을 출판하는 문서선교기관으로서, 한 영혼이라도 구원되길 소망하면서 주님이 오시는 그날까지 최선을 다할 것입니다.

추천사 1

임 윤 택 박사
미주 장신대학교 선교학과 박사원 원장

나의 스승 도널드 맥가브란은 다음과 같이 주장했다.

이 세상에 존재하는 최상의 전도 방법은 교회 개척이다.

마르틴 루터는 이렇게 말했다.

내일 지구의 종말이 온다고 할지라도, 나는 오늘 한 그루의 사과나무를 심겠다.

이 책의 저자 오트와 윌슨(Craig Ott and Gene Wilson)은 교회 개척이 세상을 변혁시킨다고 주장한다. 1800년부터 50년 동안 사과 씨를 심은 사과 아저씨 존 채프먼을 소개한다. 그렇다. 교회 개척에 미래가 있다. 교회 개척은 사과 아저씨 존과 같이 씨앗을 심는 것부터 시작한다. 개척자는 많은 다른 사람을 초대하여 하나님 나라 공동체, 과수원을 키우는 일에 참여하게 한다.
저자는 우리를 초청한다.

가난하고 억압받고 문맹인 사람들 사이에 교회를 개척할 때 함께해야 한다.

오늘 한 그루 사과나무를 심으면 미래가 달라질 것이다. 교회 개척의 적기는 지금이다. 개척자는 개척하는 교회의 질과 삶과 공동체에 미치는 영향까지 관심을 가져야 한다. 개척된 교회는 하나님의 성품을 드러내야 한다. 하나님 나라의 영향력을 보여 주는 교회여야 한다. 이 땅의 교회는 영적, 정신적, 육체적, 경제적 변혁을 주도하는 진정한 하나님 나라 공동체이다.

이 책은 교회 개척을 위한 교과서이다. 교회 개척을 위한 성경적 원리와 선교적 사례를 모두 보여 준다. 우리는 내일 지구의 종말이 온다고 할지라도 한 그루 사과나무를 심는다. 최상의 전도 방법은 교회 개척이다. 이 책 안에 미래가 있다. 이 책 안에 지혜가 있다.

추천사 2

최 원 진 박사
전 한국복음주의선교신학회장, 한국침례신학대학교 선교학 교수

주님은 이렇게 말씀하셨다.

> 내가 이 반석 위에 내 교회를 세우리니 (마 16:18).

교회의 주인은 주님이시며, 주님이 교회를 세우신다. 그렇기 때문에 우리는 열심히 주님의 지상명령에 순종해 복음을 전하고 하나님 나라가 확장되도록 해야 한다. 그런데 이런 주님의 교회를 개척하고 세워 나가는 것이 쉬운 일은 아니다. 특별히 다문화 상황에서 교회를 개척하고 그 교회가 계속해서 재생산되도록 만드는 것은 매우 복잡하고 포괄적인 작업이다. 그래서 교회 개척의 모든 과정을 한 권의 책에 담는 것이 쉽지 않다.

그런데 『온 세상을 향한 교회 개척』(Global Church Planting)은 교회 개척과 관련된 주제를 매우 개괄적이면서도 체계적으로 정리해서 설명하고 있다. 특별히 제4부 제15장에서는 교회 개척의 중요한 요소로 '교회 개척자의 개인적 삶'까지 다루고 있다.

그리스도의 제자 공동체인 교회는 그들의 삶을 통해 복음을 전해야 한다. 복음을 말로만이 아니라 가시적으로 보여 줘야 하기 때문이다. 그래서 우리가 제자를 삼는 사역을 하기 위해서는 먼저 제자가 되어야 한다. 이 책은 사역에 있어서 가장 중요한 것이 바로 삶이라는 것을 분명히 보여 준다.

또한, 이 책은 단순히 이론만을 다루는 지식서가 아니라 실제 교회 개척의 경험을 토대로 쓰인 하나의 매뉴얼이다. 오트와 윌슨은 전 세계에 흩어져 있는 교회 개척자나 훈련가에게 교회 개척을 위해 필요한 자료를 제공하려는 목적으로 이 책을 썼다고 말한다. 즉, 그들이 40여 개국에서 교회 개척을 가르치고, 상담하고, 훈련했던 경험을 토대로 이 책을 저술했다는 것이다. 그야말로 저자들의 연구와 고민이 만들어 낸 결과물인 것이다.

구원받은 제자들의 공동체인 교회는 계속해서 재생산되어야 한다. 그것을 위해서는 그 안에서 장성한 분량에 이르도록 성장할 뿐만 아니라 주님이 꿈꾸셨던 교회를 계속해서 세워 나가야 한다.

그런 차원에서 이 책을 교회 개척에 관심이 있는 목회자, 신학생, 선교사, 교회 개척자들이 반드시 읽어야 할 필독서로 적극 추천한다. 모든 목회자와 선교사, 그리고 교회 개척자나 훈련가에서 교회 개척의 성경적 토대와 구체적 과정을 상세하게 보여 주는 한 권의 가이드북이기 때문이다.

추천사 3

엄 주 연 박사
한국선교훈련원(GMTC) 교수, 한국선교정책연구소(MaP) 소장

오트와 윌슨은 교회를 개척하고 재생산해야 한다는 신학적 당위성만으로 이 책을 집필한 것이 아니다. 저자들은 거의 전 생애에 걸쳐 그들이 속한 지역 사회와 타 문화 상황 가운데서 '교회를 재생산하는 교회 개척'을 통한 세계 복음화의 비전을 성취하기 위해 다양한 방식으로 참여하고 지원해 왔다.

그들은 끊임없이 잃은 자를 찾아 하나님의 나라를 선포하고, 전인적 변화와 성숙을 위한 제자도와 하나님의 백성들이 신자와 지역 사회를 섬기는 등 전 기능을 건강하게 발휘하는 교회 공동체를 설립하고, 그들로 하여금 그리스도의 구원 사역을 완성하도록 참여하게 하는 데 헌신해 왔다. 더 나아가 전 세계의 수많은 교회 개척자와 선교사에게 도전과 격려 그리고 영감을 주었다.

이 책은 저자들의 교회 개척 경험을 영웅담처럼 풀어놓은 것이 아니다. 교회에 관한 성경과 역사 그리고 선교 전략론에 관한 깊은 탐구와 신선한 통찰로 가득 차 있다.

다음은 이 책의 핵심 논지들 가운데 일부이다.

첫째, 교회의 성경적 본질과 사명에 근거한 현대 교회 개척 전략

저자들은 "교회는 성부께서 고안하시고(엡 1:3-6), 성자께서 지으셨으며(마 16:18), 성령께서 내주하시는(엡 2:19-22) 영적 실체이다. 교회는 이 시대

와 백성들 가운데 하나님 나라의 본질을 드러내 주는 하나님의 주된 도구이다"라고 정의했다.

　이 책에서 저자들이 제시하는 교회 개척과 재생산을 통한 복음화의 비전과 모든 실제 전략은 이 정의에 중심점을 두고 있다. 만약 당신이 오늘날의 급변하는 시대적 상황 속에서 이 정의를 어떻게 적용할 수 있겠는가를 알고자 한다면, 당장 이 책부터 읽기 시작해야 할 것이다.

　둘째, 지역 사회에 뿌리내린 범세계적 교회 공동체

　모든 교회는 특정한 지역 사회 속에 존재하고 있다. 따라서 교회는 그 지역 사회의 문화적 특성과 고유한 세계관에 관한 깊은 이해를 바탕으로 그 상황적 맥락 속에 뿌리내려야 한다. 따라서, 모든 교회는 지역적 독특성을 갖고 있다. 동시에 저자들이 앞서 언급한 교회에 관한 정의에서 보는 바와 같이 세계의 모든 교회는 삼위일체 하나님과 하나님 나라의 본질을 드러내는 영적 실체로서의 보편성을 지니고 있다.

　이 책은 당신이 세상의 어떤 지역에서 교회와 관련된 사역을 하더라도 이 독특성과 보편성 사이의 균형을 유지할 수 있도록 돕는 풍부한 통찰을 제공해 줄 것이다.

　셋째, 선교적 비전을 성취하는 단계적 전략

　교회에 관한 이상적 신학과 지식만으로는 충분하지 않다. 이 비전은 교회 개척 사역자 혹은 선교사의 뜨거운 열정으로 단시간에 완성할 수 있는 과제도 아니다. 현실 사회와 역동적으로 상호 작용하는 가운데 총체적 변화를 이끌어 가는 리더십을 발휘하는 교회를 설립하고 재생산하는 과정에서 우리는 많은 도전과 난관에 직면하게 될 것이다. 이것이 선교적 비전에 도달하기 위해 실효성을 갖춘 단계적 전략이 필요한 이유이다.

　이런 측면에서, 이 책은 저자들의 지식과 지혜 그리고 경험의 창조적 축적에서 나온 매우 실제적인 단계적 실천 방안을 제시하고 있다. 만약 당신이 '교회를 개척하는 교회'를 개척하고 재생산하는 과정에서 시행착오를 최소화하기를 원한다면, 이 책이 그 방안을 알려 줄 것이다.

넷째, 교회 개척에 헌신한 사역자의 자질과 삶의 방식

현대 선교 전략은 '방법'(how)과 '사람'(who)의 통합에 더 많은 가치를 부여하는 추세를 보이고 있다. 따라서, '교회를 개척하는 교회의 재생산'의 비전에 효과적으로 도달하기 위한 선교 전략은 교회 개척 사역자 혹은 선교사에게 주어진 자원과 기회들을 활용하는 전반적인 계획, 원리 그리고 방안을 포함하는 통합적 계획과 이 목표에 대한 사명을 가진 사람이라고 규정할 수 있다.

교회 개척자는 어떤 사람이어야 하는가?
그는 그리스도인으로서 그리고 영적 지도자로서 전 생애에 걸쳐 어떻게 변화와 성숙을 이루어 가야 하는가?
그는 세상을 변화시키는 교회 개척의 비전을 품고 하나님께서 예비해 주신 다양한 자원과 어떻게 협력할 것인가?

이에 관한 매우 실제적인 방안을 제시하고 있다.
만약 당신이 이와 같은 질문을 갖고 있다면, 이 책에서 가장 적절한 대답을 찾을 수 있을 것이다.
20여 년 전, 내가 감당하기 어려운 연구 과제로 고심하고 있을 때 덥수룩한 수염 사이로 퍼져 나오는 온화한 미소와 자상한 눈길 그리고 실제적인 대안으로 난관을 극복할 수 있도록 도와주었던 오트 박사의 위로와 격려를 잊을 수 없다. 그 이후로 그는 한결같은 신뢰와 헌신으로 내 삶의 여정에 동행해 주었다. 만약 당신도 그때의 나와 같은 처지에 있다면, 이 책을 통해 오트와 윌슨의 놀라운 학문적 통찰뿐만 아니라 성숙한 인품을 만날 수 있을 것이다.

만약 당신이 더 많은 사람을 먹이기 원한다면, 단지 더 크고 더 맛좋은 사과를 더 많이 생산하지 말고 더 많은 사과나무를 심어라.

추천사 4

릭 워렌 박사
새들백교회 담임목사

교회는 가장 탁월한 피조물이다. 교회는 문화, 정치, 무신론, 그리고 안팎의 적들보다 오래 유지되었으며, 주님이 다시 오실 때까지 그러할 것이다. 주님이 교회를 사랑하시듯 우리는 교회를 사랑해야 하는데, 바로 그 사랑이 이 책 『온 세상을 향한 교회 개척』(Global Church Planting)의 핵심 주제이다.

두 명의 저자와 교회 개척에 풍부한 경험을 가진 이들을 통해 교회는 성장하는, 살아 있는 유기체로서 재생산해야 하는 존재임을 다시 한번 생각하게 된다. 만약 교회가 재생산하지 않는다면 교회가 건강하지 않다는 하나의 신호이다. 궁극적으로 교회의 건강은 얼마나 많은 사람이 모이느냐가 아니라 얼마나 많은 사람을 보내느냐로 평가된다.

주님이 교회에 주신 지상명령을 생각할 때, 지역 교회의 열매를 말하기 위해서는 불신자의 회심과 교회의 개척을 통한 성장이 반드시 포함되어야 한다. 새들백교회도 개척 교회로 시작해서 그 해에 또 다른 교회를 개척했다. 그 이후 매년 새로운 교회를 개척해 왔다.

이 책은 새로운 교회의 시작을 위한 광범위한 성경적 근거를 제시해 준다. 동시에 자금 마련이라든가 현지 문화에 대한 이해, 그리고 교회가 세워질 지역의 특별한 필요를 가장 잘 채워 줄 수 있는 팀 조직과 관련된 실천적 핵심 요소들도 잘 다루고 있다.

오트와 윌슨은 모든 교회 개척은 반드시 예수 그리스도와 그분의 지상명령에 중심을 두어야 한다고 힘주어 말한다. 새들백교회의 성장은 "위대한 계명과 위대한 명령에 대한 위대한 헌신이 위대한 교회로 성장시킨다"는 사실을 성도들에게 상기시켰기에 가능했다. 오트와 윌슨은 교회 개척은 다른 교회들과 그 교회들이 속한 교단들을 돕고 그들로부터 도움을 받아야 한다는 사실을 가르쳐 준다. 이를 통해 교회는 지상명령을 함께 수행하는 현지공동체와 함께 성장한다.

주님은 우리가 할 수 있는 것 이상을 우리에게 요구하시지 않는다. 다만 우리에게 주신 능력으로 우리가 할 수 있는 모든 일을 하기 원하신다. 그렇게 할 수 있도록 이 책이 도와줄 것이다.

이 책은 개척을 생각하고 있는 모든 이가 읽어야 하지만 교회의 모든 지도자도 반드시 읽어야 하는 책이다. 왜냐하면, 당신이 교회 개척 멤버가 아닐지라도 당신의 교회는 교회 개척을 시작하고 그 일을 도와야 하기 때문이다. 이 점이 내가 이 책을 좋아하는 또 다른 이유이다.

이 책은 교회 개척이 영적으로 앞서가는 몇몇 사람의 전유물이 아님을 가르쳐 준다. 다른 이들과의 관계 안에서 그리스도의 삶을 재생산하며, 지상명령을 지키는 모든 신자는 교회 개척의 부르심을 받았다.

주님은 교회에 사명을 주셨고, 우리는 그 지상명령을 반드시 수행해야 한다. 그렇지 않다면 우리가 무엇을 하든지 상관없이 우리는 우리의 존재목적을 온전히 성취하는 데에 실패하게 될 것이다. 그것은 다름 아닌 주님이 다른 이들을 하나님의 나라로 인도하시는 일을 돕는 것이다. 부디 이 책을 통하여 당신이 지상명령을 깊이 생각하게 되기 바란다. 이 책은 당신이 그리스도의 몸 된 교회를 세우기 위한 다음 단계가 무엇인지 분명히 보여 줄 것이다.

Global Church Planting

온 세상을 향한 교회 개척

교회 성장을 위한 성경적 원리와 최고의 사례들

Global Church Planting: Biblical Principles and Best Practices for Multiplication
Written by Craig Ott and Gene Wilson
Translated by Daewoong Lim

Copyright © 2011 by Craig Ott and Gene Wilson
Originally published in English under the title
Global Church Planting: Biblical Principles and Best Practices for Multiplication
by Baker Academic,
a division of Baker Publishing Group,
Grand Rapids, Michigan, 49516, U.S.A.
All rights reserved.

Translated and printed by permission of Baker Publishing Group.
Korean Edition Copyright © 2023 by Christian Literature Center, Seoul, Korea

온 세상을 향한 교회 개척
교회 성장을 위한 성경적 원리와 최고의 사례들

2023년 6월 25일 초판 발행

지 은 이 | 크레이그 오트, 진 윌슨
옮 긴 이 | 임대웅

편　　집 | 전희정
디 자 인 | 박성숙, 서민정
펴 낸 곳 | (사)기독교문서선교회
등　　록 | 제16-25호(1980.1.18.)
주　　소 | 서울특별시 동대문구 천호대로71길 39
전　　화 | 02-586-8761~3(본사) 031-942-8761(영업부)
팩　　스 | 02-523-0131(본사) 031-942-8763(영업부)
이 메 일 | clckor@gmail.com
홈페이지 | www.clcbook.com
송금계좌 | 기업은행 073-000308-04-020 (사)기독교문서선교회
일련번호 | 2023-53

ISBN 978-89-341-2560-0 (93230)

이 한국어판 저작권은 Baker Publishing Group과 독점 계약한 (사)기독교문서선교회가 소유합니다.
신저작권법에 의하여 한국 내에서 보호받는 저작물이므로 무단 전재와 무단 복제를 금합니다.

Global Church Planting

온 세상을 향한 교회 개척

교회 성장을 위한
성경적 원리와 최고의 사례들

크레이그 오트 · 진 윌슨 지음

임 대 웅 옮김

CLC

C·O·N·T·E·N·T·S

추천사 1 **임윤택 박사** | 미주 장신대학교 선교학과 박사원 원장   1

추천사 2 **최원진 박사** | 한국침례신학대학교 선교학 교수   3

추천사 3 **엄주연 박사** | 한국선교훈련원 교수, 한국선교정책연구소 소장   5

추천사 4 **릭 워렌 박사** | 새들백교회 담임목사   8

저자 서문   16
역자 서문   21
프롤로그 사과나무 이야기   24

제1부 성경적 토대   28

제1장 교회 개척의 과제   29
제2장 교회 개척의 이유   52
제3장 신약성경에서 시작   83

제2부 전략적 검토   117

제4장 교회의 배가 성장과 토착 교회 개척 운동   118
제5장 사도적 교회 개척자들   152
제6장 교회의 형태   178
제7장 교회 개척을 위한 선구자, 재생산, 지역적 접근 방식   206

제3부 발전 단계 　　　　　　　　　　　　　　　　　　　240

제8장　교회 개척의 발전 국면: 개요　　　　　　　　　241
제9장　준비 1: 목표 설정 및 위원회 조직　　　　　　　256
제10장 준비 2: 이해하고 전략 세우기　　　　　　　　　282
제11장 시작: 전도와 제자 훈련　　　　　　　　　　　　315
제12장 설립: 모임과 성숙　　　　　　　　　　　　　　362
제13장 구조화: 확장과 권한 부여　　　　　　　　　　　394
제14장 재생산: 강화와 파송　　　　　　　　　　　　　422

제4부 중요한 요소 　　　　　　　　　　　　　　　　　　　443

제15장 교회 개척자의 개인적 삶　　　　　　　　　　　444
제16장 교회 개척팀　　　　　　　　　　　　　　　　　480
제17장 종, 리더 그리고 개척자 개발하기　　　　　　　508
제18장 교회 개척을 위한 동역 관계 및 자원　　　　　540
제19장 세상을 변혁시키는 교회 개척　　　　　　　　　576

에필로그　　　　　　　　　　　　　　　　　　　　　　610
참고 문헌　　　　　　　　　　　　　　　　　　　　　　614

저자 서문

크레이그 오트 박사 | Trinity Evangelical Divinity School 선교학 교수
진 윌슨 박사 | Cross-Cultural Church Planting School 교장

20세기 말과 21세기에 초에 걸친 전 세계적 교회 성장은 놀라운 일이 아니다. 아프리카, 아시아, 라틴 아메리카를 위시한 곳에서 수백만 명의 사람들이 수만 개의 새로운 교회로 유입되었는데, 그중에는 중국과 같이 전혀 예상하지 못했던 지역의 교회들도 있었고, '크리스천아쉬람'(Christian ashrams)[1]과 같이 생소한 형태를 가진 교회들도 있었다.

교회 개척 없는 전도는 주님의 지상명령을 온전히 수행하지 않는 것이라는 인식이 최근에 많이 생기면서 교회 개척 분야도 많은 관심을 끌었다. 제자는 신자들의 공동체에서 만들어지는데, 그들은 그들의 민족과 사회를 향해 나갈 수 있는 최고의 사람들이다. 그러한 공동체는 개인과 가정, 이웃과 사회에 하나님 나라의 영향력을 미치는 하나님의 도구이다.

그럼에도 여전히 대략 지구촌 3분의 1에 해당하는 사람들은 예수 그리스도의 복음을 그들에게 익숙한 언어와 문화로 전해 줄 현지 교회를 가지고 있지 않다. 교회 개척의 필요, 특히, 교회가 없는 이들을 위한 교회 개척의 필요는 우선적 과제이며 만만찮은 도전으로 남아 있다.

---

1 아쉬람이라는 말은 수행(retreat)을 의미하는 산스크리트어에서 왔다. 1907년 미국 감리교 선교사 스탠리 존스(Eli Stanley Jones, 1884-1973)가 인도에서 했던 경험을 바탕으로 미국으로 돌아와 시작한, 주로 침묵을 통해 하나님의 음성을 듣는 훈련을 기반으로 한 운동이다 –역주.

도심지와 같은 많은 지역에서는 겨우 몇몇 교회만이 모든 단체와 다양한 계층에게 복음을 전하고 있다. 다른 지역의 교회들은 등록 교인은 많지만, 대부분은 기독교 신앙에 대해 제대로 이해하지 못하거나, 교회에 출석하지 않거나, 기독교 신앙을 다른 종교적 신념이나 실천과 섞어서 살고 있다. 현지인이든 타지인이든 제대로 준비된 교회 개척자들에 대한 필요는 여전히 엄청나다.

북미에서는 교회 개척의 동인들에 새로운 탄력이 붙었다. 교단들이 나서서 장려하고, 교회 개척을 위한 연결망과 훈련기관들이 생겨났으며, 자료는 풍성하고, 교회 개척 세미나들이 왕성히 진행된다. 그리고 수많은 책이 출판되었다. 환영할 만한 발전이다. 하지만 몇몇 예외를 제외하면 대부분 동력과 자료들은 북미에서의 교회 개척 상황에 중점을 두고 있다.

2000년 데이비드 게리슨(David Garrison)의 저명한 책 『교회 개척 운동』 (*Church Planting Movement*)[2]의 출판으로 교회 개척에 관한 관심이 촉발되었을 뿐 아니라, 교회 개척을 위한 대부분의 효과적 방법들은 과거 대부분 선교사와 교회 개척자들이 했던 것과는 전혀 다르다는 인식이 증가하게 되었다. 북미 외 지역에서 사역하는 교회 개척자들과 선교사들은 많은 지도를 받지 못한 채 선교지로 떠났다. 대부분 현장에서 효과적 사역을 위해서는 단순한 적용이나 서양의 방법들을 살짝 고친 것 이상이 있어야 한다. 특히, 교회 개척자가 다문화 사역을 한다면 더욱 그렇다.

이 책의 주된 목적은 건강한 성경적 원리와 전 세계에서 두루 사용될 수 있는 최고의 실천을 한 데 엮어서 폭넓고 다양한 문화적 환경 속에서 사역하고 있는 교회 개척자들에게 실제적 도움을 주는 데에 있다. 신약성경의 교훈과 예시들이 우리 연구의 기반이다. 성경의 목적과 원리는 절대 변하지 않지만, 세상은 그것을 바꾸고 무언가 특별한 방법들을 사용한다. 따라서 다양한 환경 속에서도 성경의 목적을 이루게 해 주는 진중한 연구들로

---

[2] 『하나님의 교회 개척 배가 운동』이라는 제목으로 2005년 번역 출판되었다. *Church Planting Movement*는 "교회 개척 배가 운동"이라고 주로 번역되어 사용된다. 하지만 본서에서는 원래의 의미대로 "교회 개척 운동"이라고 번역한다 –역주.

부터 또한 배워야 한다.

가정 교회와 같은 하나의 독특한 모형에 초점을 맞추어서도 안 되고, 교회 개척 방법론에서도 사람들을 오게 할 것이냐(attractional) 사람들에게 찾아갈 것이냐(incarnational) 중 하나의 모형만 취해서도 안 된다. 다양한 환경으로부터 교회 개척을 위한 크고 작은 노력과 운동들을 실험하되 성공을 위한 하나의 정답만을 뽑아내려는 유혹을 벗어나야 한다. 독자들은 기도하며 숙고하여 자신의 환경에 무엇이 가장 잘 맞는지를 고려하면서 이 책이 제공해 주는 다양한 방법론과 모형, 그리고 예시를 평가해 보아야 한다.

여기까지 이야기하고 나서, 우리가 사도적 교회 개척(apostolic church planting)이라고 부르는, 사도 바울의 모범을 따르는 모형에 대한 논의에 이 책의 많은 부분을 할애했다는 사실을 덧붙여야겠다. 이 모형을 따르는 개척자들은 그들이 개척한 교회에서 목회자로서의 사역보다는 잠시 머무르며 촉매제의 역할을 감당한다. 그들은 현지 성도들을 자신과 같은 사람으로 재생산하면서 교회를 개척하여 그 교회들이 현지 리더십과 전략에 기반을 둔 채 양적으로 성장하며 재생산하도록 돕는다.

특히, 다문화 환경 가운데에서 교회를 개척하고 재생산하는 임무는 기독교 사역과 선교의 거의 모든 영역을 다루는 포괄적 주제들, 기술들, 그리고 도전들을 포함한다. 이 한 권의 책에서 이 모든 요소를 충분히 다루기는 불가능하다. 우리는 핵심 주제들을 개괄적으로 설명하면서 독자들이 그 주제들에 관심을 가지고 보다 자세하게 연구해 갈 수 있도록 많은 책과 자료를 인용했다(영어 외의 언어로 된 자료들은 저자들이 번역하여 인용하였다).

이 책은 4부로 이루어져 있다.

제1부 "성경적 토대"에서는 교회 개척의 임무와 그 중요성, 그리고 신약성경에서 교회 개척이 시작되었음을 다루었다.

제2부 "전략적 검토"에서는 교회의 배가 성장과 토착화의 성격, 교회 개척자의 역할, 환경에 따른 교회 형태 그리고 교회 개척 모델과 접근 방식 등 초기 계획 단계에서 내려야 하는 결정들에 관해 이야기한다.

제3부 "발전 단계"에서는 대부분의 교회 개척에서 겪는 단계들을 묘사하면서, 개척의 시작부터 재생산을 할 수 있는 단계까지 이끌어 주기 위한 아주 실제적 지침들을 함께 제공한다.

제4부 "중요한 요소"에서는 효과적 교회 개척을 뒷받침해 주는 요소들에 대해 생각해 본다. 교회 개척자들의 개인적 삶이라든가, 팀에 관한 이야기, 리더의 자기 계발, 자원과 동역자들의 지혜로운 활용, 그리고 교회가 하나님 나라의 영향력을 미치는 데까지의 발전 등이 그러한 요소들이다.

이 책은 탁상공론으로 만들어진 책이 아니다. 우리는 다문화 교회 개척을 직접 경험했다. 진은 18년 동안 캐나다 퀘벡에서 교회 개척자로 봉사했으며, 10년 동안은 남미에서 교회 개척을 감독했다. 현재는 전 세계 교회 개척자들과 그들의 감독들과 함께 일하고 있다.

크레이그는 21년 동안 독일에서 중앙 유럽의 교회 개척자로서, 훈련자로서, 그리고 교회 개척 상담가로 일했다. 우리 둘 다 40여 개국에서 교회 개척을 가르치고, 상담하고, 훈련하는 일을 계속하고 있다. 다른 출처에서부터 온 것들을 제외하면 이 책에 등장하는 대부분의 예시는 우리 자신의 경험과 관찰, 그리고 교회 개척자들을 인터뷰한 것들이다. 게다가 우리는 교회 개척을 학문적 관점에서도 가르쳐 왔고 교회 개척 조사에도 관여해 왔다.

우리의 바람은 교회를 개척하려는 이들 및 이와 관련된 훈련, 감독, 강의하는 이들, 선교 리더, 그리고 범세계적 교회 개척 운동에 함께하는 지역 교회 리더들에게 도움이 되도록 이 한 권의 책에 실제적이면서도 성경적 관점을 잘 조합하는 것이다. 평범한 교회 개척자들과 아프리카, 아시아, 그리고 라틴 아메리카에서 교회 개척자들을 훈련하는 이들에게 자료를 제공하는 것 또한 이 책의 목적이다.

많은 이의 도움과 격려가 없었다면 이 책은 없었을 것이다. 우리가 함께 일하고 있는 선교기관인 '리치글로벌'(ReachGlobal)이 이 일을 위해 많은 지원과 격려를 해 주었다. 열정적 교회 개척자이자 뛰어난 전략가이며 선교 정책가(missionary statesman)인 벤 사와스키(Ben Sawatsky)는 우리 두 사람에게 영감을 주며 격려해 주는 멘토였다.

독일 콘탈(Korntal)에 위치한 '세계선교아카데미'(Akademie für WeltMission)와 일리노이주의 '트리니티복음주의신학교'(Trinity Evangelical Divinity School)를 비롯한 많은 우리의 학생과 함께했던 연구와 경험들이 직간접적으로 이 책에 나오는 많은 통찰력에 이바지하였다.

특별히 짐 키니(Jim Kinney)와 베이커출판사(Baker Academic) 직원들의 능숙한 조력과 우리의 연구원 벤 스티븐스(Ben Stevens)의 자료 추적, 데이터 모집 그리고 원고 편집에서의 보이지 않는 노력에 특별한 감사를 표한다.

마지막으로 우리 두 사람의 평생의 동반자들인 린다와 앨리스에게 감사한다. 그들의 도움과 인내, 그리고 격려는 이 책이 완성되기까지 결코 작지 않은 부분을 차지한다.

이 책에 소개된 원리와 실무를 적용하기 위한 보다 많은 정보와 자료를 위해서는 'www.globalchurchplanting.net'에 들어와 보라.

역자 서문

임 대 웅 박사
고신대학교 실천신학 외래교수, 청연교회 담임목사

　전문 번역가도 아니면서 전공이 아닌 서적을 번역하는 일은 누가 봐도 참 어렵습니다. 그걸 알면서도 개척과 관련된 서적을 번역하기로 마음먹은 것은, 당시 제가 교회 개척의 비전을 두고 개척 준비를 시작하던 시기였기 때문입니다.

　한편으로는 풀타임으로 사역하면서 교회 개척 준비에 많은 수고를 들여야 하니, 따로 시간을 빼서 번역을 할 수 있을까 하는 걱정도 들었습니다. 그런데 다르게 생각하면 개척을 주제로 가진 좋은 서적을 번역하는 일이 곧 개척 준비의 일부가 아니겠는가 하는 생각도 들었습니다. 결론적으로는 개척을 하면서 『온 세상을 향한 교회 개척』을 번역함으로 실제적인 많은 도움을 받았습니다.

　교회를 개척하기로 결정하면서 가져야 했던 마음은, 전국에 기독교 관련 단체나 시설이 5만 6천개가 넘는 현실에서 또 하나의 교회를 개척하는 것이 맞는지에 관한 확신이었습니다. 이 책의 프롤로그와 에필로그에 나오는 대형나무와 말라깽이의 이야기에서 그에 대한 답을 찾을 수 있었습니다. 대형교회는 대형교회에 맞는 일이 있지만, 그것만으로는 한 도시를 살리는 복음 사역을 충분히 할 수는 없습니다. 물론 교회 수가 많아진다고 자동적으로 복음이 널리 전파되지는 않겠지만, 그것이 건강한 교회라면 더 생겨도 좋다는 확신이 들었습니다.

이 책에서 두 명의 공저자는 깊은 성경신학적 해석 작업을 통해 교회를 향한 하나님의 명령과 바른 교회의 청사진을 보입니다. 동시에 세계 곳곳의 교회 개척 상황과 다양한 실례를 들어가며 성경의 가르침이 어떻게 각 상황에 적용되는지를 보여 줍니다. 구체적 장소와 지명, 필요하면 인명까지 기술하면서 성경적 개척의 원리가 텍스트에서 끝나지 않는다는 사실을 웅변합니다. 성경의 명령, 복음 사역을 건실히 할 수 있는 건강한 교회 개척은 필요한 일일 뿐 아니라, 가능한 일이라는 사실을 저자들은 말해 줍니다.

오늘날 교회 개척이 많은 경우 실패로 돌아가는 것은 천편일률적 개척 모델을 따르기 때문이 아닌가 싶습니다. 가끔 개척한 교회의 입당예배, 설립예배를 가 보면 규모와 상관없이 똑같은 모양의 장의자, 스크린, 드럼 등이 필수적으로 들어선 것을 봅니다. 안 그래도 되는데, 안 그러면 더 좋을 수 있는데, 예배당 형태부터 예배순서, 목회계획안까지 지역과 목회자, 그리고 회중의 특성이 반영되지 않은 개척 교회 모델들을 많이 봅니다.

이 책에서는 개척의 전통적 개념에서부터 최근 새롭게 등장한 개척 교회의 모델까지, 다양한 형태의 교회를 소개함으로 지역과 개척자 및 회중의 특성에 맞는 교회를 개척할 수 있도록 돕습니다. 개척 과정에서 이렇게 좋은 교회 개척 서적의 번역을 할 수 있었던, 즐겁고 기쁜 시간이었습니다.

지난 2천 년간 지구상에 수많은 실패의 사례에도 불구하고, 오늘도 오직 교회만이 해답임을 우리에게 말씀해 주시는, 교회의 머리 되신 우리 주 예수 그리스도께 감사드립니다.

교회 개척은 목사 혼자 하는 게 아니라는 사실을 실제로 보여 주신 청연교회 가족들에게 감사드립니다. 저자들이 다음 책을 쓴다면 여러분의 이야기가 가장 아름다운 실례로 들어갈 것입니다.

개척 교회에, 신학교 강의에, 그것도 모자라 번역을 한다고 집에 와서도 끙끙대는 남편과 아빠를 지지해 주고 참아 준 아내 심지영 사모와 자녀들 예송, 예진, 예하도 이 책에 마땅한 감사의 지분이 있습니다.

쉽게 엄두가 나지 않는 분량의 책이지만 이 책을 흔쾌히 출간해 주신 기독교문서선교회(CLC)의 대표 박영호 목사님과 편집에 수고해 주신 직원들께 지면을 빌어 감사드립니다.

프롤로그

사과나무 이야기

많은 사람이 굶주리고 있었다. 너무나 고통스러운 시간이었고, 무엇을 해야 할지 아무도 알지 못했다. 도심에 있던 사과나무들은 굶주린 아이들의 야윈 얼굴을 보며 측은한 생각이 들었다. 자신들이 해결책이 되어 주기로 했다. 각 나무는 더욱 많은 식량을 공급할 수 있도록 수확물을 늘리기 위해 애썼다.

그중 한 그루의 나무는 가장 크고 가장 많은 열매를 생산하는 나무가 되어 수백 명의 사람을 먹이는 원대한 비전을 가졌다. 그는 자신의 가지를 더 길게 뻗고 뿌리를 더 깊게 내리기로 결심했고, 그렇게 했다.

그는 풍성하고 우아한 가지들을 가지고 더 크고 더 강해졌다. 그의 몸통은 '코린트식 기둥'(Corinthian column)처럼 위풍당당했고, 뿌리는 서로 꼬인 채로 아주 건장했다. 그는 다른 나무들의 부러움을 사며 두세 배의 열매를 생산해 내 점점 더 많은 사람을 먹이게 되었다. 더군다나 그의 사과는 가장 맛있고 가장 컸다.

또한, 그는 아주 사려 깊어서 버려지는 열매는 하나도 없었다. 추수 때까지 열매들을 잡아 둘 방법을 개발해 하나의 사과도 땅에 떨어지지 않도록 한 것이다. 정말 뛰어난 생각이었다. 많은 아이가 그 덕분에 영양을 공급받아 겨울을 무사히 날 수 있었다.

이 나무는 사과 재배자들 사이에서 엄청난 화제를 불러일으켰고, 굶주린 자들을 먹이겠다는 그의 약속으로 인해 도시의 모든 이로부터 칭찬을 들었다. 곧 이 나무가 어떻게 이렇게 맛좋은 열매들을 대량으로 생산해 낼 수 있었는지 보기 위해 원근 각지에서 사과 재배자들이 몰려 왔다. 이 나무는 "대형나무"(Mega-tree)라고 불렸다.

그러나 대형나무는 곧 좌절하게 되었다. 그의 가지들은 너무 크고 무거워서 매년 가을, 바람이 불 때마다 큰 가지들이 부러지고 말았다. 어떤 가지들은 땅에 떨어지고, 소중한 열매들이 버려지고, 생산량도 줄어들었다. 내년 추수에도 똑같은 양의 사과를 내고 싶다면 재성장해야만 했다.

바람이 아주 거셌던 해가 있었다. 대형나무는 너무나 크게 자라 있었고, 바람으로 인하여 거의 뿌리째 뽑힐 뻔했다. 이때 나무는 큰 공포를 경험했다. 하지만 무엇보다 그를 불안하게 만든 건 그의 생산량이 한계에 이르렀다는 사실이었다. 아무리 노력을 해 봐도 생산을 증가시킬 수가 없었다. 그에게 더 심각한 사실은, 그가 먹이지 못하는 굶주린 이들이 여전히 많이 있다는 것이었다.

대형나무는 여전히 그의 사명에 신실했고 많은 좋은 사과를 생산하고 있었다. 하지만 한때 거창했던 이상은 희미해졌고 그의 기쁨도 시들해졌다. 시간이 지남에 따라 그의 몸통은 옹이 지기 시작했고, 과일도 예전만큼 달지 않았다. 사과 재배자들은 이제 더 이상 그를 방문하지 않았고, 배우기 위해 다른 크고 생산적인 나무를 찾아 나섰다.

이번에는 도시에 있었던 또 다른 사과나무를 보자. 이 나무 역시 측은한 마음에 가능한 많은 사람을 먹이기 원했다. 하지만 그는 작고 볼품없었다. 그의 사과는 그다지 달지도 않았고, 벌레 먹은 것들도 종종 있었다. 그의 생산량은 대형나무의 10분의 1도 채 되지 않았다. 자신의 과일이 익기도 전에 땅에 떨어져 썩는 것을 보면서 그는 부끄러웠고, 적은 양의 사과를 생산할 수밖에 없어 적은 수의 사람들만 먹일 수 있다는 사실도 그러했다. 사과 재배자들은 당연히 그에게 관심을 기울이지 않았고, 대형나무를 보러 가기 위해 그를 지나칠 뿐이었다.

그 나무는 너무 추했기에 그의 별명은 "말라깽이"(Twiggy)였다.

말라깽이는 자신이 한심스러웠다.

"너는 나무들의 수치야!"

그는 가지를 흔들며 자신을 저주하였다.

"너는 절대 많은 이를 먹여 줄 수 없을 거야."

우아하게 쭉쭉 뻗은 대형나무를 보며 그는 크고 아름다운 사과들이 가득 찬 상자들을 생각해 보았다. 그러면 그 자신이 더욱 실패자로 느껴졌다. 그러긴 싫었지만 질투가 나기도 했다. 때때로 자기 자신을 합리화시키기도 하였다.

"그래 흙 때문이야. 대형나무가 가진 토양을 내가 가졌더라면 나도 그처럼 할 수 있었을 거야."

하지만 그게 사실이 아니란 걸 그는 잘 알고 있었다.

그날도 말라깽이는 뚱한 얼굴로 땅을 바라보고 있었다. 그러다 문득 아주 이상한 걸 보았다. 그의 뿌리 근처에서 작은 무언가가 자라고 있었다. 좀 더 자세히 보니, 그것은 작은 아기 사과나무였다. 그는 처음에는 단호했다.

"안 돼!

지금 내게 필요한 건 이 엉망인 불모의 토양을 나눌 수 있는 나무라고!

아마 이 작은 나무가 자라게 되면 난 지금보다 더 적은 사과를 맺게 될 거야. 그의 뿌리는 내 뿌리와 뒤섞일 테고, 아마 곧 태양마저 가릴 테지."

대형나무와 아기 나무에 대한 불만을 느끼고 있던 말라깽이는 문득 이런 생각이 들었다. 나무가 벼락을 맞으면 큰일 나지만, 표현하자면 번개와도 같은 생각이 그를 스치고 지나갔다. 아기 나무는 땅에 떨어진 말라깽이의 사과에서부터 태어났다. 그게 전부가 아니었다.

또 다른 생각이 이어졌다.

"만약 나에게서 떨어지는 사과들을 그대로 둔다면 그 씨앗들이 자라서 나무가 되고, 그럼 수많은 새로운 사과나무가 생겨나 더 많은 사람을 먹일 수 있게 될 거야."

말라깽이는 수학에 약했지만, 그래도 분명히 알 수 있었다.

"나에게서부터 나온 그 나무에서 열리는 열매들은 분명히 대형나무 한 그루에서 열리는 열매들보다 많을 거야. 그래, 훨씬 많을 거야. 더 많은 사람을 먹일 수 있어."

"아니지, 잠깐!"
말라깽이는 더 깊이 생각해 보았다.
"만약 내 아기 나무 역시 자신의 사과를 땅에 떨어뜨려 준다면?
그것들도 새로운 나무가 되어 새로운 열매를 맺게 되니 더욱더 많은 사람을 먹일 수 있잖아. 그리고 그 나무들도 다시 열매를 땅에 떨어뜨려 주고, 그리고 또다시… 이런!
그렇게만 한다면 우리는 전 세계 모든 이를 먹일 수 있어!"
그래서 말라깽이는 자신의 사과가 땅에 떨어지도록 하였다. 어떤 행인들은 조롱하였다.
"아깝게시리!
아무것도 얻을 수 없을 거야."
혹은 비꼬며 말했다.
"대형나무를 좀 본받지그래?"
하지만 말라깽이는 묵묵히 자신의 신념에 따라 사과를 떨어뜨렸고, 그가 바란 대로 어떤 씨앗들은 자라기 시작했다. 곧 사과나무들이 온 땅을 뒤덮을 것이다. 대형나무와 같이 인상적 나무는 더 이상 없어도, 남녀노소를 불문하고 그 도시의 누구도 굶주리지 않게 될 것이다.

이 이야기의 교훈은 다음과 같다.
만약 당신이 더 많은 사람을 먹이기 원한다면, 단지 더 크고 더 맛좋은 사과를 더 많이 생산하지 말고 더 많은 사과나무를 심어라. 더 많은 사과나무가 기하급수적으로 많은 열매를 생산하게 된다. 만약 우리가 전 세계의 영적으로 굶주린 이들을 먹이기 원한다면 단순히 더 크고 더 좋은 교회가 더 많은 사람에게 다가가도록 하지 말고 (물론 그것도 좋은 일이지만) 교회를 개척하고 그 교회들이 또 다른 교회들을 개척하도록 하여 기하급수적으로 많은 사람을 향해 나아가도록 해야 한다.

제1부

성경적 토대

제1장 교회 개척의 과제

제2장 교회 개척의 이유

제3장 신약성경에서 시작

제1장

교회 개척의 과제

많은 교회 개척자가 개척에 대한 부르심과 이 흥분되는 활동을 시작하는 도전에 열정적이다. 교회 개척자들은 종종 선구자적이고 기업가적 성향이 있으므로 이 과제의 본질에 대한 근본적 질문에 답을 하거나 그 목적을 정의하는 일에는 인내를 가지고 임하지 않는다. 그것은 마치 설계도 없이 집을 지으려는 것과 같다. 예기치 못한 전개와 창의성을 위한 자유를 고려한다 하더라도, 그 과제의 본질과 목적에 대한 바른 견해를 가지는 일은 그 일을 성취하는 데에 있어 필수적이다.

몇 해 전 독일 텔레비전에서 이런 만화를 본 적이 있다. 벽에다 대고 아무렇게나 화살을 쏜 뒤 벽으로 가서 그 화살이 박힌 곳을 중심으로 과녁을 그리는 것이다.

이런 방법론은 당신이 언제나 옳다고 말해 줄 것이다!

이상한 일이지만, 어떤 교회 개척자들도 화살을 먼저 쏘고 과녁을 나중에 그린다. 성경과 신학에 대한 정규 교육을 받지 못한 교회 개척자들이 증가하게 되면서 교회의 본질이 무엇인지 그리고 그 교회를 개척한다는 것이 어떤 의미를 지니는지에 대한 명확한 정의를 내리면서 이 일을 시작함이 더 부각되었다.

특별히 다른 문화권에 교회를 개척할 때에 이 점이 더 중요해진다. 물론 이 책 전부가 교회의 본질에 관하여 말하지만 특별히 이번 장에서는 교회 개척의 실천적 영역에 대한 신학적 설계도를 간략하게 보여 준다.

1. 교회란 무엇인가?

　교회를 정의하는 일이 교회 개척을 이해하기 위한 분명한 첫 번째 단계이다. 개척 멤버들이 그들의 모 교회처럼 생각하고 행동할 것이라고 그려 보는 것이 자연스러운 일이다. 비록 개척한 교회가 모 교회와는 전혀 다른 문화와 환경 가운데 있다 하더라도 말이다. 암암리에 자신의 교회가 최고의 교회이며 가장 성경적이라고 여길 것이다.

　하지만 신약성경을 자세히 보면 초대 교회는 다양한 장소에서 모임을 하고 각각의 강조점과 구조를 가진 다채로운 형태를 가지고 있음을 보게 된다. 예를 들어, "율법에 열심인" 사람들이 구성원의 일부를 차지했던 예루살렘 교회는 성전 의례에 참여하는 유대인의 습관을 유지하고 있었다 (행 2:46; 5:42; 21:20, 26). 대부분의 이방인 교회들은 그러한 습관을 지키지 않았고 모임도 주로 가정에서 가졌다. 신약성경의 교회들은 모두 자신들의 환경에 적합하게 적응하였다.

　우리에게 익숙한 교회의 많은 요소는 사실 성경의 가르침에 따라 필수적이거나 다양한 환경 속에서 문화적으로 합당하지 않은 것들일 수 있다.

　교회는 '진짜' 교회가 되기 위해 사례를 받는 목사와 건물, 일요일 오전 예배, 또 그럴듯한 조직과 내규를 포함한 법적 지위를 가져야만 하는가?

　모두가 가치 있는 일들임에는 맞지만, 신약성경의 기준으로 볼 때 본질적이지는 않다. 바울이 개척한 교회들은 오늘날 많은 사람이 생각하는 조직 교회가 되기 위한 조건들을 거의 갖추지 못했다. 그런데도 그는 가장 문제가 많아 보이는 교회도 '교회'라고 불렀다. 성경적 관점에서 무엇이 진정 현지 교회를 세우는가에 대한 진지한 성찰이 필요한 이유이다.

　교회 개척의 모든 리더는 꼼꼼한 성경 연구를 통해 이런 질문들을 포함하여 교회의 생활과 본질을 다룬 다른 많은 질문에 대한 해답을 구해야 한다. 성경에 규정된 본질적인 것들과 비본질적인 것들을 반드시 구분해야 한다. 성경은 교회의 구체적 생활과 형태에 대해 엄청난 자유를 허락해 준다. 다문화 교회 개척자들은 생소한 표현들을 교회에 억지로 부과하지 않도록 주의를 기울이면서, 성경적 목적을 문화적으로 합당한 방법을 통하여 이룰 수 있도록 창의적 접근을 해야 한다. 동시에 교회는 하나님 나라가 가지는 반(反)문화적 가치를 보여 주어야 한다.

교회 개척자들은 교회 개척을 시작하기에 앞서 그들의 교회론을 분명히 마음에 새겨야 한다. 교회의 본질에 대한 성경 연구는 개척 초기 단계에 반드시 포함되어야 하며[1], 해당 지역의 신자들로부터 그 지역 상황에서는 성경적 목적을 성취하기 위해 어떤 형태를 취해야 하는지를 결정하는 데에 도움을 받아야 한다.

교회를 이해하기 위해서는 성경 외에 우리가 염두에 두어야 할 다른 대체재가 없지만, 역사가 교회에 대해 주는 가르침이나 교회가 다양한 환경 속에서 어떻게 형성되었는지를 배우는 것은 가치 있는 일이다(교회의 형성과 상황화에 대해서는 제6장을 보라).[2]

교회의 본질적 성격을 이해하는 것에서부터 시작해야 한다. 교회의 본질에 대한 다양한 이해를 표 1.1에 요약해 놓았다. 무엇보다 교회는 성부께서 고안하시고(엡 1:3-6) 성자께서 지으셨으며(마 16:18), 성령께서 내주하시는(엡 2:19-22) 영적 실체이다. 교회는 이 시대와 백성들 가운데 하나님 나라의 본질을 드러내 주는 하나님의 주된 도구이다. 교회에 대한 이러한 성경적 조망이 우리의 상상력을 포섭하고 우리의 마음을 휘저어야 한다.

지역 교회를 개척하고 건설하는 하나님의 종이 됨은 얼마나 영광스럽고 거룩한 특권인가!

---

1 복음 전도와 교회 생활에 대해서는 사도행전의 예를, 교회의 본질과 성경적 교회의 은유에 대해서는 에베소서를, 교회의 질서와 리더십에 대해서는 목회서신들을, 그리고 구약과 신약에 등장하는 하나님 백성의 연속성에 대해서는 베드로전서와 후서를 연구해 보는 것도 좋은 방법이다.
2 다른 문화에 속한 이들은 종종 과거로부터 얻는 지혜의 유용함에 감사하면서 역사와의 연계성이 거의 없는 혁신에 대해서는 회의적이다. 크레이그 반 겔더(Craig Van Gelder)는 이렇게 말한다. "교회에 대한 모든 견해, 모든 교회론은 그들 자신이 성장했던 시대의 역사적 환경을 어느 정도 반영한다. … 모든 교회론은 그들의 상황과 관련되어 기능한다고 보아야 한다. 구체적 역사적 토대 없이 어떤 교회도 있을 수 없다. … 새로운 환경에서 교회를 이해하기 위해서는 새로운 표현방법들이 필요하다."(2000, 40-41).

초대 교회 교부들은 종종 교회를 성도의 교제로 표현했었다. 기구가 아닌 사람으로서의 교회에 강조점을 둔 것이다. 교회의 본질적 속성은 니케아 신조(AD 381)에 잘 요약되어 있는데, 하나의(연합), 거룩하고(정결한 삶), 보편적이며(모든 사람을 위한), 사도적인(사도들의 가르침에 기반을 둠) 성격이 그것이다. 이 속성들은 교회 역사를 통해 다양하게 해석됐지만,[3] 거의 모든 그리스도인이 인정하고 고백하였다.

종교개혁자들은 교회에 대한 거짓된 표현들에 반대하면서 무엇이 교회를 구성하느냐를 분간할 수 있도록 교회의 본질적 표지에 대해 더욱 강조하였다. 루터는 말씀이 올바로 설교되는 것(교리)과 성례가 신실하게 시행되는 것(세례와 성찬)을 두 개의 본질적 표지로 보았다. 개혁교회는 권징을 추가하였다. 자유교회는 개인적 중생 체험과 구성원들의 헌신을 강조하였다.[4]

---

[3] 예를 들어, 사도적 성격은 로마가톨릭 진영에서는 사도적 계승을 의미하기 위해 사용되었지만, 개신교는 보냄을 받은 선교적 교회의 의미로 해석하였다. 반 겔더는 "교회가 거룩성을 가지려면 그 중심에 하나님의 구속 능력을 추구해야만 한다. 교회가 보편성을 가지고자 한다면 새로운 환경에 유연하고 수용적 조직을 갖추어야 한다. 교회가 사도성을 가지려면 모든 기능과 사역을 선교 지향적으로 조직해야 한다. 성도의 교제성을 강조하려면 성령의 열매와 은사 모두를 단련하여 관계를 구축하고 강화해야 한다"(2000, 52)고 말했다.

[4] "자유교회"라는 용어는 본서에서 침례교나 오순절교회 같이 로마가톨릭교회, 영국 성공회, 동방정교회, 혹은 루터란 같은 교단에 속하지 않은 교회를 일반적으로 부르는 호칭으로 사용된다. 이에 대해 반 겔더 2000을 참고하라.

⟨표 1.1⟩ 교회의 본질

성격	표지
하나 됨	바른 교리
거룩	성례의 신실한 시행
보편성	권징
사도성	개인 신앙
목적	비유
증거(*martyria*)	하나님의 백성
교제(*koinonia*)	그리스도의 몸
봉사(*diakonia*)	하나님의 양 떼
선포(*kerygma*)	그리스도의 신부
예배(*leiturgia*)	하나님의 성전 / 거룩한 제사장

보다 실천적 접근은 교회를 그 목적과 사역에 따라 정의하는 것이다. 사도행전 2:42은 교회의 기본적 활동을 예배와 복음 전파(행 2:47)에 더해지는 사도적 가르침, 교제, 떡을 뗌(그리고 세례)과 기도로, 그리고 나중에는 목적을 가지고 선교사를 파송하는 것(행 13장)으로 묘사한다. 신학자들 역시 증거(*martyria*), 교제(*koinonia*), 봉사(*diakonia*), 선포(*kerygma*), 그리고 예배(*leiturgia*)의 다섯 가지 요소로 교회를 말한다.[5]

릭 워렌의 베스트셀러 『목적이 이끄는 삶』(*Purpose Driven Church*)도 (복음 전파를 위한) 구호 활동, (경배하기 위한) 예배, (격려하기 위한) 교제, (교육을 위한) 제자도 그리고 세움을 위한 봉사를 성경이 말하는 교회의 목적으로 열거하면서 이런 요소들은 균형을 이루어야 하고, 교회에 방향성을 제시해 주어야 한다고 하였다.

교회를 보는 또 다른 관점은 그리스도와의 관계에 따라 분류하는 것이다. 특별히 관계를 중요시하는 제3세계(Majority World) 국가들에서는 다른 접근법들보다 이 방법이 교회를 이해하는 데 보다 효과적일 것이다.

---

5 예를 들어, Bate 1994를 보라.

- 그리스도를 구주로 고백함(세례)
- 그리스도를 증거함(전도)
- 그리스도를 기억하고 교제함(성찬)
- 그리스도의 영(충만함, 열매, 은사)
- 그리스도의 사랑(예배, 헌신)
- 그리스도의 말씀(설교, 가르침)
- 그리스도의 가족(교제, 공동체)
- 그리스도의 희생(청지기, 봉사)
- 그리스도의 고난(신실함, 인내)

교회에 대한 성경상의 은유들이 어떻게 교회를 그리스도와의 관계에서 묘사하는지도 주목해 보라. 예를 들면, 다음과 같다.

- 몸의 머리이신 그리스도
- 양 떼의 목자이신 그리스도
- 교회의 기초, 머릿돌, 건축자이신 그리스도
- 양의 문이신 그리스도

이러한 논의를 기초로 앞으로 본서에서 사용하게 될 지역 교회에 대한 실천적 정의를 제안한다. 지역 교회는 공인된 영적 리더십의 지도 아래 성경적 목적을 위해 정기적으로 모이기에 힘쓰는 예수 그리스도를 믿는 신자들의 모임이다. 이 기초적 정의는 몇 가지의 핵심 요소를 가진다.

- **신자들**: 교회는 복음과 세례 시의 고백에 따라 회개와 그리스도를 믿는 믿음을 통하여 구원을 경험한 사람들로 구성된다. 그들은 성령 하나님에 의해 중생하여 살아났고, 예수 그리스도의 신실한 제자가 되기를 열망한다. 그들은 하나님의 새로운 백성들이다.

- **모임**: 이러한 신자들은 하나님과 이웃을 섬기기 위해 정기적으로 모이기에 힘쓴다.[6] 그들은 하나님의 가족이다. 선교 지향적 사람들인 그들은 하나님의 사명을 위한 대사로서 세상에 파송될 준비를 하고 모인다.
- **목적**: 그들은 기도, 예배, 전도, 교육, 양육, 봉사, 세례와 성찬 집례, 권징의 시행, 그리고 선교적 파송이라는 성경적 목적을 성취하기 위해 모인다. 그들은 하나님 나라의 가치를 구체화한다.
- **리더십**: 그들은 공인된 영적 리더십에 순종한다. 리더는 그리스도의 머리 되심을 인정하면서 최소한의 조직 형태만 제시한다. 섬김의 자세를 가지고 그들은 방향성, 영적 관리, 돌봄 및 신자들의 공동체를 가르치고 세우는 일을 한다.

아마도 이것은 교회 개척자들을 위해 교회의 실천적 성격을 정의한 최소한의 목록일 뿐이라고 생각해야 할 것이다. 고립된 신자들, 특별한 목적을 가진 모임들, 조직되지 않은 단독 모임 등은 교회를 구성하지 않는다.

이 정의는 상당한 유연성을 가진다. 사례를 받는 목사가 필수는 아니지만 공인된 리더는 필수이다. 교회 건물이 반드시 있어야 하는 것은 아니지만 정기적 모임은 반드시 있어야 한다. 특정한 신조를 고집하거나 특정 교단에 반드시 들어야 하는 것은 아니지만 성경적 진리와 목적에는 반드시 신실해야 한다. 깊은 영적 성숙이 목적이지만 보다 본질적인 것은 신자들이 그리스도를 따르며 그분께 순종하는 헌신에 있다.

---

6   로버트 뱅크스(Robert Banks)가 교회를 뜻하는 헬라어 에클레시아(*ecclesia*)에 대하여 논의했던 것을 보라(1994). 그 단어의 세속적 용례는 우선적으로 모임을 의미한다. 그는 이 단어에 대한 바울의 초기 사용에 대해 이렇게 말한다. "이 단어는 사람들의 실제 모임 혹은 정기적으로 구성된 모임만을 지칭하지, 오늘날의 용법처럼 보다 큰 단체에서 파생된 지역 모임을 의미하지 않는다"(1994, 29-30).

2. "교회 개척"이란 무엇인가?

교회가 무엇인가를 정의하였으므로, '교회 개척'이란 단순하게 새로운 교회들을 설립하기 위한 사역으로 정의할 수 있다. 이 일은 전도, 제자 훈련, 그리고 이 사람들을 제대로 기능하는 공동체로 모이게 함으로 이루어진다. 대부분의 교회 개척은 또한 장기적으로는 배가 성장의 목적을 가진다. 이런 것들을 종합하여 교회 개척을 이렇게 정의 내려 본다.

교회 개척은 전도와 제자 훈련을 통해 하나님 나라를 재생산하며 영적 리더십의 지도 아래 성경적 목적을 달성하기 위해 힘쓰는 예수 그리스도를 믿는 신자들의 모임을 건설하는 사역이다.

'개척'(planting)은 사도 바울이 고린도전서 3:6에서 새로운 교회를 건설하는 그의 사역을 묘사하기 위해 사용한 용어이다.

> 나는 심었고(planted) 아볼로는 물을 주었으되 오직 하나님께서 자라나게 하셨나니(고전 3:6).

바울은 다양한 은사를 가졌고 다채로운 사역을 했지만, 여기서 "심었다"(혹은 개척했다-역주)는 말은 기존 교회가 없는 지역과 사람들 사이에 새로운 교회를 설립한 그의 사도적 사역을 뜻한다. 그는 로마서 15:20에서 이를 분명히 한다.

> 또 내가 그리스도의 이름을 부르는 곳에는 복음을 전하지 않기를 힘썼노니 이는 남의 터 위에 건축하지 아니하려 함이라(롬 15:20).

개척하는 사역을 보완해 주는 것이 고린도전서 3:6에서 아볼로의 일로 언급했던 "물 주는" 사역이다. 바울은 그곳에 있는 교회를 가르치도록 그를 고린도에 보냈다(고전 16:12). 개척이 전도, 제자 훈련, 그리고 모임을 우선적으로 포함하는 사역이라면, 물 주는 사역은 이미 모이고 있는 교회에 가르침을 주어 세우는 사역이다. 개척자와 물 주는 이 모두 건강하게 재생산하는 교회를 세우는 데 장기적으로 반드시 필요하다.

본서에서 "교회 개척"이라고 말할 때는 교회를 처음 설립하는 전 과정과 건강한 새 교회를 세우기 위한 초기의 물 주는 사역까지 전 과정을 포괄적으로 의미한다.

3. 성령의 사역으로서 교회 개척

본서의 대부분은 교회 개척의 과정과 실제적 방법을 논의하는 데에 할애할 것이다. 하지만 교회 개척이 본질상 영적 방법에 의해 수행되는 성령의 사역이라는 사실을 항상 염두에 두어야 한다.

> 내 교회를 세우리니(마 16:18).

이렇게 약속하신 주님이 진정한 교회 개척자이시다. 가서 모든 민족을 제자로 삼으라고 마태복음 28:19-20에 기록된 지상명령은 하늘과 땅의 모든 권세가 주님에게 주어졌다는 선포(18절)와 세상 끝날까지 예수님이 제자들과 함께하시겠다는 약속(20절) 중간에 위치해 있다. 오직 "주님 안에 머물러 있음"으로만 우리의 사역은 열매를 맺을 수 있다. 진실로 예수님을 떠나서는 아무것도 할 수 없다(요 15:5).

요한복음에서는 성령 하나님께서 죄에 대하여, 의에 대하여, 그리고 심판에 대하여 책망하실 것이라고 하신 예수님의 약속을 상기시키면서, 따라서 그들은 그리스도의 구원이 필요함을 말씀하고 있다(요 16:8).

누가복음은 "위로부터 능력으로 입혀질 때까지"(눅 24:49) 지상명령을 준행하기 위해 기다리라고 하신 예수님의 명령으로 끝이 난다. 누가의 두 번째 책인 사도행전에서 복음이 확장되고 교회가 건설됨은 성령 하나님께서 권능을 주셨기 때문에 가능했다는 사실에서 분명히 볼 수 있다.

- 복음 증거와 설교를 위한 능력을 주심(행 1:8; 4:8)
- 핍박 가운데서도 담대하게 하심(행 4:31)
- 교회를 힘 있게 하고 위로하심(행 9:31)
- 바른 결정을 하도록 인도하심(행 16:6-10)
- 선교사로 부르시고 보내심(행 13:2-4)
- 표적과 기사를 통해 사도들의 설교를 인정해 주심(행 2:43; 4:16; 5:12; 6:8; 8:6,13; 14:3; 15:12; 19:11)

새로운 신자들을 교회에 더하신 것은 주님이셨고(행 2:47), 복음을 들은 사람들의 마음을 여신 것도 주님이셨다(행 2:37; 16:14). 누가는 하나님의 말씀이 흥왕하고, 퍼져서, 양적으로 성장함이 곧 교회의 성장이라고 기록하고 있다(행 6:7; 12:24; 13:49; 19:20). 사람들은 보조적 역할을 했을 뿐이다.

사도 바울 역시 같은 점을 강조하였다. 구원하시는 하나님의 능력은 복음 그 자체이지 그것을 전달하는 자들에게 있지 않다(롬 1:16; 고전 1:18). 메시지는 반드시 성령 하나님의 능력 안에서 선포되어야만 한다(롬 15:18-19; 고전 2:4-5; 살전 1:5). 고린도 교회는 많은 사역자와 특별한 은사들에 집중하나 결국 분열되었다. 이 점을 바로 잡고자 바울은 고린도전서 3:5-10에서 사람과 그들의 은사를 통해 일하시는 분은 하나님이시라는 진리에 초점을 맞추어 그들의 관심을 집중시켰다.

> 그렇다면 아볼로는 무엇이고, 바울은 무엇입니까? 아볼로와 나는 여러분을 믿게 한 일꾼들이며, 주님께서 우리에게 각각 맡겨 주신 대로 일하였을 뿐입니다. 나는 심고, 아볼로는 물을 주었습니다. 그러나 하나님께서 자라게 하셨습니다. 그러므로 심는 사람이나 물 주는 사람은 아무것도 아니요, 자라게 하시는 분은 하나님이십니다. 심는 사람과 물 주는 사람은 하나이며, 그들은 각각 수고한 만큼 자기의 삯을 받을 것입니다. 우리는 하나님의 동역자요, 여러분은 하나님의 밭이며, 하나님의 건물입니다. 나는 하나님께서 나에게 주신 은혜를 따라, 지혜로운 건축가와 같이 기초를 놓았습니다. 그

런데 다른 사람이 그 위에다가 집을 짓습니다. 그러나 어떻게 집을 지을지 각각 신중히 생각해야 합니다(고전 3:5-10, 새번역).

복음의 진보는 영적 저항을 만나게 마련이다. 사도행전에서도 복음이 전파되자 박해와 사탄의 방해, 그리고 인간적 실패의 경험이 등장한다. 바울은 복음에 저항하는 세력의 영적 특징에 대해 기록한다(예, 고후 10:2-4; 엡 6:12).

동시에 성경은 그리스도께서 모든 정사와 권세에 승리하셨다는 사실을 분명히 선포한다(예, 롬 8:35-39; 골 1:16). 비록 모든 교회 개척마다 성공할 것이라 확신할 수는 없겠지만, "내가 이 반석 위에 내 교회를 세우리니 음부의 권세가 이기지 못하리라"(마 16:18)라고 하신 그리스도의 말씀을 통해 궁극적으로는 승리할 것이라는 약속이 있다.

이 진리는 모든 교회 개척자에게 그들의 모든 수고의 열매는 결국 하나님의 일하심에 달려 있다는 강한 확신을 준다. 그렇다고 잘 준비하고, 열심히 일하고, 제대로 평가하는 일을 게을리해도 된다는 뜻은 아니다. 최선을 다했음에도 수고에 대한 가시적 열매가 작았을 때, 결과에 대한 필요 이상의 부담이나 실패할지도 모른다는 마음에서부터 오는 지나친 두려움에서 벗어날 수 있음을 말한다.

동시에 사역현장에서 놀라운 축복을 경험했을 때에도 자랑하거나 교만해서는 안 된다는 사실을 알려 준다. 믿음으로 행하며 일함이 사역에 임할 때 우리의 자세가 어떠해야 하는지를 알려 준다. 하나님께 전적으로 의지함이 '방법론 배후에 있는 방법론'이 되어야 한다.

마지막으로, 이 진리는 교회 개척자를 위대한 기도의 자리로 인도한다. 교회에 보낸 바울의 편지들에는 그가 어떻게 그들과 그들의 영적 성장을 위해 기도했는지에 대한 이야기로 가득하다(예, 엡 1:15-23; 3:14-19; 빌 1:3-6, 9-11; 살후 1:11-12). 교회 개척자들이 어떻게 그들의 교회와 사람들을 위해 기도해야 하는지에 대한 훌륭한 모범이 되어 줄 것이다.

교회 개척은 완전히 영적 노력이다. 어쩌면 최고로 검증된 방법들을 채택하려 할 수도 있고, 방법론이 실제로 중요하다. 하지만 그것들이 기도, 그리고 거룩한 인도하심과 그분의 일하심에 대한 깊은 의지를 대신할 수는 없다. 인간적 방법들을 가지고 겉으로는 그럴듯한 교회를 만들 수는 있다. 하지만 진정한 교회는 성령 하나님의 창조물이다.

4. 지혜와 통찰이 요구되는 교회 개척

교회 개척은 성령님의 사역일 뿐 아니라 인간이 해야 할 복합적 사역이기도 하다. 많은 교회 개척자가 열정적으로 헌신하였으나 실제적 측면에서 준비가 부족했고 안이한 생각을 하고 있었다. 결국, 하지 않아도 되는 절망감과 실패들을 경험하였다.

> 지식 없는 소원은 선하지 못하고 발이 급한 사람은 잘못 가느니라 (잠 19:2).

하나님은 우리가 그분의 길을 더 잘 이해하고 더 큰 지혜를 가지고 그분을 섬길 수 있도록 우리에게 통찰력과 이해력을 주신다. 교회 개척 사역을 위해 더 나은 정보를 얻고, 하나님의 지혜를 분별하며, 우리의 힘으로 더 좋은 청지기가 될 수 있는 몇 가지 길이 있다.

- **성경의 가르침**: 신약성경의 세계와 오늘날 세계는 매우 다르지만, 그래도 첫 그리스도인들이 어떻게 복음을 전파했고 교회를 개척했는지에 대한 다양한 예를 통해 많은 중요한 원리를 얻어 낼 수 있다.
- **기도**: 야고보서 1:5이 약속한다.
  "너희 중에 누구든지 지혜가 부족하거든 모든 사람에게 후히 주시고 꾸짖지 아니하시는 하나님께 구하라 그리하면 주시리라."
- **역사**: 선교와 교회 개척의 역사를 통하여 하나님께서 어떤 방법을 기뻐하시는지, 또 피해야 할 위험한 것들은 무엇이 있는지 배울 수 있다.

"만약 역사로부터 배우기에 실패한다면 그것을 반복할 수밖에 없다."
속담은 언제나 옳다.
- **사회과학**: 사회과학은 인간 행동 양식과 사회를 이해할 수 있도록 우리를 도와준다. 사람들을 섬기고자 한다면 그들에 대해 깊게 알아야 한다. 사회과학은 합당한 방법을 통해 사람들의 가장 깊은 필요가 무엇인지 성경적이며 문화적으로 알려 준다. 그래서 우리가 사각지대를 놓치지 않고 적절한 방식을 발견하여 효과적 사역을 할 수 있도록 인도해 준다.
- **최고의 실천**: 때때로 교회 개척자가 다른 이들과 교회 개척에 대한 최고의 실천이 무엇일지 함께 나누고 고민할 때 가장 유용한 통찰을 얻게 된다. 이때 주의할 것은 어느 하나의 경우에 효과적 방법은 다른 경우에는 잘 적용되지 않는다는 점이다.

건강한 지혜와 결과가 방법을 판단하는 어리석은 실용주의는 다르다. 최고의 방법이 성공을 보장하는 것도 아니다. 오직 그리스도만이 그분의 교회를 건설하신다. 하지만 하나님은 우리를 도구 삼아 그분의 일을 행하시며 그분은 보통 잘 준비되고 지식을 갖추었을 뿐 아니라 겸손하고 배우기를 즐겨 해 가능한 모든 방법을 사용하여 자신의 사역을 감당하는 사람을 택하여 일하신다.

5. 언제 '개척이 끝났다'고 생각할 수 있을까?

교회 개척자들이 언제 그들의 일이 끝났음을 어떻게 알 수 있을까?
언제 '개척이 끝났다'(planted)고 생각해야 할까?
개척자 혹은 개척사역팀은 언제 현지 리더십에게 교회를 온전히 이양하고 떠날 수 있을까?

성경은 이러한 질문에 대답할 수 있는 점검표를 제공하지 않는다.

교회를 개척한 선교사들은 너무 오랜 시간 머물면서 교회를 지배하고, 현지 성도들은 선교사 없이는 절대로 아무것도 못할 거라는 태도를 보인다는 악명이 자자해 왔다. 그 반대 극단도 종종 벌어진다. 즉, 현지 교회의 리더를 세우는 데 실패한 교회 개척자가 불쑥 떠나 버리는 바람에 교회가 시들고 결국은 죽게 되는 경우이다.

어떤 이들은 신자들이 첫 번째로 모이는 그때부터 개척이 된 순간으로 여겨야 한다고 사도 바울이 제안한 예를 찾고자 한다(e.g., Allen 1962a, 3). 실제로 바울은 교회가 처음 설립되고 나면 단지 몇 주 혹은 몇 달 뒤에 그 교회를 떠났다. 소아시아 지역에서 바울과 바나바는 처음 복음을 전하고 난 직후 교회에 장로들을 세우고 그들의 일이 '완성되었다'고 생각했다(행 14:23, 26).[7] 자격을 갖춘 공인된 현지 리더십은 필수이다.

하지만 회심자들의 첫 번째 모임까지로 선교사들의 개입을 제한해야 한다는 결론은 성경의 더 큰 그림을 간과하는 것이다. 바울이 빠르게 떠나자 예상치 못한 박해가 오기도 했다. 바울은 에베소에 2년이 넘게 머물렀는데, 하나님께서 "효과적으로 일할 수 있는 큰 문"(현대인의 성경-역주)을 그에게 열어 주셨기 때문이었다. 그래서 그는 다른 개척 사역을 미루고 그곳에 오래 머물렀다.

또한, 성경은 이제 막 개척되어 미성숙한 교회를 위하여 이후에도 방문하고, 편지를 보내고, 동역자들을 보내 주는 등의 지속적 도움이 있었다는 사실을 분명히 알려 준다. 그러므로 성경을 주의 깊게 살펴보면, 건강한 교회 개척이란 새로운 교회를 조직하고 그들이 자립하도록 내버려 두는 단발성 캠페인 이상을 의미한다는 사실을 알 수 있다.

바울의 교회 개척 방법에는 현지 리더들을 세우고 빨리 그들에게 책임을 위임해 주는 측면도 있지만, 아직 어린 교회들을 위해 다양하게 주어지는 장기적 도움 역시 포함된다.

---

[7] 바울은 그레데에서의 사역을 '미완의' 사역으로 여겼는데 왜냐하면 장로가 아직 세워지지 않았기 때문이었다(딛 1:5). 하지만 바울이 디도서를 기록했을 당시가 그레데에 교회가 세워진 지 얼마나 지나서인지는 정확히 알 수 없다.

바울과 그의 동역자들의 모범을 통해 개척 교회로부터의 철수는 개척된 교회가 성숙함에 따라 강조점과 책임감이 옮겨 가는 과정으로 볼 수 있다. 선교사들의 퇴거는 갑작스럽게 손을 떼는 게 아니라, 다양한 팀 구성원이 각자의 역량으로 섬기되 교회와의 접촉 및 도움을 줄여 나가는 점진적 과정이다. 성경도 교회가 개척되고 설립되는 과정에서는 다양한 은사가 필요함을 보여 준다.

교회란 무엇인가에 대한 정의를 기억하면서, 아래와 같이 교회 개척자 혹은 개척팀의 단계적 철수 양상을 측정할 수 있는 단기 목표를 제시해 본다.

- 그 현지인 혹은 그 교회에 대표되는 사람들이 그리스도를 믿는 신앙으로 인도되고, 양육되었으며, 헌신된 신자들이 정기적으로 모일 것
- 영적 리더십의 자격을 가진 사람들(이상적으로는 대표자들)이 회중에 의해서 인정받고 세워질 것
- 그 지역의 문화에 적합한 교제, 예배, 전도, 봉사, 조직 관리가 그 기능을 제대로 수행할 것
- 신자들은 성경적 가치와 목적을 마음에 품을 것
- 교회가 수행해야 하는 하나님 나라의 목표가 지속적으로 실행될 것

위에서 제시한 단기 목표가 성취되었을 때 그 교회는 "개척되었다"고 말할 수 있다. 그러나 진정한 하나님 나라의 공동체가 건설되기 위하여 장기적 관점의 발전을 항상 염두에 두어야 한다. 그 교회를 떠난 후에도 교회 개척자는 교회가 장기 목표를 이루어 갈 수 있도록 지속해서 교회를 격려해야 한다. 장기 목표란 아래의 요소들을 포함한다.

- 교회 개척자를 파송해 또 다른 교회를 개척하여 교회를 양적으로 성장시키고 선교사들을 파송하거나 후원하기[8]

---

8 스튜어트 머레이(Stuart Murray)는 심지어 이렇게 말한다. "자기 증식(self-propagation)

- 사랑과 정의라는 하나님 나라의 가치를 그 지역공동체에 보여 주는 사역 실천하기
- 이주 외국인들, 비주류문화권에 속한 이들 및 특별한 도움을 필요로 하는 이들을 위한 특화된 사역 시작하기
- 그 지역의 습관, 전통, 형식에 맞는 토착화된 사역 창출하기
- 국가적 혹은 지역적 차원에서 다른 교회들과 연계하기(아래의 "5) 서로 돕는 동역자"를 보라)

위의 목적들은 개척 단계에서는 성취되기 어렵다. 하지만 이러한 장기 목표들을 이루기 위한 가치와 비전은 교회가 개척되는 초기에 심겨져야 한다.

6. 어떤 종류의 교회를 개척해야 하는가?

안타깝게도 교회 개척과 성장을 다룬 많은 책이 어떤 종류의 교회를 개척해야 하는가에 대해서는 거의 말해 주지 않는다. 하지만 만약 우리가 정의 내리려 했던 바와 같이 성경적 교회를 개척하고자 한다면, 최소한의 의미나 교단적 기준 이상을 갖추어야 한다. 교회는 반드시 하나님 나라 공동체, 건강한 회중, 재생산하는 유기체, 토착 교회, 그리고 서로 돕는 동역자가 되어야 한다.

혹은 재생산은 단지 교회가 자랑할 만한 덕목이 아니라, 교회임을 보여 주는 필수 요소이다"(1998, 60).

1) 하나님 나라 공동체

교회에 대한 성경적 이해는 우리가 하나님 나라 공동체를 건설하도록 이끌어 준다. 신약학자들과 선교학자들 모두 우리가 교회와 선교를 바로 이해하도록 예수님께서 하나님 나라를 중심에 둔 가르침을 주셨음을 인정한다.

하나님 나라 공동체는 예수님께서 가르치셨던 하나님 나라의 가치를 구체적으로 삶 가운데 실현하는 그리스도인의 모임이다. 그들의 본질은 우선 왕이신 예수 그리스도와의 관계에서 발견되며, 그다음으로는 왕의 뜻이 분명하게 선언된 성경에 순종함에서 발견된다. 요컨대, 그들은 그리스도를 중심에 두고 성경 위에 서 있다.

하나님 나라 공동체는 성령으로 거듭난 자들이고 어린아이와 같은 믿음으로 천국에 들어간 자들이며 심령이 가난한 자들이다.[9] 그들은 산상수훈의 가치를 몸에 지니고 있는 자들이다. 그들은 개인적 경건을 힘쓴다.[10] 그들은 이 세상에서 고통과 시련을 당하게 될 것을 알지만 그리스도께서 다시 오실 때에 완전한 하나님 나라가 함께 도래할 것을 소망하며 살아간다.[11]

하나님 나라 공동체는 변혁하는 반문화적 증인이며 사람과 가족, 조직과 사회, 그리고 나라에 영향을 미치는 운동이다. 복음의 능력은 그들 안에 살아 역사하며, 그들은 세상의 빛과 소금이 된다.[12] 완전한 교회도, 죄 없는 교회도 없지만, 모든 교회는 하나님 나라를 미리 맛보여 주어야 한다.

데이비드 쉥크(David Shenk)와 어윈 스터츠만(Erwin Stutzman)은 이렇게 말한다.

---

9   마 5:3; 18:4; 19:14; 눅 18:17; 요 3:3-7.
10 마 5:20; 7:21; 고전 6:9-10; 갈 5:19-21; 벧후 1:10-11.
11 마 5:10; 행 14:22; 살후 1:5; 딛 2:13; 히 9:28.
12 마 5:13-16.

교회 개척은 인류에게 있어 가장 시급한 사안이다. 귀하고 놀라운 하나님 나라의 임재를 그들의 마음속에 경험해 보지 못한 이들에게 하나님 나라가 확장되는 방법은 교회의 창조(혹은 개척)를 통해서이다. ⋯ 변혁시키시는 하나님의 은혜는 예수 그리스도를 주와 구세주로 믿고 헌신하는 이들의 모임 안에서 하나님 나라의 가시적 임재를 재현한다(1988, 23).

제19장에서 세상을 변혁시키는 능력을 지닌 하나님 나라의 본질에 대해 다시 논의하게 될 것이다.

교회 개척은 단순히 개인적 관심에 초점을 맞춘 혹은 통상적 기독교 프로그램을 가진 교회를 하나 더 세우는 것이 아니다. 교회의 역사는 교회가 하나님 나라의 부르심을 외면했을 때 어떤 일이 일어났는가에 대한 비극적 교훈으로 가득하다. 그리스도인들이 지배적이었던 르완다 부족 전쟁에서 수십만 명이 희생된 것을 보며, 어떤 이는 이렇게 말했다.

> 우리가 분명히 말할 수 있는 한 가지 사실은 매일 2만 명에 달하는 아프리카인들이 그리스도인이 된다는 것이다. 누구도 최근 10년간 사하라 이남(sub-Saharan) 아프리카에서 기독교로 많은 이가 회심한다는 현상에 대해서는 부인하지 못한다. 하지만 이런 배가 성장의 한복판에서 단순히 개종자를 모으는 것에 그칠 것이 아니라 그들을 교회로 인도하여 성경적 가치와 기준에 의해 그들의 성품이 변모되도록 만드는 장기적 관점에서 성경의 명령을 잊어서는 안 된다. 우리의 사명을 절반만 이해했을 때 닥치게 되는 큰 위험에 대해 우리는 충분히 주의를 기울이지 못해 왔다(Reapsome, 1995, 4).

중세의 십자군 원정이나 북미 교회들의 인종차별주의, 히틀러의 국가사회주의에 대한 독일 교회들의 무비판적 수용, 그리고 많은 남아공 교회들이 아파르트헤이트(apartheid) 정책[13]에 대해 찬동한 일 등도 역사에서 볼

---

13   1948년 백인 정부에 의해 제정되고 1994년 넬슨 만델라에 의해 폐지된 남아공의 인종

수 있는 또 다른 예가 될 것이다.

2) 건강한 회중

최근에 건강한 교회에 대한 관심이 쏟아지고 있다. 요한계시록 2장과 3장에서 예수님은 소아시아 일곱 교회를 친히 진단하시면서 그들의 강점과 약점을 평가하시고 교정을 위해서 무엇이 필요한지를 말씀하셨다. 교회가 개척되면 교회의 건강을 점검할 수 있는 지표를 세우는 일이 중요한데, 건강하지 못한 모습들의 증상을 보여 주는 것 뿐 아니라 바른 방향성을 제시할 수도 있어야 한다. 교회의 건강도를 점검할 수 있는 지표들을 본서에 제시해 놓았다(예, 표 13.1을 보라).

건강하지 못한 교회는 교회를 분열시키는 갈등 외에는 아무것도 생산해내지 못한다. 교회의 건강도는 보통 리더들의 영적 건강을 반영한다. 하지만 가끔은 리더들의 통제 범위를 벗어난 사각지대, 무관심한 분야, 혹은 다른 여러 상황 때문에 건강하지 못한 모습들이 나타나기도 한다.

건강한 회중은 예수님과 건강한 관계에 있으며, 복음을 건강하게 이해하고, 부르심에 건강하게 헌신하고, 자신의 장점과 약점에 대해 건강하게 (혹은 정직하게) 평가하는 사람들이다. 이러한 교회들은 세상을 변혁시키며 재생산할 수 있는 최고의 위치에 서 있는 것이다.

3) 재생산하는 유기체

이 책을 통하여 지속적으로 강조하는 주제 중 하나는 교회는 재생산해야 한다는 사실이다. 재생산은 삶의 일부이다. 모든 살아 있는 건강한 유기체는 재생산한다. 교회는 조직체가 아니라 살아 있는 유기체이며, 그리스도의 몸이다. 앞으로 보게 되겠지만, 재생산은 신약 교회의 특징이었으

차별 정책 —역주.

며, 사도 바울의 선교 전략의 핵심이었다. 교회들이 재생산할 때에만 복음이 전 세계에 퍼진다.

교회가 재생산하는 다양한 방법에 대해서는 제7장에서 다룬다. 교회 개척자들은 이러한 재생산과 궁극적으로는 배가 성장을 위한 비전과 헌신을 DNA로 가지고 있는 교회들을 개척하기 위해 노력해야 한다. 재생산을 목적으로 삼느냐가 교회 개척자들이 사용할 방법들을 적용하는 데 있어 막대한 영향을 미치게 된다. 이 책에서도 추천하는 방법론들은 모두 이 장기적 목표를 간직하도록 도와준다.

4) 토착 교회

모든 개척 교회는 토착화되어야 한다. 제4장에서 토착화되어 재생산하는 교회의 본질에 대한 보다 자세한 내용을 논의할 것이다.

토착 교회는 무엇보다 현지 신자들로 구성되고 그들이 인도하는 교회이다. 토착 교회는 성령 하나님의 인도하심과 능력 안에서 그 자신의 삶과 사역을 문화적으로 적합하게 발전시킴으로 현지 문화에 스며든다. 야자나무는 알래스카에서 자랄 수도 재생산도 할 수 없으며, 전나무는 사막에서 마르고 곧 죽게 된다. 그들은 그 지역의 고유한 날씨와 환경에 적응할 수 없다.

마찬가지로 토착 교회는 문화 환경에 적응하고 거기에 뿌리를 내려 그 지역의 특성 안에서 번성하면서 동시에 하나님 나라의 반문화적 목적에도 부합한 삶을 살아야 한다. 이질적 교회는 많은 경우 번성하고 재생산하는 데 어려움을 겪는다.

선교 역사는 현지 문화를 무시하고, 이국적 교회를 건설하고, 지역적으로 지속성이 어려운 사역을 벌이고, 급기야 외부의 힘에 의존하게 된 선교사들의 이야기로 가득하다. 그렇게 개척된 교회는 사울의 갑옷을 입은 다윗에 비교할 수 있다. 다른 시간, 다른 장소에서는 맞아 떨어졌는지 모르지만, 해당 지역에서는 적합하지 않아 거추장스럽기 짝이 없는 조직, 형태,

사역들이 그렇다. 때로 현지 신자들은 문화적 반역자로 더 나쁘게는 체제를 전복시키는 외세의 도구처럼 보이기도 한다.

게다가 선교사들은 현지 신자들을 향해 간혹 거들먹거리거나 가부장적 자세를 취하기도 한다. 그들은 수십 년 동안 그들에게 안수 주기를 거부하기도 하고, 그들의 삶에 역사하시는 성령님의 사역을 과소평가하거나, 재정권이나 다른 권위를 내려놓지 않음으로 그들에게 권력을 행사한다. 현지 신자들이 준비되지 않는 한 자립 교회 건설이라는 목표는 먼 미래의 일일 뿐이다.

재생산하는 교회를 만드는 일과 마찬가지로 토착 교회를 세우기 위한 기본 목표 역시 교회 개척의 방법론과 개척자들의 자세 둘 다에서 상당한 영향을 받는다. 다문화 교회 개척자는 현지인들과 그들의 문화를 이해하는 데에 노력을 아끼지 않아야 하며, 지역에서 지속할 수 있는 구조를 가진 현지 문화에 어울리는 방식으로 교회를 개척하고, 현지 지도자들이 사역을 감당할 수 있도록 권한을 주어야 한다.

5) 서로 돕는 동역자

새로운 교회가 반드시 기존 교회들의 연합이나 교단에 소속되어야 하느냐의 문제가 자주 제기된다. 교회를 개척한 선교사들은 종종 기존 교회들과 파트너를 이룬다.

교회는 어느 정도까지 현지의 에큐메니컬 연합이나, 사역자들의 모임, 복음을 위한 연대와 협력해야 할까?

이는 교회 개척의 초기에 다루어져야 할 중요한 질문이다. 때로는 후원 기관에 결정되기도 하고, 때로는 교회를 개척하는 이들 혹은 현지 신자들에 의해 결정된다.

너무나 자주 교회를 개척하는 이들은 독립적으로, 심지어 경쟁적으로 일을 한다. 그 지역에 있는 다른 그리스도인들이나 교회들을 때때로 무시해 버린다. 다문화 교회를 개척하고자 하는 이들은 현지 신자들로부터 배울 것이 없다고 생각하면서 그들의 협조는 필요하지 않다고 여긴다.

그들은 신학교와 모교회에서 최근에 읽었던 책이나 최근 참석했던 세미나를 통해 그들에게 필요한 모든 답을 배웠다고 생각한다. 그런 사람들이 개척한 교회가 이웃과 현지 사회와 단절된 독단적 교회가 되는 것은 전혀 이상한 일이 아니다. 하지만 예수님은 제자들뿐 아니라 그들 뒤에 오는 이들을 위해서도 기도하셨다.

> 아버지여, 아버지께서 내 안에, 내가 아버지 안에 있는 것 같이 그들도 다 하나가 되어 우리 안에 있게 하사 세상으로 아버지께서 나를 보내신 것을 믿게 하옵소서 (요 17:21).

이 기도는 조직체로서의 연합을 말씀하는 것이 아니다. 다만 어떤 가시적 영적 연합을 통하여 세상이, 즉 불신자들이 성부께서 예수님을 보내셨다는 사실을 알 수 있도록 증거해야 한다. 달리 말하면, 그리스도인들의 연합과 교제는 복음 전파에 영향을 미친다.

신약성경의 교회들은 독립적이지 않고 많은 부분에서 상호 의존적이었다. 그들은 현대 개념의 교단적 구조로 되어 있지 않았지만 그렇다고 완전히 자주적이지도 않았다. 이방인이 주를 이루었던 안디옥 교회는 예루살렘 교회의 리더십과 그 결정에 순종하였다(행 15:30-31).

바울이 개척한, 이방인들로 구성된 교회들은 예루살렘 교회를 위한 기근 구호 활동에 참여하였다(고전 16:1-4; 고후 8장). 바울은 그가 개척한 다양한 교회로부터 동역자들을 모집했고, 그들은 다른 교회들에서 권위를 행사하며 사역했다.

어떤 교회도 다른 교회로부터 완전히 단절된 채 존재해서는 안 된다. 지역적, 국가적, 국제적으로 다른 신자들과의 연합과 협력 정신은 반드시 고취되어야 한다. 때로는 비공식적으로 때로는 법적 구속력을 가지고 이러한 관계가 형성되는데, 이는 현지 상황과 신학적 신념에 따라 다를 수 있다.

교회를 개척하는 선교사 중에는 새로운 교단을 창설하거나 파송 교회에서 가졌던 특별한 교리적 입장이나 사역 방법을 반영하려는 이들이 종종 있다. 그 결과는 교단과 독립교회들의 전 세계적 안타까운 확산이었다. 최근 몇십 년 동안 있었던 긍정적 발전 중 하나는 외국에서 유입된 선교적 노력과 선교 현지 국가의 교회 간의 더욱 확고해진 영적 동맹이다.

선교단체와 다문화 교회 개척자들은 점차로 교리, 생활 양식 그리고 비전을 공유할 수 있는 동역자들을 해당 국가에서 찾고 있다. 그러한 동역자 관계는 교회 개척에 있어서 많은 유익을 준다.

- 그리스도의 몸으로서의 연합을 보여 줌
- 자원과 은사에 대한 보다 나은 청지기 정신을 이룸
- 선교사와 선교 현지 국가 연합으로 교회 개척팀을 이룸
- 교회 개척을 위해 이주해 온 이들이 선교 현지 국가 목사나 기존 개척자들과 함께 수련(internship)함으로 그 문화에 더욱 잘 적응하고 사역을 이해할 수 있음
- 교회 간 혹은 국가 간 교류 및 교제를 통한 공감대 형성은 교회 개척의 정체성, 신뢰성, 그리고 법적 지위를 가져다줄 수 있음
- 현지 신자들이 고립감이나 외국 종교의 분파 정도로 자신을 인식하지 않고 거대한 그리스도의 교회의 일원이라는 사실을 인지함
- 외국 선교사와의 관계를 통해 선교 현지 국가가 복음 전도와 교회 개척에 대한 새로운 자극을 받음

국제적 교회 간 효과적 동역 관계 형성 방법과 단기선교팀 활용에 대해서는 제18장에서 다시 다루게 될 것이다. 이러한 동역 관계는 시간과 인내심, 그리고 헌신을 요구한다. 하지만 놀라운 선교적 결실과 진정한 시너지 효과를 가져올 것이다.

제2장

교회 개척의 이유

최근 십 년 동안의 선교 활동에는 교회 개척을 강조하는 새로운 움직임이 있었다. 교회 개척이 많은 선교단체의 비전과 사명이 된 것이다. 미전도 종족, 즉 자생 가능한 그리스도인과 현지 교회가 없는 종족을 '입양'하고 그들에게 가서 교회 개척 선구자의 책임을 수행하는 새로운 노력이 생겨났다. 교단들은 교회 개척이야말로 장기적 안목에서 교회 성장과 건강에 필수적 요소임을 인식하기 시작했다.

포스트기독교(post-Christian) 사회로 변모하면서 명목상의 성도들 숫자마저도 급격하게 줄어드는 상황 가운데 교회 개척은 유럽의 주요 교회들에게도 관심 있는 주제로 떠올랐다. 하지만 교회 개척에 대한 신학적 반향과 이론적 근거는 여전히 얕은 수준이다.[1]

제2장에서는 교회 개척에 대한 성경적 명령과 실제적 이유에 대해 볼 것이다.

---

1 마틴 로빈슨과 스튜어트 크리스틴(Martin Robinson and Stuart Christine, 1992), 데이비드 던 윌슨(David Dunn Wilson, 1996), 스튜어트 머레이(Stewart Murray, 1998)와 팀 체스터(Tim Chester, 2000) 같은 영국 학자들이 교회 개척에 대한 신학적 근거를 발전시켰다. 그러나 북미에서는 이러한 학자들이 제대로 알려지지 않았다.

1. 교회 개척의 성경적 명령

교회 개척은 단지 실제적 필요에 의한 것이 아니다.
이는 성경의 명령이다!
로마가톨릭 신학자들은 오랫동안 교회 개척의 중요성을 확신해 왔다.[2] 선교에 대한 진지한 반응을 보인 초기 개신교 신학자로는 화란의 개혁주의자였던 기스베르투스 보에티우스(Gisbertus Voetius)가 있다. 그는 개종, 교회 개척, 그리고 하나님의 은혜의 영화를 선교의 삼중 목적으로 삼았다(Jongeneel 1991). 이 공식은 이후로 수많은 선교학자에게 영향을 끼쳤다.

개신교 선교단체에 교회 개척이 항상 규정된 주제는 아니었지만, 언제나 실제적 필요는 있었다. 많은 선교 지도자와 신학자가 교회 개척을 선교의 중심 사명이라고 주장해 왔다.[3]

예를 들어, 게오르그 휘체돔(Georg Vicedom)은 그의 고전 『하나님의 선교』(*The Mission of God*)에서 "그러므로 선교의 목적은 복음을 전파하고 전 인류를 교회로 불러 모으는 것이다"(1965, 103)라고 결론짓는다.

하지만 최근 몇십 년간의 신학 저술이나 컨퍼런스에서는 교회 개척이 어쨌든 선교의 중심이라는 언급이 거의 없었다. 복음주의 선교학자들은 교회 개척 대신 총체적 선교(holistic mission)와 하나님의 나라에 대해 점점 더 강조해 왔다. 물론 이러한 강조가 불균형적이었던 복음주의 진영의 견해를 바로 잡는 데 일조하긴 하였으나, 마찬가지로 현대 선교 신학이 교회 개척을 무시하는 사조 역시 수정되어야 한다. 교회 자체가 하나님의 선교의 중심이기 때문에, 교회 개척이 그 선교의 중심이 되어야 한다.

---

2 오보히(Oborji, 2006)의 책에서 이러한 논의를 볼 수 있다.
3 여기에는 로버트 스피어(Robert Speer, 1902, 39-40), 롤랜드 알렌(Roland Allen, 1962a, 81), 한스 쇼메루스(H. W. Schomerus, 1935), 헨드릭 크래머(Hendrik Kraemer, 1938, 287), 발터 프라이탁(Walter Freytag, 1961, 2:184), 그리고 데이빗 헤셀그레이브(David Hesselgrave, 1980, 29, 33)가 포함된다.

1) 구속사의 일부로서 교회 개척

구원 역사는 하나님의 구속 행위 이야기인데, 그분의 구원 계획의 도구가 되어 그 일을 수행할 그분의 백성에 대해 부르심을 포함한다. 누군가 말했듯이 "이 타락한 세상에 대한 하나님의 방법은 모두를 대신하여 모두를 위한 그분의 열정적이고 자유로운 의지를 채우기 위해 헌신할 공동체를 찾는 것이었다"(Kirk 2000, 31).

이 부르심은 창세기 12장에서 모든 민족에게 복을 가져다주기 위해 위대한 나라가 될 아브라함을 부르실 때부터 시작되었다(창 12:3). 이 약속은 세상을 향한 하나님의 구속 목적의 도구가 될 이스라엘에 이어졌다. 불행하게도 이스라엘은 실패하였다. 하지만 메시아께서 오셔서 "이방의 빛"과 "주의 종"의 역할을 완성하셨다(사 42:6; 49:3-6).

그리스도의 사역을 기반으로 하나님의 새로운 백성, 예수 그리스도의 교회가 신약에서 만들어졌다. 그들은 "이방의 빛"(행 13:47)이 되어 하나님의 구속 사역을 계승하고 하나님 나라의 소식을 전파해야 한다. 모태에서부터가 아닌 성령으로 거듭남으로 이 새로운 백성의 일부가 될 수 있다(요 3:3-5). 하나님의 백성에 의한 하나님의 사역 계승은 베드로전서 2:9-10에 가장 분명하고 아름답게 선언되었다.

> 그러나 너희는 택하신 족속이요 왕 같은 제사장들이요 거룩한 나라요 그의 소유가 된 백성이니 이는 너희를 어두운 데서 불러 내어 그의 기이한 빛에 들어가게 하신 이의 아름다운 덕을 선포하게 하려 하심이라 너희가 전에는 백성이 아니더니 이제는 하나님의 백성이요 전에는 긍휼을 얻지 못하였더니 이제는 긍휼을 얻은 자니라 (벧전 2:9-10).

베드로는 구약에서(출 19:5-6) 이스라엘에 사용되었던 그 표현을 다시금 불러와 교회에 적용하였다. 바울이 말하듯 교회는 하나님의 영광과 영원한 계획의 도구이며, 교회를 통하여 하나님의 지혜가 민족들뿐 아니라 통치자들과 권세들에게도 밝히 드러난다(엡 3:10).

요한계시록은 구원 역사의 정점을 하나님께서 모든 백성과 나라와 족속과 방언에서 하나님 나라 백성들을 부르시는 것으로 묘사한다(계 5:9; 7:9). 그리스도께서 교회를 그분의 신부로 맞이하시는 어린양의 혼인잔치는 큰 기쁨의 시간이 될 것이다(계 19:6-8). 이것이 구속사의 정점에 일어나는 사건 중 하나이다.

교회 개척은 복음을 전파하여 모든 나라와 족속과 백성과 방언에서 하나님 나라 공동체를 만들어 시간과 영원 안에서 하나님을 영화롭게 하는 사역이다!

팀 체스터(Tim Chester)가 잘 요약해 주었다.

> 만약 교회가 하나님의 사역의 중심에 있다면, 이것을 선교의 중심에 두기를 주저할 이유가 없다(2000, 29).

2) 그리스도는 교회를 사랑하시며 그분의 교회를 만들기 원하신다

그리스도는 교회에 대한 그분의 분명한 의지를 마태복음 16:18에서 선언하셨다.

> 또 내가 네게 이르노니 너는 베드로라 내가 이 반석 위에 내 교회를 세우리니 음부의 권세가 이기지 못하리라(마 16:1).

이 본문의 복잡한 논쟁을 여기서 상세히 다룰 수는 없다. 하지만 한 가지 사실은 확실하다. 즉, 그리스도는 그분의 교회를 건설하신다. 교회는 반드시 드러나야 한다. 이 본문을 지나치게 추상적 방식으로 해석하지 않아야 한다. 에클레시아는 단순히 말해 하나님의 백성의 모임이다. 마태가 에클레시아라는 단어를 사용한 유일한 또 다른 용례는 18:17에서 교회의 제도를 매우 실제적으로 언급할 때 뿐이다. 신자들의 특별한 모임이 가시적으로 있고, 그들을 총괄하여 우주적 교회를 이룬다. 그리스도는 현지 교회를 개척하심으로 그분의 우주적 교회를 건설하신다.

교회 개척자들은 교회 개척의 사명이야말로 그리스도의 명백한 의지에 순종하는 길임을 확신할 수 있다. 그리스도께서 직접 교회의 건설자가 되어 주신다. 본문은 영적 저항이 있을 것 또한 분명히 말씀한다. 그러나 그리스도께서 승리하신다. 각각의 교회 개척은 어쩌면 실패할 수도 있다. 하지만 전 세계적 교회와 하나님 나라 백성을 만들고자 하시는 그리스도의 궁극적 목적은 실패하지 않을 것이다. 교회는 그리스도의 것이지, 우리의 것이 아니다.

조지 엘든 래드(Goerge Eldon Ladd)가 이 본문에 대해서 주석했다.

> 그분의 에클레시아를 건설하는 목적에 대한 예수님의 언급은 우선 예수님에 의해 세워진 교회는 구약의 이스라엘과 직접 연결된다는 점을 상기시킨다. 여기서 특별함은 이 에클레시아가 아주 독특한 방식으로 예수님의 에클레시아가 된다는 사실이다. 즉, "나의 에클레시아"이다(1974, 110).

교회 개척의 가치를 보여 주는 두 번째 본문은 에베소서 5:25-27이다.

> 남편들아 아내 사랑하기를 그리스도께서 교회를 사랑하시고 그 교회를 위하여 자신을 주심 같이 하라 이는 곧 물로 씻어 말씀으로 깨끗하게 하사 거룩하게 하시고 자기 앞에 영광스러운 교회로 세우사 티나 주름 잡힌 것이나 이런 것들이 없이 거룩하고 흠이 없게 하려 하심이라 (엡 5:25-27).

교회는 그리스도의 신부다. 그분은 신부를 사랑하신다. 그분은 신부를 위해 자신의 생명을 주신다. 십자가의 구속 사역으로 교회를 사셨을 뿐 아니라 교회를 거룩하게 만드신다. 지금의 교회는 비록 흠과 결이 많지만 언젠가 교회는 그리스도의 영원한 임재 안에서 용납되도록 아름답고 순결하게 변할 것이다.

이러한 구절을 통해 교회 개척과 양육은 그리스도 자신의 사역임을 알 수 있다. 이는 그리스도께서 위임하시고 권세를 주신 가장 고귀한 사역이며 하나님의 심장으로 우리를 인도해 준다. 교회 개척은 단순한 "복음 전파의 수단"이 아니다. 사실 전도는 교회 건설로 이어져야 한다.

교회는 어쩌다 생겨난, 그리스도인들이 상호 교류를 위해 모이는 개인적 장소가 아니다. 그리스도의 사랑의 대상이며 세상을 향한 그분의 봉사 도구이다.

3) 지상명령은 교회 개척을 수반한다

마태복음 28:18-20에 나오는 지상명령의 두 가지 요소, 즉 세례를 주라는 명령과 그리스도께서 분부한 모든 것을 가르쳐 지키게 하라는 명령은 교회 개척에 대한 명령이기도 하다. 이 명령들은 교회 개척과 분리해서는 온전히 성취될 수 없는 명령들이기 때문이다. 세례에 대한 명령은 회심은 곧 새로운 그리스도 공동체로의 입장이라는 사실을 상기시킨다.

세례는 종종 개인적 행사로 여겨지기도 하지만 세례는 개인의 회심과 신앙에 대한 공동체적 고백이며, 동시에 그리스도의 몸, 새로운 하나님 나라 공동체로 편입되는 기쁜 잔치의 순간이다.

> 우리가 유대인이나 헬라인이나 종이나 자유인이나 다 한 성령으로 세례를 받아 한 몸이 되었고 또 다 한 성령을 마시게 하셨느니라(고전 12:13).

유대교에 있었던 개종세례와 비슷하게 초기 기독교 세례는 공동체 안에서 그 중요성을 발견했는데, 오늘날 이 중요성은 많이 퇴색되었다. 세례받음은 곧 그리스도인들의 공동체인 교회의 품에 안기는 사건이다.[4]

---

4   한스 베르너 겐지헨(Hans-Werner Gensichen)은 마태복음 28장에 나오는 세례 명령을 이렇게 설명한다. "교회의 품에 안김은 선교에 있어 필수적 요소로 인식되었다"(1971, 134). 이에 대해 유일하게 예외적인 사건은 사도행전 8:38-39에 나오는 에디오피아 내

그리스도께서는 주님의 명령에 순종하는 제자를 만들라고 우리를 부르셨다. 순종하도록 가르치라는 명령은 또한 그리스도의 새로운 공동체에 참여하는 헌신도 포함한다. 복음을 설교하고 잃어버린 자들을 회심시키는 일은 지상명령 성취의 시작에 불과하다. 그리스도의 명령은 단지 개인들에 의해 지켜지는 게 아니며 그리스도의 나라는 각각 별개의 모습으로 나타나지 않는다. 제자들의 공동체가 없는 곳에는 반드시 그것이 만들어져야 한다.

모든 민족을 위한 교회가 개척되지 전까지 선교는 완성되지 않은 것이다. 모든 나라에서 제자들을 만들어야 하므로 모든 민족 가운데 제자들의 공동체가 생기기 전까지 교회 개척은 결코 끝난 것이 아니다.

4) 사도행전: 새로운 교회는 성경적 선교의 정상적이고 필연적 결과이다

사도행전의 모든 곳에서 복음이 전해지는 곳마다 교회가 생겨났다.[5] 신자들은 가정이나 공공장소에서 기도와 교제, 성찬과 사도적 가르침을 받기 위해 모였다. 그들은 개인적 삶만 추구한 것이 아니었다. 이들 소규모의 공동체들은 현지의 영적 리더십을 따라 은사를 사용했고, 가난한 이들을 돌보았으며, 복음을 전파했다.

조지 피터스(George Peters)는 이렇게 정리한다.

> 사도들은 교회 개척에 많은 비중을 둔 것 같지는 않다. 그들은 그것을 목표로 일을 시작하도록 명령받은 게 아니다. 그들은 복음을 전파하도록 보냄을 받았다. 하지만 사도행전 1:8이 신실하게 이행되는 곳마다 교회가 생겨났다. 복음의 전파와 함께 교회의 개척, 양육, 그리고 성장의 기능적 연

시가 세례를 받은 일이다.
5   두 번의 예외가 있는데, 에티오피아 내시와 아덴에 생긴 소수의 신자들이다.

계가 명백하게 발생했다. 마치 신약 교회 안에서 복음이 싹트듯이 복음 안에서 교회가 싹튼다고 분명하게 말할 수 있다(1981, 20).

사도행전의 언어는 한 사람이 그리스도를 믿는 신앙으로 들어왔다는 것은 그가 곧 현지 교회 공동체의 일원이 되었음을 의미한다고 힘주어 말한다.

예를 들어, 사도행전 2:41에서 이렇게 말씀한다.

> 그 말을 받은 사람들은 세례를 받으매 이 날에 신도의 수가 삼천이나 더하더라 (행 2:41).

이때 "더하더라"(*prostithemi*)라는 동사는 유대교 개종자들이 이전의 공동체를 떠나 새로운 곳에 가입함을 의미하는 단어로, 이방인들이 이스라엘에 들어올 때 사용되었다(Reinhardt 1995, 99-100; 에 9:27의 70인역; 사 14:1). 사도행전 2:47; 5:14 그리고 11:24에서 같은 용례를 찾을 수 있다.

사도행전 2:47 말씀에서 교회에 가입하는 것과 구원받는 것은 동시에 발생하는 사건임이 부각된다.[6]

> 주께서는 구원받을 사람을 날마다 늘려 주셔서 신도의 모임이 커 갔다 (행 2:47, 공동번역).

"신도의 모임"(Their number)은 현지 교회를 뜻하는데 가끔은 이런 식으로 번역되기도 한다.[7]

---

[6] "현재분사 touj swzomenouj는 이 일이 반복되었음을 의미한다. 따라서 그들이 구원받은 그 때 그들은 교회에 편입되었음을 알 수 있다"(Longenecker 1981, 291-92). 브루스(Bruce) 1965, 102도 참고하라.

[7] "epi to auto라는 표현은 고전 헬라어와 칠십인역에서는 흔하게 사용된 표현으로, 초대교회에서는 거의 전문적(quasi-technical)인 의미를 가졌다. 사도행전 1:15; 2:1, 47; 고린도전서 11:20; 14:23에도 적용되는 이 의미는 그리스도의 몸의 연합을 나타내며, 아

이후 사도행전 11:24에서 비슷한 표현이 등장한다.

이에 큰 무리가 주께 더하여지더라(행 11:24).

"주께 더하여지더라"는 곧 "교회에 더하여지더라"와 대등한 표현이다.

성경의 관점에서 신자가 된다, 구원받는다, 주님께 속한다는 표현들은 모두 그리스도의 몸이요 신자들의 공동체인 현지 교회에 편입된다는 의미를 포함한다. 다시 한번, 이러한 맥락에서 교회를 추상적 방식으로 이해하려 들어서는 안 된다. 교회는 신자들의 지역 모임이다(cf. Banks 1994, 27-31). 신자가 된다는 것과 지역 교회에 참여한다는 것은 분리되지 않는다. 성경적 복음 전파는 신자들의 모임을 발생시킨다. 요컨대, 교회를 개척하고 성장시킨다.

오직 교회 안에서만 새신자들이 그들의 신앙 성장에 필요한 격려와 가르침을 받는다. 오직 상호 간의 책임과 교제 안에서만 진정한 제자도가 형성된다. 오직 신자들의 공동체를 통해서만 하나님 나라의 가치가 실현된다. 신자들을 지역 교회로 인도하지 않고 오직 복음 전파에만 몰두하는 선교단체(parachurch)가 직면하는 도전이 바로 이것이다. 복음 전파의 열매를 잃어버린 것이다.

성경적 복음 전파는 교회와 무관하게 이루어지지 않으며, 교회가 없는 곳에는 반드시 개척되어야 한다.

하워드 스나이더(Howard A. Snyder)가 말한다.

복음 전파의 성경적 이해를 정의롭게 실행하려면 한 걸음 더 나아가서 복음 전파의 목적은 그리스도인 공동체를 형성하는 것이라 말해야 한다. 이

마도 '교회 내의 교제'로 사용되었을 것이다. 47절의 이 특별한 용례를 인지하지 못하여, 필사자들은 이 표현을 이어지는 3:1로 넘기거나 그에 대응하는 표현인 *en th ekklhsia*(엔 테 에클레시아)로 주해하였다"(Metzger 1971, 305). *epi to auto*(에피 토 아우토)는, 영어에서는 *en te ekklesia*(엔 테 에클레시아, 교회 안에서)로 읽을 수 있다.

것이 제자를 만들며 더 나아가 그렇게 만들어진 제자들이 하나님 백성의 공동체에 대한 새로운 표현인 '그리스도의 몸'의 세포로 살아가게 한다 (1975, 331).

5) 교회 개척은 바울의 선교 이해와 실천의 중심이다

사도행전에서 이미 보았듯이, 복음 전도자로서 바울은 신자들을 교회로 불러모았다. 바울 서신에서는 선교 전략이나 방법론에 대한 어떤 명확한 공식을 찾아볼 수 없다. 대신 로마서 15:18-25에서 바울의 사역 원리를 보게 된다. 즉, 성령 하나님의 능력 안에서 아직 그리스도가 전파되지 않은 곳에 복음을 전파한다.

그는 남의 터 위에 건축하기를 원치 않았는데, 즉 다른 이가 세운 교회에서는 사역을 하지 않는다는 뜻이다. 물론, 바울의 관심은 교회 개척에서 끝나는 것은 아니었다. 그는 편지와 방문, 기도를 통해 개척한 교회를 위해 사역했으며, 그 교회의 건강을 위해 다른 개척 사역을 미루기도 했다. 그럼에도 불구하고, 그의 부르심과 목적은 새로운 지역에 새로운 교회를 건설하는 것이었다.

로마서 15:18-25에서 바울은 놀라운 선언을 한다.

> 내가 예루살렘으로부터 두루 행하여 일루리곤까지 그리스도의 복음을 편만하게 전하였노라(롬 15:19).

> 이제는 이 지방에 일할 곳이 없고(롬 15:23).

바울은 그 지역에 대한 개척자로서 그의 사명을 완수했다고 여겼다.
이러한 언급들로 그가 의미하는 바는 무엇인가?
분명히 모든 동네마다 교회가 개척된 것도 아니고, 예루살렘으로부터 오늘날 튀르키예, 그리스, 그리고 발칸 반도로 불리는 지역까지 이 넓은 지역의 모든 사람이 복음을 들은 것도 아니다.

바울이 그 지역에 대한 자신의 선교 사역이 완수되었다고 생각한 명백한 이유는, 교회가 개척되었으니 그 교회를 통해 아직 복음을 듣지 못한 이들에게 복음이 계속 전파될 것이고 아직 교회가 개척되지 않은 지역에도 교회를 건설함으로 계속적 배가 성장이 일어날 것이라 여겼기 때문이다. 복음의 씨앗을 전략적 요충지에 제대로 뿌린 것이다. 이 교회들이 이제 복음 전파를 계속하면서 재생산하고, 다른 교회들을 개척하며, 그래서 결국 그 지역의 복음화를 완성할 것이다.

신약성경에는 바울이 개척한 뒤 자신들의 지역에 계속 복음을 전하고 재생산한 교회들의 몇 가지 예가 있다.

사도행전 13:49에 보면 비시디아 안디옥의 교회로 인해 "주의 말씀이 그 지방에 두루 퍼지니라"라고 기록하고 있음을 알 수 있다.

데살로니가 교회에게 쓴 편지에서 바울은 말한다.

> 주의 말씀이 너희에게로부터 마게도냐와 아가야에만 들릴 뿐 아니라 하나님을 향하는 너희 믿음의 소문이 각처에 퍼졌으므로 우리는 아무 말도 할 것이 없노라
> (살전 1:8).

가장 확실한 모범은 에베소 교회일 것이다. 그는 그곳에 2년간 머물렀는데, 이는 그의 표현을 빌리면 "내게 광대하고 유효한 문이 열렸"(고전 16:9)기 때문이었다. 누가는 바울의 에베소 사역의 결과를 이렇게 말한다.

> 두 해 동안 이같이 하니 아시아에 사는 자는 유대인이나 헬라인이나 다 주의 말씀을 듣더라 (행 19:10).

감격적 회심 뒤에는 "주의 말씀이 힘이 있어 흥왕하여 세력을 얻으니라"(행 19:26)는 결과가 따랐다. 에베소에서부터 시작하여 점차로 아시아

지역으로 교회들이 개척되어 갔다. 여기에는 요한계시록 2-3장에 등장하는 여섯 교회(서머나, 버가모, 두아디라, 사데, 빌라델비아, 그리고 라오디게아)와, 골로새 그리고 히에라볼리 교회도 포함된다. 아마도 이들 중 바울이 직접 개척한 교회는 없을 것이다. 그들은 에베소에서부터 시작된 역동적 교회 개척 운동의 열매들이었다.

수많은 성경신학자가 바울의 사역의 중심이 교회 개척이었다는 데에 동의한다.

바우어스(W.P. Bowers)는 다음과 같이 말했다.

> 바울의 선교사로서의 부르심은 건강하게 건설된 교회들의 모습 앞에서 완성된다(1987, 198).[8]

안드레아스 쾨스텐버거(Andreas Köstenburger)와 피터 오브라이언(Peter O'Brien)도 다음과 같이 말했다.

> 선교사로서 자신의 사명을 감당하기 위해 바울이 관여했던 활동들은 단지 개인들에게 복음을 전하여 그들을 회심시키는 데에서 그치지 않고 교회를 건설하여 그리스도의 장성한 분량으로 성장시키는 데까지였다(2001, 184).

에크하르트 슈나벨(Eckhard Schnabel) 역시 동의했다.

> 바울의 선교 사역은 예수 그리스도의 복음을 말로 전하여 개인의 회심을 이루는 데서 끝나지 않았다. 바울은 구원의 메시아인 예수를 믿는 이들의 공동체인 교회를 건설했다(2008, 231-32).

---

8   오브라이언(O'Brien) 1995, 43과 웨더번(Wedderburn) 1988, 97도 참고하라.

롤런드 앨런(Roland Allen)은 그의 고전 『바울의 선교 vs 우리의 선교』(*Missionary Methods: St. Paul's or Ours?*)에서 그가 한 말을 확인해 주었다.

> 바울은 단지 개인의 회심을 위한 선교적 설교자로서 일한 것이 아니다. 그는 온 땅을 비추는 빛의 근원이 되는 교회를 건설했다(1962a, 81).

이것이 바울이 자신의 개척 사역에 대해서 이해한 바이고, 그의 사역의 지침서였다. 바울에 있어서 선교란 단지 복음을 전하는 것이 아니라 교회를 개척하는 것이었으며, 그의 사역은 배가 성장을 불러일으키는 교회를 개척하기 전에는 끝난 것이 아니었다. 그제서야 그 지역은 "복음이 전해졌다"(reached)라고 여겼다.[9]

공동체를 재생산하는 개척 사역으로 이끄는 복음 전파야 말로 지역을 넘어 전 세계에 복음을 전하는 사명을 완수시킬 것이다.

6) 교회론과 선교학의 통합 지점

교회 개척은 교회론과 선교학이 교차하는 지점에 있다. 불행하게도 많은 선교학자들과 선교사들은 교회론에 취약하다. 그래서 선교는 교회 없이도 존재할 수 있다거나 교회는 현실적으로 불완전하고 어쩔 수 없이 만들어야 하는 성가신 존재라고 생각한다.

---

9   선교에 대한 이러한 이해는 현대의 "미전도 종족"(unreached peoples) 개념과 흡사하다. 복음화된 교회가 설립되었을 때에 비로소 한 종족에 복음이 전해졌다고 한다. 하지만 "복음이 전해진" 지역에 있는 교회들은 여전히 양육되고 성숙하여 전체 지역에 복음을 전할 수 있도록 성장해야 한다. 바울의 개척 사역에서도 또 다른 곳에 개척을 하기 위해 약한 교회들을 버리지는 않았다(cf. Bowers 1987). 그러다 건실한 교회가 세워지면 그때야 또 다른 지역의 개척을 알아보았다. 제임스 엥겔과 윌리엄 더니스(James Engel & William Dyrness, 2000) 같은 학자들은 지상명령의 성취를 계량하려는 어떠한 시도도 단호히 거부하면서 예수님께서 우리에게 명령하신 모든 것을 다 지킬 수는 없기에 지상명령은 절대 온전히 성취될 수는 없다고 주장한다. 이러한 견해는 선교에 대한 바울의 이해를 간과한 것으로 보인다. 바울은 일단 건강하게 성장하는 교회가 세워지면 그 지역에 대한 사명은 완수된 것으로 여겼다.

반대로 많은 보통의 조직신학자들과 교회학자들은 선교에 대해서 별로 관심을 기울이지 않는다. 선교 없이는 교회도 없고, 교회 없는 선교는 성경적 선교가 아니다.

레슬리 뉴비긴(Lesslie Newbegin)의 말을 빌려 보자.

> 교회를 세우지 않는 선교는 선교하지 않는 교회만큼이나 흉물스러운 것이다(1954, 169).

교회는 선교를 위한 하나님의 도구이다. 교회 개척은 선교의 핵심 목표이다.

마이클 퀵(Michael Quicke)은 이렇게 말한다.

> 교회 본연의 사명이 선교라는 사실을 일깨워 주면서 선교 사역자들에게 교회의 중요한 역할을 부각시켜 줄 때, 교회 개척은 최상의 모습을 가진다(1998, x).

이상의 논의를 통해 확실히 알게 되는 사실은 교회는, 그리고 자연스럽게 교회 개척은, 하나님 나라의 목표와 지상명령 수행에 필수라는 것이다. 교회 개척은 그 자신을 위한 종교 기구를 전파하려는 목적을 가지지 않는다.[10]

---

10 교회 개척에 대한 신학적 근거를 진지하게 검토하는 얼마 안 되는 사람 중 하나인 스튜어트 머리는 이 문제를 이렇게 접근한다. "[교회 개척은] 하나님의 선교를 지속시키는 중요한 수단이다. 교회 개척은 복음 전파, 평화 실현, 정의 구현, 환경보호, 지역 사회 개발, 사회 참여 및 많은 다른 선교 사업들을 가능하게 해 준다. 하지만 올바른 체계가 갖추어졌을 때에만 이러한 기능이 수행된다. 교회 개척 자체를 목적으로 삼거나, 혹은 단순히 복음 전파의 수단으로만 여긴다면 교회 개척이 가지고 있는 잠재력을 잃게 될 것이고 하나님의 선교에 대한 우리의 이해와 하나님 나라의 속성을 왜곡하는 결과를 초래할 것이다"(1998, 26). 머리는 계속해서 교회 개척을 하나님 나라에 복속시킨다. "교회의 성장이나 개척 자체는 궁극적 목적이 아니다. 둘 다 하나님 나라를 이루기 위한 신학적 부속물일 뿐이다"(1998, 45). 우리는 교회가 하나님 나라의 확장을 위한 도구라고 확신한다. 머리의 비판과 유사하면서 보다 깊은 비판을 위해서는 체스터

오히려 교회 개척의 목적은 하나님 나라를 확장하여 민족을 구원하고 하나님께 영광 돌리는 백성들로 만들기 위한 하나님의 주요 수단이 되는 것이다. 교회 개척과 그 성장이 비록 하나님 나라와 동의어는 아니라 하더라도 하나님 나라 확장에 필수임에는 틀림 없다.

더 많은 교회가 개척되어야 하는 것뿐 아니라, 어떤 종류의 교회가 개척되어야 하느냐도 문제이다.

선교의 사명은 하나님의 영광을 위하여 지상 모든 백성 가운데 하나님 나라의 공동체를 창조하고 확장시키는 것으로 정의할 수 있다.[11] 그러한 공동체를 창조하는 주된 수단은 복음 전파와 제자 훈련이며, 이것이 곧 교회의 개척, 성숙, 그리고 배가 성장을 이끌어 말과 행위를 통하여 하나님의 통치를 드러내게 된다.

교회 개척의 신학적 근거에 대해 논의했으니, 이제 교회 개척의 실제적 근거에 대해 살펴보기로 하자.

2. 교회 개척의 실제적 이유

교회가 없는 지역과 사회에서는 교회 개척의 필요가 자명하다. 하지만 이미 지상명령을 수행하기에 충분한 수의 교회들이 세계 도처에 있다는 비평 역시 있다. 이러한 비평에서는 더 많은 교회가 필요한 게 아니라 보다 건강하고 더 큰 교회가 필요하다고 본다.

비슷하게, 많은 수의 작은 교회들보다는 소수의 큰 교회들이 복음 전파와 사역에 보다 효과적이라고 주장하는 이들도 있다. 이미 교회가 존재하는 곳에 새로운 교회를 개척하는 일은 기독공동체의 연합을 와해하고, 불필요한 경쟁을 유발시키며, 기존 교회를 쇠약하게 만든다.

(Chester) 2000, 31-35를 참고하라.
11 보다 깊은 논의를 위해서는 오트와 스트라우스 2010, 156-61을 보라.

이러한 주장은 실제로 많은 경우에 유효하게 작용한다. 작고, 경쟁을 좋아하고, 헉헉거리는 교회들이 수없이 번성한다는 사실이 하나님 나라의 목적을 이루는 데에 도움이 된다고 말할 수는 없다. 큰 교회들이 작은 교회들보다 많은 부분에서 더 강력한 영향을 줄 수 있다. 그들은 더 많은 자원을 가졌고, 특별한 사역들을 감당할 수 있는 능력이 있으며, 외부적 효과를 보다 가시적으로 보여 줄 수 있다.

때때로 현명한 관리자들은 기존 교회들에 투자하면서 새로 개척된 교회들에게 대해서는 회의적 반응을 보인다. 어떤 지역 사회들은 이미 성경적이고 건실한 교회들로부터 도움을 잘 받고 있는가 하면, 그렇지 못한 지역들도 있다. 교회 개척의 자원과 에너지를 영적 필요나 전략적 기회가 가장 높은 지역에 집중하는 것이 지혜로운 일이 될 것이다.

하지만 큰 교회와 교회 개척을 대립 관계로 두고, 둘 중 하나를 선택하도록 만드는 틀은 그릇된 이분법을 불러일으킨다. 많은 큰 교회가 교회 개척을 한 후에도 계속하여 성장해 간다. 아주 큰 교회들도 처음 개척되었을 때에는 작은 교회였다는 사실을 기억해야 한다.

에드 스테처와 필립 코너(Ed Stetzer and Phillip Connor, 2007)는 북미 12개 교단 약 2,080개의 교회 개척 사례들을 연구한 결과 개척된 지 3년 안에 또 다른 개척을 한 교회들은 그렇지 않은 교회들보다 더 빨리 성장했다는 사실을 발견했다.[12]

큰 교회들과는 대조되는 면에서 작은 교회들의 영향력을 간과해서는 안 된다. 예를 들어, 세계 곳곳에서 공적으로는 잘 보이지 않는 수많은 가정 교회들이 그들의 사회에 엄청난 영향력을 미치고 있다. 마치 예수님께서 하나님 나라의 비유로 말씀하신 누룩의 효과와도 같다(마 13:33). 기존 교회가 서 있는 곳에 새로운 교회를 개척하는 일이 반드시 이런 작은 교회들과 경쟁을 벌이거나 그들을 약화시키는 것은 아니다. 대부분의 곳에서 더

---

12 그러한 교회들은 4년 뒤부터 평균 130명의 출석을 보인 반면, 새로운 개척을 하지 않은 교회들은 80명 이하의 평균출석을 보였다(Stetzer and Connor 2007).

많은 교회와 동시에 더 크고 더 건강한 교회들 또한 필요로 한다.

어떤 이들은 대부분의 교회 개척은 몇 년 안에 실패로 돌아가기 때문에 자원과 에너지의 낭비라고 말한다. 다양한 연구에 의해 이는 대중적 사실로 여겨진다.

스테처와 코너의 방대한 연구인 "교회 생존력"(church survivability)에 따르면 "68퍼센트의 개척 교회가 시작한 뒤 4년이 지난 후에도 살아남아 있다"(2007). 생존율은 교회 개척자가 어떤 기준으로든 평가를 받고, 다양한 지원 제도가 있을 때에 올라가는 것으로 확인된다.

나사렛교회(Church of the Nazarene)의 4,339개 교회를 전수조사한 결과 5년 이상 된 교회가 문닫는 비율(3.6퍼센트)은 5년 혹은 그 이하의 개척 교회가 문 닫는 비율(3.5퍼센트)과 거의 같은 것으로 나타났다(Olson 2002, 5).

1) 새로운 교회들이 더 빨리 성장하고 비그리스도인들에게 더 많이 다가간다

일반적 경우에 새로운 교회들이 기존 교회들보다 단지 빠르게 성장할 뿐 아니라 복음 전파를 통해 성장한다는 통계 결과들이 많이 있다.

북미를 대상으로 한 연구 결과를 보면 교인 백 명당 세례자의 수에 있어서 기존 교회들보다 새로운 교회들이 네 배 이상 많다고 한다(Wagner 1990, 32-33을 보라).

나사렛교회의 순 교인 수 증가를 보더라도 18년 이하된 교회는 약 40퍼센트가 성장하였는데, 이는 그보다 오래된 교회들의 성장치의 거의 두 배에 가까운 수치이다(Sullivan 1997, 25; Olson 2002도 참고하라).

어느 지역의 40개 자유감리교회(the Free Methodist Church) 가운데 다섯 개 교회가 5년 이하된 교회였다. 그런데 그 다섯 교회는 전체 출석교인의 25퍼센트, 회심자의 30퍼센트을 차지하며, 직장에서 성실히 직업선교사로 사역하는 사람들의 27퍼센트도 그들 다섯 개 교회에서 배출했다(Mannoia 1994, 18-19).

남침례교 북미선교위원회(the North America Mission Board of the Southern Baptists)에 의하면 3년 이하된 교회들은 교인 백 명 가운데 1년 평균 10명의 회심자가 있다. 3년에서 15년 된 교회들은 백 명 중 1년 평균 5명, 그리고 15년 이상 된 교회들은 백 명 중 1년 평균 1.5명의 회심자가 있을 뿐이다(Harrison, Cheyney, and Overstreet 2008, 60에서 인용).

유럽에서도 비슷한 증거들을 볼 수 있다.

예를 들어, 독일 복음주의자유교회(Free Evangelcial churches of Germany)의 교인 분석에 따르면 5년 이상된 교회들은 교인 102명 당 한 명 꼴로 새로운 회심자들이 생기는 데 비해, 5년 이하된 교회들에서는 평균 38명 당 한 명 꼴로 회심자들이 생긴다. 20년 이상된 교회들에서는 회심에 의한 성장이 현저하게 줄어드는 것을 볼 수 있다. 200명 이상의 장년 성도를 가진 교회들은 성장률 자체도 낮을 뿐 아니라, 회심에 의한 성장률도 낮다. 독일의 다른 교단을 봐도 상황은 비슷하다.[13]

볼프강 심슨(Wolfgang Simson)은 새로운 교회의 30-56퍼센트의 사람들은 구도자들로서 새로운 교회에서 더 잘 정착할 수 있는 이들이라고 한다 (1995, 69-71).

이러한 결과들을 모든 상황에 일반화시킬 수는 없다.

일례로, 대만의 113개 교회를 무작위 조사한 앨런 스완슨(Allen J. Swanson, 1986)에 따르면 5년 이하된 교회들이 성장률과 회심자 수에 있어 오래된 교회들보다 낮았다고 한다.

하지만 크리스티안 슈바르츠(Christian Schwarz, 1996, 46)가 32개국 1천 개 교회를 대상으로 5년 이상 조사한 결과 일반적으로는 작은 교회들이 큰 교회들보다 성장률에 있어서 현저히 높다고 말할 수 있다.

대체로 새로운 교회들은 새롭게 성장하는 지역에 개척되는 데 비해, 오래된 교회들은 보편적으로 이미 인구증가가 멈춘 안정된 곳, 오래된 이웃

---

13 예를 들어, 독일 침례교회 중에서 가정선교교회(home mission churches)는 놀라운 성장을 보였다. "Baptisten Gemeinden wachsen um bis zu 10퍼센트," *Idea Spektrum* 21(2001): 10을 보라.

들 사이에 위치해 있다는 것으로 이러한 현상을 설명해 볼 수 있다.

새로운 지역에 들어온 사람들은 새로운 관계와 사적 변화에 있어 개방적이어서 새로운 사람들이 많은 새로운 교회에 출석하는 것도 보다 자연스럽게 여긴다. 하지만 그보다 중요한 면은 새로운 교회들이 보통 복음 전파에 더 큰 열정을 가지고 있고, 방문자를 교회로 이끄는 데에 더 많은 열심을 낸다는 사실이다.

새신자들은 아무도 알아주지 않는 곳에는 가지 않는다. 개척 교회의 구성원들은 그들의 목적에 대해 더 민감하게 생각하고 있으며 복음 전파에 대해서도 보다 집중하며 사역을 하게 마련이다. 복음을 전파하지 않으면 성장하지 못할 것이라는 사실을 항상 인식하고 있기 때문이다. 교회가 성장하여 독립을 하고 나면 성도들의 필요를 채우기 위해 많은 시간과 에너지를 들여야 하다 보니 복음을 전파하는 일은 전에 비해 소홀해진다.

교회 개척 방식은 다양하다. 기존 교회의 전통을 지나치게 파괴하는 형식이나, 다른 사역자들에게 지나치게 의존하는 것이 아니라면 충분히 창조적으로 접근할 수 있다. 그들은 예배 형식이나 지역 봉사 활동, 그리고 지역의 필요에 맞는 다양한 사역에 있어 보다 자유롭다. 교회 개척 멤버들 간에는 기대와 담대함의 마음이 서로 번질 때가 많이 있다. 이 모든 것이 복음 전파와 교회 성장에 효과적으로 작용한다.

2) 모든 교회는 성장에 있어 정체기에 이른다

많은 교회가 수년에 걸친 지속적 성장을 경험하지만 결국 모든 교회는 성장에 있어 정체기를 맞이하게 된다. 무한정 성장이 지속되는 교회는 없다. 수십 년 동안 성장이 방해받지 않는 교회들은 흔치 않은 예외의 경우이다. 미국을 비롯한 많은 국가의 대다수 교회가 주일 장년 출석 숫자 200명 아래로 정체되어 있다.[14]

---

14 미국에서 행해진 한 조사에 따르면 로만 헤톨릭 교회의 평균출석수는 716명인데 비

대상 모집단이 제대로 응답을 하지 않아서 이런 결과가 나왔을 수도 있다. 하지만 더 많은 경우는 복음 전파에 사용해야 할 힘이 성도들의 필요를 채우는 데에 사용되었기 때문이다. 그 외에도 교회당의 구조, 지도자의 은사, 성도들의 기대감, 교회의 위치, 그리고 다른 제한들로 인해 큰 규모의 교회들은 지속적 성장을 하지 못한다.

이러한 현실이 반드시 한탄해야 할 상황은 아니다. 사람들에게 복음을 전하기 위해 새로운 교회들이 개척되어야만 하는 필요를 강조해 주는 것으로 보면 된다.

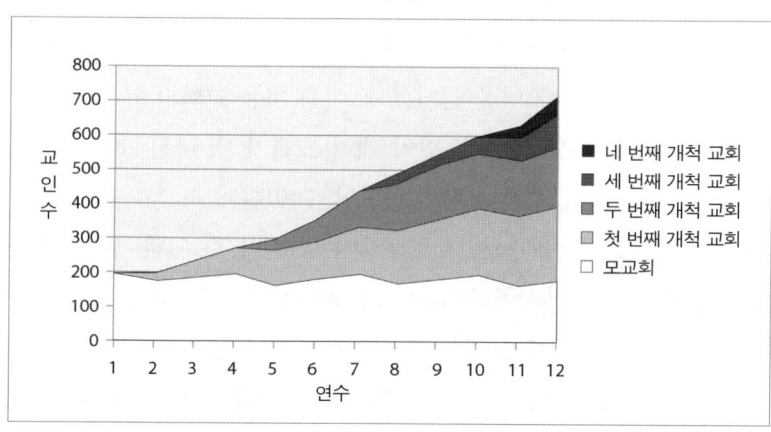

〈그림 2.1〉 개척 교회를 통한 누적 성장

해, 주류 개인 교단의 출석수는 125명이었고 보수적 개신교회의 출석수는 123명에 지나지 않았다(Woolever 2005). 또 다른 조사에서는 "미국 교회의 71퍼센트는 장년 평균 출석이 100명 이하"라고 한다(Chaves 外 1999, 468). 인디애나폴리스의 교회들의 중간값(가장 큰 값부터 가장 작은 값의 중앙에 위치하는 수)은 150명이며, 30퍼센트는 400명 이상이다(Farnsley, n,d.). 남침례교회에는 평균 80명이 주일예배에 출석하는데, "47.1퍼센트의 교회는 성장 중이고, 20.2퍼센트는 정체기, 32.7퍼센트는 성도가 감소하고 있다"(Jones, n.d.). 미장로교회(PCUSA)는 평균출석 212명이, 중간값은 107명이다(PC(USA) 2005). 미국과 캐나다의 나사렛교회의 평균 성도의 수는 104명이다(Crow, n.d.). 영국에서 있었던 2005 영국교회조사(English Church Census)에 의하면 영국 교회들의 주일 출석 평균은 84명이었다(Evangelical Alliance Information and Reosurces Centre 2006). 독일 복음주의자유교회의 출석의 중간값은 장년 64명이었다(Bund Freier evangelischer Gemeinden). 인도 교회 개척 운동으로 생긴 5,400여 교회들은 평균 85명의 신자가 있다(Garrison 2004a, 47).

백 명의 성도를 가진 교회는 개척 교회에 20명을 보낼 수 있다. 500명을 가진 교회라면 더 많이 보낼 수 있다. 개척 교회에 성도들을 보낸 이후 개척 교회는 성장하기 시작하며, 모교회 역시 다시 성장하기 시작하여 원래의 성도 수만큼 복귀되거나 정체되었던 수를 넘어서게 된다는 것이 몇 번이고 입증되었다. 전체로 보자면 더 많은 이가 모이게 되었다.

성장의 추이는 대략 그림 2.1과 비슷하다. 모교회는 200명이라는 숫자에서 정체되었었다. 모교회가 매 3년마다 20-30명을 개척 교회로 보낼 때, 전체적 성장이 일어난다.

하나의 개척 교회가 시작될 때 모교회는 정체 숫자, 즉 200명이라는 숫자로 다시 성장하기 시작한다. 모교회는 한 번도 200명이라는 숫자를 넘긴 적이 없고, 개척 교회들도 눈에 띄는 성장을 하지는 않는다. 그러나 11년 만에 누적 성장은 700명을 넘어섰고, 이는 처음 교회의 규모에 비해 세 배 이상의 성장을 이룬 것이다. 만약 개척 교회가 또 다른 교회를 개척하기 시작한다면, 기하급수적 성장이 일어날 수 있다.

이러한 추이를 전 세계적으로 확대하여 그려 볼 수 있다. 많은 개척 운동에서 성장은 보다 극적이다(Garrison 2000을 보라). 특별한 은사나 자원이 없는 비교적 작은 교회들도 배가 성장을 시작할 수 있다.

일반적으로 성장이 더딘 독일 교회의 예를 들어 보자. 본(Bonn)에 위치한 한 교회는 성도 수가 300명을 간신히 넘기는데, 1989년부터 1996년까지 총 118명의 성도를 보내어 다섯 개의 교회가 개척되도록 하였다. 이 기간 동안 개척된 교회들은 거의 두 배 정도 성장을 하여 총 214명의 성도를 이루게 되었다. 그 사이 모교회는 그들이 보냈던 118명보다 더 많은 성도들을 다시 채웠다. 전체 출석교인들은 420명에서 690명으로 증가하였고, 가정 수도 24가정에서 55가정으로 증가하였다.[15]

---

15   교인 수에 관련된 자료는 독일자유복음주의교회연합(Bund Freier evangelischer Gemeinden in Deutschland)과 담임목사의 개인적 기록을 바탕으로 제공되었다.

이것은 전도가 쉽지 않은 지역에 위치한 평범한 교회가 개척을 통하여 성장한 한 예이다. 핵심은 비전을 가진 모교회의 리더십, 굳건한 믿음, 그리고 개척 교회에 성도들을 보내 주는 기쁜 마음이다.

더 많은 이에게 복음을 전하기 위해 개척 교회를 시작하면서 장벽에 부딪힌 작은 교회들에게는 분명 고무적 소식이다. 개척 교회가 시작되도록 성도들을 보낸 모교회도 보통의 경우 지속적으로 성장할 것이다.

3) 새로운 교회는 기존 교회가 다가가지 못하는 이들에게 갈 수 있다

이는 특별히 미전도 종족 가운데 교회가 개척된 사례에 해당한다. 전 세계 60억 인구 중에 3분의 1에 해당하는 이들은 지역 교회를 통한 복음 전파가 이루어지지 않고 있다. "200개의 주요 언어그룹들에는 복음을 알지 못하는 이들이 각 그룹당 10만 명 넘게 있다" 그리고 "1,192개의 복음이 전해지지 않은 언어그룹들은 어떤 기독교 선교단체도 복음 전파의 타겟으로 삼은 적이 없다"(Barrett, Johnson, Crossing 2008).

또 다른 조사에 따르면 대략 전 세계 인구의 4분의 1에 해당하는 16억 명 이상의 사람들은 복음화율이 2퍼센트 미만에 지난 2년 동안 한 번도 교회가 개척된 적이 없는 5,837개의 민족에 속해 있다(Holste and Haney 2006). 새로운 교회가 개척되지 않는다면 그들은 어떤 그리스도인들과도 만나지 못하고 그들이 이해할 수 있는 언어로 복음을 듣지 못할 가능성이 높다(Wood 1995를 보라).

기존의 교회들은 성장에 있어 정체기를 겪을 뿐 아니라 복음 전파에 있어서도 동일한 민족에게만 접근하는 경향이 있다. 새로운 교회들은 새로운 사회 집단이나 하위 문화(subculture), 그리고 다양한 민족에 초점을 둘 수 있다. 예를 들어, 동유럽에서 흔히 집시라 불리는 로우마(Roma)들은 일반 대중에게 무시를 당한다. 동유럽의 어느 도시에서 로우마들이 그리스도를 믿게 되었어도, 그들은 기존 교회에서 환영을 받지 못한다. 안타까운 현실이지만, 그들을 위한 새로운 교회를 건설하는 것 외에 그들을 제자로 만드는 다른 방법은 없다(LOP 43, 2005).

새로운 교회들은 지리적으로 보다 먼 곳에 있는 교회들이 미치지 못하는 이들에게 다가갈 수 있다. 게다가 오래된 교회들은 많은 경우 가족이나 친구, 또는 기존 성도들의 동료들을 통해서 자연스럽게 복음을 증거하는 일에 지쳐 있다. 새로운 교회들은 지역 내 새로운 접촉점들을 개발함으로 새로운 사람들에게 다가갈 수 있다.

4) 도시와 지역을 복음으로 흠뻑 적시기 위해 새로운 교회들이 필요하다

그동안은 전세계제자화운동(Discipling a Whole Nation[DAWN], Montgomery 1989)이나 포화교회 개척연합(Alliance for Saturation Church Planting)과 같은 조직들을 통해 새로운 교회를 세움으로 사람들에게 복음을 전파해 도시와 지역을 복음으로 적시는 것이 주요 전략이었다.

그들의 목표는 천 명의 주민 당 한 개의 교회, 혹은 시골 지역의 경우에는 모든 주민에게 접근 가능한 거리마다 하나의 교회를 세우는 것이었다. 보통의 교회가 개별적으로 접근하고 복음을 전하는 데에 효과적 최대의 수가 천 명이라는 게 그 근거였다.

1993년 독일 뮌헨에서의 연구는 인구 만 명 당 하나의 복음적 교회를 목표로 한다 해도 백 개의 새로운 교회를 개척해야만 한다는 사실을 보여 주었다. 그 연구에서는 또한 가장 빠르게 성장하는 교회들은 5년 이하 된 교회들이며 중심부에 위치하지 않고 주민들과 즉시로 소통할 수 있는 동네에 위치해 있다고 보고한다(Otto 1994). 서아프리카 기니아의 크리스천-선교사 연합(the Christian and Missionary Alliance)의 활동 경험은 이 점을 잘 보여 준다(사례 연구 2.1을 보라).

〈사례 연구 2.1〉

기니 마센타(Macenta)에서의 교회 개척

오랜 시간 동안 마센타 지역에서는 복음 전도 활동을 통해 많은 '결신'이 생겨났다. 그러나 지난 25년 동안 교회에 출석하는 사람들은 늘지 않았다. 무언가 잘못됐다. 사람들을 크리스천으로 만들기 위해 그들에게 접근이 용이한 지역에 교회를 개척하기 위한 전략이 만들어졌다. 이는 지속적 접촉을 가능케 하고, 영적 양육을 분권화해서 평신도들의 참여를 만들어 낼 것이다. 이상적으로는 모든 교회가 매년 또 다른 교회를 개척할 수 있고, 모든 크리스천들은 매년 한 사람을 그리스도께 이끌도록 고무될 것이다.

이러한 야심 찬 계획이 실행되기 위해서는 평신도 지도자들이 신학연장교육(TEE, theological education by extention)과 실천적 교회 개척 경험을 통해 훈련을 받아야만 했다. 만약 모든 교회가 전통적 방식의 신학 교육과 임직 받은 리더들을 기대했다면, 이 계획은 시작부터 물거품이 되었을 것이다.

이 프로그램은 1992년 시작되었다. 1996년에 이르러 교회의 수는 25개의 150개로 늘었는데 많은 수는 마을 내에 있는 가정 교회였다. 보다 놀라운 것은 성도들의 수가 1천 명에서 6천 명으로 늘었다는 것인데 이를 통하여 교회 개척이 보다 효과적 복음 전도와 후속 조치를 용이하게 하였음을 보여 주었다. 결과로 성도들뿐 아니라 진정으로 제자 훈련을 받는 이들도 늘게 되었다. 안수를 받은 목회자들의 수는 변동이 없었다. 다만 90명의 평신도 목사들이 훈련받았고 동원되었다. 이 모든 일은 노골적 반대와 심지어 핍박 가운데 일어난 것이었다(Pfister 1998).

5) 새로운 교회는 장기적 성장과 새신자 제자 훈련을 위해 필요하다

사례 연구 2.1에서도 나타나듯이, 새로운 교회가 개척되기 전까지는 많은 사람이 개인적으로 신앙을 고백한 후에도 제자 훈련을 지속하지 못한다. "교회에 다니지 않는" 크리스천들에 대한 보고도 종종 들려온다.

인도의 타밀족(the Tamil) 사람들이 하나의 예이다. 그들은 기존의 교회에 출석하지 않는다. 왜냐하면, 그곳에 가 봤자 환영받지 못하거나 사회적 장벽이 너무 커서 새신자들이 극복할 수 없기 때문이다. 때로는 기존 교회들이 신자들의 요구에 부응하기도 하지만 힌두교를 배경으로 하는 신자들의 필요를 채우기 위한 토착화는 이루어지지 않는다.

전통적 교회 건물들은 많은 새로운 신자를 수용하기에는 너무 작고, 전통적 리더십 구조들은 성장하는 교회의 필요에 적응하지 못하는 다른 사례들도 있다.

데이비드 게리슨(2004b)은 새신자 중 50-80퍼센트는 감소하는데 그 이유는 그들이 기존 교회의 교제에 참여하지 못하기 때문이라는 사실을 발견했다.

6) 새로운 교회들은 전도 활동을 더 강화하도록 기존 교회들을 자극한다

교회 개척이 때로는 기존 교회들과 경쟁하는 양상으로 보이기도 하지만 오래된 교회의 성도들은 새로운 교회가 어떤 창의적 방법으로 그리스도를 위하여 사람들에게 접근하는지를 보게 된다. 이것은 다시 그들의 복음 전도에 대한 노력을 새롭게 하는 자극을 준다. "그런 방식은 여기선 안 통해"라는 오래된 구호는 새로운 교회 개척에 의해 자주 반증된다.

기존 교회들은 종종 현상유지에 급급하며 전도의 동기유발이 부족하거나 혹은 전도에 대한 자신감이 떨어져 있다. 새로운 교회 개척이 어떻게 지역 내의 다른 교회들과 함께 복음 전도의 열정에 새로운 동력을 주었는가에 관한 이야기는 너무도 많이 있다. 종국에 가서는 더 많은 신자와 더 많은 교회가 움직이게 되고, 더 많은 이가 복음을 들으며, 개척한 교회뿐 아니라 모든 교회가 유익을 얻게 된다.

개척 교회가 시작될 수 있도록 기존 교회가 성도들을 보내 주고 나면, 남은 성도들은 그들의 예배당의 빈자리를 발견한다. 개척하러 나간 교회의 복음적 열정을 보게 되고, 그들 또한 새로운 복음 전략을 재고한다. 현상 유지라는 안이한 생각은 사라진다. 모 교회 역시 복음의 열정으로 새롭게 된다.

7) 새로운 교회는 더 많은 일꾼을 움직인다

교회 개척은 보통 소수의 사람이 팀을 이루어 시작한다. 이 사람들에게 매우 큰 헌신이 요구될 뿐 아니라, 개척된 교회가 성장하기 시작하면 새로운 성도들에게도 자연스럽게 사역에 투입될 것이 요청된다. 개척 교회에서는 모든 사람이 헌신하고 봉사해야 한다는 사실을 누구나 알고 있다. 모든 사람을 필요로 한다. 모든 사람은 새로운 기술을 개발하고 연마하며, 막중한 책임을 지게 되고, 은사를 개발하는데, 이러한 일은 그들이 기존 교회에 있었으면 생각지도 않았을 일들이다.

"저보다 잘하는 사람이 있겠죠?"

이런 변명은 개척 교회에서는 통하지 않는다. 아무도 없기 때문이다. 은혜로운 하나님께서 이들에게 은사와 재능을 공급하시어 이들의 신앙과 봉사가 진일보하도록 도우신다.

슈바르츠(1996, 48)가 여러 나라를 조사한 결과에 따르면 평균적으로 100명 이하의 성도가 있는 교회에서는 31퍼센트의 예배참석자들이 교회 사역에 적극적으로 참여한다. 교회의 규모가 커질수록 이 비율은 일정하게 줄어든다. 1천 명 이상의 교회에서는 17퍼센트의 예배참석자들만이 봉사에 참여한다. 우리의 조사에 따르면 보통 작게 시작하는 개척 교회의 경우 75퍼센트 혹은 그 이상이 봉사에 참여한다.

또 다른 면에서, 모교회가 개척 교회를 위해 일꾼들을 보내고 나면, 그들이 봉사했던 공간이 진공으로 남아 있게 된다. 거기에는 반드시 다른 이들이 훈련받아 그 사역을 이어 가게 되어 있다.

8) 새로운 교회는 사회 변혁의 핵심이다

하나님 나라 공동체가 새로 생겨날 때 사회는 긍정적 영향을 받는다. 교회 성장 전문가들은 사람들이 크리스천이 될 때 "사회의 상승"이 일어난다는 사실을 오랜 시간 관찰해 왔다. 가난한 하층 시민들이 크리스천이 되면서 성경적 생활습관을 취하고, 그 결과로 사회적 지위가 상승하고 생활 수준이 올라간다는 것이다(McGavran 1980, 295-313; Wagner 1981, 42-46).

예를 들면, 아버지들이 가족에 대해 더 많은 책임감을 느끼게 되어, 술과 도박을 하는 대신 자녀들의 교육에 지출하게 된다. 윤리가 직장에 확대되고, 절망과 열등감에 사로잡혀 있는 곳에도 인권이 꽃을 피우게 된다.

기아대책기구(Food for the Hungry)의 야마모리(Tetsuano Yamamori) 같은 총체적 사역의 옹호자들도 가난한 자들을 위한 도시 사역의 일부로 교회 개척을 포함한다(Yamamori 1998, 9; Grigg 1992도 참고하라). 희망과 도움의 공동체가 가난한 자들 가운데 건설될 때 그들은 삶의 지경을 개선할 힘을 얻게 된다.

태국 선언에서는 '도시 빈민을 위한 그리스도인들의 증언'(Christian Witness to the Urban Poor)에 대해 이렇게 말한다.

> 도시 빈민에게 복음을 전하는 기본적 전략은 그리스도인들이 더불어 살면서 타인과 평등하게 나누는 공동체를 건설하거나 재건하는 것이다(LOP 22, 1980, 16).[16]

다양한 원조 개발 기구들은 지역 교회와의 연계가 단지 영적 변화를 일으키는 것 외에도 사회적, 교육적, 그리고 경제적 향상을 위해 가장 효과적 접근 방법의 하나라고 말한다.

전부는 아니겠지만 대부분 교회가 가난한 자들의 필요를 무시하거나 그들을 수용하고 섬기는 데에 어려움을 겪는 것은 안타까운 일이다. 가난한 자들은 상류층이 모여 있는 교회에서 환대를 받지 못하며 그곳에서는 평안함을 얻을 수 없다. 기존 교회들이 겪는 이 어려움을 해결하고자 한다면, 빈민들 가운에 교회를 개척하는 일이야말로 그들에게 복음을 전하는

---

16 1980년 태국 파타야에서 열린 '세계복음화전략회의'(Consultation in World Evangelization)에서 채택된 선언 – 역주.

유일한 현실적 대안이 될 것이다.

이에 대한 가장 놀라운 사례 중 하나는 인도 반기 달리트 계급에서 일어났던 '그라민 파친 만달 운동'(the Gramin Pachin Mandal movement)이다.[17] 1984년에 시작된 이 운동을 통하여 2004년까지 무려 70만 명 이상의 신자들이 세례를 받았다. 반기(Bhangi)는 카스트 계급에서 가장 낮은 계급으로 일반 계급의 사람들과 상종할 수 없으며 화장실 청소 등의 일만을 한다. 그들에게 존엄성을 주고 자체의 지도력을 인정하는 고도로 토착화된 운동이 시작되고 나서야 기독교 운동도 가능하게 되었다(Pierson 2004를 보라).

이에 더하여, 사회의 정의와 긍휼의 목소리가 되고자 하는 비전과 함께 중간 및 상위 계층에서도 교회들이 개척되어야만 한다. 안타깝게도 기존 교회들은 종종 현상 유지에 만족한다. 새로운 교회들은 실제로 가난한 자들의 필요에 즉각 반응할 수 있다는 점과 제도적인 면에서 사회 변혁을 위해 일할 수 있다는 점 모두에서 중요한 역할을 할 수 있다.

예를 들어, 나이로비교회는 그들이 중간 및 상위 계층에 하나의 교회를 개척할 때마다 빈민들을 위해서는 두 개의 교회를 개척하기로 결정하였다(Muriu 2007).

마닐라에 있는 중간 계층의 복음주의자유교회는 불법체류자들이 모여 있는 지역에 교회를 개척하기 위해 성도들을 보냈고, 빈민을 돕기 위한 다양한 사회 활동들은 새로운 교회의 시작부터 그 일부를 차지했다.

교회는 교육 향상, 동일한 기회 제공, 인권 보호, 토지 개혁, 안전한 작업 환경 구축, 소외되고 배제된 사람들에게도 공정한 대우와 평등한 기회가 제공되도록 함으로써 그 사회의 "소금과 빛과 누룩"이 되어야 한다. 이 주제에 대해서는 제19장에서 다시 다룰 것이다.

---

[17] 달리트(Dalit) 계급은 힌두교의 카스트 계급 제도에서 모든 계급보다 더욱더 낮은 하층민을 뜻하는 말이다 – 역주.

3. 기존 교회가 있는 지역에 개척해도 될까?

다른 교회들이 이미 있는 지역에 교회를 개척하는 것은 민감한 문제이다. 위에서 언급했듯이 교회 개척은 새로운 사람들에게 접근하기에 쉽고 지역을 복음화하는 데 공헌할 것이다. 하지만 동시에 기존 교회의 교인들이 새로운 교회로 옮겨 가는 일도 생기게 된다.

그런 식의 교회 개척은 교회들의 연합을 해치는 일인가?

이미 다른 교회가 있는 지역에 교회를 개척하는 일이 올바르다고 누가 결정해 줄 수 있을까?

우리가 주장하는 교회 개척은 아무 지역에나, 어떤 대가를 치르고라도 하는 것은 아니다. 각 교단의 깃발을 꽂기 위해 경쟁하고, 서로 양 떼들을 빼 오는 일이 교회 개척의 노력으로 여겨져서는 안 된다. 교회는 다른 이의 희생 위에 서서는 안 된다. 교단 세력 확장이나 개인 왕국 건설, 혹은 폐기된 종교적 전통의 유지 등은 새로운 교회 개척을 반대하는 동기가 된다.

대다수 사람이 교회에 속해 있으면서도 교회 생활에 참여하지 않거나 가장 기본적인 기독교 신앙을 고수하지 않는 지역이 지구촌 곳곳에 많이 있다. 물론 하나님만이 중심을 판단하시지만, 그런 명목뿐인 그리스도인들을 향한 실제 사역들이 그들에게 다가가야 한다. 혹은 다시 그들이 예수 그리스도 안의 살아 있는 신앙을 얻도록 다가가 주어야 한다.

그렇게 해야 할 필요를 느끼지 못하는 기존 교회들은 이런 명목뿐인 그리스도인들에게 새로운 교회가 다가가는 것을 막아설 어떤 권리도 가지지 못한다. 이런 교회 중 많은 교회는 복음의 능력과 성경의 권위를 부정하며 그저 신학의 지배만을 받는다.

> 교회를 개척하고자 하는 지역에 이미 교회 건물이나 심지어 회중이 있다고 해도 그것 때문에 새로운 교회 개척의 가능성을 배제해야 하는 것은 아니다. 내향적 혹은 사회적으로 고립된 교회, 그들 자신의 영적 성장만을

생각하는 교회, 그들의 이웃과 아무런 대화를 하지 않는 교회, 이해할 수 없는 어려운 전문용어만을 사용하는 교회, 말은 많지만 행함은 적은 교회, 그들이 선포하는 복음을 구체화하는 데 실패한 교회, 이런 교회들은 하나님의 선교(Missio Dei)에 어떤 긍정적 공헌도 하지 못하고 있다(Murray 1998, 37).

이미 교회가 있는 지역에 교회를 개척할 때 유용한 몇 가지 지침을 부가 자료 2.1에서 제공한다.

〈부가 자료 2.1〉
교회가 있는 곳에 교회를 개척할 때

1. 그 지역의 영적 필요를 정직하게 평가하라

기존 교회들이 그 지역의 영적 필요를 적절하게 채워 주고 있는가?
특정 인종이나 사회적 지위를 가진 이들, 복음을 듣지 못한 이웃들을 향한 관심이 없거나 취약한가?
지역 내 그리스도인과 비그리스도인의 비율은 어느 정도인가?
교회들은 지역적으로 고르게 분포되어 있는가?
기존 교회들이 복음을 효과적으로 전하고 있는가?
진정으로 필요한 곳에만 개척하기로 결정하라.

2. 얼마나 많은 교회면 충분한지 고려하라

어떤 지역의 최적 교회 수를 결정해 주는 고정된 공식은 없다. 어떤 선교학자들은 일반 대중의 10퍼센트가 적극적 그리스도인이라면 적당하다고 말한다. 그러나 그러한 지역에서도 여전히 기존 교회들이 다가가지 않아 남아 있는 지역이 있다. 기존 교회들은 지역적으로 불균형하게 퍼져 있을 수 있다. 게다가 기존 교회들은 충분한 내적 성장으로 인해 외적 활동에 관한 관심을 가지지 않고 하나님 나라를 위해 지역에 영향을 미치는 데 실패했을 수 있다. 머레이는 이 점을 이렇게 잘 요약해 준다.
어떻게 현대 사회의 교회의 사명이 완수될 수 있겠는가?
만약 기존의 교회들만으로 이 사명이 완수될 수 있다면 교회 개척은 불필요하다. 하지만 기존 교회들의 지역적 한계, 지역 사회와 소통하는 능력의 한계, 혹은 단순히 그들이 충분하지 않기 때문에 이것이 실현 불가능한 일이라면, 교회 개척은 필수적이다(1998, 14).

3. 기존 교회들에게 당신의 의도를 알리고 협력을 약속하라

열린 소통이 존중, 선한 의도, 그리고 타 교회와의 연합을 보여 주기 위한 첫 번째 단계이다. 교회 개척의 목적과 성격을 분명히 하고, 이 개척은 '양 훔치기'나 교회를 옮기게 하려는 의도에서가 아니라 새로운 방식으로 이 지역에 복음을 전파하고 섬기기 위함임을 일러주라. 오해를 방지하고 부정적 의심을 해소해 줄 것이다. 그 지역의 영적 필요를 분명하게 보여 주는 인구통계학적 데이터는 기존 교회 지도자들에게 새로운 교회의 중요성에 대한 안목을 열어 줄 것이다.

4. 협력하기로 한 약속을 이행하고 성도를 빼앗지 마라

지역 목회자들의 모임이나 복음주의연맹 혹은 그와 비슷한 모임에 참여하는 것, 특별 기도주간이나 전도를 위한 노력, 그리고 다른 협력 사역 등이 연합과 협력을 잘 보여 줄 것이다. 만약 다른 교회를 출석하는 교인이 개척 교회에 출석하고자 한다면 가장 좋은 방법은 해당 교회의 목회자에게 연락해서 그 상황에 대해 논의하는 것이다. 좋은 관계를 발전시키는 또 다른 방법은 교회 행사를 정기적으로 다른 교회들에게 알려 주고, 그들의 계획을 지지해 주며, 다른 이들에 대한 비방을 삼가는 것이다.

교회 개척이 성경적 과제이며 지상명령을 성취하기 위한 핵심이며, 이미 교회들이 있는 많은 지역에서 실제적으로 필요하다는 사실은 너무도 자명하다. 교회 개척은 성경적 선교 이해의 중심에 서 있다. 교회 개척은 미전도 종족을 위해서뿐 아니라, 복음이 '전해진' 지역을 흠뻑 적시는 운동의 시작점이다.

제3장

신약성경에서 시작

신약성경이 교회 개척의 안내서는 아니지만, 교회 개척자들을 위한 원리와 그들의 노력의 한계를 말해 준다.

찰스 차니(Charles Chaney, 1982, 20-35)는 교회 개척의 세 가지 기둥을 하나님의 속성과 목적, 교회의 속성과 목적, 그리고 현대 인류의 필요와 조건이라고 하였다. 그의 말이 맞는다면 우리는 다문화 교회 개척의 강력한 동기를 찾아야 할 뿐 아니라 우리의 임무를 수행하는 데 충분한 성경적 원리의 안내도 받아야 한다. 개척자들을 안내하기 위한 교육은 아마 수백 가지가 있을 것이다.

이번 장에서는 복음서에 나타난 교회 개척의 개념적 기반, 사도행전에 나타난 초대 교회의 인식, 그리고 바울 서신에 나타난 반향을 검토함으로 가장 현저한 모습과 교훈만을 보려 한다.[1]

1. 복음서의 토대

교회 개척을 공부하는 많은 이가 복음서가 아닌 사도행전부터 시작한다. 왜냐하면, 사도들이 권능을 받아 제자로 삼고 교회를 형성하기 시작한 것은 예수님의 부활과 승천, 그리고 성령 강림 이후부터이기 때문이다(행 1-2장).

---

[1] Ramsay 1982, Bruce 1969, Green 1970, Longenecker 1964와 1971, Banks 1994, Riesner 1998, 그리고 Schnabel 2004와 2008 등 초기 그리스도인들의 선교와 초대 교회의 확장에 대한 상세한 성경 연구를 더 읽어 볼 것을 제안한다.

신학적 이유가 있을 수도 있겠지만, 바울의 사역에서부터 시작하면 분명한 단점이 있다. "내 교회를 세우리니"라고 말씀하신 그분이 또한 그 교회를 세우는 일에 사람들이 참여하도록 준비시키셨고, 오늘날 교회 개척자들을 위한 토대를 제공해 줄 수 있는 중대한 개념을 주셨기 때문이다.

바울의 교회 개척을 시작으로 할 경우 또 다른 약점은 재생산하는 교회의 개척은 바울의 사역과는 멀리 있었다는 것이다. 예루살렘 교회(행 1장부터 8:3)와 안디옥 교회(행 11:19-30; 13:1-3)가 분명한 예이다. 이들로부터 갈릴리, 사마리아(행 8-9장, 특히, 9:31), 수리아, 베니게, 구브로와 구레네(행 11:19-20)로 교회들이 퍼져 갔다. 이것은 많은 부분에 있어 평신도 복음 확장 운동이었고, 그 시작은 박해의 결과였다.

이들은 예수님을 구세주와 메시아로 믿기 위해 모인 자들로 구성된 예수 공동체인 새로운 교회를 건설했다. 이들 공동체는 예수님의 인격과 가르침을 그 중심에 두었다. 따라서 오늘날 예수 운동은 마땅히 그분이 직접 가르치신 내용을 그 뿌리와 성격으로 규정해야만 한다.

예루살렘에 있던 제자들이 위로부터 능력을 받았을 때 이미 그들은 세상에 보내진 이유를 알고 있었고, 주님이 자신의 교회에 바라셨던 코이노니아를 경험했다. 그들은 복음을 선포했고, 새로운 제자들을 만들었으며, 하나님 나라 공동체를 위해 사람들을 불러 모았는데, 성령님의 인도하심이 아니고서는 교회 개척을 위한 어떤 새로운 가르침도 받지 않았다. 수많은 교회가 유대와 사마리아에서 일어났다.[2]

따라서 초대 교회를 형성하고 그 뒤에는 바울과 다른 사도들, 그리고 동역자들의 선교 여행을 통해 이방인들에게 전해진 교회 개척의 토대를 보려면 복음서부터 살펴보는 것이 좋다.[3]

---

2   사도행전 9:1-2에 보면 "그 도를 따르는 사람"들이 여전히 여러 회당에 있었다. 이는 박해와 빌립, 베드로, 그리고 다른 사도들의 설교(행 8-10장)가 회당에서부터 유대, 갈릴리, 그리고 사마리아에 이르기는(행 9:31) 새로운 하나님 나라 공동체 건설에 이바지했음을 보여 준다. 누가는 이러한 공동체들이 수적으로 증가했다고 말해 준다(ibid.).

3   브루스(F. F. Bruce)는 새로운 이스라엘이 될 교회의 원형을 찾으시려 했다는 또 다른 증거를 내놓는데, 곧 "보좌에 앉아 이스라엘 열두 지파를 다스리"게 될(눅 22:30) 열

1) 뛰어난 교회 건축가 예수

어떤 면에서 예수님은 탁월한 교회 개척자이셨다(마 16:18). 이 사실은 최초의 그리스도인 공동체를 자신의 가르침 위에 세우셨고 세상을 향해 그분이 주신 사명을 감당하게 하려고 성령으로 권능을 주셨다는 점에서 역사적으로 확인할 수 있다.

예수님은 제자들의 모임을 교회의 배아 상태로 여기셨다.[4] 우리는 이미 이 사실을 알고 있다. 범죄를 어떻게 다루어야 하는지에 대한 교훈을 주시는 마태복음 18:17에서 예수님께서 제자들을 교회(*ecclesia*)라고 부르셨기 때문이다.

스튜어트 머레이(Stuart Murray)는 마태복음 18:15-20에서 오순절 전 하나님 나라 공동체로서의 기능을 수행하고 있음을 발견한다.

> 예수님께서는 진지한 제자도의 공동체, 개방적이고 사랑하는 관계로 규정되는 공동체, 불완전한 사람들로 이루어져 있어서 최고 수준을 지향하면서도 실패를 염두에 둔 채 삶을 발전시켜 나가고 있을 뿐임을 인식하는 공동체, 개인의 책임과 공동 행위 간의 균형을 이루는 공동체, 성직자주의가 전혀 없는 공동체, 그리고 분명하게, 이런 방식으로 운영되기에 충분히 작은 공동체를 묘사하셨다(1998, 85).

두 제자의 선택이 그것이다. 그는 이렇게 말한다. "계획된 우연인 그들의 수 열둘은 이스라엘 지파의 총 수로서, 그들을 인도할 '이스라엘'이 있다는 의미를 내포한다"(1969, 177). 그들은 열둘을 유지하기 위해 가롯 유다를 대체하는 데 신중했다.

[4] "아주 초기 단계에서 이 공동체는 구약성경에서 이스라엘의 총회(*qahal*) 혹은 회중(*edah*)을 의미하는 용어들에 의해 정의되는 듯 보인다"(Bruce 1977, 206). 브루스는 또한 오순절이 아니라 부활에 대한 신앙이 "흩어졌던 예수님의 제자들을 다시 모았고 그분의 죽음 불과 몇 주 뒤에 그들은 예루살렘에서 정연하고, 활력 넘치며 자기증식을 하는 공동체로 나타났다"는 점을 강조한다(ibid.).

에클레시아에 대한 마태복음의 또 다른 구절에서 예수님은 베드로에 의해 고백된, 자신이 메시아라는 진리 위에 그분의 교회를 세우시겠다고 약속하셨다(마 16:18). 에클레시아에 대한 언급은 미래형으로 사용되었지만, 현재에 그 뿌리를 내리고 있다. 교회는 예수님이 누구신가 하는 사도적 선언(반석), 사도적 권위에 순종(천국 열쇠의 능력), 그리고 사탄의 방해로부터의 승리(음부의 권세) 위에 건설된다.

따라서 교회의 발전과 확장은 보장되며, 그 토대는 다름 아닌 사도적 가르침에 의한 예수 그리스도의 인격과 사역이다. 오순절 이전 제자들의 공동체는 배아 단계였고 어떤 점에서는 가변적이었으나 그럼에도 예수님께서 그의 제자들에게 바라셨던 특성들을 보여 주었다.[5]

2) 예수님의 가르침에 나타난 교회 개척의 본질 개념

예수님은 최소 네 가지 주제를 가르쳐 주심으로 제자들과 사도들이 예수님의 이름을 증거하고 신자들을 모으도록 개념적 틀을 제공해 주셨다.

① 하나님 나라 확장하기
② 씨 뿌리기와 거두기
③ 진정한 예배자 모으기
④ 제자 삼기

---

5   이들 헌신된 제자들의 집단은 사도적 모임을 넘어 성장했으며 사회 각 층의 다양한 사람을 포섭했다. 예를 들어, 마리아와 마르다 같은 여인들, 니고데모와 아리마대 요셉 같은 종교 지도자들, 나사로 같은 신실한 친구, 예수님의 어머니 마리아와 및 야고보를 비롯한 그의 육신의 형제들이 그들이며(행 1:14; 고전 15:7), 최소한 120명이 되는 이름이 알려지지 않은 제자들도 포함한다(행 1:15). 또한 500명 이상의 신자들이 부활하신 예수님의 나타나심에 대하여 증거하였기에(고전 15:6) 예루살렘 공동체와 직접 연관이 있지는 않은 다른 제자들도 있었을 것이다.

복음서에서 교회의 설립은 하나님 나라에 대한 예수님의 가르침으로 선포되고 준비된다. 교회가 하나님 나라와 동일하진 않지만, 교회는 언젠가 완성될 하나님 나라의 표지이자 증인으로서 이 시대에 그분의 왕국을 위한 하나님의 주된 도구이다. 하나님 나라에 대한 예수님의 언급은 교회의 탄생을 소망하면서 그분의 말씀이 전해지는 곳마다, 그리고 그분의 말씀과 규율에 순종하도록 사람들을 부르는 곳마다 중심에 있었다.

필립 스테인은 그 관계를 이렇게 묘사한다.

> 그 과정을 통하여 그리스도께서는 하나님의 백성 위에 임하시는 그분의 통치의 새 시대를 여셨다. 주님은 의롭고 정당한 규율을 삶에서 보여 주면서 하나님께서 천국에서 행하시는 일을 이 땅에서 보여 줄 수 있는 새로운 사람들을 부르셨다(마 5-7장). 그분의 나라는 지금 실재했다. 이미 그 시대에 시작되었다. 다만 그분이 다시 오실 때까지는 완전히 이루어지지 않는다 … 그분의 백성들은 공동체에 대한 이해를 가지고 왕의 지배 아래 있어야 했다(마 8:8-11).
>
> 진정한 공동체의 교제 안에서 그들은 신앙뿐 아니라 재물까지 모든 것을 공유했다 … 그분의 나라는 그 시민들을 통해 백성의 삶과 사회 체계에 영향을 끼치게 되었다. 하나님 나라는 사람들을 사로잡았다. 그분의 왕국이 사람들에게 임하여 사탄의 세력에서부터 그들을 건져 내고(마 12:28; 눅 11:20) 그 결과로 삶에 대한 새로운 조망을 가지게 되었다(1992, 244-45).

하나님 나라의 확장은 예수님의 비유들에서도 분명히 드러난다. 예수님께서 그려 주시는 그림을 통해 제자들은 비록 성장의 양과 속도의 차이는 사람들의 수용 여부에 달려 있겠지만 어떤 경우에도 복음의 씨앗은 뿌려져야 한다는 사실을 배웠다(마 13:1-23).

하나님 나라의 성장은 마치 겨자씨와 같아서(31-32) 놀랍도록 강하게 확산하며, 반죽 속의 누룩 같아서 침투하며 변형시키고(33), 또한 심판의 날까지 계속된다(24-30). 물론 성장 자체는 하나님의 신비한 사역이지만 씨를 뿌리는 책임은 인간에게 있다(막 4:26-29).

하나님 나라에 대한 예수님의 가르침은 소금과 빛의 효과에 대한 말씀에서도 알 수 있듯이 교회 개척의 질적 국면을 강조한다(마 5:13-16).

19세기 스코틀랜드 신학자였던 제임스 데니(James Denney)가 이를 웅변적으로 표현한다.

> 그분은 세상 가운데 다양한 삶의 방식으로 살아가는 사람들을 하나님 나라로 부르셨다. 그분은 그들을 그 자신과 연합시키셨고, 또한 하나님 나라의 시민이자 주체로서 서로를 연합시키셨다 … 하나님 나라에는 사람들 사이의 진정한 연합이 있다. 이는 그들을 묶어 주는 것이 무엇인지, 그들을 세상으로부터 구분하는 것이 무엇인지를 아는 이들 사이에서 나타난다.
>
> 하지만 이에 대한 고정된 형식이나 제도가 있는 것은 아니다 … 하나님 나라는 그리스도께서 보여 주셨던 사랑의 법을 모든 이에게 흘러 가도록 함으로서 그들의 일부 혹은 전부를 변화시키는 목적을 지닌다. 부풀어 오르게 하는 누룩이나 맛을 내는 소금처럼, 하나님의 나라는 그 시민들이 하나님과 그들의 새로운 관계와 그것이 부과하는 새로운 책임을 치열하게 인식하는 것에 비례하여 세상을 정복하고 변형시키는 힘이 된다(1976 [1895], 175-6).

이러한 질적 국면은 새로운 하나님 나라 공동체로서의 교회 개척에 대한 바른 이해 안에서 구체화한다. 하나님 나라에 주안점을 둠으로써 교회 성장에 대한 전체적이고 통합적인 견해를 강조할 수 있고, 동시에 숫자에만 치중하는 생산성 위주의 사고에 빠지지 않을 수 있다.

(2) 씨 뿌리기와 거두기

페루에서 교회 개척은 "씨 뿌리는 교회"(el siembro de iglesias)라고 불린다. 씨 뿌리는 자의 비유에서 씨는 하나님의 말씀을 의미한다. 흙은 다양한 수준으로 말씀을 받아들이는 사람들이며, 씨 뿌리는 사람은 말씀을 선포하는 예수님 자신을 의미한다.

궁극적으로는 추수의 주인이신 성령 하나님께서 모든 과정을 감독하시며 새로운 제자들과 하나님 나라 공동체에 생명을 주신다. 예수님은 제자들에게 그분의 말씀을 전파해야 할 사명을 강조하시며 또한 원수들의 공격을 포함한 말씀을 듣는 이들의 다양한 반응에 대해서도 준비시키셨다(마 13:3-8; 막 4:3-20; 눅 8:5-8).

이 주제는 중대한 의미가 있는 이사야 55:9-13로 인도해 준다. 이사야는 만민의 증인인 메시아로부터 시작하여(4-5), 그분이 발견되도록 그분을 찾으라고 호소한다(6-8). 그리고 그는 측량할 수 없으며, 강하고, 살아 계신 하나님의 말씀에 초점을 맞춘다. 이 말씀이 그분의 일을 이룰 것이다.

사도행전에서 시작되는(Pao 2002를 보라), 강력한 말씀에 대한 강조는 교회 개척자들의 주된 책임은 말씀의 씨를 뿌리는 것이며 하나님께서 그것을 통하여 일하심을 신뢰하는 것이라는 사실을 상기시켜 준다.

> 모든 교회 개척자에게 필수 요소 네 가지는 성령 하나님, 씨, 씨 뿌리는 자, 그리고 흙이다. 이것 중 어느 하나 없이 신약성경에서의 교회 개척은 불가능하다 … 본질을 향한 공통의 접근은 사람들이 일반적으로 생각하는 것보다 더 교회 개척의 가능성을 높여 준다. 거대한 자본이나 우아한 건물이 없어도 교회를 개척할 수 있다. 보통의 사람들도 비전과 성령 하나님으로 가득하다면 교회를 개척할 수 있다. 핵심은 종교적 직함이나 계급에 얽매이지 않는 것이다. 필요한 자원들은 많이 이가 사용할 수 있다(Brock 1994, 30).

(3) 진정한 예배자 모으기

새로운 메시아적 왕국으로 예배자들을 모은다는 생각은 복음서에 나타난 교회 개척에서 중요한 동기이다. 예수님께서는 진정한 예배자들을 모으는 일의 긴급성을 강조하시기 위하여 추수할 때가 된 밭이라는 그림을 그려 주셨다(요 4:22-42). 그분은 사람들이 추수의 주님을 알 수 있도록 더 많은 일꾼을 수확현장으로 보내 주시기를 기도하라고 제자들에게 이르셨다(마 9:37-38).

추수 때가 되면 곡식들은 베어지고, 단으로 묶여, 창고로 옮겨진다. 마찬가지로 사람들이 복음에 제대로 반응하면, 그들은 지역 교회로 인도되어 거기서 교제하며 하나님을 예배한다.[6]

'큰 잔치 비유'를 보면, 초대받은 이들이 오지 않자 주인은 하인들에게 또 다른 사람들을 "만들어서" 신령한 잔치에 참여하도록 한다(눅 14:23).[7] 따라서 주님께서 하신 비유는 열방에서 사람들을 그리스도의 교회로 불러 모으는 책임을 내포한다. 이 비유들은 또한 하나님 나라 확장의 필연성을 분명히 해 준다. 교회 개척자들은 이로써 대의는 실패하지 않음을 확신할 수 있다.

(4) 제자 삼기

최종적으로는, 예수님께서 제자들에게 주신 사명에서 교회 개척을 본다.[8] 성부께서 이 땅에 성자를 파송하신 것과 같은 방식으로 예수님은 제자들을 보내시며(요 20:21), 그들의 사명이 성육신적 성격임을 보여 주셨다. 그분은 제자들에게 가서 사람들에게 복음을 전할 때 자유하게 하는 복음의 진리를 가르치면서 그들에게 복음의 능력을 보이라고 권면하셨다.

> 또 이르시되 이같이 그리스도가 고난을 받고 제삼 일에 죽은 자 가운데서 살아날 것과 또 그의 이름으로 죄 사함을 받게 하는 회개가 예루살렘에서 시작하여 모든 족속에게 전파될 것이 기록되었으니 너희는 이 모든 일의 증인이라(눅 24:46-48).

승천하시기 전 갈릴리에서 그분은 회개한 자들에게 세례를 주고, 그분

---

6   추수의 비유는 마태복음 13:30을 비롯한 구절들에서는 심판의 날에 대한 종말론적 관점에서 사용된다. 하지만 마태복음 9:38과 요한복음 4:35-42에서는 구원받은 이들을 불러모으신다는 내용을 가진다.
7   이 비유의 주된 관심은 유대인들이 거부한 이후 초대될 자격이 없는 이방인들을 향한 확대된 초대에 있기는 하지만 개인의 구원을 강조하는 서구의 풍조에 반대하면서 수확과 집합이라는 주제가 반복적으로 사용됨을 강조한다.
8   마태복음 28장에 대한 논의와 지상명령에 내포된 교회 개척에 관하여는 제2장을 보라.

이 가르치신 모든 것을 그들에게 가르치며, 그들을 제자들의 공동체로 인도할 것을 설명하셨다. 그들은 예수님과 제자들이 이루었던 공동체와 본질상 같은 특성을 공유하는 새로운 신자들의 공동체를 만들어야 했다.

따라서 다소 제한적이긴 하지만 교회에 대한 예수님의 가르침과 공동체에 대한 제자들의 중요한 경험이 사도행전에서 교회를 확장하는 개념적 틀을 제공한다. 성령 하나님이 이러한 일들이 기억나게 하시면서 교회를 인도하셨다(요 14:26; 16:13-15). 교회의 자연스러운 성장은 예수님이 그분의 제자들과 함께 시작하셨던 일의 계속이며, 그들에게 주셨던 사명의 실현이자, 그들 사이에 세우셨던 교회의 확장이었다(Coleman 1987, 9-16을 보라).

2. 초대 교회에서의 실현: 사도행전을 통해서 본 양식과 원리

복음주의에 속하는 대부분의 교단은 신약성경 시대 교회로의 회복 운동에서부터 시작되었다. 그들이 그것을 회복되어야 할 기준으로 보았든 지속되어야 할 이상향으로 보았든 말이다. 누가는 단순히 과거를 시간의 흐름에 따라 기술한 것이 아니라, 신자들을 격려하고, 윤리적 행동을 가르치며, 하나님을 높이고, 거룩한 사람들과 그들의 실천을 옹호하고자 하였다.[9] 하나님께서는 이 기록들을 영감을 통해 승인하셨고, 이로써 교회는 성

---

9 보다 자세한 사도행전 속 이야기의 해석학적 원리를 보기 위해서는 라이펠드(Liefeld) 1995와 피(Fee)와 스튜어트(Stuart) 1982에 있는 "사도행전: 역사적 순서의 문제"를 보라. 라이펠드는 이렇게 말한다. "사도행전 자체에서는 누가가 전도, 선교, 교회 생활에 관한 양식을 제공하고자 이것을 썼다는 어떠한 단서도 보이지 않는다"(1995, 32). 하지만 그는 나중에 특정한 상황 하에서는 사도행전에서도 성경적 원리를 확립할 수 있다고 인정하였다. "요약하면, 사도행전에서 지침을 찾는 이들은 비슷한 상황에서 적당한 원리를 찾아낼 수 있을 것이다. 그러나 그 상황이란 규범적 방식으로 적용하기엔 너무나 큰 차이를 가지고 있다는 사실도 알게 될 것이다. 성경 해석에 대한 드러난 지침들은 있다. 하지만 선교와 같이 문화와 관련된 활동들에 대해서는 그 원리를 고수하는 대신 다소 유동적 입장이 있을 수 있으며, 지대한 관심과 지혜로 다가가야 한다는 사실을 안다"(124-25).

령 하나님께서 어떤 방식으로 초기 신자들을 인도하셨는지에 대한 확실한 예시와 원형들을 볼 수 있게 되었다.[10] 어떤 이야기의 기술이 과도하게 혹은 부적합하게 일반화되는 경향을 피하기 위해, 이야기를 적용시킬 때에는 세 가지 등급에 따라 구분할 수 있다. 규범성, 서술성, 그리고 대표성이 그것이다.

첫째, 어떤 이야기들은 교회에 규범을 제공한다.

예수님께서는 제자들에게 자신이 명령하신 모든 것을 지키라고 가르치셨다(마 28:18-20). 서로를 사랑하라는 명령이나 복음에 대한 설교 등 신약성경 전반에서 볼 수 있는 계명에 대한 실천을 사도행전은 명시적으로 가르친다. 그렇다고 사도행전에 나오는 모든 것을 재현할 수 있거나 그렇게 되어야 하는 것은 아니다.

둘째, 어떤 이야기들은 단순한 서술이다.

유다를 대체할 사람을 찾기 위해 제비를 뽑았던 이야기는 역사적 가치를 가질 뿐이다(Liefeld 1995, 117을 보라). 성전에서의 모임이라든가 제일 먼저 지역 회당에서 복음을 설교하는 바울의 습관같이 당시의 특별한 문화와 상황을 보여 주는 이야기들도 있다. 오순절 성령강림 사건이나 권위 있는 서신들에 나타는 독특한 표징들을 재현하기 위해 애써서는 안 된다.

셋째, 이야기에는 대표성을 주는 일정한 형식이 있다(Fee and Stuart 1982, 101-2).

반복이나 문학적 강조, 다른 장치들을 사용하여 성경의 저자들은 이야기를 일반적(관습적, 전형적) 관행이 되도록 도드라지게 만들었다. 그것들이 규범적(절대적, 권위적) 강제가 없다 하더라도 말이다.

이야기가 대표성을 가졌다 함은 다음과 같은 의미를 가진다.

---

[10] 때로 이야기는 특별한 교훈을 담고 있는데, 바울이 이야기를 사용한 예에서도 볼 수 있다(고전 10:6-13). 예수님은 제자들이 안식일에 했던 행동을 정당화하기 위해 다윗의 이야기를 사용하셨다(막 2:23-28). 바울이 모든 성경은 "교훈에 유익"(딤후 3:16)하다고 말했을 때 이야기들이 포함됨은 물론이다.

- (하나의 양식만이) 지속적으로 반복된다.
- 성경의 다른 부분들과 조화를 이룬다.
- 특정 상황이나 문화에만 특화되지 않는다.

이번 장에서 우리는 이를 교회 개척 양식이라 부를 것이다.[11]
우리 생각에 교회 개척을 위한 노력에 보다 잘 적용할 수 있는 중요한 원리들을 강조한다. 이런 지속적 양식들은 사역 원리를 발전시키는 데에 사용되는데, 그 사역 원리란 다음과 같다.

첫째, 현재의 상황과 성경적 배경 사이의 분명한 비교에 기초해 있다.
둘째, 적용할 때 현재 사역 현실에 적합한 것들이다.

한마디로 우리는 사도행전의 사건들과 방법론을 모방하려는 게 아니라 사도행전에 묘사된 역동적 선교 사역과 같은 궤도를 그리며 그 사역을 지속하기 원한다.

1) 하나님은 교회를 개척하기 위해 일꾼을 부르신다

하나님께서 교회 개척자들을 부르신다. 바울(행 13:2; 26:19-20; 갈 1:11-12)뿐 아니라 바나바, 베드로, 야고보, 그리고 요한(갈 2:7-9)의 경우를 보면 분명히 알 수 있다. 이 부르심은 다르게 표현된다. 바울의 경우 이것은 천상의 환상으로 임했고(행 26:19; 갈 2:2) 후에 안디옥 교회에 의해 재확인되었지만(행 13:1-3), 디모데의 경우 바울의 초청과 루스드라에 있는 그의 교회의 추천을 통해 왔다(행 16:1-3; 딤후 1:6). 다양한 방법을 통하여 하

---

11 콜맨(Coleman)은 예수님의 모범을 적용하는 사도행전의 양식에 특별한 중요성을 부여한다. "이 연구의 목적은 사도적 교회가 어떠한 방식으로 그분의 명령을 수행했는가를 아는 데에 있다. 사도행전을 주요 자료로 사용하면서 나는 특별히 예수님의 모범을 그들의 증거로 사용하는 원리에 주목하면서 양식을 전개해 나갔다"(1987, 14).

나님의 부르심에 대한 확신을 가질 수 있는데, 그것은 평생의 사역을 위한 기둥과도 같다.[12]

2) 성령님은 교회 개척을 도우시며 이끄신다

성령 하나님에 대한 전적 의지는 초기 복음 전도자들과 사도들, 그리고 신약성경 교회 개척 정신에 깊이 스며들어 있다. 예수님은 온 세계에 복음을 전파하라고 사도들에게 말씀하신 후 이렇게 덧붙이셨다.

> 예루살렘을 떠나지 말고 내게서 들은 바 아버지께서 약속하신 것을 기다리라 (행 1:4).

그 이유는 8절에서 설명하신다.

> 오직 성령이 너희에게 임하시면 너희가 권능을 받고(행 1:8).

제임스 심발라(James Cymbala)와 제임스 메릴(James Merrill)이 말하듯이 "모든 공로는 성자께 있으나 … 모든 능력은 성령 안에 있다"(2001, 197).

모든 그리스도인이 이 사실을 인정할 것이다. 사도적 교회 개척팀들은 이 원리에 의해 살아야 한다. 성령 하나님은 선교의 영이시며, 교회 개척은 그분의 직접적 일하심과 도구로 사용되는 인간들에게 힘 주심을 필요로 한다.

사도들은 때에 따라 다양한 방법을 통해 주어지는 성령 하나님의 인도하심에 따라 어디로 갈지에 대한 결정을 내렸다(행 8:26, 39; 10:9-16; 12:5-11; 16:6-7, 9-10; 18:9-11; 27:23-26). 그들은 그분의 능력 안에서 설교했으며 그들의 선포에는 종종 가시적 그분의 임재가 수반되기도 했다.

---

12 하나님의 부르심에 대한 확신은 교회 개척자들을 평가하는 데 있어 자주 사용되는 근본 자격 중 하나이다. 선교사로서의 소명과 부르심에 대한 논의를 위해서는 Ott&Strauss 2010, 225-30을 보라.

누가는 특정 경우 특별한 의미를 담아 신자들을 "성령으로 충만한 자"라고 묘사한다(행 4:8, 31; 9:17; 13:9). 반복적으로 나타나는 이 표현은 각 상황에서 성령 하나님의 특별한 역사하심을 강조한다. 그리스도를 선포하거나 그분을 위해 고난당할 때, 하나님은 그들에게 필요한 영적 능력과 은혜를 주신다. 말하자면, 특별한 경우에 주시는 놀라운 기름 부으심이었다. 또한, "성령이 충만함"은 사도들에게만 사용된 것이 아니라 예루살렘 교회(행 4:31)를 묘사할 때도 사용되었고, 후에는 에베소 교회 성도들에게 명령되었다(엡 5:18).

교회 개척은 근본적으로 오직 성령 하나님만이 주실 수 있는 영적 방법이 요구되는 영적 사업이다. 교회 개척에 사용되는 인간의 모든 노력, 전략, 재능, 자원, 그리고 창조적 능력은 생명을 주시는 그분의 능력이 아니면 헛수고일 뿐이다. 이는 사도행전에서 자주 보게 되는 방식일 뿐 아니라 신학적 원리이기도 하다. 어떤 교회 개척도 성령 하나님의 역사하심과 인도하심 그리고 충만하심 없이는 성공할 수 없다.

3) 교회는 복음 선포와 청중의 회심을 통해 개척된다

교회 개척의 촉매제로서의 복음 선포에 대한 강조는 사도행전 이상의 것이 없다. 복음은 성령님의 능력 안에서 설교되기 때문에 동일하신 성령님께서 그 메시지를 청자의 마음에 적용시켜 주신다(예, 행 2:37; 16:14). 그들이 복음을 회개와 믿음을 통해 받아들일 때 그들은 구원받고 그리스도인이 된다(행 8:14; 11:1; 17:11).

복음은 다양한 장소에서 설교된다.[13] 때로는 공적 모임에서 다수의 사람들에게, 때로는 보다 개인적 대화 가운데서. 메시지에 대한 반응 또한 다양하다. 많은 이의 회심이 일어나기도 하고(행 2:41; 5:14), 조롱과 조소

---

13 예를 들어, 성전(행 3:1; 5:21; 25 등), 회당(13:14; 14:1), 시장(17:17), 대중 공간(18:28), 가정(5:42), 감옥(16:25-34)에서, 그리고 정부 관료 앞(24-26장)에서. 보다 넓은 논의를 위해서는 슈나벨(Schnabel) 2008, 287-305를 보라.

(행 2:13; 17:32)나 박해(행 7:54-60)도 있었고, 질문들도 있었다(행 17:32). 어떤 반응이든지 사도들은 예수 그리스도가 십자가에서 못 박히시고 부활하셨음을 지속적으로 증거하였다.

설교의 방식은 청중에 따라 다르다.[14] 하지만 메시지는 언제나 구원하시는 하나님의 능력(cf. 롬 1:16)에 대한 반응인 회심과 믿음을 요구한다. 누가는 교회의 개척과 성장을 하나님의 말씀이 자라고, 전파되고, 확장되어, 널리 퍼지는 것으로 말한다(행 6:7; 12:24; 13:49; 19:20). 성령의 능력을 입은 선포는 사도행전에서 중심적 역할을 하며, 이것이 교회 개척이 흐르게 하는 원천이다.

사역자들은 교회 개척이 복음 전파와 함께 시작됨을, 그리고 담대하며 성령 충만한 복음의 교제를 대체할 수 있는 것은 아무것도 없음을 기억해야 한다. 이것이 사도행전에서 말하는 교회의 방법론적 기초이며 오늘날 우리가 따라야 할 모범이다.

4) 영적 공동체에 새신자들이 모인다

"바울의 주된 사명은 복음이 설교되어, 사람들이 회심하고, 교회가 세워졌을 때 성취되었다"(Hesselgrave 1980, 29). 지상명령은 복음에 응답하는 사람들이 함께 새로운 공동체를 이루는 일이 계속될 때 완수된다. 제2장과 이번 장 초두에서 논의했던 비유에서 보았듯이, 그리스도는 사람들이 구원받으면 지역 교회에 더하셨다(행 2:41, 47; 5:14; 11:24).

사도행전 2:38-47에 보면 이 과정은 최소한 세 가지 활동을 포함한다.

① 복음의 소통(38절)
② 제자 양육과 세례(41절)

---

[14] 예를 들어, 바울이 유대인들에게(행 13:16-41)와 루스드라에서(14:15-17), 빌립보 간수에게(16:31-32), 그리고 아덴에서 복음을 전했을 때를 비교해 보라.

③ 그들을 하나님 나라 공동체로 모이게 함(42-46절)

이러한 삼중 형식은 예수님의 비유에서 이미 암시되었는데 사도행전에서 반복된다. 신자들의 연합체는 제자 삼는 사역의 필수이다. 모든 사역이 새로운 교회를 세우는 것은 아니지만, 새로운 신자들을 영적 공동체로 모으지 못한다면 제자도를 목적으로 하는 이 모두 주된 요소를 잃고 있는 셈이다.

5) 사도팀은 지역 지도자를 세운 뒤 다른 곳으로 여행했다

어떤 경우에는 성경에 기록되지 않기도 했지만 바울과 그의 동역자들은 지속적으로 그 지역에 장로와 집사를 세웠다. 때로는 그들을 훈련시킬 충분한 시간이 없었음에도 처음 방문했을 때 그들을 세우기도 했고, 혹은 상당한 위험부담을 안고서라도 리더를 세우기 위해 어떤 지역에 재방문한 사실을 통해 바울이 이 일을 아주 중요하게 생각했음을 알 수 있다(행 14:23, 26; 딛 1:5).[15]

리더를 세운 뒤 개척자들은 그 지역의 목사나 장로가 되지 않고 복음이 전해지지 않은 다른 지역으로 이동했다. 다문화 교회 개척의 성공 여부는 크게 보면 지역 평신도 리더 세우기, 교회의 지도력을 그들에게 이양하기, 그리고 방문과 서신을 통한 지속적 관계 유지에 달려 있다고 말할 수 있다.

6) 교회는 팀을 통해 개척된다

팀 사역은 교회 개척의 분명한 한 방향이다. 예수님은 팀으로 일하셨다. 자신의 인생을 다른 이들을 위해 사용하셨으며, 그들을 준비시켜 사명을

---

[15] 제1장에서 이에 대한 논의를 했었다.

수행하도록 만드셨다. 바울은 초기에는 바나바와 함께 사역했고 후에는 다양한 팀을 결성하여 인도했다. 그는 계속해서 복음을 위하여 사람들을 함께 모았다. 팀 사역은 사도행전에 명확하게 나타난다. 오히려 사도들이 혼자서 사역하는 것을 찾는 게 더 어렵다.

여행의 고단함과 강도떼가 득실거리는 거친 지형의 위험 때문에 당시에는 무리를 지어 여행하는 것이 일반적이었다.

> 여행은 팀 활동이었다. 이야기가 전개되면서 초점은 바울과 그의 동료들의 여행에 맞춰진다. 하지만 함께 여행함은 바나바와 마가, 실라와 디모데, 그리고 디모데와 에라스도처럼 다른 이들에게도 적용된다(예, 행 21:15-16) (Coleman 1963, 71).

바울은 점차로 복음을 위해 더 많은 사람을 함께 모았다. 그의 첫 번째 선교 여행에서 바울은 두 문화에서 온 두 사람으로 시작하여 그가 개척한 다양한 교회에서 합류한 열 명의 다문화 동역자와 함께했다.

동역자들이 증가한 것에 대해서는 몇 가지 이유로 설명할 수 있다. 사도의 선교팀은 여러 가지 유동적이며 기능적 역할을 수행했다.[16] 그들은 동료로, 교회의 대표로, 조력자로, 그리고 실습생으로 섬겼다. 사역이 확장되면서 가르치고 교회의 대표로 활동하고, 교회 간의 교제를 위해 연합사역의 필요도 커졌다.

첫째, 사역의 범위가 확장되면서, 어떤 이들은 바울과 함께 여행했고(행 16:6), 다른 이들은 남았다(행 17:15). 그리고 최소한 한 경우에는 어떤 이들은 바울보다 먼저 떠나기도 했다(행 20:5).

---

16 교회 개척팀의 은사와 상호 보완해 주는 역할에 대해서는 제15장과 제16장에서 보다 자세히 다룰 것이다.

둘째, 바울은 다양한 지역에서 대표자들을 선발했는데, 이는 교회의 본질적 연합[17]을 보여 주고 어떤 유대 지역 교회들이 가지고 있었던 지나친 국수주의에 대항하기 위해서였다(행 15:1-35; 21:17-26). 이 사실은 유대지역 교회들을 위한 구호물품을 가지고 에베소에서 예루살렘으로 여행하던 바울의 팀에게서 가장 분명하게 볼 수 있다.

바울이 "하나님이 자기의 사역으로 말미암아 이방 가운데서 하신 일"(행 21:19)을 예루살렘에 보고하자, 유대인과 이방인을 가로막던 장벽이 무너진 증거로 다양한 지역에서 온 일곱 명의 대표들이 와서 섬겼다(엡 2:14를 보라).

셋째, 바울의 동역자들은 바울의 필요에 따라 개인적 조력자로 사역했다. 그는 아굴라, 브리스길라와 함께 지내면서 그들의 사업에 함께했다(행 18:1-3). 후에 그들은 어떤 방법으로 바울을 위해 그들의 목숨까지 내놓았다(롬 16:4). 의사인 누가도 바울의 필요를 채웠다(골 4:14; 딤후 4:11). 더디오는 바울의 대필자로 도왔다(롬 16:22). 처음엔 바울을 떠났던 요한 마가는 후에는 그를 도와 디모데와 함께 선교 여행을 떠났다(골 4:10; 몬 24; 딤후 4:11). 바울은 자신들의 집으로 그를 영접하고, 감옥에서도 그를 도왔던 자들에게 안부를 전하면서, 바울의 어머니와 같았던 한 여성을 특별히 언급했다(롬 16장).

넷째, 팀을 세우는 사역은 지역 교회 설립을 위한 리더 훈련에 그 강조점이 있었다. 바울은 지속적으로 바나바와 함께 했던 도제 교육을 반복했다. 즉, 수습생과 함께 여행을 떠나면서 전도와 교육에 대한 경험을 얻게 하는 것이다.

슈나벨(2008, 248-55)은 바울의 동료들을 묘사하기 위해 사용된 성경 용어들은 그들이 단순한 조력자가 아니라 바울과 마찬가지로 사역에 전적으

17　볼프 헤닝 올로그(Wolf-Henning Ollrog, 1979)는 그의 논문에서 교회의 연합이야말로 바울이 개척한 다양한 교회에서 동역자를 모집하는 데 있어 우선되는 기준이었다고 한다.

로 헌신되었으며 바울보다 낮은 지위에 있었던 게 아니었다고 한다.[18]

신약성경에는 바울의 사역에 다양한 방식으로 참여했던 조력자들의 이름이 25명 이상 등장한다. 그중 18퍼센트는 여성이었던 것으로 추측한다(Schnabel 2008, 251). 교회 개척에 있어 여성의 역할에 대해서는 제15장에서 다룬다.

7) 교회 개척을 통해 모집된 새로운 동역자들은 선교를 확장시킨다

바울의 선교에서 가장 도드라진 점 중에 하나는 그가 개척한 다양한 교회에서 동역자들을 선발했다는 것이다. 그는 추수를 하면서 동시에 다음 번 추수를 위한 일꾼을 모았다.

> 바울의 동역자들 대부분은 그가 설립한 새로운 교회들로부터 왔다. … 그들의 '모교회들'은 바울을 돕는 선교 사역자들을 제공함으로써 하나님 나라 확장을 위한 책임을 함께했다(Schnabel 2008, 255).

초기에 바울의 교회 개척팀은 시리아 안디옥에서 온 유대 배경을 가진 이들로 구성되었지만, 새로운 선교 동역자들은 안디옥에만 국한된 것은 아니었다. 자신이 개척한 교회들로부터 사람을 모았으며 그들은 유대인이 아닌 이방인들이었다(Ollrog 1979, 62).

예를 들어, 1차 선교 여행 때 루스드라에서 디모데가 회심한 후 약 3년 뒤(행 14장) 바울은 그를 선교 수습생으로 불렀다(행 16:1-3). 그 후 디모데는 반독립적 사역으로 데살로니가(행 17:14; 살전 3:1-5), 마케도니아(행 19:22), 고린도(고전 4:17), 빌립보(빌 2:19)와 에베소(딤전 3:14-15)에서 사역했다.

---

18 로버트 콜맨(1963, 71)은 바울의 현장 훈련이 리더 양성을 위한 예수님의 제자 훈련의 자연스러운 확장으로 본다. "마케도니아를 지나는 여행에 바울과 함께했던 제자들은 일곱 명이 넘지 않았고, 이는 이동 학교를 가능케 했다.(행 20:4)." Ollrog 1979도 보라.

아볼로는 알렉산드리아 출신으로 에베소에서 신자가 되었는데, 그는 바울이 없을 때 브리스길라와 아굴라에게 교육받고 비교적 새신자였음에도 아가야로 파송받아 유대인과 논쟁하고 고린도 교회를 든든히 하기 위해 파송받았다(행 18:18-19:1). 바울이 브리스길라와 아굴라를 양육하고, 그들이 다시 아볼로를 양육했으니, 아볼로는 3세대 선교사인 셈이다.

표 3.1은 출신 배경이 분명한 바울의 동역자들 명단이다. 바울이 개척한 거의 모든 교회가 있다. 성경에 명확히 기록하지는 않지만 그가 개척한 다른 교회들에서도 동역자들을 세웠으리라는 건 의심의 여지가 없다.[19]

〈표 3.1〉 바울이 개척한 교회와 그 교회들로부터 배출된 동역자들

교회*	동역자	본문
루스드라	디모데	행 16:1
더베	가이오	행 20:4
데살로니가	아리스다고, 세군도	행 20:4; 27:2
베뢰아	소바더	행 20:4
고린도	브리스길라, 아굴라, 스데바나, 에라스도, 아가이고†, 브드나도†	행18:2; 롬 16:23; 고전 16:15-17
에베소	아볼로, 드로비모, 두기고	행 18:24; 20:4; 21:29
골로새	에바브라, 아킵보†	골 4:12, 17
빌립보	에바브라디도	빌 2:25; 4:18
겐그레아	뵈뵈	롬 16:1

* 여기에 있는 도시들은 동역자들이 그리스도인이 되었거나 바울의 선교팀에 합류한 곳이다(예를 들어, 사도행전 18:2에 보면 브리스길라와 아굴라는 로마에서 왔으나 고린도에서 바울팀과 합류한다).
† 이 도시에서 이들이 합류했는지 단정적이진 않다.

바울과 그의 동역자들이 개척한 많은 교회가 더 넓은 선교를 위한 준비와 파송이라는 비전의 영적 동반자였다(Ollrog 1979, 129). 그들은 선교사를

---

19 바울의 중요한 동역자 중 한 명이었던 디도의 예를 들어 보자. 그는 이방인이었지만(갈 2:3) 우리는 그가 정확히 어느 교회 출신인지는 알지 못한다. 에크하르트 슈나벨(2008, 252)은 바울이 시리아와 길리기야 사역 동안 그가 회심하였을 것으로 추측한다.

훈련시켜 그들로 하여금 또 다른 이들을 훈련시키도록 하였다. 훈련은 대부분 성공적이었다. 디모데, 아볼로, 에바브라, 그리고 아굴라와 브리스길라의 경우를 통해 볼 수 있다. 게다가 바울이 감옥에 있을 때 에라스도는 고린도에 머물렀으며(딤후 4:20), 디도는 달마디아로 갔다가 후에는 그레데로 갔다(딤후 4:10; 딛 1:5).

추수를 통해 다음번 추수를 위한 일꾼을 모집하는 건 교회의 재생산과 선교 확장이라는 측면에서 핵심이었다. 교회 개척은 훈련과 배가 성장이라는 두 요소를 이와 같은 방식으로 통합시켰다.

8) 바울과 그의 동역자들은 전략적 사항을 염두에 두었다

바울의 선교 전략의 성격과 단계에 대해서는 많은 학자가 다루었다(Allen 1962a; Hesselgrave 1980; Riesner 1998; Schnabel 2008; and others). 이 장에서 관련된 모든 것을 다루기에는 한계가 있다. 학자들이 합의를 이룬 것은 바울과 그의 동료들은 전략을 세우긴 했으나 자신들의 계획보다는 하나님의 인도하심에 맞추었다는 것이다.

허버트 케인(J. Herbert Kane)의 말을 빌리면 다음과 같다.

> 전략이라는 것이 사람의 조망과 경험에 근거한 상세하고 박식하며 계획에 맞게 진행되는 행동지침이라면, 바울에게는 전략이 없었거나 있었다 하더라도 거의 없었다. 하지만 그 단어가 성령님의 인도하심에 자신의 방향과 통제권을 맡겨 드리는 유연한 방식을 의미한다면, 바울은 전략을 가지고 있었다(1976, 73).

현재 교회 개척을 생각하는 이들이 유익을 얻을 수 있도록 바울이 취했던 선교 전략을 보고자 한다.

첫째, 그는 전반적 방향성을 가지고 있었다.

그는 예루살렘에서부터 로마까지 복음을 전하길 원했는데, 이는 로마에 복음을 전한 뒤 서바나까지 가기 위해서였다(행 19:21; 롬 1:14-15; 15:19-24). 로마는 제국의 심장이자 대도시로서 바울이 복음을 전하도록 부름받은 이방 세계를 대표하는 장소였다. 이것이 바울이 "나는 할 수 있는 대로 로마에 있는 너희에게도 복음 전하기를 원하노라"(롬 1:15)라고 쓴 이유였다.

둘째, 바울은 장기 전략에 지나치게 의존하지 않았다.

바울이 그가 복음을 전할 나라와 도시들에 대해 상당한 계획을 가지고 있었다고 생각하는 이들에 대해서[20] 슈나벨은 이렇게 말한다.

> 바울은 '거대한 전략'을 따라 지리적 이동을 한 것 같지는 않다. 바울의 지리적 이동은 선교가 가능한 인접 지역들을 따라 움직인 것으로 보인다 (2008, 224).

때로 바울은 작은 도시를 향하여 가기 위해 대도시를 우회하기도 했고, 지역의 주된 도시로 인도하는 길을 피하기도 했다(위의 책, 281-82). 이는 위에서 인용한 케인의 말(1976, 73)을 그대로 반영한다.

그런데 후기 선교 사역에서 바울은 넓은 의미에서 전략적 우선순위를 가졌던 것 같다. 그는 소도시 대신 상업적, 종교적, 지역적 중요도를 지니는 도시들을 중심으로 사역했다. 그는 예루살렘에서 로마에 이르는 축을 따라 로마제국의 중요 도시들에 있는 유대인 공동체를 찾았다(Allen 1962a, 13; Bruce 1977, 267; Bosch 1991, 129-30).[21]

---

20 라이너 리스너(Rainer Riesner 1998, 253-55)는 이사야 66:18-21의 뭇 나라들이 회심하여 메시아의 통치에 포함된다는 예언이 바울에게 영향을 주었을 것이라 생각한다. 그는 또한(1998, 253) 바울이 창세기 10:2-4에 나오는 야벳의 후예들 명단을 사용했을 수 있다고 보는 제임스 스코트(J M Scott 1995)의 말을 인용한다. 하지만 슈나벨은 이 이론에 반대한다(2008, 221). 누가는 사도행전에서 이사야 66장이나 창세기 10장을 인용한 적이 없으며, 바울이 성경적 지침을 따랐다는 기록도 없다.

21 이에 대해 슈나벨은 "바울이 대도시나 로마제국의 '전략도시' 중심으로 교회 개척을 했

바울은 한 지방에서 그다음 지방으로, 한 대도시에서 그다음 대도시로 이동하는 일반적 계획을 따랐던 것 같다. 그것도 처음부터 그런 계획을 세우고 시작했다기보다는 여정 중에 그런 선택들을 한 것 같다.

바울은 유대에서 가장 가까운 로마 지역인 다소와 길리기아에서 시작했다(행 9:30). 그리고 바나바와 함께 로마의 도시들 중 네 번째로 중요한 시리아 안디옥에 이방인들을 위한 선교본부를 차렸다.[22]

구브로에서 복음을 전한 뒤 선교팀은 가장 가까운 로마의 도시인 갈라디아를 향해 북진했다. 거기에는 꽤 큰 유대인 공동체와 버가에서 흑해 연안에 이르는 로마의 대로가 있었다.[23]

2차와 3차 선교 여행 동안에는 로마로 가기 위해 비디시아 안디옥, 고린도, 에베소와 같은 유대인 공동체를 선택하는 형식이 생겼다. 제2장에서 보았듯이, 여전히 그의 메시지를 듣지 못한 마을들이 있었지만 바울은 놀랍게도 예루살렘에서 일루기곤까지 복음을 편만하게 전해 이 지역에는 그의 사역이 미치지 않은 곳이 없다고 선포했다(롬 15:19, 23). 이는 먼저 전략적 지역본부를 세우고 후에 전 지역이 복음화되도록 하는 것이 바울의 전략이었다는 사실로 설명이 가능하다.

고린도에서의 사례를 통해 이 원리를 확인할 수 있다.

> 오직 너희 믿음이 자랄수록 우리의 규범을 따라 너희 가운데서 더욱 풍성하여지기를 바라노라 이는 남의 규범으로 이루어 놓은 것으로 자랑하지 아니하고 너희 지역을 넘어 복음을 전하려 함이라(고후 10:15-16).

다고 말하는 건 억측이다"라고 주의를 준다(2008, 281).
[22] 안디옥은 로마, 알렉산드리아, 그리고 셀레우키아 다음가는 도시였다(Riesner 1998). 어떤 이들은 구브로섬에 있는 도시들에게는 해당되지 않는다고 한다. 그러나 그 섬 출신인 바나바는 유대교 세력과 그것이 로마 대중들에게 미친 영향력에 대해서 경계했었음이 틀림없으며, 그곳의 총독 서기오 바울에게 개인적 관심을 가지고 복음을 전하였다.
[23] 리스너(1998, 276n66)는 비시디아 안디옥의 전략적 중요성을 말한다. 슈나벨(2008, 264-66)도 비슷하게 비시디아 안디옥과 버가는 중요한 도시들이었다고 말한다.

바울은 또한 준비된 모임과 접촉하는 것으로 그 지역에서의 사역을 시작했다. 그는 먼저 구약성경을 신봉하는 유대인 모임에 간 뒤 하나님을 경외하는 이들이 모이는 회당으로 갔다. 바울은 분명히 후자가 이방인들에게 연결되는 통로 역할을 해 줄 것으로 기대했다(Bruce 1969, 277).

종종 유대인 중에 하나님을 경외하는 이들이 먼저 그리스도인이 된 후 이방인 선교를 위한 새로운 종류의 혼합 공동체를 세우기도 했다. 비시디아 안디옥과 이고니온에서는 이러한 방식이었지만, 루스드라와 더베에서 바울은 우상을 숭배하는 이교도들에게 직접 복음을 전했다.

스탠지(E. Stange)는 바울의 전략에 영향을 주는 요소들을 아래와 같이 요약한다(Riesner 1998, 225-56에서 재인용).

- "하나님을 경외하는 자들"을 포함하여 유대인 회당에서 시작(고후 11:24이후; 롬 1:16)
- 적당하거나 그렇지 않은 여행 환경(고전 16:5-6)
- 로마의 주요 도시들을 중심에 둠(고전 16:1-16; 롬 15:19)
- 복음을 수용하거나 거부함(살전 2:18)
- 복음이 없는 지역에서 사역(고후 10:16; 롬 15:20-23)
- 자립 가능한 교회로 세우기(살전 3:10; 고후 1:15; 2:10-13)
- 성령 하나님의 인도하심(갈 2:2; 고후 2:12)

9) 초자연적 인도하심이 전략적 계획보다 우선한다

바울과 그의 동역자들은 그들의 전략적 계획을 신뢰하지 않고 그것들을 하나님께 복종시켰으며 그분의 새로운 지시에 열려 있었다. 여러 번 이런 일들이 일어났다. 하나님께서 그들을 인도하기 위해 때로는 적당한 혹은 적당하지 않은 여정(고전 16:4-9)과 특별한 계시(행 16:9; 갈 2:2), 부정적 환경들(행 16:6), 내적 울림(행 16:7), 그리고 모든 가능성(고전 16:5-9; 고후 2:12-13)을 사용하신다는 사실을 믿었다. 때로 그들은 사탄이 그들의 가는 길에 서 있다고 확신하였다(살전 2:18).

바울은 "하나님의 뜻 안에서"나 "주께서 허락하시면"과 같은 표현들을 사용했다(롬 1:10; 고전 4:19; 16:7; 빌 2:24). 그가 하나님의 뜻을 진행시켜 나갈수록 점점 더 명확해졌다. 때로 그는 어느 교회에 대한 방문 계획을 말했지만 그 계획을 수정해야 했다. 그래서 그가 방문하기로 계획했던 교회들을 실망시키기도 했다. 고린도 방문을 취소한 후 그는 자신의 성실함과 신실함을 변호하면서 매우 인간적 모습을 보였지만, 그리스도 안에 있는 확실함에 비해 자신이 부족한 사람임을 말했다(고후 1:12-19).

바울은 또한 핵심인물들 및 관계와 연관된 특별한 기회들을 잡았다. 빌립보에서 루디아를 만난 일과(행 16:14-15), 고린도에서 브리스길라와 아굴라를 만난 것(행 18:1-4, 18), 그리고 에베소에서 아볼로를 만난 것(행 18:24-19:2)은 모두 그가 계획하지 않은 조우였다. 제10장에서 모든 가능성을 열어두는 일의 유익에 대해 보다 자세히 말하게 될 것이다.

여기서는 바울과 그의 동료들의 여행은 전략적 고려와 더불어 관계에 기반했다는 점과 넓은 의미에서 전략을 가지고는 있었지만 하나님께 인도하심에 항상 열려 있었다는 정도로 말할 수 있다. 이러한 점은 현대의 교회 개척자들이 그들의 전략을 수립할 때 언제나 그 자신을 거룩한 허락과 수정에 복종시킴으로 겸비하게 만들어 준다.

10) 새로운 교회들은 상호 교류한다

사도행전에서 묘사하는 교회들은 상호 간 관계를 가진다. 교회들은 독립적이지 않고 상호 의존적이다. 다양한 방식으로 이 사실이 묘사된다.

첫째, 구약의 율법을 교회가 어떻게 볼 것인가에 대한 예루살렘 공의회의 결정에서 볼 수 있듯이 예루살렘 교회 및 그 교회 지도자들의 영적 권위가 다른 교회들에 의해 인정되었다(행 15장).

둘째, 기근으로 어려움을 겪었던 예루살렘 교회를 위해 구호 활동을 하는 등 교회들은 형제 교회의 물질적 필요를 도왔다(행 11:28; 고전 16:1; 고후 8장).

셋째, 바울은 그가 개척한 거의 모든 교회로부터 사역자들을 모집하여 선교팀과 다른 교회에서 다양한 역할을 감당하도록 하였다. 이를 통해 각 교회 사이에 개별적 유대가 형성되었다.

넷째, 바울은 그의 서신서 마지막에 반복적으로 교회들 사이의 인사말을 적는데, 이는 각 교회 사이의 개별적 관계가 치밀하게 형성되었음을 보여 준다.

다섯째, 각 교회는 사도의 편지를 회람하였다(골 4:16).

교회들 간의 상호 의존성은 지역 교회의 리더십이나 주도권을 빼앗은 것이 아니라 그들이 상호 책임과 의무를 가지는 거대한 그리스도의 몸의 일부라는 사실을 상기시켜 주었다. 교단적 연계가 있든지 없든지 교회 개척자들은 그들이 개척하는 교회가 거대한 그리스도의 몸이라는 사실을 인식하도록 도와야 함을 일깨워 준다.

신약의 교회들이 상호 의존하고 있다는 사실로부터 어떤 교회도 홀로 설 수 없다는 사실을 배워야 한다. 교회들 간의 상호 책임성에 대한 인식이 고양되어 공동의 선교적 노력의 토양이 마련되어야 한다.

여기서 말한 원리들은 대표적 몇 개의 원리들일 뿐이다(이 장의 마지막에 표 3.2에서 요약하는 것들도 마찬가지이다). 다른 원리들도 있다. 신약성경에서 발견되는 원리들에 집중함으로 문화에 동화되거나 흘러 내려오는 전통을 따르도록 방법론을 적용하고 전략을 강요하는 경향을 막을 수 있다. 선교 역사를 통해 볼 때 신약성경의 원리들은 많은 위험으로부터 피하게 해 주고 건강하지 못한 선교방법을 수정하는 데 가장 확실한 지침서 역할을 해 왔다.[24]

---

24 예를 들어, 롤랜드 알렌(1962b[1927])과 존 네비우스(1958)는 국가노동자들이 재정에

3. 바울 서신의 반영

제2장에서 바울이 선교를 어떻게 이해했으며 실천했는지를 교회 개척의 중요성의 관점에서 보았다. 여기서는 그의 편지들에 반영된 실천사항들에 집중하여 원리들과 강조점들을 밝혀 보고자 한다. 그렇게 함으로 교회 개척을 하는 이들에게 개척의 단계들을 수립하고 구성하는 데 도움을 줄 수 있다.[25]

바울과 그의 선교에 대한 성경 공부를 위해서는 슈나벨(2008), 리스너(1998), 그리고 리틀(2005)의 책을 읽어 볼 것을 권한다. 롱지네커(1971)의 책은 짧지만 뛰어난 요약을 제공한다.

고린도 교회와(고전 3장) 로마의 신자들에게(롬 15:20) 그가 말했듯 바울의 최우선 과제는 새로운 지역에 최초의 교회를 세우는 선구자의 역할을 하고 복음화되지 않은 또 다른 지역으로 이동하는 것이었다. 서신서에 나타난 자신의 소명과 우선순위에 대한 그의 선언은 사도행전에서 보여 준 양식에서 지속적으로 나타난다.

> 여기(행 13:44-49)에서 바울 선교의 전형적 방식을 볼 수 있다. 유대인들에게 먼저 선포하고 유대교에 호의적인 이방인들에게 전한다. 그들이 완전 개종자들이든 막연히 찬동하는 자들이든. 회당에서 더 많은 이로부터 배척당하고 이방인을 향해 직접 사역한다(Longenecker 1971, 44).

그 자신의 사역에 대한 분명한 초점이 있었지만 그는 교회 개척 전체 과정에 대한 명확한 관심을 보여 준다. 그것은 지역 지도자들에 의해 운영되는 새로운 하나님 나라 공동체의 기초를 놓는 일과 이후에는 그 지도자 및 공동체들이 폭넓고 강력한 영향력을 끼치도록 돕는 일이다. 아직 어린 공

대해 의존하던 관행을 교정하고 토착화 교회 개척 원리를 수립하도록 신약성경의 모범에 호소하였다.

25 표 8.1를 보라.

동체를 급하게 떠나야 했을 때에도 그는 재방문, 서신, 그리고 사역의 동역자들을 통하여 그들에게 계속 힘을 공급하였다.

바울 서신의 대부분은 개척 직후에 쓴 것으로 교회 개척자들에게 본격적 사역 단계를 수립할 수 있도록 소중한 식견을 주었다.[26] 서신서들은 사역의 완성을 지연시키는 개척의 여러 문제를 말해 준다. 더 많은 요소를 발견할 수도 있겠지만, 서신서에 나타나는 교회 개척 사명에서 때로 간과되는 다섯 가지 요소를 살펴보자.

1) 순수한 복음 변론하기

골로새서는 유대교 및 교회에 혼합주의를 조장하는 지역 종교들의 영향력을 다룬다. 바울은 이 문제에 대해 성도들이 가지고 있었던 인식과 두려움을 진지하게 다루는 한편, 모든 권세보다 뛰어나신 그리스도의 우월성과 모든 영적 필요를 채우시는 그분의 완전성을 강조한다(Arnold 1996을 보라).

이와 마찬가지로 교회 개척자들도 종교혼합주의의 경향을 경계하면서, 동시에 현대인들의 세계관과 그들의 상황에서 요구되는 성도의 개인적 필요를 다루면서 그리스도를 어떻게 효과적으로 전할 것인지를 고민해야 한다.

갈라디아서를 통해 바울은 순수한 복음을 열정적으로 변론했다.

> 그리스도의 은혜로 너희를 부르신 이를 이같이 속히 떠나 다른 복음을 따르는 것을 내가 이상하게 여기노라 다른 복음은 없나니 다만 어떤 사람들이 너희를 교란하여 그리스도의 복음을 변하게 하려 함이라(갈 1:6-7).

---

[26] 바울의 선교 여행 및 서신서 작성의 연대와 관련된 논의는 복잡하여 때로는 본질에서 벗어날 만큼 논쟁적이기도 하다. 람지(1982[1985]), 브루스(1969), 리스너(1998), 그리고 슈나벨(2004 and 2008)의 연구에서 연대 문제에 대한 도움을 얻을 수 있다.

그는 사람들의 영원한 운명을 생각하면서 순수한 구원의 복음에 대한 씨름을 하였다. 만약 그들이 복음에 무언가를 더하려 한다면 그것은 십자가를 배반하는 일이라고 경고하였다.[27] 바울은 또한 고린도 성도들이 허무한 것을 믿지 않도록 복음에 신실하라고 요청하였으며 그가 인간의 지혜가 아닌 십자가에 달리신 그리스도를 설교하였음을 상기시키면서 복음이 가장 중요함을 단순명료하게 반복하였다(고전 15:1, 3; 1:18-31).

나중에 그는 강한 어조를 사용하며 사도로서의 부르심을 변호했는데, 이는 자신에게 어떤 특권이나 지위가 있음을 말하고자 함이 아니라 그가 받은 소명이 그의 메시지에 권위를 준다는 사실 때문이었다(고후 10-11장).

제11장에서는 메시지를 왜곡시켜 종교혼합주의를 야기하는 세계관에 대해 다룰 것이다. 교회를 개척하는 이들은 바울처럼 복음의 순수성과 건전한 교리에 귀를 기울여야 한다. 특별히 다른 세계관을 가진 사람들에게 접근할 때는 더욱 그렇다.

어떤 방식으로든지 복음의 메시지를 약화시키거나, 조건을 붙이거나, 확장시키거나, 왜곡시키거나, 변질시키려고 시도하는 자들은 항상 있을 것이다. 어떤 대가를 치르더라도 승리해야 하는 전투이다. 새로운 제자들은 자신의 인생에 그러했듯이 변화시키는 복음의 능력이 그들에게 영향을 끼치도록 그들의 친구들과 복음으로 소통하는 법을 신실하게 배워야 한다. 그리고 그들은 그들의 언어와 표현으로 복음을 확증하고 변증하는 법을 배워야 한다.

2) 교회의 윤리와 제자도에 주목하기

자신의 영적 자녀들의 개별적 안녕보다 바울에게 더 중요했던 것은 그리스도의 교회 전체의 안녕이었다. 그는 갓 태어난 교회 너머 그리스도를

---

27 갈라디아서에서 그는 하나님의 직접 계시, 사도들 간의 교제, 그리고 베드로와의 갈등을 추적하는데 한 가지 전달하고자 하는 바가 있었기 때문이다. 그의 사도성에 대해 공격하는 것은 곧 은혜의 복음을 공격하는 것과 같다는 것이다(갈 1:11-2:21).

필요로 하는 세상을 보았기에 한 사람의 부도덕성이 그리스도의 이름을 더럽히거나 그분의 몸을 모욕하는 일을 용납하지 않을 것이다(고전 5장).

그는 동역자들에게 그리스도 안에서 분쟁을 해결하고(빌 4:2-3), 모든 신자에게 그리스도를 높이는 삶과 언행을 하도록 요청하였다. 그는 데살로니가 성도들에게 세상에 이름난 증거를 받은 것을 칭찬하면서도(살전 1:6-10) 도덕적 타협의 위험성에 대해서 경고한다(4:3-8). 고린도 교회는 그들의 영적 은사와 능력을 보임에서도 최고였지만 분열과 더러움에 있어서도 그러했다(고전 1장과 6장).

바울은 그리스도의 인성과 사역과 관련된 갈라디아 교회의 신학적 표류에 경악했으며(갈 1-3장) 그들의 험담과 육신의 욕망에 따른 행동들에 대해서도 주의했다(갈 5:15, 26).

교회 개척자는 반드시 교회의 순결을 지킬 준비가 되어야 한다. 초기에 이것은 교회 개척팀의 책임이다. 그들은 교회의 규율을 정하고 초기에 그와 관련된 사건이 발생했을 때 그것을 실행에 옮길 수 있어야 한다(행 5장; 고전 5장). 만약 그 지역의 첫 교회가 예수님의 이름을 모욕하면 다음 세대의 선교 사역에도 타격을 미치게 된다. 조직하는 단계에서부터 교회의 규율은 잘 수립되어야 하고, 그것을 실행할 책임은 지역 리더그룹이 가져야 한다.

3) 그리스도의 고난을 가르치고 모범으로 삼기

소위 "쌀 신자"(rice Christians)의 위험은 오늘날에도 존재하는데, 이는 주님이신 그리스도께 희생적 복종을 하도록 가르침으로 해결해야 한다.[28] 교회는 그 시작부터 반대와 외면을 직면했고(행 4:1-14; 5:17-42; 6:8-8:3), 바울과 그의 선교팀도 그들의 여행지마다 같은 일을 경험했다(행 13-21장). 서

---

28 이 표현은 개인적 유익을 얻기 위해 그리스도인이 되기로 고백하는 중국인들에게 사용되었다.

신서들은 교회 개척자들이 어떻게 비슷한 상황에 놓인 이들을 도울 수 있는지를 묘사한다.

바울은 신자들에게 굳게 서서 복음을 전하라고 격려하면서 그 자신과 주님의 고난을 상기시켜 준다. 바울은 그들이 예수의 이름 때문에 받는 비난과 고난에 흔들리지 말기를 권면한다. 왜냐하면, 그들의 상급은 하늘에 있고 그들을 박해하는 자들은 학대함에 대한 보응을 받게 될 것이기 때문이다(고후 4:8-12; 빌 1:29-30; 살전 1:6; 2:2, 14-16).

메시지를 전하면서 스스로를 방어하게 되면 역효과를 보게 된다. 교회 개척자들은 회심자들이 고난에 맞서고 오히려 그것을 통과하여 강하게 서도록 준비시켜야 한다. 이는 복음이 죽음과 삶으로의 초대로 제시될 때 일어나게 되며, 신자들이 그들의 천국 시민권과 이 땅에서의 순례자로 살아갈 뿐이라는 사실을 기억할 때 지속된다.

종국에 교회 개척자들은 바울처럼(그리고 벧전 1-3장의 베드로처럼), 고난받는 교회와 고통 가운데 있는 세상에 왕께서 귀환하실 소망을 담아 어떻게 사역해야 하는지의 모델이 되어야 한다(살전 4:13-18; 살후 2:8-12).

4) 사랑으로 하나 되어 예배하기

교회 개척자들은 예배의 정신에 못지 않게 예배의 방식도 생각해야 한다. 바울이 개척한 교회들은 잘 정돈된 영적 예배로서 좋은 본보기는 아니었다. 고린도 교회는 특별히 더 혼잡스러웠는데 여성과 관련된 문제, 파벌 경쟁, 무분별한 예언, 방언 사용 시간에 있어서의 불협화음 등의 이유 때문이었다.

그는 무엇보다도 몸된 교회의 분열과 자기중심성을 경고하면서, 이것들은 세속적이고 미성숙함의 증거라고 하였다(고전 1:10-17; 3:1-4). 그의 가장 혹독한 비판은 부적절한 방식으로 주님의 만찬에 참여하는 이들을 향한 것이었다(고전 11:17-34).

바울은 예배의 순서와 관련해서는 언급하지 않았다. 그는 예배와 관련된 양식보다는 예배의 영적 성질을 더 많이 생각했다. 그의 목표는 그리스도의 몸된 교회가 잘 교육받고(고전 14:5, 12), 주님의 식탁이 존중되며(11:23-32), 좋은 평판을 받고(14:24), 하나 됨을 유지하는 것(11:18-22)이었다. 그의 모범을 따라, 교회 개척자들은 공동체 내의 문제들을 통제하면서 무시하지도, 과잉반응하지도 않으며 균형을 찾을 수 있었다.

바울은 예배의 구체적 순서를 수립하지는 않았으나 교회 모임에 질서를 요구하였고(고전 11장과 14장) 성령 하나님께서 신자들의 문화적 경계를 따라 인도하시기를 구하였다. 모든 것이 사랑과 하나 됨 안에서 이루어지는 것이 그의 중심에 있었다(고전 12-13장).

언젠가 바울은 고린도 교회에게 이렇게 편지했다.

> 그밖의 일들은 내가 언제든지 갈 때에 바로잡으리라(고전 11:34).

교회 개척자들은 바울이 문제들과 예배의 무질서를 다루면서 보였던 비범한 인내심을 배워야 한다. 관료적 자세가 아니라 목양의 마음으로 교회의 조직과 예배의 관습에 접근해야 한다. 다문화 교회 개척 상황에서 이런 자세는 많은 문화적 짐과 무례함을 피하게 해 준다.

5) 교회 성장과 재생산을 위해 일꾼들 양성하기

에베소 교회에게 보낸 편지에서 바울은 다른 편지들에서는 하지 않은 방식으로 교회에 대한 교리를 전개한다. 성부 하나님께서 그리스도를 모퉁이 돌 삼아 사도와 선지자들의 터 위에 교회를 세우셨다(엡 2:19-22). 봉사(4:12), 성숙(13절), 안정감(14절), 그리고 상호 간 교화(16절)를 위하여 사도, 선지자, 복음전하는 자, 그리고 목사요 교사(11-16절)로서의 기능을 갖출 필요가 있다. 확실한 제자의 삶에 투자함으로써 천국의 보상금을 받는다. 그리고 이 일은 건강한 교회 성장과 발전에 필수이다.

바울의 초기 선교 여행을 따라나섰던 동역자들은 바울이 셋집에서 연금되었을 때에도 그들의 사역을 지속했는데, 이러한 열매에서 섬기는 리더로 갖추어짐의 가치를 발견할 수 있다. 에바브라 같은 이들은 복음화되지 않은 도시에 복음을 전하였고, 디모데와 디도 같은 이들은 기존의 교회를 성장시키며 교회의 사역을 굳건히 다졌다.

디모데와 디도같은 동역자들에게 바울은 보다 성숙한 교회의 장로, 집사의 자격에 대해 가르쳤다. 바울은 디도에게 "남은 일을 정리하고 내가 명한 대로 각 성에 장로들을 세우"(딛 1:5)라고 명했다. 가르침은 교리와 삶의 순전함 뿐 아니라 하나님을 신실하게 섬길 수 있는 다른 이들을 세우는 일에 맞게 구성되었다(딤후 2:2).

교회의 건강과 새로운 일꾼을 성장시키는 이중 관심은 모든 교회 개척자들의 장기 비전의 중심에 자리해야 한다. 교회 개척에 있어 사역의 질은 리더의 질에 좌우되며, 사역의 양은 새로운 리더들의 역량 이상으로 성장할 수 없다.

4. 결론

신약성경에서 배우게 되는 교훈들은 교회 개척자들에게 결코 마르지 않을 것이다.

최신 세미나에서 방법론적 유행을 추구하는 대신 교회 개척의 연속되는 각 단계마다 성경을 읽으며 원리들을 발견해 나가는 건 어떨까?

가장 간단하지도 가장 보편적이지도 않은 접근이지만, 성경을 충실히 공부함으로 잘 준비된 교회 개척자들은 오랜 시간 양질의 사역을 잘 하고, 나중에는 다른 교회 개척자들에게 멘토가 되어 봉사하는 것을 본다.

아래 표 3.2는 이번 장에서 배운 열두 가지 원리는 이후의 연구를 위한 출발점이 될 수 있을 것이다.

〈표 3.2〉 교회 개척을 위한 신약성경의 원리

원리	설명	근거 구절
1. 교회 개척을 위한 부르심과 인도하심: 교회 개척자들은 하나님께서 그들을 부르시고 순종하게 하신 그곳에서 교회 개척을 시작한다.	사역으로의 부르심에 대한 이 원리는 바울뿐 아니라, 바나바, 베드로, 야고보와 요한을 통해서 분명히 볼 수 있다. 하나님의 뜻을 보여 주시기 위해 사용하시는 방법은 다양하다.	행 13:2; 26:19-20; 갈 1:11-12; 2:7-9
2. 훗날 확장을 고려한 전략적 지역에 교회 세우기: 교회 개척자들은 후에 교회가 성장할 것을 고려한 지역에 교회를 세운다.	바울은 도심 중심에 교회를 세워 그 영향력으로 복음이 전체 지역에 확산될 수 있게 했다.	대부분의 바울 설교의 지향점(구체적인 것은 사도행전에 나타나는 원리 부분을 보라)
3. 회심을 만들기 위해 하나님의 말씀 설교하기: 교회 개척자들은 가능한 많이, 가능한 효과적으로 복음을 전하는 전도자들이다.	말씀 선포는 하나님 나라 확장과 주님이 주신 지상명령 성취의 주요 수단이다.	행 2:41; 4:4; 6:7; 12:24; 13:17-48; 16:31; 19:20; 28:31. cf. 마 28:18-20
4. 청중에게 말씀 적용하기: 교회 개척자들은 말씀의 의미를 희석시키지 않으면서 상황화시킨다.	바울은 지속적으로 청중에게 맞게 말씀을 재단해 주었다. 가능한 더 많은 이에게 복음을 전하겠다는 그의 열망이 실천적 동기가 되었다.	유대인에게(행 13:16-41), 루가오니아인들에게(14:15-17), 빌립보 간수에게(16:31-32), 아덴 사람들에게(17:22-31) 했던 설교를 비교해 보라.
5. 성령 하나님의 인도하심에 순종하기: 교회 개척자들은 다른 모든 것보다 성령 하나님을 의지한다. 영적 인도하심이 인간의 전략에 앞선다.	성령 하나님은 선교의 영이시다. 성령 하나님은 다양한 방식으로 사도들을 인도하셔서 그들이 사역의 방향을 설정하도록 도우셨다.	행 8:26, 39; 10:9-16; 13:2; 16:6-7, 9-10; 18:9-11; 27:23-26
6. 교회 개척을 위해 팀으로 사역하기: 교회 개척자들은 팀으로 사역하며 지역 사역팀을 발전시킨다.	예수님은 사도들이라는 팀을 이루어 사역하셨고 그들을 둘씩 파송하셨다. 바울은 다양한 팀을 결성하고 인도했으며 복음을 확장시키기 위해 지속적으로 사람들을 모았다.	행 13:1-4; 15:36-41; 17:14-15; 18:1-5, 18-20; 19:21-22; 20:4-6

7.	새신자들을 공동체 안으로 모으기: 교회 개척자들은 새신자들이 하나님 나라 공동체에서 형성되고 그 안에서 성장할 수 있도록 돕는다.	사도들은 계속해서 신자의 새로운 모임들을 만들어 복음 설교에 반응하는 이들과 엮어 주었다.	행 2:42-47; 14:23; 18:7-8; 20:20
8.	모든 새신자를 가르침으로 그들의 신앙을 다지게 하기: 교회 개척자들은 모든 신자가 성숙하게 사역하도록 일한다.	바울과 그의 동역자들은 가르치고, 방문하고, 서신활동을 통해 신자들이 강건해지도록 헌신했다. 후에 그들이 더 강해지도록 다시 같은 일들을 반복했다.	행 14:21-22; 16:4-5; 18:18, 26-28; 19:9-10; 20:7, 20
9.	교회의 원리 세우기: 교회 개척자들은 건강한 성경적 교회 원리를 수립하고 그 실천을 위해 모범을 보이면서 가르쳐야 한다.	바울은 예수님의 가르침을 통한 본을 따르면서 그것들을 무시한 교회들을 바로 잡았다. 그의 관심은 교회의 순결, 증거, 그리고 그리스도의 이름에 걸맞는 행동의 반영이었다.	고전 3:16; 5:1-5; 6:1-20(cf. 마 18:15-17); 고후 13:1-4; 갈 5:13-15; 6:1-5
10.	집사와 장로를 준비시키고 세우기: 교회 개척자들은 지역 집사와 장로를 키우고, 힘을 주며, 바로 세워야 한다.	바울은 영적 리더들을 초기에 세우거나 반복적으로 그 일을 했다. 그는 그의 동역자들에게도 이 일을 하라고 명했다.	행 14:23; 15:41; 18:26-28; 19:9-10; 딤전 3:1-13; 딛 1:5-9
11.	지역 교회 및 리더들에 대한 책임지기: 교회 개척자들은 토착화된 교회를 세우고 지역 리더들에게 넘겨준다.	사도들은 교회를 계속해서 조종하려 하지 않고, 사람들이 인정하는 지역 리더들에게 리더십을 넘겨주고 다른 사역지로 떠났다.	행 13:1; 15:4, 22; 20:17-38; 딤전 5:1, 17-19; 벧전 5:1-4
12.	복음의 순전함 변론하기: 교회 개척자들은 복음의 왜곡과 와전을 막고 다른 이들도 그와 같이 하도록 훈련시킨다.	바울은 복음에 대한 어떤 타협과도 맞서 싸웠다. 그는 십자가의 종으로서 그가 전하는 메시지가 희석되거나 왜곡되는 것을 허락하지 않았다.	고전 15:1-3; 고후 10-11장; 갈 1:6-7

제2부

전략적 검토

제4장 교회의 배가 성장과 토착 교회 개척 운동

제5장 사도적 교회 개척자들

제6장 교회의 형태

제7장 교회 개척을 위한 선구자, 재생산, 지역적 접근 방식

제4장

교회의 배가 성장과 토착 교회 개척 운동

이 책이 강조하는 내용 중 하나는 하나님 나라 공동체의 전 세계적 확장이다. 교회가 교회를 낳는다는 사실은 진리이다. 건강하게 살아 있는 존재는 삶의 일부로서 자연스럽게 재생산을 한다. 교회는 종종 그렇지 못하다. 그들은 성숙할 수 있고 수적으로 증가할 수 있으나 불임의 상태로 남아 있다. 지역 교회를 부르시고 창조하신 온전한 목적을 성취하기 위해서는 재생산을 반드시 염두에 두어야 한다.

이러한 이유로 우리는 이런 특징을 가진 교회 개척의 필요를 강조한다. 그들의 유전자에 배가 성장의 잠재력을 가지고 있는 교회, 조직의 가치보다는 유기적 관계의 가치를 더 소중히 여기는 교회, 구심력이 아닌 원심력의 성장을 추구하는, 즉 내적 유지에 치우치지 않고 외적 파송을 중요시하는 교회, 그리고 재생산에 용이한 구조와 사역을 행하는 교회가 그런 교회이다.

지상명령의 완성을 위해서는 바울이 했던 것과 같이 먼저 복음을 받아들인 뒤 복음이 깊이 파고들지 못한 지역을 향해 언제나 확장해 가는 외향적 동심원 운동과 같은 교회 개척이 요청된다. 이번 장에서는 교회의 배가 성장을 이룬 이 외향적 운동을 지지해 주는 성경적, 역사적 유형과 원리를 살피고자 한다.

토착화와 교회 개척 운동은 모두 배가 성장에 있어 필수이다. 토착화된 교회들만이 진정한 재생산과 배가 성장을 이룰 것으로 믿기에, 이 두 개념은 함께 진행된다.

존 마크 테리(John Mart Terry)는 이렇게 말한다.

토착화된 교회를 세우려는 선교사들의 노력은 곧 그 지역의 환경에 자연스럽게 부합하는 교회를 개척하며 동시에 서구 방식의 교회 개척을 피하려는 것이다(2000, 483).

토착화는 필수이지만 교회의 배가 성장을 위한 충분조건은 아니다. 많은 다른 요소가 교회 개척 운동에서 고려되어야 한다. 그중 몇 가지는 이후에 살펴볼 것이다. 배워야 할 것들도 여전히 많이 있다.

신약성경에 나오는 교회 개척 운동과 토착화에 대해서 간략하게 살펴본 뒤, 이 중요한 두 가지 요소가 어떻게 선교론적 생각과 실천에 있어서 발전했는지를 보려 한다. 그 뒤 교회의 배가 성장에 공헌하는 원리와 실천에 대한 우리의 기조와 더불어 결론을 맺는다.

1. 신약성경에 나타나는 교회 개척 운동과 토착화

'교회 개척 운동'이라는 단어가 성경에 등장하지는 않지만, 그 현상은 성경에서 찾을 수 있다. 초대 교회는 조직적, 단계적 방식으로 성장한 것이 아니다. 그것은 새로운 지역과 그 주변의 사람들을 관통하는 확장의 물결을 타고 이루어졌다.

오순절(행 2-7장)부터 시작된 유대인들의 운동은 박해로 인한 신자들의 흩어짐(행 8장)이라는 다음 물결을 야기했다. 새로운 신자들은 그들의 고향인 사마리아, 갈릴리, 수리아, 베니게, 구브로, 그리고 구레네로 돌아갔다(행 8-10장; 11:19).[1]

수리아 안디옥 교회는 사도들의 사역이 아닌 신자들의 흩어짐으로 인해 생겨났다(행 8장). 이곳은 이방인들의 성장 운동의 중심이 되었으며

---

1 그들은 장막절을 위해 예루살렘에 모였다가 "그 길"을 찾기 위해 그곳에 좀 더 머물렀다. 예수님은 그들에게 복음과 함께 가라고 말씀하셨고, 박해는 그 운동을 가속시켰다.

(행 11:25-26), 거기에서부터 사도적 활동의 연속된 물결이 새로운 지리적, 언어적, 인종적 변방으로 확산하였다(행 13-18장).

바울과 그의 동역자들은 디아스포라 유대인들의 중심 영향권에 새로운 종류의 토착 교회를 세웠으며, 박해에도 불구하고 이웃 도시와 마을에 복음을 전할 수 있도록 신자들을 최고의 상태로 준비시켰다. 이러한 운동은 데살로니가와 에베소에서도 일어났다. 심지어 복음에 대한 혹독한 박해의 현장이었던 비디시안 안디옥도 선교본부가 되어 "주의 말씀이 그 지방에 두루 퍼졌다"(행 13:49).

에베소는 특별히 주목할 만했다. 제2장에서 본 바와 같이 이곳은 리커스(Lycus) 계곡과 소아시아 대부분 지역의 복음 전파와 훈련을 위한 중심지가 되었다(행 19:26).

요한계시록 2-3장에 언급된 일곱 교회와 골로새 및 히에라볼리 지역의 교회들은 확장된 사역의 결과였을 것이며, 주석가들은 요한계시록에 등장하는 교회들은 아마도 이 운동으로 인해 세워진 다른 많은 교회의 대표성을 띠고 있었을 것으로 추측한다.[2]

여기서 새로운 교회를 시작하기 위해 지역 지도자들을 훈련하는 한 예시를 보게 된다. 기하급수적 지표를 지니며, 평신도 중심, 복음적 성격을 가진 이 성장은 아래의 구절들에서 강조된다.

> 그리하여 온 유대와 갈릴리와 사마리아 교회가 평안하여 든든히 서가고 주를 경외함과 성령의 위로로 진행하여 수가 더 많아 지니라(행 9:31).
>
> 그중에 구브로와 구레네 몇 사람이 안디옥에 이르러 헬라인에게도 말하여 주 예수를 전파하니 주의 손이 그들과 함께하시매 수많은 사람이 믿고 주께 돌아오더라(행 11:20-21).

---

[2] 제임스 모팻(James Moffat)과 마틴 키들(Martin Kiddle)은 소아시아에는 더 많은 교회가 있었을 것이며, 요한계시록에 나오는 교회들은 더 많은 교회를 대표하고 있다고 말한다. 윌리엄 람지(William M. Ramsay)는 당시에 강한 운동이 있었음을 시사하며 이렇게 말한다. "당시 아시아에는 일곱 개의 교회의 모임들이 있었다. 각 그룹 중 뛰어나고 현저한 한 교회가 대표가 되었다. 이 대표들이 곧 일곱 교회인 것이다"(1963, 177).

[야고보는 죽었지만] 하나님의 말씀은 흥왕하여 더하더라(행 12:24).

주의 말씀이 그 지방(비시디아 안디옥)에 두루 퍼지니라(행 13:49).

두 해 동안 이같이 하니 아시아에 사는 자는 유대인이나 헬라인이나 다 주의 말씀을 듣더라(행 19:10, 에베소).

주의 말씀이 너희에게로부터 마게도냐와 아가야에만 들릴 뿐 아니라 하나님을 향하는 너희 믿음의 소문이 각처에 퍼졌으므로 우리는 아무 말도 할 것이 없노라(살전 1:8, 데살로니가).

요약하면, 복음이 항상 전진하여 퍼져 나가도록 성령 하나님께서 사도들과 평신도 증인들을 이끄셨고, 40년이 지나기 전에 복음은 로마제국에 속한 모든 이방인의 중심지를 관통했다. 그림 4.1에서 교회의 배가 성장을 가져 온 외부로 향하는 운동을 표현했다.

〈그림 4.1〉 신약성경의 교회 개척 운동

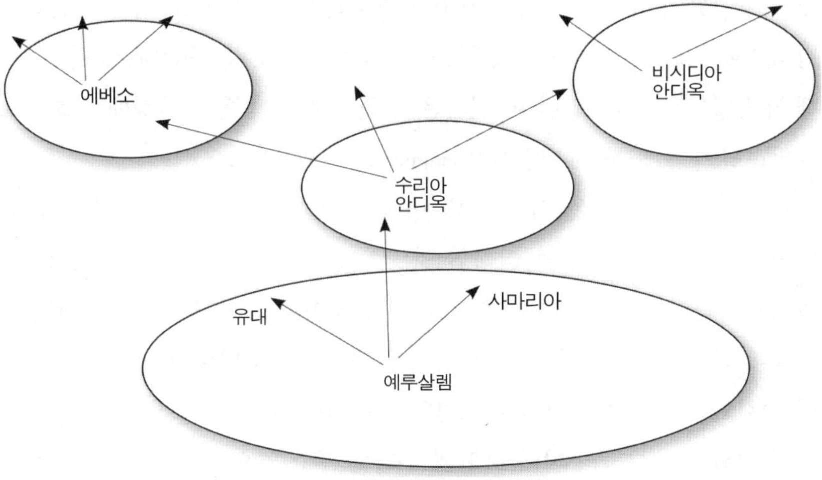

마이클 그린(Michael Green, 1970)은 사도들과 전도자들의 역할이 크긴 했지만, 교회의 외적 확장은 무엇보다도 타 지역으로 이동한 평신도 신자들의 증언을 통해서였다는 사실을 강조한다. 역사적으로 교회의 배가 성장은 거의 예외 없이 평신도 중심으로 복음이 전파되는 '예수 운동'이 주도하였다.

> 모든 위대한 운동의 핵심에는 예수님이 누구시며 그분이 어떤 일을 하셨는지를 본질로 삼는 단순한 기독론의 회복이 있다. 그것은 신약성경의 예수님을 있는 그대로 보고자 하는, 문자적 의미 그대로 예수 운동이다 (Hirsch 2006, 85-86).

토착이라는 용어는 신약성경에 등장하지 않는다. 하지만 신약성경 시대 교회들은 당시 상황에서는 적합했겠지만, 동시에 성경적으로 수용될 수 없는 문화를 접하고 있었다(Flemming 2005; Banks 1994; Longenecker 2002).

사도행전 15장에 등장하는 예루살렘 공의회의 중요한 결정은 모세의 율법이 교회에 가지는 의미가 무엇인가에 대한 의문을 신학적으로 해소해 주었다. 동시에 이는 교회를 유대인들의 문화적 한계로부터 자유롭게 하고 이방인들이 성경의 도덕적 기준을 파괴하지 않으면서도 합당한 문화적 방식으로 교회 안에서 자신들을 표현할 수 있도록 해 주었다. 교회의 "노예 해방령"으로 불려왔던 이 결정은 교회가 자신이 속한 환경에 동화되고 토착화될 수 있도록 해 주었다(Flemming 2005, 43-55; Hilary 1995).

보다 중요한 사실은 신약 시대 바울이 개척했던 교회들은 주님께 위임받은 그 지역의 보호와 리더십 안에 빠르게 속했다는 것이다(행 14:23; 20:32). 바울의 선교팀은 개척한 교회에서 장기간에 걸친 리더십을 행사하지 않았다. 그들은 순회하며 새로운 지역으로 옮겨 다니면서 그들이 개척한 교회와는 드물게 연락을 주고받았을 뿐이다.

이 교회들은 그들의 지역 문화에 뿌리를 두고 있으며, 지역 리더들에 의해 지도받고, 지역으로부터 지원받는다는 점에서 토착화된 교회들이었다.

대부분 그들은 무급의 장로들이 지도하였으며 개인 가정에서 모였다.

2. 토착화의 원리들

용어는 계속 변해 왔지만, 교회의 배가 성장에 관한 연구는 새로운 것이 아니다. 미국해외선교위원회(American Board of Commissioners for Foreign Missions)의 루푸스 앤더슨(Rufus Anderson, 1796-1880)과 '영국교회선교사협회'(English Church Missionary Society)의 헨리 벤(Henry Venn, 1796-1873)은 유명한 3자 원리(three-self formula)로 토착화에 대한 개신교의 이해를 형성했다.

자전(self-propagating), 자치(self-governing), 그리고 자립(self-supporting)이 그것이다(Anderson 1869). 이 세 가지 공식은 한계가 있었지만 적어도 이론적으로는 20세기 중반까지 대부분의 개신교 교회 개척의 목표가 되었다.

하지만 다른 두 사람은 선교사의 현실을 비판적으로 재검토하여 실제적 방식으로 토착화된 교회들이 개척되고 재생산할 수 있는 선교 사상을 수십 년에 걸쳐 형성했다. 그들은 존 네비우스(John L. Nevius)와 롤랜드 알렌(Rolland Allen)이다.

1) 존 네비우스

개신교 중국 선교사 존 네비우스(1829-93)는 전도와 교회 개척을 위한 새로운 접근을 실험했다. 그는 훗날 네비우스 정책(Nevius plan)으로 알려진 전략을 개발했는데, 거기에는 세 가지 핵심 요소가 있다.

첫째, 교회는 온전한 자립을 이루어야 하는데, 이는 무급으로 교회에서 봉사하는 국가노동자들이 주축이 될 때 가능하다. 그는 중국의 젊은 새신자들을 전도사 형태로 고용하는 것은 역효과를 낳는다는 사실을 발견했다. 그들은 신뢰를 주지 못했고, 종종 돈만 밝히면서 결국 교회에 재정적으로 의존하게 되었다.

둘째, 교회는 오직 지역 신자들이 책임질 수 있는 수단과 방법을 사용해야만 한다. 그는 예배 장소는 반드시 그 국가의 스타일과 지역 재료로 건축해야 한다고 주장했다. 지역 신자들이 그들 자신의 리더를 고르고 지원해야 한다.

셋째, 신자들이 성경 공부 과정을 통해 교육되어야 한다. 성경이 모든 사역의 중심이 되어야 한다. 회심자들은 그들의 국가적 환경 안에서 동시에 점검받고 훈련받아야 한다(Nevius 1958).

한국의 초기 교회 개척은 평신도에 의한 토착 교회 성장 운동의 좋은 예이다. 선교사 공동체 안에서 네비우스에 대한 절대적 긍정만 있었던 것은 결코 아니었다. 하지만 1890년, 그는 한국에서 사역을 시작한 일곱 명의 젊은 개신교 선교사들로부터 연사로 초청받았다. 그들은 전적으로 그의 선교 정책 접근 방식을 수용했다. 시작부터 자전, 자치, 자립의 원리로 일했는데, 93명의 등록교우를 가진 하나의 교회에서 4년 만에 153개 교회 8,500명의 등록교우 및 신자로 성장하였다(Glover 1960; Rhodes and Campbell 1964).

어떤 이들은 한국 교회의 배가 성장은 단순히 하나님의 특별한 섭리와 한국인들의 수용성에 있다고 한다.

알프레드 왓슨(Alfred Wasson 1934)은 네비우스 정책을 사용하지 않은 한국 감리교의 성장을 장로교의 성장과 비교하였다. 그는 처음 십 년 동안은 양쪽이 함께 성장하다가, 감리교는 이후 이십 년 동안 성장이 멈추었지만, 장로교의 성장은 지속하였음을 보았다. 그는 두 성장 운동의 주요 차이점은 회심자들의 비율이 아니라, 토착화의 원칙을 지속해서 따르는 데 실패한 감리교의 자연감소율에 있었다고 결론 내렸다.

2) 롤랜드 알렌

선교 자문위원이자 중국과 아프리카 선교사였던 롤랜드 알렌(1869-1947)은 당시 혁명적이었던 『바울의 선교 vs 우리의 선교』(Missionary Methods: St. Paul's or Ours? and then in 1927)를 1912년 출간했고, 1927년 그 속편인 『교회의 자연적 성장과 그 방해 요인』(The Spontaneous Expansion of the Church and the Causes Which Hinder It)을 냈다.

선교 사역의 더딘 진전에 좌절을 느끼며 알렌은 단기간에 수많은 교회를 개척하기 위해 바울이 사용했던 것과 비슷한 방법들로 회귀해야 한다고 주장했다. 해외의 새로운 교회 성장 운동이 선교사 주도권 아래에 고통받고 있는 것을 보면서 알렌은 선교 사역의 리더십을 정조준하며 이렇게 주장했다.

> 교회가 토착화되어야 한다면 반드시 처음 씨앗이 심긴 토양에서부터 자라야 한다(1962b, 2).

그는 선교사들이 자신의 사역을 위해 성령 하나님의 인도하심 안에서 지역 신자들을 신뢰할 것을 촉구했다. 바울이 "회심자들과 그들로 구성된 교회 안에 내주하시는 성령 하나님을 깊이 믿고 신뢰"한 것처럼 말이다(1962b, vii). 서구화된 형태의 교회, 외국들로 이루어진 조직, "원주민을 개화"하려는 노력, 외부의 재정 지원, 그리고 업신여기는 태도들은 반드시 사라져야 한다. 그래야 초대 교회 선교지에서 일어났던 활발한 영적 증거들이 나타날 것이다.

> [교회를 개척한 선교사들은] 그다음부터는 큰형님 같은 멘토 역할만 하고, 성령 하나님께서 자치와 자립을 이룬 새로운 교회가 자신만의 정책, 사역, 예배와 삶을 발전시키도록 인도하실 것이다. 이런 교회는 자연히 선교사적 성격을 가지게 된다(Beaver 1981, B-71).

3자 원리를 따르지 못하는 교회는 계속해서 의존적일 것이며 결코 선교 사역에 동참하지 못한다. 불행하게도, 토착화된 리더십 아래에서의 자연 성장에 대한 알렌의 주장은, 한편으로는 크게 추앙받았지만, 제2차 세계 대전 전까지 대부분의 선교단체가 많이 적용하지는 않았다.

3. 교회 개척 운동에 대한 조사

케네스 스콧 라토레트(Kenneth Scott Latourette)의 표현대로 19세기가 개신교 선교의 "위대한 세기"였다면, 20세기는 아프리카, 아시아, 그리고 남미 교회들에 "성장의 세기"였다. 이 교회들은 기하급수적 성장을 경험했으며 1980년대에 가서는 전 세계 기독교인의 절반 이상을 차지하게 되었다.

20세기 중반, 선교학자들은 급격한 성장 운동을 일으켰던 요인이 무엇일까?

경험적 분석을 시작했다. 이를 통해 선교와 교회 개척을 도울 수 있는 원리들을 도출하고자 했다.

1) 교회 성장 운동

도날드 맥가브란(Danald A. McGavran, 1897-1990)과 그가 시작한 '교회 성장 운동'(Church Growth Movement: CGM)만큼 교회 성장의 활력과 거대한 기독교인의 회심 운동을 연구한 이들은 많지 않다. CGM은 교회 성장의 원인을 조사하기 위해 사회과학과 행동과학을 활용했는데, 그 과정에서 교회 성장과 교회 개척 운동과 관련된 수백 개의 실증연구를 양산했다.

그의 대표작인 『하나님의 가교』(The Bridges of God, 1955)에서 시작하여 유명한 『교회 성장 이해』(Understanding Church Growth, 1980)에서 최고조를 이룬 맥가브란은 한때 논란이 있었던 몇 가지 교회 성장 원리를 만들어 냈다.

첫째, 회중 운동의 원리

새신자들은 본래 그들이 형성하고 있었던 관계들에서 빠져나오는 게 아니라, "하나님의 가교"로서 그 사회의 다른 이들에게 다가가야 한다. 단지 개인이 아니라 여러 회중이 그리스도를 따르기로 결심하고 이어서 그들의 관계망 안에 있는 다른 이들을 그리스도께로 이끌 때 이 운동이 일어난다.

이러한 방식으로 신자들은 그리스도인이 되면서도 관계적 혼란에 빠지지 않는다. 맥가브란은 "젊은 교회들"에서 일어나는 90퍼센트 이상의 교회 성장은 이 회중 운동의 결과라고 말한다.

둘째, 추수의 원리

맥가브란은 복음에 가장 잘 반응하는 사람들에게 집중할 수 있도록 노력하라고 선교사들에게 요청한다. 선교의 지원 활동은 마치 농부가 곡식이 익었을 때만 추수를 하듯이, 하나님께서 영적 추수를 위해 영글게 하신 사람들에게 집중되어야 한다. 모든 사람이 그리스도의 증인이 되어야 하지만 선교의 인적, 물적 자원들은 복음을 받아들이는 사람들에게 집중되어 그들의 회심과 교회 성장의 최대치를 끌어낼 기회를 놓치지 않아야 한다.

셋째, 동족 구성의 원리

지금까지도 가장 논쟁이 되는 개념이다.

맥가브란은 이런 유명한 말을 했다.

> 사람들은 인종, 언어, 계급의 장벽을 넘지 않고 그리스도인이 되기를 원한다(1980, 223).

그는 문화적, 사회적 혹은 민족적으로 단일한 교회를 개척할 것을 주장한다. 이는 교회는 일단 비슷한 사람들끼리 구성된다는 뜻이다. 이런 교회에서는 복음을 받아들인 데에 불필요한 사회적 장벽이 제거될 수 있다. 그리스도인이 되기 위해 자신이 가지고 있는 문화적 정체성을 포기하지 않아도 된다. 그리스도인이 되기 위한 유일한 장벽은 문화, 언어, 인종이 아니라 복음 그 자체라고 맥가브란은 말한다.

맥가브란에 앞서서 그가 주장한 원리 및 개념과 비슷한 것들은 많이 있었다. 하지만 CGM은 지나치게 실용적이고, 신학적으로 깊이가 없으며, 방법론에서는 환원주의를 채택한다는 이유로 엄청난 비판을 받았다. 그런데도 맥가브란 및 다른 이들의 관찰들은 더욱 넓은 관점에서 볼 때 유용하다. 즉, 교회가 양적으로 성장하고 선교적 역량을 갖추려면 반드시 그 형태와 리더십, 영적 지향성, 그리고 자립에 있어서 토착화되어야 한다는 점을 보여 주었다.

2) 데이비드 게리슨의 교회 성장 운동의 공통 요소

21세기가 동 텄을 때 토착화 교회 성장 혹은 '교회 개척 운동'(Church Planting Movements: CPMs)에 대한 새로운 관심이 급격하게 일었다. 몇몇 학자가 기하급수적으로 일어난 교회의 배가 성장에 대해 연구를 했으나, 그 중에서도 데이비드 게리슨(2000 and 2004a)이 어떤 선교학자들보다도 많은 연구를 이뤄 냈다. 그는 다양한 경우에서 발생한 CPMs의 특성들을 연구함으로 광범위한 관심을 불러일으켰다.[3]

그의 연구는 이 운동과 그것을 형성하기 위해 재생산하는 교회의 내부 특성에 보다 초점을 맞추었다. 그는 CPMs를 "특정한 종족 혹은 인구 집단 안에 교회를 개척히는 토착화 교회의 빠르고 기하급수적 증가"라고 정의한다(2008, 8). CPMs에 대한 그의 연구는 최근의 것이기도 하고 서술적이라기보다 규범적이긴 하지만 우리는 CPMs의 역동성 및 DNA를 탐구하면서 교회의 성장에 기여하는 그리고 그것을 저해하는 교회 개척의 실제들을 보려고 한다.

---

3   그의 연구를 진행할 때 게리슨은 남침례교교회 개척 위원이었으며 그 전에는 남침례교 국제선교위원회의 부회장이었다.

게리슨은 하나님께서 CPMs를 통해 행하신 숨 막히는 기록들을 취합해, 그것들의 공통 요소를 정의했다. 일부 게리슨의 사례 연구들은 정확성에 의문이 들기도 하지만 그가 발견한 것들은 유익하다. 게리슨과 그의 연구 동료들은 부가 자료 4.1에 기록한 열 가지 공통 요소를 정의한다.[4]

이 열 가지 요소는 이 운동의 생명력과 실행가능성을 가늠하게 해 주는 지표로서, 설립자(들)보다 긴 생명력을 가지고, 세대와 문화의 장벽을 넘어, 광범위하고 지속적인 영향을 미친다. 교회 개척자들은 이 요소들을 그들의 교회 개척을 평가하기 위한 선행 지표 혹은 기준으로 삼을 수 있다. 그럴 때 이 운동은 동반상승효과를 일으키며, 방해를 최소화하고, 그들의 상황 가운에서 건강한 실천들을 해 나갈 수 있게 해 줄 것이다.

> 〈부가 자료 4.1〉
> **교회 개척 운동의 열 가지 공통 요소**
>
> 1. 특별한 기도
> 2. 왕성한 전도
> 3. 재생산하는 교회를 의도적으로 개척
> 4. 하나님 말씀의 권위
> 5. 현지 리더십
> 6. 평신도 리더십
> 7. 가정 교회
> 8. 교회가 교회를 개척
> 9. 급속한 재생산
> 10. 건강한 교회
>
> 출처: Garrison 2004a, 172.

CPMs의 열 가지 요소는 의심의 여지 없이 매력 있는 것들이다. 공통 요소가 기준으로서 유용하다는 사실은 알지만, 모든 사회적 배경에서 단지 비슷한 길을 걷는다고 해서 재생산을 기대할 수는 없고, 교회들이 모두 비슷한 수준의 재생산을 할 수도 없으며, 같은 방식으로 형성되고 함께 연합하는 것은 아니다. 영적 조망이나, 외부인들을 향한 태도, 그들 자신의 신앙 수준, 그리고 사회 정치적 온도 차이 같은 외부적 요인들도 중요한 역할을 한다는 점 또한 부각되어야 한다.

---

[4] 게리슨은 또한 보편적이진 않더라도 이 요소들이 종종 CPMs가 일어나는데 방해가 된다고도 한다.

4. 교회 개척 운동의 원리들

〈부가 자료 4.2〉
교회 개척 운동의 원리들

· CPMs는 성령 하나님의 사역이다
· CPMs는 복음 중심적이다
· CPMs는 평신도 풀뿌리 운동이다
· CPMs는 배가 성장의 DNA를 가지고 있다
· CPMs는 외부요인들에 영향을 받는다

위에서 논의한 모든 연구와 공통 요소를 통해 내릴 수 있는 결론은 무엇인가?

어떤 원리와 실천들이 교회의 배가 성장을 촉진시킬 것이며 토착화 교회 개척 운동을 이루어 낼 것인가?

전 세계에 통하는 방법론이나 전략을 만드는 대신 어떻게 문화에 긍정적으로 수용 가능한 전략을 세워 교회 개척 운동을 이바지할 것인가에 대해 우리가 씨름하고 있다는 것이 중요하다. 부가 자료 4.2는 건강하고 문화적으로 합당한 실천들의 발전을 도와주는 광범위한 처리 원칙을 요약해 준다.

1) 교회 개척 운동은 성령 하나님의 사역이다

교회 개척 운동에 직접 관여하는 사람들 사이에 일반화된 믿음 중 하나는 이 운동은 하나님께서 정하신 특별한 간섭이라는 사실이다. 이것이 때때로 이 운동이 즉흥적 확산 또는 즉흥적 열정이라고 불리는 이유이다(Allen 1962b; Berg and Pretiz 1996). 인간은 하나님의 일에 동참하거나 그 길 위에 서 있을 수 있지만, 성장을 일으키시는 분은 하나님이시다(막 4:26-29; 고전 3:5-7).

사도행전에 나오는 복음의 엄청난 확장과 교회의 성장들은 성령 하나님의 역동적 일하심이었다. 성령님이 권능을 주시고(행 1:8), 담대함을 주시고(4:31), 증언하게 하시며(5:32), 지혜를 주시고(6:10), 인도하시며(8:29; 16:6-7), 위로하시고(9:31), 기적을 행하시며(10:38), 일꾼들을 부르시고 보내시며(13:1-4; 20:28), 기쁨을 주신다(13:52).

성령님께서 CPMs에 권능을 주시고 성령 충만한 교회 개척자들과 신자들을 통하여 일하신다.

처음 시작할 당시의 원리, 리더, 교회의 건강과 열정이 핵심이다. 열렬한 기도와 복음의 폭넓은 누빔은 교회의 배가 성장의 길을 닦아 줄 수 있지만, 그것만으로는 설명될 수 없다. 왜냐하면, 비슷한 노력을 하는 다른 사람들에게서 항상 교회 개척 운동이 일어나는 것은 아니기 때문이다.

하지만 CPMs를 하는 교회들은 뜨거운 영성과 열렬한 기도, 금식과 영적 전쟁을 통한 강력한 영적 원리들, 예배의 확산, 풍성한 전도, 그리고 모든 지체에 대한 사랑이 나타난다는 사실은 분명하다. CPMs에서는 영적 권능과 영적 역동성이 다른 방법론이나 실천들보다 더욱 중요하다.

2) 교회 개척 운동은 복음 중심적이다

교회 개척자들은 복음의 메시지를 선포하는데, 그것은 사람들의 언어로 전달되며 그들의 가장 깊은 열망을 건드려 준다. 다시 한번 말하지만 사도행전은 기독교의 확산을 하나님의 말씀이 선포되고, 삶을 변화시키고, 교회를 탄생시키는 것으로 아주 명확하게 묘사한다.

복음이 사도들이 전한 메시지의 중심이었다(행 4:31; 6:2; 8:14, 25, 40; 11:1; 13:5, 7, 44, 46, 48; 15:7, 35, 36; 16:10, 32; 17:13; 19:10; 20:24). 그리고 설교자나 교회 개척자가 아니라 하나님의 말씀이 가장 중요하고 활동적인 요인이었다(6:7; 12:24; 13:49; 19:20). 항상 그랬다. 교회 개척 운동은 복음이 이끈다. 그들은 단호하고 분명하게, 그리고 명확하게 그리스도를 선포하면서 믿음, 회개, 순종의 제자도로 요청한다.

복음이 이 운동을 이끄는 힘을 가지기 위해서는 반드시 복음의 의미를 충분히 그리고 힘있게 전달할 수 있는 언어로 묘사되어야 한다. 메시지가 지역 신자들의 손에 넘겨져 이것이 정확하고 적절하게 소통될 때에 진정으로 토착화된 교회의 기초를 제공해 줄 것이다. 따라서 진정한 "토착화란 근본적으로 지역에서 소통될 수 있는 완전한 형태, 전달 방식, 전달자들이 온전히 갖추어짐으로 구성된다. 이런 요소들은 준비되고 훈련될 수 있다"(Nida 1960, 185).

라민 사네(Lamin Sanneh, 1989; 1998; 2008)는 복음이 지역 토착언어로 번역될 때 지역 문화에 복음의 힘이 나타나며, 지역 사람들에게 힘있게 작용하여 그들로 하여금 스스로 신학하게 만들어 하나님의 말씀을 신선하고 적절한 방식으로 적용하게 된다고 지적했다.

신앙이 토착화된 표현이 되려면, 중요한 인생의 문제들과 문화에서 직면하는 질문들을 복음이 어떻게 진술해 주는지를 설명하기 위해 말씀의 깊은 곳으로 내려가야 한다. 문화를 신학적으로 반영하여 성경 중심으로 삶과 사역을 형성하는 이런 과정들이 스스로 신학하는 최고의 길이다.

3) 교회 개척 운동은 평신도 풀뿌리 운동이다

운동의 영향력은 다부지고 열정적 평신도들의 풀뿌리[5] 참여도에 비례한다. 교회 개척 운동은 제자를 만드는 운동이다. 평신도들이 성령의 능력과 은사에 힘입어 이 세상에서 하나님 나라 백성으로 살도록 능력을 준다. 이런 일은 사람들이 단지 입술로 고백할 뿐 아니라 제사장으로서의 삶을 살 때 일어난다.

CPMs의 가장 도드라진 모습 중 하나는 이 운동이 선교사들에 의해 시작된다 하더라도 지역 사람들이 복음을 품고 그들의 동족과 도시 그리고 그 너머로 복음이 퍼지는 것에 대한 비전을 품는 것이다. 선교사, 전략적 계획, 혹은 식어 버린 의무감은 이 운동을 이끌 수 없다. 하나님의 영이 새로운 신자들에게 스며들어 예수 그리스도, 잃어버린 이들, 그리고 이 복음을 다른 이들에게 전하기 위해 어떤 희생도 기꺼이 감수하겠다는 열정을 주신다.

---

5 풀뿌리 운동은 사람들의 근본적이고 기초적 요소에 뿌리내린 유기적이고 타고난 면들을 환기시킨다. CPMs는 사람들을 위한 운동이며, 사람들에 의한 운동으로 최선의 의미에서 프롤레타리아 운동이다. 이 운동은 평신도 운동이다.

지역 리더들이 성령에 의해 능력을 받지 못하고 이 운동이 시작되어 수립되는 과정에서을 설정할 수 있는 자유가 효율적으로 주어지지 않은 채 "성인"이 된다면 오히려 혼란을 겪을 수 있다.

4) 교회 개척 운동은 배가 성장의 DNA를 가지고 있다

교회 개척 운동은 제자, 리더, 소그룹, 그리고 교회를 지속적으로 재생산하는 하나님의 특별한 사역이다. 재생산과 배가 성장은 다른 개념이다. 어떤 뛰어난 교회가 십 년에 걸쳐 매년 재생산을 하고 개척된 교회들이 모두 잘 살아남았다면, 십 년 만에 11개의 교회 군(cluster)이 만들어지는 것이다.

그런데 모체가 되는 교회 그리고 개척된 교회들이 매년 재생산을 하고 모든 교회가 살아남는다면, 십 년 만에 512개의 교회가 생기게 된다!

배가 성장이란 다세대적 재생산을 의미한다. 한 세대에서 다른 세대로 교회 DNA의 유기적 부분을 전달해 주는 것이다. 어떤 교회들은 출생은 했으나 살아남지 못한다. 하지만 이런 일을 하는 교회들은 영적으로 비옥할 것이다. 배가 성장이나 기하급수적 성장 자체가 목표가 아니다. 궁극적 목표는 참하나님에 대한 지식과 그분의 영광이 전 세계에 가득한 것이다.

점점 더 많은 이가 건강하고 상호 의존적 토착화된 하나님 나라 공동체에 온전히 헌신하고, 그 공동체들은 다시 주님의 지상명령이 완성될 때까지 복음을 듣지 못한 이들에게 선교사를 파송할 때 이 일이 성취될 것이다 (부가 자료 4.3을 보라). 이 목표를 성취하게 해 주는 건강한 실천 방법들에 대해서는 이 장 후반부에서 다루게 된다.

> ⟨부가 자료 4.3⟩
> 교회의 배가 성장과 관련된 용어

- 개척(planting): 새로운 교회를 시작하는 것
- 추가 개척(addition): 또 하나의 새로운 교회를 시작하는 것
- 재생산(reproduction): 교회가 새로운 교회를 개척하는 것
- 배가 성장(multiplication): 재생산이 계속해서 일어나는 것
- 교회 개척 운동(Church-planting movement): 교회의 배가 성장의 결과. 교회의 재생산이 규범이 되며 교회와 교회 개척의 DNA를 형성
- 포화(saturation): 교회 개척 운동이 모든 인구 계층 가운데 독자적 생존이 가능하고 재생산할 수 있는 교회들을 지리적 영역에 가득 채우는 시점

5) 교회 개척 운동은 외부요인들의 영향을 받는다

어떤 기록들은 모든 상황이 동일하게 CPMs에 적합한 것은 아니며 외부 요인들이 작용하고 있음을 보여 준다.[6] CPMs를 분석하는 이들 중에는 교회의 배가 성장의 만능열쇠나 묘책을 찾기 위해 제한된 범위의 영향만을 조사하면서 환원주의적 경향으로 빠지는 이들이 있다. 광범위한 요인들을 고려하고 다양한 이해를 종합하는 보다 포괄적 접근을 통해 완전하고 가장 현실적 그림을 그릴 수 있게 된다.

폴 히버트와 엘로이스 히버트 메네시스(Paul Hiebert & Eloise Hiebert Meneses, 1995, 9-19)는 현상을 해석할 수 있도록 돕는 다양한 해석적 지도에 대해 말한다. 각각은 자신만의 목적을 가지고 있지만, 어느 하나도 그 자체로 완전한 그림을 그려 주지는 못한다. 교회 개척자는 실제로 CPMs에 영향을 미치는 많은 중요한 요소에 대해 약간 조정할 수 있을 뿐이다.

예를 들어, 급속도의 성장 운동들은 개인주의와 세속주의가 주도하는 사회보다는 집산주의적 사회에서 보다 빈번히 발생한다. 하나님께 돌아오

---

[6] 게리슨(2004a)은 유럽과 미국에서 일어난 진짜 CPMs의 기록들을 담지 않는다. 그가 찾아낸 CPMs에 가장 가까운 것은 셀 교회 네트워크와 교회 개척 네트워크이다.

는 회중 운동에 대한 맥가브란(1980, 269-94)의 연구에 따르면 "상층민이 아니라 하층민"이 복음에 가장 열의를 보이는 경향을 가진다. 엘리트와 상위 계층이 아니라 빈곤층과 노동자 계급에서 그리스도께 돌아오는 거대한 운동이 일어난다.

CPMs는 평화와 안정의 시대가 아니라, 변화와 격동의 시대에 가장 많이 일어난다. 일상적이지 않은 붕괴가 사회에서 발생할 때, 박해의 한 가운데에서 말이다. 그런데 변화의 시절은 예측하기 어렵고 통제는 불가능하다.

종종 CPMs는 민속 종교나 어설프게 조직화된 종교가 우세한 지역에서 일어난다(Grady and Kendall 1992). 클레이튼 버그와 폴 프레티즈(Clayton Berg and Paul Pretiz, 1996)는 풀뿌리 중심의 개신교회와 남미의 민속 종교를 사회학적 관점에서 비교 연구하였다. 마치 토착 식물이 그 땅에서 잘 자라듯, 지역 문화로부터 구조와 표현들이 나올 때 이 운동은 시작부터 자연스러운 느낌을 가진다. 딱 맞는 형태와 기능들은 마치 철로처럼 이 운동이 순조롭게 진전되도록 돕는다.

전통과의 관계 또한 중요하다. 변화의 조짐이 있는 경우에는 대안을 제시하는 자세를 취해야 하지만 전통적 신념 체계가 여전히 광범위하게 수용되는 경우에서는 동질감 위에 이 운동을 건설해야 한다(Allen 1962b; Peters 1970). 어쩌면 이것이 기득권층에 의해 배척당하는 소외계층이 권력을 가진 자들보다 기독교 메시지를 보다 기꺼이 수용하는 이유이다(Garrison 2004a, 42, 109, 124, 221-24).

따라서 반응이 더딜 때 교회 개척자들은 인내심을 가지고 기도하며 복음을 뿌리고, 토착화 원리를 사용하면서 강력한 제자들을 양성해야 한다. 다른 접근법으로 전환하라거나, 목회적 역할을 맡거나, 사역의 주요한 "실천가"가 되라는 압력이 있을 것이다. 그런 것들은 장기적 안목에서 역효과를 가져오게 마련이다. 외부 사역자가 이런 일을 하면 그들은 교회를 개척할 수는 있을 것이다. 어쩌면 큰 교회를 개척할 수도 있다. 하지만 CPMs를 시작하지는 않을 것이고, 다른 세대의 배가 성장을 해치는 부정적 선례를 남길 수 있다.

다음의 예는 외부적 요인들과 운동의 성질 상호 작용을 보여 준다. 1975년부터 1985년까지 매우 전통적 가톨릭 사회인 퀘벡(Quebec)주에서 복음주의 교회들이 100개에서 324개로 3배 이상 증가하였다(Smith 1997). 이 시기는 "조용한 혁명"(Quiet Revolution)이라 불리는데 퀘벡주가 세속화 및 현대화로의 비약적 발전을 했기 때문이다.

자유당은 당시 지배적이었던 정치 종교적 보수의 영향으로부터 권력을 이양받았다. 조용한 혁명의 가운데에서도 퀘벡 사람들은 기독교 세계관을 유지하면서 종교적 대안들을 추구했다. 이러한 긴장이 복음이 들어갈 수 있는 기회의 문을 열어 주었다.

> 로마가톨릭에 대한 환멸로 엄청난 영적 진공 상태가 생겼던 농촌 지역에서 가장 놀라운 성장이 일어났다(Wilson 1998, 28).

신실하고 끈질기게 복음을 뿌렸던 이들은 놀라운 수확을 경험하였다.[7] 교회 성장 운동은 세속주의와 물질주의가 시작된 21세기에 들어 시들해졌지만, 당시 지역 종교의 풍경을 바꾸어 놓았다.

5. 교회의 배가 성장을 위한 최고의 실천들

CPMs에 대한 이러한 일반적 진리들을 조사했으니 이제 이 책의 남은 부분은 교회를 재생산과 배가 성장으로 인도하는 교회 개척의 "최고의 실천들"[8]에 대해 중점적으로 다루려 한다.[9]

---

[7] 복음에 대한 열정은 엑스포 67(1967년 퀘벡이 주최했던 세계 박람회 – 역주)과 1976년 몬트리올올림픽 기간 동안 백만 명 이상의 사람들에게 복음을 전했고 '가톨릭 은사 운동'(the Catholic charismatic movement)의 성장에 일조했다(Smith 1997).

[8] 이 표현은 제어된 비교 연구를 요구하는 기술적 의미에서 사용하는 것은 아니다. 문화와 배경에 합당하게 적용될 때 교회의 건강한 배가 성장을 일궈 낼 수 있는, 일반적으로 선호되는 실천들을 말하고자 함이다.

[9] 배가 성장이란 모체가 되는 교회, 개척된 교회, 그리고 개척된 교회가 다시 개척한 교

게리슨이 자신의 연구에 기초하여 요약한 "교회 개척 운동의 십계명"이다(2004a, 257; 2005).

1. 너의 공동체를 기도에 몰두하게 하라
2. 너의 공동체를 복음에 흠뻑 젖게 하라
3. 하나님의 말씀에 붙어 있으라
4. 외부에 대한 의존에 저항하라
5. 재생산을 방해하는 요소들을 파괴하라
6. 네가 이루고자 하는 비전에 따라 살아가라
7. 모든 신자와 교회를 재생산하게 하라
8. 모든 신자를 복음화시켜 제자를 만들고 교회를 개척하도록 훈련하여라
9. 모범을 보이고, 돕고, 지켜본 뒤, 떠나라
10. 하나님께서 행하시는 일들을 발견하고 거기에 동참하라

이러한 실천들은 자생의 원리 및 교회 개척 운동과 일치하는데, 상황에 맞게 다른 방식으로 적용되어야 한다. 이것들은 성공을 위한 공식도 아니고 이것들을 이행한다고 교회의 배가 성장이 담보되는 것도 아니다. 다만 우리와 다른 이들의 관찰에 따르면 위에서 제시한 원리들이 무시될 때는 배가 성장은 거의 일어나지 않는다.

게리슨과는 다르게 우리는 건강한 배가 성장보다는 급속도의 배가 성장에 대해서는 덜 중시한다.

> 이 운동에 참여하는 대부분의 교회 개척자들은 급속도의 재생산이 이 운동의 필수이고 재생산의 속도가 느려질 때 교회 개척 운동은 흔들리게 된다고 주장한다(Garrison 2000, 36).

회들 모두가 기하급수적 성장을 하면서 재생산함을 의미한다.

교회는 내부 문제에 관심을 쏟은 채 재생산에 실패하지 않기를 바라며 임신기를 줄여야 한다. 물론 우리는 하나님께서 초대 교회 때와 같은 급속도의 성장을 주신다면 기뻐할 것이다. 게다가 급속도의 재생산을 강조함으로 전도의 긴급성과 평신도 리더십의 필요를 부각시키고 사례, 건물, 학위 등 거추장스러운 요소들을 피할 수 있다.

하지만 급속도의 배가 성장이 더 많은 교회를 만들어 내더라도 그것들이 꼭 더 건강한 교회 혹은 결과들이라는 의미는 아니다. 복음 전도의 긴박성과 건강하고 성숙한 성장의 균형이 있어야 한다. 급속도의 배가 성장만 지향하다 보면 때때로 역효과를 낳을 수 있다. 때로는 시작 단계에서 겉으로 볼 때 느린 방법들이 실제로는 더 건강할 뿐 아니라, 장기적으로 볼 때 더 빠른 성장 운동의 강력한 기반을 놓을 수 있다.

흥미롭게도, 성경은 교회 성장에 대해서는 많은 말을 하고 있지만, 재생산의 속도에 대해서는 그렇지 않다. 예수님도 풍성한 열매에 대해서 강조하셨지 급속도의 수확에 대해서는 아니었다(요 15장). 주님은 하나님 나라의 신비(마 4:26-29)와 확장성(마 13:31-32), 그리고 침투하는 능력(마 13:33)에 대해 말씀하셨다. 하지만 그분은 성장의 속도에 대해서 강조하신 적은 없다. 오히려 좋은 땅이 다른 등급의 열매를 낸다고 경고하셨다(마 13:23).

올란도 코스타스(Orlando Costas)는 성경에서 말하는 균형 잡히고 건강하며 전체적 성장을 아래와 같이 요약한다.

> 하나님은 그분의 교회가 성장하기를 원하고 바라신다. 그 성장은 한쪽으로 기울어지지 않은 것이며, 비정상적이지 않다. 그분은 그분의 교회가 사도적 공동체로서 숫자상으로 넓게 성장하기를 바라신다. 그분은 그분의 교회가 예배와 양육의 공동체로서 체험적이고 유기적이며 개념적으로 깊게 성장하기를 바라신다. 그분은 그분의 교회가 예수 그리스도에 의해 선포된 새로운 삶의 질서를 나타내는 상징으로서 이 세상의 능력과 권세에 도전하는 가시적 모델로 높게 성장하기를 바라신다(1979, 37-38).

우리의 책임은 성경적 원리와 지혜로운 멘토링들을 따라 교회를 개척하는 것이다. 우리는 토착화 교회의 배가 성장을 위한 최고의 실천들을 이해하고 적용하기 위하여 고군분투하면서, 그 결과 및 결과들의 속도에 대해서는 하나님을 전적으로 신뢰해야 한다.

1) 사도들의 교회 개척 접근법 적용하기

(다음 장에서 완전한 의미로 묘사될) 사도적 교회 개척자들은 재생산하는 하나님 나라 공동체의 기초를 놓는다. 개척자들은 다른 지역으로 떠나 그곳에서 새로운 공동체를 시작할 것이기 때문에 그들이 모방할 방법들을 사용하여 지역 신자와 리더들을 세워 주고 그들에게 권력을 이양해 준다. 그런 후 정기적으로 돌아와서 세워진 교회의 리더들을 격려하고 힘을 준다. 그러는 과정 중에 교회 개척을 위한 새로운 세대를 일으키고 가르친다.

사도적 교회 개척을 적용하려면 서구 교회에서 보편적으로 받아들여졌던 교회 개척자들의 역할, 즉 목회하면서 돌보아 주는 역할에서 지역 제자들과 리더들에 의해 운영되는 새로운 교회를 건설하는 선구자적 기업가와 같은 역할로의 급진적 재고가 있어야 한다.

성장하고 있는 다문화 도시처럼 인구 밀도가 높은 지역에서는 사도적 교회 개척자들이 각기 다양한 성숙의 단계에 다다른 예닐곱 개의 교회 개척 활동에 동시에 참여하게 된다. 한쪽에서는 복음의 씨를 뿌리고, 다른 곳에서는 새로운 교회의 리더들을 세워 나가며, 또 한편에서는 기존 교회가 재생산할 수 있도록 돕는다.

2) 추수 때 모집한 지역 일꾼들을 세우고 권한을 주어 사역하도록 하기

효과적 사도적 교회 개척자들은 잠재적 지역 일꾼들을 발견하고 그들의 삶에 자신을 쏟아 붓는다. 이 사람들이 복음을 받아들이고 순종하는 제자로 급속도로 성장하며 효과적 평신도 전도자가 될, "평화의 사람"[10] (눅 10:5-6; cf. 마 10:11-13)이다.

이들 중 많은 이가 사람들을 공동체로 이끄는 교량 역할로 섬겨 줄 것이고 후에는 가장 효과적 교회 개척자가 될 것이다.[11] 다문화 선교팀은 발판과 같고 지역 리더들은 교회를 세우는 기둥과도 같다. 경험상으로 볼 때 사역이나 교회 모임을 머잖은 장래에 교회를 이끌 지역 일꾼들과 함께하지 않는 건 좋은 시작이 아니다.

바울 선교의 핵심 중 하나는 그가 떠난 뒤 교회를 섬길 지역 리더들을 세우고 권한을 주는 것뿐 아니라 그가 개척한 교회에서 그의 사역에 동참할 이들을 선발하는 것이다. 루스드라에서 디모데를 뽑은 것이나(행 16:1), 에베소에서 아볼로와 동역한 것처럼 말이다(행 18:24-26).

제17장에서 일꾼들을 세우고, 그들에게 권한을 주어 사역하도록 만드는 일에 대해서 다시 다룰 것이다.

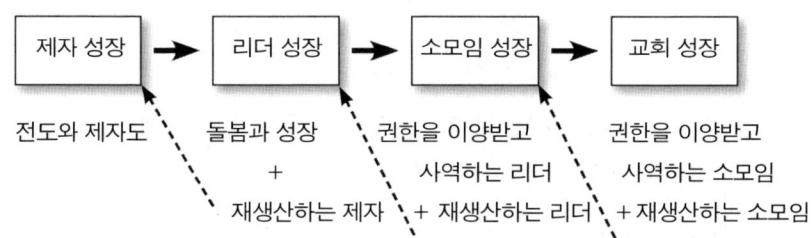

〈그림 4.2〉 제자, 리더, 소모임의 배가 성장

---

10 예수님은 제자들을 파송하시면서 그들을 환영하고 환대를 제공해 줄 "평화의 사람"을 찾으라고 교훈하셨다. 제11장에서 그런 호의를 가진 이들이 교회 개척의 초기 단계에서 얼마나 전략적으로 필요한지를 보게 될 것이다.

11 2006년 2월 6-7일, 트리니티 복음주의 신학교에서 열린 복음주의자유교회 국제 선교대회에서 데이비드 게리슨이 발표한 내용에 잘 묘사되어 있고, 우리는 반복적으로 이에 대해 경험했다.

3) 복음 전파와 제자도에 대한 지속적 강조

교회의 기본 구성 요소는 제자들이기 때문에 사도적 교회 개척을 위해서는 지속해서 제자를 양산하는 데 강조를 두어야 한다. 즉, 사람들을 그리스도에게로 이끌고 그리스도와 함께 살도록 가르치고, 그리스도의 공동체인 교회와 교제하도록 해야 한다. 예수님이 처음 제자들을 부르셨을 때 사람 낚는 어부가 되게 하겠다고 하신 약속과 모든 민족을 제자 삼으라고 하신 그분의 마지막 명령에서도 강조된다.

복음 전파와 제자도의 중요성은 너무나 분명하지만 목회 현장에서 계획, 프로그램, 심방 등이 우선시되면서 때때로 간과된다. 하지만 교회 개척의 성패는 새로운 제자를 만들어 열매 맺는 것과 직접 관련이 있다(그림 4.2를 보라). CPMs는 교회 개척자가 외적 복음 전파에서 내적 유지에 치중하게 될 때 정체되고 결국 죽게 된다.

4) 교회의 삶과 사역의 매 단계 배가 성장을 만들기

지금까지 기술된 배가 성장의 원리들은 교회 개척 발전의 모든 국면 및 제자, 리더, 사역자, 소그룹, 교회 등 재생산될 수 있는 모든 것에 적용된다. 새신자들이 쉽게 본받을 방법으로 전도를 해야 그 새신자들이 잘 배워 새로운 복음 전도자가 될 수 있다.

마찬가지로 신자가 처음 제자가 되고 나면, 그들은 또 다른 이들을 제자로 만들 수 있도록 훈련받아야 한다. 첫 번째 소그룹이 형성되면 소그룹 리더들은 리더십을 가지고 훈련받아 다른 이들에게 똑같은 훈련을 시킬 수 있도록 인도되어야 한다(딤후 2:2). 소그룹이 성장하여 분가하게 된다면, 교회의 배가 성장도 멀지 않았다는 뜻이다. 왜냐하면, 교회의 출발부터 배가 성장의 정신이 생성되었기 때문이다.

밥 로버츠(Bob Roberts 2008, 58-60)와 공저자들은 새로운 교회를 시작하면서 단지 교회 구성원들을 "분가"(hiving-off)시켜 놓았다고 해서 스스로 배가 성장이 일어나는 것은 아니라고 한다(그림 4.3.을 보라). 배가 성장은 각 단계를 거친다.

〈그림 4.3.〉 "분가"와 배가 성장 비교하기

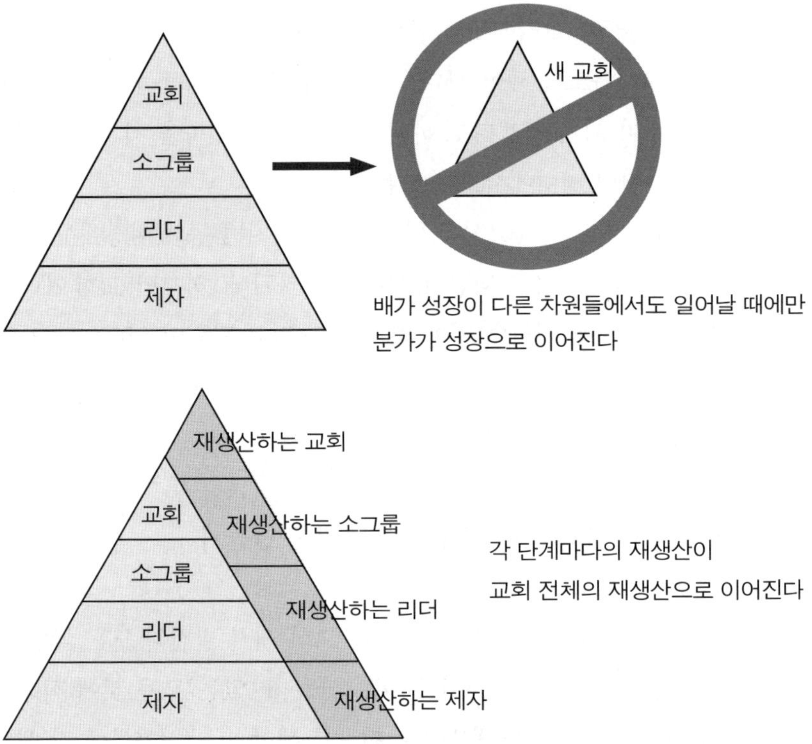

```
        교회
       소그룹
        리더
        제자
```

배가 성장이 다른 차원들에서도 일어날 때에만 분가가 성장으로 이어진다

```
         재생산하는 교회
   교회   재생산하는 소그룹
  소그룹
   리더   재생산하는 리더
   제자   재생산하는 제자
```

각 단계마다의 재생산이 교회 전체의 재생산으로 이어진다

5) 지역 자원을 사용하여 지역 사람들을 재생산할 수 있는 사역 모델

배가 성장을 목표로 둔다면 교회 개척자들이 하는 모든 행동의 좌우명은 재생력이다. 재생력은 몇 가지 방식에서 단순히 성도들을 세워 주는 사역 너머에 있다. 만약 지역 신자들이 교회 개척자들이 했던 일들만 반복해서 한다면, 또 하나의 교회를 만드는 일로 끝날 것이다. 지역 리더들이 다른 신자들을 동원하여 교회를 섬기고 개척하도록 만들어 줄 때 배가 성장이 시작된다.

지역 신자들이 그들의 상황 가운데서 수용 가능한 자원들을 사용하여 자기 복제를 하는 방법론을 사용할 때 이 일이 일어날 수 있다. 교회를 처음 개척한 사람들에게 익숙한 방법들이 지역 신자들의 교육과 재정 환경 혹은 다른 한계들 때문에 쉽게 재생산되지 않는다면 이 운동은 불안정하게 되고, 배가 성장은 불가능하다.

단기 조직, 영어 캠프, 혹은 비용이 많이 드는 캠페인 류의 재생산이 없는 방법들은 배터리가 방전된 차량의 시동을 위해 점프 케이블을 연결하는 것과 같다. 하지만 시동이 걸리고 나면 케이블을 치워야 하듯, 이런 방법들은 바로 사라지고 복음 전도와 제자 만들기에 보다 적합한 풀뿌리 형태의 방식들로 대체되어야 한다. 재생산 가능한 방법들은 아래와 같은 몇 가지 특징을 가진다.

(1) 지역 자원 사용

게리슨(2000; 2004a)은 CPMs는 일반적으로 외부 자원에 의존하지 않으며, 박해하에 있던 가장 가난한 사람들 사이에서도 일어날 수 있다고 한다. 재생산의 공백을 피하고자 선교사들은 지역에서 얻을 수 있는 자원들을 가지고 시작해야 한다. 컴퓨터, 프로젝터, 자동차, 많은 예산 등은 아마도 지역 사람들이 사용하는 방법을 초월하는 것들일 수 있다.

이런 종류의 선물들이 때로는 유용하겠지만, 전체 사역이 이런 자원들에 의존한다면 지역 자체의 재생산을 끌어낼 수는 없을 것이다. 뒤에 "배가 성장을 제지하는 것들"을 다루면서 이 주제에 대해서는 다시 볼 것이다.

(2) 지역 신자들의 기술과 능력 사용

만약 지역 신자들이 문맹이거나 기능적 문맹이라면 말로 설명해 주어야 한다. 전형적으로 이런 구술 문화는 뛰어난 이야기 구술 전통과 기술로 나타난다. 복음 전도와 교육을 위해 아주 탁월하고 효과적 토착화 방법이 된다. 외국에서 온 사역자들은 종종 그 나라에서는 사용할 수 없는 사역 기술과 리더십 방식으로 훈련받았다. 이런 외국 사역자들은 그 나라의 문화보다는 질적 차원에서 사역의 모양새를 보고, 그 나라에서 자신들의 기준과 기대를 적용하려 한다.[12]

그런 기준들이 현지인들에게 어느 정도 통한다 하더라도 그것을 적용하려 하면 CPMs에 역효과를 낳게 된다. 리더십의 수위는 지역 기준에 맞게 결정되어야 하고 지역의 방식을 따라야 한다. 이는 교회 개척자들이 의도적으로 기술적으로는 최소한만 요구하면서 영적 요구는 유지함을 의미한다. 같은 원리가 리더십 스타일, 코칭 방법, 수행 표준, 그리고 기대되는 삶의 방식에 적용된다.

(3) 쉽게 배우고, 자신의 것으로 만들어, 넘겨주기

교회와 리더의 배가 성장은 자원, 기술 및 현지인들의 능력에 기초할 뿐 아니라 다음 세대의 제자들이 쉽게 배우고 적용할 수 있는 방법들을 요구한다. 사도적 교회 개척자들은 다음과 같이 질문하는 법을 배워야 한다.

"현지 사역자들이 이 방식으로 일할 수 있는가?"

"그들은 자연스럽게 이 방식을 택하고 다른 이들을 똑같이 훈련할 것인가?"

그리고 나서 그들은 점차로 물러나면서 현지 신자들이 그 방식을 적용하거나 자신들의 방식을 발전시키도록 해 주어야 한다. 대충 생각할 때, 당신이 현지 리더들에게 그렇게 하도록 가르치지 못하면, 그들도 리더들이 그렇게 하도록 가르치지 못할 것인데, 그렇다면 당신은 그렇게 해서는 안 된다. 현지 지도자들 스스로가 다음 세대 리더들을 훈련할 수 있을 때 진정한 배가 성장이 일어난다.

소수의 현지인은 수년에 걸친 성경학교나 신학교 훈련을 통해 이 운동의 장기적 발전에 유익을 도모해야 하며, 대다수 사람은 즉시로 재생산이

---

12 때로 비서구 사회에서는 서구의 기준과 "프로페셔널한" 우수함을 열망한다. 다른 대중들보다 높은 수준을 만들어 줄 수는 있지만, 그들의 사역 방식을 재생산하는 능력은 감소시킨다.

가능한 방법을 사용해 훈련을 받아야 한다. 이러한 방식은 일반적 선교 정책과 비교하여 많은 시간을 요구하기 때문에 모든 사람이 반드시 오직 현지 자원을 사용하는 재생산 가능하고 지속할 방법을 채용하는 것의 중요성을 이해해야 한다.

6) 배가 성장을 위해 상황에 적합한 교회 구조 선택하기

다른 나라의 교회 구조와 전통이 도입되면 사울의 갑옷을 입은 다윗처럼 거추장스러워진다. 그런 상황에서 교회의 배가 성장은 거의 일어나지 않는다. 현대의 폭발적 토착화 운동은 토착화된 형태의 중요성을 보여 주는 증거이다.[13] 알래스카에서 선인장이 오랫동안 살 수 없고 사하라 사막에서 소나무가 자랄 수 없듯, 토착화 교회 구조는 반드시 그 자신에게 맞는 환경에서 자라고 성장할 수 있도록 만들어져야 한다.

제6장에서 교회가 취할 수 있는 다양한 교회의 형태들과 어떻게 그것들이 다른 환경 가운데서 배가 성장의 잠재력에 영향을 끼칠지에 대해 볼 것이다. 하나의 크기와 형태가 모두에게 들어맞는 건 아니다. 성경적 목적에 부합하고 성경적 가치를 지속할 수만 있다면, 성경은 지역 교회가 취할 수 있는 형태와 표현 방식에 대해 상당한 유연성을 허락한다.

제12장에서 환경에 적합한 형태의 전도, 제자 훈련, 모임들, 예배, 의사 결정, 리더십, 그리고 교회의 삶에 중요한 다른 요소들을 발견할 방법을 제안할 것이다. 이것들은 배가 성장에 있어 필수이다(Herbert and Meneses 1995를 보라).

성령님의 인도와 하나님 말씀의 권위 아래에서 현지 신자들 스스로가 이런 요소들을 발견할 수 있어야 한다. 선교사와 외부 사역자들은 도움이 될 만한 멘토링을 해 줄 수는 있지만, 그들의 역할은 돕는 것이지 하나하

---

13 어떤 풀뿌리 교회들은 교리와 실천에 있어 이교적이거나 혼합주의적이다. 하지만 그들의 토착화된 형태는 배가 성장을 일궈 낼 수 있게 도와준다. 양질의 성경 공부와 지속적 돌봄을 통해 교회는 건강하고, 건전한 토착화를 이룰 수 있다.

나 불러 주며 지시하는 것이 아니다.

6. 교회의 배가 성장의 걸림돌들

운동의 확산은 성령의 인도함을 받는 현지 신자들이 그들의 전통이나 외부로부터 유입된 구조나 간섭으로부터 자유롭게 활동할 수 있는가의 정도에 달려 있다.

교회의 배가 성장을 방해하는 최악의 걸림돌은 무엇인가?

토착화 교회 개척 운동에 가장 큰 해악을 끼친 서구 교회의 요구로 보통 세 가지를 꼽는다. 비싼 건물, 교육을 잘 받은 유급 교회 개척자들, 그리고 외부 자원에 대한 과도한 의존이 그것이다. 어느 것도 신약성경에서 교회에 요구하지 않았고, 이 모든 것은 박해기에 살아남지 못한 것들이다.

건물, 학위, 외부 자금은 때로는 성장을 위한 지렛대 역할을 하기도 하는데, 그것들이 리더와 교회의 성장을 위한 핵심 요소로 자리 잡지 않을 때만 그렇다.

> 그리스도께서 주신 사명이라는 명목하에, 토착화 신자들이 할 수 있고 해야 하는 일들을 우리가 한다면, 하나님께서 개척하라고 명령하신 바로 그 교회를 약화하게 된다(Saint 2001, 54).

다음의 걸림돌들은 주의 깊게 살펴야 한다.

1) 걸림돌 1: 비싼 건물

게리슨(2000; 20004a)은 CPMs에서는 교제모임이 집이나 작은 가게에서 일어난다고 한다. 성경이 교회의 크기나 구조에 대해 묘사하지 않는 건 분명하다. 어떤 환경하에서는 가정 교회 운동이 건강하고 강력한 토착화 재생산을 위한 최고의 도구가 될 것이다. 교회 개척에서 공공장소가 더 적합하다고 결정한다면, 장소 사용에 대한 비용을 감당할 수 있어야 하고 초기 단계에서는 유연해야 한다.

높은 임대료나 대출이자는 교회 구성원들이 새로운 교회를 시작하지 않고 포기하게 만든다. 거액의 공사 계획은 신자들의 힘을 빼고, 복음 전도와 제자 훈련과 같은 중심 사역에서 멀어지면서 가시적 대상에 위신을 세우게 한다.

유연성도 이 운동을 일으키는 데 필수 요소이다. 장기 임대, 계약, 매매 등이 연루되어 있다면 새로운 기회가 생기거나 변화가 필요할 때 교회가 즉각 반응하지 못하도록 막을 수 있다. 공공건물을 시간 단위로 임대하는 게 좋은 대안이 될 수 있다. 마을회관, 학교, 호텔 세미나실, 극장, 콘서트홀, 오락을 위한 공간 등을 고려해 볼 수 있다. 시골에서는 단순한 교회 건물을 별로 비싸지 않고 대체재를 쉽게 찾을 수 있는 현지 자재를 사용해서 지을 수 있지만, 도심에서 그런 예는 찾기 어렵다.

진정한 교회가 되기 위해서는 자체 건물을 소유해야 한다는 생각을 가진다면, 교회의 배가 성장은 소유물을 위한 기금 마련 속도보다 빠를 수 없다. 사실 기금 마련은 본래 매우 느린 것이다.

2) 걸림돌 2: 교육을 잘 받은 유급 교회 개척자들을 의존

이것이 걸림돌이 된다는 사실이 놀라울 수 있겠지만 아마도 배가 성장의 가장 큰 방해일 것이다. 단순하게 생각해서, 이 운동이 시작되고 나면 늘어나는 사역자들에게 줄 수 있는 돈이 충분해지는 때는 절대 오지 않는다. 성경전문대학이나 신학교에서 수년간 교육을 제대로 받은 교회 개척자가 그 자체로 나쁜 것은 아니다. 하지만 시간이 오래 걸리고, 성장하고 있는 이 운동에 적합한 교회 개척자가 되기 위해서 갖추어야 할 충분한 학위는 존재하지 않는다.

또한, 전문 신학 교육을 받지 못한 평신도들은 교회 개척을 주도할 수 없거나 그래선 안 된다는 인상을 줄 수도 있다. 서구 교회의 성직자 제도의 역사와 전통에 대한 고수 때문에 서구에서는 유기적 운동이 거의 발생하지 못했다(Payne 2003).

교회 개척 운동은 보통 직장과 사역의 이중 소명을 받은 현지 평신도 교회 개척자들에게 의존하는데, 이들은 정규적 제도권 교육을 받기보다는 누군가의 모범을 보거나 개인적으로 배우는 비제도적 교육 혹은 교회나 워크샵 등을 통한 비정규 교육을 받는다.

교리적 지식보다는 성경에 대한 이해, 인품, 그리고 현장에 필요한 실제적 기능이 더욱 중요하다. 이것이 네비우스가 중국에서 그리고 그 이후 한국에서 적용한 훈련 방식이다(Nevius 1958).

평신도가 하는 혹은 '자비량'으로 하는 교회 개척은 쉬운 일이 아니다. 평신도가 이끄는 교회들은 작은 규모로 남기도 하지만 꾸준히 재생산한다면 운동 전체의 측면에서는 성장하게 될 것이다. 교육을 받지 못한 평신도 사역자에게는 계속된 격려, 지속적 훈련 및 성경 교육이 필요하다. 비교적 믿은 지 얼만 안 된 경우라면 더욱 그렇다. 그렇지 않으면 이 운동은 곧 약해지고, 결국 정체기에 접어들거나 시들게 된다.

성장하게 될수록 신학적 깊이를 가지고 인도해 줄 교육받은 리더의 필요성도 증가한다. 하지만 그런 사람에 의존하여 운동의 확장을 기하게 되면 잘못된 기대를 하게 되고 결국 운동의 가속을 늦추게 된다.

'콜롬비아기독연합'(Asociación Cristiana Colombiana)에서는 교회 개척자를 선교사(Missionary)라 부른다. 그들은 신학적 교육은 많이 받지 못했지만, 사자의 심장을 가지고 일한다. 그들은 외부의 재정적 지원을 받지 않기 위해 그들이 할 수 있는 일을 하면서 재정을 마련하며 복음 전도자와 제자로서 사역한다. 30명의 성인과 자녀들이 모이면 목사를 찾기 시작하고, 그 일은 선교사에게로 넘어간다. 이런 방식으로 몇 번이고 반복될 수 있다.

에티오피아에서도 이와 같은 예를 찾을 수 있다.

1993년부터 1996년 사이 '에티오피아복음주의교회'(Ethiopian Evangelical Church Mekane Yesus [EEC-MY])는 80퍼센트 성장했다. 이런 획기적 성장의 주된 요인은 자발적 사역자들의 헌신과 복음 증거였다(Gobena 1997, 15).

아이테파 고베나(Iteffa Gobena)는 이런 교회를 "평신도 사역 교회"라고 부른다.

게리슨이 말하는 CPMs의 열 가지 요소 중 하나는 평신도 주도이고, 그의 CPMs 십계명 중 하나는 복음을 전도하고 제자 삼고 교회를 시작하기 위해서는 모든 신자를 훈련해야 한다는 것이다. "교회 개척 운동에 승객은 없다. 모두가 승무원으로서 일한다"(2004a, 86).

3) 걸림돌 3: 외부 자원 의존

기금 마련, 사역자들을 위한 재정 지원, 물품 기부, 건축 계획 등은 교회 개척에 상당한 유익을 줄 수 있다. 하지만 현지에서 재생산되고 유지될 수 없는 선례를 만들지 않으려면 많은 주의를 요한다. 순교한 선교사 네이트 세인트(Nate Saint)의 아들인 스티브 세인트(Steve Saint)의 경험을 통해 이 점이 잘 나타난다. 그는 와오다니 부족(the Waodani) 사이에서 배가 성장을 가로막고 있었던 깜짝 놀랄 만한 장벽에 관한 예를 기록한다.

그들은 초가지붕으로 된 새로운 대나무 "하나님의 집"(God houses)을 그만 짓기로 했다. 그들은 선교팀이 공사에 합류한 뒤 시멘트로 된 단단한 기초를 사용하여 더 나은 하나님의 집을 지을 수 있게 되었다고 설명했다. 그리고 "그들은 외국인들이 하나님의 집을 더 잘 지을 수 있다고 결론 내렸다. 그러니 외국인들이 다 지어야 한다"(Saint 2001, 55).

지혜롭지 못한 자원 사용은 여러 가지 면에서 배가 성장을 저해할 수 있다.

첫째, 외부 자원은 한정되어 있어서 곧 끝나게 된다. 교회 개척을 거기에 의존한다면, 개척도 곧 끝나게 될 것이다. 배가 성장이 목표라면, 교회 개척은 결국은 반드시 현지 자원에 기반하여 진행되어야 한다.

둘째, 외부 도움과 기금이 없이는 교회 개척은 불가능한 것이라는 인상을 쉽게 줄 수 있다. 신자들은 그들이 생각하기에 필수적 후원자들이 부족하기 때문에 새로운 교회를 시작하지 못하는 것에 대한 핑곗거리로 삼을 수 있다. 그들에게는 어떻게 외부 자원과 별도로 교회를 개척할 수 있는지에 대한 대안적 모델이 없다.

셋째, 교회 개척을 시작하는 데 외부 자원이 무분별하게 사용될 때 외부 자원이 지속해서 교회를 유지해 줘야 한다는 생각이 드는 것은 자연스러운 일이다. "선교가 그것을 지었고, 선교가 그것을 유지해야 한다"는 말처럼 말이다. 선교단체나 협력교회에 의해 좋은 의도로 시작했지만, 현지 교회가 공과금을 내지 못하는 이야기들이 많이 있다. 그런 교회들은 수가 줄어야 한다. 후원자-고객의 관계는 금세 교회와 선교(혹은 후원자)의 관계로 변할 수 있고, 이는 배가 성장으로 인도하지 못한다.

제18장에서 교회 개척에 있어서 자원에 대한 질문들을 다시 다룰 건대, 그때는 외부 자원의 긍정적 사용에 대한 제안도 있을 것이다.

7. 세대를 거쳐 일어나는 배가 성장

첫 번째 세대에 사도적 교회 개척은 반드시, 필요 때문에, 현지 훈련생들을 위한 모델이 될 만한 교회 개척을 실행해야 한다.

두 번째 세대에서는 첫 번째 개척에 참여했었고 지금은 교회를 지도할 수 있는 현지 리더들과 함께 사역한다.

세 번째 세대에서는 새로운 리더들이 현지화된 접근 방식에 따라 그들의 전임자들로부터 배우게 되고 선교사들은 주로 옆에서 보면서 요청이 있을 때만 관여한다.

네 번째 세대에서는 배가 성장이 성공적으로 실행되어 선교사들이 현지 지도자들에게 배가 성장을 계속할 수 있도록 자유로운 사역 여건을 마련해 준다. 필요하다면 재방문을 통해 멘토링을 해 줄 수 있다. 재생산이 세 세대에 걸쳐 외부 협력자와 자원에 의지하지 않고 일어난다면, 재생산 DNA가 생겨나 스스로 할 수 있게 된다. 게다가 그 재생산은 현지에서 자란 리더들과 시스템에 의한 것이기 때문에 네 번째 세대는 진정한 토착화라고 볼 수 있다.

토착화의 원리와 교회의 배가 성장에 대한 가장 중요한 말은 아직 하지 않았다. 우리가 했던 몇 가지 수준 높은 연구들이 종종 무시된다. 이 운동에 대한 설명에서부터 최고의 실천을 향해 가는 일은 쉽지 않다. 특별히 다양한 환경하에서는 더욱 그렇다. 하지만 이 원리들과 최고의 실천들이 섬세한 주의와 기도를 통해 상황에 제대로 적용된다면, 그리스도께서 다시 오실 때까지 전 세계의 더 많은 지역에서 교회의 배가 성장을 위해 기여하게 될 것이다.

제5장

사도적 교회 개척자들

지금까지 보아 왔던 대로 현지에서 지속하고 재생산적 교회 개척 운동을 시작하는 것이 목표라면 아주 다양한 접근이 채택되어야 한다.[1] 그 중심에 있어야 할 사안은 교회 개척자의 역할에 대한 새로운 이해일 것이다. 그들은 우리가 사도적 교회 개척이라 부르는, 신약성경에서 바울의 동료 선교사들이 취한 접근법을 취할 필요가 있다.

'사도적'(*apostle*)이라는 말은 신약성경에서 다양한 방식으로 사용된다. 가장 대표적 용례는 예수님께서 개인적으로 부르시고 사명을 주신 열두 명의 사도와 1세기 교회에서 독특한 권위를 가진 역할을 수행한 사도 바울이다. 이 용어는 또한 더욱 일반적으로는 바울의 순회 선교 여행에 동참했던 동역자들을 가리키기도 한다. 이들 중에서는 바나바(행 14:3, 14), 아볼로(고전 4:6, 9), 에바브라디도(빌 2:25), 디도(고후 8:23), 실루아노(실라)와 디모데(살전 2:7; cf.1:1)가 있다.[2]

게다가 사도권은 지속하는 성령의 은사로서 교회가 갈망해야 하는 것이었다(고전 12:28-31). 따라서 사도적이라는 용어는 크게 보아서는 선교사와 동등한 의미를 지니는 것으로 볼 수 있다(Ott & Strauss 2010, 230-36에 나오는 논의를 보라).

"사도적 교회 개척"이라는 말은 시작부터 사역과 선교를 위해 현지 신자들을 교육하고, 그들에게 권한을 위임하고, 맡기는 사도들의 모범을 따

---

[1] 이 장의 많은 부분은 Otto 2001을 확대 적용한 것이다.
[2] 어떤 성경들은 "전달자"(messenger), "대리인"(representative)이라고 번역하지만 헬라어 본문에서 사용된 단어는 보편적으로 "사도"라고 번역되는 단어이다.

른다는 의미로 사용한다. 현지 교회 개척에서 개척자들의 역할은 한시적이다. 그들은 자신의 은사와 자원에 개척된 교회가 의지하도록 하는 방식을 거부해야 한다.

1. 교회 개척자의 세 가지 유형

교회 개척에 접근하는 방식에 따라 교회 개척자를 세 가지 유형으로 분류할 수 있다. 목회자 유형, 촉매제 유형, 그리고 사도적 유형이다.[3] 각각은 교회 개척자의 역할에 대해 다른 이해를 하고 있어서 자신의 시간과 힘을 다른 방식으로 쏟고 각기 독특한 기회와 도전에 직면하면서 특별한 상황에 잘 적응하고 개척된 교회가 재생산할 수 있는 가능성에 영향을 미친다(표 5.1.에 이에 대한 개관이 나와 있다).

사도적 교회 개척이 모든 상황에서 항상 정답인 것은 아니지만, 현지에서 지속적이고 재생산 가능한 교회 개척 운동을 시작하면서 하나님께서 가장 많이 축복해 오신 방식이었다. 불행하게도 대다수 서구의 교회 개척자들은 이 방식을 제대로 알지 못했고 훈련되지 못했기에 그들의 고향에서 본 교회 개척 방식의 대안으로서 이 유형을 생각하지 못한다.

다문화 교회 개척자들도 반드시 해야 하는 몇 가지 문화적 조정을 제외하고는 그들의 문화에서 개척했던 방식 그대로 하려는 경향이 있다. 하지만 이렇게 해서는 토착화 교회 배가 성장을 이루어 내기 어렵다.

---

3   사도적 유형(apostolic church planter)과 촉매제 유형(catalystic church planter)은 교회 개척 용어로서 자주 사용되지는 않는다. 예를 들어, 프레드 헤론(Fred Herron)은 우리의 용례와는 반대의 의미로 이 표현을 사용하는데, 사도 바울을 촉매제 유형이라 하고 사도적이라는 말은 우리가 사용하는 의미의 촉매제로 특징짓는다(2003, 69-72, 75-67).

〈표 5.1〉 교회 개척자의 세 가지 유형

	목회자 유형	촉매제 유형	사도적 유형
목표	교회를 개척하고 그 교회가 현지 목사를 부르고 사례를 지급할 수 있을 때까지 목회하는 것	다른 많은 교회를 돌보고 운동을 시작할 수 있는 촉매제가 되는 교회를 개척하는 것	교회 개척자와 외부 자원을 의존하지 않도록 교회를 배가 성장시키는 것
방법	• 교회 개척자가 목사로서 봉사하기 • 선교사인 교회 개척자는 현지 목회자가 세워진 후 다른 곳으로 이동한다	교회 개척자가 크고 튼튼한 교회를 세운 뒤 목사로 혹은 자원조달자로 남아서 또 다른 교회로 증식하도록 돕는다	• 교회 개척자는 목사라기보다는 조력자로서 훈련하고 현지에 사역을 이양해 준다 • 교회 개척자는 현지 지도자들에게 사역을 넘겨주고 빨리 떠난다
전제	목사를 부르고 사례를 줄 수 있을 때 교회가 설립된 것이다	바른 리더십 아래에서 전략적으로 세워진 교회가 새로운 교회를 증식할 수 있다	현지 평신도 신자들은 자신의 목회적 리더십과 교회 증식을 하도록 세워질 수 있다
지원에 적합	비교적 풍요로운, 교회 성장을 만들어 내기에 적당한 지역과 잘 훈련된 목회자	또 다른 교회를 개척할 가능성이 있고 사람들의 호응이 있는 도심 지역	모든 장소에 적합하지만 그 중에서도 빠른 교회 성장이 일어나는 전원 지역
장점	• 잘 훈련된 지도자에 의한 고품격 사역 • 교회 및 공동체와의 장기적 관계 형성	• 교회의 재생산을 위한 시설들 • 새로운 교회 간의 네트워크 • 그 지역과의 장기적 관계 형성	• 교회 배가 성장을 위한 시설들 • 평신도 주도적 사역 • 외부 자원 의존에서 벗어남
단점	• 교회의 영적 성장으로 잘 인도되지 않는다 • 교회 개척자가 한 지역에 너무 오래 머무른다 • 평신도를 동원하기 어렵고 전문가와 외부 자원에 의존한다 • 급속도의 교회 개척 운동이 방해받는다	• 교회 개척자가 엄청난 은사를 가져야 한다 • 모든 교회 개척이 다른 교회를 개척할 만큼 성장하거나 강해지는 건 아니다 • 교회 개척자의 은사에 의존한다. 재생산은 교회 개척자가 떠날 때야 가능하다 • 교회는 재생산하지만 드물게 배가 성장을 이룬다	• 진전이 근본적으로 느리다 • 현지 신자들이 항상 리더십을 가지기 원하거나 가질 수 있는 능력이 있는 것은 아니다 • 평신도 리더들의 훈련이 약하거나 초라할 수 있다 • 대부분의 교회 개척자들은 이 방식으로 훈련되지 않았다 • 교회 개척자들이 사역현장을 자주 바꾸어야 한다
예	대부분의 서구 교회 개척자들	릭 워렌(Rick Warren), 밥 로버츠(Bod Roberts)	톰 스테픈(Tom Steffen), 조지 패터슨(George Patterson)

1) 목회자 유형

목회자 유형 개척자의 목표는 단순하다. 새로운 교회를 시작하고 목회하는 것이다. 사도적 교회 개척자의 경우는 교회가 현지인 목회자를 세우고 사례를 줄 수 있게 하고, 선교사는 또 다른 교회를 개척하기 위해 떠나는 것을 소망한다. 목회자 유형의 방법은 직설적이다.

시작 단계에서는 새로운 신자들을 모으기 위해 복음 전도를 위해 노력한다. 비록 적은 인원이어도 신자들이 모인 이후에는 목회 관리로 중심을 옮기면서 설교, 교육, 상담, 그리고 다양한 목회적 의무에 힘을 쏟는다. 개척팀이 함께 하는 경우 그 팀은 팀 사역을 하는 교회에서 팀이 하는 역할과 비슷한 역할을 하게 된다.

종종 교회 개척자는 무기한으로 그 교회에 목사로 남는다. 교회 개척자가 다문화 선교사면 그 교회가 현지 목회자를 부르고 사례를 지급할 수 있어서 선교사를 대체할 수 있을 때 그 교회는 "개척되었다"고 볼 수 있다.

다양한 유형의 교회 개척자가 있다는 것은 전 세계 많은 지역에서 흔하게 볼 수 있는 평범한 사실이다. 선교사를 비롯해 대부분의 교회 개척자는 다른 접근 방식에 관해서는 관심을 두지 않는다.

대부분 신학교는 목사를 양성하는 곳이지, 복음 전도자나 교회 개척자를 길러내지는 않는다. 그 때문에 대부분 신학교에서 훈련받은 교회 개척자들은 바로 그 역할에 편안함을 느낀다. 서구에서 발간된 교회 개척 관련 서적들은 이 방식을 가정한다. 이 방식은 대부분은 아닐지라도 국제적으로 많은 교단에서 채용하는 방식이다.

교회 개척 멤버들은 종종 개척자에게 이런 요구를 한다.
"우리의 목사가 되어 주세요!
그것이 당신이 훈련받고 사례를 받는 이유입니다."

평신도보다 교회 개척자가 더 많이 훈련을 받고 시간도 많으므로 그가 목회 사역의 짐을 지는 것이 자연스럽다. 몇몇 전임사역자가 같은 교회에서 팀을 이루어 사역할 때 더 많은 방해가 생긴다는 문제도 있다. 이 유형의 장점은 교회 개척이 강하고 전문적 돌봄을 받는다는 점이다. 현지 리더들이 향후 발전할 수 있고 탄탄한 가르침을 받는다는 장점도 있다.

이 유형은 세 가지 조건으로 원활하게 작동한다.

첫째, 사람들이 복음에 호응을 잘해 주든지 혹은 기존 신자들이 있든지 해서 교회 성장의 높은 가능성이 있는 지역
둘째, 비교적 적은 인원으로도 목사의 사례를 책임질 수 있는 정도의 풍요로운 재정
셋째, 잘 훈련되어 교회 개척자를 대신하는 목사로 부르심을 받을 수 있는 현지 신자

이런 환경은 북미에서 주로 볼 수 있다. 따라서 목회자 유형은 그곳에서 보통 성공적이다.

안타깝게도 이러한 조건들은 대부분의 다문화 지역 혹은 미전도 종족 사이에 개척된 선구자적 교회들에서는 찾아보기 힘들다. 만약 교회의 성장이 더디고 현지 자원이 한정되어 있다면, 새로운 교회는 교회를 개척한 선교사를 대신할 만한 사역자를 부르고 사례를 주기에 어려움이 있다.

교회 개척자가 이 역할을 수행하며 더 오래 머물수록 교회는 점점 그에게 의존하게 된다. 때로 교회를 개척한 선교사가 십 년, 심지어 이십 년 동안 언젠가 현지 리더가 자신을 대신하기를 바라면서 신실하게 그 지역에서 사역한다. 곧이어 좌절감이 찾아온다. 유일한 해결책은 선교사는 떠날 수 있도록 가능하다면 현지 목회자를 불러 사역할 수 있는 재정 지원을 확보하는 것이다. 이런 상황에서의 배가 성장은 매우 어렵고 드물게만 일어난다.

조지 패터슨은 선교사가 인도하는 주일 설교로 교회를 빨리 시작하는 것에 초점을 맞추면 신약성경의 교회가 아니라 "설교 포인트"가 세워지는 위험이 있다고 경고한다. 그는 이렇게 말한다.

아마도 90퍼센트 정도의 교회 개척 선교사들은 어찌 되었든 교회를 발전시키기를 희망하면서 설교 포인트를 잡는데, 그들이 바라는 일은 자비로 우신 하나님의 은혜가 아니고서는 일어나지 않는다. 그 설교 포인트가 그들을 영속적으로 잡아둔다(1981, 603).

우리가 관찰한 바로는 그렇다.

그리고, 외부인이 개척한 교회는 현지인들에게 생경하게 느껴질 때가 종종 있다. 최소한 처음에는 그렇다. 나중에 선교사 목회자에서 현지 목회자로 전환이 일어날 때 어려움이 발생하는데, 그 교회가 선교사 스타일의 외국풍 리더십에 익숙해져 있기 때문이다. 교회를 개척한 외부 목회자가 현지 목회자보다 더 많은 교육을 받은 경우라면 목회자 전환이 더욱 안 좋은 모양이 될 수 있다.

목회적 교회 개척자의 자기 이해에 깔린 한 가지 중요한 확신은 교회가 온당하게 개척되기 위해서는 반드시 잘 훈련된 전임사역자가 있어야 한다는 것이다. 당연히 많은 경우 전임사역자를 바라지만, 교회로 인정받기 위하여 전임사역자가 필요하다는 것이 성경적 요구 사항은 아니다. 바울이 개척한 교회들은 모두 평신도들이 인도했으며 다수의 장로를 두었다.

오늘까지의 선교 역사를 보더라도 대부분의 역동적 교회 개척 운동들은 평신도 주도하에 이루어졌고, "어떻게 목회자 사례를 지급할지"에 대한 고민이 걸림돌이 되지는 않았다. 데이비드 게리슨(2000, 35)은 보통의 경우 이중직 목회자인 현지 리더를 급속도로 성장하는 교회 개척 운동의 열 가지 중요한 요소 중 하나로 규정한다. 운동이 성숙도에 접어들 때 사례를 받는 사역자가 생길 수 있다.

목회자 유형에서는 어느 시점에 전문적 교육을 받은 목회자가 자신을 대체할 것이라 가정하기 때문에 평신도를 훈련하고 세우는 데에는 최소한의 노력만을 들인다. 더욱이 개척 교회의 신자들은 전임목사나 전임으로 일하는 교회 개척팀으로 인해 "망쳐질" 수도 있다. 목사 개척자는 따르기에 어려운 전문적 기준을 설정한다.

현지인들은 개척 목사만큼 사역할 수 없기에 열등감을 느끼게 되고, 고도의 훈련된 전임목사가 없이는 교회가 살아남지 못할 것이라는 생각에 두려움을 가진다. 이러한 생각이야말로 현재 전 세계 대부분 지역에서 교회 개척 및 배가 성장이 일어나지 못하도록 방해하는 불필요한 요소 중 가장 큰 것이다.

선교적 자원들만이 현지에 오랜 시간 남아 있는 것이 아니라, 현지 평신도 신자들에 대한 동기부여와 궁극적으로 교회의 재생산의 온전한 성취를 저해하는 요소인 사역 전문성을 지향하는 자세 또한 그러하다.

2) 촉매제 유형

교회 개척자의 두 번째 유형은 촉매제 역할을 하는 개척자이다. 촉매제는 다른 요소들과 함께 화학적 반응을 창조하거나 거기에 영향을 미친다. 반응에 대한 가능성은 잠재적으로 존재하는데, 그것을 활성화하는 것이 촉매제이다.

촉매제 유형의 개척자는 교회를 개척한 후 거기에 목사로 남든지, 그 지역에 자원을 공급하며 돕는 역할을 하든지 해서 교회의 재생산을 위한 촉매제 혹은 조력자가 된다. 그 지역의 다른 교회 개척을 위한 전초기지가 되기를 바라는 목표를 가지고 상당한 에너지의 자원이 첫 교회를 설립하고 강화하기 위해 투입된다. 목회자 유형과 마찬가지로 촉매제 유형의 개척자들도 개척된 교회에 목회자로 남을 수 있다.

개척자 유형과 촉매제 유형이 다른 점은 교회의 재생산에 대한 비전을 가졌을 뿐 아니라 그것을 실행시킬 능력과 전략 또한 가진다는 점이다. 목회적 돌봄과 공동체의 성장에 힘을 쏟기보다는 교회의 배가 성장을 위한 사역자들을 세우고 동기를 부여하고 현장에 배치하는 데에 헌신한다.

그들은 하나의 교회를 개척하거나 또 다른 교회를 개척하는 것에 만족하지 않는다. 그것은 교회가 하나씩 늘어날 뿐이다. 그들의 관심은 처음 개척된 교회로부터 전체적 운동이 시작되어 배가 성장을 가져오도록 교회 개척팀에게 동기를 부여하는 것이다.

제7장에서 다루게 되겠지만, 모 교회-딸 교회 개념 혹은 분가식의 접근은 급속도의 교회 재생산에 가장 효과적 방식이다. 멀티사이트 교회는 북미에서 교회를 재생산하는 방법이 되었다. 이러한 운동은 리더가 비전을 가지고 있을 뿐 아니라 다른 교회들의 재생산에 동기를 부여하고 실행시킬 수 있는 능력을 갖춘 촉매제 리더십과 동떨어져서는 거의 발생하지 않는다.

대부분의 개척 교회는 일단 설립되면 목회적 돌봄과 유지를 위해 집중한다. 촉매제 유형의 교회 개척자는 안전을 추구하는 교회에 필요한 비전의 리더십을 제공해서 재생산을 향한 믿음의 걸음을 걷게 해 준다. 이상적으로는 현지 목사 혹은 평신도들이 그런 리더십을 제공해야 하는데, 그런 역할을 감당해 줄 빼어난 은사를 지닌 다문화 교회 개척자가 촉매제 역할을 감당해 줄 수도 있다.

촉매제 유형의 개척자들은 또 다른 교회를 개척할 잠재력이 많은 도심에서 자주 사역한다.

예를 들어, 릭 워렌은 새들백교회(Saddleback Valley Community Church) 개척에 앞장섰다. 워렌이 또 다른 교회를 개척하거나 목회하기 위해 떠나지 않았지만, 그의 리더십하에서 새들백은 20년 동안 26개의 새로운 교회를 계속하여 개척했다. 그는 하나님께서 교회의 재생산의 불을 지피기 위해 사용하신 중요한 촉매제였다.

론 실비아(Ron Sylvia)는 1995년 플로리다 오칼라에 스프링스교회(Church @The Springs)를 개척했고, 2006년까지 교회는 21명에서 3천 명으로 성장하면서 10개의 교회를 새로 개척했다(Sylvia 2006).

텍사스 포트워스 근처의 노스우드교회(Northwood Church)는 촉매제 유형의 개척자 밥 로버츠 주니어(Bob Roberts Jr.)가 개척했는데, 100개의 새로운 교회를 개척하는 도구가 되었다. 로버츠는 교회의 재생산을 성취하는 핵심은 새로운 교회 개척자들을 모집하고 훈련하는 것임을 발견했다. 다른 재생산 교회들처럼 노스우드교회는 모 교회에 기반을 둔 교회 개척자 훈련 프로그램을 만들어서 잘 준비된 교회 개척자들을 양성했다(Roberts 2008을 보라). 사례 연구 5.1에 베네수엘라에서의 촉매제 유형 개척자의 예가 나와 있다.

이런 촉매제 유형의 개척자들은 현지에서 보기 어렵고, 다문화 교회 개척자 중에서는 더욱 보기 힘들다. 왜냐하면, 이 운동을 실행하고 유지하기 위해서는 뛰어난 은사가 필요하기 때문이다. 이 모델의 가장 큰 단점은 교회 개척자가 이런 리더십을 제공할 자신의 능력을 과대 평가하여 실제로는 교회의 재생산을 이뤄 내는 데에는 실패한 채 많은 시간과 힘을 단지 교회 개척에 헌신할 가능성이 있다는 것이다.

게다가 교회 개척 운동은 촉매제 유형의 리더에게 매우 의존적 형태가 될 것이기에 리더가 떠나면 운동도 함께 멈추는 일들이 종종 발생한다. 촉매제 유형의 개척자는 새로운 교회를 인도할 다른 교회 개척자를 모집하고 훈련해야만 한다.

결국, 촉매제 유형 리더가 이끄는 운동은 개척자의 은사와 선지자적 리더십에 의존하게 되기 때문에 재생산은 가능할 수 있으나 진정한 배가 성장에는 실패한다. 요컨대, 많은 수의 교회들을 개척하겠지만(재생산), 개척된 교회가 다시 개척하지는 못한다(배가 성장). 배가 성장에 이르기 위해서 이 운동은 몇몇 은사를 가진 선지자적 리더들에게 의존해서는 안 되고, 이후의 교회 개척을 위해 개척된 교회에서 더 많은 평범한 리더들을 동원할 수 있을지를 배워야만 한다.

촉매제 유형의 개척자가 효과적으로 사역하기 위해 빼어난 은사나 릭 워렌 혹은 밥 로버츠 같은 성공이 필요한 게 아니다. 처음 개척된 교회에서 교회의 재생산이 성공적으로 안착하여 개척자가 떠난 뒤에도 재생산이 이어질 수 있도록 기반이 마련되기까지 교회 개척에는 여전히 할 일들이 남아 있다.

이 운동이 시작되기 위해서 개척하는 교회가 수천 명의 규모를 가져야 하는 것도 아니다. 은근히 복음에 대한 저항이 있는 독일의 도시들에서도 200명보다 적은 성도의 교회들이 비전을 가진 촉매제 유형의 리더들과 함께 교회 개척 운동을 일으키기도 했다.

촉매제 유형 개척자의 대안적 형태는 개척자가 재생산하는 교회에 목회자로서 남는 게 아니라 다른 교회 개척자들을 위한 훈련자와 교사가 되는 것이다. 제17장에서 교회 개척자 훈련소 설립을 통해 어떻게 전체 운동이 시작되는가를 이야기한다. 촉매제 유형의 목사와 같이, 촉매제 유형의 훈련자는 더 많은 교회를 개척할 다른 개척자들을 발전시키고 격려하고 동원하면서 그 자신을 재생산하게 된다.

〈사례 연구 5.1〉

베네수엘라에서의 촉매제 유형 교회 개척

베네수엘라 카라카스(Caracas)에 위치한 디오스어드미러블교회(Dios Admirable Church)의 프란시스코 리바노(Francisco Liévano) 목사는 촉매제 유형의 개척자이다. 신학교 교수로 사역한 뒤 교회로 돌아왔을 때 그가 가졌던 비전에 대해서 그는 이렇게 말한다.

> 교회를 개척하고자 하는 생각으로 왔습니다.
> 내가 무엇을 할 것인가?
> 교회를 위해 설교를 하고 프로그램을 운영하는 것?
> 예, 저는 설교도 하고 프로그램도 운영하지만 교회를 개척합니다!(Neumann 1999, 13에서 재인용).

그리고 그는 실로 그렇게 했다. 5년 만에 5개의 교회를 개척했으며, 같은 시기에 개척을 시작한 교회는 2백 명에서 4백 명으로 성장했다. 대형 교회가 아니면서도 촉매제 유형의 리더십은 교회 개척의 시작과 모체 교회의 성장 모두를 동시에 이뤄 낸 것이다.

3) 사도적 유형

사도적 유형의 교회 개척자는 목회자 유형이나 촉매제 유형과는 근본적으로 다르다. 이 유형의 개척자는 사도 바울의 모범을 따른다. 그는 우리가 아는 한 자신이 개척한 교회를 목회한 적이 없다. 복음을 전한 후에 그는 주로 평신도들인 현지 신자들에게 권한을 주는 데에 주력해서 그가 떠난 뒤에도 사역이 지속되고 확장될 수 있게 하였다. 그의 사역은 머물기보다는 순회하는 사역이었고, 현지 리더들을 통해 재생산하는 교회 개척을 추구했다. 그래야 그는 복음을 접하지 못한 이들을 향해 새로운 여정을 떠날 수 있기 때문이다.

전 세계를 향한 배가 성장과 어린 교회의 시작 단계에서부터 이 비전이 스며들어 갈 수 있도록 가끔은 현지 신자들이 바울의 순회 사역팀에 모집되기도 했다. 시작부터 의존성은 배제된다.

누가 교회를 개척한 목사를 대신할 것인가?

이 유형에서는 이런 질문은 생기지 않는다. 개척자가 목회를 아예 하지 않기 때문이다. 처음부터 개척자는 목회적 현지 신자들이 목회적 리더십을 가지도록 준비시킨다. 적절한 가르침과 모범이 제시된다면 그들이 그런 역량이 있다는 것을 확신하면서 말이다. 이것이 교회의 배가 성장과 개척자의 단계적 철수를 위한 핵심이다.

만약 사람들이 복음에 반응하고 교회 개척 운동이 발전하기 시작하면, 개척자는 처음부터 현지 신자들에게 주도권을 주면서 직접적 교회 개척 사역에서는 아예 물러서도 된다. 그러면 개척자는 훈련자, 조력자, 자문위원의 역할을 하게 된다.

만약 사람들의 반응이 더디다면, 개척자는 교회 사역에서는 단계적으로 빠져 나오면서 그 지역을 위한 사역을 한다. 이 경우에 개척자는 반드시 개척된 교회에서 한 명 혹은 그 이상의 현지 신자를 그와 협력하게 한다. 바울이 그랬던 것처럼 그다음 교회 개척을 위한 후보로 훈련시키는 것이다.

이 유형은 수많은 다문화 교회 개척 실무진들과 작가들에게 지지를 받아 왔다. 초기부터 교회의 자주성에 대한 정의로 3자(자전, 자립, 자치)를 주창한 사람 중 한 사람이었던 헨리 벤(Henry Venn)은 선교사는 목회자가 되지 않기 위해 매우 조심해야 한다고 말한다. 그렇게 되면 그들의 본래 임무에서 벗어나게 되고 현지 목회자들에게 부적합한 유럽식 목회자 모형을 소개하게 된다고 주장한다(William 1990, 6).

롤랜드 알렌의 고전인 『선교방법론: 사도 바울의 것이냐 우리의 것이냐?』(Missionary Methods: St. Paul's or Ours?)에서는 바울의 사도적 사역의 순회적 성격에 주목하면서 현지 신자들에게 강한 권한을 위임하고 그들을 성령 하나님께 맡기는 것을 현대 선교사들의 모범으로 제시한다.

르완다 선교사이자 급속도로 성장하는 교회 개척 운동의 일원이었던 글렌 켄달(Glenn Kendall)은 목회자 유형 개척자와 사도적 유형 개척자의 차이를 "선교사는 교회 개척자가 되어서는 안 된다"(1998)는 도발적 제목의 논문에서 그린다. 그는 대도시의 교회 개척자로 15년간 사역한 후 임대건물에서 60명 가량의 소그룹의 인원과 모이는 선교사 밥(Bob)을 묘사한다. 다른 선교사인 제프(Jeff)는 같은 도시에서 4년간만 사역을 했는데, 벌써 2개의 교회를 개척했고 지금은 세 번째 교회를 개척하고 있다.

> 밥은 교회 개척을 시작했고 성공했다. 비록 아주 느리긴 하지만. 그가 사역하는 사람들 중 누구도 훈련을 받거나 그에 대한 경험이 없었기에 밥은 거의 모든 설교와 교육을 혼자서 했다. 그의 사람들은 그의 사역을 완전히 지지한다. 그들은 그의 역할을 맡을 준비가 되어 있지 않았고 그도 그것을 포기할 생각이 없었다. 그는 이 교회에서 15년간 사역했고 자신의 조정권을 쉽게 놓으려 하지 않았다. 실패의 위험을 감수하기 싫었던 것이다.
> 한편, 제프는 교회를 시작하도록 돕는다. 그는 사람들에게 동기를 부여하고 그들을 훈련시킨다. 그는 매주일 나타나지는 않는다. 그는 새로운 신자들을 격려하고 시작 단계부터 리더들을 개발했다. 예배를 인도할 현지인들이 세워지기 전까지는 예배를 시작하지 않았다.
> 리더들이 사역에 들어올수록 제프의 사역은 성장했다.
> 밥의 사역은 그 자리이다. 그는 책임감 있는 리더를 만들기 위해서는 10년이 더 필요할 것이라 생각했다(1998, 218-19).

밥은 목회자 유형의 개척자이고 제프는 사도적 유형의 개척자라 부를 수 있다. 켄달은 선교사들은 새로운 교회의 리더가 아니라 조력자가 되는 것을 목적으로 삼아야 한다는 주장을 지지한다. 그는 교회의 배가 성장 자체에 사람들의 관심을 두려 하기보다는 심지어 무관심한 사람들 사이에서도 교회의 배가 성장이 일어날 수 있는 사역의 철학과 방법론이 더 중요하다는 사실을 심는 데에 일조하였다.

켄달은 개척자에 대한 의존도를 줄이고 현지 평신도들이 자신들의 교회와 사역을 스스로 발전시킬 수 있도록 교회 개척자가 두세 곳에서 동시에 사역할 것을 제안한다.

> 동시에 두세 곳에서 사역하십시오. 당신이 주인공이 아니라 협력자가 되므로 새로운 교회를 진정 돕게 될 것입니다. 두세 곳에서 동시에 사역함으로써 사역현장에서 어느 정도의 거리를 두게 되고, 그렇게 함으로써 현지 리더들이 성장할 기회를 주게 됩니다. 당신이 떠나야 할 시간에 대한 계획을 수립해 놓지 않으면 새로운 현지 리더들을 옥죄게 될 것입니다(1988, 221).

이런 점에서 자비량 선교사들이 장점을 지닌다. 그들이 교회만을 전적으로 섬길 수 없으므로 교회는 그들을 덜 의존하게 된다.

게리슨도 비슷하게 선교사 개척자들이 조력자의 역할을 할 것을 지지한다. 그는 이렇게 말한다.

> 교회 개척 운동에 관여하는 선교사들은 스스로 교회 개척의 사역을 하기 보다는 교회 개척의 멘토가 되는 자신의 규율에 대해 종종 말한다(2000, 34).

그는 교회에 목회적 돌봄을 제공할 현지 평신도 리더들을 훈련하는 데에 우선순위를 둘 때 급속도의 교회 개척 운동이 일어난다고 한다. 급속도의 교회 개척 운동을 일으키는 열 가지 공통 요소 중 하나는 외부인을 향한 낮은 주목도를 지키는 일이다. 교회 개척자는 시야에서 벗어나 있는 새신자들에게 멘토링을 해 주는 데에 집중한다.

책임감을 이양하는 데에서 오는 위기는 선교사가 시작 단계부터 그가 인도하는 사람들과 함께 책임감을 나눌 때 최소화될 수 있다. 새로운 교회 개척과 예배의 모범을 보여 주고, 이후에는 교회 구성원들과 같은 일을 하면서 그들을 도움으로 교회 개척자들의 전문기술이 다음 세대 현지 교회 개척자에게 전수되도록 돕는다(Garrison 2000, 44).

이런 식으로(신학교를 보내는 것이 아니라) 현지 리더들에게 일감을 주는 것은 교회의 급속한 재생산의 핵심이기도 하다. 게리슨은 현지 리더를 훈련하는 원리로 "MAWL", 즉, 모범(Model), 도움(Assist), 지켜보기(Watch), 그리고 떠남(Leave)을 제안한다. 이를 위해 사도적 유형의 개척자는 목회 사역의 다양한 요소에 모범을 보여야 한다.

이 일은 다른 이를 세운다는 관점에서 진행되는 것이지, 주도권을 잡거나 장기적으로 목회적 책임을 지는 것이 되어서는 안 된다. 외부에서 온 개척자들은 효과적 사역을 위해 여전히 현지의 언어와 문화를 배울 필요가 있다. 인도에서 일어난 사도적 교회 개척의 좋은 실례를 사례 연구 5.2에서 볼 수 있다.

〈사례 연구 5.2〉

인도 우타르 프라데시(Uttar Pradesh) 라시티야 서스마차르 파리샤드(the Rashtiya Susmachar Parishad) 교회 개척 운동

1992년 토착화 인도 선교를 위한 선교적 수고가 인도에서 가장 인구가 많은 주인 우타르 프라데시에서 시작되었다. 원래는 "구식 선교 방식"으로 접근하였다. 즉, 교회 개척자가 도심에 살면서 그의 가정에서 예배를 인도하고 다른 모임도 주관하였다. 10년 뒤 이 수고를 통해 7백 명의 신자가 열 개의 현장에서 열매를 맺었다.
하지만 2002년 그 전략은 바뀌었는데, 사도적 유형이 새롭게 채택되었다.

첫 해에 교회 개척자는 열 개의 마을에서 교제모임을 만들고 각 마을의 리더들을 훈련시키면서 교제모임을 그들에게 이양한다. 그다음 해에 선교사는 또 다른 열 개의 마을로 이동한다.

현지 평신도 리더들을 세우는 것이 이 전략의 핵심이다.

결과로 일 년 만에 65개 였던 교제모임이 130개로 증가했고, 신자들의 수도 1천 5백 명으로 늘었다. 새로운 접근 방식을 채용함으로서 십 년 동안 보다 12개월 만에 두 배 이상의 성과를 낸 것이다(LOP 43, 2005, 26).

[토의 문제]

1. 왜 새로운 전략이 훨씬 더 효과적이었다고 생각하는가?
2. 다른 곳에서도 같은 전략이 비슷한 결과를 낼 것인가?
   그렇다고 혹은 그렇지 않다고 생각하는 이유는 무엇인가?

사도적 개척자 유형의 또 다른 지지자인 조지 패터슨은 온두라스 교회 개척 운동에 관여했었는데, 그는 20년 동안 대략 100개의 가정 교회를 개척했다. 이 방법은 현지 리더를 확대하고 훈련하는 신학 교육에 아주 많이 의존했다(Patterson 1981). 그는 리차드 스코긴스(Richard Scoggins)와 함께 『교회 배가 성장 가이드』(Church Multiplication Guide,1993)를 썼고, 갤런 쿠라(Galen Currah)와 함께 리더 훈련과 교회 개척을 위한 도구인 "훈련과 배가 성장"을 발전시켰다.[4]

인도에서 사역자를 훈련하고 교회 개척 운동의 배가 성장을 시작한 폴 굽타(Paul Gupta, 제17장을 보라)는 사도적 개척자 유형식의 접근 방식을 옹호하면서 이 방식을 아래와 같이 묘사한다.

> 어떤 선교사 지원자들은 선교란 교회를 시작하고 목회하는 것으로 생각한다. 선교사는 절대로 미전도 종족 가운데서 새로운 교회를 개척한 뒤 목회자가 되어서는 안 된다는 사실을 분명히 해야 한다. 선교 비전을 따라 선교팀은 운동이 시작될 수 있도록 촉매제 역할을 감당한다. 시작 단계부터 선교사는 새로운 신자들의 은사를 발견하고 교회 사역을 위해 그들을 세워야 한다는 사실을 이해해야 한다(Gupta and Lingenfelter 2006, 64).

---

[4] www.trainandmultiply.info를 참고하라.

초기 단계부터 현지인들이 전도, 설교, 교육, 상담, 행정 등 주요 사역을 행할 수 있도록 훈련되어야 한다. 교회를 개척한 이들은 "전면에 나서서" 사역을 해야 한다는 갈망을 놓아야 한다. 그의 우선되는 역할은 배후에서 다른 이들을 세워 주는 것이다. 설교하기를 좋아하는 개척자들은 다른 이들이 설교할 수 있도록 세워 주는 비결을 배워야 한다. 상담에 은사가 있는 개척자들은 다른 이들이 상담을 할 수 있도록 권한을 주는 쪽으로 관심을 기울여야 한다.

평신도들의 설교는 선교사들의 설교만큼 설교학적으로 빛나거나 신학적으로 공교하지는 못할 수도 있다. 그래도 선교사들이 떠난 뒤에 교회를 잘 섬길 현지 리더들에게 진정한 힘을 줄 수 있도록 발전시키는 성과를 얻을 수 있다(사례 연구 5.3을 보라).

선교사는 현지인들을 훈련할 필요가 있는 한까지 사역을 진행하면서 자신의 역할을 지속한다. 실제로 전도와 동참을 생각하기 앞서 현지인들이 훈련받기에 합당하지 않거나 훈련을 거부할 경우, 사역을 시작해서는 안 된다. 시작은 더딜 수도 있지만, 결과는 교회 개척을 위한 보다 건실함을 가져다준다고 믿는다.

〈사례 연구 5.3〉

누가 주일에 설교할 것인가?

자문을 위한 여행 중 크레이그는 서유럽의 한 도시의 새로운 교회 개척을 위한 리더들의 작은 모임에 참여했었다. 그들은 어떻게 하면 격주 주일예배에서 매주 예배로 전환할 수 있을지 논의하고 있었다. 중요한 문제는 추가되는 예배를 위한 설교자가 부족하다는 것이었다. 선교사의 언어능력과 배경으로 인해 한 달에 두 번 이상 설교를 하는 것은 불가능했다. 모임에서 나온 첫 번째 반응은 선교위원회에 요청하여 다른 선교사를 요청하거나 그들의 필요를 채워 줄 외부 자원을 구하자는 것이었다.

대안을 찾기 위해 활발한 토론이 시작되면서 만약 선교사가 도움을 줄 수 있다면 몇 명의 평신도 리더들이 설교를 할 수도 있다는 점이 분명해졌다. 이 해법은 의존도가 증가하지 못하도록 장벽을 치면서 평신도들의 동기부여와 사역에 있어서 그들의 소유권을 활성화하는 결정이었다.

사도적 교회 개척 유형은 몇 가지 근본적 변화를 지닌다. 사도적 교회 개척자는 사역 장소를 자주 변화시켜야 한다. 이는 가족들에게는 어려운 일이고 장기적 관계 형성을 방해한다. 적은 수의 교회 개척자들이 이 방식으로 훈련되고, 적은 수만이 그들의 사역을 자제하거나 평신도 사역과 주도권을 발전시키기 위해 교회의 더딘 성장을 진심으로 기뻐한다.

특별히 기독교에 대한 저항이 있는 지역 즉 현지 신자들이 리더십을 가질 수 없거나 책임감을 거부하는 지역들이 있다. 새신자들이 문맹이거나 유목민이거나 급진적으로 비기독교적 세계관을 가진 지역에 속했거나 하면 리더와 교회의 발전과정은 길고 지루한 과정이 될 것이다. 선교사가 일찍 떠나 버리면 새로 생긴 교회는 큰 문제에 직면할 수도 있다. 마치 사도 바울이 고린도 교회에서 했던 경험처럼 말이다.

그런데도, 이것이 바울이 사용한 방식이며 전 세계에서 가장 급속도로 교회 개척 운동이 확장된 지역마다 사용되어 온 방식이다. 장기적으로 볼 때 스스로 유지될 수 있는 운동을 시작하기 위해 현지에서 재생산을 가능하게 하는 속도가 주된 관심사는 아니다.

2. 어떤 유형이 가장 적합한가?

각각의 방식은 하나님께서 사용하실 때 성경적 목적을 성취할 수 있다. 교회 개척을 깊이 있게 생각한 사람들은 폭넓은 성경적 원리로 각 유형을 비교하고 교회 개척이라는 성경적 목표를 이룰 수 있는 각 유형의 능력 즉 영적 건강도, 배가 성장, 토착화 그리고 자원에 대한 청지기 사명 등을 비교해 봄으로 적절한 유형을 결정할 수 있다. 이 방식으로 판단을 내린다면 셋 중 어떤 유형도 교회 개척자와 교회의 환경, 그리고 하나님의 주권적 사역에 따라 최고의 방법이 될 수 있다.

위에서 언급했듯이, 목회자 유형은 매우 호의적인 지역, 비교적 풍성한 인구를 가져 훈련된 목회자를 부를 수 있고, 그에게 사례를 줄 수 있어 교회 성장에 대한 기대치가 높은 지역에 가장 적합하다. 이 유형에는 또한 제대로 훈련받은 검증된 목회자가 현지에 적응할 것이 요청된다.

다문화 교회 개척의 경우, 교회 개척자가 목회하다 현지 목회자로 전환될 때의 어려움은 개척자가 현지 목회자 아래에서 준비 과정을 거쳐 수련할 때 경감될 수 있다. 이러한 방식으로 교회 개척자는 현지 문화와 기대에 부응하는 사역 방식을 채용할 수 있게 배운다.

촉매제 유형은 교회 개척 배가 성장의 잠재력이 있는 도심 지역에 가장 적합하다. 대형 교회는 종종 높은 비전과 특성화된 사역을 통해 지역에 매력을 발한다. 촉매제 유형의 리더십과 함께 그런 교회들은 주변 공동체와 둘러싼 지역에 매력적 교회 개척을 시작할 수 있다. 큰 교회는 또한 모집하고 훈련하고 개척자를 도울 수 있는 신자들의 큰 집단을 가진다. 하지만 교회 개척자가 뛰어난 은사를 가져야 하고 장기적으로 헌신할 수 있어야 한다. 대형 교회를 유지할 수 있는 외부 사역에 집중하면서 재생산을 위한 헌신을 해야 하는 아주 큰 비전과 노력이 요청된다.

비록 도전들도 있지만, 특별히 다문화 사역 환경 가운에서 사도적 유형이 교회의 배가 성장의 실행을 위한 최고의 유형이라고 믿는다. 이 유형은 시골과 도시 환경, 부요하거나 가난한 지역민들 모두에서 가장 다양한 장점을 가지며 전 세계에 걸쳐 급속도로 성장하는 교회 개척 운동의 실행을 위해 하나님이 가장 축복하신 유형이다. 동시에 이 유형은 인내심을 가진 장기적 안목과 대부분의 교회 개척자가 지금까지 해 왔던 방식에 대한 심각한 재고와 재훈련이 필요하다.

현지 평신도 리더들에 대한 높은 의존성으로 인해, 단기적 성장과 발전은 매우 느리게 진행될 것이다. 다른 한편, 사도적 유형은 선교사 혹은 교회 개척 전문가 및 외부 자원에 대해 적게 의존하기에 장기적으로는 더욱 급속도의 재생산과 배가 성장을 약속해 준다.

톰 스테픈(Tom Steffen)은 사도적 유형의 중요성을 교회 개척자가 떠날 준비를 해야 한다는 점을 강조하며 이렇게 설명한다.

교회 개척자가 매일의 전도 활동, 교회의 발전 그리고 교회의 배가 성장에 더 많이 관여할수록 위임은 적게 발생한다. 실제로 사역에 대한 이러한 접근은 현지의 영적 성장을 저해하며 궁극적으로는 단계적 철수 절차를 더디게 하거나 멈추게 만든다. 외부 사역자가 빨리 사역의 기회를 위임하고 즉각적 반응을 제공해 줄수록, 위에서 말한 이치가 적게 적용될 것이다 (1997, 174; 볼드체는 원서에 있다).

이 유형은 핵심 집단이 매우 전문적이거나 높은 교육을 받고 목회 리더들과 같은 기대를 가지고 있는 지역에서는 어려움을 맞는다. 이러한 지역에서는 평신도 리더들은 적은 존경을 받고 교회를 효과적으로 인도할 만큼 시간을 낼 수 없다.

결국, 사도적 유형을 사용하면, 현지 리더들에게 적절한 교육을 주고 그들을 준비시키는 데에 주목해야만 한다. 부족한 혹은 실패한 교육은 젊고 훈련되지 않은 신자들이 인도하는 교회에서 급속도로 운동이 성장하게 되면 종종 문제가 된다. 깊이 뿌리박힌 죄악과 사회악의 극복과 변화된 세계관의 확산은 수년간의 제자 훈련과 지혜로운 리더십을 요구하는 과정이다.

사도 바울처럼 교회 개척자가 빠르게 이동하는 상황에서는 바울의 동역자인 아볼로에게 그러했던 것처럼 순회하며 세워 주고 가르치는 또 다른 사역에 동일하게 주목해야 한다.

교회 개척자와 팀의 각 구성원은 다양한 선택지들에 유념하고, 적절한 유형에 대한 합의를 이루고, 지속해서 그 유형의 장단점을 보면서 충족시켜야 한다. 이런 생각들은 오해를 피하고 실제적 기대를 확보하기 위해 현지 교회와 신자들과의 협의가 필요하다. 대부분은 아니더라도 많은 경우 이는 교회 개척자의 역할과 자기 이해에 대한 재평가를 요구한다. 어떤 교회 개척 유형이라도 그 효과는 개척자가 해당 유형에 자신의 역할을 맞추고 실행하는 자발성과 능력에 달려 있다.

3. 사도와 선교사 vs 목사와 장로

성경에 보면 보다 선도적이고 순회적인 사역과 더욱 강화적이고 영구적인 사역 사이의 몇 가지 도움이 될 만한 차이점을 발견하게 된다. 이 차이점을 인지하는 것이 사도적 교회 개척자의 역할을 이해하는 데에 중요하다.

바울은 이렇게 말한다.

> 나는 심었고 아볼로는 물을 주었으되 오직 하나님께서 자라나게 하셨나니 (고전 3:6).

여기서 개척자의 선구적 사역과 물 주는 이의 강화하는 사역의 차이를 본다. 바울과 아볼로 모두 순회 사역을 했고 둘 다 건강한 교회의 개척에 중요한 역할을 했다. 고린도 교회가 이미 바울에 의해 개척되었고 그는 또 다른 교회에 선구적 사역을 위해 떠났지만, 아볼로가 후에 고린도에 방문하여 그곳의 신자들에게 추가적 교육과 격려를 했다(행 18:27; 19:1).

사도행전 14:23에서 바울과 바나바가 어떻게 그들이 개척한 교회에서 장로를 세우고 그들을 주님께 맡겨 교회의 영적 리더십이 지속할 수 있도록 온전히 위탁했는지가 나온다. 비슷하게 바울이 에베소 교회를 떠났을 때 그는 에베소 교회 장로들을 하나님께 맡겼으며 교회를 그들의 손에 위탁했다(행 20:32). 선교팀은 다른 교회의 개척을 위해 새로운 지역으로 떠났지만, 이 장로들이 교회에 남았다. 교회에서 장로들이 택함을 받기 전까지 교회 개척은 끝난 것이 아니다(딛 1:5).

장로의 역할은 하나님의 교회에 영적 돌봄, 교육, 그리고 리더십을 제공하는 목자 혹은 감독이라는 면에서 묘사된다(행 20:28-31; 벧전 5:2-3).

> 어떤 사람은 사도로, 어떤 사람은 선지자로, 어떤 사람은 복음 전하는 자로, 어떤 사람은 목사와 교사로 삼으셨나니 (엡 4:11).

이 직분들의 기능에 겹치는 부분들도 있긴 하지만 강조점에서 차이는 분명 존재한다. "사도"로 번역되는 헬라어는 보내심을 받았다는 의미에서부터 왔기에 선교사와 사역의 보다 순회적 성격을 강조한다. 목사와 교사의 직분은 장로와 거의 동등하다. 표 5.2가 이에 대해서 요약해 준다.

⟨표 5.2⟩ 개척하는 이와 물 주는 이

사도, 선교사, 개척자	목사, 장로, 물 주는 이
순회하며 사역	남아서 사역
선구자 역할	강화하는 역할
시작시킴	성장시킴
복음을 전하고 제자 훈련시킴	교육하고 상담함
장로를 세우고 임명함	신자들을 돌봄

이러한 구분들은 확정된 것은 아니다. 예를 들어, 바울은 무엇보다 사도적 교회 개척자이지만 그는 신자들을 양육하고 가르쳤다(행 20:20; 살전 2:8-12). 하지만 사도적 교회 개척자들은 항상 떠남을 염두에 두고 남아 있게 될 현지 신자들을 세우고, 또 다른 교회 개척자들을 모집한다.

사도적 교회 개척자들의 열정은 새로운 지역을 개척하기 위해 떠나는 데에 있지(롬 15:20), 목사로 남는 데에 있지 않다. 따라서 일단 복음을 전하면 사도적 교회 개척자들은 현지 신자들을 성장시키고 권한을 주고 주도권을 이양하고, 자신의 사역 일시성을 항상 인지하며, 배가 성장에 대한 시각을 가진다. 이제 발전시켜 주는 사도적 교회 개척자의 역할에 대해 볼 차례이다.

4. 발전시켜 주는 역할의 사도적 교회 개척자

사도적 교회 개척자들은 현지 신자들이 교회를 인도하고 다음 세대 교회 개척자가 되도록 그들을 세워 주는 목표를 가진다. 제17장에서 사역을 위해 현지 신자들을 세우는 특별한 방법들을 다룰 것이다. 여기서는 사도적 교회 개척자의 역할은 선구자적 단계에서 세우고 강화하고 재생산하는 국면으로 전환되는 과정을 의도적으로 발전시키는 것이라는 점을 강조하려 한다.

필리핀 이푸가오(Ifugao)주에 선구자적 선교회 교회 개척자였던 톰 스테픈은 교회 개척에서 실제적 "단계적 철수" 방식을 발전시켰다.

그의 책 『바통 넘겨주기: 권한을 주는 교회 개척』(Passing the Baton: Church Planting That Empowers, 1997)[5]에서 이에 대해 잘 설명하면서 이 책에서 다루는 사도적 유형의 교회 개척자를 소개해 준다. 초기 단계부터 교회 개척자는 의도적으로 사역과 배가 성장을 위해 현지인들에게 계속하여 권한을 주면서 사역에서의 단계적 철수를 추구한다.

스테픈은 그가 속한 선교위원회가 재생산하는 교회 개척에 실패하고 교회 개척자의 선발과 준비과정에서 단계적 철수 중심의 역할을 무시한 사례를 주의 깊게 보았다.

> 그 결과로 많은 수의 교회 개척자들은 자신의 역할을 장기적 목회자로 인식했다. 게다가 현지 신자들은 선교사들로부터 권한을 이양받기 위해 훈련되기보다는 외부 사역자를 도와 그들의 목적을 성취하기 위해 훈련받았다. 너무나도 자주 외부 사역자들은 현지인들이 그들의 교회를 개척하고 효과적으로 인도하기 위해서는 수년 간의 훈련과 사역 경험이 필요하다고 가정한다(1997, 40).

---

5   『타문화권 교회 개척』이라는 제목으로 번역 출판되었다 -역주.

스티븐은 5단계에 걸친 교회 개척 단계적 철수 방법을 발전키셨다. 이는 선교사가 효과적으로 물러서도록 그리고 교회의 온전한 배가 성장을 이루도록 인도해 준다.

> 교회 개척이 각별하거나 혹은 그렇지 않은 사람들과 함께하는 삶의 길이라면 현지 신자들은 이 비전을 반드시 가져야 하며 그것을 성취하도록 훈련받아야 한다. 이 목적을 실행하기 위해 교회 개척자들은 반드시 변화하는 일련의 역할들에 준비되어야 한다. 그 역할의 변화란 현지 리더들을 현장으로 이끌어 그들이 능숙하게 만들어 줄 것이다(Steffen 1997, 21).

그는 이러한 역할들을 배움이에서 전도자로, 교사로, 상주 도우미로, 순회 도우미로, 그리고 마침내 부재(absent) 도우미로 변하는 것이라 묘사한다(그림 5.1을 보라). 전체 교회 개척팀은 교회 개척 사역을 한시적인 것으로 보아야 한다. 그들은 현지 신자들을 세우는 목적을 이루고 나서는 떠나야 한다. 스테픈은 그것을 "단계적 철수"라고 부른다. 그는 이런 헌신적 역할을 감당하기 위해서는 교회 개척자 개인이 봉사하고 인도하려는 마음보다 현지인들을 리더로 개발하는 것을 우선하는 개인적 모범이 있다고 한다.

〈그림 5.1〉 톰 스티븐의 교회를 개척한 선교사의 단계적 철수에 따른 역할의 변화

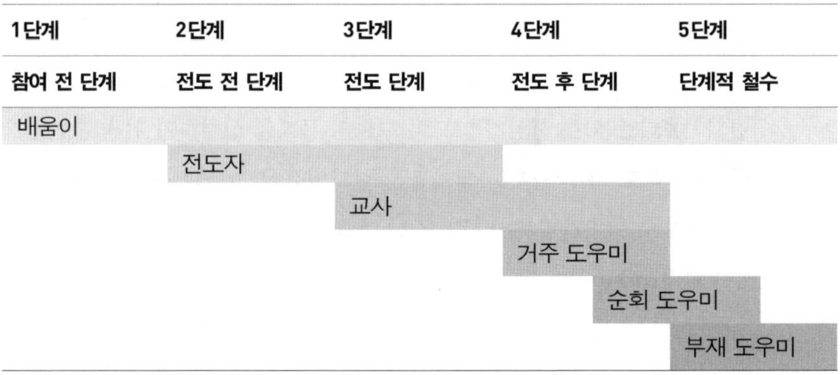

1단계	2단계	3단계	4단계	5단계
참여 전 단계	전도 전 단계	전도 단계	전도 후 단계	단계적 철수
배움이				
	전도자			
		교사		
			거주 도우미	
			순회 도우미	
				부재 도우미

우리는 사도적 교회 개척자의 역할 변화에 대해서 "6-M" 접근법을 제안한다. 즉, 동력(motor)에서부터 모범(model)으로, 동원자(mobilizer)로, 멘토(mentor)로, 배가 성장 운동가(multiplier)로, 그리고 결국엔 기억(memory)으로 남는 역할의 변화이다(그림 5.2를 보라).

선구자적 교회 개척 상황에서 동원자가 될 수 있는 다른 신자들이 거의 없으므로 개척자는 처음에 동력으로 시작한다. 사람들이 신자가 되기 시작하면 개척자는 새로운 신자들이 사역 방법 등에 있어서 쉽게 모방할 수 있는 모범의 역할로 많이 전환한다. 개척자는 신자들을 동원하여 사역의 주도권을 갖게 하고, 그들의 멘토로서 사역 기술을 발전시킬 수 있도록 돕는다.

교회 개척자는 젊은 신자들의 멘토가 되어 그들이 또 다른 이들을 훈련할 수 있도록 훈련한다. 그러면 어느 순간부터 사역자들의, 그리고 마침내 교회의 진정한 배가 성장이 성취된다. 그때가 되면 개척자는 개척에서부터 완전히 물러날 수 있고, 따라서 기억으로 남게 된다. 그는 이상적으로는 개척된 교회에서 훈련자들을 모집해 새로운 교회 개척을 위해 함께 떠날 수도 있고, 혹은 그 지역에 교회 개척 도우미로 남아 운동에 영양을 공급하고 현지 교회 개척자들에게 멘토링을 제공할 수도 있다.

〈그림 5.2〉 사도적 교회 개척자들의 6-M 역할

시작 단계	발전 단계	떠남 단계
동력으로서의 선교사		
모범으로서의 선교사		
	동원자로서의 선교사	→
	멘토로서의 선교사	
→	양적 성장 운동가로서의 선교사	
		기억으로서의 선교사

- **동력으로서의 선교사**: 초기 단계에서는 다른 신자들이 없다. 따라서 선교사 혹은 선교팀은 동력원이 되어 사역을 시작해야 한다. 무엇보다 복음 전도가 초점이 될 것이다.
  - 위험: 동력으로 너무 오래 머물기.
- **모범으로서의 선교사**: 선교사는 전도, 교육, 인도 등의 사역을 보여 줌으로써 모범이 된다. 새신자들은 선교사의 모범을 따르려 할 것이다.
  - 위험: 사역에서 모범만 따르다 보면 재생산이 안 됨.
- **동원자로서의 선교사**: 현지인들은 하나님의 것이다. 선교사는 그들을 제자로 만들어 예배자가 되게 하고 사역의 주도권을 가지도록 동원해야 한다. 그들은 하나님의 부르심을 자신의 삶에서 발견해야 한다. 그들은 궁극적으로는 선교사나 선교가 아니라 전도와 사역에 책임감을 가져야 한다.
  - 위험: 선교사가 너무 많은 일을 오래 하거나, 실제적 주도권을 주기 전에 사역을 맡겨버림.
- **멘토로서의 선교사**: 선교사는 현지 신자들을 모든 중요한 사역이 시작될 때부터 그 사역의 일꾼으로 세운다. 시작부터 그들에게는 책임이 간다. 선교사는 점차로 멘토로서 주변으로 물러나게 된다. 자신의 사역을 하면서 성도를 세워 주는 것이 핵심이다.
  - 위험: 성도를 세우기 위해 지식적 접근, 즉 실천과 동떨어진 추상적 가르침을 남용함. 사역을 위해 너무 높은 기준을 세움.
- **배가 성장 운동가로서의 선교사**: 선교사는 현지 신자들을 세워서 그들이 다른 이들을 세우도록 하면서 또 다른 교회를 개척할 수 있도록 도움을 주어야 한다. 선교사는 더 이상 "최전선"에서 사역하지 않는다.
  - 위험: 선교사가 전면에 나서지는 않지만, 배후에서는 실제 리더로 남음.
- **기억으로서의 선교사**: 선교사는 현지 신자들에게서 떠난 뒤에도 스스로 재생산하면서 다른 지역으로 옮기든지(이때 현지인들을 교회 개척 훈련생으로 동참시킬 수 있다), 그 지역에서 교회 개척 자문으로 활동한다.
  - 위험: 너무 오랜 시간 머묾.

많은 교회 개척자가 이론적으로 이러한 접근에 동의할 것인데, 현지 신자들이 책임감을 느끼고 사역에 참여하는 자발성이나 능력이 부족할 경우 어려움을 만나게 된다. 종종 교회 개척자는 인내심이 부족하고 사역발전에 대한 압박도 받는다. 그래서 새로운 프로그램을 시작하고 또 다른 사역의 책임을 맡게 된다. 현지인들에게 적은 시간밖에 주지 못해 그들의 성숙이 무르익지 않았다 하더라도 그들이 따라와 주길 바라면서 말이다.

하지만 그 반대의 경우가 생기기도 한다. 현지 신자들이 점점 교회 개척자에게 의존하게 되는 것이다. 사역에 대해 부적합하게 생각하고 개척자가 그들의 능력에 대해 확신하지 못한다고 여기면서 말이다.

가장 안 좋은 것은, 그들이 충분히 기다리기만 한다면 선교사가 알아서 교회를 개척할 것이고 그들 없이도 프로그램이 돌아갈 것이라고 여기는 것이다. 교회는 성도들의 헌신과는 무관하게 선교사들의 프로젝트처럼 보일 것이다.

이번 장에서는 우리에게 친근한 목회자 유형의 개척자 외에 교회의 재생산과 배가 성장을 실행하기에 더 쉬운 접근 방식들이 있음을 보았다. 하나님께서는 비록 재생산까지 가는 시간이 보통 더디긴 하지만 목회자 유형을 축복해 오셨다. 하나님께서는 종종 전체 도시에 영향력을 주는 촉매제 유형의 교회 개척자들을 들어 사용하셨다. 하지만 가장 뛰어난 교회 개척 운동은 사도적 교회 개척자 유형에 의해 시작되고 인도되었다. 그들은 스스로를 목회자보다는 교회 개척자를 세워 주는 사람으로 정의한다.

선구자적 상황에서는 선교사가 첫 번째 신자들에게 복음을 전하고 제자 훈련을 시켜야 한다. 이 새로운 신자들에게 이 운동을 확장할 씨앗이 심겼고 리더십이 주어진다. 이 운동의 가장 위대한 가능성은 현지 신자들을 발전시키고, 권한을 주고, 사역하도록 만들어 줌으로 그들이 성령 하나님의 능력 안에서 복음을 전하고, 제자 훈련을 시키고, 교회를 개척할 때 성취될 것이다.

제6장

교회의 형태

교회의 창조자이신 하나님께서 교회에 생명과 형태를 주신다. 그분이 사람들을 바꾸시고 공동체에 편입시키시며 은사를 주시고 그들을 종이자 리더로 부르신다. 성경에 나타난 그분의 주된 관심은 신자들에게 있으며 또한 그들의 공동체적 교제에 있다.

제1장에서 교회의 본질을 찾고 핵심 목적을 정의했다. 이번 장에서 말하는 형태는 교회가 모이고 함께 일하는 특정한 방식에 대한 것이다. 공적 혹은 사적 모임이 있고, 소그룹 혹은 모두를 포함하는 모임이 있고, 주일 예배처럼 반복되는 모임과 다양한 형태의 상황에 따라 열리는 모임도 있다. 아마 어떤 이들은 이런 형태들은 그리 중료하지 않은 것으로 생각할지 모른다. 하지만 사실은 그 반대다.

하나님께서는 교회를 살아 있는 유기체로 창조하셨다. 반죽에 들어간 누룩처럼 적응하고, 침투하고, 변형하는 존재이다(마 13:33). 이번 장의 목적은 교회 개척자가 기본적 교회의 형태를 선택하고 현지 신자들과 함께 교회의 구조와 사역을 상황화시키는 데에 도움을 주는 것이다. 상황화에 대해서는 많은 좋은 연구가 있었는데, 이 영역에서 보다 깊은 연구가 필요하다.[1]

---

[1] 폴 히버트는 그의 논문 "중대한 상황화"(1987)에서 역사적 연구를 요약하고 중요한 변수들을 소개한다. 상황화에 대한 과거와 현재의 중요한 주제들을 위해서, Flemming 2005, Shorter 1988, 그리고 Kraft 2005를 보라. Hesselgrave and Rommen 1989, Hiebert 1994, 그리고 Hiebert and Meneses 1995도 참고하라.

1. 형태의 다양성

타국에서 교회에 참여해 본 사람은 예배, 교육, 그리고 봉사의 형태에 있어서 교회들이 매우 다양한 방식을 가지고 있음을 알고 있을 것이다. 오늘날 많은 지역에서는 다양한 모임 형태가 생기고 있다. 반면, 인구가 적은 부족이나 유목민들은 소규모의 친족 중심 모임이 규율과 같다. 인구 밀도가 높은 도시에서는 교도소 교회, 거리 교회, 학교 기반 교회, 회사 기반 교회, 음식점 안에 있는 교회, 여러 목적을 가진 교회들을 볼 수 있다.[2]

박해 혹은 자유로운 사회, 가난한 혹은 부유한 사회, 전통적 혹은 진보적 사회, 이런 요소들이 과거와 현재에 있어 교회의 형태를 형성하는 데에 중요하게 작용한다. 남쪽과 동쪽으로 이동하여 온 기독교의 무게 중심을 따라 새로운 형태의 교회가 계속하여 생겨났다.

앤드류 월스(Andrew Walls)는 말한다.

> 우리 혹은 초기 기독교인들이 생각지 못한 새로운 주제와 우선순위로 나타날 수 있다. 사람의 마음에 가장 가까운 커다란 문제에 그리스도를 반드시 모셔 와야 하는 기독교 신앙의 표징인데, 사람들은 세상을 인식하고 인지하는 구조를 통해 이 신앙을 나타낸다. 그리고 이것은 모든 사람에게 동일하지 않다 (1985, 223).

2. 교회 형태를 만드는 작업

성경은 교회라는 유기체를 이루는 요소에 대해서 거시적 지침은 주지만 규정으로 구체화된 것은 거의 없다. 따라서 어떤 이들은 모임의 구조와 방

---

[2] 이에 대한 현대적 예시를 위해서는 LOP 43, 2004, available at www.lausanne.org/documents/2004forum/LOP43_IG14.pdf를 보라.

식에 대해서는 깊은 생각을 주는 것을 무시한다. 이것은 실수이다.

> 교회의 형태에 대한 하나의 정답이나 최종적 길이 있는 것은 아니지만 이것이 형태가 우발적이거나 관련성 없이 발생한다는 의미는 아니다. 형식과 내용은 친밀하게 묶여 있다. 매체가 곧 교회의 구조는 신앙과 증언의 가시적이고 유형적 표현이다. 하나님의 구원하시는 사랑이 예수 그리스도 안에서 육체를 입고 성육신하셨듯이 복음의 선포는 신앙적인 면이든 비신앙적인 면이든 교회의 유기체적 삶과 실천을 통해 성육신 된다. 그리스도의 몸이 세상 가운데 나타나셨듯이 말이다(Dietterich 2004, 1).

개척자의 선택이 교회의 설립, 성장, 건강, 그리고 재생산에 엄청난 영향을 미치게 된다. 교회 설립 초기에 세워진 방식들은 뒤에 가서는 바꾸기가 어렵다. 공동식사, 가족 기도, 가족 회의, 교육 그리고 쉼이 가족의 성향과 건강을 결정하듯, 교회의 방식이 지역 교회의 성향과 건강을 가져다준다.

1) 비판적 반영의 필요

교회 형태에 대한 비판적 반영을 무시하는 것은 두 가지 측면에서 과오를 범할 수 있다.

한편으로 교회 구조와 관련된 피할 수 없는 결정을 해야 할 때 개척자는 직관적으로 그들의 배경, 즉 그들에게 가장 익숙하거나 개인적으로 선호하는 모델로 돌아갈 것이다. 반면에 경험이 많은 교회 개척자는 성경적 이해, 폭넓은 다문화적 견해, 그리고 영적 성숙 등을 통해 민감한 문제를 해결한다.

바울의 예를 따르자면,³ 외부인 역시 지역 신자들에게 사회적 구조나 가치 등의 문제에서 성경적 도전을 줄 수 있는 똑같은 위치에 있다. 따라서 개념을 정하는 단계에서 교회 개척팀은 세심하게 조사하고 이를 반영하며 지속적으로 대화에 참여하는 것이 중요하다.

2) 하나의 사이즈가 모두에게 맞는 것은 아니다

자유방임주의식의 접근도 안 좋지만 하나의 보편적 원형을 만들려는 시도 역시 부족하다. 어떤 이들은 유대교 회당 형식을 기반에 둔 순수한 회중적 형태를 지지한다. 하지만 회당과 초기 기독교 회집 사이에 많은 유사점과 더불어 주목할 만한 차이점들도 있다.⁴

다른 이들은 신약성경에서 가정 모임이 이루어졌음에 착안하여 가정 교회 형태가 표준이었다고 주장한다. 당시가 박해기였고 다른 대안적 모임 장소가 없었기 때문에 이러한 접근 방식이 우리의 궁금증을 채우는 데 있어서 기여할 수 있을지에 대한 의문은 여전히 남아 있다. 게다가 교회에 공적 모임이 가능해졌을 때는 분명히 그렇게 했다(행 20:20; 고전 14:23-24).⁵

---

3   로버트 뱅크스(Robert Banks)는 현지의 사회 구조와 태도에 대해 이렇게 말한다. "어떤 경우 바울은 이런 것들에 의문을 제기하고 스스로의 언행으로 반대한다(고전 6:1-6). 다른 것들에 대해서는 주의 깊게 살피고 따를 것을 주장한다(11:14-15) … 어떤 면에서 볼 때 공동체 안에서 그리스도인의 활동은 그들을 둘러싼 가치와 형식에 좌우되고 그것들과의 관계를 고려하지 않으면 바르게 이해되지 못한다"(1994, 5).
4   신약성경에서 회당(synagogue)을 기독교인들의 모임에 사용한 유일한 경우는 야고보서 2:2이다. 이방인 혹은 다민족 신자들의 모임과 유대인 회당 모임은 구분되었음을 보여 준다. 회당 모임은 자발적 연합을 기반으로 하였고 집에서 모였으며 그들에 대해 알려진 바가 충분치 않기 때문에 회당의 방식이 주었던 영향은 불분명하다(Meeks 1986, 80-81). 신약성경은 회당 구성원들 중 신자들이 거기를 떠나 성별과 민족을 넘는 구별된 지역 모임을 형성했음을 증거한다. 그들의 활동은 예식과 전통보다는 그들의 필요와 은사 사용에 보다 기초한다(Banks 1994, 88, 108).
5   "각 도시의 교회(에클레시아)는 적은 수의 소그룹으로 구성된 것이 전형적 모형이었고, 여러 개인들의 집에서 모였다. 그리스도인들에게 더 넓은 집을 제공할 수 있는 개종자나 동지가 있었다면 도시에 있는 모든 소그룹이 함께 모여 예배와 교육의 장을 가졌다"(Meeks 1986, 110).

또 다른 이들은 예루살렘 성전에 모인 신자와 비신자의 모임을 근거로 크고 매력적인 교회를 주장한다(행 2:46; 5:12). 하지만 예루살렘 교회의 대형 공적 모임은 박해가 일어나고 AD 70년에 성전이 파괴된 후에는 되풀이되기 어려웠다. 또한, 교회가 매력적이었던 근원은 사람들을 끌어오려는 의도적 홍보와 프로그램이 아니라 성령 하나님의 초자연적 사역(행 2:43; 3:1-8; 5:12; 9:32-42)과 죄를 깨닫게 하는 설교의 능력(4:13)이었다는 점도 중요하다.

이 중 어떤 원형도 당시 상황에 적합했을 수 있다. 문제는 성경의 사례가 보편적이고 무비판적으로 적용될 때 발생한다. 예수님은 그의 제자들에게 새 술에는 새 부대가 필요하다고 말씀하셨고(마 9:16-17), 그분과 사도들은 공공장소와 집 모두에서 사역했다.

또한, 역사적 배경 안에서 신약성경의 공동체를 연구한 이들은 에클레시아는 특별한 사회 구조가 이어진 게 아니라 완전 새로운 것이라 결론 내린다(Meeks 1986; Banks 1994). 그들은 또한 초기 모임의 형태에 있어서 다양성, 기능적 유동성, 그리고 진화가 있었음을 안다.

> 몇 가지 습관과 형식은 종종 수정되어 유대교로부터 이어졌는데, 나머지는 순전히 기독교적 기원을 가진다(Latourette 2003, 203).

3) 형태에 영향을 미치는 다양한 요소

형태라는 용어가 마치 도예가가 바퀴에 손을 올리고 도자기를 빚듯 교회 개척자가 교회라는 최종 결과물을 만들기 위해 상상해 내는 무엇이라는 인상을 주어서는 안 된다. 교회의 구조를 결정하는 데 많은 요소가 영향을 준다. 하나님의 인도하심, 다른 교회들의 영향(특별히 모 교회, 후원 교회, 혹은 현지의 동역자 교회들), 교회 개척자의 생각들, 통제 불가능한 외부 요소들(박해, 자원), 그리고 새로운 공동체 자신의 영감 같은 것들이 그런 요소들이다.

목표는 가장 전략적 영향력과 구조를 선택해서 교회가 건강하게 생산하며 토착화되는 것이다. 교회 개척자는 현지 신자들과 함께 새로운 공동체의 삶과 사명을 이루기 위해 하나님께서 의도하신 목적을 충족시키며 문화적으로 가장 적합한 방식을 구할 때 하나님의 창조적 다양한 형태를 잘 이해하고 수용하게 된다.

3. 적절한 원리들

1) 성령님이 주시는 자유 아래서 교회의 형태 만들기

성경은 교회의 구조에 대해서는 비교적 적게 묘사한다. 보통 교회에 관한 기술의 핵심은 목적과 가치이다. 이 사실에서부터 그리고 예루살렘 공의회의 결정(행 15장)을 볼 때, 우리는 교회의 삶이 어떻게 구성되어야 하는지에 대한 구체성에서는 막대한 자유가 주어졌다는 사실을 유추하게 된다.

신약성경의 교회들은 매우 유동적이고 탄력적이어야만 했다. 왜냐하면, 대부분 그들은 적대적 지역에서 일어났으며 변화하는 환경에 적응했어야만 했기 때문이다. 한 가지 형태를 고집하지 않은 것이 복음이 전해지는 곳마다 뿌리내리고 번영하고 확장되는 데 필요한 적응력을 초대 교회에 주었다고 할 수 있다.

지금의 다문화 세상 특히 도심에서도 이러한 개방성과 융통성이 필요하다. 교회 구조에 관한 구체적 질문에는 성령 하나님의 인도하심 아래에 서 적절한 성경 구절이 적용되어야 한다.

> 성령 하나님의 사역이 지속해서 발전하는 교회 형태의 주요 자원이다. 교회는 성령님을 따라 가르침을 받고 인도함을 받을 때 사역을 위한 새로운 접근 방식을 발전시키고 자신의 삶을 조직할 수 있는 새로운 길을 찾게 된

다(Van Gelder 2000, 43).

2) 교회의 형태를 결정하기 전에 문화 이해하기

크레이그 반 겔더는 주장한다.

> 모든 교회론은 상대적 환경에서 기능해야 한다. 구체적이고 역사적 배경 외에 교회가 될 수 있는 또 다른 길은 없다. … 새로운 환경은 교회를 이해하는 새로운 표현을 요구한다(2000, 40-41).

문화 적응력, 청중 적합성, 선교적 효과성 안에서 성경적 목표를 성취함이 형태를 결정할 때 주된 고려사항이어야 한다. 개인적 선호가 아니다.

> 모든 교회가 유기적으로 연결되어 있긴 하지만 각 교회는 각자의 현지 상황에 따라 형태를 갖추어야 한다(Roberts 2008, 77).

개척자는 교회의 형태를 향해 접근할 때 하나님의 말씀 아래에서 문화 내부자와 겸손하게 동행하며 접근해야 한다. 그리고 나서 그와 함께 흥미로운 발견의 길을 여행한다.

> 우리는 사회적, 교회적으로 엄청난 변화의 시기를 살고 있다. 우리의 세상은 극단적 다원성과 모호성으로 나타난다. 우리 모두에게 영향을 끼치는 격동의 시기이다. 옛것들은 무너지고 새것들도 마찬가지이다. 지금은 실험, 위험, 대안적 가능성들을 배제할 때가 아니다. 오히려 공동체가 교회를 표현하는 넓은 범위를 생각할 수 있도록 용인해 주어야 한다. 사람들이 새로운 시작과 새로운 공동체적 연합을 창조하기 위해 요구되는 헌신과 기술과 예술이 놀라운 사회적 에너지와 상상력을 자극할 것을 소망한다(Terry Veiling, Dietterich, 2004, 1에서 재인용).

3) 교회의 형태를 만드는 행위자들

상황화는 신앙 공동체가 하나님께서 원하시는 모습이 되기 위해 받아들이는 기도, 반영, 그리고 결정의 과정이다.

레슬리 뉴비긴은 이 여정을 이렇게 묘사한다.

> 진정한 상황화는 예수님의 지상 사역에서 볼 수 있는 것처럼 복음에 따라 신실하게 살고 현실 상황 가운데서 복음과 같은 가치로 사람들을 정의하는 공동체가 있을 때 발생한다. 이런 조건들이 서로 만나는 곳에서 주권적 하나님의 영이 그분의 놀라운 사역을 행하신다(1989, 154).

신앙 공동체는 또한 교회가 어떻게 기능할지를 결정하기 위해 성경과 상황을 동시에 해석하는 해석 공동체여야 한다(Hiebert 1987; 1994). 성경 적용을 안내하는 최고의 인적 요소는 성경적으로 형성된 문화적 내부자들이다. 외부의 조종과 수입된 디자인으로부터 자유로운 현지인들은 성령님의 감독 아래 자연적으로 상황화된 공동체가 될 수 있다.

해석 공동체는 문화에 대한 이해를 키워 가는 교회 개척자와 성경에 대한 이해를 키워 가는 현지 신자들로 구성되어야 한다. 성경적으로 형성된 문화적 내부자가 교회의 형태를 만드는 일을 돕기 위해 합류하기 전까지 외부인은 틀에 대한 그들의 생각을 느슨하게 둔 채 인내심을 가져야 한다.[6]

그 후에 함께 포용할 수 있는 구조를 형성함에 있어 현지 신자들에게 권한을 주고 멘토링해 줄 수 있다. 그들은 세 가지 이유에서 과도한 영향력 행사를 피해야 한다.

---

6 해석 공동체의 일원으로 돕는 이들은 조심스럽게 선발되어야 한다. 때로 현지 신자들은 시대 문화와 교류하지 않는 하위 문화의 그리스도인이 된다. 지역 상황화의 실행자들은 그들의 이웃을 이해하고 성경에 기반을 둔 적합한 신자여야 한다.

첫째, 현지 교회와 그 사역은 궁극적으로는 그리스도 아래에서 현지 신자들에게 속한다. 기초를 놓는 자의 역할은 성경적 목적과 지상명령을 성취하기 위하여 함께 모이는 기본적 하나님 나라 공동체를 조직하는 것이다.

둘째, 사도적 개척자들은 결국 떠날 것이기에 만일 그들이 새로 생기는 공동체의 목소리를 듣지 않고 자신들이 선호하는 모델을 강요한다면, 그들이 볼 때 보다 자연스럽고 유망한 형태를 버리고 공동체의 견해를 적용한다 해도 놀라서는 안 된다.

셋째, 만약 형태가 현지 리더십팀에게 소유된다면 토착화 과정을 지나, 현지인들을 불러 성장시키고, 재생산하게 할 가능성이 더욱 크다.

해석 공동체는 말씀을 공부하고, 성경적 목적에 따라 살며, 자신들의 상황 가운데서 하나님 나라 공동체가 된다는 것이 무엇을 의미하는지 발견할 때 교회의 형태, 구조, 그리고 사역을 반영하게 된다. 그 후에 상황화는 이런 반영의 리더십을 가진 공동체에서 지속적 협력을 통해 발전한다.

4. 기본적 교회 형태 선택하기

교회 개척팀이 교회 개척을 위한 접근 방식, 즉 목회자, 사도적, 혹은 촉매제 유형 중 어떤 것이 그들의 상황과 사역에 가장 적합한지를 결정하면 해석 공동체는 그들의 상황과 사역에 가장 적합한 교회의 형태를 선택해야 한다. 모든 하나님 나라 공동체는 자신만의 부르심과 형태가 있다.

이런 기본적 형태를 이해하는 것이 상황화된 교회의 형태과 기능을 위한 유용한 출발점이 될 수 있다. 그러한 결정이 교회의 구조에 관련된 뒤따르는 결정들을 쉽게 내리도록 해 준다. 그것이 모델 혹은 원형이 하는 기능 중 하나이다.

이런 접근 방식을 사용할 때 두 가지를 주의해야 한다.

첫째, 때때로 표 6.1에서 제시하는 기본적 형태 외의 형태를 출발점으로 삼도록 상황이 요구할 때가 있다.[7]

둘째, 이것은 시작일 뿐이며 상황에 맞게 교회의 형태를 만들어 가는 일에는 지속적 반영과 대화가 필요하다. 교회 형태의 원형들을 묘사함으로 시작하려 한다.

표 6.1에서는 교회의 형태별 장점과 단점을 비교했으며 어떤 상황에서 그것들이 하나님 나라를 위해 가장 효과적인지 보여 준다.

1) 가정 교회

로버트 뱅크스(Robert Banks, 1994, 26-66)는 초대 가정 교회의 세 가지 특징을 말한다.[8] 그 모임은 가정 모임이었고, 사랑하는 가족이었으며, 몸으로서 기능하였다. 오늘날의 가정 교회들은 영적 은사 사용, 대화식 성경 공부, 그리고 전도를 위한 성육신적 접근을 하면서 관계를 중시하는 가운데 형성된다. 보통 12에서 15명이 정기적으로 개인 가정 혹은 비종교적 장소에서 만나며 평신도 목자가 인도한다.

도드라진 특징은 모든 구성원이 사역에 참여한다는 것이다. 평신도 리더가 예배를 인도하고 가르치는 역할도 서로 나누고 성경 공부와 기도 시

---

7   예를 들어, 유목민 형태의 교회를 만드는 일은 교회 개척자들에게 어려운 과제이다. 말콤 헌터(Malcolm Hunter 2000, 19)는 모세 시대 천막과 광야 공동체를 성전과 회당의 출발선이 되는 대안으로 본다. 다른 모델로서 소위 새로운 모세 공동체(예, Winson-Hartgrove 2008을 보라)를 말할 수도 있다. 비록 그들은 스스로를 교회라 보지 않고 이미 설립된 교회와 함께하는 혹은 나란히 존재하는 운동으로 여겨지만 말이다.

8   이 분야에 대한 가장 권위적 성경 연구는 게링의 2004년 저작이다. 게링은 가정이야말로 고대 사회에서 가장 기초적 사회 경제적 형태였다고 주장한다. "그 어떤 것도 가정(*oikos*)과 그 안에서의 관계형성보다 더 매일의 삶을 지배한 것은 없었다"(2004, 17).

간에 서로를 격려하거나 책망하기도 한다. 가정 교회는 비서구 세계에서 보다 적합하며 중국과 인도 같은 곳에서는 지배적 형태이다. 쿠바에서의 가정 교회 운동은 100 교회에서 1,475 교회로 성장하였고, 또 다른 운동은 10년 만에 129개에서 2,600개로 성장하였다(Garrison 2004a, 134-35).

20세기 후반에는 온건한 가정 교회 운동이 미국에서 일어났다.[9] 종종 이런 가정 교회들은 리더와는 느슨하게 연결된 산발적 모임을 형성한다. 각 모임은 교회 네트워크와 연결되는데, 각 교회들을 비슷한 가치로 연결하는 교단보다는 더 유동적 형태를 가진다. 1998년부터 2006년 사이에 가장 큰 운동인 '교회배가성장연합'(the Church Multiplication Associates, CMA)은 700개 이상의 교회들로 성장했다. 촉매제 중 한 사람은 캘리포니아 롱비치 어웨이크닝교회(Awakening Chapel)의 목사인 닐 콜(Neil Cole)이다.[10]

CMA는 스스로를 "단순하고, 분권화된, 재생산하는, 유기적 체계 그리고 제자 삼기"를 중심으로 한 몇 개의 교회 배가 성장 운동의 관계망이라고 정의한다(Hirsch 2006, 80). 일부 북미의 가정 교회들은 전도와 재생산에 놀랄 만큼 효과적이라는 사실을 증명했다.[11]

영국 가정 교회의 리더인 팀 체스터는 가정 규모 교회들의 장점을 다음과 같이 말한다.

> 가정 교회는 상호교류가 가능한 제자도와 실제적 돌봄이 가능한 규모를 결정합니다. 가정 교회는 기존 사고방식을 유지하는 데 반하는 단순성을 창조합니다. 요컨대, 교회를 유지하기 위해 비싼 건물이나 복잡한 프로그

---

9 Simson 2001, Zadero 2004, Payne 2007, and Kreider and McClung 2007에서 예를 볼 수 있다.
10 CMA의 역사와 사역에 대해서는 www.cmaresources.org(accessed September 16, 2009)을 보라.
11 페인(J.D.Payne)은 미국의 225개 가정 교회 리더들이 응답한 인터넷 기반 설문 조사를 연구했다. "그들 중 146개 교회는 지난 1년 동안 최소 한 명에게 세례를 주었고, 지난 3년간 123개 교회가 최소 하나의 교회를 개척했다. … 91개 교회는 일년 동안 한 명 이상에게 세례를 주었고 3년 동안 한 개 이상의 교회를 개척했다"(Payne 2007, 58-59). 그는 후자에 속하는 교회들을 "선교적 가정 교회"라 부른다.

램이 없습니다. 가정 교회는 예수님께서 하신 것과 같은 제자 훈련 모델과 식탁 교제를 모방하여 참여적이고 수용적인 방식을 가집니다(2000, 41).

가정 교회는 급속도로 배가 성장을 할 수 있지만, 경건하지 못한 리더 혹은 거짓 교사에게 휘둘릴 수도 있고 전통적 교회들보다 단명할 수 있다. 청소년 사역이나 치유 사역 등 특화된 사역을 제공하지 못하는 것이 일반적이다. 감독하는 이가 없으므로 불안정하게 되고, 제자 훈련과 리더 양성에 어려움을 겪는다. 연합회나 관계망에 속한 교회들이 더욱 건강한 경향을 보인다. 리더들이 훈련과 돌봄, 그리고 신학적으로 훈련된 리더들에 의해 감독을 받을 수 있기 때문이다.

〈표 6.1〉 초기 하나님 나라 공동체의 단순한 원형들

	가정 교회	자발적 모임*	셀 교회
정의	• 기초적 그리스도인 공동체 • 관계와 사명에 초점 • 집, 가게, 혹은 중립적 장소에서 모임 • 평신도 목사가 인도하는 경우 있음 • 관계망 형성하는 경우 있음	• 친밀한 모임들로 이루어진 하나의 공동체 • 프로그램을 기반 • 공공장소에서 모임 • 자발적 조직 • 전임목사가 인도	• 연합행사, 훈련, 사역을 함께 하는 기초적 그리스도인 공동체(셀) • 가정에서 모이고 정기적으로 공공장소에서 모임 • 리더 양성과 셀의 배가 성장으로 성장
비유	• 가족으로서의 교회	• 조직으로서의 교회	• 관계망으로서의 교회
실례	• 중국 가정 교회 • 일본 RAC(Rethinking Authentic Christianity) 네트워크 • CMA(Cole 2005) • 심슨 2001 • 페인 2007	• 대부분의 북미 교회 • Dietterich 2004 • 워너 1994	• 한국의 여의도순복음교회(Cho 1981) • "두날개교회"(Beckham 1995) • "대형교회"(George 1991) • 코미스키 1999
장점	• 높은 책임감 • 소그룹을 통한 제자 훈련 • 박해에서 살아남을 수 있음 • 도시에 침투 가능 • 건물이나 전문가를 요하지 않음 • 급속도의 배가 성장 잠재력	• 공동체 안에서의 가시성 • 전문적 자원과 사역 • 좋은 교육과 목회적 돌봄 • 검증됨, 친숙함, 안정됨 • 상담, 아동/청소년 사역, 회복 사역 등 특별한 사역 제공 가능함	• 소모임과 전체 교회 양쪽으로부터 유익 • 친밀함을 유지한 채 교회 성장 가능 • 각 셀로 분권화 • 평신도 사역에 강함

발생 가능한 단점	• 의존성 • 독단적 리더와 거짓 교리의 위험 • 내부지향적 관계 • 의심스럽고 신뢰가 부족한 외부 시선 • 종종 단명함	• 박해와 인구 변화가 있는 상황에 약함 • 전문사역자와 건물에 많은 비용 들어감 • 변화하는 이웃에게 적응하기 어려움 • 재생산이 느림	• 약한 셀모임 • 가정 교회와 같은 위험 • 전체모임이 셀모임을 무색하게 만듦 • 셀과 전체모임 양쪽에 들어가는 에너지를 요구함
상황적 적합성	• 교외 및 박해가 존재하는 지역 • 가난 혹은 개발 제한으로 건물이 들어설 수 없는 지역 • 전통적 서구 교회가 성공하기 힘든 지역	• 교외 및 대면할 수 있는 사회에 적합 • 땅과 건물이 가능한 지역 • 전통적 기독교 지역	• 도심지 • 크고 작은 모임에 가치를 두는 사회 • 소그룹의 자발적 연합이 일반적 지역

* Dietterich 2004, 1에서 용어를 차용함.

2) 자발적 모임

미국의 주류 장로교회들은 이 범주에 속한다. 그들은 200명 미만의 소박한 모임들이다.[12] 이 구조는 참여를 중시하는 미국의 가치에 의해 형성되었고 다양한 형태의 모임이 존재하는 공동체가 아니라 자발적으로 모인 모임이라는 면에서 에클레시아에 대한 이해와도 상통한다.

> 이런 형태의 교회는 구분된 신학적 입장보다는 북미의 종교적 풍경이 가지는 특수성에 의해 결정되었다. 법적으로 보장된 정교분리, 참여민주주의의 발전, 개인의 종교적 자유에 대한 강조, 선택할 수 있는 교단들의 급증, 종교 연합과 이민 사회 성장에 대한 열망, 그리고 현대 관료 조직의 형성이 모두 이 특별한 형태의 교회가 발전하는 데 공헌했다(Dietterich 2004, 2).

반대로 유럽에서는 기독교 국가 하에서 정치와 종교의 긴밀한 관계 가운데 국가 혹은 주(州) 교회(*Volkskirchen*)가 탄생했다. 오늘날에는 엄밀히 말

---

[12] 제2장 각주 14를 보라.

해 국가 교회라고 할 만한 유럽 교회는 거의 없지만, 종교세와 특정한 신앙고백은 정부의 허가를 받아야 하는 것에서 증거되듯이 기존 교회와 정부의 강력한 관계는 남아 있다.

많은 이가 "교인으로 태어난다"고 여긴다. 그럼에도 지역 교구에서의 신앙생활은 자발적으로 모인 회중의 형태에 따라 차이가 난다. 엄격한 교구 체제는 교회 개척을 방해해 왔지만, 최근에는 다음 세대를 새롭게 하고 그들에게 다가가는 노력으로 교회 개척이 국가 교회들 사이에 점차로 옹호되고 있다(e.g., Hopkins 1988; Hempelmann 1996).

지역적으로 다르게 표현되긴 하지만 이런 교회들의 형태에는 공통점이 있다.

> 하나님 백성의 지역 모임으로서 교회는 예배, 종교적 가르침, 지역 봉사, 청지기 활동, 그리고 교제의 주체이다(Steffen Warner, Dietterich 2004에서 재인용).

이 교회들은 보통의 경우 전임 혹은 겸임 목사를 두고 총무, 관리, 행정, 교육, 그리고 청소년 사역을 하는 봉사자들이 있다. 많은 이가 위원회, 프로그램, 예배 기획에 관여한다. 대부분은 중앙의 프로그램을 중심으로 돌아가며 비교적 안정적이고 매우 조직화되어 있다.

반 겔더(2000, 69)는 이렇게 말한다.

> 자발적 연합에 의한 사회계약 이론은 북미 교회론에 깊이 새겨져 있다. 이것은 교회를 무엇보다 조직체로 보려는 강력한편견을 가진 교회론을 만들었다.

이런 교회들은 사역자를 생산하고 교제를 가능하게 해 주지만 정적 전통주의를 양산하고 은사를 기반으로 한 협력 사역을 방해한다. 왜냐하면, 성직자들을 강조하고 프로그램 중심의 사역 접근을 하기 때문이다. 의사 결정은 세속 기업 구조를 반영하여 위원회에서 주로 발생하는데, 이는 관료제에 가깝다.

이러한 단점들이 있을 수 있음에도, 이런 형태의 교회는 교외 지역을 마주 대하는 작은 교회들 혹은 이웃의 소수민족들에게 매우 잘 기능한다. 북미에서 가장 일반적 교회의 형태이긴 하지만 대도시에서는 덜 효과적이라는 사실이 증명되었다. 이 형태의 약점을 극복하는 중요한 요인 중 하나는 가정 모임을 조직하고 평신도 리더를 훈련시켜 사역하게 하며 영적 은사에 기반한 협력 사역을 가능케 만드는 것이다.

3) 셀 교회

이 형태의 교회는 "두날개교회"라고 불리기도 한다(Beckham 1995). 셀(작은 모임)과 예배(큰 모임) 간의 균형을 유지하기 때문이다. 이 교회들은 이끔/모임(공적 예배)과 흩어짐/보냄(이웃과의 셀모임)의 두 가지 전략을 조합한다. 개인 제자 훈련, 영적 양육, 성경 공부, 그리고 전도는 가정으로 분권화된다.

가족으로서의 교회이다. 공동예배, 가르침, 그리고 멋진 프로그램은 전체모임에서 열린다. 하나님의 백성으로서의 교회이다. 각각 셀모임들이 교회가 가져야 하는 DNA를 소유한 기본 공동체라는 점에서 셀 교회는 그저 작은 그룹을 가지는 교회들과는 다르다. 심지어 임직과 권징도 각 셀 수준에서 시행된다.

양쪽 날개에서 모두 이런 일을 행할 수 있는 리더십, 에너지, 그리고 자원을 모으는 일은 만만찮다. 어떤 셀 교회 운동에서 리더와 셀들은 자기복제를 통하여 재생산한다. 각 셀은 훈련생을 두고 일정 수의 사람이 모이면 셀을 둘로 나누고 훈련생이 그중 하나를 인도하도록 한다.

개인주의에 강한 가치를 두지 않는 문화권에서 중앙집권적 조정과 복제의 방법이 보다 잘 수용된다. 하지만 오늘날 많은 곳에서 강제적 배가 성장(*grupos de doce*)¹³은 반문화적이어서 폭력적인 것으로 간주되기도 한다.

또 다른 방식은 셀모임에서든 전체모임에서든 좋은 은사들을 골고루 가진 훈련생을 찾아 재생산이 일어날 수 있도록 양육하는 일을 리더의 첫 번째 임무로 삼는 것이다. 셀은 가정 교회가 가진 모든 어려움을 다 가질 수 있다. 지속적 발전 혹은 강력한 셀 리더가 건강한, 누룩과 같은 셀 교회의 핵심이다. 그런 교회가 도시를 변혁시킨다.

문화적 배경이 다양한 환경 가운데서 어떻게 셀 교회들이 기능하는가에 대한 비교 연구로 미켈 뉴만(Mikel Neumann)의 『도시문화를 위한 가정 모임』(*Home Groups for Urban Cultures*, 1999)이 있다.

몇 개의 민족이 큰 교회 일부를 차지하는 다중회중(multicongregations) 교회, 여러 장소에서 예배와 사역이 이루어지는 멀티사이트(multisite) 교회와 같이 더 복잡한 구조를 가진 교회들도 있다. 이런 형태들은 엄밀히 말해 처음 교회 개척을 시작할 때 적용할 수 있는 형태는 아니다. 교회가 성장할 때 이런 생각해 봄직한 것들이다.

이런 형태의 교회들에 대한 논의는 여기서 중지하겠다. 다음 장에서 교회 재생산의 모델에 대한 논의를 재개할 때 다시 다루게 될 것이다.

4) 가장 적합한 교회 형태를 결정한 사례들

상황화의 과정은 뒤에 가서 보다 구체적으로 논의할 것이다(표 6.2). 여기서는 동일한 성경적 가치와 목적이 그 사회의 모임 방식에 따라 어떻게 서로 다른 기본적 교회 형태를 통해서 표현되는가를 몇 개의 예를 들어 보여 주려 한다.

온두라스 테구시갈파(Tegucigalpa)에서는 두 개의 문화를 가진 교회 개척팀이 해석 공동체로서 기능했다. 이미 언급한 것처럼 성경 공부, 반응, 토

---

13 세자르 카스떼야노스(César Castellanos) 목사가 콜롬비아 보고타에 '국제은사사역'(The International Charismatic Mission of Bogotá)을 설립하고 인도하였다. 남아메리카에서의 셀 교회에 대한 정보는 Comiskey 1999에서 볼 수 있다.

론의 과정을 거친 후 팀 구성원들은 그들이 믿는 핵심가치가 교회의 모양을 형성해야 한다고 정의 내렸다.

> 핵심가치란 지속적이고 열정적이며 성경적이고 구별된 확신으로, 우선순위를 정하고 결정에 영향을 미치며 사역을 운영하고, 우리의 행위를 통해 나타나는 것이다(Klippenes 2003, 95).

핵심가치는 교회가 무엇으로 창조되었는가와 그 사명의 일부를 차지하는 근본 목적, 이 두 가지의 묘사를 포함한다. 이런 핵심가치를 한 손에, 나중에 보게 될 사회 형태를 다른 한 손에 쥔 채 그들은 그 둘이 수렴되는 지점을 찾았다. 그렇게 합일되는 영역이 그들의 상황에서 가장 자연스럽게 적응하고 가장 효과적으로 기능할 기본적 교회 형태에 대한 실마리를 제공한다. 사례 연구 6.1에서 그 결과를 볼 수 있다.

중앙아시아 시골의 무슬림 부족 사회에서 교회들은 성경 공부를 시작한 구도자 혹은 "평화의 사람"의 집에서 형태를 갖춘다. 그들은 게르(ger) 혹은 러시아어로 유르트(yurt)라 부르는 이동 가능한 텐트에서 모이고, 교회의 구조와 구성 또한 대가족제와 비슷하다. 그들은 관계를 중시하기 때문에 교회 모임은 새신자와 더불어 자리에 앉아 가르치고 싶어하는 호기심많은 가족구성원을 포함한다. 교회 개척자는 모임을 지속하려는 소망이 이루어지려면 부족 리더들이 오고자 할 때 언제든 그들을 수용하고 문화적으로 적합한 방식대로 그들을 환영해야 한다는 사실을 깨달았다.

같은 나라에서도 도시 지역의 사람들은 사회적으로 고립되어 클럽과 술집 혹은 사회모임을 통한 관계 형성을 원한다. 교육 수준은 보다 높고 사회적 통제는 약하다. 다양성이 매우 크다. 한 중앙아시아 국가 수도에서 교회를 개척한 선교사로부터 가르침을 받은 현지 신자들이 셀 교회 방식이 실행될 수 있도록 그들을 도운 일도 있었다. 셀모임들은 지리적 경계보다는 관계 중심으로 형성되었다.

<사례 연구 6.1>

온두라스 테구시갈파 빈민 교회에서 핵심가치가 교회 구조로 발전됨

태풍 미치(Mitch)가 온두라스 테구시갈파를 휩쓸고 간 뒤 구호 활동을 돕던 한 목회자 부부는 그들의 구제 사역의 연장으로 제자 훈련과 교회 개척을 위한 전임사역자로 들어오라는 하나님의 부르심을 느꼈다. 그들은 온두라스 의사와 미국에서부터 온 교회 개척팀의 사역에 동참하게 되었다. 어떤 선교단체들은 이제 복음화되었다고 생각하며 그 나라를 떠나던 때였다. 하지만 그 팀은 스페인어 사용 지역(barrios)의 빈민들은 이미 설립된, 사회적으로 우월한 복음주의 교회들로부터 외면당하고 있음을 알았다. 그들의 구호 활동에서의 경험 및 온두라스 의사로부터의 안내를 받으면서(우리의 표현으로 하면) 교회 운동을 형성하기 위한 다음의 핵심가치들을 선택했다.

- 소외당한 자들 사이에서의 긍휼 사역
- 목적이 있는 전도와 제자 훈련
- 기쁨이 넘치는 예배
- 신자들 간의 사랑이 넘치는 공동체
- 토착화된 리더십의 배가 성장

반영적 리더십을 가진 외부인들과 온두라스인들로 이루어진 팀이 이러한 핵심가치들에 동의했을 때 돌파구가 나타났다. 이후에 팀은 제자 훈련하는 가정 교회를 통해 수도와 나라를 덮을 수 있는 비전을 발전시켰다. 외부인으로 구성된 교회 개척팀과 온두라스 훈련생 부부가 주도하여 견본이 될 가정 교회를 매우 신중하게 발전시켰다.

견본 모임의 평가 결과, 그들은 새로운 교회가 온두라스인들에게는 너무나 북미스럽다는 사실을 알게 되었다. 그들은 견본 모임을 중지했고 온두라스 가정 교회 리더들을 세웠다. 그리고 선교사들은 교회의 구성원으로 참여하였다. 어떤 선교사들은 뒤따르는 변화들로 인해 난감해했지만 운동은 온두라스인들의 것이 되었고, 기쁘게 제자 삼는 일은 계속되었다.

5. 구조와 사역 상황화하기

어떻게 더 명확한 교회 구조와 사역을 결정할지는 사실 특정 문화 배경 가운데 있는 교회를 적합하게 상황화할 것인가 하는 더 큰 질문의 일부이다. 상황화는 위에서 든 예에서 보듯 기본적 교회 형태를 선택하기 위해 사용되는 과정이다.

대럴 화이트맨(Darrell Whiteman)은 상황화를 이렇게 정의한다.

> 상황화는 말과 행동으로 복음을 소통하고 사람들이 그들의 현지 문화 배경에서도 이해할 수 있는 방식으로 교회를 설립하려는 시도이다. 기독교는 이와 같은 방식으로 사람들의 가장 깊은 필요를 발견하고 그들의 세계관을 꿰뚫고 그렇게 함으로 그들의 문화에 남아 있으면서도 그리스도를 따를 수 있도록 해 준다(1997, 2).

아래의 세 단계 접근을 따르기를 제안한다.

첫째, 교회의 본질과 우선되는 성경적 목적 그리고 기능을 정의하라.
둘째, 교회의 목적을 이루도록 도울 수 있는 사회 형태의 방식을 발견하기 위해 문화를 공부하라.
셋째, 성경적 목적들을 성취하기 위해 기존의, 개편된 혹은 새로운 구조와 형태를 실행하라.

커크 헤이더웨이(C. Kirk Hadaway), 프란시스 듀보스(Francis DuBose), 스튜어트 라이트(Stuart Wright)의 말이다.

> 교회의 본성에서부터 증가하는 특정 기능을 염두에 두기를 기대할 수 있다. 교회는 문화, 사회 경제, 정치적 배경 안에 뿌리를 내리고 자라기 때문에 이러한 기능들이 구조로 변환되기를 기대할 수 있다(1987, 56).

이러한 상황화와 관련된 목적과 적합한 문화적 형태에 대한 예는 표 6.2에서 볼 수 있다. 이 장의 후반부에서 이와 관련된 많은 요점을 보다 구체적으로 명시할 것이다. 여기서는 간단하게 과정을 묘사하기 위한 개요만을 제공한다.

〈표 6.2〉 교회의 형태, 구조, 사역의 상황화

성경적 목적 정의하기	문화 형태 연구하기	상황화된 구조와 실천 이행하기
예배	• 현지 종교의 예배 형식 • 공공예배를 위해 사용된 구조와 배치 • 예술, 음악, 예식 등의 표현 형태	• 기독교 예배에 지속된 형태와 표현들은 적용되거나 개편될 것 수 있는데, 많은 형태가 거부될 것이다
전도와 선교	• 소통 방식 • 신뢰성을 결정하는 요소들 • 개인적/사회적 의사 결정 과정	• 최선의 신뢰성, 진실함, 명확성을 가지고 접근하는 것이 가장 중요하다 • 현지 의사 결정 과정에 순응하기
교육과 훈육	• 정규적, 비정규적, 약식의 교육 구조 • 문맹률 • 이야기와 논리 사용 • 교사-학생 역할과 기대	• 처음에는 익숙한 형태의 교수법이 적용되겠지만 시간이 지날수록 확장될 필요가 있다. 예를 들어, 암기식 교육에서 소통식 교육으로의 전환
봉사 및 지역 사회에 영향 주기	• 교회가 개인과 사회의 필요를 만나는 방법들 • 위기 지원 • 문제 해결 전략	• 교회가 말해 줄 수 있는 절실한 필요 정의하기 • 그리스도인들이 기존의 구조와 함께 하거나 필요를 채우기 위해 새로운 구조를 만들기
교제	• 어떻게 사람들이 비정규적으로 상호교류하고 일하며 여가를 보내는가 • 중요한 삶의 사건들과 전환을 위한 공동체 행사	• 기독교 모임도 비슷한 장소, 시간, 모임 규모로 하거나 성경적 가치와 세계관에 맞게 조정될 수 있다. • 행사는 편견과 사회계급을 극복하는 반문화적일 것
다스림과 리더십	• 가족과 공동체에서의 의사 결정 과정 • 리더를 선택하는 방식 • 리더십 시행 • 시작과 과정의 변화	• 서번트 리더십와 다수의 리더들을 보여 주는 기존 리더십 구조 받아들이기 • 필요하다면 멘토링과 코칭 등 격려할 수 있는 새로운 방식 발전시키기

1) 성경적 목적 정의하기

표 6.2에서 발견한 목적들이 출발점이 되어야 한다. 성경은 교회의 형태에 있어서 많은 재량을 허용하지만 현지 신자들은 분명하게 교회의 성경적 가치와 기능을 정의하고 이해해야 한다. 이를 위해 많은 공동 성경 공부와 토의가 필요하다. 다문화 교회 개척에서는 신자들 자신이 가지고 있는 교회에 대한 성경적 이해와 확신을 가지는 것이 중요하다.

교회란 단지 교회 개척자의 생각들로 이루어진 곳이 아니라는 사실이 분명해져야 한다. 그래서 현지 신자들로 하여금 어떻게 성경적 목적이 문화적으로 합당한 방식을 통해 구현될 수 있는지 생각하게 만든다.

2) 문화 형태 연구하기

교회 개척자들이 성경적 목적을 성취하기 위해 합당한 형태와 구조를 생각할 때, 기존 문화에 존재하고 있는 구조들을 보게 된다. 표 6.2에서 보여 주는 형태와 구조들은 제안일 뿐이다. 문화에 대한 다른 많은 요소가 고려되어야 한다. 일반적으로 사람들이 어떻게 사회 활동을 하고 리더십을 행사하며 의사 결정을 하고 공동의 삶을 관리하고, 변화와 도전에 대처하는지 관찰한다.

사회와 문화 전체의 구조는 교통수단을 제공하여 사람들을 목적지까지 데려다주는 도시의 대로에 비교할 수 있다. 교회를 상황화할 때 성경은 방향과 목적지를 설정한다. 문화는 많은 경로를 제공한다. 교회는 동일한 대로들을 이용하면서도 간혹 일반 사회 문화가 가진 다른 목적을 가지고 다른 방향으로 여행을 떠난다. 어떤 경우 교회가 원치 않았던 곳으로 인도되기도 한다.

3) 상황화된 구조와 실천 이행하기

교회는 어쩌면 어떤 대로를 개명하고 개편해야 할 수도 있다. 어쩌면 일반 문화가 알지 못하는 종착지에 다다르기 위해 새로운 대로를 포장해야 할 수도 있다. 문화 지도를 잘 알고 있는 사람만이 원하는 종착지로 인도하는 최적의 경로를 계획하고 어떤 새 도로가 포장되어야 하는지를 선정할 수 있는 자리에 위치한다.

어떤 형태들은 교회를 대신하여 채택될 수 있다. 예를 들어, 사람들이 자주 집에 모여 음식을 먹으며 하루를 나눈다면, 비슷한 방식으로 가정에서 소통하는 방식의 교육과 교제를 할 수 있다. 제사에 있어서 동물 희생이나 제의 매춘 같은 형태들은 완전히 배제된다.

또 다른 형태들도 사용되겠지만 성경적 가치에 부합하도록 조정된다. 예를 들어, 농경 사회에서는 흔한 추수 축제는 비기독교적 예배 혹은 풍작 기원 의식과 긴밀하게 연결된다. 추수 축제가 특별한 감사의 시간으로 여전히 진행되는 동안에도 우상 숭배를 목적으로 하는 이런 의식들은 대체될 것이다.

현지 신자들만이 새롭게 상황화된 실천을 통해 교회의 성경적 목적이 적합하게 성취되는지를 확인해 줄 수 있다. 이러한 확인은 사람들 전체의 반응에서부터 추론되어야 한다(Hiebert 1987, 110). 새로운 교회의 구성원들이 이런 구조들을 시행시켜 나가면서 그들은 문화 내부자로서 이 형태가 적합한지 구별할 수 있게 될 것이고, 이웃을 초대하고자 하는 마음을 가지게 될 것이다. 신자들은 먼저 다양한 구조와 형태를 가진 다른 교회들을 방문하는 것을 고려하고, 그다음에 그들에게 가장 적합한 방식을 반영한다(사례 연구 6.2를 보라).

히버트(1989)가 지적하듯, 형태와 의미 사이의 관계는 복잡해서 언제나 비기독교적 의미가 포함되지 않은 외형을 갖출 수는 없다. 또한, 어떤 성경적 목적은 그 목적을 이룰 수 있도록 돕는 합당한 문화 구조를 찾기 어렵다. 이런 경우 새로운 기독교 실천들이 도입될 수 있다(사례 연구 6.3을 보라).

6. 다른 고려사항들

1) 지속적 혁신과 개혁의 필요성

교회의 형태를 만드는 일은 단번에 끝나지 않는다. 지속적 도전이 내부의 변화를 불러일으켜 교회가 성장하고 재생산하면서도 적절성과 효과성을 유지할 수 있게 한다. 다음의 고려 및 주의사항들은 교회 개척자들이 지속적 교회의 상황화를 위한 지혜로운 촉진자로서 성장하도록 도울 것이다.

교회를 형성해 가는 이 여행길에 서 본 사람이라면 하나의 특정한 형태에 매달리게 될 것이다. 이것은 실수이다. 사회의 변화는 더 급속도로 진행되고 교회 역시 지나가는 세대마다 적절하고 효과적으로 남을 수 있도록 변화해야 한다. 변화를 거부하는 교회는 그들을 둘러싼 새로운 세대에게 부적절한 모습이 될 위험에 처해 그들을 향한 특별한 부르심과 종착지를 잃게 된다.

> 사회에 대한 봉사보다 건물에 더 많이 투자하는 교회, 모든 모임을 '교회' 안에만 두는 교회, 건축을 선교와 전도 앞에 두는 교회, 건물을 '거룩한' 일 외에는 사용하기를 거부하는 교회, 건물 내부에 모이는 사람들의 수로 영성을 측정하는 교회, 웅장한 건물을 소유한 교회는 성경이 말하는 교회의 의미를 대부분 무시하는 교회들이다(Snyder 1975, 77-78).

교회 개척자들은 그들이 소중히 여기는 것들을 끊임없이 성경의 빛 아래로 가져가서 그것들이 전통으로 남지 않도록 해야 한다. 마찬가지로 그들이 봉사하는 문화에 있는 낡은 '기독교' 전통에 기꺼이 맞서 개척된 교회를 재생산하는 하나님 나라 공동체로 만들어야 한다.

이것은 아름다운 전통을 무너뜨리는 것도 아니고 조직과 구조의 필요성을 배제하는 것도 아니다. 교회는 본질을 유지한 채 역사적으로 다양한 형태를 가질 수 있다. "비문화적" 교회란 없다(.Küng 1967, 3-5).

폴 생키(Paul Sankey)는 이렇게 말한다.

> 복음을 문화 안에서 그 문화를 통해 표현하기 위해서는 성육신이 필요하다. 비문화적 혹은 초문화적으로 기독교를 표현할 수는 없다. … 기독교가 하나의 문화 안에서 토착화되지 않으면 다른 모습으로 나타나게 된다(1994, 446).

문화는 항상 변화하기 때문에 교회는 거룩한 부르심에 신실하게 머물면서도 계속하여 다른 모습을 보여야 한다.

개혁가들과 혁신가들은 교회가 새로운 형태를 가지도록 끊임없이 재설계하고 있다(Towns, Stetzer, and Bird 2007을 보라). 혁신의 가치를 존중하고 교회의 형태가 진화해야 한다고 믿는다. 그 결과가 더 건강하고 선교에 더 효과적으로 재생산하는 토착화 교회를 만드는 것이라면 말이다.

하나님께서는 교회 역사 가운데 갱신 운동을 일으키셨다. 이 운동들은 새로운 영적 활력을 가져다주었을 뿐 아니라, 기독공동체를 위한 새로운 표현들을 개척했다.**14** 이런 운동들은 때로 논쟁적이고 극단적 입장을 취하기도 하지만 그들은 그분의 교회를 계속하여 재창조하고 새롭게 하시려는 하나님의 갈망을 증거한다. "내가 여러 사람에게 여러 모습이 된 것은 아무쪼록 몇 사람이라도 구원하고자 함이니"(고전 9:22)라는 바울의 말을 구현하면서 환경에 적응하는 교회에는 신선함과 활력이 있다.**15**

〈사례 연구 6.2〉

공예배를 준비할 때 교회 구조 비교하기

한 서구 도시의 교회 개척자는 이제 막 태동한 약 20명 가량의 새로운 신자로 이루어진 공동체와 함께 다른 교회를 방문하기로 했다. 그들은 두 개의 작은 그룹으로 모여 왔지만 이제 하나의 모임으로 함께하기를 원한다. 목적은 그들의 예배형태를 채택하기 전에 다양한 예배 형태들을 직접 경험하는 것이었다.

몇 주간에 걸쳐 그들은 다른 교회의 예배 및 모임에 참가했다. 그 뒤 그들은 가장 성경적이고 교육적이며 문화적으로 적합한 예배가 어떤 것인지 토의했다. 또한, 그들이 반드시 피해야 하는 요소들도 정리했다. 이런 과정에서 그들은 자신들이 다양하지만 평등하게 말씀과 주님께 헌신하며 예수를 따르는 거대한 가족의 일원이라는 사실을 알게 되었다. 그들은 세 번째 소그룹을 시작했으며 첫 번째 예배를 위해서 다함께 모였다. 처음에는 한 달에 한 번 시행하다 후에는 매주 공적 모임을 가졌다.

---

14 여기에는 다양한 수도원 운동, 슈페너(Spener)의 경건회(collegia pietatis), 감리교의 속회예배(class meeting), 오순절 및 은사주의 운동, 윌로우크릭의 구도자 예배, 조용기의 구역모임, 중국의 가정 교회, 그리고 그 외 많은 현대적 교회의 형태들이 있다.

15 실제로 교회가 지속적으로 상황화(혹은 재상황화)된다면 복음을 새롭게 표현할 수도 있을 것이다. 화이트맨(Whiteman)은 이렇게 말한다. "복음은 하나님 나라에 대한 우리의 이해를 확장시키면서 세상의 교회가 이전에는 경험하지도 이해하지도 못하는 방식으로 이해될 수 있다"(1997, 4).

〈사례 연구 6.3〉
유목민 교회

동아프리카에서 오래 사역한 말콤 헌터(Malcolm Hunter)는 유목민들 사이에서 공예배로 모이기에 적합한 구조를 찾는 일의 어려움에 대해서 이렇게 논한다.

유목민에 적합한 교회란 … 보통의 좌식 건물로부터 스스로를 자유케 해야 한다. 개신교와 로마가톨릭이 가장 큰 건물을 짓기 위해 경쟁해 온 곳에서 온 사람들에게는 극복하기 엄청 어려운 장벽이다.

이와 관련된 최고의 논평은 소말리족의 낙타 목동이 한 말이다.

> 당신이 낙타 등에 교회를 얹어 놓을 수 있다면, 그때 나는 기독교란 소말리족에게도 의미가 있다고 생각할 것이다. 나는 무슬림이다. 우리는 하루에 다섯 번씩 매일매일 아무 곳에서나 기도할 수 있다. 당신들 그리스도인들은 일주일에 한 번만 기도한다. 특별한 건물 안에서, 한 사람이 앞에 서서 신에게 말하고 다른 사람들은 고개를 숙인 채 잠든 것처럼 보이는 그때 말이다.

이것이 무슬림 유목민이 본 기독교이다.

교회는 관계가 실제 거주지보다 더 중요한 유목 사회에서 가장 적합하기도 하다. 유목민들이 무언가 부족하다고 해도 그들은 항상 사회적으로 부유하다. 강력한 가족과 부족 유대가 있기 때문이다. 버려지거나 학대 받는 아이는 거의 볼 수 없다. 노인들은 공경받으며 가족들이 잘 돌본다. 이슬람 같은 외부의 영향이 미치지 않는 이상 여성들은 상대적으로 높은 사회적 지위를 가질 수 있다. 많은 유목 사회가 매우 평등하다. 이런 질문을 던져 본다.

누구의 사회가 원시적인가?

유목 사회가 가지고 있는 이런 사회적 장점이 유목 교회의 기초가 되어야 한다. 선교사들은 개인의 개종을 강요하는 대신 가속의 변화를 위해 기도해야 한다. 그늘이 그 사회 가운데 구원받은 새 공동체를 형성될 수 있다. 유목 교회는 불필요한 외국 종교 습관을 가져와서는 안 된다. 그것은 유목 공동체의 새신자들에게는 이상하게 보일 뿐이다.

충분한 수, 이왕이면 온전한 가족이 전 기독교 사회로 유목 사회가 기능하도록 증식할 수 있을 때까지 복음에 반응한 첫 개인을 교회라 부르지 않도록 하는 게 오히려 지혜로운 일일 수 있다. 따라서 건강한 교회 성장에 도움이 될 최소한의 인원이 몇이 될지를 초기에 결정하고 그 목표를 위해 사역하며 기도하는 것이 좋다(Hunter 2000, 16).

[토의 질문]

1. 유목민의 삶에 대해 짚고 넘어갈 부분이 있는가?
    기초 목적들 중 해결하기 가장 어려운 것은 무엇인가?
2. 유목 사회 구조 중 기독공동체의 특성을 담고 있는 부분은 무엇인가?

3. 어떤 방식으로 예배해야 하는가?
   그들이 이스라엘의 광야 경험이나 성막과 관련된 예배에 대해서 알고 있는 게 있는가?
4. 소말리 유목민들 사이의 하나님 나라 공동체는 어떤 형태일까?

2) 혼합주의와 분열의 위험성

혼합주의는 복음의 순전함과 교회 기능의 본질이 타당성이라는 제단에 바쳐질 때 발생한다. 타 종교의 요소들이나 물질주의, 소비주의, 자기중심주의 같은 세속적 우상과의 타협의 형태로 나타날 수 있다. 복음은 현대적 형태로 표현되어야 하지만 변화시키는 능력과 예언자적 목소리, 그리고 회심시키는 침투력이 희생되어서는 안 된다.

월스(Walls)가 말했듯 순례자 원칙과 토착화 원칙 사이의 갈등은 항상 존재한다. 교회가 새로운 문화적 환경에 맞추어 새로운 형태와 표현을 취한다 하더라도(토착화 원칙), 복음은 문화에 도전적이고 그것을 변혁한다는 점에서 항상 생경함을 유지한다(순례자 원칙).[16]

또 다른 위험은 과도한 전문화와 분열이다. 오늘날 대부분의 도심은 다양한 하위 문화, 이민자, 특별한 관심, 그리고 종교적 연계가 가득하다.[17]

각각에게 각자의 교회가 필요한가?

---

16 "우리의 신앙을 편하게 느끼게 해 주는 토착화 원칙과 더불어 그리스도인들은 순례자 원칙을 물려받는다. 그것은 우리가 영원한 도성에 살고 있지 않으며 하나님께 신실하기 위해서는 지금의 사회와 함께해서는 안 된다고 경고해 준다. … 유대 문화에서의 예수님과 헬레니즘 문화에서 바울은 새로운 문화를 도입함에 있어서가 아니라 그리스도를 향한 마음을 바꾸어야 한다는 점에서 마찰과 저항이 있음을 당연시했다"(Walls 1982, 98-99).
17 "글로컬화"(glocalization, 세계화[globalizstion]와 지역[local]의 합성어, 역자주) 혹은 "평평한"(flat, 기술의 발전으로 도시간 이동이 편리해지면서 생긴 탈중심적 세상, 역자주) 세상에서 여전히 토착화가 적합한지에 대한 질문을 할 수 있다(Andrews 2009를 보라). 다원주의 환경에서 도시의 경계는 항상 유동적이고 그것의 가치는 보다 다양해졌다 하더라도, 사람들을 향한 사역을 정의 내리고 연구하는 일은 중요하다(제9장을 보라). 이러한 환경에서 교회의 형태는 기능상 다양성에 대한 자유를 허락하면서 성경의 본질에 대한 통합을 추구해야 한다. 다원주의 사회에서 교회에 대한 유용한 자료로 레슬리 뉴비긴(Leslie Newbdgin)의 『다원주의 사회에서의 복음』(*The Gospel in a Pluralistic World*, 1989)이 있다.

신약성경 시대에 복음이 전해진 증거에는 사회를 갈라놓는 장벽을 허무는 것도 있었다(갈 3:26-29; 엡 2:14-18). 다양한 소집단 문화에 따라 공동체를 형성하기 위해 "동일본질 단위 원칙"을 과하게 강조한 시절로 회귀할 수는 없다.

> 교회의 임무는 민족 정체성을 파괴하는 것도, 유지하는 것도 아니다. 그리스도 안에서 지상의 정체성보다 더 기초적 새로운 정체성을 그들에게 주는 것이다. … 다민족 교회를 유지하는 목적은 그리스도의 백성들 가운데 그분의 다스리심을 나타내고, 다양성을 가진 이들이 연합한 하나님의 백성을 이루는 데에 헌신한 교회를 건설하는 것이다(Ortiz 1996, 130).

마지막으로, 적합성과 침투성에 맞춰 교회를 형성하는 것이 바람직하지만 상황화의 능력을 과대 평가하거나 인간의 계획에 너무 많은 희망을 가져서는 안 된다. 생명을 변화시키는 것은 복음이며, 복음을 만나는 곳은 보통 시장이 되지 그 형태가 어떻든 교회는 아니다. 사실 아무리 많은 기술과 창조적 상황화도 세속 사람들의 마음을 잡거나 포스트모던의 회의주의자들을 끌어들일 수는 없다.

살아 계신 그리스도와 그분의 말씀의 능력은 변화된 삶들을 통해 증명되었고, 진실되고 사랑 넘치는 공동체에 살아 있다. 그것만이 현대 다원주의 사회의 유일한 희망이다.

7. 결론

주님은 교회의 형태를 미리 지시하시지 않고 사도들이 성령 하나님의 인도하심을 따라 토착화된 교회를 건설하도록 허락하셨다. 오늘날 교회 개척자들은 그들이 경험했거나 자신들의 도시에서 보았던 교회의 형태에 대한 선입견을 가져서는 안 된다. 이것이 교회를 개척한 선교사들이 그들이 건설한 교회에서 유일하게 편안함을 느끼는 사람이라는 슬픈 결과를 종종 가져왔다.

교회 개척자들은 현지 신자들이 교회를 향한 하나님의 계획을 이해하고, 형태와 기능 사이를 구별하며, 교회의 본질과 사명이 사역과 조직을 주도하도록 만들어 주는 데에 헌신할 수 있다.

교회의 구조가 주어진 환경에 맞지 않을 때 다음과 같은 교회를 만들어 낼 수 있다.

- 그 문화에 전혀 맞지 않는 이방 교회
- 전혀 재생산을 하지 못하는 불임 교회
- 거짓 가르침과 실천을 퍼트리는 혼합 교회

교회 개척자들은 변화에 열려 있어야 하고, 자신이 선호하는 모델에 대해서는 가볍게 고집하며, 문화 내부자인 현지 신자들이 교회의 형태를 제시할 때 멘토로서 도와야 한다. 교회는 언제나 형성되고 있는 중이다.

개념을 잡고 시작하는 단계에서는 교회 개척자의 역할이 중요하지만 그들은 계속해서 모범과 교육과 영적 지도를 통해 영향력을 끼친다. 성숙한 개척자는 하나님을 신뢰하며 현지 리더들을 세우고 그들을 통해 일한다. 사역과 선교는 궁극적으로 그들에게 속한 것이기 때문이다.

제7장

교회 개척을 위한 선구자, 재생산, 지역적 접근 방식

최근까지는 교회 개척을 위한 비교적 잘 발전된 모델과 방법론이 거의 없었다. 지금은 너무 많은 전략과 방법론들이 있어서 주어진 환경에 무엇이 가장 적합한지 고르는게 어렵다.

이 장에서 우리는 교회 개척을 위한 다양한 접근 방식을 조사한다. 먼저 그 지역에 교회가 없고 근처에 협력할 교회가 없는 선구자 교회 개척 유형을 본다. 그 후 기존 교회를 재생산시키는 접근법에 대해 보게 된다.

팀 체스터(2000, 38)는 선구자와 재생산 유형이라는 두 개의 거대한 범주는 신약성경에서 찾을 수 있는 방식과 대략 부합한다고 말한다. 바울이 새로운 도시에 들어가 거기서 복음을 선포할 때 그는 선구자 교회 개척자였다. 또한, 그가 개척한 교회들은 같은 도시에서 수많은 가정 교회를 형성하며 재생산하였다.[1]

결론에 가서 지역 특성에 맞는 다양한 전략을 살필 것이다.

1. 선구자식 교회 개척 방식

"선구자식 교회 개척"이라 함은 그리스도인이 거의 없는 지역, 즉 개척됨은 고사하고 교회의 시작을 도울 수 있는 현지 그리스도인이 거의 없는 상태에서 진행되는 교회 개척을 의미한다. 이때의 사역은 거의 전도를 통

---

[1] 예를 들어, 롬 1:7; 16:3, 5, 10:11; 고전 1:11, 16; 16:15; 빌 4:22; 골 4:15-16; 몬 1:2.

해서만 성장하게 된다. 가능한 접근 방식들이 표 7.1에 요약되어 있다.

〈표 7.1〉
인접 지역 혹은 목표로 삼은 사람들 사이에
교회가 거의 혹은 하나도 없는 개척자 교회 개척을 위한 접근 방식들

접근 방식	형태
단독 혹은 낙하산부대 교회 개척자	교회 개척자 혼자 목표 지역으로 가서 아무 준비 없이 처음부터 시작
교회 개척팀	교회 개척팀이 만들어져 준비됨. 팀원들은 다양한 은사를 가지고 있지만 동일한 비전과 부르심이 있음
집단 이주를 통한 교회 개척	주로 같은 교회에서부터 온 많은 수의 사람들이 목표 지역으로 이주해서 새로운 교회를 만들어 감
비거주 혹은 단기 교회 개척	교회 개척자 혹은 선교팀이 단기 방문을 통해 한 개 혹은 몇 개의 교회를 개척하는 형태. 해당 지역에 거주하며 진행하는 교회 개척자나 팀과는 다른 형태
다국적 교회 개척	다국적 교회가 개척되면 다른 수단으로는 접근할 수 없는 지역민들에게도 갈 수 있음(주로 박해 가운데 있는 사람들)
간접적 교회 개척	지역개발 사역, 교육 사역, 성경 번역 혹은 다른 사역들의 부산물로서, 교회를 개척하고자 하는 의도 없이 교회가 개척되는 경우

1) 단독 교회 개척자

단독 교회 개척자는 낙하산을 타고 홀로 적진에 떨어지는 병사에 비교할 수 있다. 지금까지 가장 흔한 모델이었고 선구자 모델을 생각할 때 많은 사람이 떠올리는 가장 흔한 이미지이다. 혼자 전도하고, 제자 훈련하고, 새신자를 모아 교회를 만들어 가는 교회 개척자의 모습은 영화 주인공 "람보"를 연상시킨다. 실상 많은 교회가 이렇게 은사가 다양하고 결연한 교회 개척자에 의해 개척되었었다.

하지만 이 방식은 매우 어렵고 실패 확률이 높다. 특별하게 다양한 은사를 가진 교회 개척자가 자신이 속한 문화에 개척할 경우에는 잘 될 수 있다. 또한, 사람늘이 복음에 긍정적이거나 성숙한 현지 그리스도인들을 모

아 교회 개척팀을 만들 수 있다면 성공할 수 있을 것이다.

그러나 다문화 지역이나 복음에 적대적 사람들 사이에서는 효과적이지 않다. 대부분의 교회 개척자들은 이러한 상황에서 혼자 일할 만큼 충분한 은사를 가지지 못한다. 풍성한 은사를 가진 개척자라 하더라도 자신의 한계에 금방 이르게 되고 낙심과 피로를 경험하게 된다.

2) 교회 개척팀

교회 개척팀 방식의 경우 같은 비전과 다양한 은사를 가진 다수의 사역자가 함께 협력한다. 오늘날 다문화 지역에서의 선교에서는 팀이 하는 사역이 선구자 교회 개척의 표준이 되었다. 종종 모든 멤버가 전임선교사이긴 한데, 항상 그런 것은 아니다. 어떤 이들은 이중직을 가지고 있다. 팀을 결성하고 전략을 짜는 게 교회 개척 준비에서 중요한 부분이다.

팀들은 점차로 국제적이고 다민족을 이루는 추세이다. 예를 들어, 미국인, 한국인, 독일인, 필리핀인으로 팀이 구성될 수 있다.

분명히 팀 사역은 단독 개척자가 가진 한계를 극복할 수 있다. 하지만 어려움이 없는 것은 아니다. 팀을 결성하고 유지하는 데는 많은 에너지가 든다.[2] 국제팀에서는 특히, 리더십, 의사 결정, 가치의 이해가 문화적으로 달라 충돌과 갈등이 발생할 가능성이 매우 높다.

외부인들로 구성된 팀은 외톨이가 생기지 않도록 주의도 필요하다. 교회 개척 초기에는 서로를 지나치게 의존해 서로 돕고 우정을 쌓다 보니 정작 현지인들과 관계 맺는 일에 실패하기도 한다. 너무 많은 외부인이 하나의 작은 교회를 개척할 때는 오히려 현지인들이 이방인처럼 느낄 수도 있다.

독일 남부의 한 교회 개척팀은 미국인 몇 가정으로 구성되어 있었다. 초기에는 독일인보다 더 많은 미국인이 이제 막 시작한 교회에 있었다. 가끔

---

2 교회 개척팀에 대한 논의는 제16장을 참고하라.

씩 독일인 방문자가 들어왔다가는 미군 예배에 잘못 들어온 줄 생각하며 떠나기도 했다.

교회 개척팀에게 일어날 수 있는 또 다른 도전은 팀원들이 전임사역자들일 때 발생한다. 현지 평신도들은 많은 수의 "전문가"를 보면서 자신의 시간과 에너지를 자원하여 쏟지 않아도 된다고 생각할 수 있다.

"수많은 전문가들이 있어서 할 수 있는 일이 하나도 없는 이 작은 교회를 위해 왜 나의 소중한 시간을 헌신해야 하지?

그들은 내가 할 수 있는 것보다 훨씬 더 잘할 수 있도록 훈련받았는데 말이야."

이런 어려움을 극복하기 위해 그런 팀들은 여러 개의 교회를 개척하는 것을 생각해 볼 수도 있다.

3) 집단 이주를 통한 교회 개척

집단 이주를 통한 교회 개척은 아주 높은 수준의 헌신이 요구되기 때문에 흔치 않은 방식이지만, 가장 성공적인 방법 중 하나가 될 수 있다. 같은 교회에서부터 온, 주로 가족으로 이루어진 많은 수의 사람들 혹은 여러 교회에서부터 모집된 사람들이 목표로 삼은 도시나 지역으로 이주한다. 마치 '식민지'에 정착하듯이 그들이 새로운 교회의 핵심을 형성한다.

이 방식은 팀 개척이 가지는 대부분의 장점을 가지는데, 더 많은 사람으로 이루어진 집단이 이주한다는 점과 그들이 대부분 평신도라는 점은 다르다. 교회가 새로운 지역에 말 그대로 통째로 심기는 것이다.

이 방식은 뒤에 다루게 될 모녀 관계 교회 배가 성장과도 닮았다. 다른 점은 사람들이 완전히 새로운 도시나 지역으로 이주하여 새로운 집과 직업을 구한다는 점이다. 이것은 매우 큰 장애물이 된다. 한 공동체에서 사람들에게 새로운 곳으로 이주하라고 설득하는 일도 어려울뿐더러 그들이 집과 직업을 구하는 일도 어렵다.

이 방식은 같거나 비슷한 문화를 가진 지역으로 사람들이 이주할 때에만 가능하다. 많은 사람이 새로운 언어를 배우고 새로운 문화의 삶의 방식에 적응하는 것을 기뻐하지 않는다. 게다가 새로운 교회에 많은 수의 외국인들이 있는 것은 현지의 새신자들을 압도하여 그들에게 타인이 된 듯한 느낌을 주게 된다.

피터 와그너(C. Peter Wagner, 1990, 63-64)는 알래스카에 있는 앵커리지 '애봇 루프 크리스천 센터'(Abbott Loop Christian Center in Anchorage)를 가리키며 이곳은 이십 년이 넘는 기간 동안 주로 집단 이주 방식을 사용하여 40개가 넘는 교회를 개척했다고 한다. 처음 열 개의 새 교회를 위해 이주한 사람들은 137명이었다. 그 열 개의 교회는 2,068명으로 성장했다.

일리노이주에 위치한 '네이퍼빌 커뮤니티 크리스천 센터'(Naperville Community Christian Center)는 목사를 포함해 약 25명을 캔자스시티로 이주하도록 파송해서 그 도시의 선구자 교회를 개척하는 핵심을 형성했다. 후에는 35명이 그들의 집을 팔고 직장을 옮겨 덴버로 똑같은 목표를 위해 이주했다.

4) 비거주 혹은 단기 교회 개척

비거주 혹은 단기 교회 개척은 교회 개척자나 개척팀이 시작하는 지역에서 영구히 거주하지 않는 경우이다. 그들은 해당 지역을 반복적으로 단기간 방문하거나 몇 달 간만 그곳에 머문다. 이상적으로는 빠르게 복음을 전도하고 현지 신자들의 모임을 만든 뒤, 성경에 대한 기초 지식으로 그들을 세운 뒤, 이동하는 것이다. 그 후에 개척자는 가끔씩 방문하면서 공동체를 강화시킨다. 이 방식은 선교사가 거주하면서 사역할 수 없는 지역에 적당한데, 그렇지 않은 곳에서도 시도되고 있다.

어떤 선교단체들은 여름 선교 여행 혹은 복음 영화 상영에 이은 성경 공부 등 오직 단기 방문만으로 완전한 교회 개척을 하기 위한 노력을 해 왔다. 하지만 현지의 토착화된 교회나 언어와 문화에 익숙한 선교사가 없는 곳에서는 이런 노력들이 장기적 열매를 거의 맺지 못했다. 시작은 되었으나 지속적 인도가 제공되지 못하기 때문이다.

『비거주 선교사』(*The Nonresidential Missionary*, 1990)에서 데이비드 게리슨은 이 방식을 잘 묘사해 준다. 비거주 선교사로 사역하긴 하지만 목표로 삼은 사람들의 언어와 문화는 배운다. 선교사는 특정 민족에게 복음을 전하고 교회를 개척하기 위해 다양한 기독교 단체와 연계하고 협력한다. 다양한 사람과 과제가 연합하여 함께 노력한다. 단기팀은 "복음 여행자"로, 중기팀은 교환학생과 개발 노동자 혹은 순회 여행자로, 장기팀은 이민자 혹은 자비량 사역자로 활동한다.

게리슨은 필리핀 비거주 선교사로 인도네시아 사라왁 하이랜드(Sarawak Highlands)에서 무슬림에게 사역했던 레나 라방(Lena Rabang)의 예를 강조한다. 그녀는 이미 필리핀에서 교회 개척 경험이 있었는데 하나님께서는 그녀가 거주 선교사가 들어갈 수 없는 곳에서 사람들을 위해 사역하도록 인도하셨다. 그녀는 6개월 비자를 받아 교대로 도와준 동료들의 협력으로 그리스도와 교회의 시작에 대한 꾸준한 증거를 세워 나갔다.

> 십 년 뒤, 그녀는 네그로스 지역 비사야족 가운데 47개의 교회를 개척했고 동일한 수의 평신도 목사들을 훈련시켜 그 교회들을 인도하며 지속적 성장과 복음 증거를 하도록 만들었다(Garrison 1990, 65-68).

또 다른 예는 멀리 떨어져 있고 제한된 구역인 아시아의 샤오족(Xiao) 가운데 개척된 교회 이야기이다. 조사와 기도로 독려한 후, 비거주 선교사가 기독 병원 설립과 성경 번역 사업, 그리고 기독 라디오 방송이 시작되도록 협력했고, 2-30명의 영어 교사가 샤오족에게 들어가도록 배정했다. 불과 2년 뒤 대략 3천 명이 세례를 받고 새로운 교회의 일원이 되었다(Garrison 1990, 65-68).

5) 다국적 교회 개척

다국적 교회 개척은 방법론에 있어서는 위에서 말한 방법들을 채택할 수도 있는데, 처음부터 토착화된 교회를 세우는 것을 목표로 하지 않고 의도적으로 다국적 성격을 가진 교회를 세운다는 점에서 독특한 방식이다. 영어가 사역의 언어로 주로 사용되며 교회는 최소한 처음에는 목표로 삼은 지역 외부에 사는 이들로 이루어진다. 이들은 영어를 모국어로 삼는 국제 사업단, 외교단, 학생들, 난민, 혹은 초대 손님들이다.

국제 사회에 대한 봉사로 시작함으로 교회는 양적으로 빠르게 성장하기도 한다. 외부 세계의 영적 필요를 채우는 데 더하여 다국적 교회 개척은 영어 실력 향상을 원하거나 기독교 신앙에 대해 궁금해 하는 현지인들에게 매력적으로 다가간다(Bowers 2005).

다국적 교회와 비슷하게 외부인 혹은 이주민 교회도 있는데, 이들은 해당 국가의 언어 대신 미국에서 중국어나 한국어를 사용하는 등 다른 언어를 사용하고 특정 민족과 문화적 성격을 가진다. 이런 교회들은 최근 이주해 왔으나 해당 국가의 언어가 불편하거나 현지 교회에서는 수용되는 느낌을 받지 못하는 이들의 필요를 돌본다(Prill 2009).

무슬림이 지배적인 나라에서는 보통 그들에게 다가갈 수 있는 토착화 교회가 금지된다. 하지만 외부인들로 이루어진 교회는 허용되며 그들은 상대적으로 자유롭다.

어떤 다국적 교회들은 설립된 후 특정한 숫자 이상의 현지인들이 모이면 영어를 주 언어로 사용하다가 현지어를 사용하기 시작한다. 주일학교는 영어와 현지어 둘 다를 사용하기도 한다. 설교를 현지어로 통역해서 언어 전환을 용이하게 할 수도 있다. 모스크바와 부다페스트에서 이런 방식으로 교회가 개척되었다.

교회는 또 다른 현지 봉사와 토착민들을 위한 교회 개척을 위한 기지로서 계속하여 국제적 성격을 가질 것인지 선택한다. '국제기독교연합'(Christian Associates International) 같은 선교단체들은 유럽에서 이와 같은 방식을 시행하여 암스테르담과 제네바 같은 도시에서 성공적인 다국적 교회를 개척했다.

다국적 교회의 또 다른 이점은 그들이 혁신의 실험실이 될 수 있다는 사실이다. 토착화된 교회가 이미 있는 환경에서도 다국적 교회는 전통적 형식의 교회로부터 벗어나, 보다 전통적인 생각에 갇혀 있는 교회들에게 자극을 주면서 대안적이고 창조적인 모델로 사역할 수 있다.

다국적 교회의 목표를 외부인들의 공동체를 너머 현지인들에게 가는 것으로 삼는다면 이 전략에는 중대한 결점이 있다. 이 전략은 전략도시가 규모도 있고 국제도시의 성격을 띤 대도시일 때만 가능하다. 영어가 현지인들에게 중심언어가 아닌 곳에서는 영어를 사역언어로서 사용하는 것은 적은 수의 현지인에게만 가능한 일이다. 동시에 영어를 사용한다는 사실이 교회의 주요 매력 중 하나인 상황에서는 영어에서 현지어로의 전환이 항상 쉬운 것이 아니다.

또 다른 어려움은 다국적 교회 공동체의 주요 모습이 여전히 이국적이라는 사실이다. 많은 이가 기독교를 외부인들, 이방인들의 신앙으로 볼 것이고 자신들이 택할 수 있는 것이 아니라고 생각할 수 있다. 이국적 이미지는 언어뿐 아니라 예배 형식, 리더십 형태, 의사 결정 방법, 그리고 교회와 관련된 다른 문화적 조건들과도 관련된다. 실제로 다국적 교회는 이국적이다. 상황화되지 않는다. 그리고 비상황화된 교회가 당면하는 모든 도전들을 만난다.

6) 간접적 교회 개척

가끔은 교회 개척을 최우선 목표로 삼지 않는 기독 단체나 사역에 의해 교회가 개척되기도 한다. 예를 들어, '위클리프 성경번역선교회'와 '하계 언어연구소'(Summer Institute of Linguistics)의 주된 목적은 성경을 토착언어로 번역하는 것이다. 현지 정부와의 계약 의무 때문에 번역가는 번역 업무가 끝난 뒤에서 그곳을 떠나야 하는 때가 있다.

그런데 성경 번역 작업이 이루어지는 동안 교회가 설립되는 일도 흔하게 있다. 비슷하게, 현지 병원 종사자나 구호사업가와 개발사업가, 또는 크리스천 국제사업가가 교회를 개척하는 경우도 있다.

루마니아에서 가장 오래된 도시 중 하나인 쿠르테아 데 아르제수(Curtea de Arges)에서 일하는 기독교 개발사업가들은 몇 명의 사람을 그리스도께로 이끈 뒤 그곳에서 교회를 시작하였다. 그들의 주된 업무는 물론 교회 개척이 아니었다. 그 개발사업단의 리더는 목사나 개척자로 훈련받지 않았으나 교회를 개척한 것이다.

1990년대 중반 부다페스트의 CCC(대학생 선교회) 직원들은 학생들 및 그리스도에 대한 개인적 신앙을 가진 이들과 일요일 모임을 가지지 시작했다. CCC의 일반적 원칙은 교회를 개척하지 않는 것이었지만, 이 모임들을 통해 교회는 성장했다. 이후에 리더들은 다른 선교단체들에게 교회 개척을 위한 도움을 요청했다.

이런 교회들을 개척하는 사람들은 교회 개척자로서 훈련받은 것은 아니고, 배가 성장은커녕 교회의 발전을 위한 장기적 계획이 있는 경우도 드물지만, 이 방식의 장점은 분명히 있다. 현지 평신도들이 주도권을 가지고 교회를 인도해야 한다. 왜냐하면, 그리스도인 사업자들은 아직 업무로 바빠서 새로운 교회를 목양하는 데에 온전히 헌신할 수 없기 때문이다.

궁휼이나 개발 사역 같은 경우 그리스도인들이 사회공동체에 하는 기여에 교회 개척이 긍정적으로 작용한다. 전통적 선교사의 활동이 단혁 버린 나라에서는 그리스도인들이 구호, 개발, 교육 사업을 통해 입국해서 간접적으로 교회 개척을 돕는 일이 가능할 때가 있다. 사업가들은 현지인들의 복지를 위해 애쓰기에 기존 종교를 위협하는 존재로 여겨지지 않는다.

2. 교회 재생산을 통한 방식

이제 기존 교회가 성도들을 동원하여 같은 도시 혹은 인근 지역에 새로운 교회를 개척하는 데에 관여하도록 하여 재생산하는 다양한 방식에 대해 묘사할 차례이다. 이러한 방식들은 한 번에 하나의 교회를 개척하는 데에서 교회들이 교회들을 개척하는 배가 성장으로 이동한다.

표 7.2에 이 접근 방식에 대한 개괄적 설명이 나온다.

〈표 7.2〉 기존 교회가 재생산을 하고자 할 때 가능한 교회 재생산을 통한 방식

방식	모양
모녀 관계 혹은 분가식 교회 개척	기존 교회(모교회)의 성도들이 새로운(딸)교회의 핵심을 이루기 위해 분열한다.
멀티사이트 혹은 위성 교회 개척	모교회가 추가적으로 다른 장소에서 예배와 사역을 시작한다(때로는 위성 중계를 한다). 직원과 조직은 대부분 중앙에 남는다.
입양식 교회 개척	독립된 교제모임이 기존 교회에게 요청하여 교회를 만들기로 한다. 혹은 작고 어려운 교회가 재활성되거나 "재개척"되기 위해 이러한 방식을 사용한다.
여러 교회가 함께하는 교회 개척	몇 개의 기존 교회들이 공동의 딸교회를 시작하기 위해 성도들을 파송한다.
특정 집단 교회 혹은 다회중 교회 개척	교회가 특정한 민족 혹은 계층을 위한 새로운 교회를 설립한다. 같은 건물을 사용하기도 한다. 두 교회는 유기적으로 연결된다.
가정 교회 연합	작은 규모를 가지고 보통 평신도들이 인도하는 가정 교회들이 세포 분열을 통해 증식한다. 교회 개척자는 목사가 아니라 평신도 가정 교회 개척자들을 세우는 멘토이다.

1) 모녀 관계 혹은 분가식 교회 개척

배가 성장의 가장 흔한 접근법은 '모녀 관계'로 교회를 개척하는 것이다. 때로는 '분가식'(hiving-off)이라고도 부른다. 이 방식으로 하는 교회 개척은 세포 분열을 통한 생물학적 증식과정에 비교할 수 있다. 아기를 가지는 것보다 더 자연스러운 일이 어디 있겠는가.

모교회는 성도들 일부를 파송하여 새로운 교회의 핵심구성원을 이루게 함으로 딸을 낳는다. 파송되는 성도들의 수는 모교회의 규모에 따라, 새로운 교회의 위치에 따라, 그리고 다른 요소들에 따라 몇 명에서 수백 명까지 다양할 수 있다. 모교회의 직원들도 딸교회의 시작을 돕기 위해 파송될 수 있다.

새로운 교회를 이루기 위한 구성원들은 보통의 경우 이미 그 지역에 살고 있거나 새로운 교회가 목적하는 중심 인구에 속하는 이들이다. 때문에 그들은 집단 이주를 통한 교회 개척 방식에서처럼 새로운 집이나 직장을 구할 필요가 없다. 종종 모교회에서 하나 혹은 그 이상의 모임을 만들어 특정 지역에서 먼저 모임을 가진다. 그 지역에서 교회를 개척하는 것이 비전이며 이 모임의 구성원들은 개척된 교회의 핵심이 될 준비를 한다.

한 가지 예를 들어 보자.

200명의 장년으로 구성된 '중앙 뮌헨 복음주의자유교회'(Central Munich Evangelical Free Church)는 그 지역에 딸교회를 출범시키고자 했고, 복음주의 교회가 필요하다고 생각되는 오토브룬(Ottobrunn) 지역에서 가정모임을 시작했다. 몇 달이 지나자 비전이 여물어 구성원들은 새로운 일을 시작할 준비가 되었다. 마침내 34명의 장년 성도들이 교회의 시작에 헌신하였다.

모교회의 목사는 딸교회가 목사를 청빙할 수 있을 때까지 두 교회를 섬겼다. 모교회는 성도뿐 아니라 재정적 지원, 목회 관리, 상담 등과 더불어 전도, 음악, 리모델링 그리고 딸교회의 재정규모를 초과하는 다른 사역들을 할 수 있도록 도왔다. 이런 예는 수천 건도 더 있다.

딸교회를 시작하는 다른 많은 방식도 있다. 딸교회를 시작하기 위해 모교회에서 사람들을 모집할 수도 있고, 새로운 사역을 위해 교회 개척자를 뽑을 수도 있다. 재생산하는 교회들 중에는 딸교회를 시작하기 위해 '분가'(hiving-off)라는 용어나 개념을 사용하는 대신 선교팀이나 핵심모임을 바로 모집한다.

예를 들어, 텍사스 오스틴(Austin)에 있는 힐컨트리바이블교회(Hill Country Bible Church)는 1986년 설립한 이래 2010년까지 15개의 교회를 개척했다(그림 7.1). 이들은 꽤나 많은 수의 성도가 모교회로부터 팀을 이루어 교회를 이루도록 하는 방식에서 선교적 생각과 부르심을 가진 가족들을 의도적으로 모집하는 방식으로 전환했다.

딸교회를 개척하기 위한 힐컨트리바이블교회의 4중 전환 전략을 소개한다.

- 모교회에서 사람 모으기에서 지역에서 사람 모으기로의 전환
- 이식하기에서 변혁하기로의 전환
- 많은 수에서 선교적 핵심으로의 전환
- 재정적 의존에서 창조적 기금 마련으로의 전환(Herrington 2009)

시작하는 팀은 숫적으로는 적지만 딸교회의 DNA를 결정하는 세계관, 전도, 봉사, 그리고 지역과의 연계라는 면에서 보다 선교적이다.

딸교회를 기획하고 개척하는 데에 도움이 될 수많은 실제적 자원들이 있다. 이들 중 대부분은 서구 문화 상황에 맞춰져 있어서 다른 환경에서 사용하기 위해서는 조정이 필요하다.[3] 그럼에도 그것들은 과정을 계획하는데 있어 좋은 출발점을 제공해 준다.

모녀 관계 접근 방식에는 교회의 배가 성장을 위한 많은 장점들이 있다. 딸교회들의 생존률과 성장률은 선구자적 교회 개척 방식보다 더 높다. 교회를 시작하는 성도들이 보통 더 많고, 사역자들이 더 많으며, 근처의 모교회로부터 즉각적 지원과 자원 활용이 가능하다. 그리고 교회의 시작이 시간을 두고 잘 준비되고 기획될 수 있다. 구성원들이 같은 모교회 출신들이기 때문에 공통된 비전과 열정과 사역에 대한 철학을 가지고 있다. 그래서 더 많은 시간과 에너지를 전도와 제자 훈련에 쏟을 수 있게 된다.

---

[3] 이에 대한 예는 로건&오그네 1995와 해리슨&체이니&오버스트리트 2008을 보라. 이들의 책은 진행표와 단계별 지침표도 포함한다.

일반적으로 시작하는 핵심그룹은 사역에 경험이 있고 신앙적으로 성숙한 사람들을 포함하는데, 이것이 선구자적 개척에서 약점인 리더십에 안정감을 가져다준다. 게다가 분가의 과정은 쉽게 재생산을 가능케 한다. 딸교회는 어느날 모교회가 되어 자신의 딸교회를 출산하게 될 것이다.

간접적 유익이 모교회에게도 온다. 출산의 기쁨뿐 아니라 딸교회를 위해 헌신하여 나간 성도들의 빈 자리를 채우기 위해 모교회 역시 전도하며 새로운 사역자들을 모집하고 훈련해야 한다는 사실을 알게 되기 때문이다. 모교회가 현실에 안주하거나 평안을 찾는 수동적 자세에서 벗어나도록 도와준다. 하나님께서 그 비전과 헌신을 귀하게 보시기 때문에 실제로 모교회가 급속도의 성장을 경험하는 일은 흔하다.

효과적인 면들이 있지만 이 방식에도 피할 수 없는 단점이 있다. 모교회가 작을 경우 딸교회를 시작하는 것은 모교회를 약하게 해서 그 존재를 위협할 수도 있다. 그리고, 딸교회는 모교회의 사역 방식을 세세한 것까지 따라 하는 것에 주의해야 한다. 그 지역의 특별한 필요를 적용하여 새로운 방식으로 사역을 전개해 나가야 한다.

엄마와 딸의 관계처럼 모교회는 딸교회에 지나치게 간섭할 수 있고 딸교회는 모교회의 "치마폭에 싸여" 과도하게 의존할 수 있다. 건전치 못한 경쟁이 모교회와 딸교회 사이에 생기기도 한다. 이러한 단점에도 불구하고 선구자식 교회 개척이 수립된 이래, 모녀 관계 방식은 하나님께서 교회를 배가 성장시키는 데에 가장 축복하신 방식으로 남아 있다. 교회 재생산에 따른 대부분의 방식은 이 방식을 다양하게 변환시킨 것들이다.

2) 멀티사이트 혹은 위성 교회 개척

오늘날 대형 교회 사이에 가장 유행하는 교회 개척 방식은 멀티사이트(multisite) 개념이다(Ferguson 2003; Surratt, Ligon, and Bird 2006; McConnell 2009를 보라). 분가식 방식처럼, 새 교회의 장소는 주로 모교회의 구성원들을 파송함으로 시작한다. 이 방식에서는 딸교회가 독립하지 않고 모교회와 끈

끈한 관계로 남아 있다는 게 다른 점이다. 모교회의 다른 거대한 사역들도 그대로 딸교회에서 이루어진다.

멀티사이트 교회가 많이 내세우는 슬로건은 "하나의 교회, 많은 장소"이다. 이런 배경 때문에 어떤 이들은 멀티사이트 교회는 진정한 의미의 교회 개척이 아니라고 한다.

> 멀티사이트 교회는 하나의 교회가 많은 장소에서 모이는 것 뿐이다. 같은 캠퍼스에서 여러 강의실을, 같은 지역에서 여러 장소를, 때에 따라서는 다른 도시, 주, 혹은 나라들을 사용한다. 멀티사이트 교회는 공통의 비전, 예산, 리더십, 위원회를 공유한다(Surratt, Ligon, and Bird 2006, 18).

이 방식은 위성과 행성의 관계에 비유할 수 있다. 위성이 행성의 중력 범위 안에 머물면서 스스로의 궤도를 가지는 것처럼, 중앙 교회는 행성이 되고 다양한 '캠퍼스' 혹은 더 작은 장소들은 위성이 된다. 두 개의 캠퍼스로 시작하는 경우들이 있는데, 이때 추가되는 캠퍼스는 기존의 장소들과 동일한 조건과 규모를 가진다.

이 모델은 다양한 방식으로 발전해 왔다. 어떤 때에는 모든 장소가 같은 목회자들을 공유하면서 각자의 현지 직원들을 둔다. 각 장소의 예산은 보통 중앙으로 모인다. 의사 결정과 리더십은 고도로 중앙에 집중되는데, 각 장소는 법적으로 중앙 교회의 관리 아래 있으면서도 자체 관리위원회를 두거나 상당한 자율성을 보장받는 의사 결정을 할 수 있다. 어떤 경우 각 장소에서는 예배만 드려지기도 하고, 어떤 경우는 각 장소에서 완전한 사역이 이루어지기도 한다.

요즘에는 녹화된 혹은 생방송으로 담임목사의 같은 설교를 다른 장소에서 듣는 것이 일반화되었다. 설교의 은사를 가진 설교자의 설교를 보고 듣게 한다는 장점이 있지만 기술이 뒷받침될 때에만 가능하다. 담임목사의 강력한 설교와 리더십이 "위성을 행성에 붙여 놓는" 자석과 같은 역할을 하면서 새로운 장소의 시작을 주도한다. 때로는 설교팀이 다양한 장소에서 설교하는 방식이 채택되기도 한다. 한 명의 특별한 설교자에 대한 의존도를 낮추는 것이다.

멀티사이트 교회는 모교회의 효과적 사역이 딸교회에서도 지속적으로 시행될 수 있다는 장점이 있다. 어디서나 같은 맛을 재생산해 내는 맥도날드나 피자헛의 가맹점 개념과 비슷하다. 어떤 경우에는 새로운 지역의 여러 하위 문화와 공동체의 다양한 필요를 채우기 위해 의도적으로 완전히 다른 사역 스타일을 만들기 위한 노력을 한다. 멀티사이트 방식은 교회를 '재시작'하는 데에도 사용되고 있다(아래를 보라).

대부분 멀티사이트를 시작하는 교회들은 크기 때문에 개척도 상대적으로 많은 수의 사람으로 시작한다. 지역에 퍼져 있는 모교회의 좋은 평판 위에 새로운 장소가 서게 된다. 모교회와 직원, 자원, 경험을 공유하기 때문에 새로 시작하는 교회는 다른 전형적 딸교회에게는 불가능한 수준의 높고 폭넓은 범위의 사역을 즉시로 시작할 수 있다.

이 방식을 시행할 때 고려해야 할 단점들도 있다. 사역과 직원들이 고도로 중앙 교회에 집중되기 때문에 새로운 지역의 필요를 채우는 융통성이 부족할 수 있다. 떨어진 교회에서는 의사 결정이 더딜 수 있다. 또한, 전임 직원들과 기술에 지나치게 의존하여 전문화된 사역만을 추진할 수 있다. 직원과 설비를 위한 초기비용이 많이 든다.[4]

보통 멀티사이트 교회는 모교회의 강력한 주도권에 의존하기 때문에 위성 교회가 스스로 재생산하는 경우는 거의 없다. 따라서 이 방식은 효과적으로 교회를 증가시킬 수는 있으나 교회 개척을 통한 교회의(혹은 장소 개척을 통한 장소의) 배가 성장까지 이어지는 일은 거의 없다.

멀티사이트 방식이 북미에만 일어나는 현상이라고 생각해서는 안 된다. 다른 대륙에서도 수많은 사례가 있다. 예를 들어, 코드디부아르 아비장(Abidjan)의 일과선교침례교회(Works and Mission Baptist Church)는 수백 개의

---

[4] 미국에서 규모가 있는 교회를 시작할 때 초기에 들어가는 순비용은 첫해 75,000달러에서 110,000달러 정도로 본다(Surratt, Ligon, and Bird 2006, 104). 순비용은 140,000달러 정도로 보는 이들도 있다(Ciesniewski 2006).

위성 교회에서 150,000명이 모임을 가지고 있다(Surratt, Ligon, and Bird 2006, 203). 이 교회는 외적으로는 하나의 교단을 이루고 있다!

3) 입양식 교회 개척[5]

때로 기존 교회의 직접적 지원과는 먼 지역에 그리스도인들의 모임이 형성된다. 이런 모임은 가정 성경 공부 혹은 전도의 노력으로 생긴 모임들이다. 그들이 보다 형식을 갖춘 교회가 되기 원한다면 그들을 지도할 수 있고 가능하다면 자원과 목회적 돌봄도 제공해 줄 수 있는 기존 교회의 도움을 구한다.

기존의 교회가 이 새 교회의 개척을 돕기로 결정한다면, 어떤 면에서 입양을 하는 것과 같다. 새 교회는 모교회로부터 세포핵을 받아 성장한 "자연 출산"의 결과가 아니다. 새 교회의 구성원들이 이전에는 모교회의 구성원이 아니었지만 입양한 모교회는 새 교회를 자신의 딸교회처럼 대한다.

한 가지 예는 공산주의가 무너진 얼마 후 헝가리에서 있었던 일이다. 전도를 목적으로 한 콘서트 이후 신자들이 작은 도시에서 모임을 만들었다. 그 도시에는 현지 교회가 없었기 때문에 아무도 이후를 위한 후속 조치를 하지 못했다. 이 새신자들이 부다페스트에 있는 교회와 연결되어 그 도시에 교회를 개척하는 데 도움을 달라고 요청하였다. 부다페스트에 있는 교회는 입양한 엄마가 되어, 성도들을 제공하진 않았으나 자원과 상담을 제공하고 가끔씩은 교육도 해 주면서 새로 일어나는 교회를 격려하였다.

입양식 방식은 고전하고 있거나 죽어가는 교회가 크고 건강한 교회에게 사실상 "재개척"을 할 수 있도록 자신을 입양해 달라고 요청하는 방식으로 변형될 수 있다. 때로는 입양된 교회가 그 변화하는 공동체에 적응하지 못해 실패하기도 한다. 이 방식은 오직 시설, 의사 결정, 사역 구조 등

---

[5] 여기서는 다른 나라의 회중들이 관계를 맺는 국제적 동반자 관계는 말하지 않는다. 그 방식은 제18장에서 다룬다.

의 주도권이 모교회에게 이양되고 완전히 새로운 사역 접근 방식이 시작될 때에만 성공적일 수 있다.

입양을 하는 교회의 구성원이 입양된 교회와 연결되기 위해 위원회에 속하기도 한다. 엄밀히 말해, 그런 것은 교회 개척이 아니라 교회의 재활성화이다. 휴스턴의 제일감리교회(First Baptist Church)는 24개의 죽어 가는 교회들을 재활성화시키는 일에 협력했다(Roberts 2008, 116-17). 입양된 교회가 멀티사이트 교회의 추가적 장소가 되기도 한다(사례 연구 7.1을 보라).

입양식 교회 개척은 모녀 관계 개척이 가지는 대부분의 장점들을 가진다. 이에 더하여 입양되는 신자들의 모임은 보통 새로운 교회를 시작하고자 매우 동기화되어 있고 중요한 리더십과 비전을 가지고 있어서 교회를 개척하고자 그들을 움직인다.

새로운 교회는 지역에 퍼져 있는 기존 교회의 명성을 이어 받아 신임을 얻을 수 있다. 입양이 성공하기 위해서는 두 교회가 공식적 관계에 들어서기 전 서로를 잘 알고 있어야 한다. 서로에 대한 기대는 상당히 다를 수 있다. 교리적, 철학적, 재정적 협의는 분명하게 기록되어야 한다. 무엇보다 둘 사이의 신뢰가 형성되어야 하고, 거기서부터 서로를 인내하며 개방적 대화가 시작된다.

때로는 힘들어하는 교회가 진정한 동반자 관계는 원하지 않고 단지 건물을 제공하거나 목사 사례만 도와주기를 바라기도 한다. 반대로 입양하는 교회가 새로운 교회를 지나치게 간섭하려 하여 전환이 어려울 때도 있다. 그럼에도 이런 단점들을 잘 피할 수 있다면 입양식 교회 개척은 기존 교회와 새로운 교회 사이의 동반자 관계로 인해 엄청난 상승효과를 불러 일으킬 수 있다.

〈사례 연구 7.1〉

교회 재개척을 통한 교회 개척

시카고의 새생명교회(New Life Community Church)는 1986년 18명의 사람들로 설립되었다. 1996년에는 두 번째 예배 캠퍼스가 시작되었다. 2009년까지 새생명교회는 14개 장소에서 170개의 가정 모임을 가지는, 25개 예배에 4,200명이 출석하는 멀티사이트에 다민족 교회가 되었다. 14개 캠퍼스 중 7개는 새로 시작한 교회들이었다.

새생명교회의 개척 전략에는 오래되고 변화하는 사회에서 그들의 도움을 요청하는 어려운 교회를 재시작 혹은 재개척하는 방식도 있다. 한 번은 125년의 역사를 가진 교회 건물을 매입하여 두 개의 예배를 제공하면서 재활성화시켰다. 오전예배는 장년 및 가족들이, 저녁예배는 장년 및 드폴(DePaul)대학의 학생들이 주로 참석했다. 2009년 3월 새생명교회는 115년 된 교회를 두 개의 예배로 재시작했는데, 하나는 영어로 다른 하나는 스페인어로 진행되었다.

오래된 교회가 변하는 세상에 적응하지 못한다면, 입양을 통한 재시작은 보다 효과적으로 세상과 연결해 주고 교회를 둘러싼 사람과 그들의 필요를 채우는 사역을 할 수 있도록 교회를 새롭게 만들어 준다. www.newliferestart.org에서 새생명교회의 재시작 이야기에 대한 10분짜리 영상을 볼 수 있다.

4) 여러 교회가 함께 하는 교회 개척

모교회가 성도들을 분가하는 방식의 모녀 관계 교회 개척과 아주 비슷하게, 두 개 혹은 그 이상의 교회들이 성도를 분가시켜 새로운 교회를 형성하는 방식도 있다. 여러 교회로부터 성도들이 모집되기 때문에 새 교회의 핵심그룹이 크게 시작한다. 여러 교회가 책임을 분담하기 때문에 모교회들에 대한 의존은 적다. 이 방식으로 작은 교회들도 자원이 부족하지만 교회 개척에 참여할 수 있다. 개척에 참여하는 교회들은 보통 같은 교단에 속한다.

하나의 좋은 예는 뮌헨에서 조금 떨어진 작은 도시 막트 인더스도르프(Markt Indersdorf) 자유복음주의교회(the Free Evangelical Church)의 교회 개척이다. 뮌헨에 있는 두 개의 교회는 그 지역에 각각 하나씩의 소그룹 모임을 가지고 있었다. 그 모임들은 도시에서 차로 약 한 시간 거리에 있었다. 두 모임에는 합하여 열 가족이 있었는데 그들은 교회 개척을 위한 시작팀으로 함께 헌신하였다.

뮌헨에 있는 양 교회는 성도들을 보냈고 자원을 공급해 주었다. 막트 인더스도르프 교회는 평신도가 주로 인도하였고 뮌헨의 교회들로부터는 상담과 정기적 설교의 지원을 받았다.

에티오피아복음주의교회(Ethiopian Evangelical Church Mekane Yesus [EEC-MY])의 이테파 고베나(Iteffa Gobena)는 이를 "틈 사이를 메꾸는" 모델이라고 부른다. 지방의 교회들이 "둘 혹은 그 이상의 공동체나 교구 사이의 간격을 가깝게 하기 위해" 팀을 이루고 "틈을 메꾸기 위해 복음을 전할 책임을 자발적으로 지는 평신도 설교자를 세운다"(Gobena 1997, 15).

여러 교회가 함께하는 교회 개척이 성공하기 위해서는 새로운 교회를 형성하는 여러 그룹이 함께 성장하며 공통의 비전을 발전시켜야 한다. 모교회가 같은 교단에 속해 있다 하더라도 각 그룹이 자동적으로 조화를 이룰 것으로 생각할 수는 없다.

막트 인더스도르프의 경우, 두 그룹은 공식적으로 교회를 시작하기 앞서 일년 간 함께 기도하고, 활동하며, 계획하면서 공통의 비전과 전략을 발전시켰다. 모교회들의 역할과 책임이 명확해야 딸도 분명한 기대를 할 수 있고 그래야 둘 다 엄마 노릇을 하지 않으려 드는 고아로 끝나지 않게 된다.

5) 특정 집단 교회 혹은 다회중 교회 개척

많은 교회가 그들의 사회 안에 있는 특정 민족, 언어, 혹은 사회적 그룹이 가지는 독특한 필요를 채워 줄 수 있는 새로운 교회를 시작함으로 그들에게 다가간다(Prill 2009를 보라). 이런 교회들은 모교회의 내부에 공간을 마련하는 것이 전형적이다. 때로는 일요일 오후에 모이기도 하고 건물을 소유한 교회의 허가 아래 더 머물기도 한다. 이 방식은 특별히 그들의 모국어로 예배하길 원하고 그들 문화의 가치를 지키기 원하는 1세대 이민자들에게 효과적이다.

상당한 민족적 변화를 겪고 있는 도시 환경에서는 민족 교회를 시작하는 것이 교회의 전환과 지역 사회의 변화에 적응하도록 돕는 수단이 될 수 있다. 때로는 교회의 생존수단이 되기도 한다(사례 연구 7.2를 보라).[6]

〈사례 연구 7.2〉

변화하는 사회에서 다회중 교회 개척

뉴욕에 있는 플러싱제일침례교회(First Baptist Church of Flushing, FBCF)에는 3개의 회중과 영어, 중국어, 스페인어, 3의 언어로 진행되는 예배가 있다. 1960년대에 이 교회는 주로 사무직에 종사하는 백인들에 소수의 흑인들만 있었던 데서 거대한 아시아 및 라틴 아메리카 이민자들로 구성되는 기반으로 전환을 시작했다.

백 년에 걸친 사역 끝에 1965년 히스패닉, 1968년 중국인들을 위한 사역이 시작되었고, 그 결과 다른 방법으로는 불가능했을 성장 및 공동체에 좋은 영향을 가져왔다. 고통스러운 때도 있었으나 마침내 이 교회는 다회중 사역의 모델이 되었다.

1980년대 3개의 회중은 공동위원회에서 대등한 지위를 가지게 되었다. FBCF은 더 이상 백인이 중심되고 소수민족이 있는 교회가 아니었다. 교회는 담임목사의 자리에 아시아인을 청빙하기까지 하였다. 각 회중은 그들만의 특정 집단에 적합한 방식으로 사역할 수 있게 되었다. FBCF는 다양한 공동체 예배 사역을 가졌고, 다문화 선교사 양성소가 되기까지 확장되었다(Travis 1997; Ortiz 1996, 78-85; Wang 2007).

특히, 대도시의 경우, 기존 주류 교회들은 다가가기 어려워 복음을 접하지 못하는 민족들이 많이 있다. 로드니 해리슨, 톰 체이니, 돈 오버스트리트는 다회중 방식의 장점을 "둥지 만들기"라 부른다.

초기비용이 적다. 새로운 교회는 법적 행정적으로 지원하는 교회의 영향권 아래에서 시작한다. 교회의 비품들과 직원들의 사례가, 필요하다면, 주요 지출 항목이다. 건물 소유 혹은 지원하는 교회는 수도, 가스, 전기, 전화비를 포함해서 소모품 비용과 사무기기의 고장 등에 따르는 부수적 비용도 생각해야 한다(2008, 98).

---

6   교회들이 어떻게 지역의 변화에 적응하는 지에 대해서는 더들리(Dudley) 1979, 더들리&애머맨(Dudley and Ammerman) 2002, 칼&데카로(Carle and Decaro) 1999 그리고 아이에스랜드(Eiesland) 1999를 보라.

특별한 사역을 필요로 하는 그룹은 언어와 민족 구성에 있어 소수인 사람들 뿐이 아니다. 다른 종류의 특정집단에는 예술인, 노숙자, 이주노동자, 교대 근무 및 주말 근무자들도 있다. 독일의 누렘버그(Nuremberg)에서는 일찍 일을 시작하기 때문에 보통의 성경 공부와 예배에 참여하기가 어려운 제빵사들을 위한 특별 사역이 발전되었다. 심지어 제빵사들로 이루어진 관현악단도 있었다.

이런 노력들의 결실은 한 교회 안에서 많은 회중이 모이는 것이다. 모교회의 입장에서는 상당한 헌신과 융통성이 요구되며 이에 따르는 어려움도 만만찮다. 추가되는 교회는 설비와 자원에 대한 새로운 부담이 부과될 뿐 아니라, 지원하는 교회로부터 개방적이고 선교적 사고도 요청받는다.

다른 문화에서 온 사람들은 일정, 시간, 소음 정도, 자녀 양육, 청결, 그리고 모교회와 많은 잠재적 갈등을 일으킬 지점에 대해서 서로 다른 민감도를 가지고 있다. 소수민족의 구성원들은 예배 전이나 후로 식사하기를 즐길 것이고, 이국적 향수가 하루 종일 예배당에 가득할 수도 있다. 다는 아니겠지만 많은 경우, 특정 언어와 다문화적으로 관계 맺는 기술을 가진 사람이 이 사역을 시작하고 유지하는 데 도움을 주도록 훈련받거나 채용되어야 할 필요도 있다.

6) 가정 교회 관계망

최근에는 가정 교회를 홍보하고 설명하는 자료들이 점점 더 많아지고 있다.[7] 급증하는 교회 개척 운동과 관련된 데이비드 게리슨(2004a)의 거의 모든 예는 가정 교회 운동으로 구성된다. 때문에 많은 선교단체가 이 방식을 홍보한다.

---

[7] 가정 교회에 대한 자료들 중 가정 교회 개척에 긍정적이면서 가장 실제적 내용은 게리슨 2004a, 크레이더&맥클렁(Kreider and McClung) 2007, 페인 2007, 심슨 2001을 보라. 제6장에 나오는 가정 교회 관련된 논의도 보라.

가정 교회 관계망은 모녀 관계 교회 개척과 비슷한 방식의 세포 분열을 통해 재생산한다. 양쪽 모델 다 기존 교회의 성도들이 새로운 교회로 파송된다. 그런데 가정 교회에서는 그 규모가 더 작다.

전형적 가정 교회는 50명 내의 사람들로 구성되며 기본적으로 평신도가 인도하면서 하나의 셀모임만을 가진다. 각 셀의 분열을 통해 새로운 가정 교회가 태어난다. 가정 교회는 모임 장소에 비용이 발생하지 않고, 최소의 구조를 가지며, 평신도가 인도하기 때문에 그들은 급속도의 배가 성장의 가능성을 가지고 있다. 특별히 친척, 직업, 지역 사회 관계망을 통해 복음이 쉽게 전파될 수 있는 고도로 관계 중심적 사회에서 더욱 그렇다.

가정 교회 재생산이 변형된 모습은 하나의 기존 가정 교회가 두 개의 핵을 가지고 있는 경우이다. 처음에는 두 개의 그룹이 한 집의 다른 장소에서 모임을 가지다가, 점차로 모임이 분리되고 결국에는 한 달에 한 번 정도만 함께 모이게 된다.

시간이 지나면서 두 그룹의 훈련 리더들이 리더십팀을 구성한다. 그 후 두 그룹이 나누어지고 독립적 가정 교회로 시작한다. 원래 있었던 하나의 가정 교회는 두 개의 새로운 가정 교회가 되고, 원래의 교회는 더 이상 존재하지 않는다. 교회 개척자는 새로운 그룹을 지도하는데 그들은 새로운 지역에서 또 다른 가정 교회를 자유롭게 시작할 수 있다(그림 7.2를 보라).

〈그림 7.2〉 가정 교회의 세포 분열

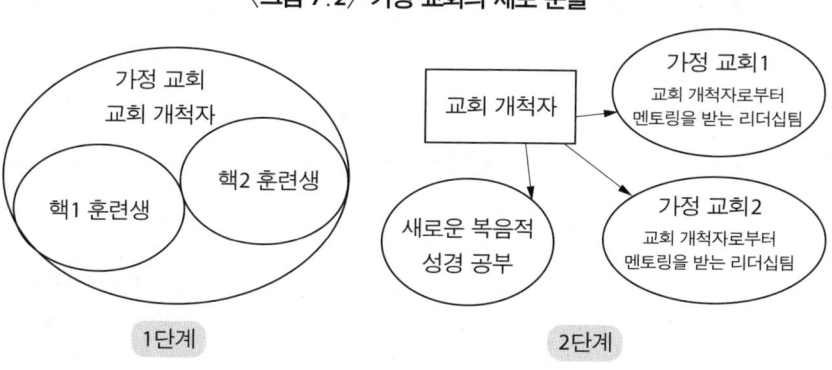

가정 교회 배가 성장의 핵심은 가정 교회 리더들을 충분히 훈련시켜서 각 셀의 배가 성장의 속도를 유지하는 것이다. 가정 교회들은 보통 공통의 리더십팀, 협의, 사역자 훈련, 그리고 간헐적으로 있는 전체모임을 수단으로 해서 관계망의 형성을 유지한다.

가정 교회는 비가시적이고 단순하며, 평신도들이 인도하는 구조를 가지고 있기 때문에 전통적 구조를 가진 교회들에 비해 "박해로부터 안전"하다. 하지만 평신도 리더들의 훈련이 형편없다면 약한 심지어 그릇된 가르침을 받을 수도 있고, 연약한 혹은 부적합한 리더십 아래에서 개인에 의해 건강하지 못한 지배를 받게 된다.

가정 교회는 또한 대형 교회들은 많이 제공해 주는 특별한 사역 프로그램들에 취약하다. 예를 들어, 청소년 사역이 그렇다. 그래서 때로는 성도들이 좋은 교육 프로그램과 광범위한 사역들을 보고 대형 교회로 옮기기도 한다.

7) 교회의 분열

교회의 분열은 아무도 원하거나 계획하지는 않았지만 교회 재생산의 한 형태이다. 실제로 전 세계 많은 새로운 교회의 출발이 된다. 개척이 분열로 끝나게 되는 것을 "다리 찍기"(splats)라고 부른다(Harrison, Cheyney, and Overstreet 2008, 102). 리더십 문제에서 발생하는 갈등, 권력 다툼, 교리적 차이, 아니면 단순히 사람들 사이의 갈등이 그 원인이 된다. 이유가 무엇이든 그 결과로 교회의 파벌이 분리되어 새로운 리더십 아래서 새로운 교회가 시작된다.[8]

이런 분열은 전도의 측면에서 일어나는 일은 거의 없고 특별한 사건이나 개성 때문에 촉발된다. 이는 복음을 증거하는 데 불리하게 작용하고 "아버

---

8   어떤 문화 환경에서는 목사들에게 너무 권위가 집중된 나머지 은사를 가진 리더들에게 위협을 느낀다. 그래서 젊은 리더들은 새로운 교회는커녕 사역에 있어서의 잠재력을 발전시킬 기회조차 가지지 못한다. 이는 리더들이 항상 다음 세대의 새로운 리더들에게 위협을 느끼는 악순환을 만든다. 목사들은 리더들이 더 많은 분열을 일으킬 수도 있다고 생각하는데, 실제로 그런 일이 벌어지기도 한다(Thomson 1984를 보라).

지여, 아버지께서 내 안에, 내가 아버지 안에 있는 것 같이 그들도 다 하나가 되어 우리 안에 있게 하사 세상으로 아버지께서 나를 보내신 것을 믿게 하옵소서"(요 17:21)라고 하신 예수님의 기도에 정면으로 위배되는 것이다.

두말 할 필요 없이 교회의 재생산을 방법으로 추천하지 않는다. 그럼에도 바울과 바나바 사이의 갈등이 하나가 아닌 두 개의 선교팀을 출범시킨 것과 같은 방식으로(행 15:39-40), 하나님께서는 교회의 분열마저도 새로운 백성들을 돌아오게 하는 새 교회의 창조를 위해 사용하신다.

3. 교회 개척을 위한 지역적 전략

이제 한 지역에 여러 개의 교회를 개척하는 전략에 대해 살펴보자. 여기서는 하나의 교회를 개척하거나 기존 교회가 재생산하는 것보다는 대도시를 포함한 거대한 지역을 복음화시키는 최고의 장기 전략에 초점을 둘 것이다. 이는 교회 개척의 위치, 교회 개척에 필요한 자원들의 배치, 그리고 시작부터 그 운동이 어떻게 전개될 것인지에 관심을 두게 한다.

표 7.3에 이를 위한 접근 방식들이 요약되어 있다.

〈표 7.3〉 교회 개척을 위한 지역적 전략들

접근 방식	내용
추수를 우선하는 교회 개척	여러 지역에서 전도의 씨앗을 뿌리고 그중 가장 결실이 좋은 지역에 교회를 개척한다.
전략적 교두보로서의 교회 개척	복음화되지 않은 채 지리적으로 떨어져 있는 도시나 마을마다 최소 한 개의 교회를 설립한다.
다발식 교회 개척	지역적으로 제한적 곳에서 서로 관계를 맺는 교회들을 다발로 설립한다.
포도나무 뻗기식 교회 개척	주된 교통 경로를 따라 인접한 도시나 마을에 교회를 개척한다.
민들레식, 즉흥적, 또는 디아스포라 교회 개척	(주로 흩어진 그리스도인들인) 현지 신자들이 자연스럽게 복음을 전하면서 (가정) 교회들이 개척된다.

1) 추수를 우선하는 교회 개척

교회 개척자가 새로운 지역에 들어갔다.

어디서부터 시작할 것인가?

초기 개신교 선구자적 선교 사역에서는 선교사들이 마을마다 찾아다니면서 복음을 전하고 그 뒤에 복음에 가장 수용적 지역에 교회를 개척하기 위해 노력을 집중했다. 이것이 제4장에서 논의했던 추수를 우선하는 교회 개척 방식이다. 추수할 때가 된 곳에서는 영적 추수를 해야 한다.

모든 곳의 조건이 같을 때 이 방식이 사용된다. 개척자가 복음을 수용하는 지역에서부터 시작해서 교회를 개척하면, 후에는 복음에 적대적으로 반응했던 지역도 복음화시킬 수 있다. 만약 복음에 수용적이지 않은 지역에서 시작하면, 첫 번째 교회가 개척되기까지 상당한 시간이 소요될 수 있고 그 시간 동안 자원은 고갈되며 보다 복음을 잘 받아들이는 다른 지역들은 복음을 듣지 못한 채 남겨진다. 추수를 우선하는 접근법은 제한된 자원과 인력을 전개하기에 최고의 방법으로 보인다.

하지만 보통 모든 조건은 동일하지 않다.

예를 들어, 어떤 방식으로 복음을 수용하는지에 대한 평가를 내릴 것인가?

어쩌면 사람들은 예수 영화나 간식에 매우 긍정적 반응을 보이다가 보다 진지한 장기적 제자 훈련과 영적 변화에는 흥미를 잃을 수 있다. 반대로 처음에는 복음을 거부하거나 복음을 받아들이는 데 시간을 많이 들이다가 마침내 그리스도를 향한 깊은 헌신을 다짐하고 재생산까지 할 수 있는 강한 교회가 되는 지역도 있다. 대다수의 비그리스도인들은 현명한 결정을 내리기 위해 복음의 내용을 온전히 이해하기까지 시간이 필요하다.

게다가 복음은 대부분 도심에서부터 주변 지역으로 퍼져 나간다. 그런데 시골에서 도시로 퍼질 때는 그 속도가 굉장히 더디다. 도시 환경이 복음에 보다 저항적일 수 있지만, 잠재적으로는 그 지역에 더 강한 영향을 끼칠 수 있다. 때문에 즉각적 반응에만 초점을 두는 것은 장기적 안목에서 볼 때는 비전략적이다.

2) 전략적 교두보로서의 교회 개척

전략적 교두보를 두는 접근 방식은 몇 개의 정치적, 상업적, 혹은 교육적 중심지에 영적 발판을 세우는 것이다. 영향력 있는 도시들에서부터 시작하여 외곽 지역 마을에 교회를 개척할 수 있다. 사도 바울이 고린도나 에베소 같은 중심 지역에 교회를 개척하고 거기서부터 복음이 주변 지역으로 퍼져 나가도록 한 것과 같은 원리이다.

1990년 초반 유럽의 철의 장막이 무너졌다. 많은 선교단체가 이전에는 닫혀 있던 나라들의 주요 도시에 교회 개척팀을 보낼 계획을 세웠다. 어떤 단체들은 예전 바르샤바 조약 회원국들의 수도마다 하나의 팀을 보내기 위해 노력하기도 했다. 때로는 교회가 전혀 존재하지 않는 다양한 지역을 찾기 위해 아주 멀리 떨어져 있는 지역들을 물색하기도 했다.

이 방식의 장점은 제한적 지역에 초점을 두는 대신 복음이 넓은 지역으로 확산된다는 데에 있다. 복음화되지 않은 지역 전체를 택하는 경우에는 교회 개척의 에너지를 영적 도움이 필요한 곳에 집중한다.

전략적 교두보를 세우는 방식의 단점은 넓은 지역에 퍼질 자원이 부족하다는 것이다. 교회 개척팀과 개척된 교회는 한 지역에서라면 상당한 영향을 줄 수 있는 상호 격려, 자원 공유, 상승효과에 대한 기대를 가지기 어렵기 때문에 떨어진 거리만큼 분리감을 느낀다.

이 방식은 개척된 교회가 고립되고 약해질 위험에 있는 산발식 개척 방식(shotgun approach)으로 끝날 수도 있다. 교회 개척자와 교회 스스로도 진행 과정이 더디면 쉽게 낙담하기도 한다.

3) 다발식 교회 개척

다발식 교회 개척은 교두보식 방식의 정반대이다. 초기 목표는 하나의 대도시 같이 지역적으로 보다 한정된 곳에 몇 개의 교회를 개척하는 것이다. 교회 개척팀은 멀고 넓은 지역에 흩어지는데 그들은 하나의 다발(cluster)을 이룬다.

이 방식의 장점은 교회 개척자와 이제 막 생기는 교회들이 서로 간에 적당한 거리에 있어서 상호 격려를 위해 만날 수도 있고 간헐적 공동 모임을 가지기도 하고, 사역자들을 공동으로 훈련시킬 수도 있으며, 전도 및 다른 사역에 서로를 돕기도 한다는 점이다. 평신도에 의해 이 방식이 진행되면 다발 안에 있는 교회들이 평신도 설교자들을 공유해서 한 교회가 져야 하는 짐을 줄일 수도 있다. 교회 개척팀은 여러 개의 교회에 흩어져서 개 교회 개척을 위한 지역 평신도 리더의 책임감을 강화한다.

다발로 교회들이 개척될 때 운동감이 살아날 수 있다.

예를 들어, 케냐의 나이로비교회(Nairobi Chapel)는 25개의 나이로비교회들을 개척했다. 그들 중 많은 교회가 슬럼가에 개척되었고, 그들은 2020년까지 300개의 교회를 더 개척할 비전을 가지고 있는데 그중에 절반 이상은 나이로비에 개척하려고 한다(Muriu 2007).

다발 안에 있는 교회들은 고립되지 않는다. 개척의 과정 중에서 그들은 서로에게 배울 수 있고, 상승효과와 활기도 뒤따라 일어난다.

에드 스테저(Ed Stetzer)와 필립 코너(Phillip Connor)는 2007년 북미 12개 교단에서 행한 2,080개의 교회 개척 사례를 조사했는데, 거기서 그들은 교회의 생존을 위해서는 교회 개척자들이 서로 돕는 것이 중요하다고 말한다. 이런 도움은 다발식 접근에서 보다 순조롭게 이루어질 수 있다.[9]

---

9   "최소 한 달에 한 번씩 교회를 개척하는 이들끼리 모임을 가지게 되면 생존 가능성이 135퍼센트 증가된다. 동료들과 함께하는 교회 개척자들은 그렇지 않은 개척자들이 67퍼센트 살아남는데 비해 83퍼센트의 생존률을 보인다"(Stetzer and Connor 2007, 14).

여러 교회가 교회를 개척하는 방식으로 교회를 재생산하면 다발식보다 효율적인 면에서 더 좋다. 복음이 그 지역을 보다 흠뻑 적시고, 인구 대비 교회 수는 더 높으며, 운동은 높게 가시화될 것이다.

인디애나대학 사우스벤드 캠퍼스의 다니엘 올슨(Daniel Olson)은 연구를 통해 나사렛 교단의 새로운 교회의 성장에 기여한 요소들이 다발식 교회 개척의 장점을 확인해 주었음을 밝혔다. 그는 자신의 연구를 이렇게 요약한다.

> 핵심 되는 질문은 기존 교회 근처에 새로운 교회들이 위치할 때 장점이 있느냐 하는 것이다. 대답은 "그렇다"이다. 실제로 더 많은 나사렛교회들과 더 많은 나사렛 성도들이 있는 지역이 지난 5년간 평균출석에 가장 많은 영향을 미친 단독 요인이었다(Olson 2002).

도시에서 행한 다발식 교회 개척의 가장 인상적인 사례 중 하나는 페루 리마의 '엔쿠엔트로 콘 디오스'(Encuentro con Dios) 운동이다. 1973년부터 1997년까지 117명 성도의 교회가 운동을 발전시켜 38개 교회를 개척하여 16,000명의 성도를 이루었고, 주일 출석은 25,000명에 달했다(Turnidge 1999; Mangham 1987).

오스트리아는 유럽에서 개신교 교회 개척이 가장 어려운 나라 중 하나이다. 하지만 빈(Vienna)을 포함한 지역에서 다발식 교회 개척이 1972년 시작되어 1995년까지 12개의 교회가 개척되었다. 첫 번째 교회는 가정 성경 공부에서 성장하여 빈 안에 있는 툴펜가쎄(Tupengasse)에서 1972년 개척되었다. 6년이 채 지나지 않은 1978년 첫 번째 개척 교회를 플로리드스도르프(Floridsdorf)에 세웠다. 그다음 교회는 더 빠르게 세워졌다. 1980년에 하나, 1984년 또 하나, 그 이후로는 거의 해마다 하나씩 개척했다.

이 운동의 놀랄 만한 특징은 플리머스 형제단 중심으로 한 평신도 운동이었으며 사례를 받는 목회자와 교회 개척자는 상대적으로 적었다는 데에 있다. 유럽의 가장 전문적이고 문화적으로 고상한 중심 중 하나에서 이 일이 일어났다.

　이와 유사하게 프랑스 파리에서는 모녀 관계 교회 개척을 접목했다. 이곳은 교회 개척이 어려운 또 하나의 지역이다. 한 모임의 사람들이 TEAM(The Evangelical Alliance Mission) 소속 선교사들과 함께 15년 간에 걸쳐 6개의 교회를 개척했다. 프랑스선교회(France-Mission)가 주도한 또 다른 모임은 8년 동안 5개의 교회를 개척했고, 이 교회들이 또 다른 교회를 개척한 후 다시 그 교회들이 또 다른 두 개의 교회를 개척했다(Vajko 1996, 56-68, 86-93).

　전 세계 도시 지역에서 일어난 다발식 교회 개척의 사례들은 얼마든지 있다. 글렌 켄달(1990)은 르완다 시골 지역에서 일어난 이 운동에 대해 묘사한다. 한 지역에 1천 명의 성도가 있던 침례교회들이 300개 이상의 교회 7천 명 이상의 성도로 성장한 것이다. 핵심은 지도자들을 독려하여 개개의 교회가 아닌 12개까지 교회들을 다발로 개척하도록 한 것이다. 복음에 대한 거대한 노력이 열정을 만들어 냈고, 한 번 추진할 때마다 5개에서 7개의 교회들이 시작되었다.

　이런 다발식 운동에서는 딸 교회를 개척하는 것이 교회 정신의 일부가 되기도 한다. 하나의 중앙 교회가 모든 교회를 개척하는 것은 교회를 추가하는 결과일 뿐인데, 다발식 방식에서는 새로 개척되는 교회도 곧 새로운 교회를 개척할 것으로 기대할 수 있기 때문에 교회의 배가 성장의 결과를 가져오게 된다. 교회의 성도가 다른 지역으로 이주하게 되면 그들은 다른 교회가 벌이는 운동에 참여하거나 (그래서 열매를 맺거나), 새로운 교회 개척의 씨앗이 되기도 한다.

　이 방식의 유일한 단점은(최소한 시작 단계에서는) 엄청난 자원이 한 지역에 집중되어야 한다는 것이다. 다른 지역들에는 아직 복음이 전해지지도 않았는데 말이다. 만약 복음을 받아들이는 게 더디면 장기적 헌신이 필요하게 된다.

4) 포도나무 뻗기식 교회 개척

딸기나무는 넝쿨을 키우고 뻗혀서 뿌리를 내리고 또 다른 나무를 자라게 한다. 새로운 나무는 넝쿨을 보내어 또 다른 나무를 시작하게 한다. 계속 그런 식이다. 많은 포도나무가 비슷한 방식으로 줄기를 땅이나 다른 표면을 따라 뻗고 그것들을 정기적으로 고정시킨다.

교회 개척 운동도 딸기나무나 포도나무와 같은 방식으로 성장할 수 있다. 하나의 교회를 개척한 뒤 또 다른 하나를 한 도시에서 그다음 도시로 이어 가는 것이다. 주요 상업도로나 고속도로를 따라 뻗어 나갈 수 있다. 개척된 교회는 도로를 따라 인접해 있는 도시나 마을에 다른 교회를 개척할 수 있는 시작점이 된다.

이 방식의 좋은 예는 공산주의가 몰락한 뒤 미국 선교사들이 주도한 남부 루마니아 복음주의자유교회(Evangelical Free Church)이다(그림 7.3). 특별히 급속도로 뻗어 나간 포도나무는 아니었지만 이 방식을 잘 보여 준다.

처음에 크라이오바(Craiova, 인구 300,000명)에서 교회가 개척되었다. 그리고 북동쪽으로 뻗은 고속도로를 따라 슬라티나(Slatina, 인구 85,000명)와 피테슈티(Pitești, 인구 180,000명)로, 그리고 마지막에는 큼풀룬그(Cimpulung, 인구 44,000명)에 교회가 개척되었다.[10]

고속도로나 도로를 따라가지 않고 새 교회들의 줄기는 강이나 운하를 따라 이어질 수 있다. 독일연합선교회(German Allianz Mission)가 말리의 수도 바마코(Bamako)에서부터 니제르 운하(Niger Canal)를 따라 어떻게 교회들을 개척했는지를 그림 7.4에 묘사했다.

포도나무 뻗기식 교회 개척은 다발식이 가지고 있는 것과 같은 장점을 가지는데, 특별히 시골 지역에 보다 더 적합하다. 가장 최근에 개척된 각 교회들은 다음 교회를 개척하는데 도울 책임을 지닌다. 교회 개척이 이 운

---

[10] 당시 인구는 www.citypopulation.de/Romania.html, 2009년 1월 22일 자료를 기준으로, 교회 개척할 시점의 대략적 수치이다.

동의 정신에 스며든다. 발생 가능한 단점으로는 일단 교회가 도로에 따라 다음 교회를 개척하고 나면 교회 개척이 완성되었다고 여길 수 있다는 점이다. 또한, 전임사역자가 이 운동을 돕고 있다면, 포도나무가 뻗힐 때마다 사역자를 재배치해야 할 수도 있다.

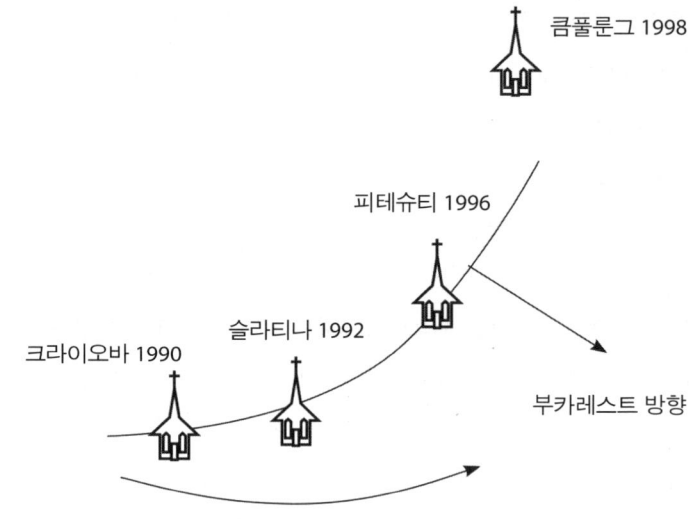

〈그림 7.3〉 남부 루마니아에서의 교회 개척

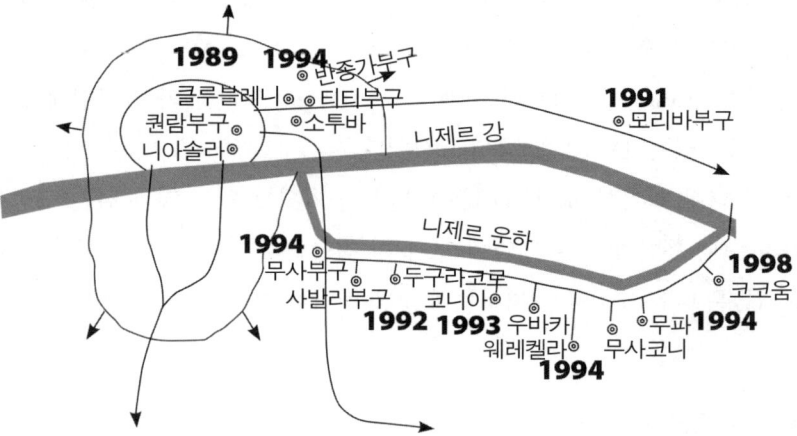

〈그림 7.4〉 말리 바마코 지역에서의 교회 개척

5) 민들레식, 즉흥적, 또는 디아스포라 교회 개척

민들레 씨앗은 푹신한 낙하산 안에서 바람에 날리다가 싹을 틔우고 뿌리를 내려 또 다른 민들레가 될 수 있는 발판을 찾으면 바로 그곳에 착륙한다. 마찬가지로 그리스도인들이 이동하다가 거의 무작위로 지역을 선정하여 교회를 개척할 수 있다.

고용, 거주, 가족, 전쟁, 기근, 이민, 학업, 또는 다른 위기와 기회들의 결과로 신자들은 새로운 곳으로 이주한다. 그곳이 어디든 그들은 신앙을 나누고 새로운 교제를 형성하여 교회로 발전시킬 수 있다. 계획되지 않은 보다 자발적 복음 전파이다. 그럼에도 이 방식은 자연스럽게 사람들 간의 관계를 극대화시키고 평신도들을 동원하고 어떤 경우에는 새로운 지역까지 뻗어 나가는, 새로운 교회를 개척하는 효과적 방식이다.

1세기에 복음이 퍼진 것도 사실 이 방식이었다. 사도행전에서 볼 수 있듯이 예루살렘에 박해가 발생했을 때 "그 흩어진 사람들이 두루 다니며 복음의 말씀을 전"했다(행 8:4).

누가는 이렇게 말한다.

> 그 때에 스데반의 일로 일어난 환난으로 말미암아 흩어진 자들이 베니게와 구브로와 안디옥까지 이르러 유대인에게만 말씀을 전하는데(눅 11:19).

이것이 안디옥에 최초의 이방인 중심의 교회가 세워지는 결과는 낳았다(행 11:20-21). 그 이후로도 하나님은 그분의 백성을 움직이고, 복음을 새로운 지역에 전파하고, 새로운 교회를 개척하기에 전혀 어울리지 않는 이 방식을 사용하신다.

에티오피아에는 여기서 변형된 한 형태가 있는데 고베나(Gobena)는 이를 "집에 가서… 전하기"라고 부른다.

이것은 주 예수 그리스도를 영접한 젊은 그리스도인들이 기도하는 마음으로(대부분의 경우 그들의 부모가 살고 있는) 자신의 마을로 가서 친척들에게 복음을 전하기로 결정을 내리는 자연스러운 모델이다. 많은 경우 온 가족과 친척 그리고 이웃들의 회심을 일으키고 후에는 마을에 교회가 개척된다 (Gobena 1997, 15).

온 가족이나 부족이 복음에 반응하여 새 교회의 핵심을 이루면, 친인척 관계는 복음이 전파되는데 가장 자연스럽고 효과적 방법이 되기도 한다. 비슷한 방식으로 사업가가 새로운 지역으로 이동하여 사람들을 그리스도에게로 인도하고 교회를 태동시킬 작은 모임을 인도하기도 한다. 흩어진 그리스도인들은 비교적 현지화되거나 매우 국제적이거나일 수 있다.

예를 들어, 수천에 달하는 필리핀 이주노동자들이 어디를 가든지 복음을 나누도록 그들에게 동기를 부여하는 거대한 선교 전략이 구축되었었다 (Pantora, Tira, and Wan 2004). 세계화 시대에는 이와 같은 국제저 복음 전파의 결과 교회가 개척된 사례들이 얼마든지 있다.

이 접근 방식이 효과적이려면 이주하는 신자가 잘 준비되어 있어야 한다. 필리핀에서는 이를 위해 국제 기독 노동자들을 세우기 위한 훈련 프로그램이 세세하게 만들어졌다.

이에 더하여, 개척된 교회들이 종종 작은데다가 평신도들이 인도하기 때문에 지속적으로 그들을 돌볼 필요가 있다. 보다 자발적으로 그리고 무작위적 방식으로 교회가 개척될수록 협력과 발전의 상승효과는 도전을 받는다.

〈사례 연구 7.3〉

도쿄수평선교회(Tokyo Horizon Chapel)

일본은 전도와 교회 개척에 가장 어려운 나라 중 하나이다. 하지만 도쿄수평선교회는 모녀 관계 교회 개척의 아주 좋은 예이다. 이 교회는 1991년 고이치 히라노(Koichi Hirano)가 설립했는데, 모교회는 겨우 150명이 출석하는 교회였지만 2007년까지 16개의 교회를 개척했다. 개척된 교회들은 규모에 있어 다양해서 열 명에서 칠십 명까지 이른다.

다른 일본 목사들과는 달리 히라노는 먼저 실험을 통한 신앙의 여정을 즐긴다. 그와 그의 팀은 작은 문제들과 프로그램들 그리고 사역의 구체적 현황을 조사하는 데 시간을 들이지 않는다. 큰 계획과 비전에 초점을 둔다.

개척된 교회들은 보통 성도들이 다른 교회로 옮겨 가서 그들의 집에서 모임을 가질 때부터 시작한다. 그 모임이 성장하면 장소를 임대한다. 히라노 목사는 그들이 시작할 수 있도록 일주일에 한 번 평일 저녁에 참석하고 나중에는 한 달에 한 번 참석으로 줄인다. 어떤 때 새 교회는 주일설교의 녹화분을 보기도 한다.

마침내 교회로부터 개척 교회의 목사가 파송된다. 보통 이 목사는 모교회가 운영하는 성경학교에서 훈련된다. 그들은 교회가 그들에게 사례를 줄 수 있을 때까지 이중직을 가질 때가 많은데, 변변찮은 직업을 가지고 있는 경우도 있다. 그들이 이중직을 가지고 있다 해서 그들에 대한 신뢰가 떨어지는 것은 아니다. 오히려 긍정적 시각으로 교회와 사역에 대한 깊은 수준의 희생과 헌신의 증거로 본다. 히라노는 2주에 한 번 평일 저녁에 젊은 목사들을 만난다. 모든 목사들은 분기별로(세 달에 한 번) "쪽모임"을 가지는데, 어떤 이들은 이 모임을 위해 네 시간 걸려 오기도 한다. 그들은 24시간 함께 하면서 놀이, 성경나눔, 기도, 격려 등을 포함한 프로그램을 가진다.

분명히 도쿄수평선교회가 가진 효과성의 핵심 요소는 새 교회의 촉매제가 되기 위해 이주하는 평신도들을 격려하는 것에 있다. 그리고 새 교회에 리더십을 가지는 이중직 목사들에게 동기를 부여하는 데에 있다. 히라노 목사는 그의 사역에 있어서 교회 개척 목사들을 훈련시키고 멘토링하는 것에 매우 높은 우선권을 둔다.

이번 장에서는 선구자적 교회 개척, 교회 재생산을 통한 방식, 그리고 지역적 전략이라는 광범위한 방식들을 조사했다. 각각의 방식들은 바른 환경에서 적합하고 효과적이다. 도쿄 교회의 사례에서 보듯 때로는 합해져서 사용되기도 한다(사례 연구 7.3을 보라).

전략을 선택함에 있어 가장 지혜로운 결정을 내리기 위해 교회 개척자들과 운동 전략은 현지의 상황뿐 아니라 교회 개척자의 은사와 가용한 자원들도 주의 깊게 살펴야 한다. 궁극적으로는 다양한 가능성과 요소를 기도하며 고려하면서 성령 하나님의 인도를 구해야 한다.

제3부

발전 단계

제8장 교회 개척의 발전 국면: 개요

제9장 준비 1: 목표 설정 및 위원회 조직

제10장 준비 2: 이해하고 전략 세우기

제11장 시작: 전도와 제자 훈련

제12장 설립: 모임과 성숙

제13장 구조화: 확장과 권한 부여

제14장 재생산: 강화와 파송

제8장

교회 개척의 발전 국면: 개요

인간의 삶이나 모든 유기체 혹은 기구의 삶과 마찬가지로 교회 개척은 합리적으로 예측 가능한 발전 국면의 과정을 거친다. 이 국면들이란, 날카롭게 정의한 각각의 단계가 아니라 유동적 과정을 의미한다. 발전 국면들과 그 성격을 이해하는 것은 교회를 개척하면서 만나는 특별한 필요, 도전, 그리고 기회를 알기 위해 중요하다. 교회 개척이 발전함에 따라 그 변화의 필요에 주의를 기울이지 못하면 불필요한 낭패와 침체를 겪을 수도 있다.

1. 교회 개척의 발전 모델

교회 개척의 발전을 묘사하기 위해 수많은 모델이 제시되었다. 각각은 교회 개척의 발전이 가지는 독특한 요소들에 초점을 맞추려 하는데, 각각이 가지는 장점과 단점이 있다.

예를 들어, 데이비드 하셀그레이브(David Hasselgrave, 1980, 58-63)는 사도행전에 묘사된 사도 바울의 교회 개척 사역에 기초를 둔 "바울식 순환"이라는 틀을 만들었다. 하셀그레이브의 모델은 교회의 발전 자체보다는 선교사의 교회 개척 임무에 보다 초점을 맞춘다. 이 모델은 성경의 사례를 그리는데 강점을 가지며 선구자적 선교사 교회 개척에 적합하다. 하지만 이 모델은 교회의 발전과 배가 성장에는 큰 관심을 두지 않는다.

교회 개척의 발전을 상술하는 가장 흔한 방식은 생물의 생애주기에 비유하는 것인데, 로버트 로건(Robert Logan)[1]에 의해 알려졌고 다른 이들이 확장시켰다.[2]

교회 개척은 수정, 태아기, 출생, 성장(유아기 및 성인기), 그리고 재생산이라는 과정을 거친다. 이 방식은 주로 교회 개척 자체와 기획 과정에 초점을 두는데, 특별히 교회의 출생을 이끄는 태아기에 관심을 둔다. 요컨대, 첫 번째 공적 예배 말이다. 이 모델의 유기적 형상화는 전달하고 개념화하기에 쉽다. 로건은 이 개념이 시행될 수 있도록 아주 실천적 단계별 도구와 자료를 만들었다.

이 접근법의 한계는 첫 번째 공적 예배를 교회가 탄생하는 것으로 보는 강조점에 있다. 많은 문화권에서 공예배는 불가능하기도 하고, 서구에서와는 달리 교회의 중심되는 삶이 아니다. 가정 교회들은 공적으로 시작하는 일이 거의 없다.

또한, 성경적 관점에서도 공예배의 개시가 교회의 실제 시작으로 되는 일은 별로 없다. 그럼에도 앞서 말했던 은유를 잘 살린다면, 이 모델은 아주 유용하다. 특별히 전통적 교회를 개척하는 일이 잘 계획된 매력적 공예배에서 나타난다는 사실을 강조하는 서구 문화권에서는 더욱 그렇다.

그의 책 『바통 넘겨주기』(Passing the Baton)에서 톰 스테픈은 또 다른 방식을 묘사한다. 제목이 시사하듯, 그는 교회 개척자는 시작 단계부터 의도적으로 자신의 사역에서부터 멀어져야 한다고 말한다. 현지 신자들을 점점 세우고 리더십을 주면서 말이다. 제5장에서 논의했듯이, 그는 교회 개척자가 점차로 배움이에서 전도자로, 교사로, 상주 도우미로, 순회 도우미로, 그리고 마침내 부재(absent) 도우미로 변하는 단계적 철수 방식을 그린다(그림 5.1을 보라).

---

[1] 로건 1988과 로건과 오그네 1991a를 보라. 로건의 생애주기 유비는 돈 스튜어트(Don Stewart)로부터 영향을 받았다(Logan 1988, 1).
[2] 예를 들어, Malphurs 1992, 231-357; McNamara and Davis 2005; Harrison, Cheyney, Overstreet 2008, 138-46.

그의 모델은 부족 중심의 교회 개척을 위한 것이긴 하지만 다른 곳에서의 교회 개척자들에게 주는 시사점도 많다.

여기서 제안하는 발전 모델은 선구자적 다문화 교회 개척 상황에서의 교회의 재생산과 배가 성장에 초점을 둔다. 교회 개척자(혹은 개척팀)는 단계적 철수 목표에 따른 그들의 역할에 적응하고 배가 성장 운동을 남겨 둔 채 떠나야 한다는 스테폰의 강조에 동의한다.

로건과 말푸르(Malphur)가 강조하는 기획과 구조를 만드는 문제에도 관심을 가져야 한다. 그러나 여기에서는 그들과는 반대로, (가정 교회 같은) 다양한 교회 형태와 자원이 제한적인 다양한 문화적 환경에서의 교회 개척을 묘사한다. 또한, 전임 교회 개척자나 목사에게 덜 의존한 채 평신도가 주도하는 교회 재생산을 모델을 목표로 한다. 여기서 제안하는 모델은 제5장에서 묘사한 사도적 교회 개척 모형과도 비슷하다.

〈표 8.1〉 교회 개척 발전 모델들의 비교

하셀그레이브의 바울식 순환	로건 및 다른 이들의 교회의 생애주기	스테폰의 교회 개척자의 단계적 철수
선교사로 헌신	수정	진입 전단계: 배움이 (교회 개척자는 모든 국면에서 배움이로 머문다)
회중을 만남	임신	
복음을 전함	출생	
회중의 회심	유아기	복음 전단계: 전도자
신자들이 모임	성인기	복음 단계: 전도자/교사
믿음이 견고해짐	재생산	복음 후 단계: 상주 도우미/ 순회 도우미
리더십이 인정됨		
신자들이 칭찬받음		철수: 부재(absent) 도우미
관계가 이어짐		
회집한 교회들을 파송하기		

2. 각 국면의 개요

표 8.2는 배가 성장을 목표로 하는 선구자 교회 개척과 교회 개척자의 단계적 철수의 국면들을 한눈에 잘 보여 준다. 이 장의 나머지 부분에서는 특별한 사례들과 더불어 각 단계를 구체적으로 설명할 것이다.

윗부분은 교회 개척이 진행되는 각 국면의 광범위한 모양새를 준비, 시작, 설립, 조직, 그리고 재생산으로 묘사한다.
중간부분은 이 국면들이 건강하게 발전하는 데 중요하게 작용하는 다양한 임무들을 전개한다.
아랫부분은 시작부터 마칠 때까지 다문화 혹은 순회 교회 개척팀의 역할의 변화를 보여 준다. 팀을 세우고 학습하는 준비 역할을 하고 나면 교회 개척자들은 제5장에서 논의했던 동력(motor), 모범(model), 동원자(mobilizer), 멘토(mentor), 배가 성장 운동가(multiplier), 기억(memory)의 "6-M" 역할을 시작한다.

한 국면이나 역할에서 다음으로 넘어가는 시점은 표에서 그리고 있는 것보다는 유연하다.

〈표 8.2〉 선구적 교회 개척의 발전 국면

국면	준비		시작		설립	구조화	재생산
	목표와 사명	이해와 전략	전도와 제자훈련	동역자 모집	모임과 성숙	강화와 파송	기억
임무	• 비전과 교회 개척 목표 정의하기 • 지역과 사역의 대상 민족 결정하기 • 리더십 조직하기 • 다른 이들과 협력하기 • 기도 및 재정 후원 확보하기 • 위원회 조직	• (필요하다면) 외인 문화 배우기 • 인구통계적, 사회적, 종교적, 문화적 상황 조사하기 • 전도와 교회 개척 전략 결정하기 • 관계를 세우고 다른 이들과 협의하기 • 팀을 강화하고 역할 훈련하며 하부 훈련체계 제안하기 • 교회 개척 제안서 제출하기	• 관계를 발전시키고 전도 시작하기 • 다양한 방법들과 결혼 사역 열기 • 세례를 주고 은사들을 발견하고 발전시키기 • 새신자에게 제자훈련을 하고 교육 동일 • 예비리더십 임명하기 • 정기적 공예배 하기 • 소그룹 및 리더들을 기도하기 • 기존 공동체에 대하여 이동 영향력에 참여하기 • 정치적 기초놓기	• 사역 시작하기 • 교회 개척을 시작하기 위해 필요한 외부 지원을 받아 준비되었을 때 만, 장기적 의존은 피하기 • 현지 신자를 기초 위한 사역에 권유하기	• 하나님의 기족으로서 그룹을 성숙시키고 필요한 방법들과 발전시키기 • 교회 교육을 위해 영적 역과 구조 새우기 • 리더들이 이끌어 훈련하게 합과 사역 • 에베리더를 임명하기 • 새신자에게 제자 훈련을 하고 동일 • 정기적 공예배 하기 • 소그룹 및 리더들을 기도하기 • 가치, 장기 발전 계획, 협력적으로 사역에 대한 성장적 세계관을 구성하기 • 정치적 기초놓기	• 공식적으로 리더를 세우고 그룹을 전정으로 신뢰하기 • 필요에 따라 새로운 사역과 구조 세우기 • 리더들이 이끌게 함으로 훈련하기 다른 사역 뒤로 물러남 • 새신자와 방문자를 잘 맞이하기 • 교회 개척 혹은 선교사 시작하기 • 교회 발전과 건강도 평가 • 협력적으로 교회 조직하기 • 온전한 재정적 지원 이루기	• 지속적으로 전도 강조하기 (유지하는 단계로 들어가지 않기) • 재생산을 위해 교회 준비하기 • 딸교회 혹은 선구적 교회 개척을 위한 장소 정하기 • 딸교회 혹은 선구적 사역 개척 혹은 선교사 파송하기 • 다른 교회들과의 공동사역에 참여하기	• 다른 지역이나 사역으로 나아가기; 멀리서 이끌지 조언 삼가기 • 현지 신자들이 코치나 조언자로 섬기기
사도적 교회 개척자의 역할	• 일반적인 비전 정의하기 • 영적/재정적 후원 조직 발전시키기 • 소명, 은사 및 동일에 따라 교회 개척팀 모집하고 개척자의 역할 세우기 • 기도를 우선시하기		• 훈련자이면서 문화적으로 적합한 사역 이이디어 얻기 • 교회 개척을 시작하기 위해 음으로 준비되었을 때 만 현지 신자를 시작 사역에 권유하기 • 현지 신자들이 소명받게 하기 • 사역에 대한 평신도 기대하기 • 현실된 세우는 직접 사역에서 모든 제자훈련에 • 사역에 권위사기 기			• 비전과 성경적 가치를 현지 신자들에게 책임감 있게 주면서, 다른 이들을 교회를 위해 세울 수 있도록 조언해주기 • 현지 신자들이 신고하는 사역 이면에서 만 활동하기 • 첫 번째 개척된 교회를 위해 나 사역으로 나아하기 조언해주기	

1) 준비

준비는 위대한 기대의 시간이다. 육지에서의 기초작업이 잘 되어야 교회 개척이 실제로 항해를 시작할 때 필요한 기술과 임무에 대한 정확한 이해를 가진 숙달된 선원들이 그것을 잘 운행할 수 있다. 아니면 비유를 바꿔서, 선수들이 모집되고, 훈련하고, 팀을 구성한다. 그 뒤 경기 계획을 짜서, 경기 당일 선수들이 승리를 위해 경기장을 누빈다. 필요한 지원 계획과 자원 조달 역시 마련된다.

교회 개척을 준비하는 것에는 두 개의 하위 국면을 포함한다. '목표를 정하고 시운전해 보기', 그리고 '이해하고 전략 세우기'가 그것이다. 어떤 것도 간과해서는 안 된다.

첫 번째 하위 국면인 목표를 정하는 국면에서 교회 개척자는 지역 및 동역자를 정한다. 팀이 결성되면 현지 교회나 파송 단체에 의해 임명된다. 기도와 재정 및 필요한 다른 후원들을 찾는다.

본질적으로는 목표를 정의하고 기도를 모으고 지원체계를 튼튼히 하는 일을 포함한다. 이 하위 국면에서 교회 개척자의 주된 관심은 팀 결성이다. 팀 결성 과정은 교회 개척팀 구성원 간의 관계뿐 아니라 파송 교회, 지역 성도 연합, 파라처치 등 다른 협력자들과의 전략적 연대를 세우는 일도 포함한다.

두 번째 하위 국면인 이해하고 전략 세우기는 주의 깊고 기도로 준비된 계획을 포함한다. 사역 대상인 주민들과 지역에 대한 조사, 그리고 최초의 관계망을 시작한다.

이 국면 동안 팀은 정확한 정보를 얻기 위하여 그 지역을 방문하고 사람들과 함께 생활한다. 광범위하고 다양한 자료들을 통해 얻은 정보에 기초하여 적합한 전도 및 제자 훈련 전략을 수립한다. 팀 구성원들의 다양한 역할이 결정되고, 필요하다면 특화된 훈련과 준비도 마련한다. 이런 과정을 통해 교회 개척을 실제로 시작할 수 있는 지점까지 팀이 가게 된다.

이 두 번째 하위 국면 준비에서 교회 개척자의 우선되는 역할은 배움이다. 경험이 있는 교회 개척자들은 아마도 자신들이 실제로 아는 것보다 더 많이 안다고 생각하고 싶을 것이고, 그래서 너무 급하게 나갈 수 있다.

하지만 사역 상황에 따라 적합한 접근 방식은 각각의 새로운 교회 개척과 대상 주민들에 맞게 다시 세워져야 한다. 같은 나라나 지역이라 해도 지방마다의 차이는 존재한다. 무엇보다 그들에 대해 더 배우고 기도로 그들을 포용함으로써 깊은 사랑과 사람들에 대한 배려를 키워 나가야 한다.

2) 시작

시작은 가장 흥분되는 국면이다. 마침내 교회 개척이 이륙한다. 준비는 끝났다. 팀은 경기장에 뛰어든다. 이 국면은 전도와 제자 훈련의 선구자적 사역을 우선하여 구성한다. 사람들과의 관계가 발전하고 전도를 위한 노력들이 시작된다. 첫 번째 신자의 세례가 곧 준비될 것이다. 그리고 나면 그들은 주로 집에 모여 소그룹으로 제자 훈련을 받는다.

이 초기 단계부터 새신자가 가장 기초적인 면에서 사역자로 훈련되어 다른 이들과 신앙을 나누고 그들을 제자화시키는 일이 중요하다. 따라서 현지인들이 쉽게 모방하고 재생산할 수 있는 방법론을 처음부터 사용하는 것이 중요하다. 이 기초적 단계에서부터 교회 개척자들은 현지인들에게 리더십을 나누어 줄 수 있다. 예를 들어, 첫 번째 소그룹 리더 세대가 훈련된다.

이 국면에서의 첫 번째 사역과 예배는 그리스도의 사랑을 보여 주고, 관계를 세우고, 하나님 나라의 표적이 되기 위해 발전된다. 그러나 교회 개척자는 자신의 에너지와 능력을 잘 분배하여 한 번에 너무 많은 방향을 설정하며 시작하지 않도록 해야 한다. 자칫 탈진을 불러오거나 장기적으로 지속될 수 없는 사역을 시작하도록 잘못 이끌 수도 있다.

교회 개척팀 중 현지 신자들이 적거나 아예 없는 선구자적 환경에서는 사도적 교회 개척자들이 동력이 되어 기능을 수행한다. 훈련시키고 동원할 현지 신자들이 없기 때문에 시작 단계에서의 모든 일들은 선교사나 순회사역팀을 통해 진행된다. 현지인 중 신자가 생기고 나면 개척자는 모델이 되어 현지 신자들이 쉽게 재생산할 수 있는 사역을 전개한다.

3) 설립

설립의 국면에서 전체 과정 중 최초로 열매를 맺는다. 현지 신자들이 점차로 하나님 나라 목적에 맞게 살아가면서 예배자로서의 회중을 이루게 된다. 이 국면은 싹트는 교회의 모임과 성숙에 초점을 맞춘다.

소그룹들이 큰 행사나 공예배를 위해 연합한다. 처음에는 분기별 혹은 월별로 진행하다가 나중에는 매주 예배를 한다. 사역은 현지 신자들이 주인의식을 가지고 새로운 사역을 인도할 수 있는 능력을 보여 줄 때 발전한다. 예산이 수립되고 정기적 장소가 마련되겠지만, 건물과 예산은 이제 막 싹을 틔우는 교회의 중심사안은 아니다.

교회의 현지 리더십팀을 예비하거나 가정 교회 운동을 일으킬 수도 있다. 사역이 확장되고 현지 신자들이 사역을 인도하는 것에 대한 책임감을 더 가질수록 교회 개척자의 사역의 중심은 그들의 영적 성숙과 사역에 모아진다. 보통의 경우, 공예배가 시작되는 시점에 회중은 교회 개척자 혹은 선교사가 목회적 리더십을 제공해 주긴 바란다. 사도적 모델에서 이는 거부되어야 한다. 오히려 교회 개척자들은 현지 신자들이 그러한 리더십을 가지고 설 수 있도록 강조를 둔다. 현지 신자들과 최소한의 책임을 나눌 수 있을 때 새로운 사역이 시작된다.

이 시점부터 교회 개척자가 동력과 모델의 역할에서 동원자와 멘토의 역할로 변환되는 것이 명확해진다. 현지 신자들은 사역의 주도권을 가지도록 동원된다. 이 사역은 하나님께서 교회 개척자에게가 아니라 그들에게 맡긴 것이다. 그들은 자신의 시간과 재능, 에너지와 재정을 하나님 나라 공동체의 사역이 진전되고 확장되는 데에 사용하도록 자극을 받아야 한다.

동원자와 멘토로서 교회 개척자에게 가장 중요한 사역은 점점 더 눈에 보이지 않는 일, 즉 눈에 보이는 사역을 하면서 결국에는 완전한 리더십의 책임을 가지게 될 현지 신자들을 세우고, 상담하고, 격려하는 일이 된다.

어떤 면에서 지금이 가장 중요한 국면이다. 왜냐하면, 교회의 삶에 중요한 수많은 선례와 관례가 여기서 정해지기 때문이다. 교회의 DNA가 결정된다. 나중에 바꾸기 어려운 사역의 방식이 정해지고 이것이 곧 교회를 미래로 이끈다.

4) 구조화

교회가 영글어짐에 따라 구조화의 국면은 그동안의 힘든 노력들이 결실을 맺는 만족스러운 시간이 된다. 새로운 몸이 자유로운 형식의 가정 교회이든 보다 전통적 교회이든지, 지속적 성장과 확대되는 여러 필요, 그리고 제자 훈련을 촉진시키기 위해 구조는 반드시 제공되어야 한다.

교회의 조직은 첫 번째 리더의 공식적 부르심, 교회의 합법적 통합(필요한 경우), 그리고 새로운 기회의 장점을 활용할 새로운 사역으로 형성된다. 이 국면에는 사역의 확장과 현지 신자들에게 온전한 책임감을 주는 권한 위임, 사역에 있어서의 자발성 그리고 리더십이 포함된다.

추가적 사역이 발전하려면 몇 가지 일이 발생해야 한다.

첫째, 그리고 가장 중요한 것은, 새로운 사람들이 교회의 삶으로 온전히 들어와서 훈련받고 예배에 참여해야 한다.

둘째, 성장하는 사역이 적당한 자원을 필요로 한다면 청기지 직분에 대한 교육을 간과해서는 안 된다. 가족 규모의 작은 교회를 추가적으로 배가 성장시키는 방식을 택하는 것이 아니라면, 성장하는 교회는 작은 가족 교회와 같은 행동을 지속하려는 유혹을 벗어나야 한다.

셋째, 리더십 구조는 단순한 가족 교회 기반에서처럼 작동하지 않고 확장되어 많은 일의 부담이 어깨에 올라가게 된다. 교회 개척이 보조금 혹은 다른 형태의 외부 지원을 받아왔다면, 교회의 장기적 의존도를 줄이기 위해 이 시기에 이런 지원들을 줄여야 한다.

발전의 이 단계까지 올 동안 사도적 교회 개척자들은 철수의 마지막 단계에 진입하면서 완전히 물러날 수 있도록 준비한다. 교회 개척자들이 그들의 열매를 즐기고 사역에 대한 기회들이 여전히 많이 있다면, 이것은 쉽지 않은 일이다. 하지만 이 국면에서 현지 신자들이 리더십과 사역의 확장을 위한 주된 책임을 가져야 한다.

이 시점에서 선교팀의 주된 역할은 배가 성장 운동가이다. 현지 신자들을 세워서 그들이 다른 이들을 세우도록 해야 한다. 현지 신자들이 사역을 위한 책임감을 가지고 교회 개척자는 점차로 전면에서 사라질 뿐 아니라, 교회의 진정한 배가 성장이 일어나려면 그들이 다른 이를 세워 주는 방법을 배워야만 한다. 개척 교회의 새로운 현지 리더들이 이제 시선에 들어온다.

5) 재생산

개척된 교회가 또 다른 교회를 개척할 때의 기쁨은 조부모가 되는 기쁨에 비할 수 있다. 사역 기술과 배가 성장의 비전으로 현지 신자들을 세우는 것에 더하여 젊은 교회는 반드시 지속되는 발전에 대한 재평가와 결산을 해야 한다.

우리 교회는 여전히 성경적 목적에 충실한가?
아니면 현재의 모습에 안주하고 있는가?
빛과 소금으로서의 사명은 새로운 수준으로 올라가야 한다. 이 국면은 강화와 파송의 이중 임무로 정의될 수 있다.

재생산을 통해 지역에 교회를 개척하는 배가 성장을 생각하며 또한 선교 파송 주체로서 교회가 멀리 있는 미전도 종족에게 교회를 개척할 수 있도록 돕는 일까지도 염두에 둔다. 교회는 또한 교단 혹은 다른 형태의 연계망들을 통해 다른 이들과 협력하는 데에도 최선을 다한다. 교회가 홀로 사역하는 것보다 더 많은 사람과 함께 상승효과를 일으킬 때 하나님 나라를 성취할 수 있다.

사도적 교회 개척자는 한동안 남아서 배가 성장 운동가로 일하고 교회가 스스로 재생산할 수 있도록 멘토링한다. 혹은 그 지역의 발전을 위해 일할 수도 있다. 하지만 궁극적으로 사도적 팀은 새로운 지역으로 떠나나 아직 복음을 모르는 사람들을 향해 선구자적 사명을 감당해야 한다. 그들은 이제 기억으로 남는다.

3. 책임을 세우고 공유하기: 방법론 너머에 있는 방법론

제5장에서 본 사도적 접근 방식에서의 목표는 외부의 지속적 지원과는 별개로 스스로 성장하고 재생산하는 교회를 만드는 것이다. 매 국면마다 사도적 교회 개척자는 반드시 현지 신자들을 세워서 새롭게 생기는 교회의 사역들에 대한 책임을 주어야 한다. 현지 신자들이 기꺼이 사역과 프로그램에 참여하고 지원하고 궁극적으로는 리더십을 가질 준비가 되기 전에 그것들을 진행하려는 마음을 물리쳐야 한다.

교회 개척이 시작되고 나면 모든 사역과 프로그램은 처음부터 그 사역을 세우고 결국엔 책임을 지게 될 지역 신자들이 주도하거나 공동 주관한다. 이와 같은 방식을 통해 교회 개척자의 리더십에서 현지 신자들에게 리더십이 이양될 때 문제가 생기지 않는다.

초기에 성도를 세워 주는 시기를 지난 후 교회 개척자들은 사역에 위협이 되지 않는다면 어느 때에나 철수할 수 있어야 한다. 더욱이 성도를 세우는 일은 모든 새로운 사역이 시작될 때 포함되기 때문에 세움과 배가 성장의 정신은 새로운 교회에 모방되고 주입된다. 이것이 장기적 배가 성장의 핵심이다. 제4장에 묘사된 토착화 재생산과 배가 성장의 원칙들은 발전의 각 단계마다 염두에 두고 실행되어야 한다.

4. 각 발전 국면을 위한 중요한 영적 은사들

모든 영적 은사가 그리스도의 몸이 건강하게 기능하는 데 중요하지만 다양한 각 국면마다 발전과정을 원활하게 만드는 데 아주 중요한 어떤 은사들이 있다(표.1을 보라).

많은 교회 개척이 정체되고 앞으로 나가는 데 실패하는 이유는 개척자가 자신의 은사에만 기초하여 사역을 강조하기 때문이다. 예를 들어, 많은 교회 개척자가 열정적 '실행가'들이지만 다른 이를 세워 주는 데에는 인내심이 부족하다. 그들은 좋은 동력이지만 훌륭한 멘토는 아니다. 다른 이들은 전도에는 강하지만 행정력이 약하기도 하다. 그런 경우 교회 개척은 정체되어 설립 국면을 지나가지 못하게 된다.

이런 어려움을 이겨내는 최고의 방법은 현지 신자들을 중요한 은사에 따라 분류하고 그들이 그 은사들을 발전시키고 즐기도록 돕는 것이다. 사도적 교회 개척팀에는 필요한 모든 은사가 섞여 있다 하더라도 핵심은 현지 신자들을 동원하는 것이다.

선구자적 교회 개척의 시작 국면 동안, 전도의 은사는 첫 번째 신자를 얻는 데 분명히 필요하다. 신약성경의 빌립을 생각해 볼 수 있는데, 사마리아에서의 그의 사역이 그 지역에서 첫 번째 신자의 회심과 그곳에 교회를 세우는 일을 이끌어 냈다(행 8:5-13). 하지만 사도적 은사 역시 교회 개척 노력이 지역 전체에 걸쳐 배가 성장을 위한 전략적 리더십을 제공하기 위해 필수적이다.[3] 사도 바울은 그런 은사를 가진 가장 분명한 예이다.

교회가 설립 국면으로 접어들면, 제대로 된 성경 교육, 개별적 상담, 그리고 영적 양육에 대한 새신자들의 요구가 증가된다. 그들은 또한 더 큰 사역의 책임을 맡을 수 있도록 세워져야 한다. 따라서 이 국면을 거치는 동안은 목회와 교육의 은사가 특별히 중요하다. 안디옥 교회의 새신자들의 위로자였던 바나바가 생각난다(행 11:22-24).

---

[3] 제5장에서 묘사된 사도적 교회 개척자의 의미로 여기서 '사도'라는 용어를 사용한다.

바나바는 또한 바울과의 관계에서 보면 뛰어난 멘토이기도 했다(행 9:27; 11:25-26 등). 엄청난 성경 지식을 가졌던 아볼로(행 18:24)는 바울이 부재했던 당시 고린도 교회를 가르쳤다(행 19:1; 고전 3:4-6; 16:12). 이런 은사들이 없다면 새신자들이 미성숙한 상태에 머물게 된다.

교회가 조직화의 국면에 들어가면, 새로운 조직이 만들어진다. 새로운 사역팀이 조직되고 교회는 재정적으로 청지기직을 수행한다. 따라서 행정적 은사들이 중요하다.

예수님의 형제이자 예루살렘 교회의 장로였던 야고보가 좋은 예가 될 수 있다. 그는 예루살렘 공의회의 의장 역할을 해냈고(행 15장) 예루살렘 교회 장로들의 핵심적 대표로 자주 거론되었다(행 12:17; 21:18). 예루살렘 교회에서 과부들의 구제 행정을 담당했던 집사들은 행정의 은사가 가장 뛰어난 이들이었다(행 6:1-6).

종종 어떤 교회들이 빠르게 정체되는 경우가 있는데, 이는 교회 개척자나 회중이 변화하는 상황과 교회의 성장에 대응하기 위한 방법론에 잘 적응하지 못하고 새로운 조직을 만드는 데 실패했기 때문이다.

마지막으로, 교회가 재생산할 준비가 되면 새로운 교회 개척의 노력을 시작하기 위해 다시 한 번 사도적 은사와 전도의 은사가 필수가 된다. 하지만 이 때에는 반드시 현지 신자들이 추수를 위한 추수에 모집되어야 한다. 그들이 교회 개척의 다음 세대이다. 에바브라가 이러한 2세대 전도자이자 교회 개척자의 한 예이다. 그의 고향은 골로새인데(골 4:12) 바울의 사역 덕분에 그는 에베소에서 신자가 되었고, 그 후 다시 골로새로 돌아와서 복음을 설교하고 그 곳에 교회를 개척했다(골 1:7).

지혜로운 개척자들은 자신이 가지고 있는 은사 쪽으로 끌려가면서 바로 그 자리에서 그 은사들을 교회를 위해 사용하는 경향이 있다는 사실을 깨닫는다. 이러한 문제는 개척자와 회중 사이의 심각한 갈등을 빚는 최악의 시나리오로 발생할 수 있다. 따라서 교회가 성장하고 발전할 때 모든 영적 은사들의 가치를 제대로 인정하고 중요한 시기와 상황에 맞게 사용하는 일이 필수이다.

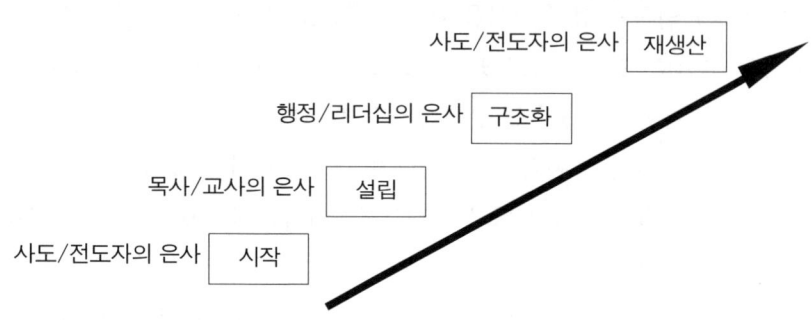

<그림 8.1> 발전 국면에 따른 중요한 영적 은사들

5. 순차적 사고를 멀리하기

데이비드 게리슨 및 교회 배가 성장을 옹호하는 이들은 교회 개척의 문제를 지나치게 순차적으로 접근하는 것을 경고해 왔다. 요컨대, 교회는 어떤 단계들을 순차적으로 거치지 않으면 성숙하거나 재생산을 할 수 없다는 견해이다(Garrison 2004a, 243-45). 교회 개척의 발전 국면들은 엄밀히 말해 순차적이다.

하지만 사실 재생산과 배가 성장은 제4장에서 설명한 대로 각 국면마다 발생해야 한다. 새신자가 생기면 그들은 제자 훈련을 받고 다른 이들에게 복음을 전하도록 가르침을 받아야 한다. 그들이 제자로 성장하면, 이제 다른 이들을 제자화시킨다. 그들이 셀그룹에 참여하면 그들은 셀그룹 인도법을 배워 결국엔 다른 셀그룹 리더들을 훈련시킨다.

셀그룹이 형성되면 시작 단계부터 새로운 셀을 위한 배가 성장의 비전이 탄생한다. 이와 같은 방식으로 배가 성장은 사역의 모든 요소마다 교회의 정신의 일부가 된다.

교회의 발전이 다음 국면으로 접어든다 해도 이전 국면에서의 사역 기능들이 중단되는 것은 아니다. 예를 들어, 교회 개척이 시작부터 설립 단계까지 진행되어도, 전도가 끊어져서는 안 된다. 교회가 모이고 성숙하는 단계에서 확장하고 권한을 주는 단계로 접어들어도, 셀그룹과 셀리더를 배가 성장시키는 일은 멈추어서는 안 된다. 어떤 면에서 사역은 순차적으로 발생하지 않고 누적된다. 각 단계마다 이전 단계의 사역을 이어서 재생산한다.

교회가 재생산을 할 수 있기 전까지 완벽하게 성숙한 채 다방면의 사역을 해야 하는 것은 아니다. 그런 생각에 사로잡힌 교회들은 재생산을 하기 어렵다. 왜냐하면, 그런 교회들은 그들 스스로가 충분히 성숙했다고 결코 생각하지 않을 것이기 때문이다.

하지만 전도자와 제자 훈련생, 셀그룹과 셀리더들을 배가 성장시키는 배가 성장의 정신이 교회의 시작부터 그들의 삶에 자리잡고 있다면, 어떤 기념비적 사건으로서가 아니라 이미 진행중인 배가 성장의 과정이 자연스럽게 드러나게 될 것이다.

제9장

준비 1: 목표 설정 및 위원회 조직

다문화 교회 개척을 준비하는 사역자들은 마라톤을 위해 엄격한 정신과 육체적 훈련을 하는 운동선수에 비유할 수 있다. 운동선수들도 지역과 기후 조건에 맞는 전략을 만들어 준비한다. 제15장에서 자격, 교육, 가족과 관련된 일들, 그리고 정서적, 영적 준비들을 포함하여 개인적 준비의 차원을 다룰 것이다.

이번 장과 다음 장에서는 중요한 전략적 준비와 상황에 적합한 결정을 강조한다. 교회 개척 리더들이 만나는 문제의 60-80퍼센트는 준비 단계에서 잘못된 전략을 세운 결과에서 기인한다(Logan and Ogne 1991a; Klippenes 2003, 84).

이 단계에서 사역의 대상이 되는 사람들[1]의 지역과 민족이 선택되고 교회 개척팀이 구성되어 세워지며, 중심비전과 핵심가치가 정의된다. 그리고 재정과 기도의 후원체계가 구축된다. 요약하면, 이 준비 국면은 목표를 설정하고 구성원들을 모으며 지원체계를 확립하는 일들을 포함한다.

---

1   목표가 되는 사람들(target group)보다 사역의 대상이 되는 사람들(ministry focus people)이라는 말을 더 선호한다. 어떤 경우는 지역적으로 뚜렷한 이웃이나 마을에 집중되며, 다른 경우는 민족적으로 구별된 민족 혹은 문화를 가진 사람들이 된다.

국면 개요

성경의 예

사도행전 13:3	안디옥 교회가 첫 번째 선교사들을 파송하다
사도행전 13:5	팀이 확장되다
갈라디아서 2:7-9	재정 및 사역자를 명확히 정할 필요가 있다

핵심 단계

1. 교회 개척의 비전과 핵심가치 정의하기
2. 사역의 대상이 되는 사람들 정하기
3. 능력을 갖춘 팀 리더 선발하기
4. 팀을 모으고 조직하기
5. 기도와 재정 후원 모으기
6. 팀을 준비하고 위임하기

중요한 요소

1. 명확한 비전, 핵심가치, 사역의 대상이 되는 사람들에 대한 동의
2. 노력을 주도할 적절한 사람 확보하기
3. 문화적 멘토의 도움을 받아 토착화 원리에 따른 전략 세우기
4. 언어와 문화를 제대로 배우기
5. 건강한 팀 모으기

1. 교회 개척의 비전과 핵심가치 정의하기

21세기 북미에서는 효과적 기업가식 리더십이 가장 중요한 덕목이라는 비전이 생겼다. 이는 일련의 사람들이 노력하여 맞이하고자 하는 미래의 개념화로 정의된다. 때로 이 비전은 아주 구체적이고 정량화가 가능한 용어들로 묘사된다. 500명의 성도를 가지고 열 개의 교회를 개척한 교회, 이런 식으로 말이다. 그런가 하면 어떤 때에는 측정 가능한 결과보다 더 모호한 형태, 더 꿈과 같은 형태를 취한다. 도시의 모든 이웃과 가족과 사회를 변혁시키는 유기적 교회 운동, 이런 식으로 말이다.

헨리 블랙커비와 리처드 블랙커비(2001)는 그리스도인의 사명은 지상명령과 대계명에 뿌리를 두어야 한다고 상기시켜 준다. 이는 사람의 열망이

나 상상이 아니라 하나님의 목적으로부터 온 것이다. 성령 하나님께서 하나님의 관점 및 욕망(비전)을 구하는 이들과 소통하신다. 따라서 교회 개척은 하나님과의 친밀한 동행으로 성장하고 창조적 에너지와 상상력으로 형성되는 영적 사업이다.

피해야 할 한 가지 위험 요소는 다른 환경에서 이루어진 교회 개척 비전을 그대로 모방하는 것이다. 성령 하나님께서는 반드시 특정 상황에 적합한 비전을 만들어 가도록 인도하신다. 초기에는 '큰 그림'을 그려 볼 수 있지만, 전도와 제자 훈련을 위한 특별한 노력들을 결정하기 위해서는 문화적 이해와 멘토들이 필요하다.²

교회 개척의 발전 비전은 단회적 결정이 아니라 과정으로 접근해야 한다. 교회 개척 리더는 바다 위에 떠 있는 배의 항로를 짚어 주는 항해사와 같다. 그는 최종 목적지를 알고 있지만 바람과 파도는 계속해서 그를 항로에서 밀어내려 한다. 그는 조력자들로부터 의견을 구하고 항해도를 다시 보고, 정기적으로 항로를 조정한다. 교회 개척도 그와 같다. 비전은 교회가 목적하는 최종 마지막 종착지이다.

이런 주의사항은 열정이나 기업가적 결정을 반대하는 게 아니라, 겸손, 성실, 유연성 및 여정에서의 개방성을 위한 것이다.

1) 배가 성장 운동 정신 가지기

교회 배가 성장 운동은 현지에서 가능한 인력과 자원을 가지고 재생산하는 토착화 교회로 가는 길을 굽어봐야 한다. 사역 방향성을 위한 '조정실'에 현지 제자들과 사역자들을 포함시키는 계획과 더불어 사도적 팀은 반드시 단계별 철수 전략을 가져야 한다.

---

2 순서는 중요하다. 하나님께서 팀이 시작되도록 이끌어 줄 수 있는 비전을 주실 것이지만, 특별한 사역에 대한 전략은 사람들에 대한 이해에서부터 흘러나온다. 이에 대해서는 다음 장에서 "이해하기와 전략 세우기"라는 소제목을 통하여 보게 될 것이다.

사역의 대상이 되는 사람들 중에 팀에 합류하는 사람이 있을 경우, 처음부터 토착화 리더십이 형성될 수 있다. 이상적인 일이긴 하지만 선구자적 환경에서 언제나 일어나는 일은 아니다. 이런 환경에서 선교사 팀은 리더십 발전과 위임, 그리고 현지 신자들에게 주도권을 주는 역할 변화에 있어서 점진적 전략이 필요하다.

"이것을 데이비드 보쉬는 그들에게 '성숙의 증명서'를 주는 것이라 부른다. 이것이 바울이 그가 사역하는 사람들에게 보여 준 돌봄의 형태이며 책임감 있는 멘토가 취할 방식이다"(Steffen 1997, 9). 따라서 미래가 현재를 형성해야 하며 사도적 팀은 일시적 발판의 기능을 수행하면 된다(Saint 2001).

권한을 위임하여 배가 성장을 이루는 교회 개척은 건강한 토착 교회의 배가 성장에 대한 강력한 비전과 미래의 복음 전파와 사역의 대상이 되는 사람들의 변혁은 현지 교회의 손에 달려 있다는 확고한 믿음에서 비롯된다.

순교자 대주교 오스카 로메로(Oscar Romero)는 자신들의 한계와 지금의 위기를 인정하면서 미래 세대를 위한 씨앗을 뿌리는 이들이 가지는 힘을 이렇게 묘사했다.

> 가끔 한 걸음 물러나 멀리 바라보는 게 도움이 된다. 하나님 나라는 단순히 우리의 노력 너머에 있는 것이 아니다. 그것은 우리의 비전 너머에 있다. 우리는 일생에 걸쳐 하나님께서 하시는 웅장한 사업의 부분만을 성취할 뿐이다. 우리는 하는 일 중에 완전한 것은 없다. 하나님 나라는 언제나 우리 너머에 있다는 말을 달리 표현한 것이다. …
> 이것이 우리가 어떤 존재인가에 관한 말이다. 우리는 언젠가 자라게 될 씨앗을 심는다. 우리는 훗날 발전하게 될 기초를 놓는다. 우리는 우리의 능력과는 한참 멀리 떨어진 효과를 생산하기 위해 누룩을 넣는다. 우리는 모든 것을 할 수 없다. 이것을 인정할 때 자유함을 얻는다. 이로부터 우리는 무언가 할 수 있을 뿐 아니라 그것을 아주 잘하게 된다. 어쩌면 그것은 완전치 못한 것이다.

그러나 이것은 그리스도의 은혜에 들어가 쉼을 얻는 길의 첫 걸음이다. 우리는 어쩌면 절대로 그 결과를 볼 수 없을지 모른다. 하지만 건축자와 일꾼은 다르다. 우리는 일꾼이다. 건축자가 아니다. 우리는 사역자이지 메시아가 아니다. 우리는 우리의 손 밖에 있는 미래를 향한 예언자들이다.[3]

2) 비전의 구성 요소

요약하면, 교회 개척자의 비전이란 장래에 일어나기를 바라는 일의 개념이다. 하나님께서 시작하시지만 기도, 상담, 연구를 통해 점진적으로 발전한다. 비전이 제5-7장에서 논의한 전략적 선택들을 통해 교회 개척자를 인도한다.

제5장에서 세 가지 유형의 교회 개척자를 소개했다. 목회자 유형, 사도적 유형, 그리고 촉매제 유형이다. 비전은 이런 유형 몇 가지를 동시에 포함하기도 한다. 사도적 팀이 촉매제 유형의 교회 개척자가 인도하는 현지 신자들과 함께 일하는 것처럼 말이다.

교회 개척팀의 리더는 기초를 닦는 자신의 역할과 현지팀의 리더들에게 사역의 책임을 이양하는 계획을 이해해야 한다. 따라서 리더십 개발은 비전을 위해 중요한 요소이다.

제6장에서는 토착화의 원리와 교회 개척 운동에 대해 다루었다. 비전은 가시적으로 나타나는 재생산과 건강한 토착화를 이루고, 스스로를 지원하는 독립된 교회로 인도해야 한다.

교회 개척팀이 첫 번째 교회에 재생산하는 DNA의 잠재력을 심기 위해서는 최초의 비전에 제자및 소그룹 그리고 다음에 개척되는 교회에서 헌

---

[3] 산 살바도르(San Salvador)의 대주교였던 오스카 로메로는 1980년 3월 24일 그가 살고 있던 암센터의 작은 예배실에서 미사를 집례하는 도중 암살당했다. 로메로의 말은 사기너(Saginaw)의 주교 켄 언테너(Ken Untener)의 자료로부터 인용하였다(Utener 2005).

신할 수 있는 사역자들의 재생산이 포함되어야 한다.

제7장에서는 몇 가지 교회 개척 모델들이 소개되었다. 각각은 구분된 접근 방식, 특유의 리더십팀, 다양한 자원환경을 요한다. 최초의 비전 선언문을 만들 때 이런 조건들을 고려해야 한다.

새로운 교회가 포도나무 가지처럼 성장하는 가정 교회의 다발 중 일부가 될 것인가?
외진 마을에 위성 교회를 두는 강력한 도시 중심의 교회가 될 것인가?
도시를 뒤덮으며 한 달에 한 번씩 정기적으로 모여 강력한 예배를 가지며, 가장 가까운 지역에 긍휼 사역을 하는 셀 교회가 될 것인가?

어떤 교회 개척 모델을 선택하느냐가 최초의 비전을 정하는 데 중요한 요소가 된다.

3) 교회 개척의 핵심가치

제6장에서 보았듯이 결정을 내리게 하는 확신에는 가치가 강하게 작용한다. 개척자가 배의 노를 고치는 것이 비전의 최종 목적이라면, 참고할 수 있는 가치들이 각 지점들을 따라 표시를 만들어 준다. 그 표시들은 위험한 암초와 항해 가능한 수로를 구분해 주는 부표와 같다. 교회 개척 운동의 핵심가치를 설정하는 한 예가 부가 자료 9.1에 나온다.

핵심가치는 의사 결정과 우선순위 책정, 그리고 평가를 원활하게 해 준다. 팀

〈부가 자료 9.1〉
교회 개척 운동의
열 가지 공통 요소

1. 특별한 기도
2. 왕성한 전도
3. 재생산하는 교회를
   의도적으로 개척
4. 하나님 말씀의 권위
5. 현지 리더십
6. 평신도 리더십
7. 가정 교회
8. 교회가 교회를 개척
9. 급속한 재생산
10. 건강한 교회

- 이 핵심가치들 중 어떤 것이 당신의 교회 개척에 적용될 수 있는가?
- 어떤 것에 변화를 주고 싶은가?
- 어떤 것을 추가하고 싶은가?

출처: Garrison 2004a, 172.

이 공통점을 소유하고 있으면 사역에 있어서의 조화와 연합을 이루어 내며 부차적 일에 대해서는 다양성을 허용한다. 따라서 공통의 핵심가치가 설정되면 팀은 연합을 이루고 불필요한 갈등을 피하게 해 주는 객관적 기반을 가지게 된다.

핵심가치는 집을 받쳐 주는 기둥들같이 사역 비전과 밀접하게 연관된다. 핵심가치가 효과적으로 공유될 때 사람들의 행동을 촉구하고 변화를 수용하도록 돕는다. 또한 팀 구성, 역할 확정, 재정 관리, 그리고 자원 배치에 영향을 미친다. 기독교 사역은 반드시 성경, 특별히 지상명령과 대계명에 뿌리를 두고 있어야 한다.

예루살렘 교회에는 과부를 돌보는 일로 인한 위기가 발생했다(행 6:1-7). 헬라어와 히브리어를 사용하는 과부들이 공평하게 대우받지 못하고 있었던 것이다. 사도들이 즉각적 행동을 취했다는 점은 필요한 이들을 공평하게 돌보는 것이 핵심가치였음을 보여 준다.

또 다른 핵심가치를 보여 주는 것은, 영적으로 성숙하고 열정 있는 이들이 증가하는 목회적 행정적 필요를 위해 선택되었다는 사실에서 볼 수 있다. 그러나 사도들은 다른 핵심가치를 우선시하기 원했다. 기도와 말씀의 사역이 그것이다.

이런 상황에서 가치들 사이의 갈등은 보이지 않는다. 마지막에 그들은 새롭게 개선된 사역을 위한 능력 있는 사람들을 찾아내어 모든 핵심가치들을 보전하였다. 최종결과는 하나님의 말씀이 확장되고 교회가 성장하는 것으로 나타났다.

핵심가치는 우선순위라는 말로 표현될 때 특별히 더 유용하다. 표 9.1에는 유기적 교회 개척에서 적용가능한 몇 가지 핵심가치들을 열거했다.

〈표 9.1〉 핵심가치의 적용

가치 정의	가능한 적용들
성장 이전에 작음	공적 모임을 시작하기 전에 셀그룹을 배가 성장시키기
상부구조 이전에 내부구조	건물에 투자하기 전에 제자 훈련과 소그룹 성장시키기
알려지기 이전에 증명	직분과 책임을 맡기 전에 봉사를 통해 사람들을 시험하기
은사 이전에 성품	역동적 개인성 위에 영적 성숙
유지보다 전진	사람들이 오기를 바라는 대신 사람들이 있는 곳에 가서 만나기
추가보다 배가 성장	사람들과 사역의 재생산 여부를 조사하고 외부 자원에 의존하지 않도록 만들기
발견하기보다 잃은 자들	소그룹과 사역의 방향을 외부로 방향을 설정하고 새로운 이들과 구도자들을 편하게 환영해 주기
전임사역자보다 평신도	거룩한 평신도 리더들이 다다를 수 있는 기준. 그들의 상황을 벗어난 전문적 훈련을 하지 말 것

* 자료: 퍼거슨[2007, 2]이 말한 핵심가치는 진 윌슨의 ReachGlobal EFCA Cross-Cultural Church Planting School, May 2008에서 확장 적용된다.)

2. 사역 대상 정하기

어떤 이들은 사역의 대상이 되는 사람들을 택하지 않으려고 한다. 복음이 광범위하게 모든 이에게 퍼지기를 바라면서 말이다. 하지만 사역이 우선적으로 집중되는 사람들을 택하는 몇 가지 좋은 이유들이 있다. 무엇보다, 전략적 전도 방식은 성경에서 선례를 찾을 수 있다. 사도들은 베드로와 야고보와 요한이 유대인들에게 집중하고 바울과 바나바가 이방인들에게 복음을 전하는 것에 동의했다(갈 2:7-9).

한 집단에게 집중하여 사역하는 것은 평생에 걸친 부르심일 수도 있고 선교의 특정 국면에 한정된 것일 수도 있다. 빌립은 사도들의 명령 없이 하나님의 인도하심을 받아 사마리아인들에게 간 것으로 보인다. 예루살렘 교회가 그의 사역을 조사하여 인정한 것은 그 뒤의 일이고(행 8:4-17), 그는 한동안 그곳에서의 사역을 지속했다.

하나님이 주시는 방향을 구하면서 바울은 마케도니아 사람의 환상을 보았고 누가는 이렇게 결론 내린다.

> 바울이 그 환상을 보았을 때 우리가 곧 마게도냐로 떠나기를 힘쓰니 이는 하나님이 저 사람들에게 복음을 전하라고 우리를 부르신 줄을 인정함이러라(행 16:10).

이러한 방식을 따라 교회를 개척하는 선교사들은 모든 이에게 복음을 전하되 특정한 시기에는 자신들의 노력을 특정한 사람들에게 집중하였다.

사역의 대상이 되는 사람들은 새로운 교회가 다가가 봉사할 사람들이다. 그들은 민족으로, 계급으로, 사회경제적으로, 지역적으로, 세대별로(베이비부머, x세대, 밀레니얼 등), 혹은 인구를 나누는 다른 기준들에 의해 정의될 수 있다. 사람들에 대한 정의에 실패하면 교회 개척팀이 자기 자신을 대하듯 사역 대상 사람들에게 접근하게 된다.

복음을 전하는 방식, 언어사용, 의사 소통 형태는 문화적으로 중립적이지 않다. 사역의 대상이 되는 사람들을 정의한다고 해서 그 외의 사람들을 무시하거나 배제하거나 간과하는 것이 아니다. 복음을 전달하려는 노력이 특정 사람들을 이해하고 그들에게 의미 있는 방식으로 집중되어 세심하게 결성되어야 함을 의미한다. 인구통계학적으로 특별한 사람들을 선택할 때 고려해야 할 몇 가지 요소가 있다.

(1) 영적 필요

사도적 교회 개척자로서 바울은 이렇게 썼다.

> 또 내가 그리스도의 이름을 부르는 곳에는 복음을 전하지 않기를 힘썼노니 이는 남의 터 위에 건축하지 아니하려 함이라(롬 15:20).

목적은 분명하다. 그리스도가 없는 이들이 잃어버린 이들이기 때문이다.

> 누구든지 주의 이름을 부르는 자는 구원을 받으리라 그런즉 그들이 믿지 아니하는 이를 어찌 부르리요 듣지도 못한 이를 어찌 믿으리요 전파하는 자가 없이 어찌 들으리요(롬 10:13-14).

특정 사람들은 다른 이들에 비해 복음을 적게 받았다. 하나님께서는 모든 사람이 복음에 반응할 기회를 가지길 원하신다(마 28:18-20 cf.마 24:14; 딤전 2:4; 계 5:9).[4]

사람들에게 의미 있는 방식으로 복음을 전할 수 있는 드러난, 토착화 교회가 없는 이들을 "미전도 종족"(unreached)이라 부른다. 미전도 종족의 또 다른 정의는 인구의 2퍼센트 이하가 복음화되었고 교회 개척이 최소화되어 있거나 없는 이들이다(Holste and Haney 2006). 인구통계학적 연구는 복음이 필요한 미전도 종족들이 있음을 보여 준다. 하지만 필요만으로는 사역의 대상이 되는 사람들을 정하기에 충분하지 않다.

(2) 더 큰 수용성

모든 사람에게 복음이 증거되어야 하지만 성경적으로 선교적으로 보다 복음을 잘 수용하는 이들에게 먼저 복음을 전해야 한다는 논의들이 있다(마 10:12-14; 눅 14:15-24; 행 13:46-47).

인구의 일부가 변화에 개방적이면 복음을 듣게 될 것이라는 사실을 보여 주는 연구들이 있고 경험적으로도 그렇다. 도날드 맥가브란은 그의 "추수의 원리"를 수용성의 여부에 적용한다.[5] 인구통계학적 연구, 기도 및 탐

---

4 드러난 교회가 없는 사람들을 찾을 수 있도록 돕는 손길들이 있다. 예를 들어, 여호수아 프로젝트(www.joshuaproject.org)는 각 대륙별 미전도 종족을 알려 준다. 패트릭 존스톤(Patrick Johnstone) 최신 『세계기도정보』(Operational World)에는 이에 대한 가치 있는 정보들을 제공해 준다.

5 제4장을 참고하라.

색 방문의 결과로 이러한 여러 요소가 수렴될 때 최종 결정이 내려지는 경우가 종종 있다.

(3) 전략적 효과성

인적, 전략적 자원은 항상 제한되어 있기 때문에 교회 개척팀은 특정된 사람들에게 우선순위를 둠으로 자원을 가장 효과적으로 사용할 수 있다. 특정 사람들의 필요와 세계관에 맞게 노력과 사역을 집중시킴으로 효과성을 증진시킨다. 상황적으로 적합한 소통과 활동을 위해서는 사역의 대상이 되는 사람들의 선택을 요한다(Hesselgrave 1980 and 1991).

(4) 지역적 요소

가장 지혜로운 선택들은 현장의 상황에 따른 것이 아니라, 해당 도시나 지역에 다가서는 장기적 전략으로 만들어진다. 제3장에서 바울이 로마의 행정구역상 중심이 되는 도시들, 헬라 문명화된 곳, 유대교 영향이 미치는 곳, 혹은 상업적 기회에 따라 교회 개척을 했던 것을 보았다.

그와 마찬가지로 오늘날 교회 개척자들은 특별히 선구자적 개척의 경우 영향력의 중심지를 찾고 고속도로, 강 또는 지하철과 같은 교통의 요충지를 따라 자연스럽게 진행할 수 있다. 사람들이 상호 활동을 하는 지역에서는 정보와 영향력이 특정 방향으로 자연스럽게 흐른다. 처음에는 보다 영향력있는 사람들에게 접근하고 그 뒤 다른 이들에게 확장하는 방식이 보다 선호된다(McGavran 1980; Nida 1974).

팀이 사역할 수 있는 전략적 지역을 찾을 때 이런 질문들이 제기될 수 있다.

무엇이 다른 사람들에게도 갈 수 있는 좋은 출발점이 될 것인가?
무엇이 하나님께서 지금까지 행하신 일의 자연스러운 확장인가?

(5) 기존의 핵심그룹과 흩어진 그리스도인들

그들은 미전도 종족 가운데 이미 살고 있는 작은 그룹의 신자들이다. 아마도 그들은 다른 지역에서 그리스도인이 된 후 고향으로 돌아왔을 수 있다. 아니면 그들은 전쟁, 기근, 직장, 혹은 다른 이유 때문에 그 지역으로 이주하게 된 신자들일 수도 있다. 이 옮겨진 제자들이 잠재적으로 교회의 핵심이 될 수 있고 교회 개척팀을 몇 달간 혹은 몇 년간 도와서 그들이 복음을 전하고 최초의 사람들을 모으는 데 드는 힘을 줄여 줄 수 있다.

이들은 지역 사회와 관계를 맺고 있으므로 그들에게 복음을 전하는 통로가 된다. 신약성경에서 이러한 방식을 볼 수 있다. 박해가 예루살렘을 덮쳤을 때, 그 결과로 신자들이 흩어져서 복음이 지역에 확산되고 안디옥 교회가 개척된 것이다(행 8:1-4; 11:19-21). 이런 경우에 교회 개척팀은 당연하게도 신자들과 관계를 발전시켜야 한다. 그리고 협력적 노력을 가능하게 하고 바라도록 만들 수 있을 만큼 충분한 화합이 있는지 결정해야 한다.

(6) 예외적 기회

사역 대상이 되는 사람들을 결정하는 상위 기준에 꼭 부합하는 것은 아니지만 때로는 어떤 기회들이 예상치 못하게 나타나기도 한다(사례 연구 9.2를 보라). 특정 사회나 민족에 속한 "평화의 사람"(눅 10:6; 마 1:11-14)이 오는 경우이다. 그는 자신의 민족에게 강한 증거가 되어 교회를 설립하는데 도와달라고 요청할 수 있다.

또는 전략적 개방성이 발생할 수 있다. 바울은 더 이상의 선구자적 사역을 연기한 채 다른 지역들보다 에베소에 더 오래 머물렀는데, 그 이유는 "광대하고 유효한 문이 열렸으나 대적하는 자가 많"기 때문이었다(고전 16:9). 그는 또한 "내가 그리스도의 복음을 위하여 드로아에 이르매 주 안에서 문이 내게 열렸으되"라고 하였다(고후 2:12).

바울은 하나님께서 전도의 문을 계속해서 열어 주시도록 기도해 주기를 요청하였다(골 4:3). 예기치 못한 드라마틱한 열린 문의 기회 중 최근에 일어난 일은 1990년대 초 철의 장막이 무너진 사건일 것이다. 많은 서유럽의 국가들은 선교 사역에 닫혀 있었다. 그런데 공적으로 복음을 설교할 수 있는 기회가 갑자기 열렸다. 선교단체들은 이 기회를 이용하기 위해 재빨리 인적, 물적 자원들을 재배치했다.

어떤 때에는 문이 오래도록 열려 있지 않는다. 정부 정책이 재편되기도 하고 영적 분위기가 바뀌기도 한다. 안타깝게도 서유럽의 많은 나라도 그러했다. 1990년대 이후 복음을 수용하는 데 실패했다.

(7) 성령 하나님의 초자연적 인도

두 번째 선교 여행에서 바울과 그의 팀은 아시아에서 복음을 전하려 하였으나 성령 하나님께서 막으셨다. 그들은 비두니아로 가고자 했으나 이번에도 성령 하나님께서 허락하지 않으셨다(행 16:6-7). 바울이 초자연적 환상 중에 마케도니아 사람의 요청을 받은 것만이 하나님의 인도하심의 분명한 신호였다(행 16:8-10). 이후에 바울은 아시아 지역의 에베소에서 사역했고 거기서 교회 개척 운동이 시작되었다.

때로는 가장 전략적이고 기도하며 숙고한 최고의 계획이라도 하나님의 때를 기다려야만 할 때도 있다. 항상 성령 하나님의 인도하심에 열린 채로 있어야 한다. 그분은 우리가 정의내리거나 기대하지 않았던 더 풍성한 사역현장의 열매를 위해 방향성 재설정을 하기도 하신다. 부가 자료 9.2에서 사역의 대상이 되는 사람들을 고를 때 고려해야 할 주요 요소를 요약해 놓았다.

교회 개척팀은 현지 멘토들 및 협력 교회와 상담을 통하여 사역의 대상이 되는 사람들을 선택할 궁극적 책임을 가진다. 모든 것을 고려했을 때 두 집단이 동일한 조건을 보인다면 두 집단과 최초의 접촉을 통해 그들의 반응을 측정해 볼 수 있다.

최종 결정을 내려야만 한다. 기도 후 잠재적 사역 대상자들을 선택하는 것이 사역 대상자들이 없거나 몇 개의 대상 집단이 있는 것 보다 낫다. 많은 요소가 고려되어야 한다. 하지만 마지막에 교회 개척팀은 하나님께서 특정한 사람들을 향해 그들을 불렀다는 확신을 가져야 한다.

〈사례 연구 9.1〉
전략적 선택으로서 사역 대상이 되는 사람들 선택하기

페루의 복음주의자유교회(Evangelical Free Church)는 리마의 항구 지역인 로스 필라레스(Los Pilares)라는 곳에서 사역을 시작했다. 도시가 바다에서부터 멀어지는 동심원을 그리며 성장하자 기존 교회에 속했던 사람들이 점점 주변으로 이주하였다.

그 지역들에서 성경 공부가 시작되고 그들 중 일부는 새로운 교회가 되었다. 두 개의 지역 교회가 성장했고 덜 복음화된 지역에 교회 개척을 시작하는 데까지 발전했다. 교회 개척이 새롭게 생성되는 지역 사회에서 인구 성장을 따르는 전략에 우선하여 이루어진 것이다.

〈부가 자료 9.2〉
사역의 대상이 되는 사람들 결정하기

1. 필요의 요소 – 영적 필요

- 로마서 10:13-15; 15:20
- 지역공동체, 사람들, 토착화되지 않은 계층들, 복음화시키는 교회
- 복음화된 소수의 사람들

2. 반응의 요소 – 수용성

- 마 10:11; 행 14:27
- 사람들이 복음을 수용할 수 있고 교회가 성장하여 합당한 시기에 재생산을 할 수 있는 가능성

3. 전략적 효과성의 요소 – 배가 성장과 영향력의 잠재력

- 여론 주도자, 높은 신뢰를 얻는 사람들
- 사람들에게 영향을 주는 사회모임이나 하부 문화
- 확대된 가족 혹은 지역을 기반으로 한 관계들
- 산업과 기업과 관련된 사람들

4. 지역적 요소 – 중요한 지역

- 상업적, 교육적, 정치적, 혹은 교통의 중심지
- 인구가 성장하고 운동하는 지역
- 해당 지역에서 종교 운동이 시작될 수 있는 가능

5. 흩어진 사람들의 요소 – 기존의 핵심그룹

- 행 8:1-4; 11:19-21
- 사역의 대상이 되는 사람들 주변에 사는 그리스도인들이 교회 개척의 핵심을 이룸

6. 열린문 요소 – 예외적 기회

- 고전 16:9-2; 고후 2:12; 골 4:3
- 복음을 전할 예외적 기회 그리고/혹은 복음에 대한 예외적 수용

7. 초자연적 인도함의 요소 – 성령님의 특별한 인도하심

- 행 16장: 마케도니아인의 외침
- 때로는 잘 수립된 계획을 직접적 인도하심이 압도함

〈사례 연구 9.2〉

열린 문에 반응하여 사역 대상이 되는 사람들 선택하기

하나의 새로운 교회 설립이 교단의 승인을 받았고, 퀘벡 내 두 시골 지역이 자신들의 땅에 새로운 예배 장소를 건립하도록 요청했다. 패배한 쪽의 사람들은 너무 화가 나서 사제를 옛 교회에 가두어 버린 뒤 다른 교단의 사역자가 와서 그들을 섬기도록 신문에 광고를 냈다. 어디서 사역을 시작해야 할지 하나님의 인도를 구하고 있던 선교사들이 그 광고를 보았고 사람들에게 구원의 길을 말해 주었다. 사람들은 변화될 준비가 되어 있었다. 마침내 교회는 복음적 교회가 되었다. 이것은 위기였을 수도 있는 일이 열린 문이 된 독특한 경우이다(Duclos 1982).

3. 능력 있는 팀 리더 모집하기

교회 개척이 실패하는 가장 흔한 경우는 그 모든 수고로움을 인도할 사람을 잘못 택하는 것이다. 가장 지혜로운 접근은 문화적으로 교회 개척자로서 가장 적합하다고 검증된 리더를 찾는 것이다. 제15장에서 리더의 역량에 대한 심도 깊은 논의를 할 것이다.

리더는 비전을 세우고 팀의 하나 됨을 유지하며 사명을 감당하면서 목적을 잃지 않고 있는지 확인해야 한다. 리더는 목표가 되는 사람들의 문화 내부자이거나 그 문화를 편하게 수용하는 사람이면 좋다. 교회 역사는 하나님께서 그분의 백성들에게 가서 그들 가운데 교회를 세우거나 확장하기 위해 현지인 외부에서 그리스도께 나아온 남녀를 얼마나 자주 사용했는지 기록한다.[6]

이는 교회가 그 시작부터 보다 토착화의 모양을 갖추도록 해 준다(사례 연구 9.3을 보라). 만약 현지 리더가 모집되지 않으면, 사역 대상 지역의 문화를 경험한 사람 혹은 비슷한 환경 가운데 있었던 사람이 이상적이다.

제5장에서 보았듯이 세 가지 유형의 교회 개척자들은 자신들에게 알맞은 지역이 있지만, 사도적 교회 개척자인 다문화 선교사들은 현지 리더들과 함께 일하며 나아간다. 사도적 사명과 은사를 가진 자, 문화적으로 능숙한 영적 기업가, 팀을 이끌 수 있고, 현지 리더를 앞세우고 중심에 두는 자, 자신의 역할은 기초를 놓는 것이라는 사실을 인정하는 사람들이 최고의 사도적 개척자들이다.

다른 한편, 다문화 교회 개척자로 섬기기 전에 고국에서 오래 동안 목회자였던 사람들은 종종 역할의 변경을 어렵게 여기며 목회의 형태로 돌아간다.

---

6 예를 들어, 패트릭은 자신이 청년 때 노예로 있었던 아일랜드 켈트족(the Celts)에게 돌아왔다(Tucker 1983, 38-39). 4세기에 고트족(the Goths)에게 붙잡힌 카파도키아 그리스도인의 아들 울필라스(Ulfilas)는 아버지의 납치범에게 돌아와 40년 동안 성공적으로 복음을 전파하고 성경을 읽을 수 있도록 알파벳을 발전시켰다(ibid., 35-37).

⟨사례 연구 9.3⟩

리더를 선택하는 일의 중요성

뉴욕시의 리디머 교회는 전 세계에 114개의 새로운 교회를 개척하는 도구가 되었다. 에드 스테처의 「아웃리치」(*Outreach Magazine*, 2007년 7월)에 의하면 미국에서 가장 많은 재생산을 한 교회로 기록되었다. 개척된 교회 중 29개는 포스트모던의 유럽 도시에 세워졌다. '리디머교회개척센터'(RCPC) 전략의 일부는 교회 개척에 대한 열정을 가진 재능 있는 지도자를 식별하고 그들과 함께 교회를 성장시키고 다른 사람들을 개척하기 위한 자원과 멘토링을 제공하는 것이다. 유럽 교회 개척팀 감독인 알 바르트(Al Barth)는 RCPC의 특징과 비전에 부합하는 인물인데, 문화적 리더를 식별하고 모집하는 데에 많은 시간을 들인다. 이는 문화적으로 기민하고 효과적인 교회 개척팀의 리더를 선택하는 일이 얼마나 중요한가를 보여 준다.

4. 팀을 모으고 조직하기

초기 국면에서 교회 개척자의 주된 관심은 팀을 구성하는 것이다. 때로 팀은 우연히 모이게 된다. 제16장에서 더 깊게 논의하겠지만, 개척자의 우선되는 역할은 목사-교사가 되기보다는 마음을 모으고, 교회 개척 모범 사례를 모델로 삼고, 전도와 제자 훈련을 할 수 있도록 다른 사람들을 훈련시키는 것이다.

팀은 팀 리더를 중심으로 구성되는데 리더는 비전과 가치에 충실한 팀 구성원들을 모으는 데 가장 큰 힘을 쏟아야 한다(출 18:21; 대상 11:10-25; 막 3:13-14; 행 15:39-40; 16:1-3). 물론, 리더는 다른 이들과도 상의를 해야 하고 팀 구성원들이 서로를 알아갈 수 있는 시기를 허락해 주어야 한다.

초기의 팀은 "곧음"을 유지하고 높은 기준을 설정한 뒤 헌신해야 한다(신 20:5-9; 삿 7:4-8; 빌 2:19-30; 살전 2:4-12). 성숙도, 충성도 또는 헌신도가 부족한 이들은 완전히 성장한 팀의 구성원으로 받아서는 안 된다. 교회 개척이 실패하는 주된 이유 중 하나는 함께 일하는 구성원들의 무능력이다. 교회 개척팀에 참여하는 자격을 결정하면 공적으로 선포하고 그것이 지속적으로 유지되어야 한다.

규모가 큰 팀의 영향력은 전략적으로 문화적으로 엄청나다. 팀이 "곧음"을 유지하고 있다면 현지 신자들이 현지 리더십팀에서 더 큰 역할과 목소리를 낼 수 있다.

제16장에서는 모든 팀 구성원들이 가져야 할 기초적 자질에 대해서 다룬다. 전도와 제자 훈련 능력, 팀에 필요한 어딘가를 보완해 주는 능력 같은 것들이다. 일반적으로 팀 구성원들은 그들이 리더를 보완해 줄 수 있기 때문에 그리고 발전과 위임 및 현지 리더들을 멘토링하는 데 필요한 은사를 가지고 있기에 선택된다.

팀의 구성은 교회 개척이 어떤 유형을 채택하느냐에 따라서도 달라진다. 교회 개척의 명확한 유형은 적합한 기술과 은사를 가진 팀을 모을 수 있게 해 준다. 예를 들어, 사도적 교회 개척 접근법이 채택되면, 팀의 특성은 매우 사업적, 복음적이 되고 시작하고 모으고 발전시킬 수 있는 강력한 기술을 필요로 한다. 그런가 하면 목회적 교회 개척자 유형은 교회의 핵심 사역을 이끌 수 있는 능력을 보고 팀 구성원들을 모을 것이다. 어떤 유형을 택하든 아래에서 묘사하는 과정들을 적용할 수 있다.

팀이 구성되면, 구성원들의 주된 역할과 은사와 그러한 역할에 적합한 역량이 정의되어야 한다. 그들은 친밀함, 개성, 교육 및 경험의 정도에 따라서가 아니라, 그들의 은사와 능력에 따라 배치되어 함께 일하게 된다. 비슷한 성향을 가진 사람들끼리 구성된 팀은 경쟁과 갈등으로 치닫는 경향이 있다. 불행하게도 많은 팀이 이와 같은 이유로 붕괴된다. 하지만 서로를 보완해 주는 성향을 가진 사람들은 보다 생산적으로 함께 일하게 된다.

리더를 보완해 주는 핵심역할로는 전도하고 모으는 자, 교사-훈련가, 행정 조력자, 멘토-상담자, 새로운 신자를 격려하고 제자 훈련 시킬 수 있는 몇몇 도우미가 있다. 팀 리더들은 이러한 역할에 따라 책임감을 주고 구성원들에게 필요한 훈련을 받을 수 있도록 돕는다. 리더는 세세하게 관리하기보다는 권한을 위임하고 촉진시켜 준다.

5. 기도와 재정 후원 챙기기

교회 개척은 통합된 비전과 많은 곳에서부터 모인 자원들을 조화시키는 수고로운 일이다. 사역의 대상이 되는 사람들이 정해지면, 지원팀을 구성하는 것이 한층 쉬워진다. 재정과 기도를 후원할 팀을 구성하는 것은 집에 지지벽을 세우는 일과 같다. 지지벽은 다른 벽과 비슷해 보이지만 그것들보다 더 강하고 안정적이어야 한다. 다른 벽들과 집 전체의 구조가 그것을 의지하고 있기 때문에 절대로 움직여서는 안 된다.

교회 개척자는 기도와 재정적 후원이라는 두 개의 지지벽을 필요로 한다. 느헤미야가 중요한 예이다. 그는 국가를 건설하기 전 예루살렘 성벽을 지은 기도와 예언과 계획의 사람이었다. 그는 그 사업에 필요한 물리적 자원(느 2:8)을 기대하면서도 팀이 당면할 영적 반대(느 4:9-16)도 예상했다.

1) 기도 후원

바울과 바나바는 그들의 첫 번째 선교 여행을 기도와 금식으로 파송해 준 수리아 안디옥 교회와 특별한 관계를 가진다(행 13:3). 여행에서 돌아온 그들은 그 결과를 그들과 함께 나누며 기뻐하고(행 14:26-28) 다음 임무 전까지 안디옥에 머문다. 그들과만 이런 관계를 가지고 있었던 것은 아니다. 바울은 다른 교회들과 개인들에게도 그를 위해 기도해 달라고 요청하였다(예, 고후 1:10-11; 엡 6:19-20).

합심 기도를 통해 하나님의 힘과 간섭하심에 의지해야 한다는 사실은 교회 개척 역사에 잘 기록되어 있다. 하나님께서는 기도의 응답으로 문을 여시고, 장애물을 제거하시고, 말씀을 들을 수 있는 이들을 준비시켜 주시고, 사역자들을 보호하신다.

모라비안 신자들은 지난 2세기 동안 일인당 비율에 있어서 다른 모든 개신교 교파들을 합친 것보다 높은 다문화 사역자들을 파송했다(Tucker 1983, 71).

무엇이 이 엄청난 선교적 발전을 가능하게 했는가?

많은 요소가 있겠지만, 헤른후트(Hernhutt)에서의 부흥이 중요한 전환점이 되었음은 분명하다. 부흥의 결과로 매일 기도 운동과 향후 100년 동안 이어지게 될 24시간 철야 기도 운동이 탄생했다(ibid., 70).

북미에서는 부흥과 선교를 위한 기도 모임이 첫 번째 대부흥과 함께했다. 1748년 조나단 에드워즈(Jonathan Edwards)는 특별기도를 이어 달라는 잉글랜드의 요청에 부응했다. 이를 위해 그가 발간한 소책자의 제목은 『종교의 부흥과 지상의 그리스도의 왕국의 발전을 위한 특별 기도를 통하여 하나님의 백성들의 명백한 합의와 가시적 연합을 촉진하려는 겸손한 시도』(*An Humble Attempt to Promote Explicit Agreement and Visible Union of God's People in Extraordinary Prayer, for the Revival of Religion and the Advancement of Christ's Kingdom on Earth*)였다.

〈사례 연구 9.4〉

기도와 부흥

거룩한 인도 여성 판디타 라마바이(Pandita Ramabai)는 인도에 부흥이 필요하다는 부담을 가지게 되었다. 1903년 그녀는 호주에서 열린 토리-알렉산더 캠페인(Torrey-Alexander campaign)에 앞서 그곳에서의 기도 운동에 관심을 가졌다. 일 년 후 그녀는 웨일스의 부흥에 대해서 배웠다. 라마바이는 1905년 벽두에 특별한 기도 모임을 시작했고 수백에 달하는 그녀의 동역자들, 친구들, 선교사들이 이 모임에 참여했다(Orr 1970, 62). 선교사들이 깊게 관여하긴 했지만, 리더들은 거의 언제나 인도인들이었다(Duewel 1995). 복음의 위대한 확장이 결과로 나타났다.

> 펀자브(Punjab)의 그리스도인들의 수가 37,695명에서 163,994명으로 4배 증가하였다. 십 년에 걸친 인도의 부흥 기간 동안, 그리스도인들의 비율이 69.9퍼센트로 증가했는데, 이는 힌두교의 증가에 비해 16배에 달하는 것이었다(Duewel 1995, 227).

교회 개척의 진전은 영적 역동성과 인간의 전략 양쪽을 모두 의지한다. 하나님 나라가 침투하기 위해서는 기도에 양쪽 모두를 담아내야 한다. 바울은 잃어버린 자들을 위한 기도와 영적 전쟁을 한데 묶었다. 마법적 공식을 구하는 것도 아니고 어떤 보장이 주어지는 것도 아니지만, 영적 반대 세력을 무너뜨리기 위한 기도의 사용은 광범위한 문헌에 기록되어 있다(Taylor 1959; Robb 1990; Piper 1993).

교회 개척에 관련된 모든 이는 강력한 중보 기도의 원칙을 유지해야 하는데, 그것만으로는 충분치 않다. 그들을 위해 신실하게 기도해 줄 다른 이들이 필요하다. 의사 결정을 내려야 하고 영적 전쟁이 벌어질 때 강력하고 지속적 기도가 쉽게 동원될 수 있도록 팀을 구성해야 한다. 정기적으로 기도하는 특별한 헌신을 요청하고, 핵심 기도제목을 정기적으로 제공하고, 개인적 보고를 받는 일들도 포함한다(행 14장).

교회 개척 사업의 추진력과 지지력으로서 기도의 원리는 다음과 같은 말로 요약될 수 있습니다. 모든 교회 개척 운동은 사역자들의 기도 위에 건설된다.

2) 재정 후원

열악한 재정 계획과 실행이 많은 가정을 무너뜨린다. 그뿐만 아니라 건강한 교회 개척 계획 또한 훼손시킨다. 경제적 문제와 재정적 지원은 교회 개척의 성패 여부의 주된 요소이다.

"왜 대부분 남미의 교회 개척은 실패하는가?"

이 질문에 많은 교회 개척 리더가 열악한 자금, 재정적 지원, 교단적 후원을 주된 요인으로 꼽는다(Wilson 2001, 229). 하나님을 의지하라는 것만큼 재정적 필요에 대해서 가르치는 일은 거의 없다.

성서연합(Scripture Union)의 남미 총재였던 어네스토 자발라(Ernesto Zavalla)는 이렇게 말한다.

> 실패한 사람들의 손에 하나님의 역사가 있다. … 우리는 매일 벌거벗은 채 하나님께 나가야 한다(앞의 책에서 재인용).

다른 한편으로 재정적 지원에 대한 몇 가지 접근 방식이 효과적으로 사용되었는데, 교회의 역사는 부족한 자원에도 불구하고 하나님께서 그분이 감독하시는 모든 방법과 그분이 부르시는 모든 사람을 위해 제공하신다는 증거들로 가득하다.

재정적 지원에 대한 역학을 만들 수는 없지만, 교회 개척자는 준비 단계에서 자신의 가족을 위한 합리적이고 실행 가능한 재정 지원 계획을 가지고 있어야 한다(고전 16:1-4; 고후 8-9장; 빌 4:10-17). 어떤 교회 개척자들은 "믿음"을 무책임하게 행동하는 빌미로 삼는다. 하나님의 공급하심에 의지한다고 해서 교회 개척자들이 공급자로서의 자신의 책임에서부터 자유로워지는 것은 아니다(딤전 5:8).

세 가지 선택지가 있다.

첫째, 전임 세속 직업
둘째, 전적으로 재정 후원을 받는 교회 개척자
셋째, 일부 재정 후원을 필요로 하는 이중 직업

다문화 교회 개척자들은 일반적으로 전부 혹은 대부분의 지원을 가정으로부터 받는다. 이는 현지 교회 혹은 그들의 사역의 대상이 되는 사회공동체에 의존하지 않는 안정적 수입을 가지기 위해서이다. 많은 이가 현지 노동자들의 직업을 빼앗지 않는다는 사실을 정부에 보여 주어야 한다.

사도 바울의 삶이 이 점에서 교훈적이다. 그는 자비량 선교사로 사역했으며, 하나님께서는 최소한 한 교회로부터의 지원으로 그의 수입을 보충해 주셨다. 바울은 개인적 필요와 어려움을 당한 기존 교회의 필요에 대해서 편지에 썼다(고전 16장; 고후 8-9장; 빌 4장).

그는 또한 그의 생계를 위해 제자 훈련을 시킨 이들에게 의지하지 않았다(행 20:34-35; 빌 4:16; 살전 2:9). 그는 사역에 종사하는 노동자들은 그들의 임금을 받을 자격이 있으며 만약 필요하다면 그가 그것을 구할 수도 있었다고 했다(고전 9:7-14). 하지만 그는 몇 가지 이유 때문에 그러지 않기로

했다고 한다.

첫째, 새로운 신자들에게 짐을 주지 않기 원해서였다.
둘째, 그의 동기에 대해서 반대자들에게 빌미를 제공하지 않으려 했다.
셋째, 열심히 일하는 자의 모범을 보이기 위해서였다.

바울 시대에는 사람들이 복음 사역을 통해 이윤을을 얻고 있었다(고후 2:17). 그래서 그는 자비량 선교사 사역에 의지하고 외부 교회로부터 자발적 선물만을 받음으로 그 자신을 그들과 구분할 필요가 있었다.

다문화 선교사들이 따라야 할 건강한 모범을 볼 수 있다. 자신이 훈련시키는 사람들에게 재정적 의존을 해서는 안 될 뿐 아니라, 필요하다면 기꺼이 스스로 재원을 마련해야 하며 열심히 일하는 모범을 보여야 한다. 그 결과, 떠날 때가 되었을 때 그들은 자신의 수입을 위해 새 교회에 재정적 의존을 하지 않을 것이며 재정 문제에 대해 불필요한 비판을 받지 않게 될 것이다.

창의적 접근을 요하는 국가로 들어가는 선교사들의 수가 증가하는데[7], 그들은 재정의 일부를 제공하고 사역을 시작하게 해 주는 사업을 시작한다. 이 경우 그들은 어느 정도 자립하면서 일부를 외부 교회 지원 및 사업의 수익으로 보충한다. 두 개의 일을 신뢰감 있게 처리하고 양쪽을 책임감 있게 관리하는 데서 오는 스트레스에 대처하는 일은 쉽지 않다.[8]

어떤 경우에는 교회 개척자의 배우자나 팀 구성원들이 수입의 일부를 책임지고 재정적으로 돕기도 한다. 목표는 가능한 빨리 새로운 현지 제자들이 기독교 청지기 직분을 배우고 사역의 재정적 책임을 지는 것이다.

자신과 가족을 위한 일상적인 비용 외에, 외부 출타에 일반적으로 드는 비용 및 집과 관련된 비용, 그리고 새로운 사역을 시작하는 데 드는 비용

---

7   창의적 접근을 필요로 하는 국가: 종교 비자를 주지 않고 선교 사역을 금지하거나 제한하는 국가.
8   교회 개척을 하면서 이중직을 가지는 것의 어려움은 제15장에 논의한다.

이 있다. 때로는 후원자 및 지원자들이 이런 지출을 위한 종잣돈(잠 24:27; 눅 14:28-33)을 제공하기도 한다. "종잣돈"이라는 표현은 농경 사회로부터 온 말이다. 농부는 추수로 대부분의 비용을 충당할 것으로 계산하지만 그 전에 씨앗에 대한 비용도 계산해야 한다. 종잣돈은 농부가 일을 시작할 수 있도록 해 주는 최소한의 자금이다.

또 다른 비유를 사용해 보자. 아기를 계획하는 부모는 출산이나 입양 전에 기본 비용을 마련해야 한다. 새로운 영적 가족을 구상하는 교회의 리더는 개척 전에 시작 자금을 모아야 한다. 임대료나 사례 등 지속적 사역 지출은 교회가 성장하면서 현지 신자들이 담당해야 한다(자원의 사용에 대해서는 18장을 보라).

궁극적으로는 하나님께서 그분의 때에 따라 그분의 방식으로 일이 진행되도록 공급해 주신다(빌 4:18-19). 교회 개척은 사람이 예상할 수 없는 방식으로 인도하시는 하나님을 의지하는 믿음의 모험이다. 교회 개척자는 신뢰와 희생을 가르치며 그것들의 모범을 보여 줘야 한다. 모든 것이 갖추어지기를 기다린다면 절대 시작할 수 없을 것이다.

다른 한편으로 팀은 빚을 지거나 하나님의 공급하심보다 앞서서 움직이지 않아야 한다. 하나님께서 그분의 때에 공급해 주신다. 교회 개척팀은 그분을 기다려야 한다. 한 번에 한 걸음씩 믿음의 걸음을 내디디며 신실한 믿음과 인내심으로 하나님을 의지하는 모범을 보여야 한다.

6. 팀의 준비와 가동

팀 구성원들이 개인적 계획을 세우고 기도와 재정적 지원체계를 발전시키고 사역의 대상이 되는 사람들에게 그들이 할 수 있는 사역들에 대한 지식을 모으는 동안, 팀은 다음의 세 단계를 따라 응집력 있게 다져져야 한다.

1) 팀 구성에 집중하여 시간을 헌신하기

팀 구성을 위해 적절한 시간과 장소를 전략적으로 배분해야 한다. 관계, 비전, 그리고 전략이 적용되는 시점이다. 팀은 허니문 기간을 지나 긴장과 갈등 단계(제16장을 보라)를 거치는데 교회 개척으로 인한 압력이 떠오르기 전에 서로 간의 차이점을 언급해 주는 것이 중요하다.

이 기간 동안 팀 구성원들은 서로 간에 그리고 그들 앞에 놓인 사명을 위한 계약을 체결한다. 팀이 목표를 분명히 하고 핵심적 결정들을 내려도, 구체적 전략과 사역에 대한 특별한 계획은 아직 충분히 영글지 않았다. 바른 위치에서 기다리며 문화적 내부자의 필수적 견해를 들을 수 있어야 한다.

2) 준비의 부족한 부분 언급하기

바울은 바나바와 함께 그의 첫 번째 선교 여행을 떠나기 전까지 다소, 실루기아, 수리아에서 수년 간의 복음 사역을 했다(갈 1:15-22). 그는 젊을 때부터 하나님의 예비하심을 따라 언어와 문화적 이해로 특별히 잘 준비된 사람이다. 그의 동역자들 중에는 그만큼 깊이 있게 준비되지 못한 이들이 있었다.

다문화 사역자들에게 중요한 것은 언어 습득, 문화적 이해, 성경적 지식이다. 첫 번째 사역에서 이와 같은 준비가 되어 있어야 하며, 시간에 맞게 그 이후의 계획들을 진행해야 한다. 고국에서 교회를 개척하려는 사람들의 경우에는 이런 일을 준비하기 위해 시간을 들일 필요가 없지만, 인구통계학적, 문화적 준비는 여전히 매우 중요하다. 다음 장에서 이와 관련된 논의를 더할 것이다.

3) 팀의 위임식

팀을 위임하는 일은 영적으로 실제적으로 아주 중요한 가치를 지닌다(행 13장). 사람들을 파송함으로 기도와 재정적, 정서적 지원을 확보한다. 팀은 주님과 그분이 주신 소명에 대해 신실할 것을 서약한다. 이때 팀의 서약문을 낭독해도 좋다. 그리스도를 따르는 기쁨과 앞으로 만나게 될 어려움으로 인한 엄숙함이 동시에 존재한다.

교회의 리더는 봉사에 대한 책임, 봉헌의 상징, 하나님의 축복과 보호에 대한 간구의 의미로 파송받는 이들에게 손을 얹는다(행 13:3). 이 위임식은 축하 의식 정도로 여겨져서도 안 되고, 단지 선교 사역에 대한 지원과 파트너십 체결의 시간이 되어서도 안 된다.

제10장

준비 2: 이해하고 전략 세우기

'준비 국면'은 권한을 위임하고 배가 성장을 하는 교회 개척의 기초를 놓는 작업을 포함한다. 제9장에서 다루었던 단계들은 대부분 교회 개척팀이 현장에 가기 전에 발생한다.

이번 장에서 팀은 현장에 있다. 이번 장에서 묘사될 활동들은 두 단어로 요약할 수 있다. '이해하기'와 '전략 세우기'이다. 이런 임무들은 팀이 현장에 있을 때에만 가능하다.

많은 사역이 실패하는 이유는 현장에 대한 부적절한 인지 및 자세 그리고 부적절한 기반 위에서 사역을 하기 때문이다. 복음을 전한 대상들과 함께 살지 않으면 교회 개척 사명에 가까이 갈 수 없다. 여기서 문화적 충격이 발생한다. 성육신적 동행, 희생적 봉사, 깊은 배움을 요하는 봉사와 희생의 시간이다.

국면 개요

성경의 예

- 사도행전 13-18장: 유대인, 개종자, 헬라인들을 위한 접근 방식과 설교의 차이점
- 사도행전 14-20장: 중간 역할을 해 주기로 한 사람들과 성경 공부를 인도하기로 한 사람들
- 사도행전 17:23-29: 바울이(스토이 학파와 에피쿠로스 학파를 인용하면서) 헬라 철학을 이해하고 있음을 보여 줌

신약성경 자체가 다양한 청중과 상황에 맞게 복음을 적용할 문화적 배려와 능력을 보여 주는 과정으로 상황화되어 있다.

핵심 단계

1. (필요하다면) 언어와 문화 습득
2. 인구통계학 및 사회, 종교, 문화적 환경 조사
3. 전도와 교회 개척 전략 결정
4. 관계를 형성하고 타인들에게 멘토링 구하기
5. 팀을 강화하고 역할을 분명히 하며 훈련 받기
6. 교회 개척 계획서 제출하기

중요 요소

1. 사역의 대상이 되는 사람에 대해 이해하기
2. 팀의 역할들을 보완적 차원에서 정의하기
3. 사역의 대상이 되는 사람들을 향한 진입 전략 세워서 유용하게 활용하기
4. 수용적 사람들, 문지기들, 그리고 '평화의 사람들' 정하기
5. 문화적으로 적합한 방식으로 제자 훈련을 하기 위해 교육과 멘토링하기
6. 현지 핵심그룹과 현지 훈련생들의 발생 기획하기

1. 언어와 문화 습득

대부분의 교회 개척자들은 자신의 문화에서 사역한다. 그에 따라 언어를 사용하기 때문에 편안함을 느낀다. 하지만 고국의 문화에서 사역을 한다 하더라도 복음을 소개하는 일은 여전히 어렵다. 그리스도인 된 시간이 길수록 일반 문화를 기독교의 하위 문화로 여기려는 경향이 생긴다. 따라서 사역의 대상이 되는 사람들과의 접촉점을 잃거나 그들의 필요, 삶의 방식, 세계관에 대한 오해를 가지기 쉽다.[1]

오늘날 세계관의 변화는 급속도로 빠르게 증가한다. 같은 일반 문화를 누리는 다른 하위 문화, 계층, 세대, 그리고 교육적 사회적 집단들이라도 구분된 가치, 신념, 바람을 가질 수 있다. 이러한 이유로 교회 개척자들은

---

[1] 세계관은 "사람들이 그들의 삶에 질서를 주기 위해 사용하는 것으로 현실의 성격을 만드는 인지적, 정서적, 평가적 전제와 사고의 틀"로 정의된다(Hiebert 2008, 25-26).

사역의 대상이 되는 사람들을 주의 깊게 연구해야 하며 그들과 친밀해져야 한다. 다문화 사역이 아닐 때라도 그렇게 해야 한다.

어떤 다문화 교회 개척자들은 처음엔 통역자를 두고 일한다. 하지만 대부분의 경우 그들이 현지 언어에 능통하게 되야 한다. 최소 일 년간은 사역의 대상이 되는 사람들 사이에 푹 잠겨서 온전히 언어 공부에만 전념하는 것이 새로운 사역언어를 배우는 데 좋다. 보다 어려운 언어들은 더 많은 기간을 요한다.

이 기간 동안은 (새로운 사역언어가 아닌) 모국어로 진행되는 사역은 최소화시키고 언어 습득을 최우선으로 두어, 에너지가 분산되지 않도록 해야 한다. 언어는 단지 복음을 위해서뿐 아니라 교육, 리더십 개발, 멘토링 등 모든 소통의 기반이 된다. 게다가 언어는 사람들의 세계관, 사고방식, 관습, 태도, 표현 등을 알 수 있는 열쇠가 되어 준다.

1) 누군가의 지도를 받는 사역 경험

언어가 어느 정도 능숙한 수준에 오르면 팀 구성원들은 현지 목사 아래에서 수련과정을 하거나 다른 노련한 교회 개척자와 함께 연습생으로 일한다.[2] 그들은 지역적으로 인접해 있는 다른 현지 교회에서 수련과정을 하면서 의견을 교환하고 계획을 수립한다. 이런 수련과정에 참여하는 학습자는 새로운 언어로 사역할 수 있는 능력을 향상시키고, 현지 문화에 대한 인식을 키우며, 현지 사람들과 친분을 쌓고, 지혜롭고 문화적으로 적합한 사역과 생활 기술들을 개발할 수 있다.

많은 다문화 교회 개척자가 고국을 떠나기 전 교회나 사업상 리더로서의 경험을 가졌었을 것이다. 그들은 종종 인도하고, 가르치고, 사회의 문

---

2   그 지역에 복음적 교회가 처음 개척되는 선구자적 교회 상황이고 현지 신자 도우미와 경험 있는 선교사가 부재한 상황에서는 새로운 사역자들이 이 기간 동안 현지의 문화 내부자들로부터 많이 배울 수 있다. 나중에는 최초의 현지 기독교 공동체를 만들기 위해 인내심을 가지고 새로운 신자들을 돌보며 일해야 할 것이다.

제를 고치기 원한다. 그들이 섬기게 될 사람들에 대해 배우지도, 이해하지도, 사랑하지도 않은 채 말이다.

오스카 무리우(Oscar Muriu)는 한 문화에서는 장점으로 여겨지는 요소가 다른 문화에서는 골칫거리가 될 수 있음을 설명해 준다.

> 미국인들은 항상 위에서부터 들어온다. 그들은 자원이 풍부하고, 주요문화를 대표한다. … 미국인들이 아프리카로 와서 아프리카의 문제를 해결하려 든다. 하지만 당신은 아프리카를 해결할 수 없다. 아프리카는 그러기에는 너무나 복잡하다. 미국인들은 그 사실에 정말로 좌절한다. 당신이 학교에서 배운 적극적 자기 주장은 현장에서 오히려 저주가 된다. 종종 미국 선교사들에게 말한다. "미국인들이 말하면, 대화는 끝이다"(2007, 1).

2) 역사와 문화 관련 독서

새로운 교회 개척자들의 방향을 잡아 주는 추천 도서 목록이 제공되어야 한다. 아래에 나오는 생각들은 교회 개척자들의 독서 계획을 짜는데 도움이 될 것이다. 사람들은 자신의 과거의 산물이며 그들의 집단적 경험을 제외하고서는 이해할 수 없다.

사람들은 사건들과 물리적 지형에 의해 형성된다. 위기와 승리를 함께 겪으면서 집단 의식, 집단 기억, 공통의 가치를 발전시킨다.

멕시코와 미국을 예로 들어 대조해 보자.

> 미국의 영토가 된 땅은 대부분 부유한 곳이었고, 미국의 매우 짧은 역사는 끝이 없을 듯 보였다. 국가적 신화였는데, 따라서 누구든 이 세상에서 자신의 길을 창조할 수 있었다. 모든 이를 위한 기회가 있었다. … 멕시코의 상황은 다르다. 이 땅은 수백 개에 달하는 부족들 간의 전쟁으로 수세기를 보냈다(현재도 약 150개의 다른 언어가 멕시코에서 사용된다.) 멕시코에는 '변방'이 없다(Condon 1997, 3).

역사가 이해의 창을 열어 주기도 한다. 예를 들어, 남미의 몇 개 나라, 특별히 멕시코에서는 19세기와 20세기 초까지 자유로운 개혁주의와 가톨릭 보수주의가 양 극단을 이루었다. 가톨릭교회의 지배를 깨고자 했던 자유주의자들은 프리메이슨과 개신교가 특정 지역에 설립되도록 허가를 내주었고, 오늘날까지 그 지역들은 복음에 보다 개방적이고 수용적이다.

역사와 문화에 관한 연구는 일반적 영역으로 남아 있지만, 교회 개척자들이 특별한 사역의 대상이 되는 사람들을 조사하고 전도의 전략을 세울 수 있도록 준비시킬 것이다. 최소한 사역의 대상이 되는 사람들의 뿌리에 대한 중요한 사역 한 가지라도 이 단계에서 읽어 낼 수 있어야 한다.

문화에 대한 정보는 정부 발표, 편지, 잡지, 구두 및 전자 설문지, 신문, 기록보관소에서도 볼 수 있다.

폴 히버트와 엘로이스 히버트 메네시스의 『성육신적 선교 사역 : 교회 사역을 위한 선교 현장의 문화 이해』(*Incarnational Ministry: Planting Churches in Band, Tribal Peasant, and Urban Societies*)는 문화와 사회 구조를 이해하고 그것을 교회 개척에 적용하는 데 아주 유용한 자료이다. 주의 깊게 읽어 볼 가치가 있다. 교회 개척팀이 연구를 사역의 대상이 되는 사람들에게 효과적으로 접근하고 사역할 수 있도록 연구를 진행하고 전략을 수립할 때 토론을 불러일으키는 데 도움이 될 만하다.

2. 인구통계학 및 사회, 종교, 문화적 배경 조사하기

1) 사역의 대상이 되는 사람들에 대해 공부하는 이유

어떤 이들은 선교의 긴박성 때문에 사역의 대상이 되는 사람들에 관한 연구를 무시한다. 팀 구성원들은 어쩌면 사람들에 관한 연구는 실제적이지 않거나 시간 낭비라고 느낄지도 모른다. 하지만 성공적 교회 개척은 언제나 현지 사람들에 대한 기초적 이해를 요한다.

문화적 차이가 클 때는 당연히 필요하고, 교회 개척자들이 비슷한 문화의 다른 세대 집단이나 다른 계층에게 다가가고자 할 때도 언제가 그들의 사역의 대상이 되는 사람들을 이해할 필요가 있다.

그림 10.1은 지상명령을 완수하기 위해 필요한 전도의 세 가지 유형을 그려 준다.

첫째, 같은 문화를 가진 가까운 이웃에게 하는 전도(E1)
둘째, 문화적으로는 비슷하지만 구분된 집단에게 하는 전도(E2)
셋째, 문화적으로 구분된 집단에게 하는 전도(E3)

교회 개척자는 문화적 거리가 큰지 작은지를 평가해서 그에 따라 전도의 접근 방식을 발전시켜야 한다. 다문화 교회 개척자들을 위한 최고의 규칙은 이것이다. 문화를 배우는 학생으로서 들인 시간이 당신과 사역하려는 사람들 사이의 문화 차이와 정확히 비례한다. 그리고 그 차이가 클수록 그리스도의 겸손과 사랑, 인내가 당신과 현지 신자들의 삶에 필요하다.

〈그림 10.1〉 복음 전파의 장벽이 되는 문화 차이

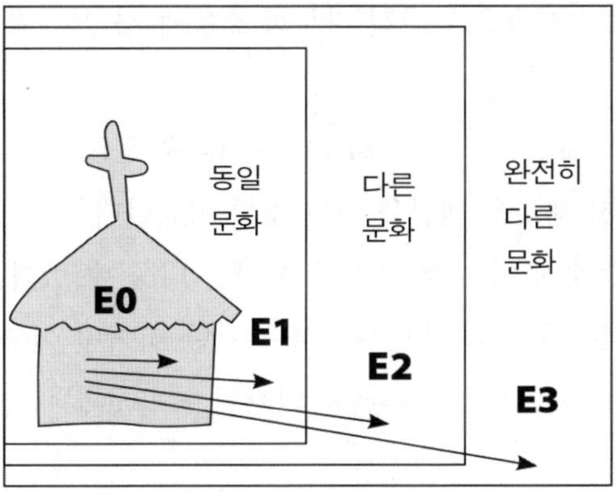

Source: Winter, et al. 1999

민족지학과 인구통계학을 공부해야 하는 몇 가지 이유가 있다.

첫째, 이해는 전달자는 변화시킨다.

>   문화는 그 나라의 영혼이다(Morin 1994, 579).

남자는 자신의 약혼자를 이해하려 한다. 그녀를 사랑하기 때문이다. 연애의 진정한 성공은 그녀의 영혼을 그대로를 바라보며 깊은 교제를 할 때에 온다. 문화를 공부하는 일은 단지 지적 활동이나 전도의 수단이 아니다. 우리를 움직이게 하고, 변화시키고, 사람들에 대한 깊은 이해를 가져다주며, 우리를 통찰력 있고 세심한 복음의 전달자들로 만들어 준다.

둘째, 이해는 효과적 소통과 관계 형성을 위해 필요하다.

소통 이론에서는 청중 분석이 필요하다고 강조한다. 교회 개척자가 다문화 전달자로서 다른 문화에 속한 집단에 들어갈 때 그들의 말과 행동은 듣는 이가 가지는 이해의 지평에서 이해될 것이다. 물론 메시지는 아주 명확하고 전송되는 의미에 충실할 수 있지만, 듣는 이들이 원하지 않으면 들리지 않는다. 청중은 메시지를 완전히 피하거나, 오해하거나, 혹은 간과할 수 있다. 교회 개척자들은 효과적 다문화 소통과 사역의 핵심 개념에 친숙해져야 한다.[3]

드웨인 엘머(Duane Elmer, 2002, 64-65)는 새로운 문화에 들어가는 것을 새로운 규칙을 가진 새로운 게임을 하는 것과 비교한다.

겉으로는 비슷해 보이는 두 문화가 사실은 다를 수 있다. 예를 들어, 야구와 크리켓은 둘 다 공과 배트를 사용하지만 뛰어난 야구선수라도 크리켓의 규칙과 필요한 기술을 연마하지 않으면 크리켓에서는 실패할 것이다.

---

[3] 실례를 위해서는 Elmer 1993, 2002, and 2006; Hesselgrave 1991; and Lingenfelter and Mayers 2003을 보라.

마찬가지로 새로운 문화에 들어가는 사람들은 자신의 문화에서는 통했던 의사 소통 수단과 관계를 맺는 기술이 새로운 문화에서도 효과적일 것이라 생각해서는 안 된다. 그들은 새로운 환경에 효과적으로 적응하기 위해 필요한 규칙, 개념, 기술을 배워야 한다.

셋째, 이해는 복음의 메시지를 전달하고 성경의 진리를 의미 있게 만들기 위해 필요하다.

이해되기 위해서는 언어적, 비언어적 방식 두 가지로 전달되어야 한다. 효과적 소통은 청중의 세계관과 잠재적 오해 소지 그리고 반대를 고려해야 한다(Hiebert 2008을 보라). 상황화의 한 가지 과제는 메시지를 의미 있게 전달하는 것이다. 보다 맛깔스러운 게 중요한 게 아니라 더 쉽게 이해되어야 한다.

문화는 상호 작용하는 환경 안에서 학습되고, 수정되고, 유지되며 정의된 세계관, 가치관, 공유된 의미의 체계를 통합한다. 소통은 청중이 메시지를 이해하고, 그것이 긍정적이든 부정적이든 올바른 이해에 기초하여 하나님과 예수님에 대한 진리에 응답할 때 성공한다.

2) 사역의 대상이 되는 사람들을 공부하는 방법들

후안(Juan)은 마이애미 중산층 쿠바 가정에서 자랐다. 그곳은 신분의 수직적 상승이 일상인 곳이다. 그 사회에서 한 사람의 사회경제적 지위가 향상될 가능성이 높다는 뜻이다.[4]

그는 현재 온두라스 테구시갈파 외곽의 한 스페인어 사용 구역에서 교회를 시작하기 위해 지명된 선교사로 사역하고 있다. 그는 이미 그들의 언어를 알고 있었으며 하나님의 사랑을 상처 입은 사람들에게 전하고자 하는 열망으로 가득 차 있다. 그가 복음을 전할 때의 강조점은 어떻게 하나님께서 영원한 생명을 주시며, 어려운 환경에도 불구하고 현재의 삶에 의

---

4 이 이야기는 사실에 기초하지만 구체적 상황은 바꾸었다.

미를 주시는가 하는 것에 있다.

온두라스의 노동자인 히카르도(Ricardo)는 수직 상승이 거의 불가능한 절망적 문화 속에서 하루하루 살아가고 있다. 그의 우선되는 삶의 목표는 최소한 주말에라도 식탁에 고기가 올라오고 자녀들이 학교에 들어갈 수 있도록 신발을 사 주는 것이다. 그는 하나님이 존재하신다는 사실은 의심하지 않는다. 그의 질문은 이것이다.

"하나님께서 우리에게 괜찮은 식사를 주시기 위해 무엇을 하실 것인가?"

그렇다면 후안은 히카르도 및 같은 동네에 있는 사람들을 알아가기 위해 어떤 과정을 가져야 하는가?

그가 아는 하나님을 그들에게 말해 주기 전에 그는 무엇을 해야 하는가?

후안은 세 가지 렌즈를 사용하여 그 동네의 삶을 잘 볼 수 잇다. 삶의 경험이라는 렌즈, 인구통계학적 조사라는 렌즈, 그리고 참여 관찰이라는 렌즈이다(그림 10.2를 보라).

〈그림 10.2〉 이해를 위한 세 가지 렌즈

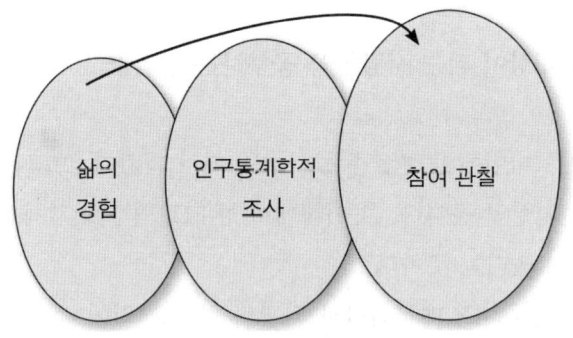

언어와 일반 문화에 대한 충분한 이해가 있다면, 여기서 말하는 세 가지 렌즈가(순차적이 아니라) 모두 올바르게 사용될 것이다. 요컨대, 후안은 테구시갈파에서 사는 게 익숙해지면서(삶의 경험), 인구통계학적 데이터를 수집하고 분석할 것이다(인구통계학적 조사). 그의 일반적 관찰과 발견들은 그의 이웃들을 향한 또 다른 질문과 논의점들을 형성하게 된다(참여 관찰).

(1) 삶의 경험을 통해 보기

사도들의 설교에서는 하나의 방법론이나 전략 혹은 한 가지 방식의 전달법이 있는 것이 아니었다. 왜냐하면, 성령 하나님께서 주어진 환경에 복음이 표현되도록 복음을 전하는 이들을 인도하셨기 때문이다.

> 진정한 상황화란 예수님의 지상 사역에서 볼 수 있듯이 그들의 상황 속에서 복음과 사람들의 가치를 동일한 것으로 여기며 신실하게 살아가는 공동체가 있을 때 발생한다. 이런 조건들이 충족될 때, 통치하시는 하나님의 영이 그분의 놀라운 사역을 행하신다(Bibby 1987, 154).

초대 교회는 복음의 상황화를 실천했다. 마찬가지로 다원주의 세계에서 그리스도의 대사로 살아가는 우리에게 상황화는 소통 이론에만 나오거나 지적 실천이 아니라, 삶의 경험이다. 온두라스 하층민을 위해 수십 년간 사역한 의사 데이비드 함스(David Harms)는 이렇게 말한다.

> 그들의 눈으로 세상을 바라볼 수 있을 때 그리스도를 그들에게 알게 할 수 있습니다.

그러므로 사람들을 이해하고 제대로 아는 것이 목표라면, 그들과 함께 사는 것이 최고이다. 먼저 그들의 삶의 방식과 사회적 작용의 방식을 경험하고 나면 개인적 차원의 관심사, 걱정, 두려움, 신념 등을 발견하게 된다. 이것이 바로 성령님이 주시는 공감과 통찰력으로 가득 찬 교회 개척자들이 시간이 흐르면서 내부자로서의 시선을 발전시킬 수 있는 방법이다.

후안과 그의 가족은 그들이 사역하고자 하는 사람들과 함께 그 동네에서 살기로 선택했을 수도 있다. 어떤 때에는 이렇게 하기를 권장하지 않는다. 비현실적이고 위험하고, 의심을 받기도 하기 때문이다.

어느 쪽이든 그들은 히카르도 및 그의 이웃들과 많은 시간을 보내며 깊은 우정으로 이끄는 신뢰를 쌓아 갔을 것이다. 히카르도는 어쩌면 후안의 문화적 멘토와 해석자가 되어 주었을 수도 있다. 후안의 동기가 거룩하고 그의 선교에 사랑에서부터 나온 것임을 보게 된다면 말이다.

(2) 인구통계학적 조사를 통해 보기

인구통계학적 정보는 대상 집단의 인구를 설명하기 위해 사용되며 주로 정량적 연구 및 데이터에 의존한다. 교회 개척자들은 많은 요소를 조사하고 무작위 표본 조사, 설문지, 또는 인구 조사 데이터 같은 다양한 도구를 사용한다. 갈팡질팡하지 않기 위해 답변이 필요한 특별한 변수와 특정 질문으로 시작한다. 초점을 너무 좁게 잡으면 가치 있는 정보들이 배제되고, 초점이 없으면 시간과 에너지가 낭비된다.

그림 10.3은 하나의 제안 과정이 요약되어 있다.

〈그림 10.3〉 인구통계학적 조사의 과정

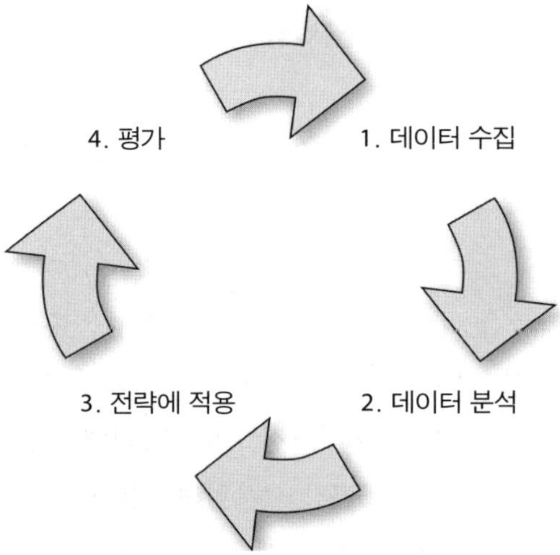

1. 데이터 수집
2. 데이터 분석
3. 전략에 적용
4. 평가

인구통계학 정보는 정기적으로 검토하고 갱신해야 하기 때문에 이러한 과정 역시 주기적으로 반복될 수 있다. 평가와 검토를 통해 새로운 질문들이 나오고 이는 더 깊은 연구로 이끈다. 많은 국가에서 인구 조사 보고서는 매 4-5년마다 나오는데, 이때 인구통계학적 연구와 검토의 자연스러운 주기도 제공해 준다.

표 10.1에서 교회 개척자들에게 도움이 될 만한 인구통계학 관련된 정보들을 제공한다.

〈표 10.1〉 교회 개척자들에게 유용한 인구통계학적 정보

인구 성장/감소	생물학적: 출생/사망 이동: 사회에 들어오고 떠나는 사람들 주택 증가 및 감소 미래 발전 계획(주택 건설, 산업 등)
가족	다양한 연령 집단의 비율(예, 아동, 노년) 가족의 규모 가정당 구성원 수 미혼, 기혼, 이혼자의 수
경제	가정 평균 수입 생활 기준(예, 실내 배관, 영양, 자동차) 지역 내 경제, 산업, 농업 활동 주된 고용 형태 실업자 비율 빈곤층과 실업자를 위한 공적 또는 기타 지원 교통, 상업, 여행
교육	인구의 교육 수준 문맹률(기능적 문맹 포함) 학교 및 고등교육 기관 도서관, 여행사 및 성인을 위한 평생 교육에 대한 접근성
사회/정치	다양한 민족 다양한 언어 하위 문화들 난민, 이민자, 불법체류자 정당 및 연합단체, 권력의 변화 사회 서비스에 대한 접근성 의료시설에 대한 접근성(예, 병원, 보건소, 약국)
종교	종교 연합 종교 행위의 실천 신념 종교 기관들: 교회, 이슬람 사원, 사찰

때로는 정부 기관, 상공회의소, 대학, (UNESCO 같은) 비정부기구가 도서관이나 인터넷에서 구할 수 있거나 아니면 지정된 사무실에서만 얻을 수 있는 유용한 인구통계학적 연구를 수행하고 발표한다. 새로운 인구 조사

가 시행되면 많은 보고서들이 곧 발표된다. 그것들을 찾는 데에 인내를 요하기도 하지만 쫓아다닐 만한 가치가 있다.

미국에서는 몇몇 전문 서비스가 유료로 특정 지역 사회와 관련된 정보를 제공한다. 갈렙 프로젝트(Caleb Project)와 같은 선교기관들은 특정 민족 집단 또는 지역에 대한 정보를 제공하고 최선의 방법으로 복음을 가지고 그들에게 다가가기 위해 "조사 탐방"을 수행한다. 가능한 정보 자료들을 아래와 같이 요약할 수 있다.

- 관공서
- 상공회의소
- 도서관과 대학
- 비정부기구(NGOs)
- 전문 연구 기관
- 신문
- 인터넷 데이터베이스
- 지역 교회연합, 사역, 선교단체
- 지역 사회 리더와의 인터뷰

다른 해의 인구 조사 데이터를 비교하여 변화들을 기록하는 것은 특히 유용하다. 이런 변화들은 종종 추세를 보여 준다.

예를 들어, 커크 헤더웨이(Kirk Hadaway)는 시간의 흐름에 따른 미국 내 다섯 개 도시에서의 교회 성장을 연구했다.

> 우리가 발견한 바에 따르면 도시 교회들의 성장 및 감소의 중요한 부분은 내부 변화와 상황적 특성에 기인한다. 인구 성장 또는 감소가 가장 중요한 요소이며, 그다음이 인종의 변화, 이웃의 사회계층, 그리고 지역 어린이들의 비율 순으로 중요했다(Hadaway 1982, 548).

다양한 자료에서 얻은 정보들은 그 신뢰성과 정확도에 대해 항상 생각해야 한다. 일반적으로 데이터를 요약하고 제출하는 방식을 결정하게 될 연구의 동기가 있다. 정부는 정부의 성과를 좋게 보이려고 데이터를 왜곡할 수 있다. 산업이나 상업은 투자나 새로운 사업의 잠재성을 매력적으로 보이게 하려고 노력하기도 하고, 비정부기구는 기금 마련에 도움이 되는 숫자들을 강조할 수 있다.

종교와 관련된 데이터는 일반적으로 실제 신념이나 실천에 대해서는 거의 말하지 않으며 공식적 혹은 지배적 종교를 위해 의도적으로 왜곡될 수도 있다. 이런 이유 때문에 가능하면 몇 가지 자료를 비교하고 설문 및 인터뷰를 통해 인구 조사를 보완하는 것이 지혜롭다.

어떤 국가들의 인구통계 데이터는 공식적으로 발표되지 않는다. 그런 상황에서 교회 개척팀은 설문 조사와 인터뷰를 이용하여 제한된 인구통계 조사를 자체적으로 수행할 수 있다. 제대로 된 인구통계 조사는 아주 어렵다는 사실을 알고 있어야 한다.[5]

전도를 말하기 위한 고리로 여론 조사를 사용하는 것에 대해서는 강력하게 반대한다. 유일한 목적은 전도이고 수집된 데이터는 사용되지 않을 것이면서도 진지한 연구인 척 가장하여 사람들에게 접근하는 것은 비윤리적이다. 사람들과 기독교에 대해서 논의할 수 있는 보다 창의적 방법들이 많이 있다. 조사를 수행하는 과정에서 특정 정보를 받는 것에 관심이 있는지 물어볼 수는 있지만, 그것이 조사의 우선되는 목표가 되어서는 안 된다.

많은 인구를 대상으로 한 여론 조사는 매우 어렵지만, 한정된 규모의 공동체와 관련된 유용한 정보는 비공식적 조사를 통해서도 얻을 수 있다. 예를 들어, 신학교 내의 독일 학생들은 지역 사회에서 인식 요구(felt needs)가 무엇이며 어떻게 교회가 그들의 필요를 다룰 수 있을지를 알아보기 위해

---

5 왜냐하면, 어떤 정보들은 극도로 민감하기 때문에 조사 방법이 법에 저촉되거나 의심을 받아 장기간의 노력을 물거품으로 만들 수도 있지는 않은지 확인해야 한다. 수행 방식에 대한 교육 없이 전화나 방문 설문을 하게 되면 볼품없고 왜곡된 데이터를 만들게 된다. 파울러(Fowler 2009)의 책은 최고의 수행을 취한 좋은 출발점이다.

방문 조사를 실시했다. 그들은 다음의 순서에 따라 시행했다.

첫째, 설문 설계

특별한 연구 목표를 염두에 두고 간단한 설문지를 작성했다. 유용한 정보를 캐내기 위한 질문들만 사용했다.

"이 지역 사회에 가장 필요한 것은 무엇이라고 생각하십니까?"와 같은 개방형 질문들이 긴 대화를 이어갈 수 있도록 도우며, 지역 사회의 관심사, 감정, 경험에 대한 통찰력을 제공해 준다. "집에 성경이 있습니까?"와 같은 짧은 대답을 바라는 질문은 나중의 분석을 위해 필요한 데이터를 수집할 수 있게 해 준다.

둘째, 설문 전략

설문을 위해 이웃들을 배치하고 구역을 무작위로 선택했다. 이는 응답에 대한 어느 정도의 대표성을 제공해 준다. 설문을 시행하기 위한 계획을 수립했다. 팀, 방향성, 그리고 스케줄을 만들었다.

셋째, 소개장

신학교 학생들이 앞으로 특정한 날짜에 약 10분 정도 소요되는 설문 조사를 수행할 것이라는 내용의 편지를 겉봉에 교회의 이름을 인쇄해서 선택된 동네의 주민들에게 보냈다. 응답자의 잠재적 의심을 줄이면서 참여를 늘리는 데 도움이 된다.

그 편지에는 설문을 통한 정보로는 새로운 교회가 현지의 필요와 걱정거리를 해결하는 데 도움이 될 용도로 사용될 것이며, 설문을 통해 어떤 것도 판매하거나 요청하지 않을 것이고, 모든 응답자의 개인정보와 익명성은 보장될 것이라는 사실을 명시했다.

넷째, 설문 예비 교육

학생들은 어떻게 자신을 소개하고 정보 제공자의 익명성을 유지할 수 있을지, 개방형 질문을 어떻게 기록해야 하는지(한 사람이 질문하면 다른 사람이 대답의 정확한 단어와 문장을 적는 것), 인터뷰를 어떻게 마무리해야 하는지(응답자에게 감사하고 결과를 기록하는 것)에 대해 철저히 교육받았다.

다섯째, 설문 시행

설문 전과 설문이 진행되는 동안 기도팀이 동원되었다. 미리 정해진 날 신학교 학생들은 두 팀으로 나뉘어 가정마다 방문하여 설문을 시행했다.(다양한 일정을 가진 사람들을 만나기 위해) 그들은 하루 중 각기 다른 시간에 방문했고, 첫 방문에서 그 집에 응답이 없을 경우, 다른 시간이 다시 방문했다. 보통의 경우 응답자를 편안하게 해주기 위해 남녀가 팀에 골고루 있었다. 각 인터뷰에서의 발언과 시간은 다른 종이에 기록했다.

여섯째, 설문 분석 및 사용

데이터를 모으고 분석한 뒤, 전도와 교회의 사역을 위한 시사점을 뽑아냈다. 응답자들은 그들이 먼저 요청하지 않는 한 다시 연락하지 않았다.

이러한 비공식 설문 조사의 데이터는 인구를 통계적으로 설명하기 위해 광범위하게 일반화할 수는 없지만, 사람들의 생각과 인식을 알게 됨으로 사역 전략을 세우는 데 아주 유용하게 사용될 수 있다.

예를 들어, 성장하는 어느 지역 사회에 어린이와 청소년을 위한 활동이 거의 없다는 것이 이러한 조사를 통해 알려졌다. 개척 교회는 어린이들을 위한 성경학교를 열었는데 대부분 교회를 다니지 않던 어린이들이 참석했다. 나중에는 일부 부모들과 함께 성경 공부를 시작했다.

〈**사례 연구 10.1**〉

사역 대상이 되는 지역 사회를 선택하기 위해 인구통계 연구 사용하기

뮌헨에 교회를 개척하기 위한 준비를 진행할 때, 인구통계 정보를 통해 전체 가구의 절반은 1인 가구라는 사실을 알게 되었다. 따라서 미혼자, 이혼자, 배우자를 잃은 사람들을 위한 사역이 전체 사역 계획에서 큰 자리를 차지해야 했다. 또한, 도시 거주인 5명 중 한 명은 독일인이 아니었다. 따라서 외국인들을 위한 사역 역시 중요하게 고려해야 했다. (인구 증가 및 이동, 외국인의 수, 연령 구조 등)

도시의 특정 구역에 대한 다양한 정보가 모였고, 이를 해당 구역에 위치한(있는 경우) 복음주의 교회들의 수와 비교했다. 이 정보를 기반으로 삼고 북쪽으로의 도시 확장과 같은 다른 요소를 바탕으로 교회 개척의 장소로 북부 지역을 선택했다.

(3) 참여 관찰을 통해 보기

참여 관찰은 민족지학 연구에서 사용되는 원리이다. 역사와 문화에 대한 독서를 통해 일반적 사고방식과 태도에 대한 통찰을 얻을 수 있고, 인구통계학적 조사는 사역의 대상이 되는 지역 사회 혹은 집단의 묘사적 특징을 수립하는 데 도움이 된다는 사실을 보았다. 민족지학적 연구의 목적은 내부자의 관점에서 사람들의 행동, 가치관, 세계관에 대한 깊은 통찰력을 얻는 것이다.

> 민족지학은 흥미로운 사업이다. 사람들이 무엇을 생각하는지를 밝히고 그들이 매일 사용하는 문화적 의미를 보여 준다. … 민족지학은 우리 모두에게 사회적으로 물려받은 민족 중심주의에서 잠시 뿐일지라도 한 걸음 벗어나게 해 주며 다른 의미 체계를 가지고 살아가는 타인의 관점으로부터 세상을 이해할 수 있는 기회를 제공해 준다(Spradley 1980, vii-viii).

민족지학 연구를 통해 보다 구체적으로 사역의 대상이 되는 사람들에게 집중할 수 있다. 대부분의 현대 문화는 동질적이지 않다. 오히려 서로 맞물리는 조각이 많은 퍼즐처럼 점점 복잡해진다.

농촌 사람들이 많이 유입되는 도시 사회는 점점 다원화되고 있다. 도시에는 일반적으로 서로 다른 인종, 세계관, 가치 체계 및 계층이 상호 작용하면서 서로를 수정하는 여러 하위 문화가 있다. 농촌의 전통적 뿌리와 현대 교육은 많은 대학 캠퍼스에서 포스트모던 사고와 얽혀 있다.

종종 교육을 받은 상위 계층은 보다 낙관적이고 점점 더 세속화되는 데 비해, 교육 수준이 낮고 보다 전통적 사람들은 보다 운명적이고 종교적이며 신비롭고 전통에 얽매인다. 따라서 사역의 대상이 되는 사람들은 퍼즐의 한 조각만을 대표하겠지만, 그들에 대한 민족지학적 연구는 그들이 전체에 어떻게 들어맞는지 알게 해 준다.

인구통계학적 정보는 주로 계량적(Quantitative)이다. 통계, 숫자 또는 인구의 많은 부분에 적용되는 척도로 표현된다. 민족지학은 본질보다 정성적(Qualitative)인 결과를 가져온다. 정성적 정보는 전체 모집단이나 통계 데이터에 대한 광범위한 일반화를 포함하지 않는다. 오히려 특정 집단에 속한 사람들의 행동이나 신념 뒤에 있는 의미와 이유를 심층적으로 이해하기 위해 수집된다. 정성적 연구는 일반적으로 관찰, 인터뷰 또는 표적집단[6]을 사용하여 정보를 얻는다. 계량적, 정성적 연구의 두 가지 형태 모두 유용하지만 서로 다르고 상호 보완적이다.

민족지학은 명확한 원칙이 있기 때문에 훈련이 필요하다. 따라서 대부분의 교회 개척자들은 아마추어 민족지학자가 되려고 해서는 안 된다. 다만 관찰과 인터뷰를 통해 소중한 이해를 얻고, 자신의 것이 아니라 응답자가 개념적 틀 안에서 하는 행동을 해석하는 법을 배운다. 교회 개척자는 반드시 '거리로' 나와서 생활 조건, 사회적 상호 활동, 쇼핑, 학교, 상업 시설, 건설 프로젝트, 여가 활동 및 종교 기관을 직접 관찰하며 조사해야 한다. 이를 통해 정량적 데이터를 산출하지는 못하겠지만, 소중한 정보를 발견할 수는 있다.

인터뷰는 사람들의 이해, 동기 및 인식에 대한 심층 정보를 수집하기 위해 수행된다.

퀘벡주 몬트리올에서 교회를 개척하는 한 부부는 간단한 설문지를 만들어 토요일 오후 저녁식사 시간에 몇몇 이웃을 인터뷰했다. 개방형 질문이 사용되었고 대화는 자연스럽게 이어졌다. 한 명은 질문하고 다른 한 명은 기록했다. 나중에 그들은 팀의 다른 구성원을 만나 결과를 비교했다.

책을 읽어서는 결코 얻을 수 없었던 중요한 발견을 했는데, 많은 응답자가 지배적 종교인 가톨릭교에 대해 느끼는 양면성이었다. 일부 노인은 상처와 학대에 대한 강한 감정을 표현했지만 계속 교회에 갔다. 대부분의 젊은 퀘벡주 사람들은 더 이상 교회에 참석하지 않지만 교회는 여전히 그들

---

6 표적집단(focus group)이라는 용어를 사역의 대상이 되는 사람들(ministry focus people)과 혼동해서는 안 된다. 표적집단은 조사를 위해 선택된 소수의 개인으로 이루어진 집단이다. 사역의 대상이 되는 사람들은 교회가 세워질 민족집단 또는 하위 문화를 나타낸다.

의 정체성의 일부였다.

한 남자는 이렇게 말했다.

"성인이 되어서 어머니[가톨릭교회]로부터 멀어졌지만, 그녀는 여전히 내 어머니이며 아무도 그녀를 폄하하지 않았습니다. 신앙생활을 열심히 하는 것은 아니지만, 다른 사람에게는 관심이 더 적습니다."

한 젊은 여성은 말했다.

"나는 하나님을 믿지만 내 삶에서 어디에 두어야 할지는 모르겠어요."

면접관이 판단하는 듯한 태도를 보이면 수집되는 정보에 영향을 미친다. 진정 궁금해하고 배려하면서 진지하고 겸손한 자세로 사람들에게 접근해야 한다. 일반적으로 이러한 성향은 신뢰를 형성한다. 인터뷰 대상자는 개인적 감정과 어려움을 공개하게 된다.

하지만 인터뷰를 빙자하여 자신의 종교적 신념을 나누는 일은 비윤리적이다. 인터뷰 대상자가 그것을 알고자 하는 마음을 표현한다면, 그때는 가능하다.

응답자의 진술을 해석할 때는 주의를 기울여야 한다. 교회 개척자는 관찰 내용과 거기에서부터 나오는 질문들을 일지에 기록해야 한다. 그 기록들을 나중에 다시 가져와, 다른 인터뷰 대상자들의 태도나 생각과 비교할 수 있고 문화적 멘토와 그것에 대해 논의할 수 있다.

해석의 정확성을 위해서는 가정, 편견 및 선입견이 있는 범주 또는 설명을 제쳐두어야 한다. 인터뷰를 하는 사람은 성급한 결론을 내리거나 근거 없는 판단을 내리지 않아야 한다. 누군가의 진술을 함부로 해석하는 위험을 감수하기보다는 필요하다면 나중에 후속 질문을 할 계획을 세우는 게 낫다.

때로는 표적집단 전체를 인터뷰할 수 있다. 표적집단은 정성적 연구에 사용되는 방법으로, 종종 마케팅 목적으로 사용된다. 한 집단의 사람들이 모여 어떤 아이디어, 제품, 서비스 또는 개념에 대한 그들의 태도가 어떠한가에 대한 질문을 받는다. 참가자가 다른 집단의 구성원과 자유롭게 대화할 수 있는 상호 활동 가능한 환경에서 질문이 던져진다. 더 많은 표현의 자유를 허용하고 공통된 의견의 도미노 효과를 통해 '집단사고'가 발생할 수 있다.

표적집단 방식은 그 시행과 사용에 있어 일대일 인터뷰보다 더 어렵다. 일반적으로 교회 개척자들은 훈련된 중재자와 자발적이고 자격을 갖춘 참가자가 자연스럽게 모인 경우에만 이 방식을 사용한다.

3. 전도 및 교회 개척 전략 세우기

연구 결과를 바탕으로 교회 개척팀은 사역의 대상이 되는 사람들의 필요, 문화, 사회 구조 및 종교적 신념, 그리고 다른 요소들을 고려하여 그들에게 맞는 전도 및 교회 개척 전략을 만들 준비를 한다.

진입 전략은 초기 사역에 적절하게 들어가기 위한 계획이다. 하나님의 사랑을 보여 주고 사람들의 느낌과 실제 필요에 따라 그분의 메시지를 나눈다. 이 전략은 복음을 받아들인다든가 하는 긍정적 기회도 고려하며, 기독교가 들어오는 것을 반대하는 외부인이나 종교 지도자들이 가지는 우리의 동기에 대한 의심과 같은 잠재적 장애물도 예상한다.

진입 전략은 응답자들의 성향을 분석하는 것으로 시작한다. 이는 일반적 사람과 가족 그리고 복음의 중요한 진입점이 되는 성향이다. 빌 하이벨스(Bill Hybels)가 묘사한 "교회에 다니지 않는 해리와 메리"(unchurched Harry and Mary)로 이 생각은 대중화되었다. 릭 워렌(Rick Warren)은 "새들백 샘"(Saddleback Sam, Warren 1995)이라 표현했다.

이러한 성향 분석은 하나님께서 누구를 향해 가도록 팀에게 소명을 주셨는지에 대해 교회 개척자들이 개인화하고 시각화하여 기억하게 해 주는 데 도움이 된다. 네 가지 주요 영역, 즉 필요, 삶의 염원, 의사 결정 방식, 반응하는 부분에 집중해야 한다.

그러나 이러한 성향 분석은 복합적 특성을 가지고 있다는 점을 염두에 두어야 한다. 어떤 성향 분석도 그 사람을 완전히 반영하지 못한다. 모든 사람은 개별적으로 관계를 맺으며 이해해야 한다.

1) 필요

사람들은 메시지나 서비스가 개인적 인식 요구에 부합할 때 긍정적으로 반응한다. 그러한 필요는 복음이 다루는 모든 삶의 영역에 있을 수 있다. 복음은 가족 생활뿐 아니라 성품을 변화시키고, 희망과 의미를 제공하며, 알코올 중독이나 악마 숭배 및 가정 폭력과 같은 영적/사회적 질병에 대한 해결책을 줄 수 있다.

사람들은 영적 진리가 자신의 삶과 필요에 관련이 있음을 볼 때 영적 진리에 관심을 가진다. 초자연적 세계관을 가진 사회에서는 영적 질문과 영원한 운명과 관련한 필요를 느낄 수 있다. 물질주의 사회에서의 필요는 종종 사람들의 정서적, 신체적 또는 사회적 안녕과 관련이 있다.

사람들을 만날 때 예수님은 질문과 갈망과 결점을 가진 개인으로 그들을 보셨다. 그분은 민감하고 통찰력 있게 표면적 인식 요구보다 더 깊은 수준의 대화를 항상 이끌었다. 필요를 해결해 주는 것은 복음이 삶의 모든 요소에 관련되어 있다는 점을 보여 주는 출발점이다.

복음은 모든 병을 치료해 주지 않으며 고용과 물질적 성공을 보장하지도 않는다. '유인 상술'을 사용하는 속임수가 되어서는 안 된다. 그리스도를 아는 것이 훨씬 더 깊은 필요를 충족시킨다는 사실과 인간의 죄, 그리고 하나님과의 분리라는 근본적 문제를 해결함으로써 특별한 필요를 어떻게 해결하는지 보여 주어야 한다. 이런 식으로 복음의 권능은 한 번에 여러 수준에서 변혁 작업을 시작할 수 있다.

〈사례 연구 10.2〉

슬럼가 사람들에게 복음 전하기

오스카 무리우는 나이로비교회(제7장 참조)가 어떻게 슬럼가 사람들에게 교회 개척을 위한 진입 전략을 시행했는지 말해 준다.

> 그들은 영화에 대한 언급을 이해하지 못합니다. 그들은 영화를 거의 본 적이 없습니다. 교육받은 엘리트의 언어는 그들을 배제시킵니다. 그들이 이해하고 그들을 설득시키는 것은 예수님께서 말씀하신 것처럼 실생활의 이야기와 비유입니다. … 그래서 우리는 가난한 사람들의 언어를 말할 수 있는 지도자를 찾고, 가난한 교회를 부유하고 교육받은 교회와 연결합니다. 저에게는 슬럼가에 있는 교회에 자원을 제공하고 활성화하킬 책임이 있습니다. 또한, 그들에게 축복이 될 사역을 개발하고, 사역의 결과로 회원들이 빈민가에서 자신의 존재 가치를 깨닫도록 도울 책임이 있습니다. 우리는 서로가 필요하다는 것을 인식하고 함께 일할 것입니다. 같은 모임은 아니지만 거기에 서로 연결되어 있습니다. … 첫 번째 학생 중 한 명은 이제 부목사로 우리와 함께 사역하며, 함께 온 다른 몇몇 학생은 우리가 개척한 교회를 목회하고 있습니다(Muriu 2007, 1).

2) 삶의 염원

필요와 질병을 언급하면서 전도를 단순히 그런 문제 해결로 만들어서는 안 된다. 그리스도께서는 자신의 형상대로 창조된 인간의 가장 깊은 갈망을 만족시켜 주신다. 개인주의 사회에서 이러한 갈망은 종종 용서, 목적 및 삶의 의미를 찾는 일과 관련된다. 집단주의 사회에서 그들은 아쉬움에 대한 해결책이나 가족과의, 하나님과의, 그리고 자신이 속한 공동체와의 조화를 확보하는 것과 더 관련 있을 수 있다.

모든 사람은 더 나은 삶을 염원하지만 가끔은 더 깊고 구체적 갈망도 가진다. 대화, 독서 혹은 인터뷰를 통해 그런 것들을 알 수 있다. 대부분의 종교나 세계관은 어떤 실존적 질문을 놓고 씨름한다.

우리는 왜 여기에 있고 어디로 가고 있는가?
하나님은 누구이시며 어떻게 우리가 그분을 개인적으로 알고 그분과 함께 영원히 살 수 있는가?

우리는 어떻게 죄와 병과 죄책감으로 인한 깊은 고통에서 벗어날 수 있는가?

진입 전략에서 응답자의 성향 분석을 통해 블레이즈 파스칼(Blaise Pascal)이 말한 하나님이 없는 진공상태가 청중에게 어떻게 느껴지는지를 밝혀야 한다.

3) 의사 결정 방식

의사 결정 과정은 무엇을 중요하게 여기느냐, 무엇에 설득당하느냐, 무엇을 신뢰하느냐에 따라 문화별로 상당히 다르다. 또한, 집단과 개인의 역할, 논리 사용, 시간관의 영향도 받는다.

의사 결정을 내리는 주체가 개인, 가족 또는 더 큰 집단인가?

가족이나 더 큰 집단이라면 집단의 리더가 중요할 것이다. 때로는 사실상의 리더는 아니지만 비공식적으로 견해에 영향을 미치는 리더들이 집단에 존재하기도 한다. 이 사람들을 간과해서는 안 된다. 성별과 연령도 의사 결정 방식에 영향을 미친다. 때로는 가장에게 접근하기 위해 집중적으로 노력해야 한다.

복음을 더 빨리 받아들인 여성과 자녀들이 먼저 세례를 받는 경우, 결혼이라는 사회적 거리가 생기게 되고, 남편에게 접근하기가 더 어려워진다. 기독교를 가정 생활의 위협으로 볼 수도 있다. 남성우월주의(machista) 문화에서는 남편이 세례를 받는 일이 많은 시간을 요구지만, 일단 그가 회심하면 온 가족이 함께 그리스도께 나올 수 있다.

일부 부족 사회의 지역 사회 리더들이 처음으로 기독교 메시지를 받아들이면, 종종 많은 다른 사람들이 그들의 인도를 따르게 된다. 이때 사람들의 움직임은 "다중 개인"(multi-individual)이라 부르는 집단 결정 방식을 따르게 된다(사례 연구 10.3 참조).

사람들의 행동은 다섯 명이든 오백 명이든 모두 같은 사람들이 공동으로 결정한 결과이다. 그 결과로 비기독교인 친척과 여전히 관계를 맺고 있으면서도 사회적 고립 없이 기독교인이 될 수 있다. 수년 간의 시간 동안 적절한 교육을 받으면 같은 집단의 다른 이들도 유사한 결정을 내리고 기독 교회를 만들 수 있게 된다(McGavran 1980, 335).

〈사례 연구 10.3〉

부족 사회에서의 의사 결정

베트남 몽족(the Hmong)에서 린 바니(Lin Barney)가 경험한 것이 이에 대한 좋은 예이다. 외딴 지역의 사람들이 그에게 '예수의 길'에 대해 이야기 해 달라고 초대했고, 그는 그 집의 남자들에게 복음을 전했다. 그다음 남자들은 새로운 길에 대해 씨족별로 나누어 토론했다. 찬반 양론을 다투고 나서 씨족 지도자들은 마을의 선택을 결정하기 위해 장로의 자격으로 모였다. 결국 그들은 린에게 그들이 모두 기독교인이 되기로 결정했다고 말했다(Hiebert and Meneses 1995, 159).

개인주의와 개인적 선택을 강조하는 문화에서 자란 서구 선교사들은 종종 그러한 결정을 오해한다. 많은 선교사가 돌아가서 한 명씩 그리스도께 나아오라고 사람들에게 말한다. 그렇게 함으로 그들은 사람들에게 그것은 중요한 결정이 아니라고 말하는 것과 같은데, 개인은 단지 사소한 부분만 결정하기 때문이다. 심지어 어떤 사람들은 선교사로부터 거절당하는 느낌을 받아 옛 종교로 돌아가기도 한다(Hiebert and Meneses 1995, 159).

이에 더하여, 때때로 "그리스도인이 되겠다"는 집단 결정은 진심으로 기독교를 더 탐구해 보겠다는 의미일 수도 있고, 악령이나 질병을 극복하거나 물질적 이득을 얻기 위해 기독교의 힘을 실험해 보겠다는 결정일 수도 있다. 히버트와 메네시스의 말에 따르면, "집단 사회에서 의사 결정은 종종 다단계 과정이다"(1995, 160).

하나님께서 인간의 결정을 통해 어떻게 자신의 주권적 뜻을 이루시는지에 대한 신비를 풀 수는 없지만, 그 과정에 해당하는 인간이라는 요소를 이해하고 조화롭게 일하면서 필요 이상으로 그것을 막지 않아도 된다.

4) 수용성 여부

어떤 종족은 다른 종족보다 복음에 더 잘 반응하고, 종족 집단 내에서도 일부 개인이나 특정 집단은 다른 사람들보다 복음에 더 잘 반응한다. 모든 사람이 복음을 들을 수 있는 기회를 가져야 하지만 전도자와 교회 개척자들은 관심을 가지고 개방적 사람들을 우선시 하게 된다.

예수님의 비유에서, 손님들이 연회에 올 준비가 되지 않자 주인은 마을의 가난한 사람들을 데려 오기 위해 자신의 종들을 보냈다(눅 14:15-23). 바울은 대부분의 지역보다 에베소에 더 오래 머물렀고, 더 많은 선구자적 사역을 뒤로 미루었다. 왜냐하면, 하나님께서 그곳이 복음을 특별히 잘 받아들이도록 길을 열어 주셨기 때문이다(고전 16:8-9).

수용성이란 자신에게 생소한 것을 받는 능력 또는 성향을 의미한다. 여기에는 새로운 아이디어, 변화, 새로운 출처로부터 기인한 영적 진리에 대한 열린 자세를 포함한다. 반응이 약한 사람들 사이에서 일할 때 겪는 가장 큰 어려움 중 하나는 누가 열린 마음을 가진 하나님이 복음을 받을 준비를 시킨 사람들인가를 어떻게 식별하는가 하는 점이다.

> 수용성은 무엇보다 삶에 대한 만족도와 변화하려는 의지에 초점을 맞춘 질문을 통해 측정된다. … 수용성의 두 번째 국면은 생소한 종교를 믿는 믿음에 대한 헌신이다. 수용성은 이 헌신의 강도에 반비례한다(Engel 1977, 49).

집단주의 사회에서는 전체 집단의 수용 수준을 평가해야 한다. 개인주의 사회에서의 수용성은 인구, 가족 또는 집단, 심지어 개인의 작은 부분에 따라 달라질 것이다. 이것은 자신의 가족 및 고향을 떠난 많은 도시 거주자들도 이에 해당한다. 아래는 새로운 영적 메시지에 대한 변화 혹은 수용에 대한 개방성을 나타내 주는 생활환경의 일반 집단 목록이다.

- 가까운 사람의 사망, 이혼 또는 실업과 같은 중대한 개인적 위기를 경험한 사람들
- 결혼, 출산, 취업 또는 직업 변경과 같은 중요한 삶의 전환을 겪고 있거나 시골에서 도시 생활로 이주하는 사람들
- 전쟁, 자연 재해, 기근 또는(산업화와 같은) 급격한 변화로 인해 이전의 세계관이 더 이상 통용되지 않는 사회
- 거주지 변경으로 이전 사회 연계망에서 분리된 사람들
- 대부분의 민속 종교처럼 느슨하게 조직된 종교적 구조를 가진 집단
- 죄, 죄책감, 인격, 창조주 등에 대한 정의를 가지고 있는 사람들
- 현재의 종교에 대해 큰 실망을 경험한 사람들
- 사회적 또는 종교적 변화를 통해 잃을 것은 거의 없고 많은 것을 얻을 수 있는 소외된 집단 및 하위 계층
- 대학생과 같이 새로운 아이디어에 노출되는 청년들

교회 개척자는 위의 범주에 해당하지 않는 사람들도 움직이시는 하나님의 능력을 간과해서는 안 된다. 하지만 제한된 시간과 자원을 잘 관리하기 위해 일반적으로 응답할 가능성이 가장 높은 사람들에게 집중하는 것이 현명하다. 그러한 사람들과 관계를 구축하고 그들에게 좋은 소식을 전하기 위해 특별한 노력을 기울일 수 있다.

4. 사회공동체와 관계 맺기

교회 개척팀 구성원이 지역 사회 혹은 사역의 대상이 되는 사람들 중 한 두 집단이 더 수용적이라는 사실을 확인하고 나면, 최소한 절반 이상의 시간을 그 집단의 사람들과 함께 보내야 한다(사례 연구 10.4 참조). 지역 사회 리더 및 지역 사회의 모니터요원(gatekeeper)들에게 예의 있게 연락을 취하며 시작할 수 있다.

민주주의 사회에서 지역 사회 지도자들은 공무원이며, 솔직하고 성실하며 겸손하게 접근하는 한 기꺼이 질문에 답하고 새 교회를 시작하려는 사람들을 도와야 할 의무가 있다. 그들은 공적 임무를 수행하고 있기 때문에 쉽게 찾을 수 있다. 선출직 의원, 교육 지도자, 공무원, 통장 또는 종교 리더, 누구든지 그들은 곧 새로운 종교 단체가 도착했다는 소식을 듣게 될 것이다.

〈사례 연구 10.4〉

교회 개척 전략에 인구통계 정보 사용하기

독일 잉골슈타트(Ingolstadt)에 교회를 개척하려는 초기 계획을 세웠을 때 지역 통계청에서 수집한 인구통계 정보를 통해 유용한 통찰력을 얻을 수 있었다. 예를 들어, 도시의 거의 3분의 1에 달하는 사람들이 스포츠 클럽의 회원이라는 사실을 알 수 있었다. 교회 개척자들은 스포츠 클럽에 가입하는 것이 지역 사회 관계망에 들어가는 좋은 방법이 될 수 있다고 결정했다. 마침내 어떤 클럽 회원의 가족들과 복음적 성경 공부가 시작되었고, 개척자는 개인적 위기에 있었던 가족을 섬길 수 있었다.

또한, 새로운 지역 병원이 세워진 도시의 서부 지역에서 인구가 증가하고 있는 것을 확인하였다. 그 동네에 대규모 주택 개발을 위한 장기 계획이 있었다. 그곳 병원에서 일하는 이들과 함께 성경 공부가 시작되었다. 초기 핵심구성원들의 대부분이 지역 병원에서 일하고 있었기 때문에 병원의 다른 직원과 실습 학생들에게 전도를 할 수 있는 자연스러운 접촉점이 만들어졌다. 노력이 결실을 맺었다.

이 지역의 정부, 교통, 교육 및 의료 기관의 인구는 매우 다양했기 때문에 관심은 다른 이들에게로도 옮겨졌다. 이 도시의 가장 큰 고용주는 자동차 제조업체인 아우디(Audi)였고 두 번째로 큰 회사는 제조 회사였다. 따라서 생산직 근로자들에게 접근하기 위한 노력도 이루어졌다. 예를 들어, 지역 축제 때 대형천막을 치고 진행했던 전도 캠페인은 매우 효과적이었다(독일인은 맥주 파는 천막 방문을 좋아하기 때문에 그 장소는 친숙하고 매력적 곳이었다).

지역 사회의 모니터요원들은 비공식적 방식으로 다른 사람에게 영향을 준다. 그들은 공식적 권위나 지위가 없어도 공동체에서 도덕적 권위를 가지고 여론을 수렴한다. 시골에서 그들은 시장에서 사람들을 만난다. 도시에서 그들은 라디오 혹은 사무실에서 사람들과 상담한다. 그들은 사람들에게 가까이 있으며 이민, 주택, 재정 및 직장 관련된 문제들을 돕는다. 팀이 그들로부터 지지를 얻을 수 있다면 복음의 문은 열릴 것이다.

보통은 모니터요원들이 받아들여 주면 낯선 사람이나 외부인도 지역 사회에서 받아들여 준다. 어떤 모니터요원들은 하나님의 말씀을 들을 수 있도록 바울과 바나바를 부르는 구브로 총독 서기오 바울처럼 하나님을 진지하게 구하는 사람들이다(행 13:7). 예수님은 제자들이 사역 여행을 떠날 때 그들을 환영하고 환대할 "평화의 사람"을 찾고 그들과 함께 머물도록 지시하셨다(눅 10:5-7).

이들은 복음의 다리 역할을 할 수 있는 선한 사람들이다. 교회 개척팀은 영적으로 깨어 있으면서 잘 관찰하고, 토론과 지역 사회 봉사에 참석하고, 이웃에게 질문하여 지역 사회의 다리 역할을 할 수 있는 사람들을 식별해야 한다. 다음 장에서 우리는 그런 "평화의 사람들"에 대해 더 자세히 논의 할 것이다.

5. 팀의 역할을 결정하고 팀의 준비를 강화시키기

이 단계에서 팀 리더가 올바른 방향을 제시하고 역할의 차별화를 두는 것이 매우 중요하다. 리더는 구성원들의 은사, 열망 및 능력을 고려하고, 복음화 및 제자화의 다음 단계를 위해 구성원들의 역할을 정의하며 그들을 인도하게 된다.

이 단계에서 공동 기도, 상호 지원, 홍보 및 의사 결정의 방식이 설정되기 때문에 팀 발전에 있어 중요하다. 팀원들이 함께 많은 시간을 보내면서 긴장이 항상 발생하는 시기이다(제16장 팀 갈등주기 참조).

팀원들이 서로 다른 학습 방식과 태도를 가지고 있다는 사실에서 흔한 어려움들이 발생한다. 어떤 사람들은 다른 사람들보다 먼저 생산적 사역으로 전환할 준비가 되어 있다. 어떤 이들은 현지 언어를 배워서 다른 사람들보다 빨리 적응할 수 있다.

구성원들이 잘 준비할 수 있도록 격려해 주어야 한다. 그리고 더 일찍 준비된 사람들은 불필요한 지체 없이 시작할 수 있어야 한다. 팀 내에서의 자신의 역할에 따라 특별한 성경적, 실제적 훈련이 필요할 수 있다. 건강한 팀은 교회 개척에 참여하기 시작할 때 사역 준비에 대한 장기적 관점을 가지고 서로 권한을 부여해 준다.

6. 교회 개척 계획서 제출하기

교회 개척 제안은 초기의 포괄적 사역 계획 또는 진입 전략에 속한다. 모든 교회 개척 사업에서 공식적 제안서를 작성해야 하는 것은 아니지만 종종 그러한 제안은 팀의 활동을 분명하게 하면서 집중시키며, 현실적 예산을 세우고, 기도 후원을 요청하고, 후원자와 비전을 공유하는 데 도움이 된다. 사역 대상 지역에 들어가기 전에, 교회 개척자와 후원 교회는 팀을 모집하고 선교를 위한 자원을 모으는 광범위한 비전을 개발해 놓아야 한다.

팀이 미전도 종족 또는 익숙하지 않은 종족을 만나기 시작하면 사역의 대상이 되는 사람들을 이해하고(비전, 가치, 사역의 대상이 되는 사람들에 대한 설명, 전도 및 제자화 계획 같은) 제안서의 핵심 요소를 공식화하는 데 6개월에서 1년 정도가 걸린다.

이 제안은 성경적 원칙과 선례에 기초하고, 현명한 상담자들의 도움을 빌어 기도하는 마음으로 신중히게 만든다. 교회 개척 지역, 목표 및 팀에 대한 적절한 이해가 기반이 된다. 제안서를 통해 팀의 비전을 제공하고, 작성한 대로 팀 구성원들이 결집하고, 일할 때에는 하나가 되어 일하게 하고, 나중에 작업 진행 상황을 평가하는 데도 도움을 받는다. 제안서는 결정된 사안이 아니라 진행 과정 중인 사역을 구성하는 작업이다. 명확하고 간결하며 포괄적으로 작업 방향을 제시한다.

제안서에는 사역의 대상이 되는 사람들의 어떤 부분에 우선순위를 둘지 식별해야 하는데, 이 작업은 처음부터 제4장에서 설명한 대로 토착화 원칙에 기반하고 재생산 가능한 방식을 사용해야 한다. 새신자들을 훈련하고(이상적으로는 새신자들이 직접 주최하는) 소그룹으로 모으는 계획이 포함되어야 한다. 계획을 가지고 있지 않으면 현지 신자들 중심이 아닌 팀의 은사와 훈련을 중심으로 소그룹이 형성되는 경우가 많다.

제17장에 설명된 모범-도움-관찰-떠남의 방식에 따라 소그룹 진행자 및 견습생을 선택하고 멘토링을 해 주기 위해서는 의도적 계획이 필요하다.

사도 베드로는 그의 서신서 독자들이 열매를 맺는 지식 갖기를 원했다. 그래서 그는 이렇게 썼다.

> 이런 것이 너희에게 있어 흡족한즉 너희로 우리 주 예수 그리스도를 알기에 게으르지 않고 열매 없는 자가 되지 않게 하려니와 (벧후 1:8).

두 가지 극단은 피해야 한다. 사람들을 이해하지 않고 전도하는 것은 어리석고 비생산적 일이다. 그러나 이해를 행동으로 옮기지 않는 것도 잘못이다.

부가 자료 10.1은 조사 및 인터뷰를 위한 질문을 생성하는 데 사용할 수 있다. 조사를 위해서는 '무엇'과 관련된 것 뿐 아니라 '왜' 다양한 가치와 행동이 발생하는가에 대해서도 알아야 한다. 연구자를 당혹스럽게 만든 대답이나 행동이 오히려 문화 간의 깊은 차이를 밝혀 낼 잠재력을 지닌 유익한 조사 수단이 될 수 있다.

이 단계까지 왔다면 이 연구가 수년 동안 계속될 것이 분명하지만 초기부터 돌파하는 것도 가능하다. 시간이 지나면 교회 개척자들은 두 개의 문화를 볼 수 있도록 안목을 넓혀 선교사 자녀나 이민 2세와 같은 문화적 내부자의 관점에서 사건을 볼 수 있게 된다.

〈부가 자료 10.1〉
사역의 대상이 되는 사람들을 이해하기 위한 20가지 질문

1. 이 집단의 선택과 언행에서 나타나는 분명한 핵심가치는 무엇인가?
2. 하나님, 영, 악마, 보이지 않는 힘과 같은 초자연적인 것에 대한 그들의 신념은 무엇인가?
   그들은 하나님에 대해 무엇이라 이야기하는가?
   그들은 그분에 대해 어떻게 생각하는가?
3. 그들은 무엇을 가장 두려워하는가?
   대상, 이상, 목표, 원칙, 표준 중 무엇을 가장 중요하게 생각하는가?
   그들의 가장 깊은 갈망과 열망은 무엇인가?
4. 인과 관계, 즉 축복과 저주, 금기, 매력, 기도, 자연법, 개인적 효력, 운명론 등의 역할에 대한 그들의 이해는 무엇인가?
5. 그들의 시간 개념은 어떤가?
   선형적인가, 주기적인가?
   보다 임무 중심적인가, 사건 중심적인가?
   과거, 현재 또는 미래 중 어디에 가장 초점을 맞추고 있는가?
6. 그 사회의 사회구조는 무엇인가?
   핵가족, 대가족, 씨족, 국가 또는 부족 중 가장 중요한 사회적 단위는 무엇인가?
7. 더 큰 사회는 어떻게 관리하는가?
   영향력 있는 주요 인물은 누구인가?
   주요 기관은 무엇인가?
8. 의사 결정은 어떻게 이루어지는가?
   개인의 자유가 집단보다 중요한가, 아니면 개인의 결정이 집단에 종속되는가?
9. 사회화의 형태는 무엇인가?
   아이들은 어떻게 훈육되고 교육 받는가?
   그 사회는 사회적 이탈을 어떻게 처리하며, 긍정적 행동에 대해서는 어떻게 보상하는가?
10. 경찰, 법원, 감옥, 또래 압력 또는 배척과 같은 사회적 통제수단으로는 무엇이 있는가?
11. 교통수단과 통신수단은 무엇인가?
    정보는 어떻게 전달되거나 전파되는가?
    신뢰할 수 있는 출처는 무엇 또는 누구인가?
12. 주요 통과의례(예 : 출생, 성인식, 결혼, 죽음)는 무엇이며 어떻게 그 의식을 수행하는가?
    그것들과 관련된 의미는 무엇이며 사회에서 어떤 더 큰 역할을 하는가?

13. 그들의 성일과 축제에서 무엇을 배울 수 있는가?
14. 과거와 현재의 영웅은 누구인가?
15. 대중적 신화, 전설, 이야기 및 은유는 문화와 세계관에 대해 무엇을 말해 주는가?
16. 사회적 외부인과 다른 신앙을 가진 사람들을 어떻게 대하는가?
17. 젊은 세대는 전통적 방식에 얼마나 집착하는가?
    사회의 어떤 부분이 더 전통 지향적인가?
    어떤 것은 변화 가능한가?
18. 개인 및 집단 간 갈등은 어떻게 해결되는가?
19. 사람들은 죄책감, 고통, 죽음을 어떻게 이해하고 처리하는가?
20. 사회에서 가장 공격적 죄는 무엇인가?
    최고의 미덕은 무엇인가?

 이 단계에서 연구를 기반으로 취할 수 있는 몇 가지 구체적 단계에 대한 요약이 아래에 소개되어 있다.

- 문화에 대해 읽고 다른 사람들과 교류하라.
- 질문을 정직하게 하라.
- 이웃, 시장 및 기타 자연스러운 모임 장소에서 사람들과 계속해서 교류하라.
- 당신이 관찰을 가지고 토론 할 수 있는 마음씨 좋은 문화 내부자들을 만나라.
- 지역 사회에 봉사하거나 그것을 개선하려는 지역 단체에 가입하라.
- 당신이 관찰한 실질 요구(real needs) 및 인식 요구(felt needs)를 계속 주시하라.
- 지역 모니터요원, 지역 사회에서 영향력 있는 사람, "평화의 사람들"(눅 10:6; 마 10:11)과 관계를 구축하라.
- 재능과 능력을 사용하여 주변 사람들에게 봉사하라.
- 문화적으로 적합한 방법을 통해 환대를 보여 주라.
- 언어를 부지런히 배워라.

- 설문지 작업, 여론 조사 또는 설문을 실시하라. 많은 사람과 그 결과에 대해 토론하라.
- 필요에 따라 전문 교육을 받으라.
- 열린 문, 열린 마음, 준비된 사람들을 위해 열렬히 기도하라.

새로운 집단에 참여하고 조정을 통해 씨름하는 문제를 강조했다. 이 단계에는 독특한 기쁨도 있다. 그것들 중 하나는 오직 하나님만이 부술 수 있는 문이 열리는 것을 본다는 점이다. 또 하나는 발견에서부터 오는 흥분이다. 교회 개척자들은 시간을 내어 팀으로서 질문과 이론을 토론하고, 새로운 통찰력을 만끽하고, 투자한 시간에 대해 정죄감을 느끼지 않아야 한다.

집중조사는 일반적으로 사역의 대상이 되는 사람들에게 진입할 수 있는 지점을 보여 주고 실수를 피할 수 있게 해 준다. 팀원들이 다른 문화에 대해 배우면 틀림없이 자신에 대해 더 많이 알게 된다. 깊은 내적 성장의 기간이 될 수 있다.

제11장

시작: 전도와 제자 훈련

　교회 개척은 전도와 제자도를 통해 현지 영적 리더 아래에서 성경적 목적을 달성하기 위해 헌신하는 예수 그리스도를 믿는 신자들이 배가 성장의 하나님 나라 공동체를 구축하는 사역이다.

　이 정의는 전도와 제자 훈련이 교회 개척의 핵심이라는 사실을 강조한다. 동시에 모든 종류의 전도와 제자 훈련이 새로운 하나님 나라 공동체 설립에 기여하는 것은 아니다. 이 장에서 교회 개척을 위한 전도와 교회 개척을 위한 제자 훈련이라는 표현은 헌신된 예수 그리스도의 일꾼들을 모으는 데 기여하는 노력의 일환이라는 의미로 사용될 것이다.

　복음에 빠르게 반응하는 민족은 제외하고, 전 세계 교회 개척자들을 상담하고 지도하면서 얻은 경험에서 말하면 선구자적 교회 개척자들에게 가장 큰 도전은 전도와 제자 훈련이다. 그들은 영적 거점을 마련하여 적의 영토에 교두보를 세우고, 말과 행동을 통해 문화적으로 의미 있고 재생산 가능한 방식으로 복음을 전달하며, 새로운 제자들이 다른 제자들을 만들 수 있게 모이고 준비될 것을 요구한다.

　시작 단계가 교회 개척에 있어 매우 중요하고 많은 상황을 보면 가장 어려운 단계이기 때문에 이 장이 본서의 다른 대부분의 장들보다 길다. 하지만 이 방대한 주제의 표면만을 다룰 수 있을 뿐이다. 따라서 독자들이 지면에서 소개하는 다양한 다른 자료도 찾아보기를 권한다.

국면 개요

성경의 예

사도행전 2-5장	예루살렘에서의 복음 선포 및 제자 삼기
사도행전 10-12장	다른 지역 및 민족으로의 배가 성장 및 확장
사도행전 18장	아굴라와 브리스길라, 그리고 아볼로
사도행전 18-19장	바울의 에베소 교회 사역

핵심 단계

1. 관계를 발전시키고 전도 시작하기
2. 사람들의 인식 요구 및 실질 요구를 다루어 전인적 복음화 이루기
3. 세례를 주고 예수님께 순종하도록 가르치기
4. 새로운 신자들을 제자화하고 그들도 같은 일을 행하도록 훈련시키기
5. 이동 성장(transfer growth)을 지혜롭게 이해시키기
6. 기초 공동체를 형성하기
7. 섬김의 리더 훈련 시작하기

중요한 요소

1. 적절하고 지속적 복음 추진력
2. 죄와 세계관을 다루고 영적 원칙을 쌓아 주는 전도와 제자 훈련 방식
3. 신자들이 즉시로 제자를 삼고 봉사하도록 훈련받을 것
4. 첫 번째 하나님 나라 공동체가 진정으로 토착화되고 배가 성장할 수 있도록 제자 훈련하기
5. 세계관, 영적 거점, 이동 성장, 변절 문제를 다루는 제자 훈련 계획

1. 관계를 발전시키고 전도 시작하기

시작 단계는 제9장과 제10장에 설명한 대로 준비 단계에서 얻은 통찰력을 기반으로 삼아야 한다. 개인적 준비와 전략 개발 및 복음 선포 사이에 분리가 없어야 한다.

성령 하나님의 인도하심 아래에서 교회 개척이 영적 활동이라는 사실을 계속 강조한다. 예수님께서 자신의 교회를 건설하실 것이며 동역자들이 그분을 찾으면 길을 보여 주실 것이다. 영적 분별력과 방향은 그분의 음성

을 듣고 그분께 향하는 사람들을 보며 이해하는 데서 나온다.

　복음은 광범위하게 지속적으로 그리고 강력하게 전파해야 한다. 그러나 복음을 위한 모든 소통이 동일한 결과를 가져오는 것은 아니다. 아래에서 효과적 전도를 위한 접근 방식을 개발하거나 기존의 전도를 위한 노력을 평가하는 데 사용할 수 있는 원리를 제시한다.

1) 지역 사회에서 관계 쌓기

　교회 개척팀의 일원이 전도를 하려 할 때, 그들은 지역 사회의 사람들과 개인적 관계를 맺어 가는 것부터 시작한다. 제10장에서는 준비 단계 동안 지역에서 반응을 잘 해 주는 사람들을 알게 되고 지역 사회 리더 및 모니터요원과의 접촉이 이루어 질 것이라 말했다. 이때 사람들에게 가장 어울리는 전도 방법을 논의해야 한다.

　그러나 지금 단계에서는 개인적 관계가 구축되어야 한다. 사람들을 개인적으로 알아야 하는데, 이는 시간이 걸리는 일이다. 서양 문화에서 온 개척자는 매우 업무 지향적 경향이 있어서 일상에서의 친교, 차 마시기, 수다 떨기 같은 활동은 시간 낭비처럼 느껴질 수 있다. 그러나 대부분의 문화에서 관계는 일보다 우선한다.

　전도는 무엇보다 하나님께서 그들을 사랑하시는 방식으로 사람들을 사랑하는 것이다. 그 이후 그들에게 구원하시는 하나님의 사랑의 메시지를 전한다. 사람은 목적이나 대상이 아니다. 그들은 존중받고 이해되기를 원한다. 그들은 사랑과 존경을 주고 시간을 들일 가치가 있는 사람들이다.

　이웃, 가게 주인, 우편배달원 등 정기적으로 자연스럽게 접촉하는 사람들과 친해지면서 이웃과의 관계를 만들어 갈 수 있다. 빵이나 식료품을 사기 위해 매일 가게를 방문해서 가게 주인이나 계산원과 친해질 수 있다. 한 교회 개척자는 한 번에 몇 달러 이상의 기름을 넣지 않는다. 그래서 직원들과 대화할 기회를 더 많이 가진다. 자가용 차 대신 대중교통을 이용하는 것도 사람들의 일상생활에 더 가까워지게 하고 종종 대화의 기회도 열어 준다. 시작할 수 있는 또 다른 곳은 학부모-교사 모임, 취미 동아리, 입주자회 또는 도서관 회원과 같은 지역 사회 조직들이다.

사람들이 모여 여가 시간을 보내며 교제하는 장소도 찾아야 한다. 사례 연구 10.4에서 독일의 한 도시의 사례를 통해 확인했듯이 스포츠 클럽은 더 이상 경쟁의 장소가 아닌 온 가족이 참여하는 사회적 소통의 주요한 형태 중 하나이다. 카페, 지역 거래소 또는 우물 등의 다른 장소들도 많은 사회 연계망이 이루어지는 곳이다.

교회 개척팀은 상당한 시간을 투자해야 하는데, 가지고 있는 다른 책임들에 따라 달라지겠지만 처음에는 전체 사역 시간의 50퍼센트는 집 밖에서 지역 사회 사람들과 함께하는 데 사용해야 한다. 한 주에 한 번 교회와 관련이 없는 지역 사회 단체를 위해 저녁 시간을 들이면서 비기독교인들과 관계를 형성하고 지역 사회에 참여할 수 있다.

환대를 행사하는 것은 평범하게 알던 사이에서 더 깊은 수준으로 관계를 발전시키는 좋은 방법이다. 하지만 이와 관련된 현지 관습에 익숙해져야 한다. 책에서는 배울 수 없는 에티켓과 매너 및 누가 누구를 어떤 목적으로 초대하는지, 즉 식사인지 차 한잔하자는 것인지, 또 어떤 종류의 음식을 제공해야 하는지, 방문하면 얼마나 오래 머물러야 하는지 등에 대한 관습들이 있다.

누군가가 문화나 지역 사회를 처음 접했을 때 낭패감과 사회적 무능함을 느끼게 되는데, 이때 다음과 같이 도움을 요청해서 사람들을 만날 수 있는 기회를 삼을 수도 있다.

"실례합니다. 이 곳에 처음 왔어요. 이 지역의 훌륭하신 분들에 대해서 배우길 원합니다. 하지만 제가 00에 대해 알지 못해서 너무 당황스럽습니다. 저를 좀 도와주실 수 있으신지요?"

그런 순간을 통해 지역의 관습과 사고에 대한 훌륭한 통찰력을 얻을 수 있고 사람들과의 관계를 구축 할 수도 있다. 도움을 구하는 요청은 일방적 관계를 상호관계로 발전하게 도와준다.[1] 물론 시간이 지나면 지역 주민들

---

1 특히, 새로 온 사람이 현지 주민들보다 더 많은 교육을 받고, 돈도 더 많고, 더 많은 힘

이 계속해서 그 무능함을 인내해 주지는 않을 것이기 때문에 이 방법은 일찍 그리고 가끔만 사용해야 한다.

교회 개척자가 부유한 나라 출신인데 가난한 나라에서 일한다면 친구를 사귀는 데 거의 어려움이 없을 것이다. 또한 개척자가 영어 원어민이라면 영어 회화를 위한 기회가 많이 생길 것이다. 많은 이가 사람들을 만나고 관계를 형성하기 위해 영어 수업이나 요리 수업을 이용한다. 그러한 활동들이 전도적일 필요는 없다. 하지만 그런 만남은 편안한 기독교 친구들 이상이 되어 개척팀이 다가가고자 하는 사람들을 알게 될 기회를 제공해 준다.

일상의 대화를 통해 평범한 사람들이 느끼는 기쁨과 슬픔, 꿈과 열망, 걱정과 두려움에 대해 배울 수 있다. 많은 잘못된 선입견이 고쳐진다. 사람에 대한 진정한 이해와 사랑을 발전시킨다. 이런 것이 없으면, 이웃들은 교회 개척자가 사람보다 프로젝트에 더 관심이 있다는 것을 빠르게 느끼게 될 것이다.

2) 사역의 대상이 되는 사람들을 위한 맞춤 전략

제9장에서는 사역의 대상이 되는 사람들을 선택하는 것의 중요성을 다루었고, 제10장은 생생한 경험과 인구통계학적 연구 및 참여자 관찰의 렌즈를 통해 그것을 이해하기 위한 지침들을 제공했다. 사역의 대상이 되는 사람들에 대한 이해와 그들을 위해 사용되는 전도법 및 의사 소통 방식이 조화를 이루어야 한다.

이런 개념적 준비를 소홀히 하고 자신이 선호하는 전략이나 교리적 강조에 기초하여 곧바로 전도로 뛰어드는 사람들은 대개 그것을 후회하게

도 가지고 있을 때, 진정한 상호관계나 호혜성을 가지는 것은 아주 어려울 수 있다. 동기에 대한 의심은 관계 양쪽 모두에 존재할 수 있다("내가 줄 수 있는 것만으로 그들이 나를 좋아해 줄까?" 또는 "왜 그런 부자가 우리같이 가난한 마을에 왔을까? 평범한 사람은 그렇게 하지 않아! 뭔가 원하는 게 있는 거야"). 새로 들어온 사람의 연약함이 의심을 줄이고 신뢰를 구축하는 데 도움이 되기도 한다.

된다. 자기 자신의 문화에서는 개인적 증인이 될 수 있지만, 다른 문화 집단에 침투하여 그 집단의 구성원들이 자기 민족에게 복음을 전하도록 돕는 교회 개척 전도계획을 개발하는 것은 또 다른 일이다.

교회 개척자들은 사역의 대상이 되는 사람들에 대해 지금까지 수집한 내용을 기도하는 마음으로 검토하고, 전도 철학에 관해 토론하고, 전도 방법의 범주를 고려한 다음(부가 자료 11.1 참조), 그들의 철학 및 사역의 대상이 되는 사람과 팀 구성원들의 은사, 흥미에 가장 적합한 방법론을 결정해야 한다.

복음을 전하는 방식에는 수천 가지가 있다. 신자들의 다양한 신념과 그들이 다가가려는 불신자들의 다양한 상황에 따라 접근법은 크게 달라진다. 전도 방식은 다음을 포함하여 여러 가지 방법으로 분류할 수 있다.

- 보다 개인적(관계 형성) vs 덜 개인적(익명성 허용)
- 개인 vs 그룹 또는 대규모 회의
- 지협적 접근 (인구 중 일부) vs 폭넓은 접근(누구에게나)
- 프로그램 또는 이벤트 지향 vs 비공식적 또는 즉흥적
- 매력적 (이벤트에 사람들을 초대) vs 가깝게 다가가기(말과 행동의 모범으로 사람들에게 접근)
- "의사 결정"지향 (즉각적 응답 요청) vs 과정 지향(궁금한 것이 풀릴 때까지 시간이 걸림)
- 교육적 또는 대립적 vs 대화적

⟨부가 자료 11.1⟩
전도 방법론

개인적 전도
- 관계 또는 우정 전도
- 개인 간증
- 환대, 가정 초대
- 『사영리』와 같은 전도지 사용
- 이웃들과 "복음에 대해 가벼운 이야기하기"
- 인터넷 블로그, 채팅, 포럼

공개적 선포 전도
- "십자군" 전도
- 강의
- 거리나 공원에서 야외 설교
- 강연, 거리 극장 등
- 복음적 또는 "구도자" 예배
- 홍보 부스
- 공공장소에 도서 또는 홍보자료 비치

특별 이벤트 전도
- 콘서트
- 유명 연사
- 스포츠 행사
- 유명 게스트
- 공개 토론
- 연극 또는 영화

문학과 영상 전도
- 성경 및 전도지 배포
- 우편물 및 문고리에 홍보물 걸기
- ⟨예수⟩ 영화와 같은 복음주의 영화 및 영상
- 신문, 라디오, 텔레비전, 인터넷
- 책
- 지역 대출 도서관

소그룹 전도
- 복음적 성경 공부
- 이야기식 성경 공부
- 셀모임에 초대
- 방과 후 모임
- "안드레 축제": 간증이 있는 식사 모임

방문 전도
- 원하는 사람 또는 교회를 방문한 이들 방문
- 병원 방문
- 교도소 방문
- 가정 방문, 설문 조사

세미나 및 강의 전도
- 알파 코스
- 결혼학교
- 장년 저녁학교 과정
- 문학으로서의 성경모임
- 학교 종교 수업
- 영어 수업 또는 수련회
- 요리 또는 재능 수업
- 영적 휴양, 기독교 유적 탐방

섬김 전도
- 지역 사회 봉사
- 의료, 치과 진료
- 교육 및 과외
- 식품 창고 또는 유통
- 지역 사회 건강 전도
- 법률 고문
- 위기 상담 및 핫라인
- 경제 개발
- 지역 사회 단체 자원봉사

사역 대상 집중 전도
- 학생들
- 어린이 성경 클럽, 어와나(AWANA) 등
- 부모 교육
- 편부모, 이혼, 슬픔 등 특별한 도움이 필요한 집단
- 중독 및 상호 의존 회복이 필요한 집단

기도 전도
- 병자를 위한 기도
- 개인적 위기에 처한 사람들을 위한 기도
- 영적 속박에서 구원 받기를 기도
- 공개 행사에서 기도

표 11.1의 연습은 팀 구성원들이 교회 개척자와 사역 상황 양쪽에 다 적합한 전도 방식을 발견하도록 돕기 위해 약간 다른 범주들을 사용한다. 응답자들은 각각의 전도법에 대한 평가를 1-5점으로 표시하는데, 1점은 "부

적합", 5점은 "완전적합"이다. 그다음 마지막 질문들에 답하고 자신의 상황에 가장 적합한 접근 방식을 알아내는데, 하나의 정답은 없다는 사실을 기억하는 게 중요하다.

〈표 11.1〉 성경에서 사용된 전도 방식

전도방식	성경의 예	나에게 적합한가? 1-5점	상황에 적합한가? 1-5정	합계
1. 선포 전도	• 사마리아 여인 및 동네 사람들 (요 4:39-42) • 소경 (요 9:13-34) • 벨릭스와 베스도 앞에 선 바울 (행 24:1-25:12)			
2. 지적 (또는 변증적) 전도	• 아덴에서의 바울 (행 17:16-34)			
3. 대립 전도	• 예루살렘에서의 베드로 (행 2:14-40)			
4. 봉사 전도	• 도르가 (행 9:36-43)			
5. 관계 전도	• 안드레가 베드로를, 빌립이 나다나엘을 (요 1:40-46)			
6. 초대 전도 (식사, 이벤트)	• 마태의 잔치 (눅 5:29)			
7. 코칭 전도	• 회당 및 두란노 서원에서의 바울 (행 13:5, 14; 14:1; 19:9)			
8. 질문 전도	• 니고데모 (요 3:1-21) • 예수님과 사마리아 여인 (요 4:1-26)			
9. 성경 공부 전도	• 바울과 베뢰아인들 (행 17:11)			
10. 기도 전도 (치유 또는 영적 전쟁)	• 예루살렘 사도들 (행 5:12-16) • 바울과 점치는 귀신들린 종 (행 16:18)			

3) 복음에 수용적 사람 혹은 집단에게 우선순위 두기

준비 단계에서 사역의 대상이 되는 사람들 중 잠재적으로 복음을 받아들일 수 있는 사람들이 발견되었다. 교회 개척자들은 이제 전도를 시작하면서 이렇게 복음에 수용적 사람들에게 초점을 맞춘다.

랄프 네이버(Ralph Neighbour)의 수용성 피라미드가 이 과정에 유용한 도구가 될 수 있다(그림 11.1). 이 그림은 모든 문화에 적용되며 다양한 수준의 수용성을 구분해 준다. 복음의 증인들은 이 수용성 피라미드를 두 가지 방법으로 사용할 수 있다.

첫째, 기도와 증인을 사람들의 수용성에 맞게 조정하고 그들이 다음 단계로 이동할 수 있도록 돕는다.

둘째, 특정 유형의 사람들을 찾고 현재 수용 수준에 따라 자신들과 그 사람들을 연결시키고자 한다. 예를 들어, 젊은이들이 더 수용력이 있다면 학생 사역은 좋은 접근법이 될 수 있다.

캐나다 퀘벡에서는 복음에 응답하는 사람들이 그리스도께 진정한 헌신을 하기 전에 다른 몇 가지 방식으로 복음을 듣는 여러 단계를 거친다. 더욱이 그 헌신 이전에 그들은 일련의 관찰과 통찰에 대한 응답으로 그리스도를 향해 연속 증가하는 결정을 내렸다(Smith 1995). 퀘벡 팀의 수용성 피라미드는 아래와 같다.

- **A수준**: 복음을 전하는 이와 우정을 나누고 복음에 대해 토론할 수 있다(일부 청소년, 일부 영적 구도자, 위기에 처한 사람들).
- **B수준**: 복음을 전하는 이에게는 마음을 열지만 복음에 대한 토론에는 열리지 않는다(청소년, 실천이 없는 명목상의 기독교인, 친구들, 신자의 가족).
- **C수준** 및 **D수준**: 복음을 전하는 이나 복음에 마음을 열지 않는다(반종교적이거나 보수적 종교인, 기독교인에게 안 좋은 경험을 당한 사람들).

〈그림 11.1〉 수용성 피라미드

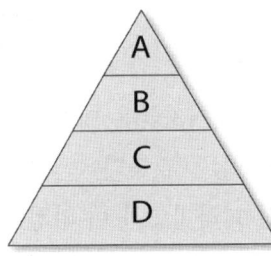

A 복음에 개방적
B 복음 전달자에게 개방적
C 관심 있지만 수용하지는 않음
D 복음에 관심이 없음

〈부가 자료 11.2〉
효과적 교회 개척을 위한 열쇠

딕 그레이디와 글렌 켄달(1992)은 선교단체에서 성공적이라 평가된 100명의 선교사를 조사하고 그중 85명으로부터 응답을 받았다. 그들의 응답을 기반으로 다음과 같은 7가지 전략 원칙을 수립했다.

1. 보다 효과적인 교회 개척자들은 더 많은 시간 기도한다.
2. 보다 효과적인 교회 개척자들은 전도를 위해 보다 광범위한 노력을 한다.
3. 보다 효과적인 교회 개척자들은 방법론에 있어 더 유연하다.
4. 보다 효과적인 교회 개척자들은 교리에 있어 더 확고하다.
5. 보다 효과적인 교회 개척자들은 더 큰 신뢰를 형성한다.
6. 보다 효과적인 교회 개척자들은 탁월한 분별의 능력을 가지고 종교에 대해 느슨한 생각을 가진 이들과 함께 일한다.
7. 보다 효과적인 교회 개척자들은 새로운 회신자들을 전도 활동에 참여시키는 데 탁월한 능력을 가지고 있다.

　복음에 저항하는 사람들 가운데서 교회 개척을 할 때의 가장 큰 도전 중 하나는 하나님께서 복음을 들을 준비를 시키신 것처럼 보이는 수용적 사람들을 어떻게 찾는가 하는 점이다. 종종 친구와 이웃에게 하는 개인 전도에만 의존해 온 교회 개척자들은 덜 개인적 접근, 특히 대중 전도를 싫어한다.
　개인 전도가 좋은 접근 방법이긴 하지만 개인적으로 접촉할 수 있는 경우의 수는 너무 적다. 또한, 접촉한 이들 중 누구도 복음을 들을 준비가 되어 있지 않거나 기쁜 마음으로 듣지 않기 때문에 이 방법만으로는 충분하지 않다.

이런 상황에서 교회 개척팀은 준비된 사람과 구도자를 찾아내기 위해 보다 큰 인구집단을 상태로 "그물을 넓게 던져야" 한다. 안 그러면 복음의 진보가 고통스러우리만큼 그 속도가 더딜 것이고 핵심이 될 새로운 신자들을 모으는 데만 몇 년이 걸릴 수 있다.

딕 그레이디와 글렌 켄달(1992)이 행한 효과적 교회 개척자들에 관한 연구에서는 어떤 지역의 수용력에 관계 없이 보다 효과적 교회 개척자들은 광범위하고 유연한 복음적 방법을 사용한다는 것을 보여 주었다(부가 자료 11.2).

> 가장 효과적 교회 개척자들은 주어진 공동체에서 많은 수의 접촉을 가능하게 해 주는 방법을 사용하는 경향이 많이 있었다. 새로운 다문화 상황에 들어가서 많은 사람에게 복음을 전하는 방법을 고안한 사람들은 누가 영적으로 갈급한지 알아볼 수 있다. 그들은 복음에 더 관심이 있는 사람들을 훈련하는 데 생산적으로 시간을 투자한다(Grady and Kendall 1992, 366).

다양한 사람에게 접근하기 위해서는 방법 또한 다양해야 하기 때문에 폭넓고 다양한 복음 전달 방식을 사용한다. 어떤 방법이 가장 효과적인지를 항상 예측할 수는 없다.

전도지 대량 배포, 라디오 전도, 직접 방문, 캠페인 전도 및 많은 사람과 접촉하는 다른 방식들은 후속 조치가 신중하게 계획되고 그것이 개별적으로 이어질 때에는 모두 좋은 방법이 된다. 그런 다음 개척자는 영적 관심을 표명한 사람들에게 에너지를 집중한다.

독일 잉골슈타트(Ingolstadt)에 교회가 세워질 때, 수천 명에게 우편물을 발송했다. 관심 있는 사람들이 성경, 출판물 또는 개인 방문을 요청할 수 있도록 반송용 엽서도 동봉했다. 그중 세 장의 카드만 다시 돌아왔는데, 카드를 보낸 세 사람 중 둘은 결국 그리스도를 믿게 되었다. 성도 수가 20명 미만이었던 그 교회에게는 큰 돌파구였다.

전도를 위해 대중에게 접근할 때는 항상 개인적 후속 조치와 제자 훈련이 보완되어야 한다. 소그룹 또는 일대일로 이어질 수 있다. 모든 사람이 다 그렇진 않겠지만 퀘벡 사람들의 경우에서처럼 사람들은 복음을 여러 번 듣고 다양한 방법을 통해 들은 메시지에 대한 이해를 높이면서 변화시키는 복음의 능력을 경험해야 한다. 궁극적으로 개인적 가르침과 영적 양육을 대신할 수 있는 것은 없다.

4) 결정과 과정으로서의 전도

사도행전을 읽을 때, 우리는 초기 전도자들이 유대인(예, 행 2:38-39; 3:19)과 이방인(예, 행 17:30; 26:20) 모두에게 회개하고 그리스도를 믿으라고 담대하게 외치는 것을 본다. 회개는 죄와 우상 숭배에서 벗어나 그리스도 안에서 구원받고 하나님을 섬기는 것을 포함한다(예, 살전 1:9).

우리의 전도 사역 역시 그리스도에 대한 회개와 확실한 믿음을 가지기로 결정하도록 사람들에게 분명하게 요청해야 한다. 그들의 입술로 주를 고백하고 세례를 받게 해야 한다. 바로 이 단계에서 용서 받고 하나님의 가족으로 거듭나게 된다.

동시에 전도는 과정이라는 사실도 알아야 한다. 중생은 특정한 시간에 일어나지만, 그 시점까지 이어지는 과정과 그리스도인으로 성장하는 과정이 있다. 그리스도를 위해 살겠다는 한 가지 결정에만 초점을 맞추면 오해에 근거하거나 잘못된 동기를 가진 피상적 개종으로 이어질 수도 있다. 제10장에서 의사 결정 과정이 다양한 문화에서 어떻게 다른지 논의했다.

폴 히버트는 몇 시간 동안 기꺼이 복음을 들은 후 하나님이 예수 그리스도라는 사람이 되신다는 메시지에 깊은 감동을 받은 인도 농부 파파야(Papayya)의 이야기를 들려준다.

파파야는 그리스도에게 기도하면서도 그리스도가 수많은 아바타 중에 하나일 뿐인지 궁금해 했다. 아바타는 더 높은 영적 영역에서 내려오는 힌두교의 신이다.

힌두교인으로서 그는 인류를 구하기 위해 인간, 동물 또는 물고기로 여러 번 자신을 성육신한 비쉬누(Vishnu)를 숭배한다. 파파야는 또한 3억 3천만에 달하는 힌두교 신들을 알고 있다. 그런데 한 이방인이 와서 하나님은 오직 한 분이신데, 이 하나님은 인간 가운데 단 한 번 나타났다고 한다. 게다가 그 사람은 예수님이 하나님의 아들이라고 말하면서, 하나님의 아내에 대해서는 아무 말도 하지 않았다. 모든 것이 혼란스러울 뿐이다(Hiebert 2008, 10).

히버트는 파파야가 복음을 한 번만 듣고 참 기독교인이 될 수 있을지 묻는다. 그의 답은 "그렇다"이다. 하지만 제자도와 참된 이해의 길은 길고도 길 것이다. 복음을 전하는 이가 파파야의 세계와 신념을 더 많이 이해할수록 그는 오해를 피하고 파파야가 복음을 이해하여 그리스도의 충실한 제자가 되도록 도와줄 수 있다.

파파야의 이야기는 복음에 대한 이해가 보다 깊어져야 함을 보여 주는데, 이는 긴 과정이다.[2]

알렌 티펫(Alan Tippett, 1992)은 개종에 관한 연구를 통해 개종을 단계적으로 보게 되었다. 인식의 과정을 지나 의사 결정의 기간을 보내고, 통합 및 성숙의 기간으로 접어든다. 그는 또한 예배로의 부름, 세례 또는 우상 파괴와 같이 한 단계에서 다음 단계로의 전환을 표시하는 의식(ritual)이 정령 숭배자들을 위한 장기적 회심과 제자 훈련에 중요하다는 것을 발견했다(Tippett 1967, 109; 1971, 169).

이러한 과정에 대한 이해는 복음의 전달 방식, 기대하는 응답, 사람들의 반응을 해석하는 방법, 사람들이 그리스도를 믿는 진정한 구원의 신앙의 장소에 와서 그분을 따르도록 돕는 방법에 영향을 미친다.

---

2 회심에 대해 무슬림들이 접근하는 방식인 "한 단계 결정론"의 문제에 대한 논의는 Conn 1979과 Teeter 1990을 보라.

5) 세계관을 다루는 전도

예수님의 삶과 사역은 창조, 죄, 구속에 대한 성경적 세계관의 맥락에서만 의미가 있다. 결과적으로 서구의 포스트모던 세계관을 포함하여 다른 세계관을 가진 이들을 섬기는 교회 개척자들은 하나님의 본성, 창조, 타락과 죄의 본질, 예수님의 속죄 사역을 통한 구속의 필요성, 그리고 그분의 재림 때 일어날 최후 심판 또는 상급으로 시작해야 한다.

> 너무 자주 회심은 행동과 신념의 표면에서만 발생한다. 그러나 세계관이 바뀌지 않으면 복음은 이교도들의 세계관으로 해석되고 그 결과는 기독-이교(Christo-paganism)가 될 뿐이다(Hiebert, 2008, 69).

영의 세계, 조상, 성경적 계시의 본질, 또는 사후의 삶과 같은 다른 세계관 문제들도 성경적으로 다루어져야 한다. 세계관을 다루는 전도를 통해 하나님의 진리를 받아들이고, 타락한 문화에 맞서고, 새롭고 지속적인 개념틀을 형성하도록 돕는다. 이는 믿음과 순종의 견고한 기초를 구축하는 데 필수이다.

파파야의 예에서 또 한 가지 알 수 있는 것은, 성경적 세계관으로 문화적 왜곡을 다루지 않는 전도는 신앙고백을 만들 수는 있겠지만 제자, 가족, 공동체의 변화를 만들어 내지는 못할 것이라는 사실이다. 예를 들어, 19세기와 20세기 아프리카 선교사들은 영적 영역과 물리적 영역을 분리하고 권력보다 진리를 강조하는 서양의 사고방식을 그대로 가져갔다.

아프리카 신학자 반 더 폴(Van der Poll)은 이 실패를 이렇게 설명한다.

> 복음이 삶의 관점을 완전히 포함하는 방식으로 사람들에게 전해지지 않았기 때문에, 즉 전통적 관점이 동일하게 살아 있었기 때문에, 아프리카 문화의 가장 깊은 핵심은 변하지 않고 그대로 남아 있다(Miller and Allen 2005, 42에서 재인용).

히버트(1982)는 대부분의 서양 선교사들이 천사, 악마, 보이지 않는 힘, 축복, 저주 등의 영계에 대한 성경적 세계관을 구축하지 못했다고 지적했다. 아프리카 사람들은 그러한 힘이 질병과 가뭄을 포함한 가장 중요한 사건들의 궁극적 원인이라고 믿었다. 새로운 신자들에게 성경적 우주론을 제공하지 못하고, 그러한 사건들에 어떻게 대응해야 하는지 알려 주지 못했기 때문에 사람들은 혼란스러워 하고 무력감을 느낀다. 그리고 많은 사람이 이 위기의 시기에 다시 전통 주술로 돌아간다.

6) 학습 방식에 맞는 전도 방법론

많은 대중적 전도 방법은 서양 문화에서 개발되었으며 서양의 사고방식, 세계관 및 학습 스타일에 잘 어울리기 때문에 그 맥락에서는 효과가 입증되었다. 예를 들어, 유명한 『사영리』 전도지는 특정 사람들에게 매우 효과적이었다.

그러나 표 11.2에서 볼 수 있듯이 모든 종족이 서양의 사고방식을 공유하는 것은 아니다.

〈표 11.2〉 **사영리와 세계관**

어떤 이들은 …	그러나 많은 이들은 …
인생을 고정되고 예측 가능한 것으로 이해한다.	인생은 어떤 법칙이 아니라 신비로운, 혹은 보이지 않는 변덕스러운 힘의 지배를 받는 것으로 본다.
법과 같은 추상적 범주들을 생각하며 신념과 느낌보다 사실을 중시한다.	보다 구체적 개념을 생각하고, 이야기와 속담을 사용하며, 사실과 감정과 신념을 섞는다.
하나의 법칙에서 다음으로 진행하는 선형논리를 가진다.	비선형논리를 사용하면서 원인과 결과보다는 사건과 주기에 대해 생각한다.
인생을 미래에 대한 계획으로 본다.	삶을 숙명론적으로 생각하거나 '계획'보다는 과거에 초점을 맞춘다.
'부유한 삶'을 최고의 목적으로 본다.	생존 혹은 죽음 이후의 삶을 가장 큰 욕구로 본다.
원, 화살표, 십자가 같은 추상적 상징물과 표현을 이해할 수 있다.	추상적 상징들을 이해하지 못하지만 사람이나 사물의 그림을 잘 연결시킨다.

즉흥적이고 무질서한 삶보다는 질서 있고 구조를 갖춘 삶을 선호한다.	구조를 갖추고 질서 있는 삶보다는 즉흥적 삶을 선호한다.
개인적 결정을 내리는 데 익숙하다.	보통 가족 및 친구들과의 상담을 통해 결정을 내린다.

* 『사영리』의 시작 문장은 "물리적 우주를 지배하는 물리적 법칙이 있는 것처럼 하나님과의 관계를 지배하는 영적 법칙이 있습니다"이다(Bright 2007).

게다가 "(물질적 부가) 풍성한 삶", "(환생의 개념에서) 중생", "(특히, 사악한 행위, 혹은 사회규범을 어겨 잡히는) 죄"와 같은 『사영리』의 많은 개념은 쉽게 오해될 수 있다. 문을 두드리는 그리스도의 모습(계 3:20)조차도 공격적인 것으로 해석될 수 있다. 일부 문화권에서는 두드릴 수 있는 문조차 집에 없다. 이 모든 것은 『사영리』가 수백만 명의 사람에게 복음을 전할 수 있는 훌륭한 도구이지만 모든 곳에서 똑같이 효과적이지 않는다는 것을 보여 준다.

최근 몇 년 동안 이야기식이나 구체적 사고 및 구술 운동(oral communication) 등의 요소를 강조하여 매우 다양한 방식으로 복음을 전할 수 있는 탁월한 자료들이 생겨났다.

예를 들어, 트레버 메클웨인(Trevor McIlwain)은 창세기부터 시작하는 구속사 이야기의 복음을 『단단한 기초 위에 집짓기』(Building on Firm Foundation, 1987) 시리즈를 통해 연대기순으로 설명했다.[3] 이 방법의 사용은 영화 〈이이-타오우〉(EE-Taow)에서도 놀랍게 묘사되었다.

이런 접근의 한 가지 장점은 거의 모든 사람이 이야기를 이해하고 다른 주제들과 연관시킬 수 있다는 점이다. 하나님, 죄, 구속과 같은 추상적 개념은 역사 안에서 일어난 하나님의 구체적 행위와 사람들의 삶을 그분이 어떻게 인도하시는가의 맥락에서 펼쳐진다. 따라서 진리는 사람들의 삶에 그 의미를 가져다주는 맥락에서 발견된다.

---

3   또 다른 예로는 Slack, Terry, Lovejoy 2003이 있다.

이 접근 방식의 또 다른 주요 이점은 메시지가 창조의 이야기로 시작하여 타락, 아브라함의 부르심, 구약의 희생 제도, 구속자에 대한 약속 등으로 이어지면서 성경적 세계관을 구성한다는 점이다. 십자가에서 행하신 그리스도의 구속 사역이 이 모든 일의 배경이다.

동 아프리카에서 일하는 경험이 많은 한 교회 개척자는 다음과 같이 말했다.

> 우리는 연대기에 따른 이야기를 듣고 그리스도께 나아오는 사람들은 하나님의 계획 전체를 훨씬 더 완벽하게 이해하기 때문에 그리스도인의 길을 걸을 때 혼합주의와의 투쟁이 훨씬 적다는 것을 발견했다(Lyons 2009, 2).

톰 스티븐(1996; Steffen and Terry 2007)과 같은 저자들은 성경의 약 75퍼센트가 이야기이고 그 이야기가 많은 문화권에서 지배적 의사 소통 형태라는 점을 지적한다.[4]

마틴 골드스미스(Martin Goldsmith, 1980)는 이슬람 배경에서는 비유가 효과적이라고 주장한다. 문맹이거나 기능적 문맹이거나 문맹이 아니거나 상관없이 모든 구술 학습자는 단순하게 말해 정보를 구술로 소통하는 데 더 익숙하다.

> 구술 학습자를 제자로 삼는다는 것은 이야기, 속담, 드라마, 노래, 성가, 시와 같은 익숙한 문화를 의사 소통 수단으로 사용함을 의미한다. 문서 중심 접근 방식은 목록, 개요, 단어 연구, 변증 및 신학적 전문용어에 의존한다. 이렇게 글을 읽고 쓰는 방법은 전 세계 인구의 3분의 2에게는 거의 효과가 없다. 필연적으로, 구두 학습자를 제자 삼는 것은 하나님의 말씀을 다양한

---

4 2004년 세계 복음화 포럼에서 한 그룹은 이 주제를 "구술 학습으로 제자 만들기"라는 보고서의 발표를 통해 훌륭하게 소개했다. 이 자료에는 다른 유용한 자료들의 광범위한 목록이 포함되어 있다. www.lausanne.org/documents/2004forum/LOP54_IG25.pdf 에서 온라인으로 볼 수 있다(2009년 6월 5일).

문화에서 적절한 방식으로 전달하는 데 달려 있다(LOP 54, 2005).

이러한 접근은 전통적 사회뿐 아니라 성경적 세계관을 가지고 있지 않고 추상적 추론이 아닌 이야기가 보다 소통에 설득력 있는 포스트모던 환경에서도 점점 더 적절성을 가진다. 위에 인용된 로잔 보고서 "구술 학습자의 제자 만들기"는 계속해서 이렇게 지적한다.

그들은 잘 읽을 수 있을지 모르지만 삶의 중요한 정보 대부분은 라디오, 텔레비전, 영화, 인터넷 및 기타 전자기기로부터 이야기와 음악을 통해 얻는다(ibid.).

7) 지역 내에서 재생산과 지속 가능한 방법론

스토리텔링은 원리를 보여 준다. 교회 개척팀이 사용하는 접근 방식과 사역은 현지 신자들이 사용할 수 있고 사용하고자 하는 것이어야 한다. 재생산이 가능하려면 자연스럽고 쉽게 접근할 수 있는 현지 자원과 수단에 의존해야 한다. 관계를 중심으로 함께 사역하되 기술 및 외부에서 온 수단은 사용을 피한다.

간단하고 비용-효율적 접근 방식이 가장 좋다. 위의 예에서 설명한 것처럼 문학 및 미디어와 같은 도구는 완전한 성경적 세계관을 가진 배경에서 예수님의 말씀과 행동을 탐구할 때에만 효과를 나타낸다.

높은 수준의 교육, 전문적 훈련, 특별한 재능을 필요로 하는 전략이 아니라 보통의 기독교인의 자연스러운 의사 소통과 사회적 교류 수단을 활용하는 방법에 우선순위를 두어야 한다. 재생산성과 관련된 또 다른 고려 사항은 익숙한 학습 방식과 의사 소통 방식을 사용하여 비교적 쉽게 젊은 신자들에게 전달할 수 있는 능력이다. 구전 문화에서 이야기는 한 세대의 신자들로부터 다음 세대로 쉽게 전달된다.

현지 신자들의 개인적 간증과 변화된 삶은 모든 복음주의 전략의 중요한 요소이다. 그룹으로 전도하면 기독교 공동체의 모범적 활동을 보일 수 있고 협력을 통해 힘을 제공해 준다.[5] 협력 전도는 사례 연구 11.2에서도 볼 수 있듯이 신자들 사이의 단합과 사랑을 보여 줄 수 있다(요 17:23).

〈사례 연구 11.1〉

스토리텔링과 교회 개척

인도의 디나나스(Dinanath) 목사는 현지인들에게 대한 그의 사역 이야기를 들려준다.

> 저는 1995년 다문화 선교사를 통해 힌두교로부터 구원받았습니다. 하나님의 말씀에 대해 더 많이 배우고 싶었고 이것을 선교사에게 이야기했습니다. 선교사는 1996년에 저를 성경 대학으로 보냈습니다. 저는 2년간의 신학 공부를 마치고 1998년에 우리 마을로 돌아왔습니다. 저는 성경 대학에서 배운 방식으로 좋은 소식을 나누기 시작했습니다. 놀랍게도 사람들은 내 메시지를 이해할 수 없었습니다. 많은 수고 끝에 몇 사람은 주님을 영접했습니다. 계속해서 복음을 전했지만, 열매는 거의 없었습니다. 낙담하고 혼란스러웠고 어떻게 해야 할지 몰랐습니다.

그러나 그 후 디나나스 목사의 이야기에는 큰 변화가 있었다.

> 1999년에 저는 한 세미나에 참석해서 다른 구술 방법을 사용하여 복음을 전하는 방법을 배웠습니다. 내 의사 소통에 어떤 문제가 있는지 이해하게 되었는데, 성경학교에서 배운 인쇄물을 가지고 강의 방식을 사용하였던 것입니다. 세미나를 마치고 마을에 갔는데 이번에는 의사 소통 방식을 바꿨습니다. 모국어로 스토리텔링 방법을 사용하기 시작했습니다. 나는 복음송과 우리 민족 전통 음악을 사용했습니다. 이번에는 마을 사람들이 복음을 더 잘 이해하기 시작했습니다. 그 결과 사람들이 많이 오기 시작했습니다. 많은 사람이 그리스도를 영접하고 세례를 받았습니다.

제가 세미나에 참석했던 1999년에는 세례받은 교인이 거의 없는 교회가 하나만 있었습니다. 그러나 2004년 현재, 6년 동안 우리는 1,350명의 세례교인이 있는 75개의 교회를 운영하고 있으며 100명 이상의 사람들이 세례를 받기 위해 준비하고 있습니다(LOP 54, 2005).

---

5 집단주의 사회에서 특히, 그렇다. 서양의 개인주의는 협력적 전도 노력을 간과해서는 안 된다. 예수님이 제자들에게 그들이 사람을 낚을 것이라고 말씀하셨을 때, 그분의 비유는 배와 그물을 사용하여 그룹으로 함께 낚시하는 것이었지, 혼자서 낚싯대를 가지고 하는 것은 아니었다.

> **〈사례 연구 11.2〉**
>
> **셀그룹을 통한 전도**
>
> 베네수엘라 카라카스에 있는 '디오스 아드미라블레 교회'(Dios Admirable Church)는 1965년 대학생들을 대상으로 하는 복음적 성경 공부로 시작되었다. 그 교회의 목사였던 프란시스코 리에바노(Francisco Liévano) 목사는 제자 훈련에 셀그룹을 사용하여 교회를 200명에서 400명으로 성장시켰다. 1999년에는 25개의 셀그룹으로 성장했으며 다른 많은 셀그룹이 카라카스에 5개의 새로운 교회를 시작하는 데 사용되었다. 그들은 '기독교 기초 제자그룹'(Grupos Básicos de Discipulado Cristiano)이라고 불린다.
> 이 운동의 시작은 다음과 같은 확신에 기초했다.
>
> 첫째, 성도가 주님 안에서 성장하면 새로운 사람들을 하나님 나라로 인도할 것이다.
> 둘째, 사람들이 그리스도께 올 때 이웃들을 데려오기 때문에 상호관계망이 형성되어 전도가 가장 잘 이루어진다.
>
> 교회의 한 성도는 새로운 회심자 중 75퍼센트 이상이 가정 사역을 통해 왔다고 말해 주었다. 그는 또한 교회의 역동적 사역의 90퍼센트가 가정 모임을 통해 이루어졌다고 보고했다(Neumann 1999).

8) 제자 훈련으로 이끄는 전도

라틴 아메리카와 다른 많은 지역에서 공통된 문제는 많은 질문 및 "결정들"을 만들어 내지만 지속적 회심자는 거의 없는 전도에 많은 에너지를 소비한다는 것이다. 일부 전도 전략은 응답자가 전도자들과 사전 관계가 없을 때 발생하는 후속 조치를 담고 있다. 응답자가 복음을 이해하고 진정으로 거듭났다고 가정할 때도 같은 조치가 발생할 수 있다.

이해와 반응에 대한 평가는 후속 조치의 첫 번째 단계가 되겠지만, 이해가 깊어지고 성령님께서 가져다주시는 삶이 변화는 증거에 따라 회심의 깊이가 앞으로 몇 달 동안은 분명하지 않을 수도 있다.

로버트 프리스트(Robert Priest, 2003)는 페루 아구아루나(Aguaruna)에서 일어난 34개의 회심 이야기를 연구한 결과, 처음에 개종자들은 죄의식이 없었지만, 시간이 지나면서 하나님의 말씀을 들으면서 그러한 인식이 커졌다는 것을 발견했다. 그러한 때 전도를 제자 훈련으로 흘러가는 과정으로 인식하는 것이 특히 중요하다.

직접 만나서 복음을 전하거나 이웃, 친구 또는 친척의 소집단 형태로 전할 때 후속 조치가 훨씬 쉬워진다. 여러 질문과 신앙을 갖는 데 어려움을 이야기할 수 있다. 개인적 접근 방식은 더 많은 시간이 걸리지만, 후속 조치를 줄이고 가장 오래간다는 열매를 맺는다.[6]

반면, 대규모 회의, 문학/미디어 캠페인, 공연, 야외 설교 및 덜 개인적 형식으로 전도를 하려면 관심을 보이는 사람들에게 접근하기 위해 추가적 노력을 기울여야 한다. 문의자로부터 개인 정보를 얻어야 연락할 수 있다. 단순히 편지를 보내거나 전화를 거는 것만으로는 충분하지 않다.

후속 조치는 종종 개인 가정 방문을 통해 이루어진다. 대도시에는 주소가 정확하지 않거나 찾기 어렵거나 접근하기 어려운 곳(예를 들어, 경비가 있는 고층 아파트 또는 보안이 된 단지)이 많으므로 방문이 어렵거나 불가능할 수 있다.

또 다른 접근 방식은 후속 성경 공부나 다른 형태의 소그룹 제자 훈련을 제공하는 것이다. 그러한 모임을 위한 최적의 장소를 고려해야 한다. 자신의 집, 문의자의 집, 교회 건물, 또는 레스토랑 같은 보다 중립적 공공장소 등 문의자가 편안하게 들어올 가능성이 큰 장소를 선택하는 것이 가장 좋다.

9) 시작 단계에서 흔히 하는 실수들

(1) 교회 개척 초기에만 전도를 한다면 개척은 힘들어진다

처음에는 교회가 없고 교회를 키울 수 있는 다른 방법이 없으므로 전도가 중심이 되지만 일단 회중이 모이면 교인들과 함께 일하는 것으로 중심

---

[6] 탈진은 다른 문제이다. 이는 문의자가 어느 정도 함께 있다가 떠나는 것을 가정한다. 그러나 탈진 중 일부는 부적절한 후속 조치 때문에 발생하기 때문에 이 둘은 관련이 있다. 탈진은 이 장의 끝에서 다룬다.

이 이동함에 따라 전도를 소홀히 하게 된다. 그러나 전도는 교회가 나아가는 방향 너머에 있는 무엇이 아니라 교회 사명의 심장이다.

교회 성장이 더딜 때 해야 할 첫 번째 질문은 이것이다.

"전도를 위해 우리는 무엇을 하고 있는가?"

(2) 단 하나만의 전도 전략을 가질 때 교회 개척은 힘들어진다

초대 교회는 다양한 수단과 방법을 사용했고(Green 1970) 성경은 모든 기회를 활용할 것에 관해 이야기한다(골 4:5). 위에서 언급한 바와 같이, 그레이디와 켄달은(1992) 광범위한 방식으로 전도를 하는 효과적 교회 개척자들은 실행에 유연성을 가지며 사회 활동(긍휼 사역)과 복음 증거를 통합함으로써 그것들을 한데 묶는다는 것을 발견했다. 그렇게 함으로써 그들은 신뢰를 구축하고 관계를 형성한다.

문을 열기 위해 단 하나의 열쇠만 찾는데 집중하는 사람들은 종종 실패한다. 실은 여러 개의 열쇠가 필요하다. 부가 자료 11.1 및 표 11.1에 이와 관련된 다양한 접근 방식을 나열한다.

(3) 전도를 훈련받고 은사가 있는 이들에게만 의지할 때 교회 개척은 힘들어진다

성경은 전도의 은사를 가진 사람이 있다고 가르쳐준다(행 21:8; 엡 4:11). 그러나 모든 그리스도인은 그리스도의 증인이 되어야 하며(행 1:8; 벧전 3:15), 다른 사람들에게 예수님의 메시지를 기꺼이 전해야 한다. 사역의 대상이 되는 사람 중에서 새롭게 신자가 되는 이들은 보통 가장 효과적 전도자가 된다. 따라서 효과적 교회 개척팀은 새로운 신자들과 믿지 않는 친구 및 친척들과의 관계를 떼어 놓지 않는다.

1992년 그레이디와 켄달이 한 연구를 통해 효과적 교회 개척자들이 새로운 신자들을 전도에 통합시킬 수 있음을 확인할 수 있다. 그들은 사역의 대상이 되는 사람 중에 있는 불신자들과 많은 자연적 관계를 맺고 있으므로 비기독교인들에게 가게 해 주는 "하나님의 가교"[7]가 된다.

최근에 회심했기 때문에 불신자의 생각과 질문을 여전히 이해하고 설득력 있게 그들과 소통할 수 있다. 라틴아메리카선교회(Latin America Mission) 케네스 스트라찬(Kenneth Strachan)은 신앙 전파에 모든 성도를 동원할 수 있는 교회의 능력에 비례하여 운동이 성장한다는 것을 발견했다. "전 성도 동원"의 영향력은 1960년대와 1970년대에 많은 라틴 아메리카 국가에서 '심층 전도 캠페인'(Evangelism in Depth campaigns)을 통해 입증되었다(Strachan 1968; Roberts 1971).

(4) 계획과 프로그램만으로 전도가 이루어질 때 교회 개척은 힘들어진다

사람이 그리스도께 나아갈 때 가장 큰 영향을 미치는 것은 친구나 가족의 증언과 그들의 삶이라는 것이 일반적으로 받아들여지는 사실이다(Gómez 1996; Smith 1995). 그리스도인들이 관계망에서 살고 복음을 나눌 수 있도록 준비시킨다면 교회의 복음적 잠재력이 배가 성장될 것이다. 프로그램들은 개인 전도를 훌륭하게 보완해 주지만, 대체물이 될 수는 없다.

(5) 전도의 기본을 무시할 때 교회 개척은 힘들어진다

기도와 성경 사용은 효과적 전도의 성경적 기본이다. 그레이디와 켄달은(1992) 풍성한 교회 개척의 첫 번째 요소로 기도 사역을 꼽는다. 또 다른 기본은 분명한 복음 선포이다. 사도 바울은 말한다.

> 내가 복음을 부끄러워하지 아니하노니 이 복음은 모든 믿는 자에게 구원을 주시는 하나님의 능력이 됨이라 (롬 1:16).

---

[7] 도날드 맥가브란이 그의 획기적 작품 『하나님의 가교』(The Bridges of God, 1955)에서 만든 문구로, 새로운 신자들이 관계의 자연스러운 영역에서 추출되지 않고 그들 안에 머물면서 자연스럽게 신앙을 공유하도록 권장될 때 이어지는 사람들의 움직임을 설명합니다.

그리스도께서 개인을 위해 하신 일을 개인적 간증으로 성경에 증거된 그리스도께로의 구원 초대를 대신할 수는 없다. 다른 종교의 사람들도 간증을 할 수 있음을 기억해야 한다. 자신의 개인적 이야기로 증거를 시작할 수 있지만 예수님의 메시지와 그분의 이야기를 들을 때까지 아무도 구원받지 못할 것이다.

하나님의 말씀은 좌우에 날 선 검과 같이 강력하고 활동적이며, 복음만이 구원으로 이끄는 하나님의 능력이다(히 4:12; 사 55:10-11). 청중에게 복음의 진리를 확신시키고 청중의 마음을 여는 것은 궁극적으로 성령의 사역이다(요 16:8-10; 행 16:14). 인도의 한 전도자는 "예수는 설명할 수 없고 오직 계시될 뿐"이라고 표현했다.[8] 기도와 복음이 기본이다. 많은 새로운 아이디어와 전략을 시도 할 수는 있다. 해야 할 질문은 이것이다.

"그런 것들이 기도와 복음이라는 기본을 어떻게 한 데 묶어 주는가?"

〈사례 연구 11.3〉

몬트리올에서의 전도와 제자 훈련

퀘벡에 사는 50세 미만 대부분 사람은 로마가톨릭 문화 유산을 가지고 있으며, 하나님을 믿지만 그분이 누구신지 또는 그분이 그들과 어떤 관계를 맺고 있는지 거의 이해하지 못한다. 그분과 일상에서의 관계의 가능성을 생각하는 사람은 거의 없다.

이런 배경을 가진 사람들에게 복음을 더 잘 전달하기 위해 퀘벡 교회의 봉사 단체인 '크리스천디렉션'(Christian Direction)은 기존 교회의 사람들에게 무엇이 그들을 하나님과 개인적 관계로 이끌었는지 물었다. 응답자들은 그리스도를 믿기로 결정하기 전에 평균 8번 복음을 혹은 복음의 일부를 들었다고 말했다.* 그들의 결정에 가장 큰 영향을 준 것은 가족이나 친구의 삶의 변화였다(Smith 1995).

이것은 관계망과 지역 사회 참여를 통해 인내심 있게 복음의 씨앗을 뿌려야 하는 필요를 보여 주었는데, 어떤 사람들은 보다 큰 집단에서의 선포에 반응한다고 말해 주는 요소들도 있다.

---

[8] 인도국제선교(the Indian National Mission)의 아자이 필라이(Ajay Pillai)가 Oakwood Community Church(Tampa, FL)에서 2009년 3월 8일 한 강연 중 인용.

첫째, 성경이 하나님의 계시라는 사실을 존중한다.
둘째, 대부분의 응답자들은 결정을 내리기 전 그리스도인들이 집단 환경에서 행동하는 모습을 보기를 원했다.
셋째, 대부분은 명확한 메시지와 초대가 주어진 그룹 환경에서 최종 결정을 내렸다.

그 결과 교회 개척팀은 세 가지 전략을 세웠다.

첫째, 관계적 접근: 그들이 지역 사회공동체의 일원이 되고 이웃과 개인적 관계를 형성하면서 기회가 있을 때 그리스도를 나누었다.
둘째, "복음그물" 접근법: 매주 팀원 전원이 모여 진행 상황을 나누고 전도 및 사람들과의 약속을 위해 함께 기도했다. 구도자와 만나기 위해 중립적 장소에서 공개 지역행사를 기획했다.
셋째, 증인 늘리기: 새로운 신자들에게 자신의 간증과 간단하게 복음을 나눌 수 있도록 즉시로 훈련시켰다.

팀 전도의 힘은 광범위한 전략, 팀워크, 그리고 인내에서부터 생긴다. 제자 훈련 소모임이 여럿 형성되었다. 가장 큰 열매는 퀘벡주 스스로가 새로 발견한 예수님의 사랑을 지역주민들과 나누었을 때 왔다.

* 1990년대 후반 퀘벡주 몬트리올에서 '크리스천디렉션'(Christian Direction)에 의해 진행된 연구. 이러한 발견을 바탕으로 글렌 스미스(Glenn Smith, 1995)는 몬트리올과 같은 세속 사회에서의 목표는 성경적 진리에 반응하여 점진적 결정을 이끌어 내고, 지역 사회 섬김에 대해 지속적으로 강조하며, 상황화된 예배를 위해 모이는 소그룹의 분산된 관계망에서 사역하는 것이 되어야 한다고 제안한다.

2. 사람들의 인식 요구 및 실질 요구를 다루어 전인적 복음화 이루기

준비 국면(제10장) 동안 사역의 대상이 되는 사람들의 인식 요구를 조사했다. 인식 요구는 사람들이 인식하고 해결하고자 하는 욕구이다.
여기에는 음식과 물과 같은 실존적인 것들, 사랑과 중요성과 같은 개인적인 것들, 교통 및 보안과 같은 사회적 문제, 용서와 악마의 세력으로부터의 자유와 같은 영적인 것들, 또는 사람들의 행복의 척도에 영향을 미치는 기타 요구 사항들이 있다. 실질 요구는 하나님의 관점에서 필요한 것들이다. 식량에 대한 인식 요구는 실질 요구이기도 하지만 물질적 부에 대한 인식 요구는 그렇지 않다.

모든 인식 요구를 진지하게 받아들여야 하지만 궁극적으로 교회 개척자는 실질 요구 사항을 해결하려고 노력해야 한다. 많은 사람이 죄 사함이나 영생 같은 실질 요구를 알지 못하지만 성령과 하나님의 말씀으로 자각하게 된다.

예수님은 진리를 설교하셨을 뿐 아니라 병자를 고쳐 주시고, 맹인에게 시력을 주시고, 눌린 자들을 회복시키고, 전인으로서의 사람들을 돌보셨다. 사람들의 요구를 해결하심으로써 선의와 긍휼을 보여 주신다. 복음의 전달자로서 우리는 사람들에게 좋은 소식을 전해야 할 뿐 아니라 가능하면 좋은 소식이 되어야 한다.

제19장에서는 전체론적 사역을 하나님 나라의 영향력과 더불어 자세히 설명한다. 여기서는 전도가 시작되면 긍휼과 봉사가 수반되어야 한다는 정도로만 말하겠다. 교회 개척팀은 지역의 필요를 평가하고 가용한 인력과 자원으로 어느 것이 충분하고 적절하게 처리될 수 있는지 현실적으로 평가해야 한다.

실질 요구 사항을 충족하는 방법으로는 병원 또는 교도소 방문, 교육 프로그램, 식품 저장실 운영, 단수 우물 파기 등이 있다. 신중하게 개발되어 널리 사용되고 있는 지역 사회개발전도(community health evangelism, CHE)를 통해 지역 주민들은 지역 사회의 요구 사항을 분석하는 방법과 지역 자원을 사용하여 이러한 요구 사항을 충족하는 방법을 배운다.

> CHE는 전도, 제자도, 교회 개척을 지역 사회 건강과 발전에 원활하게 통합한다.[9]

---

9 www.cheintl.org.에서 볼 수 있는 CHE 파워포인트 자료. 이 사이트에서는 CHE 연계망에서 대한 더 많은 정보를 볼 수 있다. www.lifewind.org.도 보라.

교회 개척 초기 단계에서 시간, 에너지 및 자원을 어디에 가장 잘 투자해야 하는지 신중하게 파악해야 한다. 긍휼과 봉사의 사역에서 소비되는 자원은 질적으로는 무한하다. 균형과 명확한 우선순위가 유지되어야 한다.

릭 그로버(Rick Grover, 2004)는 교외 지역 교회들은 일요일 아침이라는 시간이 사역을 주도하는 반면, 도시 교회들은 사역이 주일 아침을 지배한다고 지적한다. 즉, 교외(suburban) 환경에서는 주일 아침 예배가 교회 생활의 중심이며 사람들을 매력적 예배 경험으로 이끈다. 봉사 사역은 주일에 일어나는 일들의 부산물이다.

이와는 대조적으로, 도시 교회에서는 주중 봉사 사역(예를 들어, 식품 저장실, 직업 훈련, 법률 상담)이 교회 생활의 주요 초점이 되는 경향이 있으며, 이 사역이 사람들을 주일예배로 이끈다. 도시 교회를 개척할 때 이 차이를 놓쳐서는 안 된다.

그로버는 계속해서 말한다.

> 나는 새로운 도시 교회가 첫 번째 공예배가 시작되기 전에 지역 사회의 필요를 위한 모임을 시작하기를 권장한다(2004, 49).

전도, 봉사 및 개발 사역의 형태를 결정할 때 지역적 가치(무엇을 중요하게 여기는지, 어떤 필요를 가장 중시하는지)를 고려해야 한다. 많은 문화적 가치와 관습은 옳고 그름의 문제가 아니라 관습, 전통 또는 미학의 관점으로 보아야 한다.

그리스도는 지역 문화를 파괴하지 않으신다. 그분은 사람들을 구속하시고 선을 정화하시며 악에게 빛을 비추신다. 다문화 교회 개척자들은 자신의 문화적 가치(이것이 반드시 성경적일 필요는 없다)를 다른 사람들에게 강요하지 않아야 한다. 이것이 상황화의 가장 큰 과제 중 하나이다.

데이비드 브릿(David Britt)은 도시 다문화 교회 성장의 지역적 요인들을 연구했다. 그는 교회 개척자들은 동질감이 아니라 함께 조화를 만들 수 있는 능력인 화합을 추구해야 할 것이라고 결론지었다.[10] 교회와 교회 개척은 현지의 문화적 가치를 다루고 그리스도께서 마음의 가장 깊은 열망과 가장 큰 필요를 어떻게 충족시키시는지 보여 줄 때 가장 잘 성장한다.

이것이 봉사와 전도 사역에 어떻게 적용될까?

첫째, 지역 사회를 연구하고 기독교인과 기독교에 대한 그들의 인식을 이해해야 할 필요성을 강조해 준다.

둘째, 사람들에게 다가가기 위해서는 모든 면에서 도드라져야 한다는 개념을 반대한다. 교회는 사용하는 언어, 음악 및 기타 문화적 가치와 상징 때문이 아니라 메시지, 사랑 및 성실함으로 돋보여야 한다.

셋째, 문화적, 영적으로 도달하고자 하는 공통의 공간들을 찾아야 한다. 지역 사회 활동과 봉사에 참여하면서 문화와 친숙해지는 것은 일상 생활에 미치는 소금과 빛으로서 복음의 영향을 보여 주는 한 가지 방법이다.

3. 세례를 주고 예수님께 순종하도록 가르치기

마태복음 28:19-20에 있는 지상명령은 아버지와 아들과 성령의 이름으로 세례를 주고 새신자들에게 예수님이 우리에게 명령하신 모든 것을 가르칠 뿐 아니라 순종하게 함으로 제자 삼으라 명령한다.

위에서 언급했듯이 전도계획에는 항상 새신자들을 위한 후속 조치가 포함되어야 한다. 그러나 종종 그러한 후속 조치가 실패하는 데에는 정확히

---

10 "다르거나 상충되는 가치의 존재는 위협적이다. 그들은 우리 자신의 가치를 독단적으로 보이게 만들고, 다시 버거(Berger)의 말을 빌리면, 불안정하게 만든다. 정의상 도시 생활에서의 다원주의는 도시 거주자들에게 다른 가치와 관점을 빠르게 접하게 한다. 도시인들은 서로 다르거나 상충되는 가치를 동화시키겠지만, 그들조차도 공유되는 가치를 중심으로 모이는 경향이 있다. … 회중의 문화적 상징이 현지 지역 사회의 상징과 일치를 이루면 복음을 더 쉽게 들을 수 있을 것이다. 교회와 지역 사회 간의 일치가 교회의 성장 혹은 쇠퇴의 배경을 이룬다"(Britt 1997, 143-44).

말해 세례와 순종이라는 두 가지 지점이 있다. 후속 조치는 전에는 지적 운동이라 불렸던 신개종자(neophyte) 교육을 포함한다. 그들은 기독교가 무엇보다도 성경을 아는 것, 즉 성숙의 척도가 성경 지식이라는 인상을 금방 얻을 수 있다.

기독교 신앙은 의심할 여지없이 성경에 계시된 하나님의 진리에 기초하지만 성경 공부의 목표는 지식 자체가 아니라 하나님과 더 친밀한 관계로 이끄는 하나님을 기쁘시게 하는 삶이다.

야고보서 1:22은 이렇게 권면한다.

> 너희는 말씀을 행하는 자가 되고 듣기만 하여 자신을 속이는 자가 되지 말라 (약 1:22).

우리는 때때로 제자 훈련을 프로그램이나 수업처럼 취급한다. 브라질의 한 지도자는 이렇게 말했다.

> 제자도라고 말하면 지식의 전달처럼 들린다. 하지만 우리에게 그것은 신자가 그리스도의 삶으로 뻗어 나가는 전개와 결과이다.

네이버(Neighbor)는 이렇게 말한다.

> 우리는 모든 훈련을 인지 영역에서 행한다. 우리는 가르치고 설교하는 것이 기독교인의 가치를 변화시킨다고 잘못 생각한다. … 모범도 없고 '나를 따르라'라고 말하는 리더도 없다는 것이 전통 교회에 내린 저주이다 (1990, 2).

이것은 신뢰 관계를 통한 모범 및 멘토링의 필요성을 강조한다. 란짓 드실바(Ranjit DeSilva)는 영적 형성을 이렇게 정의한다.

내면의 삶을 발전시켜서 그리스도를 생명의 근원으로 경험하게 하고, 그리스도를 닮은 성품을 더 많이 반영하며, 사역에서 그리스도의 능력과 임재를 점점 더 알게 하는 것이다(DeSilva 1996, 50).

하나님은 삶의 변화를 위해 많은 수단을 사용하신다.
로버트 콜먼(Robert Coleman, 1987, 59-97)은 그중 일부를 말해 준다.

- 관계의 중요성(막 3:13-15; 요 1:35-42)
- 가정에서 모임(행 5:42; 20:20)
- 성경 실천하기(마 28:20)
- 세례(마 28:19)
- 새로운 공동체(행 2:42-47)
- 새로운 주인에게 순종하기(요 15장)
- 세계관 및 가치관 바꾸기(롬 12:2)
- 삶과 능력의 새로운 원천(행 1:8; 갈 5:22-23)

따라서 균형 잡힌 후속 조치에는 중심되는 기독교 진리를 명확히 할 뿐 아니라 새신자들이 그러한 진리를 일상생활에 적용하는 데 도움을 주는 성경 공부가 포함된다. 새신자들을 위한 많은 기도와 기독교 교훈에 대한 실제적 교육도 포함된다. 열쇠는 그들이 그들의 삶에 대한 그리스도의 뜻을 분별하고 그리스도의 주권 아래 그들의 일을 정리하도록 돕는 것에 있다.

종종 새신자들이 그들의 개인적 일을 바꾸고 재설정하는 데 가장 개방적 때는 처음 며칠과 몇 주이다. 그들의 삶에 하나님께서 행하시는 신선함에 특히 민감한 시기이기 때문이다. 이 기회를 놓치지 말라.

신약성경에서 그리스도의 제자의 주요 외적 표징 중 하나는 세례이다. 세례는 여러 성경적 의미를 가지고 있다. 회개와 믿음에 대한 공적 고백(행 2:38), 기독교 공동체에 들어가는 것(고전 12:13), 그리스도의 죽음과 부활로 새생명으로 들어감(롬 6:1-10), 죄에서 깨끗하게 됨(행 22:16; 벧전 3:21). 무슨

림과 힌두교 세계와 같은 일부 상황에서는 세례의 부정적 연관성 또는 잘못된 이해 때문에 통과의례로 세례를 대신해야 한다는 제안이 있어 왔다.[11]

그러나 물세례에 관한 보편적 관행을 찬성하는 데에는 세 가지 이유가 있다.

첫째, 육체적 행위와 관련된 신학적 의미가 세례에 반영된다(롬 6:1-10; 벧전 3:21).

둘째, 마태복음 28:19은 "모든 민족"에게 세례를 주라고 명시적으로 명령한다.

셋째, 사도행전에서 새신자들은 유대인과 이방인 모두 세례를 받았다.

다른 대체물을 본 적이 없다. 실제로 에베소서 4:5에서는 한 주님, 한 믿음, 한 세례에 대해 말씀한다. 매우 합리적 사고를 가진 서양인들은 세례와 같은 의식의 영적, 사회적, 심리적 중요성을 과소평가하는 경향이 있다. 한 단계에서 다음 단계로의 전환을 표시하는 의식 행위(예를 들어, 제단으로의 부름, 세례 또는 우상 파괴)는 회심 과정에서 필수 요소가 될 수 있으며 새로운 신앙 및 교회를 정의하는 데 중요하다(Tippett 1967, 109; 1971, 169; 1992).

교회 개척자들은 자신의 상황에서 세례의 시행에 대한 몇 가지 결정을 내리게 된다. 세례 시간, 형태(침수, 붓기 또는 뿌림), 공개 또는 비공개 여부 등. 여기에는 개척자의 신앙을 포함하여 많은 요인이 작용한다. 따라서 간결하게 제한되긴 하지만 중요한 몇 가지 문제를 살펴보기로 한다.

시간의 문제는 유아 또는 성인만 세례를 받아야 하는지 뿐 아니라 (특히, 선구자 환경에서는) 교육과 준비 시간이 있어야 하는지 혹은 지체 없이 세례를 시행해야 하는지 여부에 관한 것이다. 신약성경의 모든 예에서(이교 배경의 이방인 신자들조차) 세례는 회심하고 간단한 신앙고백을 한 직후에 바

---

11 무슬림 상황에 대해서는 Parshall 1979 & 1989, Woodberry 1989, Stricker and Ripken 2007에 나오는 토론을 참고하라. 인도의 상황에 대한 논의는 Singh 1985를 참고하라. 서구 상황에서의 물세례 대체에 관해서는 Kraft 1979, 257-60을 참고하라.

로 집례되었다. 지나치게 신중한 자세는 지양되어야 한다.

다른 한편, 많은 신앙고백은 얕을 뿐 아니라 복음에 대한 매우 부적절한 이해나 의심스러운 동기에 기초한다. 진정으로 회심하지 않은 사람에게 세례를 주면 많은 부정적 영향을 미치게 된다. 의무적 준비 기간을 정하기보다는 헌신과 변화의 분명한 증거를 보기 위한 기다림을 강조해야 한다.

개척자들은 그리스도 안에서 새 생명의 증거를 찾을 때 현지의 다른 신자들의 관점과 새로운 제자 동료들의 반응도 고려하면 좋다.

무슬림, 힌두교, 심지어 가톨릭이나 정교회 출신의 사람들에게 물세례(또는 유아 세례를 받았다면 "재세례")는 새로운 신앙과 공동체로의 개종을 표시하는 마지막 문턱이다. 그 문턱을 기꺼이 공개적으로 그리고 그 의미를 분명하게 이해한다면, 새로운 제자들은 교회와 그 실천에 대한 정체성을 분명히 함으로 성장할 가능성이 더 크다. 종종 새로운 제자가 가족, 친구 및 이전 신앙 공동체와 가지는 관계에 중대한 영향을 미치기도 한다.

따라서 교회 개척자들은 새신자를 위한 세례의 중요성과 교회의 건전한 발전을 위해 세례의 신학적, 개인적 중요성을 간과한 채 세례를 가볍게 주라는 명령은 받아서는 안 된다.

4. 새로운 신자들을 제자화하고 그들도 같은 일을 행하도록 훈련시키기

전도는 제자 훈련으로 이어져야 하며 제자 훈련은 세례와 그리스도에 대한 순종을 포함해야 한다. 전도와 제자 훈련의 분리는 인위적인 것이다. 이 둘에 대한 명령은 "제자 삼으라"(마 28:19)라는 한 명령에서 비롯된다. 신약성경에서 제자는 복음을 선포하고 신앙 안에서 신자들을 세우는 가교 역할을 한다. 성경적 제자들을 배가 성장시키는 것은 교회 개척의 필수사항이다.

1) 제자들과 제자 훈련

교회 개척자들은 성경적 제자가 무엇인지, 교회가 개척되고 있는 곳에서 제자가 어떻게 생기는지 잘 이해해야 한다. 제자들은 점점 더 그분과 닮아 가고 그들의 삶에 대한 그분의 뜻을 성취하기 위해 그리스도와 그 가르침을 따르는 사람들이다. 신약에서 제자는 '고급' 그리스도인이 아니다. 예수님을 따르기 시작하는 순간부터 그분의 길을 계속 걷는 한 제자로 불린다.

열두 사도는 사도라는 특별한 부름을 받았지만 계속해서 제자로 불렸다(막 3:7, 13-15). 사도행전 14장에서 "제자들"이라는 용어는 이제 막 그리스도께로 온 더베 사람들(20-21절), 바울과 바나바의 여정의 첫 번째 지점에서 그리스도께 나아온 젊은 신자들(22절), 그리고 그들을 파송한, 보다 성숙한 안디옥의 신자들에게 사용되었다(28절). 따라서 예수님의 제자는 성숙도에 관계 없이 예수님을 따르는 자들이다. 이 장에서는 주로 제자들의 삶의 첫 단계에 주목하여 볼 것이다.

제자 훈련을 이렇게 정의 내릴 수 있다. 새롭게 그리스도를 따르는 사람들이 그분 안에서 그리고 그분께 순종하는 그들의 실천 안에서 그들이 바로 서고, 기초를 두고, 안정되고, 안전해지도록 돕는 것. 우리가 제자를 만들라는 부름을 받았다면, 우리는 예수님께서 제자들에게 무엇을 기대하고 그분이 그들에게 무엇을 약속하시는지 분명하게 이해해야 한다.

표 11.3에서 예수님을 따르는 데 드는 비용과 그에 따르는 보상을 비교했는데, 이 표는 교회 개척팀들이 제자 훈련 사역에 많이 사용한다.

〈표 11.3〉 제자의 성경적 특성과 보상

제자의 특성		제자가 받는 보상	
그리스도와 그분의 말씀에 거함	요 8:31; 15:4-6	예수님의 아버지의 사랑을 받음	요 15:9, 15
그분의 계명을 지킴	요 14:15; 15:10, 14	기도의 응답을 받음	요 15:7, 16
다른 무엇보다 예수님을 사랑함	마 10:37	많은 열매를 맺음	요 15:5, 8

예수님의 사랑으로 다른 이들을 사랑함	요 13:35; 15:12, 17	점점 더 예수님을 닮아 감	눅 6:40
예수님을 증거함	요 15:27	깊은 기쁨을 경험함	요 15:11
자기를 부인함	마 10:38; 16:24	특별한 평화를 경험함	요 20:19-20
반대를 무릅씀	요 15:20	더 많은 열매를 위해 교훈을 받음	요 15:2
주님을 신뢰함	요 14:1	성령으로 충만함	요 14:16; 행 1:8

예수님의 설명은 제자가 된다는 것은 단순히 새로운 교리적 명제와 종교 행위를 채택하는 것이 아니라 삶의 변화임을 상기시켜 준다. 그것은 변화된 생각, 감사하는 마음, 새로운 욕망에 의해 감동되어 말씀과 성령님의 인도함을 받는 새로운 삶의 방식이다. 따라서 강조점은 성실한 교회의 회원이 되는 것에 있지 않고 충실하고 순종적이며 열매를 맺는 예수님의 제자가 된다는 사실에 있다. 물론 믿음의 공동체에 속하는 것이 중요한 결과이자 외적 표징임도 사실이다.

성장은 제자도의 진보를 나타내는 척도이다. 제자들은 여러 면에서 성장하며 성장의 다양한 국면은 서로 분리될 수 없다. 하나님은 그들 모두를 기대하신다. 하나님께서 제자들이 성장하고 그분의 영광을 위해 열매 맺기를 기대하는 바를 성경에서는 적어도 일곱 가지로 묘사하고 있다.

- 성품과 성령의 열매(요 15장, 갈 5:22-23), 그리스도 안에서의 성숙함(엡 4:15), 믿음과 사랑(살후 1:3)
- 말씀의 지식과 진리(벧전 2:2; 벧후 3:18)
- 봉사와 기도(행 6:1-5; 엡 6:10-20)
- 사랑과 서로 돌봄(요 17:20-26, 엡 4:1-6, 골 3:12-17)
- 증거 및 선교적 영향력(행 1:8; 딤전 5:7-10; 벧전 3:15)
- 치유(행 9:32-43), 영적 구원(행 19:19), 사회 정의(약 2:1-7), 궁핍한 자를 돌봄(행 4:34-37)을 포함한 사회적 영향력(마 4:23-25)
- 민족 및 다른 차이에도 연합함(요 17:20-23, 엡 2:11-22, 계 5:9-10)

왜 이렇게 많은 성장 국면이 있는가?

하나님의 백성이 전능자에 대한 지식을 전파하고 그분의 자비를 세상에 선포하고(엡 1:6-8; 벧전 2:9-10), 모든 민족을 그리스도와 그분의 말씀에 순종(마 28:18-20)하도록 만들기 위해서이다.

2) 공동체 및 집단 제자 훈련

제자 삼는 일은 개인 및 집단 환경 모두에서 일어난다. 개인(마 8:22; 9:9; 19:21; 요 1:43)과 집단(마 4:19; 10:38; 16:24; 요 10:27; 살후 3:7-9)이 예수님을 따르도록 부름받았다. 예수님은 제자들을 개별적으로 부르셨고, 그분이 그들을 특별히 알고 있고 그들의 개인적 삶에 대한 계획을 가지고 있음을 보여 주셨다(요 1:48; 15:16). 이것은 예수님 시대에는 대부분 제자들이 그들의 랍비를 선택했다는 사실에 의해 더욱 도드라진다(Costas 1979).[12]

예수님은 그분의 제자들을 "친구"라고 부르셨고(15:15), "그의 양"이라 부르셨으며(요 10장), 위험에 처한 한 마리의 양을 쫓아가신다(눅 15:1-6). 집단으로 있을 때에도 예수님은 제자들에게 개별적으로 말씀하시고 그들의 질문과 의심을 개인적으로 다루신다(요 14:5, 8). 바르게 함 또한 초기에 개별적으로 처리되어야 한다(마 18:15-17). 일대일 관계는 교회 개척에 있어 중요하지만 배타적 제자 훈련 수단은 아니다.

예수님과 바울은 종종 제자들을 공동체로 부른다. 그들의 운영 방식은 다양한 규모의 집단에서 대화식 교육을 사용하는 것이었다. 마치 포도 열매처럼, 제자들은 한 송이에서 자연적으로 발견되고 함께 성장한다.

예수님은 세 명(베드로, 야고보, 요한), 열두 사도 및 더 큰 집단과 시간을 보내셨다. 제자 훈련을 위한 소그룹 모임은 구성원들의 연대감을 고취시

---

12 많은 유사점이 있었지만 올란도 코스타스(Orlando Costas, 1979, 15)는 랍비가 제자 삼는 것과 예수님께서 하신 방식 사이의 일곱 가지 핵심적 차이점을 열거한다. 이는 후앙 스탐(Juan Stam)의 "제자 훈련의 성경적 토대"(*Bases bíblicas para el discipulado*), *Ensayos Ocasionales* 6, no. 3(1976): 1-22.에서 발췌한 것이다.

키고 서로에 대한 책임감이 높아지도록 동기를 부여해 줄 수 있다. 특히, 집단주의 사회에서 집단은 일대일 회의보다 더 자연스럽고 동기부여에 좋은 환경이다. 따라서 제자 훈련에는 많은 유형의 의도적 대인관계 및 집단관계가 포함된다. 이런 것들이 균형을 잡고 예수님을 중심에 둘 때, 가장 광범위하고 효과적 제자 훈련을 제공해 준다.

3) 제자 훈련과 배가 성장

제자 훈련의 목표는 하나님 나라의 대사가 되어 그리스도를 위해 성령으로 변화된 증인들을 배가 성장시키는 것이다.

> 30년 동안 기독교 공동체는 400배 정도 성장했다. 이는 한 세대 이상 연간 22퍼센트 증가했음을 보여 주며 지난 300년 동안 현저하게 높은 성장률을 지속해 왔다. 콘스탄티누스가 기독교로 개종한 4세기 초에 제자들의 수는 1,000만에서 1,200만 명, 또는 로마제국 전체 인구의 약 10분의 1에 달했다. … 초대 교회는 그리스도의 증인들이 그들 주변의 사람들의 삶 가운데 자신들의 삶의 방식을 재생산함으로 복음적 배가 성장의 방식으로 성장했다(Coleman 1987, 39-40).

정식 교육이나 자원이 필요한 제자 훈련은 완전한 동원과 배가 성장을 방해할 것이다. 단순하고 유기적, 관계적이며 모든 신자가 접근할 수 있는 훈련만이 배가 성장으로 이어진다. 방식을 가르치고, 그에 대한 모범을 보이고, 그것이 유지되어야 한다. 효과적 배가 성장 방법에는 종종 개인 멘토링과 집단 책임 두 가지가 모두 포함된다.

닐 콜(Neil Cole, 2004; 2005)은 배가 성장의 수단으로 소규모 제자 만들기에 대해 가르치며 모범을 보였다. 제자들은 다른 사람들을 고립된 상태로 만드는 것이 아니라 콜이 "삶이 변하는 모임"이라고 부른, 소그룹으로 만든다. 이 모임은 상호 훈련 방식을 사용하여 신학적으로 훈련된 지도자를 필요로 하지 않는다.

제자 훈련은 예수님의 가르침을 중심으로 한다. 복음서에서 그는 끊임없이 제자들에게 하나님 나라에 대한 교훈을 주고, 비유를 사용하고, 그들의 잘못된 사고방식을 바로 잡아 주셨다. 그는 제자들의 삶의 모든 면이 성령님의 지배(마 28:20에서는 "순종") 아래에서 그의 가르침을 따르기를 분명히 기대하셨다.

바울 또한 삶의 변화를 위한 삶으로의 가르침을 실천했다. 그는 에베소 장로들에게 다음과 같이 상기시켜 준다.

> 유익한 것은 무엇이든지 공중 앞에서나 각 집에서나 거리낌이 없이 여러분에게 전하여 가르치고 … 이는 내가 꺼리지 않고 하나님의 뜻을 다 여러분에게 전하였음이라(행 20:20, 27 참조).

제자 훈련은 많은 비용과 시간이 소요된다. 배가 성장을 위해 노력하는 동안 교회 개척자들은 지름길을 피해야 한다. 몇몇 저자는 예수님의 영성 형성 계획에 세 단계가 있음을 보게 되었다(Bruce 1971; Hull 1988).

이는 제자도를 하나의 과정으로 보게 해 주는데, 예수님이 제자들과 함께 세우신 것보다 더 나은 방식이 있겠는가?

첫 번째 단계에서 제자들은 예수님의 가르침, 치유, 봉사 사역을 관찰했다.

두 번째 단계에서 그들은 예수님을 따르기 위해 그들의 직업을 떠나라는 부름을 받았다.

세 번째 단계에서 그들은 더 깊은 가르침을 받고 실제 사역현장으로 파송되었다.

제자 훈련에 많은 비용이 드는 또 다른 이유는 그리스도의 주권을 인간의 전인적 존재, 즉 생각, 믿음, 행동, 관계 및 성품에 적용하기 위해 일평생의 멘토링을 포함하기 때문이다. 이것이 신약성경의 방식이다. 예수님은 제자들과 함께 걷고, 말하고, 가르치고, 시정하고, 시연하고, 먹이고, 그들을 도우셨을 뿐 아니라 그들의 도움도 받으셨다. 그의 첫 번째 훈련 활동은 환대였다.

그는 세례 요한의 호기심 많은 추종자에게 "무엇을 구하느냐" 물으셨다. 그리고 그들에게 하루를 그와 함께 나누도록 초대해 주셨다(요 1:38-39). 바울은 주님의 제자 훈련 계획을 따랐으며, 데살로니가 교인들에 대한 그의 돌봄을 어머니가 자녀를 양육하는 것에 비유했다(살전 2:7-9). 영적 양육도 고통스러울 수 있다.

바울은 갈라디아 사람들을 향해 말한다.

> 나의 자녀들아 너희 속에 그리스도의 형상을 이루기까지 다시 너희를 위하여 해산하는 수고를 하노니(갈 4:19).

책임감 있는 부모는 자녀의 쉼터, 양육, 보호 그리고 운동까지 다 계획한다. 어린아이들은 모두 다 다르며 개별적 보살핌과 관심이 수행되어야 한다. 마찬가지로 기본 제자 계획에는 무엇보다 개인적 멘토링, 새신자가 공동체에서 사는 법을 배우는 제자 훈련 모임, 하나님의 말씀에 직접 순종하여 새로운 성경적 사고방식과 행동을 확립하는 성경 공부 계획 등이 있다. 그레이스형제교회(the Grace Brethren)는 교회 개척에 있어 제자 삼는 사역의 중심성을 가장 강력하게 주장해 왔다.

부가 자료 11.3은 "사도적 교회 개척팀 전략"에서 사용하는 몇 가지 기본 원칙을 설명해 준다(Julien 2000).

⟨부가 자료 11.3⟩
제자 훈련과 사도적 교회 개척팀 전략

1. 제자 훈련이 교회 개척의 주요 과제이다
강한 영적 가족, 리더십, 교회의 발전은 모두 그리스도께서 명하신 모든 것에 충실한 제자를 삼는 데 기반을 두고 있다(마 28:16-20). 건강하고 성장하는 제자는 건강하고 성장하는 교회의 벽돌과도 같다. 사도행전과 교회사 모두에서 예수 그리스도의 신실하고 재생산하는 제자들이 있는 곳에 교회가 형성되었음을 보여 준다.

2. 개인 성장 훈련 개발의 중심에 제자 훈련이 있다
많은 전통적 형태의 제자 훈련은 교사와 제자 훈련 자료, 즉 수동적 제자도에 의존하게 한다. 그러나 기독교 성장 훈련을 통해 하나님과 깊은 관계를 구축할 수 있는 능력을 키운 회심자들은 자신의 영적 삶에 대한 책임을 진다(히 5:14). 제자의 다섯 가지 기본 분야는 성경 공부, 기도, 예배, 교제, 증거이다. 다른 제자 훈련 활동은 이러한 훈련이 발전하는데 부차적이어야 한다. 왜냐하면, 이 다섯 가지가 하나님과의 동행이 더 많아지도록 하는 데 중심이 되기 때문이다.

3. 하나님의 진리를 개인적으로 발견하도록 돕는 제자 훈련 방법을 사용하라
가르치는 사역의 중요성을 감소시키지 않으면서도 새신자들이 하나님의 말씀을 이해하고 스스로 먹을 수 있도록 돕는 것을 우선순위에 두어야 한다. 하나님은 자녀들이 그분의 말씀을 통해 그분을 찾을 때 자신을 드러내신다. 멘토링의 목표는 새로운 제자들이 스스로 발견할 수 있도록 돕는 것이다. 다른 사람의 가르침과 그들이 주는 동기부여 능력이 아니라 개인 연구와 발견에 학습의 기반을 두고 있을 때, 제자들은 자신의 하나님과 동행하고 다른 사람들도 그와 같이 할 수 있도록 도울 수 있다.

4. 상호 훈련의 방식을 확립하라
의존증후군을 피하고, 성경 진리를 개인적으로 발견하고, 리더십 자질을 개발하는 가장 좋은 방법 중의 하나는 상호 책임 개념을 중심으로 제자 훈련을 구성하는 것이다. 이런 방식의 제자 훈련은 성장하며 발전하는 책임을 신자들 자신에게 부여한다. 교회 개척자는 다른 사람들이 서로 돕고 그들의 영적 훈련에 대해 서로 책임을 지도록 준비시켜준다. 이를 통해 자신과 타인의 영적 안녕에 대한 높은 주인의식과 개인적 책임감이 높아진다.

5. 가정을 훈련의 중심으로 사용하라
"이 [제자 훈련을 통한 재생산]이 기독교인의 가정보다 더 분명히 나타나는 곳은 없다. 여기에서 우정이 가장 자연스럽고 진실되며 전도 중심적이고… 복음 증거는 기술이나 프로그램이 아니라 생활 방식이었다"(Coleman 1987, 92-93).

서양 사회에서 가장 무시되는 미덕 중 하나는 환대이다. 가족의 삶은 새신자들에게 매우 큰 교훈을 준다(Julien 2000에서 각색).

4) 특별한 문제들

개념적 혹은 영적으로 깊이 뿌리박힌 개인적 문제를 가진 새로운 제자들을 돕기 위해서는 분별력이 필요하다. 모든 신자는 그리스도 안에서 새로운 피조물이지만, 그들은 악마적 속박의 깊은 뿌리와 사슬로 인한 파괴적 영적 행위와 관련된 경험을 가지고 있을 수 있다. 비록 그것을 규정할 수도 없고 이미 그것을 버렸다 하더라도 죄악된 습관은 언제나 새생명의 씨앗을 질식시켜 버릴 것이다.

새로운 기독교인들은 해결되지 않은 갈등과 건강하지 않은 관계를 맺고 기독교 공동체에 들어온다. 사마리아 여인처럼 일부는 결혼 생활과 가족에 문제가 있다. 그들이 가지고 있는 이전의 세계관으로 인한 왜곡을 가지고 있으며 세계관의 변화가 필요하다. 이 모든 경우에 있어 제자 훈련은 발전적일 뿐 아니라 교정적이어야 한다. 표면 아래에 존재하는 현실을 다뤄야 한다.

사탄의 거짓말과 파괴적 양식은 사랑으로 맞서야 한다. 새로운 신자들의 문제를 성경적 방식으로 해결해 줄 수 있는 지식과 은사를 가진 사람이 교회 개척팀에 있다면 도움이 될 것이다. 그리고 변증학을 공부했거나 사역의 대상이 되는 사람들의 종교에 대한 질문에 답을 주고 오해를 풀어줄 수 있는 사람도 마찬가지로 도움이 된다.

새로운 중국 신사가 자살했을 때 현지 교회는 혼들리고 교회 개척자는 혼란스러워했다. 그 청년은 충실한 제사였으며 미래의 유망한 지도자였다. 그러나 그는 자신의 내적 갈등과 싸움을 다른 이와 나눈 적이 없었고, 위선과 실패 속에서 살아가는 대신 목숨을 끊기로 결정했다. 교회 개척자는 편지에서 다음과 같이 말했다.

> 영적 전쟁에 대한 보다 거대한 인식이 필요하다고 생각합니다. 사람들이 그리스도와 함께 걷기 시작하기 전후로 그들은 악의 중심지에 들어가게 될 수도 있습니다.

분별력 있는 영적 영향력이 필요하다. 때때로 세례를 준비하는 상황 가운데서 벌어지기도 한다. '그리스도 안의 자유 사역팀'(Freedom in Christ Ministries)에서 사용하는 것과 같은 평가 도구가 유용한데(Anderson 2001), 사실은 그보다 훨씬 더 많은 것이 필요하다. 몇 가지 권장사항이 아래에 있다.

- 사역의 대상이 되는 사람들의 역사, 죄악된 문화, 왜곡된 세계관을 연구함으로써 이러한 문화적/영적 본거지를 밝히라.
- 지역 사회에서 은혜와 신뢰의 분위기를 지속으로 조성하라.
- 궁금하고 갈등하는 문제에 대한 정직하고 투명한 의사 소통이 가능한 개인적 관계를 만들라.
- 문제의 문화적 복잡성을 이해하고 새로운 기독교인의 개인과 가족의 뿌리에 대해 잘 알고 있는 성숙한 현지 신자들의 멘토링을 구하라.
- 기도를 통해 영적 분별력을 발휘하고 갈등이나 고민의 방식을 주의 깊게 경청하라.
- 새로운 신자에게 자신의 종교적, 영적 순례에 관해 이야기하고 질문하라.

5. 이동 성장(transfer growth)을 지혜롭게 이해시키기

기존 신자들이 종종 새로운 개척 교회에 들어온다. 기존의 신자들이 들어와서 이룬 교회 성장을 '이동 성장'이라고 한다. 그들은 매우 다양한 이유로 온다. 새 교회의 비전에 사로잡혔기 때문에, 다른 지역으로 이사했는데 아직 가정 교회를 찾지 못했기 때문에, 혹은 호기심 때문에 그들은 이동한다.

어떤 이들은 다른 교회에서 생긴 관계 문제나 갈등으로부터 도망쳐 오기도 한다. 최악의 경우는 새로 온 사람들이 개척 교회에서 권력이나 영향력을 행사하고 싶어 하는 은밀한 마음을 가질 때이다.

다른 교리나 전통을 가진 사람들은 교회 개척이 그들의 기대와 일치하지 않으면 갈등의 원인이 되기도 한다. 핵심은 이 이동 신자들이 도움을 주러 오는 사역자이거나 배우고자 하는 제자들인지 아니면 열심히 일하는 사람들에게 불만을 주는 이들인지 분별하는 것이다. 더 나쁜 경우는 양의 옷을 입은 늑대가 착취하거나 분열을 조장하기 위해 오기도 한다는 사실이다. 목표는 올바른 이유로 오는 사람들을 식별하고 교회 개척 비전에 선택적으로 등록시키고 참여시키는 것이다.

이를 위해 다음의 지침을 사용할 수 있다.

1. 교회 개척팀의 누군가는 새로운 사람들을 만나 그들의 과거와 더불어 이 교회에 온 이유를 알아내고 이전 교회에 연락할 수 있는지 허가를 받아야 한다.
2. 이전 교회에 연락하여 그들이 어떤 조건에서 떠났는지 알아보라. 교회 권징 문제가 있었다면 이전 교회와 협력하라.
3. 신입 회원들에게 교회에서 무엇을 구하며 그들의 핵심 신념과 가치가 무엇인지 물어보라. 사역에 대한 신념, 가치 및 비전을 나열하고 그것들이 일치하는지 확인하라.
4. 그들의 경험과 성숙도에 관계 없이 그들을 영향력 있는 곳이나 리더십으로 빠르게 가져가지 말라. 오히려 그들에게 간단한 봉사를 하도록 권유하라. 겸손하고 협력적이며 순종하는 마음이 있는지 살피라.
5. 그들의 동기가 좋다면 환영받는 기분을 느끼게 해 주고 소그룹과 사역현장으로 들어오도록 도와주어라. 교회나 팀의 누군가가 그들과 신뢰 관계를 형성하고 그들을 격려하며 그들이 교회 가족 안에서 자신의 위치를 찾도록 도우라.

6. 기초 공동체를 형성하고 섬김의 리더 훈련 시작하기

이 시작 단계에서 새롭게 일어나는 교회의 기초 공동체가 형성될 것이다. 새신자들은 제자 훈련, 기도, 간단한 예배 및 계획을 위해 소그룹으로 모인다. 이 새신자들이 교회의 핵심이 된다. 그러므로 그들이 하나님의 백성, 신자들의 몸, 그리스도 안에서 한 형제자매라는 사실을 점차로 심어 주는 것이 중요하다. 이러한 정체성은 다음 단계에서 더욱 발전될 것이다.

그러나 초창기 모임부터 친교와 영적 유대감이 많아져야 한다. 교회 개척 비전의 핵심가치를 보여 주며 가르쳐야 한다. 갈등은 사랑으로 그리고 성경적으로 다루어져야 한다. 교회의 DNA는 이 단계에서 점점 형성된다.

종종 첫 번째 새로운 제자들 사이에 교회의 미래 지도자들이 이미 존재한다. 제17장에서는 교회 개척에서 지도자를 식별하고 개발하는 방법에 대해 자세히 논의할 것이다. 그러나 다시 한번 초창기부터 지역 성도들이 책임을 점점 더 많이 져야 한다는 사실을 강조한다. 가만히 두면 그들은 교회 개척자들이 사역하는 것을 보기만 할 것이다. 그들이 받은 것을 다른 사람들에게 주도록 격려해 주어야 한다.

새로운 신자들도 자신의 간증을 나누고, 다른 신자를 훈련시키고, 다른 사람들을 실질적으로 도울 수 있다. 권한 부여의 정신을 창조함으로써 개척자는 사역을 위해 지역 신자들을 동원할 수 있고, 봉사를 하기 위해서는 처음부터 고도로 훈련되거나 수년 동안 기독교인이었어야 한다는 생각을 버리게 할 수 있다. 이 정신은 재생산과 동원의 전체 과정에 있어 필수적이다. 교회 재생산의 씨앗이 바로 여기에 뿌려진다. 다른 사람을 전도하는 새신자, 다른 사람을 제자 삼는 새 제자이다.

7. 감소의 문제

여러 연구에 따르면 복음주의 교회는 세계 여러 곳에서 심각한 "문단속 문제"를 가지고 있다. 방문자, 성도와 새신자들은 한동안 교회에 참석했다가 다시는 돌아오지 않을 수 있다(Rainer 1999; Stetzer 2001; King 2007).[13] 어떤 이는 미국에서 교회에 새로 온 사람들의 50퍼센트 이상이 1년 이내에 사라진다고 추정한다(Klippenes 2001). 감소에 대한 이유는 다양하고 다채롭지만 여러 맥락을 두고 연구한 결과 반복되는 주제가 나타난다.

코스타리카에서는 교회를 떠난 사람들의 거의 3분의 1이 자신의 선택에 대한 책임을 지면서 자신들의 행동과 생활 방식이 곧 그러한 선택으로 이어졌다고 말했다(Gómez 1996). 또 다른 3분의 1은 재정관리나 리더 혹은 성도들의 행동에 환멸을 느꼈다. 마지막 3분의 1은 가족과 친구들의 압력, 다른 종교 단체의 유혹, 어려운 시기에 도움이 부족한 것 등의 다양한 답변을 주었다. 박해와 같은 외부 요인으로 인해 교회를 떠났다고 응답한 응답자는 거의 없었다.

많은 사람이 복음의 의미와 예수님을 따르기로 한 그들의 결정을 이해하지 못했다.

> 결과는 회신 후 첫해 안에 구원의 메시지와 함께 전달되는 의미, 내용, 기대 및 특권을 명확하게 이해할 수 있도록 리더들의 헌신이 있어야 함을 보여 준다. 개종한 후 1년 미만된 채 인터뷰한 사람들의 41퍼센트는 그들에게 제시된 구원의 메시지를 명확하게 이해하지 못했다(Gómez 1996, 68).

감소를 줄이기 위한 조치를 취할 수 있다. 예를 들어, 패트릭 존스톤(Patrick Johnstone, 2001, 206)에 따르면 코스타리카에서는 문제를 직접 언급

---

[13] 이 장에서 사용하는 자료들 중 많은 부분은 Gómez 1995과 Hibbert 2008로부터 인용했다.

하는 것이 감소율을 줄이고 새로운 성장 물결에 박차를 가하는 데 도움이 되었다.

사람들을 100퍼센트 유지하지 못할 것이며 그렇게 하려고 해서도 안 된다. 떠나야 할 사람들이 있다. 긍정적인 면에서 보자면, 적극적 마음으로 물어야 한다.

"진실한 신자를 유지하기 위해서는 무엇이 필요한가?"

브라질 오순절 교회에 관한 연구에 따르면 많은 사람들이 치유와 초자연적 현상으로 교회에 끌리기는 했지만, 그것이 유지된 것은 가까운 개인적 관계와 돌봄이었다(Duck 2001, 230-32, 238-48, 331-44).

카메룬의 은소족(the 'Nso) 사람들 중 80퍼센트가 넘는 새신자들의 유난히 높은 유지율에 대한 조사에서 세례 전 '비용 계산'에 대한 수업 참석, 세례 전 예배 참석, 이전에 다른 교단 교회 참석, 전도 활동 참여, 예배 리더십 참여, 전도자와 접촉 후 개종이라는 여섯 가지 중요한 요소를 발견했다(Kee 1991).

대만에서는 새로운 신자들이 개종하기 전에 기독교인과 상대적으로 길고 집중적인 관계를 유지한다면 교회에 남아 있을 가능성이 더 높다는 사실이 밝혀졌다. 사람들이 그리스도를 위한 결정을 서두르도록 촉구하는 것에 대한 경고이기도 하다(Swanson 1986). 사례 연구 11.4는 효과적으로 성도들을 유지시킨 코스타리카 교회를 소개한다.

북미 환경에서 톰 레이너(Thom Rainer)는 성도를 지키기 위한 한 가지 핵심 요소를 강조하는 『높은 기대감: 당신의 교회에 성도들을 유지시켜 주는 비결』(*High Expectations : The Remarkable Secret of Keep People in Your Church*, 1999)이라는 책을 썼다. 더 많은 것을 기대하는 교회는 더 많은 것을 얻는다.

미국에서 가장 큰 교회 중 한 곳의 목사인 래리 오스본(Larry Osborne, 2008)은 "사역에 달라붙는 성도"(velcro members)가 되게 하기 위해서는 설교를 기반으로 한 소그룹에 새신자를 넣어 주는 것이 중요하다고 강조한다.

요약하면, 새신자들의 제자 훈련에서 다음과 같은 차원을 다루면 감소를 줄이고 유지를 향상시킬 수 있다.

- **영적**: 복음과 그리스도를 따르는 데 드는 비용을 명확하게 설명하고 새로운 신자들의 신앙이 강화될 수 있도록 기도한다.
- **지적**: 새로운 신자들이 성경을 이해하도록 돕고, 새로 찾은 신앙을 일상생활과 통합하고, 성경적 세계관을 발전시키도록 돕는다.
- **사회적**: 새로운 신자들이 다른 신자들과 친밀한 관계를 구축하여 새로운 사회적 연계망, 지원, 정체성을 갖게 함은 물론이고 하나님의 가족이 된 사랑스러운 경험을 얻을 수 있도록 돕는다.
- **윤리적**: 새로운 신자들이 죄를 극복하는 방법을 배우도록 돕는다. 한편으로는 하나님의 은혜에 따라 생활하고 다른 한편으로는 거룩하게 성장하는 삶의 중요성을 진지하게 받아들이게 한다.

제자 삼는 것이 교회 개척의 핵심이고 제자들은 주님처럼 되는 순종적 추종자라면, 제자들의 양과 질로 교회 개척의 성공을 평가하는 것이 타당해 보인다.

> 제자 삼는 것은 선교적 신실함을 평가하는 데 없어서는 안 될 기준이다. 우리의 선교 프로그램을 평가하는 한 가지 방법은 다음의 세 가지 질문을 하는 것이다.
>
> 삶의 각 교차로마다 사람들이 예수님을 따르도록 이끄는가?
> 세상 속에서 예수님의 선교에 동참할 수 있는가?
> 범사에 순종하라고 가르치는가?
>
> 따르고, 참여하고, 순종하는 것은 신실한 기독교 선교의 진정한 제자도의 표시이다(Costas 1979, 24).

〈사례 연구 11.4〉

문단속에 성공한 교회들

Gómez 1996, 135-37에서 찾은 열한 가지 요인

1. 그들은 개인 증거뿐 아니라 공동 전도를 위해 노력한다.
2. 그들은 불신자들에게 관심이 많다.
3. 교회 성도들은 복음, 전도, 역사와 은혜, 십자가의 메시지를 더 분명하게 이해하고 있다.
4. 그들은 더 높은 수준의 목회적 돌봄을 보여 준다.
5. 그들은 더 많은 교인을 제자로 삼고 새로운 기독교인들을 도울 수 있다.
6. 그들은 교리적으로 더 건전하다(완전주의, 보편주의, 번영 복음을 취하지 않는다).
7. 그들은 다른 사람들을 멘토링할 수 있도록 성도들을 준비시킨다.
8. 그들은 목회적 돌봄에 있어 남성과 여성의 필요에 균형을 맞춘다.
9. 그들은 더 가까이 가서 멘토링을 줄 수 있는 리더들을 가지고 있다.
10. 그들은 새로운 기독교인을 돕기 위해 더 많은 실천과 프로그램을 가지고 있다.
11. 그들은 결석한 사람들을 찾고 돌아오게 하려고 더 많은 노력을 한다.

제12장

설립: 모임과 성숙

교회 개척이 시작된 후 첫 번째 신자들은 예수 그리스도의 충실한 제자로 성장하고 있다. 이 단계에서 초기 전도와 제자 훈련을 넘어 성경적 교회의 모든 기능을 수행하기 시작한다. 이제 공동체가 되는 의식, 즉 그리스도의 몸이 길러지고, 양육되고, 실행되어야 한다. 전도와 제자 훈련은 계속되고 하나님의 백성이요 그리스도의 몸으로서의 지역 교회라는 느낌이 형성되기 시작한다.

모인 신자들은 그의 택한 백성이며 그의 영광을 찬양하도록 부르심을 받고 집단사명을 위해 파송된다. 이러한 소명감과 정체성으로 신자들은 단순히 개별 기독교인이 무작위로 모인 집단 이상이 되어 교회 생활을 시작한다.

국면 개요

성경의 예
바울이 개척한 교회의 삶을 설명하는 서신들을 더 살펴본다.
로마서 12:3-8과 고전 12장: 그리스도의 몸으로서 사람들을 가르치기 위한 은사 사용
로마서 12:9-10과 데살로니가전서 4:1-9: 사랑과 성숙함의 성장
에베소서 5:19-20과 히브리서 10:24-25: 예배와 격려를 위한 정기 모임
갈라디아서 6:1-2: 상호 교정 및 짐을 나누어 짐

핵심 단계
1. 하나님의 가족으로서 삶을 성장시키고 발전시키라.
2. 그리스도의 몸의 의미를 위해 은사를 발견, 개발 및 사용하라.
3. 예비 리더십팀을 임명하라.
4. 공동예배를 위해 정기적으로 모이라.

5. 소그룹과 소그룹 리더를 배가 성장시키라.
6. 사역을 위한 가치를 정립시키고 장기 전략계획을 수립하라.
7. 청지기 직분을 가르치라.

중요한 요소
1. 교회가 된다는 것이 무엇을 의미하는지 이해하기
2. 서로에 대한 헌신으로 성장하기
3. 사역을 책임지는 현지 신자들

1. 하나님의 가족으로서 성장하고 발전하기

하나님의 가족인 성도들 사이의 교제는 새로운 그리스도인이 경험하는 가장 놀라운 일 중 하나이다. 그러나 이러한 영적 가족에 대한 감각이 항상 자동으로 따라오는 것은 아니다. 성도들이 박해를 받는 상황이라면 신자라고 주장하는 사람들에게 의심이나 불신의 반응을 보이기도 한다.

제자 훈련 과정의 일환으로 교회 개척자들은 사도행전이나 에베소서와 같은 성경 본문을 사용하여 교회의 본질을 분명하게 가르치기 시작해야 한다. 그러한 가르침은 또한 특정한 방식으로 하나님의 가족인 교회를 경험하는 것과 함께 되어야 한다.

초대 교회에서 사도들의 가르침, 교제, 떡을 떼기, 그리고 기도는 공동 생활의 핵심적 특징이었다(행 2:42). 예루살렘 교회 성도들은 서로의 물질적 필요를 충족시키기 위해 자신의 소유물을 팔기까지 했다(행 2:44-45; 4:32-35). 식사, 환대, 서로를 위해 기도하고 서로의 필요를 채워 주는 일들이 우정의 유대감을 키우는 성령 하나님의 역사의 강력한 표시들이다. 교회 개척팀은 이런 사실을 의도적으로 보여 주고 홍보해야 한다.

그리스도 안에서 성도의 새로운 정체성에 대한 이해는 하나님의 가족이 된다는 사실과 밀접한 관련이 있다. 이슬람 세계와 같은 상황에서는 비판적이고 논란의 여지가 있는 문제이지만, 이와 관련된 성경적 가르침을 반드시 주어야 한다.

그리스도 안에서 우리는 새로운 피조물이다(고후 5:17). 우리는 성령과 말씀에 의해 거듭났다(요 3:3-8; 벧전 1:23; 요일 5:1). 우리는 함께 하늘에 계신 우리 아버지의 자녀가 된다(요 1:12; 갈 3:26; 요일 3:1-2). 그리스도를 구세주로, 하나님을 아버지로 함께 부름으로 다른 모든 충성과 유대감보다 단단한 정체성을 가진다. 우리의 시민권은 하늘에 있으며(빌 3:20) 더 이상 국적, 민족적 배경, 경제적 지위, 성별, 계급, 교육 또는 기타 인간적 특징을 기반으로 하지 않는다.

> 너희가 다 믿음으로 말미암아 그리스도 예수 안에서 하나님의 아들이 되었으니 누구든지 그리스도와 합하기 위하여 세례를 받은 자는 그리스도로 옷 입었느니라 너희는 유대인이나 헬라인이나 종이나 자유인이나 남자나 여자나 다 그리스도 예수 안에서 하나이니라 너희가 그리스도의 것이면 곧 아브라함의 자손이요 약속대로 유업을 이을 자니라(갈 3:26-29).

이 새로운 정체성은 전쟁, 인종 간 경쟁, 억압, 학대, 민족 및 개인 간의 증오로 인한 분열을 초월한다. 오직 그리스도의 십자가와 성령님의 변화시키는 능력으로만 사람들 사이의 적대감의 벽이 무너질 수 있다.

초대 교회에서 유대인과 이방인 사이의 분열이 사라진 것보다 더 강력한 예시는 찾기 어렵다(엡 2:14-17). 부정적 예가 고린도 교회에서 발견되는데, 그곳에서는 사회적 차별이 주의 만찬을 거행하는 장소에서의 분열과 불공정한 대우로 이어졌다. 상류층 기독교인들은 저택의 식당에서 '개인 식사'를 하고, 하류층은 마당에서 다른 메뉴로 식사를 했을 가능성이 높다. 바울은 교회에서 그러한 차별과 구별이 완전히 없애려 하였다(고전 11:17-22; cf, Fee 1987, 533-34).

비슷한 상황이 미크로네시아(Micronesia)의 카스트 기반 사회에서 발생했다. 교회 야유회에서 다른 카스트의 기독교인들은 다른 테이블에 앉아 다른 메뉴의 식사를 한 것이다. 인종과 계급적 갈등은 여전히 전 세계 교회를 괴롭히고 있다.

그러므로 우리가 개척하는 교회는 진정으로 그리스도의 주권을 반영하고 화해된 관계의 모범을 보여 주는 하나님 나라 공동체가 되어야 한다. 새로운 교회들마다 그리스도 안에서의 우리의 새로운 정체성과 공동체 의식을 가르치고 경험해야 한다. 사회적 장벽은 깊이 뿌리박혀 있고 복잡하다. 그것들은 큰 인내와 대담한 모범, 끈질긴 가르침을 통해서만 극복된다.

이슬람 및 유사한 상황에서 종종 다른 질문들도 생긴다.

성도들은 스스로를 기독교인이라고 불러야 하는가, 아니면 *Isa*[예수]의 추종자와 같은 다른 용어가 더 나은가?[1]

그리스도인이라는 용어는 서양 문화 및 그와 관련된 범죄, 폭력, 음란함, 포르노, 물질주의, 무례한 청년, 식민주의, 이슬람 침략 전쟁과 같은 부정적 개념들과 연관되기도 한다. 그리스도인이라는 용어를 사용하지 않는 것이 그러한 오해를 피하는 데 도움이 되며, 새로운 신자들이 그들의 사회로부터 배척당하는 것을 방지할 수 있다고 많은 이가 생각한다. 그러한 질문에 어떻게 대답하는지는 상황화에 대한 접근 방식에 따라 크게 달라진다.

여기서 이러한 질문을 깊게 다룰 수는 없지만, 이 예는 교회 개척팀이 상황화 및 그 대안에 익숙해져 그러한 도전에 적절하게 대응하는 것이 얼마나 중요한지 강조한다. 현지 신자들은 토론과 의사 결정 과정에 참여해야 한다.

2. 그리스도의 몸을 섬기기 위한 은사를 발견하고 발전시키고 사용하기

전도와 제자 훈련 사역은 전 단계에서 많이 보여 주었다. 이제 소그룹이 성숙해짐에 따라 구성원들은 추가적 방식으로 서로를 섬기고 봉사하기 시작해야 한다. 새로운 그리스도인들은 교회 개척자들이 그들을 섬기기 위해 그곳에 있고 기독교는 주로 성경을 배우고, 기도하며, 예배하고, 자신

---

[1] 이슬람 상황에서 그리스도인의 정체성 및 상황화에 대한 논의에 대한 탁월한 요약을 Tennet 2007, 193-200에서 볼 수 있다.

의 필요를 채워 주는 것이라는 생각을 가지게 된다.

그러나 그리스도와 동행하면서 성숙하기 위해서는 자신보다 더 성숙한 다른 사람들이 느끼는 필요는 무엇인지 생각하면서 그들의 봉사의 모범을 따라야 한다(막 10:45; 빌 2:3-8). 성도들이 성숙해지면서 섬기고자 하는 열망이 커지면 은사에 대한 인식과 사용도 성장해야 한다.

은사는 그리스도의 몸을 바로 세우기 위한 것이다(고전 1:7; 벧전 4:10). 따라서 성도들이 그들의 은사와 사역 기술을 개발하도록 돕는 것은 이 단계에서 교회 개척자에게 중요한 임무가 된다. 제17장에서 성도들이 봉사할 수 있도록 준비시키는 방법을 더 자세히 설명할 것이다.

이 단계에서는 더 많은 공공예배 또는 행사가 시작되고 추가적 소그룹을 시작할 수 있다. 어린이 사역, 지역 사회 봉사 및 전문 봉사 사역도 시작된다. 그러한 사역은 더 많은 사역자와 새로운 도전에 대응하면서 봉사할 수 있는 사람들을 필요로 한다.

이 발전 단계에서의 교회는 보통의 경우 여전히 작기 때문에 사역자 수가 제한될 것이다. 열정을 가지고 교회가 감당할 수 있는 것 이상의 시도를 할 수도 있다. 하지만 교회 개척자는 교회가 자신의 한계를 이해하고 필수적 사역에 계속 집중하도록 도와야 한다. 사역에 적합하고 재능 있는 인력이 가용하고 그들이 훈련되어 있을 때에만 확장하도록 한다.

사람의 은사를 어떻게 확인할 수 있는가?

도움이 될 설문지와 설문 조사가 많이 있다. 이런 도구들은 무엇에 관심이 있는지를 알게 해 주고 토론을 발생시키는 좋은 출발점이 될 수 있지만, 거기에는 한계가 있다. 보통의 경우는 다양한 언어로 번역되어 제공되지 않고, 서구 문화에 적합한 경향이 있다. (개인이 자신의 기술과 관심사를 평가한) 개인 보고이기 때문에 항상 정확하지는 않다. 자신이 음악적이라고 생각하지만 실제로는 그렇지 않은 사람들이 있다. 더욱이 은사의 목록은 자신이 어떤 은사를 가지고 있음을 알게 되었지만 그것을 사용할 적절한 사역이 없는 것 같을 때에는 실망을 줄 수도 있다.

은사를 발견하는 더 좋은 방법은 실제로 봉사하는 것이다. 사람들이 다양한 사역 기회를 만날 때 예상치 못했던 기쁨과 열매를 발견하는 모습을 자주 본다. 각 개인의 은사는 자신이나 그의 사역을 지켜본 다른 사람들도 확인할 수 있다. 물론 가장 재능 있는 사람들도 시간이 지남에 따라 자신의 은사를 더욱 연마하고 발전시켜야 하지만 일반적으로 그 잠재력은 신앙 여정의 초기에 분명히 나타난다.

소그룹 및 사역팀 리더는 은사를 식별하는 방법과 소그룹 또는 팀 구성원이 그러한 은사를 개발하고 사용하도록 돕는 방법을 배워야 한다.

3. 예비 리더십팀 임명

교회가 매우 작고 소수의 가족으로만 구성되어 있다면, 의사 결정 및 계획은 대체로 전체의 합의를 거치는 비공식적 모습일 것이다. 그러나 교회가 성장하게 되면 더 작은 리더십팀에 대한 필요성도 커진다. 처음에는 각 가족의 대표 한 명씩으로 구성된 기획위원회와 같은 모습이 될 것이다. 그러나 이 그룹이 10명 이상으로 성장하면 다시 효과적 토론이 어려워지고 더 작은 의사 결정 그룹을 만들어야 한다.

초기에 리더를 임명하는 목적과 방식은 매우 중요하다. 어떤 상황에서는 교회 개척자가 제한된 개념으로 리더십을 가지고 있는 이들을 리더로 직접 선택할 수 있다. 예를 들어, 여러 개의 소그룹이 존재하는 경우, 소그룹 리더가 그대로 예비 리더십팀을 구성하는 것이다. 그러나 대부분의 상황에서 선거와 같은 보다 참여적 접근 방식이 권장된다. 어떤 접근 방식을 취하든 다음과 같은 몇 가지 원칙을 준수해야 한다.

- 교회의 모든 헌신적 참여자들이 리더를 결정하는 과정에서 발언권을 가져야 한다. 공식적 선거 과정을 통해서든 비공식적 토론을 통해서든 그들의 의견을 찾고 존중해야 한다. 이 단계에서도 리더는 자신이 이끄는 사람들로부터 신뢰와 자신감을 얻어야 한다.

불행히도 다문화 교회 개척자들은 종종 현지 사람들의 문화를 존중하지 못하고 자신들의 문화적 기준에 맞추어 리더를 선택한다. 이런 일은 분명히 피해야 한다.
- 지금 단계에서의 리더십팀은 임시적 임명일 뿐이다. 그 이유는 교회 개척 초기에 장로 직분에 적합한 성숙한 신자가 너무 적기 때문이다. 그럼에도 의사 결정팀은 필요하다. 나중에 구조화 단계에서 공식적 교회 리더십에 더 적합한 자격을 갖춘 성숙한 신자들이 나타날 것이며, 그때 보다 공식적으로 교회의 장로들을 세울 수 있다. 모든 임시 지도자가 그들 가운데 있는 것은 아니다.

따라서 이 시점에서 장로와 같은 공식적 직함을 피하고 리더의 성경적 자격에 대한 잘못된 기대와 타협을 배제시킬 필요가 있다. '임시 리더십팀', '기획팀' 또는 '운영위원회'와 같은 용어는 의사 결정 그룹의 일시적 특성을 명확히 해 준다.
- 이 예비 리더십팀의 역할은 주로 계획, 기도 및 조직 리더십으로 명확하게 설명된다. 장로들이 수행하는 영적 감독은 아직 고려 대상이 아니다. 이 임시팀은 나중에 장기적 리더십 역할에 임명될 수 있는 사람들의 영적 자격과 리더십 능력에 대한 시험장 역할을 하게 된다.

이 단계에서 수행해야 할 핵심역할 중 하나는 재무이다. 교회 개척의 이 단계에서 경비가 발생하고 교회의 재정적 성수가 필요할 것이다. 교회는 사역의 재정적 필요에 대해 일차적 책임을 져야 하며, 따라서 자체적으로 자금 수집, 회계 및 관리를 책임져야 한다. 책임감을 높이기 위해 일반적으로는 두 사람이 헌금을 세고 수표에 서명해야 한다. 일반적으로 교회 개척자들이 이 위치를 맡는 것은 현명하지 않다. 이 일이 최고의 성실함, 회중의 신뢰, 영적 성숙 및 기본적 회계 기술을 요구하는 민감한 책임을 지닌다는 사실은 너무나 분명하다.

불행히도 많은 교회는 이 직분에 잘못된 사람을 임명해서 큰 고통과 좌절을 경험한다.(종종 가난한 환경에서) 재정에 접근할 수 있다는 이유와 성도들의 개인적 헌금 규모에 대한 지식을 가지고 있기 때문에 유혹이 많다. 문화적으로 적절한 형태의 재무 회계 및 책임은 초기에 제정되어야 한다. 높은 수준의 책임은 불신의 표시가 아니라 재무와 회중 모두를 위한 현명한 보호 장치이다.

4. 정기적으로 공예배 드리기

가르치고, 노래하고, 서로 격려하고, 성경을 읽고, 주의 만찬을 시행하고, 헌금을 모으기 위한 정기 모임은 우리가 하나님의 백성 됨의 자연스러운 표현이다. 이것이 우리가 공동예배라고 할 때 의미하는 바이다. 설립 단계에서 이러한 활동은 새로운 교회의 공동 생활의 정규적 부분이 된다.

그러한 예배가 주로 가정이나 소그룹에서 이루어질 때, 가정 교회 운동에 대해 말할 수 있다. 그러나 대부분 소그룹이나 가정 교회는 비정기적일지라도 더 큰 연합모임을 위해 함께 모이기를 원한다. 고린도 교회에서도 이런 모습을 볼 수 있다. 대부분의 초대 교회와 마찬가지로 고린도 성도들은 가정 교회로 여러 가정에 모였지만 '전체 교회'도 한 곳, 아마도 보다 큰 집에서 예배를 위해 모였던 것 같다(고전 14:23; cf,.고전 11:20; 롬 16:23; Gehring 2004, 139, 142).[2]

일부 교회는 선택 또는 강제[3]에 의해 개인 가정에서 비공식적 예배만 있는 가정 교회로 남아 있다. 그러나 대부분 교회는 결국 더 많은 공예배를 시작하기로 선택할 것이다. 많은 상황에서 공예배는 믿지 않는 사람들을 초대하고 그들을 복음화하고 기독교 공동체에 소개하는 좋은 도구이다.

---

2 이것은 초대 교회가 두 가지 다른 교회 형태로 존재했다는 널리 알려진 학문적 견해를 뒷받침해 준다. 대부분의 활동이 발생한 개인 및 소규모 가정 교회, 그리고 자주 만나지는 않지만 '전체 교회'로서 하나의 더 큰 연합 가정 교회가 그것이다(Gehring 2004, 157-59).

3 급속도로 성장하는 많은 가정 교회 운동은 박해 상황 혹은 법적 제약이 있어서 정규 교회 모임을 공적으로 할 수 있는 자유의 제한이 있다.

일부 문화권에서는 어떤 경우에라도 낯선 사람의 집에 들어가는 것을 불편해한다. 따라서 개인의 집에서 모이는 교회 집회에 참석하는 것은 기괴한 것으로 간주되고 교회는 위험한 종교 분파로 여겨지기도 한다.

보다 격식을 갖춘 공예배는 교회에 더 큰 신뢰를 줄 수 있고 외부인을 보다 쉽게 초대할 수 있다. 공예배는 홍보할 수 있고 교회 성도들과 개인적으로 접촉하지 않는 사람들에게도 더 쉽게 접근할 수 있다.

그러한 맥락에서 공예배가 주로 신자들의 필요에 따라 행해지는지, 아니면 더 전도적 측면을 고려하는지, 아니면 참석하는 불신자들이 예배 중 일어나고 있는 일을 이해하고 공감할 수 있도록 "구도자에 민감한" 형태일지 결정을 내려야 하는 경우도 있다. 신약 교회는 신자들의 교화(예, 엡 5:19-20)와 불신자들에 대한 배려(예, 고전 14:22-25) 두 가지 모두를 염두에 두어야 했다.

정기적 공예배를 시작하기 위한 시기와 준비를 기도하는 마음으로 신중하게 생각해야 한다. 북미에서 교회를 개척할 때는 종종 공예배의 시작에 큰 중점을 두기 때문에 예배 기획에 많은 자원을 사용할 수 있다.

이제 공예배가 시작될 때 고려해야 할 몇 가지 핵심 요소를 요약한다.

1) 언제 공예배를 시작할 것인가?

너무 빨리 시작하면 사람들은 교회가 너무 작다고 느낄 것이고, 사역자들은 예배를 준비하고 인도하는 데 들여야 하는 고생에 미리 지칠 수 있다.

50-100명 이상의 인원이 되었을 때 시작해야 한다는 대규모 시작을 옹호하는 사람들은 이런 예배의 모습으로 잠재적 방문자에게 매력적이고 양질의 예배 경험을 제공하는 것이 중요하다고 믿는다(e.g., Gray 2007, 107-17). 이 방식은 대중의 가시성을 확보하고, 큰 '군중'을 끌어 낸 다음 군중에서 '회중', 그리고 '핵심' 멤버를 구축한다. 대규모 그룹에서 소규모 그룹을 형성하는 것이다(e.g., Sylvia 2006).

그러나 많은 환경에서 대규모 시작은 좋은 고려사항이 아니다. 왜냐하면, 단순히 말해 그만큼 성도가 많지 않기 때문이다. 이것이 우리가 소그룹 수준의 제자 삼기에서 시작하여 전도와 제자 훈련을 통해 팀을 구성한 다음 더 큰 공예배로 나아가도록 주장하는 이유 중 하나이다.

다른 한편으로, 공예배를 시작하기 위해 너무 오래 기다리면 때때로 동기를 잃거나 정체되거나 이미 설립된 교회를 선호하는 사람들의 이탈을 일으킬 수 있다.

일반적으로 공예배를 시작하기에 가장 좋은 시기는 현지 신자들이 그렇게 할 필요성을 느낄 때이다. 그러나 교회 개척자는 사람들의 열정을 조절하고 시작을 위한 모든 조건을 신중하게 생각해야 한다.

일부 셀 교회 옹호자들은 적어도 세 개의 건강한 셀그룹이 형성될 때까지 공예배가 시작되지 않을 것을 제안한다. 그 이유는 매 주일 공예배가 시작되면 초점이 예배로 이동하면서 셀그룹에서는 멀어지는 경향이 있기 때문이다. 그 결과 셀그룹의 수명이 단축될 수 있다. 더욱이 하나 또는 두 개의 셀그룹만 존재하고 하나가 해체되면 셀을 중심으로 한 교회의 삶의 모양새가 드러나지 않는다.

특히, 소그룹 기반 교회를 개척할 때는 분기별 또는 월 단위 예배로 시작하는 것을 고려할 수 있다. 시간이 지나면 소그룹의 수, 자원 및 능력이 증가하고, 그러면 교회는 더 자주 예배할 수 있다.

이 방식에는 몇 가지 장점이 있다.

첫째, 교회 생활의 주요 강조점이 셀그룹에 남아 있다. 공예배를 드리는 게 교회라면, 셀 교회도 '교회'이다.

둘째, 공예배가 자주 없다면 재정, 에너지 및 재능에 대한 부담이 줄어든다. 음악, 설교, 장식, 어린이 프로그램 등을 준비하려면 작은 교회에는 큰 부담이 될 수 있는 상당한 시간과 돈을 들어간다.

셋째, 중립적 모임 장소는 시간 단위로 임대할 수 있다. 매주 예배보다 분기별 또는 월별 예배를 위한 모임 장소를 찾고 자금을 조달하는 것이 훨씬 쉽다.

넷째, 아직 매주 예배가 제공되지는 않더라도 정기적으로 회중을 대상으로 한 모임을 가지면 성도들에게 기대감을 주고, 사역자들은 향후 공예배를 수행할 수 있는 자신들의 능력을 가늠해 볼 수 있다.

방문자들의 관심을 끌기 위해 전도의 기회로 수준 높은 예배를 고안하는 교회의 경우, '미리보기' 예배로 시작하는 것도 하나의 방법이다. 매주 예배가 시작되기 전에 한 번 또는 여러 번 제공되는 비정기적 예배이다.

그들은 개척팀과 지역 사회 모두에서 기대감을 불러 일으키고 교회가 새로운 장소에서 예배를 '연습'하고 기술을 개발하며 자원 문제를 해결할 수 있는 기회를 제공해 준다. 미리보기 예배는 또한 매주 예배를 시작하기 전에 교회의 핵심그룹을 구축하는 방법이 될 수도 있다.

〈사례 연구 12.1〉

'그라민파친만달교회'(Gramin Pachin Mandal Church)의 예배를 위한 모임

폴 피어슨(Paul Pierson)은 인도의 달리트(Dalits)계급 사이에서 빠르게 성장하는 '그라민파친만달교회'의 상황화된 예배에 대해 말해 준다.

> 사람들은 일주일에 한 번 공예배에 참여한다. 목회자들이 각각 열두 개 마을 회중을 담당하고 하루에 두 번 예배를 인도하기 때문에 한 날에만 예배할 수 없다. 모든 교회가 사십 가구 미만으로 이루어져 있다. 마을에 도착하면 목사들은 성도들의 집 집마다 방문하여 그들을 예배에 초대한다. 또한 목양 사역을 하고 그 때 헌금도 받는다. 그런 다음 사람들이 모여서 원을 만든다. 성소 또는 예배당은 몇 분 만에 만들어진다. 하나님을 경외하고 예배하는 곳이 성전이라는 힌두교 개념으로 짓는 것이다. 땅에 깔개를 깐 임시 공간이라 할지라도 그곳은 성지이며 신발을 벗지 않고는 아무도 그 위에 설 수 없다. 이것은 하나님 앞에서 신발을 벗은 모세를 상기시킨다(Pierson 2004, 41).

다양한 상징이 교육을 위해 사용된다. 성도들의 95퍼센트가 문맹이기 때문에 다양한 기도가 외워서 진행된다. 목회자들은 성경 전체, 신앙생활, 사도신경을 다루는 고정된 커리큘럼을 가지고 교육한다. 찬송가는 성경 본문에 음악을 입힌 것이다. 복음서를 각색하여 연극처럼 만들었다.

2) 어디에서 공예배를 시작할 것인가?

공예배를 위한 적절한 모임 장소를 결정하고 찾는 것은 이 단계에서 가장 큰 도전 중 하나이다. 특히, 도시 지역은 부동산과 임대료가 비싸다. 위치, 공간 및 분위기는 매우 중요하다.

개척 교회가 처음으로 공예배를 시작할 때는 보통 모임 공간을 시간 단위로 임대하는 게 좋고 장기 임대 계약이나 부동산 구입은 피하는 것이 좋다. 작은 개척 교회는 일반적으로 값비싼 임대료나 대출을 갚을 만한 재정이 없으며 외부 기관으로부터 그러한 자금을 제공받는 것도 현명하지 못하다.

헌신은 키우고 의존도를 낮추려면 회중의 헌금이 지속적으로 발생하는 비용을 충당해야 한다. 시간 단위로 임대하면 최소한의 비용으로 최대한의 유연성을 얻을 수 있다. 교회의 규모가 집회 장소를 넘어서거나 그 장소가 그들에게 불리한 것으로 판명되면 다른 장소를 찾아야 하는데 그때 계약에 구속될 일도 없다.

재산을 소유하는 것이 나중에는 좋은 점이 있다. 그런데 많은 교회는 재산을 일찍 매입하고 나서 그것이 교회에 적당하지 않을 때 되팔거나 확장하기가 어려워서 후회하는 경우들이 있다.

교회가 예배를 위한 임시 또는 장기 모임 장소를 찾을 때 창의적 접근 방식이 많이 있다. 전형적 장소로 학교, 회의실, 호텔, 커뮤니티 센터, 박물관 또는 도서관 강의실, 레스토랑, 공장이나 사무실의 카페테리아, 심지어 술집도 포함된다. 일부 교회는 공원과 같은 공공장소를 사용한다(사례연구 12.1, '그라민파친만달교회' 참조).

경제성의 문제 외에도 새로운 교회가 모임 장소의 위치를 고려할 때 리더들은 다음과 같은 질문을 해야 한다.[4]

---

4   Malphurs 1992, 295-302; Stetzer 2006, 239-50도 참고하라.

- 예상되는 인원을 위한 충분한 공간이 있는가?
  어린이 사역을 위한 공간이 있는가?
  적절한 난방, 환기, 위생 시설이 있는가?
  그 장소에서 요리나 식사를 할 수 있는가?
- 사역의 대상이 되는 사람들에게 그 공간이 매력적이고 편안한가?
  너무 우아하지는 않는가?(노동자나 가난한 사람들에게는 불편할 수 있음)
  너무 소박하지는 않는가?(상류층 구성원에게는 매력적이지 않을 수 있음)
- 시설, 가구, 음향 시스템 및 기타 필수재를 갖추고 있는가?
  아니면 구입하여 보관해야 하는가?
- 리모델링 또는 구조 변경이 필요한가?
  그렇다면 어떤 방식으로 지불되는가?
- 대중교통을 통해 쉽게 접근할 수 있는 위치인가?
  차량을 소유한 사람들을 위한 적절한 주차 공간이 있는가?
- 사용 허가가 필요한가 아니면 공개 모임이 가능한 이미 합법적 장소인가?
  이웃들이 늦잠을 자고 싶은 일요일 아침에 찬양하고, 설교하고, 교통 체증을 유발시켜 그들을 방해하지는 않는가?
- 가시성을 얼마나 중요하게 여기는가?
  어떤 상황에서는 높은 가시성이 좋은 광고 수단이 되지만, 다른 상황에서는 너무 공개적 장소는 지역 사회에서 과도한 관심으로 인한 반대를 만들 수 있다.
- 방해 되거나 산만한 환경인가?
  교통, 철도 또는 인근에 공장이나 유흥업소의 소음으로 인해 하루 중 특정 시간에 모임이 불가능할 수 있다. 어떤 교회는 예배실의 벽을 통해 주민들의 텔레비전, 라디오, 화장실 소리나 기타 소리가 너무나 또렷하게 들리는 아파트 옆 공간을 임대했다.
- 위치가 안전한가?
  범죄가 심한 지역, 홍등가, 묘지 또는 빈민가와의 근접성 및 기타 요인으로 인해 사람들이 꺼려 할 수 있다. 한 예로, 방문객들이 교회 공간에 들어가기 위해 마당을 지나가야 했는데, 그곳에는 무섭게 짖어대는 커다란 독일 세퍼드가 그들을 맞이했다.

이러한 질문들을 고려할 때 항상 사역의 대상이 되는 사람들을 염두에 두어야 한다. 한 그룹에 적합한 만남의 장소는 다른 그룹에는 그렇지 않을 수 있다. 다시 말하지만 현지 신자들이 위의 질문에 답할 수 있는 최선의 사람들이다. 다문화 사역자는 현지 주민들에게는 눈에 띌 만큼 분명하게 보이는 장애물을 보지 못할 수 있다.

3) 공예배 준비

공예배를 시작하려면 일반적으로 엄청난 계획과 준비가 필요하다. 물론 예배 외에 어떤 종류의 사역이 등장할지에 따라 많은 것이 좌우된다. 비공식 예배를 위해서도 신중한 준비가 필요하다. 제대로 준비되지 않은 예배는 경외심을 잘 전달할 수 없고 부정적 인상을 주며 불필요한 좌절과 스트레스를 유발할 수 있다.

예배에 높은 수준과 전문성이 반영되기를 바라는 기대감이 있다. 리더십팀은 예배가 성도들의 필요를 채우기 위해 구성되어야 하는지 아니면 방문자로 참석할 수 있는 불신자들의 필요에 대해서도 매력적으로 보일 것인지를 명확히 해야 한다. 이러한 모든 문제는 계획 과정에서 기도하며 고려해야 한다.

일반적으로 다음과 같은 특별한 문제들을 다루어야 한다. 회의 장소를 찾아야 한다. 의자, 강단, 프로젝터 또는 찬송가와 같은 도구들과 어린이 및 유아용 가구를 확보해야 한다. 광고, 홍보 및 간판 작업을 수행해야 한다. 아마도 가장 중요한 것은 사역자가 준비되어 있어야 한다는 것이다. 사역자라 함은 설교자, 예배인도자, 음악가, 주일학교 사역자, 안내위원, 기기의 설치와 해체를 담당할 기술직 사역자 등이 포함된다.

서구에서는 교회 개척자들을 위해 수많은 자료, 체크리스트, 관련 문서를 볼 수 있다.[5] 어떤 방식을 취하든, 자료와 재정은 주로 지역 성도들로부터 나와야 하며, 교회가 재생산의 준비가 되었을 때 상황적으로 적합하고 현지에서 지속적으로 구할 수 있는 현지 자원을 사용해야 한다.

4) 상황화된 예배

예배가 그렇듯이, 긍정적이든 부정적이든 교회 생활의 몇 가지 요소는 문화의 영향을 받는다. 언어, 음악, 의복, 자세 및 신체 언어, 예술 및 건축, 상징 및 의식(rituals), 시간 개념 및 봉사 기간, 설교 스타일, 자발성 수준 및 형식 등. 어떻든지 문화적 조건에 영향을 받지 않는 예배 요소는 거의 없다. 다문화 교회 개척자들은 이국적이고 불편한, 심지어 공격적으로 비칠 수 있는 문화 요소를 불필요하게 예배에 도입하지 않도록 노력을 기울여야 한다.

예배 형태가 어떻게 전도에 장애물이 될 수 있는지는 한 서아프리카 국가로부터 더들리 우드베리(J. Dudley Woodberry)에게서 온 편지의 예를 통해 볼 수 있다(지역 신자들을 보호하기 위해 일부 용어는 삭제했다).

> 그들의 관습은 우리와 너무 다릅니다. 그들은 신발을 신고, (여성들과 가깝게) 벤치에 앉고, 교회에서 드럼을 칩니다. 우리는 신발을 벗고, 매트에 앉아 무릎을 꿇고, 아랍어와 00언어로 크게 기도함으로 하나님을 경배하는 데 익숙합니다. 또한 우리는 집에서 여성들을 가르칩니다. 00교회에 가면 우리는 매우 불편함을 느낍니다. 우리의 무슬림 친구들은 우리와 함께하지 않을 것입니다. 전과 같은 방식으로 하나님을 예배한다면 다른 무슬림들도 관심을 가질 겁니다. 그러나 우리는 예수님의 이름으로 기도하고 아

5　사례를 위해서는 Logan and Ogne 1991a; Malphurs 1992, 288-309; Stetzer 2006, 251-59; Sylvia 2006, 107-19를 보라.

랍어와 OO성경을 가르칠 겁니다(Woodberry 1989, 283).

이와 같은 상황에서는 신발을 벗고 매트 위에서 무릎을 꿇는 것이 성경의 가르침(모세를 기억하라)에 위배되지 않으며 더 큰 경외심을 나타내는 형태로 적용될 수 있다. 입식 습관은 특히 여성들이 편하게 예배에 참석할 수 있도록 문화적 기준을 존중하여 조정할 수 있다.

멜라네시아(Melanesia)에서 대럴 화이트먼(Darrell Whiteman)이 설명하는 것처럼 예배의 기본 요소는 쉽게 오해될 수 있다.

> 마을 사람들은 기도서, 성경 및 찬송가의 내용을 이해하지 못할 수 있지만 그럼에도 불구하고 영험(mana)하다고 생각하며 그것들을 함부로 다루는 것은 금기(tabu)라고 생각한다. 많은 마을에서 이런 책들은 예배당에서만 사용되며 사람들이 예배당을 떠나 집으로 돌아올 때 다른 '성스러운 도구'들과 함께 그곳에 남겨 두었다(1983, 379).

필리핀의 아지아나(Aziana)는 주의 만찬을 태양에 대한 숭배 의식과 혼동하여 동물을 희생시키고 그 피와 간을 용서의 의식으로 바쳤다(McIlwain 1987, 49).

성경의 상황화는 어떻게 문화적으로 적절한 형식과 표현을 사용하면서, 동시에 여러 면에서 볼 때 반문화적 성경의 목적과 가치를 이룰 수 있을 것인가 하는 도전에 직면한다.[6]

예배와 문화에 대해 루터교세계연맹(Lutheran World Federation)은 다음과 같이 언급한다.

---

[6] 상황화의 이런 문제들을 다룬 일반적 논의는 Gilliland 1989; Hiebert 1994; Whiteman 1997; Kraft 2005; Moreau 2006를 참고하라.

예배와 문화를 연결하는 일은 궁극적으로 적실성과 정통성 사이, 고유함과 보편성 사이의 균형을 고려한다. 그러면서도 이는 절충주의와 혼합주의를 피해야 한다(Stauffer 1996, 183에서 인용).

초대 교회는 유대 회당으로부터 예배의 많은 요소를 가져왔지만, 성령님의 창조적 인도하에 계속해서 각 지역 상황에 적응해 나갔다(cf. Longenecker 2002, 81-86).

그러한 문제를 결정할 때는 지역 신자들이 주된 목소리를 내야 한다. 문화적 내부자로서 그들은 다양한 관습과 표현의 의미를 분별할 수 있는 가장 좋은 위치에 있다. 그들은 선교사나 다른 교회를 찾아가 지도를 받을 수도 있다. 그런데, 성경의 목적과 가치를 분별하는 과정과 그들의 문화적 규범 및 관행이 그들에게 도움이 될지 방해가 될지를(교회 개척자의 도움으로) 알게 되면 개척자들이 철수한 이후에도 오랜 시간 그들에게 도움을 줄 것이다.

공예배에서 고려해야 할 몇 가지 문화적 요소에 대해 간략히 다루어 보자.

(1) 언어

언어는 단순한 의사 소통 수단이 아니라 민족적 정체성과 밀접한 관련이 있다. 한 지역에서 다양한 언어가 사용되는 경우 한 민족을 선호하는 것처럼 보이지 않도록 모국어 또는 공용 언어를 사용할 수 있다. 그러나 해당 언어에 능통하지 않은 여성이나 어린이는 자유롭게 사용하도록 한다.

현지 언어로 번역된 성경이 없으면 다른 번역본을 사용하면서 번역을 해 주어야 한다. 많은 언어는 공식 또는 비공식으로 사용할 때 다른 문법 형식을 가진다. 예배 인도자와 설교자는 어떤 수준에서 언어를 사용할 것인지 결정해야 한다.

(2) 음악

가능하다면 현지의 음악 스타일과 악기를 채택해야 한다. 그러나 일부 스타일, 리듬 또는 악기는 비기독교적 숭배 또는 의미(예, 관능 또는 약물 사용)와 밀접하게 관련되어 있을 수 있다. 이러한 의미는 후대 신자들에게는 잊혀질 수 있지만, 1세대에게는 부적절한 반응을 일으킬 수 있다(cf, Kraft 2005, 255-73). 전 세계 많은 지역에서 성도들은 서양 찬송가나 현대 서양 찬양 음악을 채택하기 원한다. 그러한 음악이 그들의 마음에 감동을 주고 가사도 번역된다면 좋다.

그러나 보다 토착적 음악 형식도 탐구하고 장려해야 하며 때로는 현대적 음악 스타일과 혼합될 수도 있다. 토착 음악의 문화적, 사회적 측면에 관심을 주는, 성장하는 학문 분야인 민족음악학(Ethnomusicology)은 기독교 예배의 상황화를 위한 흥미로운 적용들을 보여 준다. 상황화된 기독교 음악은 선포, 전도, 신학, 가르침, 고백 등에 있어 중요하다(cf, King 2005; Neeley 1999).

(3) 신체 언어

서 있으면 존경을 나타내고 무릎을 꿇거나 엎드려서 겸손을 나타내는가? 손을 접거나 들거나 씻는 것으로 기도를 표현하는가?

이런 표현의 수단은 보편적이지 않다. 많은 문화권에서 춤은 특히 서양 선교사들이 간과하는 신체 표현과 예배의 풍부한 형태이다. 가나의 존 포비(John Pobee)의 말에 따르면 신성한 춤은 기도의 일부로 여겨져야 한다. 왜냐하면, "서구의 영향을 받은 기도는 마음의 활동인 반면, 아프리카인은 … 온몸으로 더 많이 기도해야 한다"(1981, 49).

격식 있는 혹은 없는, 노출 정도, 머리를 가리거나, 신발을 신거나 벗는 등 문화적으로 특정한 방식으로 옷 또한 소통의 수단이 된다. 고린도 교회는 여성 의복의 문화적 타당성에 주의를 기울이도록 권고를 받았다(고전 11:5-16).

(4) 시간

일요일 아침 10시 또는 11시는 예배 시간으로 신성한 시간이 아니다. 원래는 농부들이 젖을 짠 뒤의 시간이었을 뿐이다. 다른 상황에서는 다른 시간이 더 적절할 수 있다. 서로 다른 문화는 시간 엄수에 대해서도 서로 다른 이해를 가진다. 명시된 시간에 관계 없이 많은 곳에서 모든 사람이 도착한 후에 행사가 시작되기도 한다.

설교와 예배의 길이도 문화적으로 다양하다. 일부 문화권에서는 비기독교인 아내가 집으로 돌아가서 즉시 가족의 점심식사를 제공할 수 있도록 예배를 제때에 끝내야 한다. 다른 문화권에서는 식사를 포함하여 하루 종일 함께 보내는 것이 적절한 예배 시간이다.

(5) 예술 및 가구 배치

(인용된 우드베리의 편지에서와 같이) 좌석의 배치, 장식 및 예술, 어느 정도가 혼잡한 것이며 필요한 개인 공간은 어느 정도인지에 대한 감각, 가구의 품질 및 다양한 색상의 의미 같은 요소들은 모두 문화마다 크게 다르며 사람들이 적절하게 편안함을 느낄 수 있는 미학적 만족도 중요하다.

그러나 그런 것들의 중요성을 다문화 교회 개척자들은 쉽게 간과한다. 개척 역시도 상징적 의미를 가질 수 있다(Felde 1998, 46). 드라마는 대부분의 문화에서 익숙하므로 예배에서 벌어지는 일들에 대한 강력한 의사 소통 수단이 될 수 있다.

(6) 상징과 의식

마티아스 자나이저(Mathias Zahniser)는 『상징과 의식: 문화를 초월하여 제자 삼기』(Symbol and Ceremony : Making Disciples across Cultures, 1997)에서 서양 복음주의 선교사들이 예배를 매우 합리적 시각으로만 바라보면서 예배에서의 시각적, 상징적 표현의 중요성을 과소 평가하는 경향이 있다고 주장했다. 의식과 시각적 상징은 대부분의 문화에서 매우 강력한 의사 소통 도구이며 이를 무시하면 예배자들에게 공허함을 남길 수 있다. 종종 추수 축제(감사절), 결혼 예식 및 정결의식과 같은 지역 관습을 기독교 예배에 쉽게 적용할 수 있다.

예를 들어, 한국 기독교인들이 이른 아침에 하는 유명한 새벽기도회는 기독교 이전의 한국의 종교 관습에서부터 비롯되었다(Brown 1994). 한편, 그러한 관행은 비기독교적 의미를 담고 있을 수 있으므로 주의 깊은 식별을 요한다.

폴 히버트(1987)의 상황화에 대한 4단계 비판적 과정은 그러한 관행을 상황화시키는 데 유용하다.

1단계: 그 의미를 분별하기 위해 내부자 관점에서 본 관습에 대한 문화적 해석
2단계: 적절한 성경 공부를 통한 성경적 해석
3단계: 성경적 가르침에 비추어 본 관습에 대한 평가
4단계: 상황화된 실천 창조

일부 관행은 완전히 거부되고 다른 관행은 거의 변경되지 않고 채택되겠지만, 대부분은 기독교적 의미를 전달하면서 잘못된 추론을 피하기 위해 중요한 변경이 가해지거나 새로운 실천으로의 대체가 필요하다.

5. 소그룹과 소그룹 리더 배가 성장시키기

교회가 성장함에 따라 새로운 소그룹이 형성되거나 기존 소그룹이 늘어날 것이다. 따라서 새로운 소그룹 리더를 지속적으로 세워야 할 필요성 또한 생긴다. 의도적으로 시행되어야 하는 일이다. 소그룹이 숫적으로 증가하더라도 새로운 소그룹 리더가 준비되지 않으면 실제로는 증가하지 않는다.

잠재적 새로운 소그룹 리더가 세워지면 기본 교육 및 초기 훈련을 받고, 숙련된 소그룹 리더의 견습생으로 섬기면서, 월간 또는 정기적 소그룹 리더 회의에 참석할 수 있다. 스티브 코델(Steve Cordelle 2005, 91-93)은 수련회, 제자 훈련 학교 및 코치 그룹과 같은 훈련 방법을 설명한다. 이 장에서는 초기 교육, 견습생-멘토 교육 및 소그룹 리더 회의에 중점을 둔다.

1) 잠재적 소그룹 리더 발견하기

견습 리더를 찾고 모집하는 것은 소그룹 배가 성장에 대한 가장 큰 도전 중 하나이다. 견습 리더를 모집하기 위해 몇 가지 단계를 취할 수 있다.

첫째, 기준을 너무 높게 설정하지 말라. 리더 교육에 참여하고 긍정적 모범이 되는 것은 필수적이며 타협의 여지가 없다. 그러나 다른 한편으로 모든 신자는 성화의 과정 중에 있으며 완전한 리더로 태어나는 사람은 없다. 교회가 회심을 통해 빠르게 성장하고 있다면, 잠재적 리더들의 대부분은 새로운 신자들이다. 이는 다음과 같은 사실로 이끈다.

둘째, 멘토링과 리더 회의를 통해 적절하고 실천적 교육을 제공해 주어야 한다. 잠재적 리더가 자신이 부족한 채로 남겨지거나 사명을 혼자서 수행하는 게 아니라는 사실을 이해한다면 자원하여 리더가 되고 신앙의 깊은 곳으로 들어갈 가능성이 더 높아진다.

잠재적 소그룹 리더의 중요한 자질에는 영적 성숙, 충실함, 잘못된 가르침을 바로 잡기 위한 적절한 성경 지식, 소그룹 구성원의 자신감을 불러일으키는 능력, 그룹을 이끌기 위한 기본적 대인관계 기술 등이 있다. 교회의 기본 구성 요소인 소그룹은 교회 생활에서 교제, 제자 훈련, 영적 돌봄, 전도의 주된 장소이므로, 소그룹 리더는 교회 장로와 유사한 자질을 보여 준다는 목표를 가져야 한다(딤전 3:1-6; 딛 1:5-9).

실제로 재능 있고 효과적 소그룹 리더는 종종 장로직에 가장 적합한 후보자이기도 하다. 그러나 성장하는 교회는 대개 그리스도인으로서 성품이 발달해야 하고 더 성숙한 성도의 지도 아래 역할을 수행해야 하는 새로운 신자들로 구성되는 경우가 많기에 아직 장로직을 수행하기에는 이르다.

2) 소그룹 리더를 위한 첫 훈련

소그룹 리더는 대부분 멘토의 모범과 견습생으로서 받는 연습을 통해 배운다. 그러나 훈련 행사 또는 수련회를 통해 훈련을 시작하는 데는 세 가지 이유가 있다.

첫째, 소그룹 리더들은 셀 교회의 핵심가치를 이해하고 믿어야 하기 때문이다.

둘째, 초기 훈련에서 그들은 또한 소그룹 리더의 책임을 배우고, 이 사역에 헌신하고, 멘토링 과정에 도움이 될 성장 계획, 즉 성품과 기술을 계획할 것이기 때문이다.

셋째, 새로운 소그룹 리더들이 함께 일하면서 서로 돕고, 서로를 위해 기도하도록 동기를 부여하는 유대 형성의 이점 때문이다. 이는 리더십 공동체를 시작하거나 강화하는 데 유용하다.

이 초기 훈련은 성장하는 셀 교회에서 매년 열릴 수 있으며 집중적 주말 수련회, 연속적 4-6회의 워크숍 또는 두 가지를 조합한 형태를 취할 수 있다. 훈련이 끝날 때 소그룹 리더의 핵심된 헌신이 무엇인지 설명해야 하며 훈련생들은 서로를 위해 기도할 수 있다(부가 자료 12.1 참조).

> ⟨부가 자료 12.1⟩
> 소그룹 리더의 헌신

소그룹 리더의 기본적 헌신은 훈련 중에 명확하게 제시되고 주기적으로 검토되어야 한다. 충성된 소그룹 리더가 되기 위한 다음의 여덟 가지 핵심적인 헌신사항을 숙고하라.

1. **기도**: 나는 매일 제 삶과 소그룹을 위해 하나님을 찾고 소그룹 구성원들을 위해 정기적으로 중보 기도할 것을 다짐합니다.
2. **준비**: 나는 소그룹 회의를 위해 내 마음과 정신을 가다듬고 모임 준비에 소그룹원들을 참여시킬 것입니다.
3. **발전**: 나는 소그룹 견습생과 새로운 리더들을 위해 시간을 들여 그들을 격려하고 사역 기회를 주고 그들의 헌신에 대해 보고할 것입니다.
4. **승리**: 나는 불신자와 관계를 쌓고 그들을 섬기며 말과 행동으로 예수님을 전할 것입니다. 나는 또한 다른 사람들이 이와 같이 하도록 격려할 것입니다.
5. **섬김**: 나는 나의 은사, 나의 지식, 나의 에너지, 나의 시간, 나의 재산으로 다른 사람들을 섬길 것입니다. 나는 하나님께서 나를 인도하시는 대로 다른 사람들을 방문하고 전화할 것입니다.
6. **인도**: 나는 모임을 잘 인도해서 예수님께 초점을 맞추고, 상호를 가르침이 기본이 되며, 새로 온 사람들이 환영받을 수 있게 만들겠습니다.
7. **교화**: 나는 소그룹원들이 하나님과의 관계에서 성장하고 교회와 지역 사회에 봉사하도록 격려할 것입니다.
8. **자극**: 나는 하나님의 도움을 받아 성령 하나님의 인도하심을 따라 소그룹이 전도와 봉사를 할 수 있도록 인도하겠습니다 (Wilson 1998, 230).

3) 견습 소그룹 리더를 위한 멘토링

모든 종류의 새로운 리더를 양성하는 가장 기본적 접근 방식은 개인 멘토링 또는 코칭이다. 개념은 간단하다. 숙련된 리더는 미래 소그룹 리더가 될 잠재력을 입증한 사람을 발견하고 그 사람을 견습생으로 초대한다. 그 사람이 이미 리더 모임의 일원인 경우들도 많다. 코델(Cordelle)이 우리에게 상기시켜 주듯이, "리더십 개발 과정은 소그룹에서 관계맺는 제자 훈련에서 시작된다"(2005, 89).

리더를 만드는 것으로 시작하지 않는다. 제자를 만드는 것으로 시작한다. 이것이 소그룹의 주요 기능 중 하나이다. 리더는 효과적 소그룹 리더십을 보여 주고 견습생과 정기적으로 만나 소그룹을 이끄는 성품과 거기서 발생한 문제에 대해 논의하고 함께 기도한다. 견습생은 소그룹의 공동 리더가 될 기회가 주어지거나 리더가 없을 경우 소그룹을 이끌 수 있다.

리더는 견습생에게 자신의 리더십에 대한 건설적 피드백을 제공해 준다. 시간이 지나면 소그룹을 이끌고 봉사할 수 있는 견습생의 능력을 평가할 수 있다. 소그룹 구성원의 신뢰 수준과 견습생에 대한 응답은 견습생이 자신의 그룹을 이끌 준비가 되었는지 나타내는 중요한 지표가 된다. 멘토링과 코칭에 대해서는 나중에 제17장에서 더 자세히 논의할 것이다.

4) 소그룹 리더 모임

견습생 소그룹 리더를 세우고 지속적으로 교육하는 가장 효과적 방법 중 하나는 정기적 리더 회의를 갖는 것이다.[7] 최소한 한 달에 한 번 리더와 견습생은 기도, 비전 정립, 조직 및 교육을 위해 약 2시간 동안 모임을 갖는다. 교육 부문에서는 소그룹을 이끄는 법과 소그룹이 현재 직면하고 있는 문제를 해결하는 데 필요한 실제적 기술을 다루어야 한다.

주제에는 다음과 같은 것들이 포함될 수 있다.

- 성경 공부 및 해석 방법론
- 토론 질문을 만들고 성경 토론을 인도하기
- 아프거나 기타 도움이 필요한 소그룹 구성원 방문
- 소그룹을 통한 전도
- 소그룹에서 기도

---

[7] 소그룹 리더를 세워 주는 것에 대한 탁월한 논의는 칼 조지(Carl George)의 『미래를 위해 당신의 교회를 준비시키라』(*Prepare Your Church for the Future*, 1991, 119-49)를 보라.

- 갈등 해결
- 교만하거나 어려운 성격을 가진 이들 다루기
- 소그룹 리더의 개인 생활 균형 잡기
- 소그룹 구성원의 영적 성장을 위한 자극 주기
- 소그룹 구성원이 은사를 발견하고 사용하도록 돕기
- 소그룹의 질과 건강도 평가하기
- 재생산 및 새로운 세포 그룹 만들기

리더 회의에 참석하는 견습생은 교육을 받을 뿐 아니라 소그룹 리더십에 수반되는 내용을 더 잘 이해하게 된다.

5) 소그룹 배가 성장시키기

소그룹이 성장하고 견습생이 새로운 소그룹을 이끌 수 있을 정도로 성숙해지면 새로운 소그룹를 재생산할 시간이 가까워졌다는 의미이다. 그러나 기존 소그룹에서 새로운 소그룹을 만드는 것이 항상 쉬운 것은 아니다. 건강한 소그룹에서 우정이 성장하고 신뢰가 만들어졌다. 당연히 구성원들은 두 그룹을 만들기 위해 나누지 않고 함께 머물기를 원한다. 이것은 가정 교회가 전례 없는 속도로 증가하고 있는 중국에서도 만나게 되는 도전이다.

이 도전은 무엇보다도 궁극적 목표가 소그룹 구성원들이 함께 편안하고 행복해지는 것이 아니라는 점을 강조함으로써 극복할 수 있다. 가장 중요한 목표는 더 많은 제자와 더 나은 제자를 만드는 것이다. 이것이 전도를 통한 성장을 수반하여 나중에는 제자 훈련에 필요한 친밀함과 책임감을 유지하기에는 소그룹이 너무나 커지게 된다.

소그룹을(반은 새로운 소그룹을 구성하기 위해 떠나고 나머지 반은 남아 있는 형태로) 반반으로 나누지 않고 3-4명의 소그룹원을 새로운 소그룹으로 파송하거나 위임하여 새로운 소그룹을 구성하는 것이 좋을 때도 있다.

장점은 기존 소그룹과의 관계가 심하게 단절되지 않고 새로운 소그룹이 더 큰 선교적, 전도적 추진력을 가지게 된다는 것이다. 새로운 소그룹이 더 작기 때문에 그들은 더 분명하게 전도적 성격을 가질 것이며 구성원들은 새로운 사람들을 소그룹으로 인도하고, 제자화하고, 그들과 함께하고자 하는 동기를 부여받는다.

6. 사역을 위한 가치 정립 및 장기 전략 세우기

교회가 성장하고 사역을 확장하기 시작하면 교회의 핵심가치를 결정하고 비전 선언문을 만들고 교회의 특징과 장기 전략계획을 정의하는 것이 중요해진다. 준비 단계 초기에 전략을 수립한다. 그런데 교회 개척이 실제로 진행되면 그 전략은 교회 개척을 하면서 경험한 현실에 맞게 수정, 적용되어야 한다.

이 시점에 현지 신자들은 비전을 소유하고, 내부자 관점을 제공하고, 전략을 이해하고, 실행에 전념할 수 있도록 목소리를 내야 한다. 교회의 핵심가치에 대해서도 마찬가지이다. 전도, 선교, 교회에 관한 연속 성경 공부를 가지면 이 과정이 용이하게 흘러갈 수 있다. 수련회는 핵심그룹을 한데 모아 합심하여 기도하고 교회가 취해야 할 과정에 대한 계획을 세우는 데 이상적이다.

전략적 사역 계획은 다음과 같은 사항을 다루어야 한다.

- 사역의 대상이 되는 사람들에게 다가가기 위한 효과적이고 실현 가능한 전도 방법
- 제자 훈련 방법과 새로운 사람들을 교제에 융화시키는 방법
- 다양한 사역을 위해 사역자를 세우고 동원하는 방법
- 소그룹 또는 가정 교회, 리더십 구조 및 어린이 사역과 같은 교회 구조
- 예배 스타일

- 소그룹 배가 성장 철학
- 일반적 교회 개척 또는 선구자적 교회 개척을 위한 잠재적 위치: 북미의 여러 대형 교회에는 잘 알려진 전략적 사역 계획들이 있다.
- 윌로우크릭교회(Willow Creek Community Church)의 7단계 철학: 관계, 구두 증언, 주말 예배, 새로운 공동체, 소그룹, 봉사 참여, 청지기 직분
- 새들백교회의 목적이 이끄는 "CLASS 전략": 연속 세미나를 통해 사람들을 지역 사회에서 교회로 이끌고 교회의 핵심이 되도록 헌신
- 네이퍼빌커뮤니티교회(Naperville Community Christian Church)의 "교제": 축하, 연결, 기여

이 사역 계획은 사람들을 신앙으로 인도하고 더 높은 수준의 헌신과 봉사로 옮기는 과정을 잘 설명해 준다. 특정 프로그램, 서비스, 이벤트 및 벤치마킹은 일반적으로 잘 짜여진 사업 계획처럼 성장의 과정을 촉진하기 위해 잘 설명되며 분명한 의도를 가지고 만들어진다. 다이어그램이 이 과정을 보여 주는데 유용하다.

대부분의 그러한 계획은 일반 성도들이 진행 중인 과정에 어디쯤 있는지, 다른 사람의 성장을 돕기 위해 어떻게 헌신할 수 있는지를 알 수 있게 해 준다. 전략계획 과정에서 지침을 구하는 사람들은 오브리 말퍼스(Aubrey Malphurs)의 『고급 전략계획: 교회와 사역 리더를 위한 새로운 모델』(*Advanced Strategic Planning : A New Model for Church and Ministry Leaders*, 2005)과 같은 작업을 참고할 수 있다. 하지만 이 시점에서 진행 과정이 지나치게 복잡할 필요는 없다.

이러한 세련된 사역 계획은 가정 교회나 단순한 교회 구조에서는 불필요해 보이기도 한다. 그러나 모든 교회는 단순한 일대일 접근 방식이든 고도로 프로그램된 전문적 접근 방식이든 자신이 처한 상황에서 제자 삼는 과정을 어떻게 수행하는지에 대해 명확해야 한다.

표 12.1에 나오는 '제자 삼는 교회'는 독일의 여러 교회 개척에서 사용된 전략적 사역 계획 지원을 보여 준다. 마태복음 28:19-20을 바탕으로

리더십팀 또는 핵심그룹은 회심, 제자 훈련, 봉사, 영적 성장의 다양한 단계와 각 단계에 내재된 가치들을 생각한다.

〈표 12.1〉 제자 삼는 교회

명령	방법	단계	대상	핵심단어	목표	가치
모든 민족을 제자로 삼아라	가라…	관계 맺기	무관심한 자들	사랑	하나님을 알아가기	관련성, 관계, 필요 충족, 신뢰, 잃어버린 자 찾기, 신뢰성, 봉사, 눈높이
		복음 전하기	관심있는 자들	복음		성경적 선언, 잃어버린 자 찾기, 모든 그리스도인의 증거
	세례를 주라…	회개와 그리스도에 대한 믿음으로 인도하기	구도자			개인적 결단 필요
	내가 너희에게 가르친 모든 것을 가르쳐 지키게 하라	신앙과 순종 따르기	새신자	제자 훈련	하나님께 영광 돌리기	그리스도를 따름, 실천적 믿음과 순종, 진리, 개인적 갱생, 기독교 훈련
		교회로 인도하기	제자	교제		헌신, 신실함, 연합, 영적 가족
		봉사 훈련	성도	봉사		은사, 책임감, 섬김의 자세, 시간의 청지기, 재능, 자원
		영적 성장 촉진	종	교육		영화, 점점 더 하나님을 영화롭게 함, 그리스도를 닮아 감

첫 번째 단계는 사람들이 그리스도를 알도록 이끄는 것을 주 목표로 한다.
두 번째 단계는 그들이 그리스도를 위해 살면서 영적으로 성장하고 봉사에 참여하면서 그리스도를 영화롭게 하도록 돕는 것이다.

세 번째 단계는 사람들을 예수 그리스도의 헌신적 제자가 되도록 이끄는데 어떤 활동이나 프로그램이 기여할 수 있는지 묻는다. 리더들은 다른 교회에서 관찰한 다양한 프로그램이나 활동을 그대로 적용하려는 유혹을 받을 수 있다. 그러나 교회의 전반적 목적, 특히, 제자를 삼는 데 기여할 사역과 활동만을 적용해야 한다.

교회 발전의 이 시점에서 이러한 전략계획의 많은 요소는 아직 실현되지 않았을 것이다. 목표에 대한 큰 그림과 그 목표를 달성하는 방법을 시간 경과에 따라 파악하는 것이 중요하다. 계획을 수행하는 과정에서 예상치 못하게 발전되기도 하고 변경도 필요하다. 따라서 계획은 열린 마음을 가지고 유연성을 유지해야 한다.

7. 설립 단계에서의 위험 요소

이 단계에서 개척자가 경계해야 할 몇 가지 위험이 있다. 어떤 면에서 지금 교회의 DNA가 만들어지고 있다. 습관, 방식, 사역 모델 제시 등 이 시기에 이루어지는 일들이 미래에 대한 결정적 역할들을 하게 되고 시간이 지나면 지날수록 나중에는 변경하기가 점점 어려워진다.

1) 교회 권징 실행에 실패

교회의 권징을 시행하는 것이 결코 행복한 일만은 아니다. 교회 개척자들은 특히 교회 설립 초기에 교회는 작고 한 명의 개인이라도 손실되면 교회 전체의 진전을 지연시킬 수 있다는 생각에 권징을 피하려는 유혹을 받을 수 있다. 그러나 교회의 건강을 유지하려면 권징이 필요한 경우가 많다. 물론 (나이 든 분들을 포함해) 새로운 신자들은 하룻밤 사이에 해결되지 않는 죄악 가득한 태도, 행동, 습관을 가지고 교회에 들어온다.

권징이 필요한 시기를 결정하려면 많은 지혜가 필요하다. 그러나 권고와 권면을 받은 후에도 고집스럽게 하나님께 영광을 돌리지 않고 교회를 불신하며 자신과 타인에게 해를 끼치는 행동을 하는 사람들은 결국 징계를 받아야 한다.

켄 베이커(Ken Baker)는 "교회 권징이라는 영역은 무단 침입자들을 경계해야 하는 광산으로 뒤덮인 땅과 같다"(2005, 339)고 말했다. 이것은 교회 개척자가 문화 규범의 미묘한 차이, 명예와 수치의 가치, 갈등 해결을 위한 현지 전략에 익숙하지 않은 다문화 사역 상황에서 특히 그렇다. 집단주의 문화에서는 한 명의 회원을 징계하면 전체 가족을 잃을 수도 있다.

그럼에도 불구하고 타협을 하게 되면 엄청난 결과를 초래하게 된다. 명백한 죄악의 상황이 발생하기 전에 개척자는 현지 리더와 함께 관련 성경 본문[8]을 연구하고 성경적 규범과 목표를 유지하면서 문화에 적합한 권징 규례를 세워야 한다.

데살로니가전서 5:14이 가장 잘 요약해 준다.

> 또 형제들아 너희를 권면하노니 게으른 자들을 권계하며 마음이 약한 자들을 격려하고 힘이 없는 자들을 붙들어 주며 모든 사람에게 오래 참으라(살전 5:14).

2) 권한을 부여하지 않고 목회자로 남음

성도들의 친교가 회중의 삶의 많은 부분을 차지하게 될 때, 교회 개척자들은 목회와 양육의 역할로 전환하고자 하는 생각이 많이 들 것이다. 개인적 필요를 가진 많은 새 성도들이 있다. 교회의 핵심이 될 이 성도들 및 리더들의 지속적 성장과 성숙에 대해 당연히 관심을 가져야 한다.

또한, 새로운 많은 사역이 시작되면 교회 개척자들이 모든 설교와 가르침과 조직 리더십을 제공하고자 하는 마음도 들게 된다. 특히, 교회 개척

---

[8] 예를 들어, 마 18:15-18; 고전 5:1-5; 고후 2:5-11; 갈 6:1; 딤전 5:19-20.

팀이 신학적 훈련을 받고 경험이 풍부한 일꾼들로 구성되어 있다면, 새로운 성도들은 당연히 그들이 다양한 사역을 담당할 것으로 기대할 것이다.

그러나 교회 개척자들이 가르치고, 관리하고, 양육하는 게 아니라, 사도적 모형이 채택된다면, 현지 성도들을 세우는 데 초점이 더 집중되어야 한다. 여기에서 교회 개척자 역할이 동력과와 모범에서 동원자 및 멘토로의 중요한 전환이 이루어져야 한다.

점차적으로 교회 개척자들은 일선 사역에서 물러나고, 점점 더 배후에서 성도들을 세워 그들이 그러한 사역을 할 수 있도록 힘을 실어 준다. 사역 기술, 특히, 새로운 사역에 필요한 새로운 기술은 여전히 모범을 보여 주어야 하지만 개척자는 더 이상 해당 사역의 주요 동력이 되어서는 안 된다.

3) 전도 소명 상실

또 다른 위험은 이미 존재하는 성도들을 성숙시키는 데 더 많은 에너지가 투자됨에 따라 전도를 위한 추진력을 잃는 것이다. 교회가 전도의 추수 기간을 겪고 나면 새로운 성도들이 제자 훈련을 받는, 느린 성장 기간이 뒤따르는 것이 당연하다.

그러나 회중이 영구적으로 성숙해 가는 과정에 머물러 있다면, 성장은 정체될 것이고, 회중은 사명을 감당하는 게 아니라 회원들의 필요를 채우기 위해 존재하는 기관으로 스스로를 인식하기 시작할 것이다. 이것이 초기의 성장 이후 많은 개척 교회가 단지 수십 명의 성도로 정체되는 이유 중 하나이다.

4) 집중력 상실 및 과도함

새로운 젊은 교회는 너무 많은 사역을 감당하려는 나머지 그 사역에 압도되어 버리는 경우들이 있다. 새로운 방향으로의 사역 확장은 다음에 볼 구조화 단계에서 더 많이 발생한다.

이 단계에서는 교회가 일어서고 있는 과정이므로 필수적 사역에 에너지를 집중해야 한다. 긍휼과 관련된 어떤 사역도 시작되지 않아야 된다는 말이 아니라, 새로운 교회의 에너지를 너무 많은 다른 방향으로 확산시키지 않도록 합리적으로 범위가 제한되어야 함을 의미한다.

5) 외부 자원의 부적절한 사용

이 책 전체를 통해 주장하듯이, 장기적 교회 배가 성장의 핵심은 현지에서 이용 가능한 자원과 지역적으로 지속 가능한 구조를 사용하여 교회를 개척하는 능력이다. 교회가 정기적 공예배를 제공하는 시점에 이르면 프로젝터, 가구, 공간 배치 변경과 같은 도구들이 많이 필요하며 임대료, 설비, 인쇄물, 홍보, 주일학교 등에 지속적 비용을 충당하기 위해 예산을 늘릴 필요도 있다.

외부 자원은 제한적 도움은 줄 수 있지만 사역을 위한 기본 제공은 현지 성도들로부터 시작되어야 한다. 대부분의 경우 이것은 믿음을 시험해 보는 일이 된다. 그러나 성도들이 헌신의 노력을 보여 주고, 주인의식을 가지고, 신앙을 실천하고, 외부 자원에 의존하지 않는 현지 주도 교회 개척 방식을 설정하는 것은 교회에게 기회이기도 하다.

제18장에서 교회 개척에서 외부 자원을 현명하게 사용하기 위한 자세한 지침을 제공할 것이다. 그러나 현재 단계에서는 현지 자원을 기반으로 교회 사역을 구축하는 것이 가장 중요한 시점이다. 왜냐하면, 개척 교회의 발전에 있어 상당한 재정 및 기타 자원이 중요하다는 인식이 이 시점에 처음으로 등장하게 될 것이기 때문이다.

설립 단계에서 많은 흥미진진한 발전이 이루어진다. 새로운 공동체가 고유의 특성과 사명을 가지게 되고, 리더가 세워지고, 성도들의 모임이 문화 안에서 보다 분명하게 정의되며, 외부에서 내부로의 방향 전환이 크게 도약하게 된다. 사도적 교회 개척팀의 구성원들은 자신들이 파송된 이유를 기억하면서 제자들과 사역자들에게 권한을 부여하고 파송하면서 기뻐할 것이다.

제13장

구조화: 확장과 권한 부여

    교회 설립 단계에서 소그룹은 교회로서의 모습을 갖추기 시작하고, 서로를 위한 사역, 정기 예배, 잠정적 리더십팀 및 세워진 일꾼들이 늘어나면서 그리스도의 몸으로 기능하기 시작한다. 교회가 구조화 단계로 접어드는데 이는 점진적 전환 과정이다. 이때 사역이 확장되고 구성원들은 교회와 지역 사회에서 더 큰 책임과 봉사를 할 수 있는 권한을 부여받는다. 교회는 하나님 나라 영향력 안에서 성장하고, 영적 지도자를 세우고 인정하며, 공식적 법적 지위를 확립한다.

    하나님께서 교회의 성장을 축복하실 때, 성장에 따른 도전에 적응하고, 효과적 사역을 계속해서 발전시킬 수 있도록 새로운 구조를 만들어야 한다. 이때 전통적 토착화를 위한 "삼자"(three selves)가 확고해 져야 한다. 현지 신자들이 전도하여 제자 삼고 (자전), 현지 신자들이 온전한 영적 리더십을 행사하고 (자치), 교회는 현지의 자원과 기부를 기반으로 유지된다(자립). 이전 단계에서 교회는 이러한 목표들을 달성하기 위해 만들어지는 과정 중에 있었지만, 이제는 교회 개척팀이 해체되고 교회가 재생산할 위치를 스스로 가져야 하기에 교회가 중요해진다.

    어떤면에서 가정 교회 운동은 구조화 단계가 필요하지 않은 것처럼 보이기도 한다. 가정 교회는 태생적 특성상 작기 때문에 더 빨리 번식 할 수 있고 더 크고 전통적 교회가 성장에 필요로 하는 프로그래밍이나 구조에 대한 필요성이 적다. 그러나 가정 교회 운동에도 발전을 도모하고 리더를 세우기 위해 또 가정 교회 간의 연계망, 특별한 도움이 필요한 사람들을 위한 전문 사역, 단일 가정 교회가 단독으로 수행하기에는 부담되는 긍휼과 봉사사역의 협력 노력을 촉진하는 구조는 필요하다. 앞으로 보게 되겠지만, 신약성경에 등장하는 작은 집 크기의 회중들조차도 새로운 구조와 사역으로 인한 성장통을 경험했다.

국면 개요

성경의 예
사도행전 6:1-6: 회중의 필요를 돌보기 위해 집사 직분이 예루살렘 교회에 생겨남

사도행전 14:23: 바울과 바나바가 그들이 개척한 교회에 장로를 세우고 그들을 하나님께 드림

목회서신: 교회들이 성장함에 따라 장로 및 집사의 자격과 임직에 대한 문제(딤전 3:1-13; 딛 1:5-9), 그들에 대한 고소 문제(딤전 5:17-20), 과부 및 교회의 지원을 받는 이들의 명부와 관련된 문제(딤전 5:3-16)들을 포함하여 교회 리더십과 조직에 관련된 문제들이 생김

요한계시록 2-3장: 예수님께서 소아시아 일곱 교회를 시험하시고 평가하심

핵심 단계
1. 공식적으로 리더를 세우고 그들에게 책임 부여
2. 필요를 채우기 위한 새로운 사역과 조직 시작
3. 성도를 훈련시킬 수 있도록 리더를 훈련시킴으로 사역자 배가 성장
4. 새로운 신자와 방문자들을 융화시키기
5. 교회의 발전과 건강도 평가
6. 교회의 법적 조직
7. 완전한 재정 자립

중요한 요소
1. 사역자의 배가 성장
2. 필요를 채우기 위한 사역
3. 성장을 준비하는 공동체

1. 공식적으로 리더를 세우고 그들에게 책임 부여

오늘날 일부 사람들은 교회의 리더십과 직분을 평등주의 정신에 반대되는 것으로 매도하지만 그것은 너무 순진해 빠진 생각이며 또한 비성경적이다. 바울은 교회를 향하여 말한다.

> 여러분과 함께 있으면서 수고하고, 주님의 명령을 받들어 여러분을 지도하고 훈계하는 사람들을 존경하십시오(살전 5:12, 공동번역).

하나님은 교회를 위해 "서로 돕고 다스리는 은사를 가진 자들"(고전 12:28)을 임명하셨다. 빌립보 교회에는 감독자와 집사가 있었다(빌 1:1). 히브리서의 저자는 강하게 권면한다.

> 너희를 인도하는 자들에게 순종하고 복종하라 그들은 너희 영혼을 위하여 경성하기를 자신들이 청산할 자인 것 같이 하느니라 그들로 하여금 즐거움으로 이것을 하게 하고 근심으로 하게 하지 말라 그렇지 않으면 너희에게 유익이 없느니라(히 13:17).

영적으로 성숙한 지도자를 공식적으로 임명하는 것은 교회가 성숙되었고 "개척"되었다는 가장 중요한 신호 중 하나이며, 이는 교회 개척팀의 해산을 가능하게 한다. 현지 장로들은 사도적 선교사가 떠난 후 지속적으로 교회를 영적으로 돌보고, 가르치며, 인도하면서 책임을 다해야 한다(행 20:28-31; 벧전 5:1-4).

첫 번째 선교 여행에서 바울과 바나바가 남갈라디아 교회에 장로를 임명했을 때 이 교회들은 2년이 채 되지 않았었다(행 14:23; Schnabel 2008, 77). 그러나 바나바와 바울은 신자들을 주님께 맡기고 떠났다. 그곳의 작업은 '완료'된 것으로 간주했다(행 14:26). 바울은 나중에 이 교회들에게 갈라디아서를 썼고 또 다른 방문을 통해 그들을 강하게 했지만(행 16:1-5), 그들은 더 이상 직접적 선교적 돌봄 아래 있지는 않았다.

마찬가지로 바울은 2년 이상의 사역을 마치고 에베소를 떠날 때 에베소 장로들을 주님께 드리며 다시는 그들을 보지 못할 것이라고 말한다(행 20:25-32). 반대로 크레타 섬에서의 사역은 '미완'으로 간주했는데, 이유는 아직 그곳에 장로들이 세워지지 않았기 때문이다(딛 1:5). 따라서 현지 장로를 세우는 일이 교회 개척에 있어 중요한 이정표이며 이것이 곧 사도적 선교사가 이 교회에 대해서 자유하게 한다.

이것은 중요한 질문을 제기한다.

교회 개척자가 떠나기 전에 현지 리더들이 얼마나 성숙해야 하며, 또한 어떤 자격을 갖추어야 하는가?

한편으로는 성령님의 역사를 신뢰하면서 비교적 새롭게 회심한 이들에게 개척된 교회의 영적 돌봄에 대한 책임을 맡기려는 바울의 모습이 충격적이다. 대부분의 주석가들은 이 교회들이 주로 이방인 신자들로 구성되었다고 믿기 때문에(e.g., George 1994, 44; Guthrie 1973, 9), 추측이긴 하지만 이 리더들은 이미 구약성경에 정통한 유대인 신자들이었을 것으로 본다.

위에서 언급했듯이 바울은 2년 넘게 사역한 후 에베소 교회에서 장로를 임명했다. 그런데 최소 8년 후,[1] 바울은 디모데에게 "새로 입교한 자도 말지니 교만하여져서 마귀를 정죄하는 그 정죄에 빠질까 함이요"(딤전 3:6)라고 에베소 교회 장로 선정의 기준을 말한다.

따라서 '새로'라는 말은 상대적이다. 아주 어린 교회에서는 성숙한 성품, 신실함, 순종, 하나님의 양 떼를 돌보는 능력이 필수적이다. 교회의 규모와 성숙도가 성장함에 따라 장로의 자격과 기준도 높아져야 한다.

언제 누구를 지도자로 임명할 지에 대한 결정은 가볍게 내려서는 안 되고, 많은 기도와 금식을 통해 내려야 한다(행 14:23). 리처드 히버트(2008)는 1980년대 후반에 시작되어 1990년대 초까지 약 1만 명의 신자들로 성

---

[1] 에베소에 있는 교회는 AD 51년에 세워졌고(Schnabel 2008, 107) 바울은 AD 60년 이후에 목회 서신을 썼다(Kelley 1963, 78).

장한 불가리아 밀레족(the Millet)² 사람들의 교회 개척 운동을 연구했다.

이 운동은 1990년대 말에는 정체되어 100개 교회 정도에서 6천 명 정도만 예배에 참석하게 되었다. 히버트는 교회를 떠난 수많은 이들을 인터뷰했는데, 서유럽으로 이주를 한 이들을 제외하고는 교회를 떠난 많은 이유 중 가장 많이 언급된 것은 이슬람으로의 복귀가 아니라, 리더와의 갈등, 권력 남용, 부실한 목회적 돌봄 등 교회 리더들과 관련된 문제들이었음을 보게 되었다.

이 연구는 바른 사람을 개발하여 교회 리더로 택하는 일의 중요성을 강조해 준다. 특히, 빠르게 성장하면서 대부분이 초신자로 구성된 교회에서 리더십 문제는 간과되어서는 안 된다.

동시에 역사적으로 선교사들은 현지 신자들이 완전한 책임을 질 만큼 충분히 성숙하지 않은 것 같다고 믿었기 때문에 너무 자주 현지 신자들에게 리더십을 주지 않았다는 사실도 기억해야 한다. 궁극적으로 이것은 건강하지 못한 선교사의 지배로 이어지고, 교회 개척자는 자신의 위치에 무기한으로 남아 있게 되어 새로운 지역을 위한 개척이나 선교를 위해 현지 신자들을 동원하기 어렵게 된다.

그러므로 누구에게, 언제, 어떻게 권한을 부여해야 할지에 대한 문제는 매우 중요하며 많은 기도와 영적 분별력이 동반되어야 하는 문제이다. 리더가 어떻게 준비되고 선택되는지에 대한 질문은 아래 "동화시키기"와 제17장에서 다시 살펴볼 것이다.

2. 필요를 채우기 위한 새로운 사역과 조직 시작

교회의 성장은 기쁨이면서 동시에 새로운 도전과 성장으로 인한 고통도 가져온다. 변화하는 상황과 필요에 적응하지 못하는 교회는 결국 정체

2　밀레족은 튀르키예어를 사용하는 집시로, 스스로를 무슬림이라 정의한다.

되거나 위기에 직면한다. 교회가 성장함에 따라 큰 집단으로 서로를 대면하게 되고 가족과 같은 공동체에서 다양한 필요와 하위 문화 및 교회 생활을 삶의 주변부로 여기는 다양한 참석자를 가진 더 큰 집단으로 바뀌게 된다. 많은 개척 교회가 이러한 필요에 적응하지 못하고 이전과 같은 방식으로 사역을 계속한다. 이것은 좌절과 침체로 이어지고 궁극적으로는 건강한 재생산을 차단한다.

성장하는 교회에 새로운 필요를 충족시키기 위한 구조화가 필요하다는 사실을 보여 주는 최초의 사례 중 하나는 사도행전 6장에 나오는 폭발적 성장을 경험한 예루살렘 교회이다.

유대인들은 과부를 돌보는 것을 높은 도덕적 의무로 여겼고, 초대 교회는 이러한 관심을 받아들였다. 그러나 그리스어를 사용하는 헬라파 미망인들이 식량 배급에 있어 아람어를 사용하는 히브리파 과부가 우선권을 받고 있다고 느끼면서 문제가 발생했다. 이것은 일반 유대인 공동체에서 히브리파와 헬라파 유대인 사이의 오랜 긴장이 반영된 것이다(Longenecker 1981, 329).

사회에서 일반적으로 일어나는 갈등이 교회에도 흔하게 존재한다. 인종적 갈등과 공정한 분배를 보장할 수 있는 구조의 부재를 모두 포함된 도전이다. 더욱이 이 시점까지 사도들은 급성장하는 교회에서 그들의 다른 모든 사역 책임과 더불어 음식 분배 감독의 책임까지 있었던 것으로 보인다. 해결책은(현대적 용어로) 완전히 새로운 사역팀인 집사 직분을 만드는 것이었다.

리차드 롱게네커가 요약한 바와 같다.

> 누가는 이 기사를 통해 완전히 성경적이라는 말의 의미는 전체 교회의 복지와 복음 전파, 두 가지 면에서 주어진 상황에 대처하기 위해 전통적 방법과 구조를 지속적으로 조정하는 것임을 보여 준다(1981, 331).

그들은 이와 같은 방식으로 몇 가지 문제를 해결했으며, 특히 향후 모든 시간과 장소에서 교회가 만나게 될 문제에 도움을 주었다.

첫째, 문제를 심각하게 받아들이고 과부들 사이의 공정한 식량 배급 문제를 당장 해결했다. 교회 갈등은 무시하거나 최소화할 것이 아니라, 심각하게 받아들이고 즉시 처리해야 한다.

둘째, 민족적 갈등은 헬라 이름을 가진 일곱 집사를 임명함으로써 해결되었다(행 6:5). 즉, 차별을 느낀 사람들 중에서 집사를 선발했다. 소수 정당이나 집단이 소외되어서는 안 된다. 그들이 교회 전체 생활에 깊이 관여되기 위해서는 추가적 노력이 실제로 요구될 수 있다.

셋째, 새로운 리더(집사)가 사역을 위해 권한을 부여 받았다. 이로써 사역자의 기반을 넓혔고 사도들과 장로들만이 봉사할 자격이 있는 사람이 아님을 보여 주었다.

넷째, 구체적으로 묘사되지는 않았지만, 집사의 선발 방식이 우리에게 시사하는 바가 있다. 교회가 참여하고 승인하는 과정을 포함하여 자격을 정의했고, 공적 안수를 포함시켰다(3-4, 6절). 이와 같은 방식을 통해 문제 해결 및 공적으로 인정되고 승인된 방식으로 사역자를 임명하는 데 회중을 포함시키는 선례가 확립되었다.

다섯째, 책임을 위임함으로써 열두 사도는 그들의 일차적 소명이자 은사인 기도와 하나님의 말씀(4절)에 전념할 수 있게 되었다. 리더는 교회가 성장하면서 거기에서 발생하는 필요에 압도되기 쉽다. 따라서 우선순위를 지키기 위해 사역을 위임해야 한다.

여섯째, 교회의 전체적 삶과 사역에서 영적, 육체적, 사회적 필요가 진지하게 받아들여져야 한다는 것을 보여 주었다. 새로운 구조, 은사의 식별 및 직분의 설립이 이러한 다양한 요구를 적절하게 해결하는 데 필요했다.

일곱째, 교회는 계속해서 빠르게 성장했다(7절).

누가가 이 이야기를 하면서 말씀의 전파와 교회의 성장에 관한 진술을 포함시킨 것은 우연이 아니다. 해결되지 않은 갈등과 다양한 업무로 인한 과로가 겹친 교회 리더들은 성장에 도움이 되지 않는다. 도전과 위기에 교회가 새로운 구조의 창조와 사역의 위임을 포함해 적절한 대응을 할 때 하나님께서는 번영하도록 이끄신다.

교회가 성장함에 따라 이전에 개별적 사례로 처리되었던 필요들은 보다 체계적 방식으로 다루어져야 한다. 에베소 교회(딤전 5:3-16)가 과부를 돌보는 일에서 이런 모습을 본다. 교회가 한정된 자원을 가지고 있다는 사실은 의심의 여지없이 분명하기 때문에 누가 진정으로 도움을 받을 자격이 있는지, 혹은 다른 방법으로 부양받을 수 있는지를 결정할 필요가 생겼다.

켈리(J. N. D. Kelley)는 말한다.

> 에베소에는 공식적으로 인정된 과부의 명부가 있었다. 바울은 엄격한 가입 조건을 가지고 있었으며, 그것이 엄격하게 준수되기를 바랐던 것으로 보이며, 명부에 이름을 올린 사람들에게는 수행해야 할 분명한 의무가 있었다(1963, 112).

즉, 교회가 성장함에 따라 개인 및 공동체의 요구를 공정하고 적절하게 충족시킬 수 있는 새로운 사역과 구조가 만들어져야 한다.

교회 개척자들과 리더들은 교회가 성장함에 따라 지역 사회의 필요를 지속적으로 청취해야 한다. 신약성경의 교회와 마찬가지로 어떤 상황에서는 과부와 고아, 빈곤층 및 실업자, 자신과 가족을 적절하게 부양할 수단이 없는 이들을 돌보는 것이 가장 시급한 필요일 것이다.

제19장에서 긍휼과 사회변혁 사역을 어떻게 시작할 것인가에 대해 자세히 논의한다. 그러한 사역이 시작되거나 크게 확장되는 시점이 곧 교회 개척의 구조화 국면이다.

거의 모든 교회 개척에서 만나는 또 다른 필요는 정서적 상처, 깨어진 관계, 중독 및 충격적 경험을 가지고 교회에 들어온 새신자들을 위한 개인적 양육 및 상담이다. 상담 사역을 만들고 그들을 세워 주는 것이 그러한 사람들을 강화하고 치유하는 데 우선순위이다. 종종 특별한 단체가 그들을 사역하기 위해 출범한다. 또한 특정 연령이나 관심이 필요한 집단, 청소년, 편부모 또는 노인을 대상으로 한 사역이 시작된다.

종종 이 단계에서 교회는 지역 사회 내 복음을 모르는 이들 또는 소외된 민족집단이나 하위 문화에 대한 전도를 시작할 수 있다. 특별한 비전과 관심을 가지고 그러한 집단에 다가갈 수 있는 사람을 하나님이 일으켜 주시기도 하신다.

예를 들어, 라이베리아 몬로비아에 있는 작은 교회의 한 사람은 아동 군인이었다가 이제 성장하여 거리 범죄자와 마약 중독자가 된 이들에 대해 마음이 많이 생겼다. 그는 그들을 방문하기 시작했고 나중에는 일요일에 문을 닫은 시장에서 그들을 위해 정기적 오후 거리예배를 시작했다.

특별한 도움이 필요한 그룹이 외국어를 말한다면, 보통의 경우에는 해당 언어에 능통한 사람이 봉사 활동의 리더가 되어야 한다. 그러한 사역은 다문화 선교를 지역에 소개하는 역할을 할 수 있으며, 교회가 선교사를 양육하고 파송하는 데 더 큰 역할을 하도록 자극하기도 한다.

그러나 새로운 사역은 책임을 질 동기를 가진 사역자들을 모을 수 있는 이상으로 확장되어서는 안 된다. 교회 개척자가 새로운 사역에 대한 비전을 가지고 있다면 그 비전을 설득력 있게 전달해야 한다. 현지 사람들이 주도권을 가질 준비가 될 때까지는 사역이 시작되어서는 안 되며, 전체 부담이 교회 개척자의 어깨에만 지워져서도 안 된다.

때때로 현지 신자들은 어린이 사역과 같은 필요성을 인식하면서도 그 필요를 채우는 것은 교회 개척자 또는 개척팀의 책임이라고 생각한다. 그들은 교회 개척자가 전임 사역을 하고 있고 시간도 있고 그러한 일을 위해 훈련을 받았다고 가정하는 경향이 있다. 그러나 사도적 교회 개척 방식을 채택했다면 교회 개척자들은 그러한 가정에 저항해야 한다.

개척자는 사역을 시작할 때 현지 신자들을 훈련하고 지원할 것을 제안해야 하지만 자신이 책임을 다 지려고 해서는 안 된다. 교회 개척자가 전적으로 책임을 진다면 나중에 그 사역을 맡을 누군가를 찾는 일이 어려워진다. 또한, 오래 기다리기만 한다면 교회 개척자들이 결국에는 사역을 맡을 것이라고 생각하게 되어 사역을 피하는 방법을 배우는 것과 같다. 필요한 일이 있을 때마다 시행하고자 하는 충동을 억누르려면 때때로 교회 개척자들에게 큰 인내가 필요하다.

그러나 모든 새로운 사역이 지역 신자들의 책임이 되어야 한다면, 그들은 개척자에게 의존하지 않을 것이며 단계적 철수에 따르는 어려움도 줄어들 것이다. 사역 리더들은 사역의 시작과 함께 일어나야지 사역이 성장된 후 현지 신자들은 그 일에 자신들이 부적절하다고 느낄 때가 아니다. 사역이 현지 신자들에게 "인계"될 필요가 없다. 그들이 항상 중요한 리더였기 때문이다.

3. 성도를 훈련시킬 수 있도록 리더를 훈련시킴으로 사역자 배가 성장

장기적 교회 재생산 및 궁극적 배가 성장을 달성하기 위해서는 교회 개척자들이 멘토링과 세워 줌을 통해 현지 신자들 안에서 자신을 재생산하는 것만으로는 충분하지 않다. 실제 배가 성장은 개척자에 의해 훈련된 사역자가 다시 다른 사람을 훈련시킬 때 발생한다.

바울은 디모데에게 가르친다.

> 네가 많은 증인 앞에서 내게 들은 바를 충성된 사람들에게 부탁하라 그들이 또 다른 사람들을 가르칠 수 있으리라(딤후 2:2).

이 구절에는 네 세대의 지도자들이 언급되어 있다.

첫째, 바울에게
둘째, 디모데에게
셋째, 충실한 사람들에게
넷째, 가르칠 수 있는 사람들에게

이것은 교회 개척자가 동력과 모범에서 동원자와 멘토로, 그리고 여기에서 배가 성장가로 점점 더 전환한다는 것을 의미한다. 배가 성장가로서 개척자는 직접적 '최전선' 사역에 점점 더 관여하고 다른 사람들을 훈련시키는 방법을 훈련하는 데 점점 더 많이 관여하게 된다.

설립 국면에서 셀그룹 리더는(제12장에 설명했듯이) 새로운 훈련생 셀리더를 멘토링하는 방법을 배워야 한다. 이제 모든 영역과 모든 수준의 사역에 동일한 원칙이 적용되어야 한다. 예를 들어, 사역팀 리더는 새로운 팀 구성원과 리더를 모집하고 훈련하는 방법을 배워야 한다. 교회 개척에 대한 사도적 접근은 처음부터 현지 신자들이 새로운 교회에 리더십과 목회적 돌봄을 제공할 수 있도록 준비시키는 것이다.

이것은 사역의 방식과 세우는 방법 모두 현지 신자들이 쉽게 재현하거나 모방해야 함을 의미한다. 문맹이거나 절반의 문해력만 있는 경우, 개척자는 문해 수준이 높아질 때까지 책과 서면 자료에 의존하지 않는 방법을 사용해야 한다. 현지 신자들이 상대적으로 교육을 받지 못한 경우, 개척자들은 그들이 이해하고 다른 사람들에게 설명할 수 있는 간단한 용어로 설교하고 가르칠 필요가 있다.

교회 개척자들은 종종 신학교 훈련을 받기 때문에 지역 신자들이 결코 할 수 없다고 느끼는 높은 수준의 사역을 무의식적으로 설정하기도 한다. 신자들이 성경 사전과 같은 전문 자료를 볼 수 있다면 그러한 도구를 사용하는 방법을 가르쳐 줄 수 있다. 설교는 현지 리더들도 구할 수 있는 자료들을 사용해 투명함을 유지해야 한다. 이러한 방법을 통해 사역은 재생산 가능한 방식으로 모범을 보인다.

4. 새로운 신자와 방문자들을 융화시키기

제11장 끝에서 탈진의 문제와 그 이유에 대해 간략하게 논의했다. 여기에서는 새신자들을 의도적으로 그리고 건강하게 공동체에 통합시키는 일이 어

떻게 새로운 세대의 사역자 및 리더 양성으로 이어질 수 있는지 살펴본다.

교회가 작으면 새신자를 쉽게 식별하고 그들을 융화시킬 수 있지만 교회가 성장함에 따라 이 일이 어려워진다. 지속적 성장의 열쇠는 그리스도를 위해 새로운 사람들에게 다가갈 뿐 아니라 그들을 제자화하고 그들을 더 큰 회중의 삶에 융화시키는 교회의 능력에 있다. 가정 교회는 커지면 한 가정에서 만날 수 없다는 단순한 이유 때문에 나뉜다.

그러나 더 큰 교회는 성장에 적응하기가 매우 어려울 수 있다. 이상적으로 셀그룹은 대규모 집회로는 더 이상 제공할 수 없는 친밀한 교제와 양육을 위한 지속적 구조를 제공해 준다. 새신자들이 소그룹을 통해 교회로 들어오지 않는다면, 반대로 그들이 교회를 통해 소그룹으로 쉽게 들어갈 수 있다고 가정할 수 없다.

많은 교회는 변화하는 상황에 적응하지 못해 성장 정체, 증가하는 사역의 부담을 감당할 사역자 부족, 처음부터 교회 개척을 위해 봉사해 온 사람들 사이에서 좌절과 탈진을 경험하게 된다. 이것이 많은 교회 개척이 약 5년 후에 성장이 정체되거나 리더십의 위기를 만나는 이유 중 하나이다.

성장하는 교회는 일반적으로 그림 13.1과 같이 이런 문제를 일으킬 수 있는 세 가지 발달 단계를 거친다. 시작 단계에서 교회의 규모는 작고 서로 대면하며 상호 교제한다. 의사 결정은 공유되며 리더십은 가변적이고 투명하며 동기와 에너지가 높다. 새로운 사람들이 교회에 들어오면 즉시 알아차린다. 모든 사람은 교회가 성장하기를 열망한다. 따라서 성도들은 일반적으로 새신자들을 기존 관계에 빠르게 융화시킨다. 새신자들이 이미 기존 성도들과 개인적 관계를 맺고 있는 경우가 많다.

교회가 작기 때문에 책임이 분산되고 수동적 회원이 거의 없다. 이것이 봉사의 기초를 넓게 하며 사역의 책임을 나누게 한다. 외부로 집중할 수 있는 많은 에너지와 인력이 있으며, 교회의 내부 생활을 위해서는 최소한의 에너지만 필요하다.

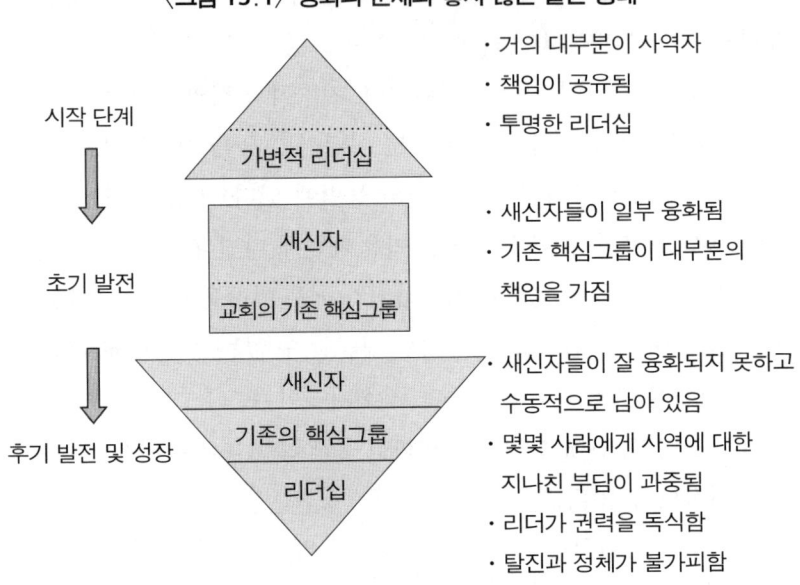

〈그림 13.1〉 융화의 문제와 좋지 않은 발전 형태

　교회가 계속 성장하면 상황은 점차 변한다. 사역의 업무량은 사람과 필요가 증가함에 따라 증가한다. 이 시점에 리더십은 더욱 공식화된다. 교회의 원래 핵심그룹이 대부분의 사역의 무게를 계속해서 감당하고 있다. 대부분이 새신자들인 봉사하지 않는 사람들의 수가 증가하기 시작한다. 성도들이 바빠짐에 따라 새로 온 사람들은 교회에 부분적으로만 융화된다.
　성장이 계속되면 교회는 중요한 단계로 이동한다. 새로온 사람들은 잘 융화되지 않고 책임을 가져가는 데에는 더디다. 익명성과 수동성이 문제로 떠오른다. 성장의 필요는 계속되지만 충분한 사역자는 없기 때문에 원래의 핵심그룹은 견딜 수 없는 사역의 무게를 계속 짊어지게 된다.
　리더십과 봉사의 기반은 이제 교회의 성장을 유지하기에는 너무 좁다. 이것은 사역자와 리더의 탈진으로 이어지고 리더십의 기반은 더욱 좁아진다. 모순적이지만, 원래의 핵심그룹이 계속해서 권력을 유지하는 경향이 있다. 교회는 "그들의" 비전에서 태어나고 "그들의" 고된 노력의 결과로 성장한 "그들의" 교회일 뿐이다.
　새신자들이 동등한 목소리를 가져야 하는 이유가 무엇이란 말인가?

몇 가지 명백한 징후로 교회가 융화의 위기에 빠지고 있음을 알 수 있다. 오래된 신자가 이렇게 말하는 것을 듣는다.

"우리 모두가 서로의 이름을 알았을 때를 기억합니까?
우리는 커다란 가족 같았습니다"

"내 교회인데도 이방인이 된 것 같은 느낌을 받았습니다."

이런 말들이 크게 들리든 아니든, 새로 온 사람들은 더 이상 환영받지 못하고 그들은 행복한 작은 가족을 괴롭히고 있다는 메시지를 받게 된다.

또 다른 징후는 봉사의 무게와 좌절감이 견딜 수 없게 됨에 따라 책임 있는 위치에 선 사역자와 리더가 사역에서 물러나는 것이다. 교회 성장은 더 이상 그들에게 흥미롭지 않다. 리더들은 새신자들이 해야 할 만큼 희생적으로 봉사하지 않는다는 것에 대해 분개하기 시작하기도 한다. 이것은 차례로 새신자들에게 또 다른 메시지를 보낸다. 이 교회에서 봉사하면 기쁨이 없고 탈진될 수도 있다는. 새신자들은 이렇게 생각할 것이다.

'이런 것이 교회 봉사의 모습이라면, 저는 빼 주세요!'

사역자들을 세우기가 더 어려워지고, 감소하는 사역자들의 수로 인해 더 스트레스를 받고, 이런 악순환이 계속된다. 초창기 리더들이 모두 떠나거나 사임하고 어떤 새로운 리더도 기쁜 마음으로 섬기지 않을 때 교회 개척이 완전히 정지하는 것도 보았다.

이런 시나리오를 피할 수 없는 것은 아니다. 대안은 존재한다. 하지만 위기가 발생하기 전에 대안이 먼저 시작되어야 한다. 이런 문제를 피할 수 있는 한 가지 방법이 그림 13.2에 나와 있다. 교회가 성장함에 따라 새신자들은 두 가지 경로를 통해 융화된다.

하나는 교회가 소규모일 때 가족과 같은 경험이 공유되는 셀그룹의 일부가 되는 것이다.

다른 하나는 사역팀에 들어가는 것이다. 때로는 셀그룹이 사역에 책임을 지는데 이 둘이 서로 일치한다.

두 경우 모두 융화는 프로그램의 문제가 아니라 관계의 문제이다.[3]

기존 성도는 의도적으로 새신자를 환영하고 그들과 관계를 구축해야 한다. 때때로 새신자들은 셀그룹 전도를 통해 교회에 들어온다. 이 경우 개인 관계가 이미 존재한다. 그러나 특히 사람들 사이에 입소문이 많이 난 교회는 새로 온 사람들이 개인적 관계 없이 대형 예배나 집회에 먼저 참석할 수 있기 때문에 의도적으로 연락을 취하고 융화되어야 한다. 이것은 새로운 사람을 받아들이고 적극적으로 초청하기 위해 셀그룹을 개방해야 함을 의미한다.

셀그룹 리더는 새신자 중에서 새로운 셀그룹원을 적절하게 모집하는 방법에 대해 교육을 받아야 한다. 셀그룹에서 개인적 관계가 형성되어 전체 교회와 유대감을 형성할 뿐 아니라, 자신의 은사를 발견하고 사용하기 시작하는 이상적 장소 역시도 셀그룹이다. 리더십의 은사와 기술을 가진 사람들이 점차 등장하고, 차례로 그들은 셀그룹이나 다른 사역의 잠재적 리더가 될 것이다. 사역팀은 비슷한 방식으로 새신자들을 융화시키고 그들을 교회 생활에 참여시킨다. 새로운 팀원들은 책임이 적은 돕는 역할을 맡게 되고, 그들의 재능과 성실함을 보여 주면서 리더십 역할로 성장한다.

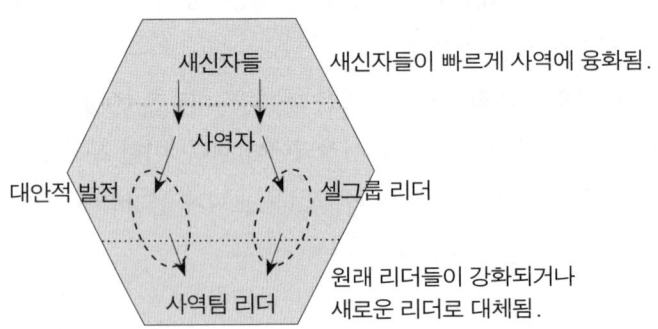

〈그림 13.2〉 융화의 문제와 건강한 발전 형태

3　윈 안(Win Arn)은 북미 교회들의 정보를 바탕으로 "회심자 각각 또는 새신자들은 처음 6개월 이내에 교회에서 최소 7명의 친구를 만날 수 있어야 한다. 우정은 새로운 회심자나 성도들을 그들의 회중으로 굳건히 하는 가장 강력한 유대감을 만들어 준다"(1986, 97)라고 말한다. "6개월 이내 7명의 친구"와 같은 그림은 매우 주관적이고 문화적 배경이 다를 수 있지만, 그럼에도 불구하고 융화를 위한 진지하고 다양한 관계의 중요성을 지적한다.

성장하는 교회가 직면하는 문제 중 하나는 장로와 같은 최고 수준의 지도자를 선택하는 방법이다. 여기에는 리더십 기술을 개발하고 높은 수준의 리더십에 대한 잠재력과 적합성을 입증 할 중간 수준의 기회가 거의 없다는 문제도 포함된다. 새신자들이 셀그룹 혹은 봉사를 위한 '진입단계'의 기회에서 개인적 관계를 발전시키면 그들은 리더십으로 성장하여 그들의 은사와 충성심을 확인하고 더 높은 수준의 책임을 맡을 수 있다.

셀그룹을 이끌면서 그룹원의 사랑과 신뢰를 얻고, 목양과 가르치는 은사를 보여 주는 사람들이 일반적으로 장로직에 가장 적합한 후보이다. 소그룹이나 사역팀을 충실하게 목양할 수 있다면 교회 전체에서 목양 역할에 적합할 것이다. 교회가 행할 수 있는 가장 큰 실수 중 하나는 검증되지 않은 사람을 리더십에 임명하는 것이다.

리더십팀이 고립되지 않고 사역을 투명하게 하는 것도 성도들이 리더십을 가지도록 촉진하는 역할을 한다. 예를 들어, 사역 셀그룹과 팀 리더는 때때로 당회에 참석하도록 초대될 수 있다. 그들은 사역의 진행 상황과 필요 사항에 대해 보고하면서 장로들의 사역을 직접 보게 될 것이다.

마지막으로 회중이 더 많은 제자를 만들도록 교회의 비전을 지속적으로 상기시켜야 한다. 향수를 불러 일으키는 태도, 즉 "좋았던 옛날, 교회가 작았을 때를 기억하라"는 것은 교회를 작은 채로 두는 가장 좋은 길 중 하나일 것이다. 수치적 성장은 환영받을 일이며, 소그룹을 통해 교회의 본질을 유지하고 새신자에게 봉사 할 수 있는 다양한 길을 열어 준다면 실제로 그 수가 증가하게 될 것이다.

사역자의 탈진에 대해서는, 사역을 잠기 떠나게 하거나 안식을 주고, 다른 사역자를 세워 주고, 권한을 위임하고, 새신자들이 주는 새로운 아이디어를 잘 수용함으로 예방할 수 있다.

5. 교회의 발전과 건강도 평가

교회가 성장하면서 하나님께서 삶과 공동체를 만져 주시는 일들을 경험하면서 감격하게 된다. 그러나 혼돈도 있을 수 있다. 새로운 소그룹들을 개발시키고 점점 증가하는 필요와 기회를 해결하기 위해 노력해야 한다. 평가는 기술이 아니라 삶의 모습과 영적 활동에 대한 것이어야 한다.

성경은 말씀을 거울로 사용하여 하나님께서 우리에게 보여 주신 것(약 1:22-24)에 기초한 변화를 이끌어 내고 작업을 시작하기 전에 완료할 수 있는지 계산할 것을 말씀한다(눅 14:28-30). 우리는 지혜를 얻기 위해 하나님께로 향해야 한다(약 1:4-6).

최상의 평가를 위한 몇 가지 특성이 있다.

- 지속성: 항상 개선하려는 마음을 가지고 정기적으로 수행
- 협동성: 다양한 자격을 갖춘 사람들이 함께 수행
- 특정적: 특정한 분야의 개선이 이루어질 수 있는 방식으로 수행
- 생산적: 주요 문제를 해결하기 위한 기도와 계획이 뒤따름

1) 회중의 건강도

이 시점에서 교회는 지도자부터 시작하여 교회의 성경적 목적을 재검토하고 다양한 활동이 이러한 목적과 일치하는지, 우선순위가 맞게 책정되어 있는지, 사역이 효과적인지 등을 판단하는 것이 특히 중요하다. 더 많은 활동이 반드시 더 나은 활동은 아니다. 프로그램이 너무 많으면 필수 프로그램에 주의를 집중하지 못하게 한다.

교회는 사역이 발전함에 따라 방향을 제시해야 한다. 실제요구를 채우지 못하거나 비효율적이거나 너무 많은 시간과 자원을 소비하여 더 필수적 사역에 방해가 되는 사역은 과감하게 줄일 용기를 내야 한다.

교회가 사역을 위해 '제자 삼는 교회' 계획(제12장)을 채택했다면 그 도

구를 사용하여 교회의 전반적 발전을 평가할 수 있다. 리더십팀이 할 수 있지만, 사역 과정에 있는 더 넓은 범위의 사역팀 리더들도 포함시켜 각 지점들을 살펴보고 교회가 얼마나 잘 성공하고 있는지 분별하는 것도 도움이 된다. 오늘날은 이런 과정에서 교회가 사용할 수 있는 많은 평가 도구들이 있다. 표 13.1에서 다섯 가지 출처에서부터 나온 지표들을 요약하고 비교한다.

『자연적 교회 성장』(Natural Church Development, Schwarz 1996)은 가장 널리 사용되는 도구 중 하나이며 다양한 언어로 번역되었다. 하지만 세계의 여러 다른 지역에 사는 사람들이 건강을 위협하는 다양한 위험에 직면하고 있는 것처럼(예를 들어, 동상은 열대 지방에서는 문제가 없고 말라리아는 북극에서 문제가 되지 않음) 세계의 여러 다른 지역에 있는 교회들도 다양한 위험에 직면하고 있다.

이러한 차이는 서로 다른 문화적, 영적, 정치적 환경과 관련되어 있다. 교회는 스스로를 위해 사도행전 2장, 에베소서 4장, 요한계시록 2-3장과 같은 성경 구절을 공부하면서 교회 건강 지표 목록을 만들면 좋다. 각 교회가 속한 지역의 영적 건강에 위험을 끼칠 수 있는 요소들을 고려하여 우선순위를 정할 수 있다.

〈표 13.1〉 교회의 건강, 우수성, 효과성에 대한 척도

마키아 (Macchia 1999)	북미복음주의 자유교회 (EFCA)	데버 (Dever 2000)	자연적 교회 성장 (Schwarz 1996)	바나그룹 (Barna 1999)
하나님을 높이는 예배	성령 충만한 예배		영감 있는 예배	진실한 예배
영적 제자 훈련	열정적 영성		열정적 영성	
공동체 안에서의 학습 및 성장	계획적 제자 훈련	제자 훈련과 성장에 대한 생각	전인적 소그룹	
관계를 소중히 하며 돌봄	관계를 소중히 함		관계를 소중히 함	지속적이고 중요한 관계성

섬기는 리더십 개발	리더십 배가 성장	성경적 교회 리더십	권한을 위임하는 리더십	리더 감독
외부사역 지향	열매 맺는 전도	전도에 대한 성경적 이해	필요 중심의 전도	전략적 전도
		회심에 대한 성경적 이해		
청지기 소명과 관용	자원에 대한 청지기 소명			전인적 청지기 소명
	지상명령 중심		기능적 구조	영향력을 위한 구조
	하나님 말씀 중심	복음		조직신학적 성장
		성경신학		
		강해설교		
그리스도의 몸의 연계				
지혜로운 행정 및 책임감				
	교회 개척			
		교회 구성원에 대한 성경적 이해		
		성경적 교회 훈련		
			은사 중심 사역	
				지역 사회 섬김
				가정 세우기

평가가 수행되는 과정은 지역 문화, 교회 규모 및 기타 요인들에 따라 크게 달라진다. 교회가 작으면 핵심가치와 목표에 대한 비공식적 토론이 적절할 수 있다. 교회가 성장함에 따라 리더가 초기 평가를 수행한 다음 공개 토론을 열면서 회중을 포함시킬 수 있다. 때때로 주말 수련회를 통해 기도, 성경 공부 및 토론을 위한 적절한 시간을 보다 편안한 분위기에서 가질 수 있다.

뮌헨의 한 개척 교회는 처음에는 모든 회원을 포함하여 반기별 평가 수련회를 실시했다. 그 후 교회가 성장하면서 핵심 사역자와 리더들만 포함하게 되었다. 교회의 과거 발전을 평가할 뿐 아니라 미래 목표를 제시하는 시간이기도 했다.

멕시코시티의 한 개척 교회는 중요한 문제에 대한 결정을 내려야 할 때 먼저 문제를 제시하고 회중 모임을 열어 물은 뒤, 나중에 다시 회중이 모일 때까지 의사 결정을 연기하는 것이 가장 좋다고 보았다. 두 번의 회의가 필요했지만 더 많은 사람이 참여했으며 회의에서 분열되지 않았고, 결정에 대한 주인의식이 더 커졌다.

온도계가 건강하게 만들어 줄 수 없듯이, 평가, 도구 및 체크리스트가 교회 건강을 담보해 주는 것은 아니다. 다만 그것들은 건강 문제를 진단하는 데 도움이 된다. 건강한 교회가 되는 열쇠는 예수님과 건강한 관계를 맺는 것에 달려 있다. 예수님께서 가르치신 그대로이다.

> 내 안에 거하라 나도 너희 안에 거하리라 가지가 포도나무에 붙어 있지 아니하면 스스로 열매를 맺을 수 없음 같이 너희도 내 안에 있지 아니하면 그러하리라 나는 포도나무요 너희는 가지라 그가 내 안에, 내가 그 안에 거하면 사람이 열매를 많이 맺나니 나를 떠나서는 너희가 아무 것도 할 수 없음이라 (요 15:4-5).

교회의 영적 건강은 지도자부터 시작하여 교인들의 영적 건강에 달려 있다.

2) 리더십의 건강도

아마도 교회의 영적 건강을 유지하기 위해 할 수 있는 가장 중요한 일은 리더들의 영적 건강에 주의를 기울이는 것이 아닐까 싶다. 예수님은 말씀하셨다.

> 맹인이 맹인을 인도할 수 있느냐 둘이 다 구덩이에 빠지지 아니하겠느냐 제자가 그 선생보다 높지 못하나 무릇 온전하게 된 자는 그 선생과 같으리라(눅 6:39-40).

바울은 에베소 교회의 지도자로서 디모데에게 권면한다.

> 누구든지 네 연소함을 업신여기지 못하게 하고 오직 말과 행실과 사랑과 믿음과 정절에 있어서 믿는 자에게 본이되라(딤전 4:12).

디모데가 교회의 존경을 받는 것은 그의 직분이나 바울의 제자로서의 지위가 아니라 그가 보이는 모범이다. 거룩한 생활 양식이 교회의 영적 분위기를 조성한다. 마찬가지로 교회 리더들이 단합과 사랑으로 살지 않으면서 교회는 더 나아질 것이라고 기대할 수는 없다.

교회가 리더보다 더 건강할 수 없다. 예수님은 지상 사역을 수행하시면서 제자들과 더 많은 시간을 보내고 대중과는 더 적은 시간을 보내셨다. 사도적 교회 개척자도 그러한 접근 방식을 채택해야 한다. 구조화 단계에서 개척자는 리더들을 세워서 그들이 교회의 더 넓은 필요를 채울 수 있도록 만드는 데 시간을 더 많이 들이고, 자신이 직접 그 필요들을 채우려는 노력에는 시간을 줄인다.

교회 개척자가 특별한 도움이 필요한 사람들을 사역하는 데 너무 몰두하여 교회 리더들의 영적 돌봄을 등한히 하는 경우가 있다. 그들은 리더는 스스로를 돌볼 수 있다고 가정하는 것 같다. 그러나 우리 모두는 서로를 격려하고 책임을 나누어 져야 한다. 특히, 책임의 무게를 짊어지고 영적 공격을 받는 리더의 경우 더욱 그러하다.

철이 철을 날카롭게 하는 것처럼 리더들은 영적 건강과 성장을 계속하기 위해 서로에게 도전을 주어야 한다. 멘토링을 해 주는 리더모임, 책임을 나누는 작은 모임에서 또는 개인적으로 나누며 서로를 위해 기도하는 모임(교회 사업에 대한 논의 금지) 등을 통해 리더들과 정기적으로 만나는 것은 교회 리더들과 교회의 영적 건강을 유지하는 데 매우 중요하다.

3) 하나님 나라 영향력 면에서 교회 평가하기

때때로 교회는 기능장애나 갈등의 명백한 징후 없이 모든 것을 올바르게 하고 있는 것처럼 보이면서도 하나님 나라의 영향력은 미미할 때가 있다. 오직 성령의 역사만이 성도들의 삶에 변화를 가져오며, 그 결과로 공동체에도 변화가 생긴다.

성경은 성도들에게 성령을 근심하게 하거나 소멸하지 말라고 경고한다(엡 4:30; 살전 5:19). 이러한 권고는 교회 발전의 국면마다 모든 신자와 교회에게 적용되는데, 교회가 그 영향을 평가하기 때문에 교회에 대해 생각하는 것이 특히 더 중요하다.

교회 생활은 쉽게 반복되는 일상이 되고 자기 만족을 추구하게 된다. 교회가 재생산을 하기 위해서는 관계 안으로 들어오는 성도들이 넘쳐나며 영적 삶에 활력이 있어야 한다. 가족이 치유되고, 깨어진 관계가 회복되고, 죄에 대한 속박이 풀리고, 성령의 열매가 점점 더 분명해진다. 일상 생활을 변화시키지 못하는 명목상의 신앙은 교회가 직면하는 가장 흔한 문제 중 하나이다.

성도들이 이전 종교의 신앙이나 관습을 기독교 신앙과 혼합하기 때문에 생기는 혼합주의는 또 다른 문제이다. 미신적 습관, 위기 때마다 무당을 찾는 것, 탐욕을 조장하고 긍휼의 마음은 빼앗아 가는 물질주의적 생활 방식은 모두 얕은 믿음과 심층적 세계관의 변화가 일어나지 않고 있다는 증거이다(cf. Hiebert 2008).

그러한 습관, 가치관, 신념은 쉽게 사라지지 않는다. 성경교육, 성품 모범, 새로운 가치 실현, 기도, 그리스도로 충만해지는 경험은 모두 숫자 증가를 위해서는 무시할 수 없는 장기 제자 훈련과 성화 과정의 일부이다. 혼합주의, 물질주의 또는 얕은 믿음의 회중을 재생산하는 것으로는 그리스도께 영광이 되지 않으며, 배가 성장하는 하나님 나라 공동체의 운동을 시작하기 위한 영적 자본을 제공해 주지도 못한다.

리더십팀은 회중이 전체 공동체에 영향을 미치는 정도를 추가로 조사해야 한다. 교회가 성장하면서 그들은 내부적 필요와 회원들을 위한 프로그램에 점점 더 많이 소비되는 경향이 있다. 이런 것들도 필요하지만 이웃을 위해 보다 넓은 세상에서 소금과 빛이 되라는 교회의 선교적 소명을 가려서는 안 된다. 진정한 영적 양육은 내향적 영성이 아니라 선교적 참여로 이어진다.

비기독교인은 종종 교회가 자발적 동아리 혹은 특정 요일에 기독교인들을 모으는 일종의 취미생활이라는 인상을 가질지 모르겠지만, 그 동아리 외부의 모든 사람이 생각하는 바와는 전혀 다르다. 교회는 안락한 지역에 안주하지 말고 그리스도의 이름으로 지역 사회의 필요에 참여하도록 끊임없이 노력해야 한다. 제19장에서는 교회 개척이 어떻게 하나님 나라의 영향력을 미칠 수 있는지 살펴볼 것이다.

6. 교회의 법적 조직

신약에서 지역 교회는 처음에는 합법적으로 조직되지 못했지만 유대교 종파의 일원으로서 그리스도인들은 유대인의 법적 지위에 속했다. 초대교회에 형식적 구조가 없었다는 것을 의미하지는 않는다.

목회서신에서 보듯이, 교회는 리더를 임명하는 자격을 분명히 정의하고, 그들을 존중하고, 그들에 대한 고소를 처리해야 했다(딤전 3:1-13; 5:17-20; 딛 1:5-9). 도움을 받을 자격이 있는 과부의 명단도 있었다(딤전 5:9, 11). 이것은 교회 구조와 정책의 공식화가 점차로 증가하고 있었다는 의미이다.

오늘날 대부분의 교회에는 조직으로서의 교회의 목적, 관행 및 절차를 정의하는 헌법과 부칙이 있다. 일반적으로 신앙 선언문이 포함된다. 대부분의 상황에서 교회는 어떤 형태의 법인화 및 법적 지위를 획득하며, 지방 정부는 교회가 재산을 임대하거나 소유하고, 세금 공제 가능한 기부금을 받고, 세금 면제를 받고, 개인 회원을 법적 책임으로부터 보호하고, 교회의 공적 정체성을 부여한다.

정부는 자금 사용, 회계, 회원 및 기타 문제에 대해 교회에게 요구하기도 한다. 일반적으로 교회는 이러한 한도를 가지고 일할 수 있다. 때로는 정부의 이런 요구를 들어주기 불가능하거나, 교회 지도자들이 그러한 일은 교회의 신앙이나 보안을 훼손할 수 있다고 생각한다.

많은 교회 개척자는 교회 헌법과 세칙을 만들거나 법적 등록을 하는 기술과 관련해서 잘 인내하지 못한다. 그럼에도 불구하고 교회가 성장함에 따라 이런 부분에 주의를 기울이는 것이 현명하다. 명확한 정책과 교리적 진술은 목적을 분명하게 만들어 주고 갈등을 피하는 데 도움이 된다. 다행히 대부분의 교단은 현지의 필요에 맞게 채택하거나 조정할 수 있는 조항들을 제공해 준다.

다문화 교회 개척자들은 외국의 헌법과 세칙을 그대로 도입하지 않도록 주의해야 한다. 신앙 선언문도 상황화될 필요가 있을 수 있다.[4] 목표는 외부 표준에 순응하는 것이 아니라 성경적 진리와 원칙에 충실하는 것이다. 현지 신자들이 그러한 교회의 공적 문서 작성 작업에 참여할 때, 그들은 그 내용을 이해할 뿐 아니라 더 큰 주인의식을 갖게 될 것이다. 그러나 주로 새신자들로 구성된 교회에서는 교회 개척자들이 많은 양의 지침을 제공해 주어야 할 것이다.

정식 회원 자격은 누가 교회에 전적으로 헌신하며, 교인이라는 정체성을 공개적으로 밝히고, 교회의 영적 돌봄과 지도력에 대해 공식적으로 복종하며, 교회를 일컬어 "여기가 나의 영적 집"이라고 선언하는 사람인가를 명확히 해 준다. 또한, 교회의 중요한 결정에서 공식적 목소리를 내거나 투표를 할 수 있는 사람(신약성경의 과부 지원 같은)과 교회가 제공하는 서비스를 받을 자격이 있는 사람인지를 명확하게 정의해 준다.

경험에 따르면 회원에게 공식적 자격을 부여하는 일을 게을리하면 나중에 회중과 관련된 중요한 결정을 내려야 할 때 큰 갈등을 빚을 수 있다. 주변부에 속한 사람들이 중요한 결정에 영향을 미치고자 심지어 자신의 가

---

[4] 신조를 번역할 때 겪는 어려움에 대한 논의는 Strauss 2006을 참고하라.

족들이나 교회와 관계가 없는 다른 사람들을 데리고 와서 그들의 의견에 찬동하게 하는 일도 벌어질 수 있다.

교회를 공식적으로 조직하는 과정에 대한 몇 가지 사항을 제안한다.

첫째, 헌법과 부칙을 가능한 간단하고 유연하게 유지하는 동시에 교회 조직과 권위의 필수적 측면은 분명히 한다. 가장 중요한 문제는 헌법으로 정의해야 한다.

에드 스테처는 다음과 같이 권면한다.

> 헌법은 단순해야 한다. 가능한 모든 문제를 설명하고자 하는 긴 헌법은 교회의 건강보다는 불신이 가득하다는 것을 나타낸다(2006, 311).

리더 선정 과정과 같은 부차적 문제는 세칙에 정의되면 된다. 세칙은 쉽게 수정할 수 있기 때문이다.[5]

둘째, 그러한 문서의 초안을 억지로 작성하지 말라. 바퀴를 다시 발명하기 위해 많은 에너지를 쓸 필요가 없다. 문서 초안을 작성할 몇몇 신뢰할 수 있는 사람을 임명한다. 현지 법적 요건을 충족하는지 확인한 다음 승인을 위해 회중에게 보여 준다. 사소한 세부 사항에 대한 갈등은 일의 추진력을 막는다. 표준문서를 활용하고 필요에 따라 현지 상황에 맞게 조정한다.

셋째, 새로운 회원을 받는 절차를 채택하기 위해 한편으로는 현재 교회 회원들의 비전, 신념, 관습 및 기대를 그들에게 알리고 다른 한편으로는 그리스도와 교회에 대한 회원 후보자의 헌신 수준을 검토한다.

회원 인터뷰나 수업을 통해 교회로부터 받을 수 있는 재정 지원이나 봉사의 기회를 논의할 좋은 기회를 제공할 수도 있다. 교회의 건강을 위해서 공인되고 헌신된 회원의 교인으로서의 중요성을 과소 평가해서는 안 된다. 작은 개척 교회 리더들은 가입을 원하는 사람들이 올 때 너무 흥분한 나

---

[5] 예를 들어, 미국의 헌법은 정부의 요건을 충족해야 하지만 세칙은 그렇지 않다.

머지 더 나은 판단을 버리기도 한다. 회원 기준을 높이는 것은 단기적으로 교회의 질을 높이고 장기적으로 교회의 수적 성장을 증가시킬 것이다.[6]

밀프레드 미내트레아가 제시하는 선교적 교회의 필수 실천 목록에서 첫 번째 실천은 "높은 수준의 회원 자격을 가지라"이다. 그는 다음과 같은 특성에 주목한다.

- 선교적 교회는 명목상의 교인을 주시한다.
- 회원 가입은 가볍지 않다.
- 회원은 공동체 안에서 연합한다.
- 교회는 회원들에 대한 명확한 기대를 가지고 있다.
- 회원들은 교회에 대한 명확한 기대를 가지고 있다(Minatrea 2004, 29-40).

공식 문서가 갈등을 예방해 주지는 못하며, 영적 삶이나 건강을 보장해 주는 것도 아니다. 그것은 교회가 교회 되도록 도울 수 있지만 교회가 그것의 노예가 되어서는 안 된다. 더 중요한 것은 성경의 가르침과 일치한 삶을 살고 사랑과 신뢰의 분위기 속에서 성령님의 인도하심 아래에서 교회의 부름에 따라 순종하며 사는 신자들이다.

7. 완전한 재정 자립

재정 자립은 교회 성숙의 중요한 표지 중 하나이다. 현지 신자들이 사역을 위해 필요한 지속적 비용을 감당할 수 있고 기꺼이 감당할 수 있는 지점에 교회가 도달했고, 교회를 유지하기 위해 외부 자원을 사용할 필요가

---

6   이에 대한 사례를 보기 위해서는 딘 켈리(Dean M. Kelly)의 기념비적 책, 『왜 보수적 교회가 성장하는가?』(*Why Conservative Churches Are Growing*, 1977)를 보라.

없음을 의미한다. 교회가 외부 자금을 받았다면 여기서 중단하고 새로운 교회 개척을 위해 사용할 수 있어야 한다. 교회는 선교와 세상의 필요에 재정적으로 기여할 책임을 더욱 가져야 한다. 제18장에서 자원과 자금의 사용에 대해 더 자세히 논의할 것이다.

사도적 교회 개척에서 임대료, 재료비, 사례와 같은 정기 지출의 대부분은 처음부터 현지 성도들이 부담해야 한다. 재정적 헌신과 교회의 성장은 함께해야 한다. 사도적 교회 개척의 다른 측면과 재정도 같다. 처음부터 현지에서 지속 가능한가가 핵심이다.

최소한의 시작 기금과는 별도로, 현지 자원을 가진 현지 신자들이 사역을 유지할 수 있을 때 사역이 시작되어야 한다. 이런 식으로 의존성을 피하고 지역적으로 지속 가능한 재생산이 가능하다. 필요가 생기면 신자들은 자신의 자원을 통해 그러한 필요를 채워 나가야 한다. 사역을 지원하기 위해 재정적으로 헌신하면서 그들은 진정한 주인의식을 갖게 될 것이다.

개인 재정은 대부분의 문화에서 민감한 주제이지만, 청지기 직분과 사역을 지원하기 위한 기부 문제는 비용이 발생하기 시작하는 교회 개척 초기에 명확하고 성경적으로 가르쳐야 한다. 교단이나 선교단체의 외부 기금은 전도 활동을 시작하게 하고 초기에는 긍정적 자극을 줄 수 있지만, 궁극적으로는 현지 신자들이 교회의 사역과 봉사 활동을 스스로 지원하는 기쁨을 배워 나가야 한다. 때때로 교회가 운영하는 사업이 사역 자금의 원천으로 되기도 하지만 이것은 일반적으로 피해야 한다(제19장 참조).

성경적 방식은 하나님의 백성이 그들 자신의 제물과 헌물로 하나님의 사업을 지원하는 것이다. 세계의 많은 지역에서 기부는 현금이 아닌 현물로 이루어진다. 음식이나 기타 재화와 서비스가 사역을 지원하기 위해 제공된다. 콩고 교회 성도들이 목회자에게 음식을 제공하기 위해 정원을 가꾸는지 관찰한 바 있다.

사역이 확장되면 일반적으로 임대료, 자료, 전도 활동, 훈련 행사 등의 비용도 증가한다. 이것은 회중이 더 높은 수준의 재정적 헌신을 할 수 있는 좋은 기회이기도 하다. 죄책감이나 단순한 의무에 호소하는 것은 적절한 동기를 만들어 내지 못한다. 성도들은 비전을 나누길 원한다. 그들은 하나님이 일하고 계시고 그들의 은사가 그분의 사업을 발전시키고 있음을 느낄 때 더욱 믿음으로 헌신하고자 한다.

현지 경제가 좋지 않은 상황에서도 긍휼 사역 또는 기타 선교 관련 사역을 지원하기 위한 기부를 장려해야 한다. 기도하며 베풀도록 격려를 받으면 베푸는 기쁨을 발견할 수 있고, "주는 것이 받는 것보다 복이 있다"(행 20:35)고 가르치신 예수님의 가르침을 경험하게 될 것이다.

8. 결론

결론적으로 교회의 구조화 과정은 주로 '안정'이 아니라 보다 효과적 사역과 재생산을 위해 위치한다. 건강한 교회는 하나님 나라 영향력을 미치는 재생산 교회가 된다. 사역이 주로 현지 성도들에 의해 수행되기 때문에 이 시점에서 교회 개척팀은 이미 단계적으로 철수하고 있는 것과 같다. 교회 개척자들의 초점은 이제 현지 차원에서 리더와 사역자를 재생산하는 것뿐 아니라 다음 교회 개척을 시작할 사람들을 준비시키는 것이다.

톰 스티븐은 이렇게 말한다.

> 릭 워렌은 성공은 후계자를 갖는 것 이상이라고 주장한다. 그것은 구조를 가져온다. 즉, 기본적 사역 원칙과 과정을 수립하는 것이다. 그래서 외부인이 떠나거나 새로운 현지 리더가 기존 리더십을 계승할 때, 안개가 아무리 짙어도 선박이 항로를 계속할 수 있도록 만드는 것이다. 현명한 교회 개척자들은 통제나 조기철수를 위해서가 아니라, 섬김 정신을 기반으로 한 배가 성장과 철수 때의 아픔을 최소화하기 위한 구조이다(2001, 187).

제14장

재생산: 강화와 파송

    새로운 교회의 재생산이 이 국면에서 시작되긴 하지만 사역의 각 수준마다 배가 성장은 처음부터 이루어졌어야 한다. 재생산은 새로운 신자들에게 신앙을 나누는 방법을 가르치고, 제자들에게 다른 사람을 제자화하는 방법을 가르치며, 리더에게는 새 제자 및 다른 리더를 양성하는 방법을 가르치고, 교회의 영적 구성 요소로서 소그룹을 재생하는 것으로 시작된다.

    따라서 재생산은 교회를 이루는 DNA의 일부이다. 새로운 교회의 탄생으로 하나님 나라의 영향력도 배가되고 온전한 운동이 시작될 수 있게 된다. 하나의 회중은 그 규모와 상관없이 결국 정체되고 새로운 사람들에게 복음을 들고 나가 땅 끝까지 전하는 능력이 제한될 것이다.

    재생산은 모든 살아 있는 유기체의 자연적 결과이며 교회에 대한 하나님의 소망이다. 그것을 통해 새로운 가까운 혹은 먼 거리에 새로운 교회를 개척하고 새로운 하나님 나라 공동체를 시작한다.

국면 개요

성경의 예
사도행전 13:1-3: 안디옥 교회가 최고의 리더를 선교사로 파송함
사도행전 9:31: 유대 지역 교회들이 배가 성장함*
사도행전 19장; 골로새서 4:12-13; 요한계시록 2-3장: 에베소 교회가 소아시아에 교회군을 일으킴

핵심 단계
1. 전도의 목적 유지
2. 재생산을 위한 준비
3. 딸교회 개척 혹은 선구자적 개척 가능성 타진하고 장소 결정
4. 개척 시작
5. 다문화 선교사 파송
6. 다른 교회들과의 협력

중요한 요소
1. 안주하지 않기
2. 첫 번째 교회 개척을 잘 시작하기
3. 전도와 리더 세움을 통해 배가 성장을 지속하기
4. 지상명령에 순종하여 신앙의 진보 이루기

* 동서방 교회의 자료들이 모두 "그래서 교회들은 … 배가 성장을 이루었다"(Bruce 1977, 208)라고 기록한다. 사도행전 9:31에서 배가 성장된 것은 제자가 아니라 교회이다. 분산된 예루살렘 교회는 때때로 집합으로 간주되지만, 바울은 그것을 "하나의 교회"라고 불렀다(갈 1:22; 살전 2:14). 이 재생산은 흩어짐 이후의 영적 강화와 성장의 시간 이후에 발생했음에 주목하라.

1. 재생산으로 넘어가는 것에 대한 반직관적 확신

이 단계의 다양한 과제를 논의하기 전에, 교회가 재생산하는 교회가 되는 데 필수적 몇 가지 확신에 대해 말해야 하겠다. 이러한 확신은 교회의 재생산을 의무가 아닌 열정과 기쁨으로 바꾸어 준다. 그러한 확신은 이미 이전 단계부터 교회의 정신 일부였지만, 이제 교회가 새로운 단계로 접어들 때는 새로운 차원의 검증을 거치게 된다. 이러한 확신은 반직관적이다. 즉, 일반적으로 기대하는 것과 반대된다. 그러므로 그것들을 지속적으로 가르치며 그 확신대로 살아야 한다.

1) 성공은 규모가 아니라 영향력에 달려 있다

제1장에서 언급했듯이, 우리가 개척하는 교회는 삶, 가족, 지역 사회 및 그 너머까지 영향을 미치는 하나님 나라 공동체여야 한다. 예수 그리스도의 주권을 경험하지 않은 채 그저 많은 이가 교회 예배나 모임에 참여하는 것은 목표가 아니다.

어떤 면에서 큰 교회는 더 큰 가시성과 자원 때문에 작은 교회보다 즉각적으로 지역 사회에 영향을 미칠 수 있다. 그러나 양적 성장하는 작은 교회는 더 많은 생명, 가족 및 지역 사회를 예수 그리스도의 은혜롭고 강력한 영향력 아래 오게 함으로 궁극적으로 하나님 나라에 더 큰 영향을 미칠 수 있다.

모든 참된 교회는 더 많은 사람이 복음으로 변화되기를 원한다. 예수 그리스도의 헌신적 제자가 되려면 그들은 지역 교회의 회원들을 섬기는 책임도 가지게 된다. 이런 의미에서 모든 교회가 성장하기 원한다는 건 좋은 일이다. 그러나 재생산을 하려면 교회의 비전이 단순히 더 많은 개인에게 다가가는 것 이상이 되어야 한다. 도시나 주에서 가장 큰 교회가 된다는 것은 너무 작은 비전이다. 비전에는 개인의 삶과 전체 지역 사회에 복음의 깊은 감동을 전하는 것이 포함되어야 한다.

2) 성장은 유지가 아니라 파송할 수 있는 크기에 달려 있다

밀프레드 미네트레아의 선교적 교회의 아홉 가지 필수수칙 중 하나는 "유지가 아닌 파송할 수 있는 능력으로 성장을 측정하라"(2004, 111)이다. 교회가 재생산하려면 개인 및 재정적 자원 모두가 제대로 배정되어야 한다. 높은 수준의 헌신과 희생이 필요하다. 모든 교회에는 항상 더 많은 사역자와 자원이 필요하다. 이들 중 일부를 새 교회를 세우기 위해 주는 것은 많은 비용이 발생하는 것과 같은 일이다.

모교회의 필요는 여전히 남아 있을 뿐 아니라, 단기적으로는 이를 충족시킬 자원이 실제로 부족할 것이다. 교회의 성장이 출석, 건물 및 예산에 의해 측정되는 것이 아니라 전반적 하나님 나라의 영향력을 증가시키는 재생산에 의해 측정된다는 것을 확신할 때만 이런 희생이 가능하다. 이것이 안디옥 교회가 하나님께서 더 넓은 선교를 위해 그들을 부르셨을 때 사랑하는 지도자 바나바와 바울[1]을 파송하며 가졌던 정신이다(행 13:1-3).

바울과 바나바가 선교의 결실 및 개척된 교회에 대해 보고하려고 돌아왔을 때 안디옥 교회가 얼마나 기뻐했을지는 충분히 상상할 수 있다(행 14:26-28). 이후로는 각지에서 재생산하는 교회들이 단순히 하나의 더 큰 교회를 성장시키는 것보다 사역자들이 세워지고 파송되고, 새로운 교회가 탄생하고, 지역 사회와 민족들이 복음을 받는 것을 보는 것이 훨씬 더 큰 기쁨과 만족을 준다는 사실을 알게 되었다.

미네트레아는 이렇게 말한다.

> 선교적 교회는 단순히 교회를 시작시키기 위해 성도를 파송하는 것이 아니다. 그들의 관심은 교회 시작 운동을 시작하는 데 있다. 새로운 교회를 시작하기 위해 성도를 파송하는 일이 더해진다. 교회를 개척하는 교회를 시작하도록 성도를 파송할 때 운동이 일어난다(2004, 122).

새로운 교회 개척을 위해 회원과 자원을 포기한다고 해서 모교회가 계속 성장할 수 없다는 의미는 아니다. 실제로 수많은 교회를 개척한 뒤에도 계속해서 성장하여 대형 교회가 된 교회의 예는 얼마든지 있다. 성공의 척도는 그 자체의 크기가 아니라 하나님의 인도에 순종하여 하나님 나라에 영향을 미치는 것이다. 이 비전은 이타심과 믿음의 큰 진보와 함께 우리를 다음 단계로 이끌어 준다.

---

1 바울은 바나바와 함께 구브로와 갈라디아로 선교를 떠나기 최소 1년 전부터 안디옥 교회에서 사역했다(행 11:26). 바나바는 그보다 더 오래 있었을 것이다.

3) 믿음으로 행동하는 것은 안전을 구하는 게 아니라 신중함이다

교회가 새로운 교회 개척을 시작하기 위해 사역자와 자원을 제공할 때마다 신앙이 발휘된다. 성도들은 개척도 잘 되고 동시에 모교회에 생긴 공백도 하나님께서 메워 주실 것을 믿는다. 사람은 자연스럽게 안전하고 예측 가능한 쪽으로 끌린다. 그러나 하나님 나라에서는 안전하고 예측 가능하다는 이유로 선택하게 되면 교회의 영적 생명선인 하나님을 의존하지 못하게 단절시키는 것과 같다.

라오디게아 교회의 죄 중 하나는 자족이었다(계 3:17). 신앙의 여정은 교회로 하여금 하나님만을 의지하게 한다.

신중한 믿음과 "줄 없이 하는 번지 점프"(Williams n.d., 3)에는 차이가 있다. 미세한 선이 하나님을 시험하는 어리석은 도약과 하나님에 대한 담대한 믿음의 발걸음을 나눈다. 그 차이는 영적 차원에서 분별된다. 하나님께서 이른 국면에 교회가 성장하도록 축복하셨다면, 하나님 나라 영향력을 더 크게 미치기 위해 파송하고 재생산하면서 하나님을 신뢰하는 가운데 지속적 성장을 도모하는 것은 합당한 믿음의 행위이다.

예수님은 작은 겨자씨가 큰 나무가 되고, 보이지 않는 누룩이 반죽 덩어리 전체를 부풀게 하는 비유를 통해 그와 같이 하나님 나라가 성장하고 퍼질 것이라고 가르치셨다(마 13:31-35). 결과는 처음에 드러난 모습에 비례하는 것이 아니라 하나님의 초자연적 일하심에 비례하여 나타날 것이다. 그러한 결과에 대해 하나님을 신뢰하는 것이 신중함이다.

4) 프로그램이나 조직이 아니라 배가 성장하는 제자와 리더로 시작하라

닐 콜은 이렇게 말한다.

> 제자를 재생산할 수 없으면 리더를 재생산할 수 없다. 리더를 재생산할 수 없으면 교회를 재생산할 수 없다. 그리고 교회를 재생산할 수 없다면 하나

님 나라 운동을 재생산할 수 없다(Williams n.d., 4에서 인용).

제자가 배가 성장함으로 새로운 회중을 시작하는 데 필요한 리더의 원칙이 제공된다. 이 원칙은 전 세계 어떤 환경에서도 가정 교회 및 대형 교회의 배가 성장에 다 적용된다. 때때로 우리는 기본적 필요 요소에 주의를 기울이지 않은 채 큰 결과를 보고 싶어 한다.

교회의 재생산은 기관이나 프로그램을 재생산하는 것이 아니라 영적 삶을 재생산하는 것이기 때문에, 기초 제자 훈련이 재생산의 기본 구성 요소이다. 그 삶은 전도로 시작되고, 제자 훈련을 통해 성장하는 거듭남이 강력한 리더십으로 성숙해지며 소그룹에서 유기적으로 기능하게 된다. 이들이 재생산할 때 자연적 재생산과 배가 성장을 위한 기반이 마련된다. 이 기본 원칙을 간과하거나 우회하려고 시도하면 재생산이 전혀 없는 무기력함만 재생산된다.

5) 거대 예산이나 많은 사람이 아니라 단출하게 시작하라

특정 규모에 도달할 때까지 또는 일정 금액의 추가 자금을 모을 수 있을 때까지 재생산을 미루는 교회가 나중에 재생산하는 경우는 거의 없다. 지역의 요구 사항은 절대로 완전하게 충족되지 않는다. 때문에 그것을 기다리다 보면 시작할 수 있는 시점이 점점 길어질 뿐이다. 재생산하는 교회는 이것이 결코 불가능하다는 것을 알고 있기 때문에 지역적 필요를 완전히 충족시키는 것에 대해 많은 걱정을 하지 않는다.

많은 연구가 재생산하는 교회는 많은 예산이나 많은 성도에 의존하지 않는 새로운 교회 개척 방법을 찾는다는 걸 확인시켜 준다. 데이비드 게리슨(2004a)이 묘사한 것 같이 다수 세계의 풀뿌리 가정 교회 운동뿐 아니라 서구적 맥락에서도 마찬가지이다.

그 한 예로, 로버트 바즈코(Robert Vajko)는 프랑스 그르노블(Grenoble)에 있는 한 교회에 대해 말해 준다. 그 교회는 추가 기금을 제공하지 않고도 여섯 개의 교회를 개척할 수 수 있었다. 그의 결론이다.

> 교회 배가 성장의 기반을 한 집단이 얼마나 많은 돈을 사용할 수 있는지에 두자마자 곧 교회 개척이 중단된다는 것을 발견했다(2005, 297).

물론 이것은 새 교회를 주로 (아마도 모교회 목사의 도움을 받는) 평신도가 인도하거나 이중직 목회자가 있을 때, 그리고 (가정이든 공공장소든) 임대료가 저렴하거나 무료인 모임 장소가 초기 단계에 사용될 때에만 가능한 일이다. 창의적 접근이 가능하다.

예를 들어, 개척하는 교회와 개척된 교회가 한 명의 유급 목사의 봉사와 비용을 공유할 수 있다. 뮌헨에서도 에너지와 비전을 가진 은퇴 목사들이 여러 개척 교회에 초기에 리더십을 공유했고, 개척 교회는 기본 사역에 대한 비용만 공급했다.

때때로 교회는 재생산하기 전에 '임계 질량'(critical mass)[2]에 도달하는 것이 좋다. 그 과정에서 모교회가 너무나 약해지지 않도록 보호하는 것이 합당하다. 임계 질량을 구성하는 것은 다양하며 예상보다 적은 수의 구성원으로도 가능하다. 파리에서의 교회 재생산과 관련된 바즈코(1996)의 연구에 따르면 대부분의 교회가 교회를 개척한 뒤 12-15명의 성도만을 보냈다.

가정 교회의 경우 모교회의 임계 질량은 20명 미만일 수 있다. 평신도 지도자이지만 임대료를 지불해야 하는 경우 임계 질량이 40명 정도가 된다. 유급 목회자와 대출이 있는 교회의 경우 임계 질량은 100명 정도가 타당하다. 많은 장점을 가진 프로그램 지향적 교회라면 종종 100명 또는 200명으로 구성된 핵심그룹과 함께 '거대한 시작'을 하기도 한다. 보통 교회의 평균 성도수가 200명 미만이기 때문에 이 방식은 극소수의 선택 사항이다. 물론 많은 것이 전체적 전략과 교회 구조에 달려 있다.

---

[2] 어떤 일을 발생시키기 위한 최소 질량. 여기서는 개척을 위한 최소한의 성도를 의미한다 – 역주.

그러나 교회의 규모나 예산이 어떠하든, 교회 재생산은 언제나 안전하고 예측 가능하며 계산할 수 있는 것 이상의 믿음의 단계, 즉 모교회의 자원이 확대되는 단계를 수반한다. 규모나 예산이 아닌 이러한 믿음과 비전이 재생산하는 교회의 특징이다.

6) 단정함과 예측 가능함이 아니라 어수선함과 예측 불가능

이 원칙은 신중하게 기도하는 계획에 반대되는 주장이 아니다. 오히려 개척된 교회나 선구자적 교회 개척이 예상치 못한 실패와 더불어 놀라운 돌파구도 직면하게 될 것임을 상기시켜 준다. 영적 반대와 예상치 못한 많은 사건이 일어나게 된다. 재생산을 위한 모든 시도가 눈에 띌 만큼 성공하는 것은 아니다.

바울이 에베소에서의 사역에 대해 "내게 광대하고 유효한 문이 열렸으나 대적하는 자가 많음이라"(고전 16:9)라고 기록한 바와 같이 종종 반대는 기회와 함께 온다. 운동이 성장함에 따라 지방 정부 또는 종교 당국이 이를 인지하고 문제를 일으킬 수도 있다. 사람들이 그리스도께 나올 때 그들은 종종 깨어진 삶과 관계를 교회로 가져온다. 그들은 건강하고 신뢰할 수 있는 교제 구축을 방해하는 많은 개인적/관계적 기능 장애를 가지고 있을 수 있다.

사탄이 분열, 거짓 가르침, 갈등을 조장할 수도 있다. 이 모든 도전은 초대 교회가 직면했고 오늘 우리도 경험하는 일들이다. 첫 그리스도인들은 도전 가운데서도 하나님의 은혜와 변화시키는 그분의 능력을 경험했다. 동일하신 하나님이 우리와 함께 사역하고 계심을 믿는다.

또한, 교회 개척팀은 융통성이 있어야 한다. 한편으로는 하나님 나라에 영향을 미치는 재생산 운동을 시작하는 궁극적 비전에 충실하면서 다른 한편으로는 기회 및 예상치 못한 발전에도 창의적으로 대응해야 한다. 원래 가졌던 비전이 아닌 종족이나 하위 문화에 대한 사역을 하도록 새로운 문을 하나님이 여시기도 하신다. 그분은 동시에 가장 전략적으로 보이는 문을 닫으실 수도 있다.

여기서 다시 우리는 바울 선교팀이 아시아 방향으로 가서 비두니아로 이동하려고 시도했지만 매번 성령님의 방해를 받았을 때의 일을 생각할 수 있다. 마케도니아에 대한 비전이 있어야만 하나님의 계획이 분명해진다(행 16:6-10).

마케도니아에 세워진 최초의 교회인 빌립보의 시작은 빈약했고(여성 기도회) 영적, 정치적 반대(악령과 투옥에 의한 괴롭힘, 행 16:11-8)로 가득 차 있었다. 그러나 계획되지 않은 시작에도 불구하고 빌립보 교회는 바울의 가장 소중한 동역 교회 중 하나가 되어 그의 필요를 지원했다(빌 4:14-15). 최선의 계획은 성령님의 인도하심에 열려 있어야 하며 상황이 발생할 때 이에 유동적으로 대응해야 한다.

재생산하는 교회의 본질적 특성이 사례 연구 14.1에 요약되어 있다.

〈사례 연구 14.1〉

어떤 교회들은 어떻게 재생산할 수 있는가?

로버트 바즈코(1996; 2005)는 프랑스 여러 교단의 교회들을 연구한 뒤 재생산하는 모든 교회가 가지고 있는 열네 가지 특성을 발견했다.

1. 재생산에 대한 비전
2. 위기 감수하기
3. 자기 희생 정신
4. 스스로를 성장시킴
5. 어떻게 교회를 개척하는지에 대한 지식
6. 성령 하나님에 대한 민감함
7. 재정이 중심이 아님
8. 교회 개척자를 훈련시키는 데 열중함
9. 리더십을 기반으로 한 배가 성장
10. 바울과 같은 비전
11. 수용 가능 지역 모색
12. 단일민족을 목표로 삼음
13. 창의력이 권장됨
14. 분명한 원칙들

2. 재생산 국면에서의 과제: 강화와 파송

1) 전도의 명분 유지하기

　교회 개척은 교회 개척자와 시작팀 뿐 아니라 초기에 헌신한 모든 성도들에게 힘든 일이다. 종종 교회가 재생산을 고려할 정도로 성숙할 무렵이 되면 성도들은 지쳐서 쉬면서 그들의 수고의 결실을 즐기고 싶어 한다. 새로운 신자들을 돌보고 교회 생활에 융화시키기 위해서는 더 많은 관심과 에너지가 필요하다.

　많은 사람이 지금까지 교회가 얻은 이익을 유지하는 것으로도 충분하다는 생각을 하게 될 것이다. 그러한 생각과 피로는 충분히 이해할 수 있지만 그런 마음이 지배적이라면 곧 침체와 영적 무기력으로 이어질 수 있다.

　성장이 지속되고 재생산이 현실이 되기 위해서는 전도, 제자 훈련, 하나님 나라의 영향력, 교회 배가 성장의 비전이 지속적으로 새로워지고 재집중되어야 한다. 잃어버린 사람들이 하나님과 화해하고 변화되는 것을 보고자 하는 열정은 지속적 가르침, 비전 선정, 전도에 대한 강조, 훈련 및 봉사 활동을 통해 가장 잘 유지된다. 새신자들이 정기적 간증을 한다면 큰 자극제가 될 수 있다.

　새로운 신자들이 최고의 전도자가 될 때가 많다. 그들의 믿음은 신선하고 그들의 간증은 설득력이 있으며 그들의 열정은 숨길 수 없다. 수년간 기독교인이었던 대부분과는 달리, 그들은 자연스럽게 신앙을 전하거나 전도 행사에 초대할 수 있는 비기독교인 친구, 친척 및 동료들과 많은 긴밀한 관계를 유지하고 있다. 기독교 문화에 노출되지 않았었기 때문에 그들은 여전히 현대 문화의 관점에서 말하고 생각한다.

　따라서 그들은 동료들이 더 쉽게 이해할 수 있는 방식으로 기독교 메시지를 전달할 수 있다. 새로운 그리스도인들은 이와 같은 방식으로 불신자들과 건전한 관계를 유지하고 그들의 믿음을 전할 수 있도록 준비되고 동원되어야 하며 격려되어야 한다. 그들은 처음 교회를 개척할 때나 선구자적 교회 개척이 시작될 때 선교팀을 구성하기에 가장 좋은 후보자들이다. 미전도 종족에 대한 열정, 에너지, 지식이 신앙적 미성숙을 보충해 준다.

2) 재생산을 위한 교회로 준비하기

교회를 개척하려는 비전은 우연히 또는 자동으로 발전되지 않는다. 위에서 언급했듯이 리더십은 개척을 핵심가치로 상정하고 분명한 가르침과 비전 정립을 통해 재생산과 배가 성장에 대한 비전을 제시해야 한다.

디트리히 쉰들러(Dietrich Schindler)는 독일에서 20년 간의 교회 개척과 연구를 바탕으로, 재생산을 위한 비전은 마치 작은 캡슐 하나를 먹으면 시간이 지나 약효가 온 몸에 퍼지는 '지효성'(time release)과 같다고 말한다. "지효성은 현재 교회가 출범한 직후 다음 교회 개척의 날짜를 정한다는 원칙이다"(Schindler 2008, 322).

비전은 시간이 지남에 따라 '누수'되어 손실되는 경향이 있다. 도시, 지역, 국가 및 세계의 영적 필요가 회중 앞에서 지속적으로 유지되어야 한다. 믿음의 발걸음을 내딛는 지상명령과 잃어버린자를 향한 하나님의 마음은 반복되는 가르침의 주제가 되어야 한다. 교회 리더십 수련회 후 모임을 열어 기도하는 마음으로 아래의 질문들에 대해 생각해 보라.

- 다른 교회를 시작하는 성경적 이유는 무엇인가?
- 교회 재생산은 소명과 선교에 어떻게 부합하는가?
- 지금이 재생산을 시작할 때임을 하나님은 어떻게 지시하시는가?
- 재생산에 어떤 장애물이 있으며 어떻게 극복할 수 있는가?
- 다른 교회를 시작하기 위해 어떻게 더 많은 사역자와 자원을 동원할 수 있는가?
- 이 시점에서 어떤 단계의 믿음이 필요한가?
- 영적 필요가 가장 큰 곳은 어디이며 하나님은 우리에게 어떤 기회를 열어 주셨는가?

출산을 위해 육체적으로나 정신적으로 준비가 필요하듯이 교회는 재생산을 위한 영적 준비가 필요하다. 교회 재생산에 대한 비전과 계획은 분별을 위한 기도로 흠뻑 젖어야 하는데, 추수의 주님께서 일꾼들을 일으키시고(마 9:38) 하나님께서 기회의 문을 열어 주실 것을(골 4:3) 기도해야 한다. 교회가 그렇게 움직여 갈 때 더 많은 영적 저항이 일어날 수 있다.

여호수아가 땅을 차지하고, 느헤미야가 성벽을 짓고, 학개가 성전을 회복하기 위해 영적 우선순위를 설정하고 희생했던 본문들을 공부하면 하나님 나라 목적을 위한 담대한 신앙의 발걸음을 교회가 준비하는 데 도움을 받을 수 있을 것이다.

교회의 재생산을 위한 첫 번째 노력에 있어 준비를 신중하게 할 것이 특히, 중요하다. 모교회는 무언가를 세운 경험이 없다. 첫 번째 노력이 실패하거나 심각한 어려움에 직면하면, 교회 재생산에 대한 극복하기 어려울 만큼의 부정적 태도가 생길 수 있다. 반면, 첫 번째 노력이 성공하면 가까운 장래에 교회를 더 개척하고 그 경험을 이어 가도록 교회에 동기를 부여하는 것이 훨씬 쉬워진다.

3) 교회 개척의 위치와 접근 방식 결정하기

교회가 첫 번째 교회 개척을 고려할 때 위치와 개척 교회 접근 방식이라는 두 가지 전략적 질문에 답해야 한다. 개별적으로도 고려되어야 하지만 두 사안의 결정은 밀접하게 관련되어 있다.

(1) 교회 개척 위치 결정하기

대체로 말해서, 새로운 개척은 세포 분열(모녀 관계 개척이라고도 함)을 통해 지역에 위치하거나, 새 교회가 먼 새 지역에서 선구자적 개척을 하는 형태가 될 것이다. 선구자적 교회 개척인 경우 제9장과 제10장에서 논의된 준비 및 계획 단계에 따라 사역의 대상이 되는 사람들을 결정하고 교회 개척팀을 구성한다. 영적 필요가 가장 큰 미전도 지역 사회 또는 종족 그룹을 알아본다.

전도를 위한 노력은 다양한 지역 사회에서 수행될 수 있으며 가장 반응이 빠른 지역을 교회 개척 장소로 선택할 수 있다. 선구자적 개척을 통해 재생산하는 가장 일반적 방법 중 하나는 교회 성도가 다른 도시나 새로운 지역 사회로 이동하는 것이다.

박해로 흩어져 유대와 사마리아 전역에 교회를 세웠던 예루살렘 기독교인처럼(행 8:1; 11:19-21) 그들은 그 지역에 선구자적 교회 개척의 촉매제가 될 수 있다. 오늘날 교회의 성도들은 기근, 전쟁, 경제적 기회, 일자리, 주택과 같은 이유로 흩어질 수 있다.

교회 성도가 멀리 떨어진 지역에 신자 혹은 복음에 열려 있는 친척이 있는 경우에도 위치를 결정할 수 있다. 때때로 먼 곳에서 온 교회 성도들은 여전히 그곳에 친척과 친구가 많다. 그러한 접촉을 통해 그 지역 사회에서 교회 개척을 위한 문을 여는 데 중요한 사람이 될 수 있다. 외부인이 지역 사회에 접근하는 데는 어려움을 겪지만, 확대된 가족은 항상 환영하는 전통적 사회에서 특히 더 중요하다.

모교회으로부터 온 많은 사람이 더 많은 지역 교회 개척을 위해 위임을 받으면 다소 다른 접근 방식이 취해진다. 개척의 위치를 결정하는 가장 간단한 방법 중 하나는 현재 교회 성도들이 살고 있는 곳을 파악하는 것이다. 하나 이상의 소그룹이 이미 도시 또는 지역의 특정 구역에서 모이고 있으면 새 교회의 시작을 위한 잠재적 핵심그룹의 역할을 할 수 있다.

다음 단계로, 그 소그룹이 모이고 있는 지역 사회의 영적 필요를 평가할 수 있다. 교회가 거의 없거나 전혀 없는 지역에 이미 교회가 있는 지역보다 우선권이 주어진다.

인구 증가를 겪고 있는 지역은 감소하는 지역보다 우선권이 주어진다. 또한 여러 교회 회원이 인근 지역 사회로 이주할 때 그 지역이 교회 개척을 위한 잠재적 위치가 될 수도 있다. 예를 들어, 뮌헨의 주택은 비싸지면서 가족 중 한 명만 수입이 있는 대가족은 교외나 마을의 더 저렴한 주택으로 이사해야 했다. 핵심을 구성하는 성도들과 함께 뮌헨을 둘러싼 통근

철도 노선을 따라 마을에 교회를 개척하는 계획이 고안되었다. 이런 식으로 여러 교회가 세워졌다.

교회 개척을 통해 해결할 수 있는 중요한 사회적 필요가 있는 지역 또한 목표가 될 수 있다. 예를 들어, 필리핀 마닐라(Manila)의 한 중산층 교회는 외국 선교사들과 협력하여 가난한 지역에 교회를 세우고 물질적 자원과 개인 자원을 모두 제공했다. 전도와 성경 공부 외에도 유치원 교육 프로그램 및 방과후 활동 같은 지역 사회 서비스를 시작했다.

(2) 접근 방식 결정하기

제7장에서 우리는 선구자적 교회 개척과 교회 재생산에 대한 다양한 접근 방식을 보았다. 개척 교회는 이러한 선택지들을 기도하는 마음으로 고려한다. 배가 성장 운동을 시작하려는 장기적 목표를 항상 염두에 두어야 한다.

일부 방식은 한 상황에서 잘 되지만 다른 상황에서는 잘 되지 않는다. 예를 들어, 가정 교회 연계망은 정치적/종교적으로 상당한 반대가 있거나 확대가족 연계망이 가정 교회의 기반이 되는 상황에서 가장 잘 성장할 수 있다. 멀티사이트(multisite, 한 교회가 두 개 이상의 장소에서 예배하는 경우-역자 주) 접근 방식은 다양한 자원에 접근할 수 있는 보다 프로그램 지향적 교회와 양질의 전문성을 요구하는 도시 환경에서 가장 효과적이다.

이에 더하여, 제7장에서 논의된 지역 전략도 한 지역에서 교회를 배가 성장시키기 위한 더 큰 계획의 일부로 고려될 수 있다. 그러한 장기적 계획과 비전은 보다 넓은 관점에서 지금의 교회 개척을 보게 한다. 그리스도를 위해 협력하고 상승효과를 발전시키고, 연합하기 위해 다른 교회 및 지역 내 가능한 동역자들과 지역 교회 개척 계획을 나누는 것이 권장된다.

4) 딸교회 혹은 선교자적 교회 시작하기

교회가 개척되고 있다면 대상 지역에 사는 성도들이 일반적으로 교회 개척팀을 구성한다. 다른 사람들은 그 장소로 이동하거나 먼 곳에서 참여하도록 모집할 수 있다. 이 팀은 몇 달 동안 정기적으로 만나 기도하고, 계획을 세우고, 함께 성장할 것이다.

제9장과 제10장에 설명된 많은 준비 작업이 수행된다. 제16장에서는 팀 구성 방법을 설명한다. 북미 상황에서 교회를 개척하기 위한 몇 가지 자원을 사용할 수 있으며(e.g., Logan and Ogne 1995; Harrison, Cheyney and Overstreet 2008), 다른 문화적 상황에 적용할 수도 있다.

새로운 개척 교회의 리더십은 매우 중요하다. 지역 사회가 대상이긴 하지만 그곳의 성도들이 필요한 리더십 기술이 부족하다면 그러한 기술을 가진 사람을 팀에 모집해야 한다. 모교회의 리더들이 개척된 교회의 사역을 돕거나, 사도적 교회 개척자가 도울 수도 있다.

그러나 배가 성장이 일어나려면 경험 많은 교회 개척자의 지도 아래 새로운 리더가 새로운 일을 이끌 준비가 되어 있어야 한다. 그들은 홍보 행사 혹은 비정규 예배를 통해 목표로 한 지역 사회에서 모임을 시작할 수 있다. 적절한 시기에 모교회에서 개척 교회의 시작을 축복하고 축하하기 위해 행사를 열 수 있다.

선구자적 교회 개척을 시작하는 것은 더 어렵다. 교회 개척자 또는 시작팀은 후원 교회에서 모집할 수 있지만 선구자 개척은 종종 후원자와 상당한 지리적 거리를 두기 때문에 목표로 한 지역에 거주하고 그곳에서 일자리를 찾으려면 팀을 다시 구성해야 한다. 시작팀이 지역 사회에 익숙하지 않거나 새로운 민족에게 다가가는 경우라면 더 많은 준비 연구가 필요하다. 제9장과 제10장에서 설명된 단계를 참고할 수 있다.

한편, 사도적 교회 개척팀의 초기 구성원들은 이미 첫 번째 교회 개척의 모든 주요 사역 책임에서 단계적으로 철수했을 것이다. 그들은 이제 직접 또는 멘토의 역할(그림 14.1에 설명 됨)에서 새로운 개척 교회를 도울 수 있다. 사도적 교회 개척자에게 가능한 다른 역할은 아래에서 살펴볼 수 있다. 교회를 재생산하는 과정은 반복적으로 지속되어야 하며, 각 세대의 교회 개척은 계속해서 여러 교회를 재생산하고 개척해야 한다(그림 14.2).

이 운동은 세 번째 혹은 네 번째 세대 교회까지 세워져야 배가 성장을 이룬 것으로 볼 수 있는데, 이를 통해 재생산의 DNA가 이 운동의 진정한 특징임을 증명해 준다.

5) 다문화 선교사 파송하기

지금까지는 교회 재생산에 대해 주로 초대 교회의 개척처럼 동일 문화에서의 이루어지는 지역 교회 개척의 관점에서 이야기했다. 교회 재생산에 대한 비전에는 볼 수 있고 이해할 수 있는 복음에 대한 증거 없이 사는 사회 및 미전도 종족에 대한 비전이 포함되어야 한다.

〈그림 14.1〉 교회 재생산

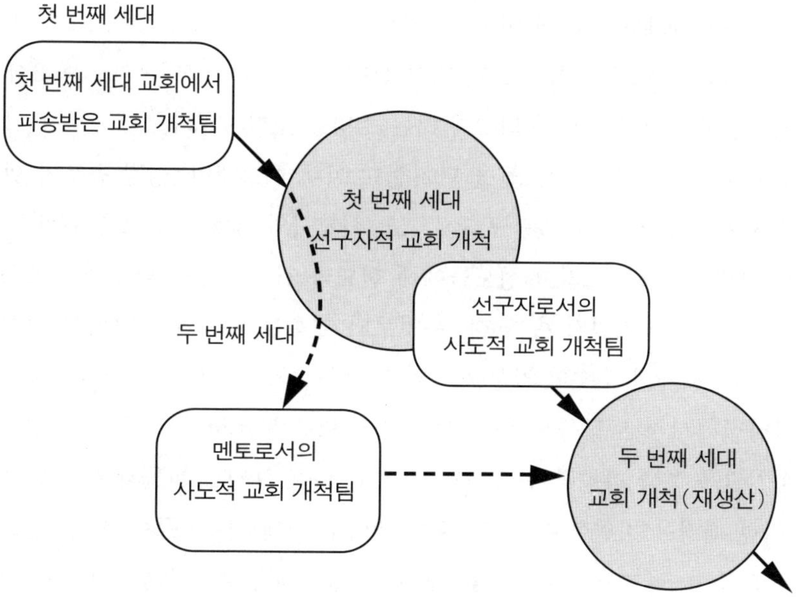

첫 번째 세대

첫 번째 세대 교회에서 파송받은 교회 개척팀

첫 번째 세대 선구자적 교회 개척

선구자로서의 사도적 교회 개척팀

두 번째 세대

멘토로서의 사도적 교회 개척팀

두 번째 세대 교회 개척(재생산)

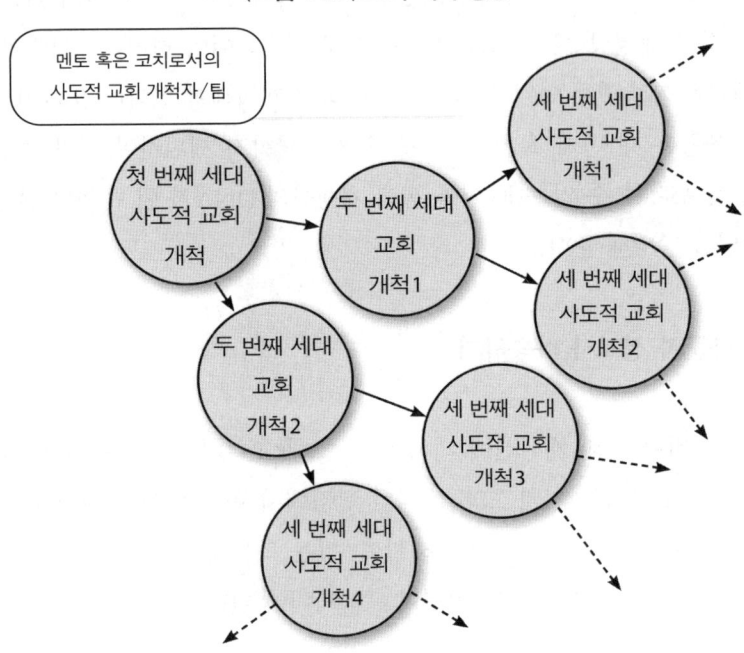

〈그림 14.2〉교회 배가 성장

　개척 교회에게는 그러한 비전이 크고 심지어 주제 넘게 보일 수도 있다. 그러나 많은 새로운 교회는 초기 비전 선언문, 핵심가치 또는 기도 목표에 선교사를 파송하는 교회가 되고자 하는 소망을 포함시킨다.
　선교사를 초청하고, 성도들을 단기선교 여행에 보내며, 성경 공부와 설교에 세계 선교라는 주제를 포함시키고, 선교사와 세계적 필요를 위한 정기적 기도를 통해, 그리고 성도들에게 선교와 관련된 문서들을 제공함으로써 이 비전을 키워갈 수 있다. 무엇보다 교회는 추수의 주님께서 교회 안에서 전 세계적 추수의 일꾼들을 일으키시도록 기도해야 한다(마 9:38).
　하나님께서 성도들을 다문화 선교 사역으로 부르시면, 그들은 선교사 파송기관을 통해 파송될 수 있으며, 교회는 다른 후원 교회들과 함께 그들을 위한 재정을 지원할 수 있다. 또는 대다수 세계 선교사들이 점점 더 그렇게 되듯이, 선교사가 이중직을 가질 수 있고 세속 고용을 통해 대부분의 재정을 지원받을 수도 있다.

'선교로서의 사업'을 옹호하는 이들은 국제적 임무나 프로젝트를 가진 기독교 사업가들에게 이를 경제 발전과 선교적 참여의 수단으로 볼 것을 요구한다. 필리핀의 기독교인들은 약 180개 국에 거주하고 일하는 필리핀 선교사들을 동원하여 세계 복음화를 위한 전체 전략을 발전시켜 왔다(cf. Pantoja, Tira and Wan 2004).

개척 교회가 자신을 파송하고 지원하여 지상명령을 완수하는 데 완전한 참여자가 되는 것, 이것이 그리스도의 몸된 온 세상에서 성숙하고 완전한 참여자로 성년이 되었다는 표시이다. 교회는 선교적 노력의 수혜자일 뿐 아니라 다른 교회들도 마찬가지의 혜택을 받을 수 있도록 지금은 기여자가 되었다는 사실을 알고 큰 기쁨을 경험하게 될 것이다.

6) 다른 교회들과 협력하기

독립정신은 미국인들의 삶에 대한 모든 태도를 지배하며 종종 지역 교회가 서로 관계를 맺는 방식에도 반영된다. 그러나 제3장에서 언급한 바와 같이 사도 바울은 그가 세운 교회들을 다양한 방법으로 연결시켰다. 오늘날 이러한 동역자 관계는 그 당시 못지 않게 중요하다. 협회, 교단, 운동 연계망, 지역 복음주의 동맹 또는 공동 선교 및 봉사의 형태로 이러한 관계들이 형성된다. 신학 교육, 선교사 파송, 기독교 언론 등 한 교회가 홀로 지속할 수 없는 많은 사역이 있다.

이와 같은 동역과 협력은 또한 더 큰 그리스도의 몸과 연합의 표시이다 (요 17:11, 20-23). 이 영적 연합은 반드시 구조적 연합을 수반하는 것은 아니지만 친교, 협력 및 공동의 대의를 포함한다. 동질적이고 엄격하게 정의된 민족 가운데 교회를 개척하는 것을 지나치게 강조하면 민족중심주의로 이어질 수 있고 교회 내에서의 분열을 강화할 수도 있다.

민족적, 국가적, 고백적 계통에 걸친 연합정신이 교회 개척에 의도적으로 주입되어야 한다(갈 3:28; 엡 2:11-22; cf. LOP 1, 1978; Padilla 1982). 켄 베이커(Ken Baker)는 이것을 "전도 전략"에서 "하나님 나라 전략"으로의 전환이라고 설명한다(2005, 166).

다른 교회와의 연합은 교회 재생산을 자극하는 부가적 이점이 있다. 예를 들어, 로버트 바즈코는 다음과 같이 말한다.

> [프랑스에서] 다른 교회들과 교제하는 교회는 독립적 교회보다 재생산을 더 많이 한다. 재생산하는 교회에 대한 나의 연구를 통해 가장 재생산적 교회 자체가 재생산을 장려하는 운동의 일부라는 것을 보여 준 것은 전혀 놀라운 일이 아니다(2005, 299).

다른 상황에서는 그렇지 않을 수 있지만 일반적으로는 이런 원칙이 적용된다. 즉, 같은 생각을 가진 교회가 상호 격려와 비전을 가지고 함께 일할 때 상승효과가 나타난다. 전체 효과는 부분의 합보다 더 크다.

또한 톰 스티븐이 지적했듯이 "교회 연합은 교회들 사이를 순환하는 조금 낮은 수준의 리더십을 제공하여 격려하고 도전한다"(2001, 184). 또한, 교회가 성경에 충실하고, 지속적 선교에 대한 비전을 제시하고, 단일 지역 회중이 혼자 해결할 수 없는 갈등을 협상하는 데 도움을 준다.

예루살렘 공의회와 사도들이 1세기 교회에 실용적이고 신학적 지침을 제공했던 것처럼, 교회 연합이나 교단은 하나님 나라 운동을 위한 안정과 지침을 제공해 줄 수 있다. 그들은 또한 교회가 강한 지도자에 의해 지나치게 지배되는 것을 막고 어려움을 겪고 있거나 약한 지도자가 있는 소규모 교회를 격려할 수 있다. 연합체가 할 수 있는 가장 전략적인 움직임 중 하나는 지역 교회 개척 또는 선교사 훈련센터를 설립하는 것이다(제17장 참조).

물론 교회 연합은 너무나 자주 자원만 소비하고 운동을 위한 열심과 비전이 부족한 채 자기를 정당화시키는 관료로 진화하곤 한다. 선교단체는 때때로 파송하는 교단에는 부합되지만 개체 교회 상황에는 반영될 수 없는 구조와 직분을 부과해 왔다. 연합 조직은 명확하게 정의된 목표를 가지고 현지 교회 자체의 요구와 비전에 대응하여 필요에 따라 유기적으로 성장해야 한다. 리더는 현지 신자들의 신뢰와 존경심을 가장 많이 받는 사람이 되어야 한다.

3. 사도적 교회 개척자의 역할: 배가 성장에서 기억으로

바울은 계속해서 개척해 나간 모범적 사도적 교회 개척자였고, 목회 리더십을 현지 장로들에게 위임했지만, 그가 개척한 교회를 떠나는 것은 쉽지 않은 일이었다. 때로는 박해를 받아 마을에서 쫓겨 나기도 했고(예, 행 14:5-6, 19-20), 어떤 때는 눈물을 흘리면서도 기쁜 마음으로 떠났다(행 20:36-38).

사도행전 21:1에서 누가는 선교팀이 떠나는 것을 "그들로부터 스스로를 멀어지게"한 것으로 묘사한다. 교회 사람들에게 많은 시간과 에너지와 기도를 쏟은 교회 개척자는 이 구절과 관련될 것이다. 개척자는 여러 면에서 성도들에게 영적 아버지 또는 어머니이며 그들 사이에는 특별한 유대가 형성된다. 그러나 바울이 그의 팀과 했던 것처럼 사도적 개척자는 한 곳에 머무르지 않고 계속 나아갈 것이다.

개척자가 개척 교회를 떠나 '기억'된 후에는 무엇을 할 것인가?

바울의 모범을 따라 그는 교회와의 접촉을 유지하고 모든 관계를 끊지는 않을 것이다. 현지 지도자들이 인도할 수 있도록 일정한 거리를 유지해야 하지만 그 지도자들은 때때로 개척자의 멘토링을 구할 수도 있다.

스티븐(2001, 190-91)은 관계를 유지하기 위한 다음과 같은 건강한 방법을 열거한다.

- 기도
- 통신
- 현명하고 신중한 재정 지원
- 문화적으로 적절한 문헌 자료 구독
- 문화적으로 적절한 책, 테이프 또는 비디오

- 교육 지원
- 정기적 방문
- 이메일
- 교육을 위한 동역 및 연계망

개척자가 떠날 때 지속적 사역을 위한 몇 가지 선택지가 있다.[3] 보다 개척 정신을 가진 일부 사람들은 다른 교회 개척을 돕기 위해 동역자를 모집하기로 선택할 것이다. 강력한 교육의 은사를 가진 사람들은 전국의 교회 개척자들을 훈련시키는 사역을 개발하기로 선택할 수 있다. 혹은 비정규적으로 새로운 교회 개척자를 멘토링하거나 지도하고, 전도자 및 교회 개척자를 돕기 위해 문화적으로 적절한 자료를 제작하고, 훈련 세미나를 제공하거나, 교회 개척자 훈련기관을 설립할 수 있다.

행정적 은사를 가진 사람들은 현지 교회 연합 형성, 선교사 파송 구조 개발 또는 신흥 운동의 토대 마련을 지원할 수 있다(이는 수많은 교회가 이미 세워진 후에만 선택 사항이 될 수 있음). 교회 개척자는 배가 성장가가 되지 않고 이제 막 개척한 교회와 관련해서만 기억으로 남는다. 개척자는 더 넓은 의미에서만 배가 성장가로 남는다. 이러한 각각의 경우를 통해 교회 개척자는 다음 세대 교회 개척자들에서 자신을 계속해서 재생산하고 운동의 지속적 발전을 촉진한다.

---

[3] 스티븐(2001, 190)은 또한 선교사 교회 개척자들이 개척 교회를 떠난 후 고려할 수 있는 선택지들을 열거한다. (1) 사역 역할 변경, (2) 은퇴, (3) 다른 미전도 지역에서 동일 문화의 새로운 교회 개척 시작 (일반적으로 외국인 및 현지인과 함께), (4) 다른 미전도 지역에서 새로운 타문화 교회 개척 시작, (5) 특정 목표를 달성하기 위해 교회 연합 아래에서 사역.

제4부

중요한 요소

제15장 교회 개척자의 개인적 삶

제16장 교회 개척팀

제17장 종, 리더 그리고 개척자 개발하기

제18장 교회 개척을 위한 동역 관계 및 자원

제19장 세상을 변혁시키는 교회 개척

제15장

교회 개척자의 개인적 삶

교회 개척은 삶의 전 영역을 거치는 흥분되는 신앙의 여정이다. 동시에 종종 진이 빠지는 일이기도 한다. 528개 선교단체의 조사에 따르면 선교사 탈진 원인의 4분의 3은 예방 가능한 것들이었다. 예방 가능한 탈진 원인들 가운데 4분의 1은 개인적 이유였으며, 13퍼센트는 결혼 및 가족 문제, 그리고 6-9퍼센트는 선교팀 내부의 문제였다(Brierly 1997, 89).

결론은 명확하다. 일반적으로 선교 사역은, 특별히 교회 개척은, 당사자의 개인적 문제 및 결혼과 가족의 삶에 엄청난 영향을 준다. 게다가 많은 교회 개척자는 대체로 직무 중심적이어서 자신에 대한 문제는 간과하고 개인적 삶의 다양한 국면들은 무시하는 경향이 있다. 대부분의 교회 개척 관련 서적들은 교회 개척의 개인적 측면을 제대로 다루지 못했다.

우리가 조사한 바에 따르면 개척자들은 팀 사역을 할 때 느끼는 전략적 부족함을 개인적 부적합성이나 무능력감을 통해서도 동일하게 느낀다.

캐나다 교회 개척을 위한 퀘백 주 조정자인 제이 핀리(Jay Pinney)는 말한다.

> 교회 개척의 방법론에 관련해서는 양질의 자료들이 점점 더 풍성해지는데 비해, 교회 개척자 및 그와 그 가족이 교회 개척 과정 중에 겪는 스트레스에 대해서는 많은 관심이 없었다. 교회 개척자 자신이 교회 개척의 필수적 구성 요소임에도 불구하고 개척자의 개인적, 영적 삶에 대해 합당하게 조명한 문헌과 훈련이 현재 많이 없다. 이에 더하여, 전반적 코칭 기법에 대해서는 기독교나 세상 모두 주목하고 강조하면서도, 개척자들의 개인과 가족의 삶의 영역에 영향을 주어 변화를 꾀할 수 있도록 코치들을 돕는 도구들은 놀랄 만큼 미미하다(2006, 8).

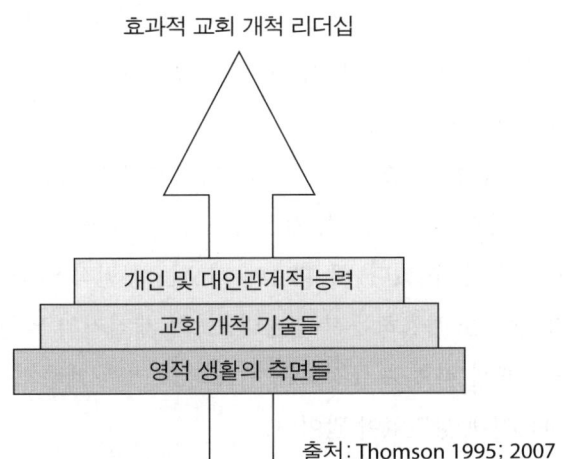

〈그림 15.1〉 효과적 교회 개척 리더십을 가져다주는 핵심 요소

출처: Thomson 1995; 2007

이번 장에서는 개인적 측면들을 다루고 다음 장에서는 팀에 대해서 할 애했다. 더 깊은 공부를 위한 자료들은 이번 장 마지막 부가 자료 15.3에서 볼 수 있다.

1. 교회 개척자의 핵심 역량

교회 개척자들은 특별한 준비가 필요하다. 교회 개척자들에게 필요한 효과적 역량에 관한 연구가 북미에서 이루어졌다(e.g., Graham 1987; Ridley 1988; Thompson 1995 and 2007; Hertzberg 2008; Hertzberg and Lonsway 2008).

1) 일반적 역량

그림 15.1은 알렌 톰슨(J. Aleen Thomson)의 조사에 근거하여 적절한 준비가 필요한 세 가지 광범위한 범주를 그려 준다.[1] 영적 생활의 측면, (지식을

---

1 알렌 톰슨(1995, 2007)은 북미 교회 개척자들과 평가 기관의 리더들에 대한 박사 학위

포함한) 교회 개척 기술, 개인 및 대인관계적 능력이 그것인데, 우선순위와 중요도에 따른 순서이다. 톰슨의 연구는 북미의 상황에 우선되긴 하지만 이 세 가지 범주는 효과적인 사도적 다문화 교회 개척자의 자질을 떠올리게 한다(Taylor and Hoke 2003).

표 15.1에서는 톰슨이 중시하는 교회 개척자의 역량을 찰스 리들리(Charles Ridley)의 것과 비교하는데, 가장 중요한 특별 역량에 있어서는 많은 부분 겹치는 걸 볼 수 있다. 표 15.1에 나오는 개인적 역량들은 중요하다. 어떤 개척 방법을 사용하든지 그렇다. 교회 개척자의 역할을 목회적, 사도적, 혹은 촉매제 역할로 규정하든지 그리고 어떤 계층의 사람들에게 다가가려고 하든지에 상관없이 말이다.

사도적 교회 개척자와 다문화 교회 개척자에게 필요한 추가적 기술과 역량에 대해서 앞으로 논의하게 될 것이다.

〈표 15.1〉 교회 개척자의 역량: 리들리와 톰슨 비교

리들리가 중시하는 교회 개척자의 역량 (1988)	톰슨이 중시하는 교회 개척자의 역량 (1995 & 2007)
내재적 동기 배우자의 협조 실제적 믿음 비전의 크기, 사역의 주도권 창출 잃어버린 영혼에게 다가가기, 효과적으로 관계 형성하기	부르심 가족의 헌신 영성, 진실됨, 영적 원리, 거룩한 성품, 기도 리더십, 교회 개척 기술, 역동성, 사역 철학 설교, 복음 전도, 제자 훈련
타인의 은사 활용하기 사람들을 응집시키기 교회 성장에 헌신 유연성, 적응력, 탄력성 입증하기	양심적, 바람직함, 민감성, 유연성, 탄력성, 스스로에 대한 건강한 이미지

논문을 썼다. 그 연구에서는 스물한 가지 중요한 자질들을 정의 내리는데, 그 주제들 중 교회 개척의 성공을 위해 중요한 자질로 가장 많이 등장하는 것은 영적 자질이었다.

이들의 연구들을 종합하고 개인적 관찰을 더하여 결론 내리는, 접근 방식이나 개인의 역량과 상관없이 효과적 교회 개척을 위한 가장 중요한 덕목들이다.

- 하나님의 부르심
- 거룩한 성품
- 강한 영적 역동성(기도, 하나님의 음성 듣기 등)
- 배우자의 지지
- 선교에 특화된 기술들[2]
- 정서 지능 및 융통성
- 임무에 적합한 은사들

이런 기반들이 잘 구비되면 하나님께서 봉사하는 사역자를 계속해서 만들어 가 주실 것이다(Grady and Kendall 1992; Ridley 1988; Thompson 1995, 2007; Taylor and Hoke 2003).

2) 사도적 혹은 다문화 교회 개척자의 추가적 역량들

1990년대에 두 개의 다문화 교회 개척의 성격들이 발전되었다. 사역자들의 높은 소진률에 대한 경고와 그들의 준비와 훈련 개선에 대한 희망에서부터 촉발된 것들이다(Taylor 1997; Hoke and Taylor 1999). 개인의 성숙과 다문화적 적응성이 효과와 장기 전략 차원에서 중요한 요소로 정의되었다. (Taylor 1997, 184-249).

---

2 표 15.1에 나오는 리들리의 요소들은 교회 연합과 교회 개척 연결망의 시작점으로 사용된다. 톰슨이 제시하는 바와 같이 전도와 제자 훈련에서 실행하고 동기를 부여하고 다른 이들을 세우는 것에 대한 증명된 능력이 교회 개척자에 대한 설명과 평가를 위한 도구에 포함되면 좋다.

다양한 인종 구성 가운데서 행하는 사도적 사역은(시작하고 모으는) 전도와 사업가적 능력, 문화 적응 능력 및 유연성, 지략, 자기학습 능력 성향도 요구한다(Taylor and Hoke 2003).

효과적 다문화 리더십은 자신의 리더십 스타일을 자신의 개성이나 행동 습관이 아닌 상황이나 환경에 맞추는 능력에서부터 온다. 단계적 철수 국면과 역할의 변화가 요구되기 때문에(Steffen 1997), 다문화 사역자들은 앞에서 이끌 뿐 아니라 현지 견습생들 및 리더들에 맞추어 인도할 수 있는 능력이 필요하다. 여기에 세대 및 인종의 차이 역시 고려해야 한다.[3]

마지막으로, 한 사람의 교회 개척자가 모든 능력을 가질 수 없다는 사실을 절대 잊어서는 안 된다. 팀의 역량 역시 반드시 고려되어야만 한다.

2. 영적 기초

1) 부르심과 확신

아무리 많은 공부, 훈련, 경험도 부르심, 인도하심, 그리고 교회 개척자의 삶에서 성령 하나님께서 행하시는 능력을 대체할 수 없다. 하나님이 임명하셨다는 확인은 엄청난 확신과 사역을 지속할 수 있는 힘을 준다.

하나님께서 사람들에게 다양한 방식으로 말씀하시기 때문에, 바울이 경험했던 것처럼 특별한 방식의 "하늘로부터 내려오는 비전"을 받아야 하는 것은 아니다. 그 확신은 처음 단계부터 성경을 공부하고 반응하면서 다른 이들과 토론하는 가운데 극적으로 혹은 점진적으로 올 수 있다.

---

[3] 종합적으로 교회 개척자의 성격은 시간의 흐름에 민감하다. 문화는 진화하고 도시 환경은 점차로 다원적이고 다양해지기 때문이다. 톰슨은 1995년 북미에 대해 했던 연구를 2007년 갱신했고, 테일러와 호크는 1998년 했던 다문화에 대한 설명을 2003년 개정했다. 예를 들어, 개인의 청렴함은 수 세대 전에는 그저 막연하게 추정되기만 했는데, 지금은 아주 중요한 특성으로 명시된다(Thomson 2007).

루크 그리어(Luke Greer 2009, 328-32)는 고넬료에게 가라고 베드로를 부르신 것처럼 "명백한 부르심"과 많은 숙고 후 야고보가 요약하여 "성령과 우리에게 요긴한 것으로 보인다"(행 15:28)고 표현한 것 모두 성경적 사례가 있음을 지적한다. 하지만 개척 지원자는 반드시 자신의 교회 공동체가 확인해 주는 하나님의 인도하심에 대한 진실되고 분명하며 지속적 확신을 가져야 하며, 결혼한 경우 배우자와도 이 확신을 공유해야 한다(McQuilkin 2002를 보라).

2) 영적 성숙

바울과 바나바처럼, 교회 개척자들을 지도하는 이들은 이미 영적 성숙함과 영적 훈련, 그리고 효과적 교회 리더로서 사역의 기술적인 면에서 검증된 자들 중에서 뽑아야 한다. 하나님의 부르심 만큼이나 그분의 시간 역시 구해야 한다. 하나님은 기초적인 것들을 쌓고 성품을 형성시키시며 그분께로 이끄시는 형성적 경험을 통해 주권적으로 그분의 종들을 준비시키신다. 그분은 많은 연단의 과정들과 희생 봉사를 익히도록 만드신다. 그런 것들이 그분의 가장 효과적인 교사들이다.

하나님과의 깊은 영적 동행은 압박을 견뎌내고 반대에도 은혜롭게 반응하며 예측하기 힘든 상황 가운데에서도 하나님을 신뢰함을 요구한다. 광야의 경험은 성숙의 과정이다.

> 고립은 종종 하나님께서 보통의 사역현장이 주는 압박에서는 경험할 수 없는 것을 배우게 해 주는 중요한 리더십 교육이다(Clinton 1988, 161).

"하나님과의 씨름"으로 시작해서 하나님과의 더 깊은 친밀한 교제, 새로운 형식의 의존, 더 깊은 겸손과 인내, 그리고 감정적 고통에 반응하는 새로운 방식으로 끝이 나게 마련이다. 교회 개척을 꿈꾸는 이가 이런 노력의 시간들로부터 배우지 못한다면, 다른 언어와 문화가 가져다주는 충격은 견디기에 너무 어려운 것이 되고 만다. 남미의 한 리더는 다문화 교회 개척자들에게 이렇게 멘토링한다.

"잘 짜여진 안건과 계획을 가져오려 하지 말고 배우러 오라."

다른 이는 이렇게 말한다.

"기도와 신뢰와 겸손과 존경과 무엇보다, 성령으로 충만함으로 일하라."

이러한 성품들은 성숙과 영적 민감함을 요한다.

3) 기도와 영적 단련

영적 단련은 실행되어야만 한다. 많은 다문화 환경 속에서 교회 개척자들은 설립된 현지의 교회의 지원 없이 자신의 영적 생활에 스스로 양분을 공급해야 한다. 많은 이가 더 깊은 영적 단련 과정을 발전시켜야 함을 알게 된다. 편하게 훈련하는 이들은 교회 개척이라는 전장에 어울리지 않는다.

딕 그래디와 글렌 켄달(Dick Grady and Glenn Kendall 2991)은 기도야말로 교회 개척 성공의 제일 요소라는 사실을 발견했다. 효과적 기도 생활과 사역을 구성하지 않은 교회 개척자들은 오래 가지 못한다.

에콰도르 키토(Quito)의 한 교회 개척자가 이 문제를 보았다.

> 우리가 많은 시간과 힘, 그리고 자금을 집회와 운동에 쏟아붓는다면 사실은 교회 성장의 사도적 방법, 즉 기도와 말씀 사역을 무시하는 것이다(Mateer 1988, 146).

교회 개척자들은 그들과 함께 일하는 자들의 필요, 성품적 결함, 열린 영성을 주의 깊게 살피고, 집중하여 인내로 중보할 필요가 있다. 가끔 하나님의 방향성은 이런 종류의 들음과 세심한 기도에서부터 온다.

기도는 전도와도 관련된다(엡 6:18-20). 중보 기도는 단순히 효과적 봉사가 아니다. 교회 개척의 심장과 영혼이다. 하나의 교회를 개척하기 위해서 개척팀은 전체 사역의 10퍼센트를 다양한 형태의 기도에 헌신해야 한다. 서로를 위해, 새신자들을 위해, 그리고 불신자들을 위해. 발전된 기도 사역에는 전도를 위한 산책 기도, 철야 기도, 금식 기도가 포함된다. 기도의 삶과 사역을 발전시키기 위한 실제적 제안은 이번 장 마지막에 나오는 부가 자료 15.3에서 볼 수 있다.

3. 교회 개척과 은사

교회 개척자는 성령 하나님을 의지하는 사람이어야 하며, 잃어버린 자를 찾고 교회를 건설하기 위해 자신의 은사를 사용해야 한다. 두 개의 규칙이 있다.

첫째, 하나님께서는 교회를 교육하기 위해 많은 은사를 사용하시는 것과 마찬가지로 그분의 교회를 개척하기 위해 은사의 다양성을 사용하신다.

둘째, 표 15.1에 나오듯 교회 개척에 특별히 적합한 어떤 은사들이 있다. 어떤 목록도 제안 가능하지만 완전한 것은 아니다(Sawatsky 1991, 1997). 제8장에서 교회 개척의 각 국면마다 가장 중요한 은사들을 정의 내리고 묘사했었다.

- **시작 단계**: 전도와 사도적 은사
- **설립 단계**: 가르침과 목양의 은사
- **조직 단계**: 리더십과 행정의 은사
- **재생산 단계**: 전도와 사도적 은사

이런 은사들은 우선적으로 리더십과 관련되어 있다. 성경에 나오는 사례들을 살펴봄으로 다른 은사들이 가진 역할들도 발견할 수 있다. 일단의 은사들이 각 팀이 하나님께서 주신 기능을 수행할 수 있도록 준비시켜 준다(표 15.2를 보라).

〈표 15.2〉 교회 개척팀의 기능과 은사

교회 개척자의 기능	성경의 사례	은사
교회 기초 놓기	바울, 베드로, 바나바, 에바브라	사도적 은사(다문화 은사), 전도, 설교, 리더십, 믿음, 위로
교회를 발전시키기	아볼로, 디모데, 디도	가르침, 행정, 위로, 상담
교회 개척 돕기	브리스가와 아굴라	전도, 도움, 환대, 멘토링, 가르침, 격려

1) 교회의 기초를 놓는 이

바울과 베드로는 사도적 은사를 가지고 "기초를 놓는 이"를 대표한다. 둘 다 전도자이며 설득적 설교의 대가들이다. 바울과 함께한 전도자 바나바(행 13:2-14:28)는 위로의 은사로 잘 알려져 있다(행 4:36-37). 그는 사람들이 사역을 시작할 수 있도록 그들을 묶어 주었으며(행 11:26-26), 사람들과 모임 사이를 이어 주는 다리 역할을 했다(행 15:1-4, 12, 22-35).[4] 에바브라는 골로새에서 사역을 시작했고(골 1:7) 히에라볼리와 라오디게아에서도 동역하였다(골 4:12-13). 그는 중보 기도 사역을 통해 믿음의 은사를 보여 주었다(골 4:12).

2) 물 주는 이와 자라게 하는 이

알렉산드리아에서 온 유대인 아볼로는 에베소에서 바울의 선교팀과 만났다. 그는 구약에 정통하였으며 예수님을 메시아로 믿는 유창한 설교

---

4 바나바 역시 사도적 은사를 가지고 있다(행 14:14). 그는 자신의 고향인 구브로에서 처음엔 기초 놓는 이로서의 기능을 수행했지만, 후에 돌아와서는 사역을 강화시키고 마가 요한이 만든 사역의 틀을 지속했다(행 15:39).

자였다. 그는 믿음 안에서 다른 이들을 설득하고 교훈을 주는 능력을 사용할 준비가 되어 있었다. 그는 고린도 교회를 발전시켰다, 혹은 "물을 주었다"(고전 3:6). 또한, 에베소에서는 바울을 도왔다(고전 16:12). 아볼로는 교회 개척의 선구자 역할을 한 적은 없지만 설립된 교회를 강하게 만드는 데에 그의 열심을 드렸다.

디모데는 "물 주는 이"의 또 다른 사례이다. 고린도(행 18:5; 고후 1:19)와 베뢰아 등의 예닐곱 도시를 복음화하는 데 바울을 도운 후, 바울이 아덴으로 떠났을 때 그는 신자들을 튼튼케 하기 위해 남았다(행 17:14). 후에 그는 데살로니가로 돌아와 그곳의 새신자들의 신앙을 확인해 주었고(살전 3:1-3) 마지막엔 에베소에서 오랜 시간 동안 사역했다(딤전 1:3-4).

디도와 및 바울의 다른 동역자들도 물 주는 이들이었다(딛 1:5).

3) 교회 개척을 돕는 이

조력자나 팀 구성원들의 헌신은 때로는 미미하게 보이기도 하지만 절대로 과소평가되어서는 안 된다. 제3장에서는 다른 예를 들었었는데, 여기서는 브리스가와 아굴라를 강조하고자 한다.

그들은 도움과 환대, 그리고 무엇보다 가르침과 위로의 은사를 가졌다(행 18:2-3, 26; 고전 16:19). 그들은 직접 전도 사역을 하기도 하면서, 다른 이들을 그들의 사역으로 이끌어 들이는 능력도 가졌다(행 18:26-27). 바울은 그들을 "그리스도 예수 안에서 나의 동역자들"(롬 16:3)이라 불렀다. 아내인 브리스가를 먼저 언급함으로 그녀의 생명넘치는 헌신을 강조한다. 그녀와 아굴라는 고린도(행 18:2-26), 에베소(고전 16:19) 그리고 후에는 로마(롬 16:3)에서 소중하고 탄력적인 동역자들이었다.

로마서 16장에서 바울은 그의 사역 가운데 때때로 도움을 주었던 사람들에게 인사를 전한다. 그들의 중요함은 그가 사용한 표현을 통해 볼 수 있다.

- "교회의 일꾼"(1절)
- "동역자"(3, 9절)
- "사랑하는"(5, 9절)
- "사도들에게 존중히 여겨지는"(7절)
- "그리스도 안에서 인정함을 받은"(10절),
- "수고한"(6, 12절)
- "내 어머니"(13절)

4) 교회 개척을 위해 여러 은사 섞기

표 15.2에 나오는 각 항목별 은사들은 교회 개척팀에서 잘 소개되어야 한다. 전도, 가르침 혹은 설교, 리더십 혹은 행정, 선교적(사도적) 은사는 다문화 혹은 도심에서의 사역을 위해서 필요한 은사들이다(Sawatsky 1991).

다음 장에서는 교회 개척팀에게 필요한 은사 섞기에 대해 더 심도 있게 다루게 될 것이다. 하지만 하나님은 하나의 공식에 한정되지 않으신다. 그분은 추가적 은사를 주기도 하시며, 새로운 팀원들을 데려오시고, 필요에 따라 현지 리더들을 세우기도 하신다.

하나님께서는 성령 하나님을 통하여 서로를 상승시키는 방식으로 전임 사역자와 평신도 사역자, 기업가형 인도자와 통합형 인도자, 강한 리더십과 검손한 리더십 등 다양한 교회 개척자들을 사용하신다.

헨리 블랙커비(Henry Blackaby)는 이렇게 말한다.

> 신약성경의 사람들이 했던 대로 성령 하나님께서 사람들을 지시하시고 위로하시도록 하나님의 사람들을 보내야 할 때이다. 하나님께서 보내실 모든 이와 하나님께서 인도하실 모든 장소마다 하나님의 새로운 복음을 전하고 그들이 하나님을 믿게 하고 그분을 바라게 함으로 구원받고 함께 새

로운 교회로 지어져 가도록 말이다.[5]

4. 영적 전쟁

교회 개척은 사업이나 직업이 아니다. 교회 개척자들은 왕의 영토를 회복하기 위해 영적 전쟁을 벌이는 최전방 군대에 비유될 수 있다. 예수님께서는 사탄이나 세상 권세가 그분의 교회를 이길 수 없을 것이라 확인해 주셨다(마 16:18019; 요일 4:4). 교회 개척자들은 복음을 통해 포로된 자들을 자유하게 해서(요 8:32) 그들이 어둠의 나라에서 우리 주 예수 그리스도의 왕국으로 옮겨 올 수 있도록 노력한다(골 1:13).

그들은 사탄의 요새를 분별하고 그것들을 이길 수 있는 하나님의 힘과 무기를 의지하는 법을 배워야 한다(엡 6:10-20). 사탄의 거짓말을 드러내고 거짓말에 맞서기 위해 영적 힘을 가진 변증론이 필요하다. 교회 개척자들은 비용을 계산하면서 성실히 일해야 한다. 에바브라처럼 애써 기도해야 한다(골 4:12). 승리의 상급은 위대하고 영원하다.

이 전쟁에 임하는 자들은 그들의 영적 무기를 어떻게 사용해야 하는지 알아야 한다. 그리스도 안에서 행하고, 그분의 힘으로 싸우며, 그분이 주시는 적합한 자원으로 그분의 뜻을 이루어야 한다.

영적 전쟁에서 승리하고 어둠의 세력으로부터 승리한 자들은 사탄의 교묘하고 기만적인 술수에 더욱 주의해야 한다. 그들은 사탄의 전략을 알아차리고 그의 거짓말을 예상하는 법을 배운다. 교회 개척자들은 계속하여 공격적 자세로 다른 이들이 영적 속박에서부터 그리스도 안에서 자유를 찾도록 도와야 한다. 서구인들이 보통 가지는 약점은 기능적으로 물질주의적 세계관을 가진다는 점이다.

---

5 North American Mission Board Website, www.churchplantingvillage.net/site/c.iiJTKZ-PEJpH/b.886067/(accessed March 10, 2009).

그들은 사탄의 존재와 마귀의 영향력은 인정하지만 합리적 설득과 우정만이 사람들을 그리스도에게로 인도하는 것처럼 행동한다. 그들은 직접적 영적 공격에 어떻게 반응하고 그것을 극복할 수 있는지 알지 못한다. 아래는 교회 개척자들이 만날 수 있기에 준비되어야 할 몇 가지 상황들이다.

- 신자들이 그리스도 안에서의 정체성을 이해하고 행하도록 돕기
- 그리스도 안에서의 자유와 제자도로 인한 세계관 변환 통합하기
- 약하게 만드는 습관의 원천을 찾아내고 사람들이 그것들로부터 자유하도록 돕기
- 사람들의 영적 영향력과 활동 평가하기
- 마귀로부터 눌리고 명시적으로 귀신들린 이들을 도울 수 있도록 계획하기

이 장 마지막에 있는 부가 자료 15.3에 더 읽을 거리들이 소개되어 있다. 하지만 읽기만으로 이런 상황들하에서 지혜롭고 결단력 있게 행동하는 법을 배우는 게 아니다. 풍부한 경험을 가진 전문가들과 분별의 은사를 가진 자들에게 도움을 구하는 것이 준비에 있어서 최고의 형태를 만들어 준다. 또한, 있을 수도 있는 귀신들림 현상와 마주할 때 기도팀과 함께하는 것이 더 낫다.

5. 교회 개척자의 정서적 삶

1) 내재적 어려움

엘머 타운스(Elmer Towns)는 현대 세계에서의 교회 개척을 "가능성이 없는 상황에서 제한적 자원을 가지고 극복할 수 없는 장애물에 직면하여 교회를 시작하는 것"이라고 부른다(Klippenes 2003, 13에서 재인용).

알려지지 않은 것과 인간의 힘으로 불가능한 것을 어떻게 준비할 수 있겠는가?

레슬리 앤드류(Leslie Andrew)는 매우 현실적인 선교사들만이 받는 스트레스 요인을 이렇게 열거한다.

> 다문화 사회에서 살면서 외국어로 소통하기, 사회적 민족적 고립, 정치적 불안, 동역자들과의 소통과 갈등, 친구와 가족 문제, 사역에 있어서의 책임감과 역할, 그리고 제한된 시간과 자원(Eenigenburg 1998, 423).

많은 요소가 평범한 선교사의 스트레스 및 탈진을 일으키는데(Taylor 1997; Foyle 1987), 그 모든 것을 다루기에는 이 책의 한계가 있다. 대부분의 요소는 다음의 항목들에 속한다.

- 너무 많은 새로운 환경과 변화들
- 부족한 자원과 조력자들
- 지원 시스템의 부재
- 새로운 교회를 시작하는 데에서 발생하는 내재적 어려움
- 교회를 개척하는 것에 대한 반대 또는 인식의 부족

어떤 면에서 교회 개척은 시장 전문가가 말해 주기를 대부분의 사람이 당신의 사업에 관심이 없다고 하는 그때에 몇몇의 동지와 작은 사업을 시작하는 것과도 같다. 교회 개척자는 가끔은 불청객과도 같이 느껴지며 그들이 다가라려는 사람들에게 오히려 오해를 사기도 한다.

결국, 교회 개척을 위해서는 역할의 변화가 본질적이며(Steffen 1997), 교회 개척자들은 그들의 타고난 소질과 관계 없이 디자이너, 개발자, 경영가, 리더, 그리고 훈련가가 되어야 한다. 이런 모든 이유와 그 밖의 많은 이유들로 교회 개척은 복잡하고 부담은 크지만 열매가 있는 사역으로 감정적 지성, 불굴의 용기, 그리고 융통성을 요한다.

2) 감정의 회복

교회 개척자들이 새로운 사역현장으로 들어갈 때, 많은 것을 남겨 둔 채 떠나게 되는데 거기에는 교회, 확대된 의미에서의 가족, 그리고 다른 감정적 지원 제도가 포함된다. 교회 개척의 자격 중 하나는 감정의 회복이다 (Ridley 1988). 좌절, 상실, 실망과 실패에도 감정적, 육체적으로 자신을 유지할 수 있는 능력이다.

감정의 회복을 경험하는 사람들은 적응력이 좋고 적은 외부로부터의 자극으로도 변화를 기꺼이 받아들인다. 그들은 사역이 성장하면서 생기는 도전과 급격한 환경 변화에 적응해 나간다. 반대와 어려움이 생길 때에도 그들은 충격에 빠져 있는 것이 아니라 그들을 압박하는 가장 어려운 상황 가운데에서도 힘을 얻기를 강구하면서 다시 회복된다. 낙담하는 순간들도 있지만 그럼에도 끈기 있게 일하는 사역자들이며 굴하지 않는 십자가의 종들이다.

3) 자기 관리

교회 개척자들에게는 목사들이 가지고 있는 외부 조직과 감독이 없을 때가 있다. 그들을 감독하고 인도할 교회 내부 위원회에 상당하는 조직을 가지지 못한다.

많은 이가 정규 근무 시간이나 제대로 정의된 책임감 없이 집에서 일을 한다. 그래서 어떤 이들은 그들의 시간과 자원을 효과적으로 사용하는 데에 곤란을 겪는다. 때로 그들은 망설이고 미루면서 시간을 낭비하고 밖에 나가 새로운 사람들을 만나 그리스도를 나누는 대신 안락한 집이나 사무실에 틀어박혀 있는 경향을 가지기도 한다.

교회 개척은 사업을 개발하는 일이며 동시에 사람을 개발하는 일이다. 많은 시간과 관심 그리고 지속적으로 원칙에 머물기를 요하는 힘들고 복잡다단한 사역이다. 교회 개척자가 진정한 진보를 보기 원한다면 선명한 목표와 자기 절제 역시 필요하다. 그들의 첫 번째 임무를 수행하기 전에 그들이 집에서 시간, 가족관계, 그리고 자원을 효과적으로 관리할 수 있는 능력이 있음을 보여야 한다. 예수님께서는 예루살렘을 향하여 얼굴을 돌리셨고 그가 오신 이유를 결코 잃지 않으셨다.

이 점에서 그분의 인도하심을 따르는 어떤 이들은 거의 본능적으로 이렇게 할 수 있겠지만, 대부분에게 이는 학습된 행동이다. 자기 관리를 위해서는 개인의 능력과 한계 그리고 건강한 습관을 함양하고 목표를 향해 나가기 위해 지켜야 하는 범위 설정에 대한 실재적 평가가 필요하다. 첫 번째 건강한 습관은 기도의 훈련이다.

6. 결혼 및 가족 생활

미국에서 거의 절반 가량의 결혼은 이혼으로 끝이 난다.[6] 즉각적 만족감에 열광하는 사회에서 결혼은 엄청난 압박을 주는 주제이다. 모든 그리스도인이 결혼 생활에서 스트레스의 증가를 경험하겠지만, 교회 개척 사역에는 다른 곳에서 보기 힘든 독특한 스트레스 요인이 있다. 교회 개척이 다양한 국면을 통해 전개될 때, 특히 개척 첫 해에 개척자의 결혼 및 가족 생활은 다른 방면에서 도전을 받게 된다.

1) 근본적 변화로부터 오는 스트레스

교회 개척은 다른 배경을 가진 사람들에게 다가가기 위해 문화의 재정의 혹은 다문화 접근을 요한다. 문화 충격의 정의는 이렇다.

---

6   2005년 인구조사국의 정보와 크게 다르지 않다. 인구조사국은 대략 43에서 50퍼센트 정도로 본다.

최근 생소한 문화로 이주해 온 사람의 지적, 행동적, 감정적, 심리적 단계의 다면적 상호 작용적 스트레스로 인한 적응 반응 증후군으로 다양한 심리적 고통을 특징으로 한다(Befus 1988, 387).

간단히 말해, 익숙한 문화에 대한 지지구조가 거의 없는 생경한 것으로 바뀔 때 받는 누적된 스트레스의 산물이다. 변화하는 문화에 속한 사람들은 네 가지 단계를 거친다. 신혼 단계, 위기 단계, 회복 단계 그리고 문화적 적응 단계이다(Oberg 1960).[7] 사례 연구 15.1에서는 위기 단계를 묘사한다.

한번에 찾아오는 이러한 변화들은 적응 과정을 촉발시키면서 동시에 결혼 관계에 중압감을 줄 수 있다. 남편과 아내는 교회 개척을 다른 방식으로 경험한다. 주로 남편의 역할은 잘 정의되어 있다. 모든 선택과 준비의 과정이 그의 은사와 훈련 정도에 우선 맞춰지기 때문이다. 아내의 역할이 중요하고 분명하게 나타나지 않을 경우, 그녀는 역할과 관련된 스트레스로 괴로워하게 될 것이다.

남편은 교회 개척 활동을 시작할 수 있게 되면서 보다 만족하게 될 것이지만 아내는 집에서 자녀와 함께 머물면서 그 일에 헌신할 시간을 거의 가지지 못한다. 한편으로는, 어떤 경우 아내가 언어를 더 빠르게 습득하고 남편보다 그녀가 관계지향적 사람이라면 자연스럽게 관계를 형성해 간다.

부부 간에 다른 필요와 인식을 가지고 있다면 결혼 생활의 조화는 유지되기 어렵다. 퀘벡에서 일어난 이야기에서 볼 수 있듯 부부가 차등적 위치에서 적응 단계로 들어가게 되면 결혼 생활에서의 스트레스가 추가 발생한다.

---

[7] 문화 충격은 보통 일어나는 일이지만, 다문화 적응 평가를 통해 과도한 위험을 구분해 낼 수 있다. 다문화 적응 측정(The Cross-Cultural Adaptability Inventory, CCAI)에서는 지각 예민성, 감정 회복성, 융통성/개방성, 그리고 개인 자율성의 네 가지 영역을 조사한다. 이 조사는 보통 다문화 사역을 시작하기 전에 사용된다. 반드시 예측대로 되는 것은 아니지만, 스트레스를 받는 상황에서 어떻게 반응하는지에 대한 지침을 얻을 수는 있다. '커니 스미스 적응 지표'(The Cerny Smith Adjustment Indicator)는 사람들이 다문화에서 오는 스트레스를 경험하는 동안 어떻게 새로운 문화 환경에 적응해 나가는지를 보기 위해 사용된다.

〈사례 연구 15.1〉

늘어가는 결혼 생활의 스트레스

한 교회 개척자의 아내는 퀘벡주에서의 첫 번째 겨울을 보내는 동안의 특별히 어려웠던 나날들을 묘사한다.

> 집으로 가는 길에 엄청난 눈보라를 만났어요. 차창 밖으로 아무것도 볼 수 없었죠. 모든 거리 표지판은 불어로 적혀 있었어요. 뒤에 빨강과 파랑 경광등을 번쩍이며 경찰차가 제 뒤에 있다는 사실을 알게 되었어요. 한 쪽으로 차를 댔어요. 그는 무엇이라 떠들어댔어요. 아마 제 차량등록증과 운전면허증을 보여 달라는 것인가 생각했죠. 그는 반복해서 무엇이라 말하면서 제 차 뒤를 가리켰어요. 차에서 내려 차 뒤를 보았죠. 제가 볼 땐 괜찮아 보였어요. 그가 무엇을 말하는지 알 길이 없었고, 눈물이 흘러 내리기 시작했어요. 그는 종이에 무엇인가를 적어 저에게 준 뒤 가라고 했어요.
> 집으로 운전하는 내내 울며 주체할 수 없이 몸이 떨렸어요. 아무것도 할 수 없는 어린아이가 된 것 같았죠. 아주 단순한 일들도 이해할 수 없었어요.
> 집에 돌아와 남편에게 쪽지를 보여 주니, 제 차 후미등이 깨졌으니 상기 시일 내에 고쳐야 한다는 내용이었어요. 너무도 답답했죠. 플로리다로 돌아가고 싶었어요. 이 곳이 싫었어요. 친구들과 내 직장이 너무 그리웠어요. … 그 길고 추운 겨울의 많은 밤 동안 나는 울며 지냈어요. 내 남편과 이런 감정을 나누려고 했죠. 하지만 그는 내가 겪은 어려움을 경험해 보지 못했어요. 그에게는 직업과 언어와 동료들 그리고 우리가 있었죠. 그는 이렇게 말했어요.
> "어쨌든 아프리카에 있는 건 아니잖아."
> 마치 내가 아이가 된 것 같았어요(Wilson 1996a, 8-10).

2) 가정과 사역 사이 구분의 부재

매일의 활동이 이웃들에게 평가되고 사적 감각을 잃게 될 때 경험하는 '어항 효과'라는 또 다른 어려움이 있다. 부족 사회에서 일하는 서구인들이 이 특별한 어려움을 겪게 되는데, 확대된 가족들과 집단생활을 하는 사람들은 사적 생활의 필요성을 느끼지 못하기 때문이다.

때때로 자녀들이 과도하게 노출되는 것은 받아들이기가 특히 어렵다. 자연스러운 반응은 사적 생활을 중시하는 쪽으로 삶을 전환하는 것이지만, 부모는 가족공동체 안에서의 그들의 모범과 증거의 중요성을 깨닫고 새로운 관계를 발전시켜 나가길 원한다. 그들은 환대와 가정을 기반으로 한 사역이 교회 개척에 필수임을 잘 안다. 긴장은 쉽게 해결되지 않는다.

경계 설정이 잘 안 되었다는 것은 다른 방식으로도 나타난다. 사무실을 구할 형편이 되지 않는다면 개척자는 집에서 어떻게 일을 할 수 있는지 배워야 한다. 교회가 사역자의 집에서 모임을 가질 경우 그 집의 자녀는 매 일요일마다 장난감과 더불어 자신의 공간을 공유해야만 한다.

경계에 대한 문제는 사역이 커지면 증가된다. 전도와 공동체를 형성하는 사역에 더하여 제자들과 리더들에게 멘토링을 해 주어야 하게 되면 가족과 함께 보내는 시간은 거의 찾아볼 수 없게 된다. 건강한 가족이면 '잠깐 멈춤'의 필요를 받아들이고 가족이 함께 쉬는 습관을 세우게 된다.

위기 중재, 가족 상담, 응급 처치를 하는 교사, 의사, 사회복지사, 목사 등의 직업에서 개인들은 보다 높은 스트레스와 염려 지수를 보인다(Hart 1999). 위기와 절망, 상처 입은 가족, 이혼 위기의 부부 같은 이들을 돌보는 교회 개척자들도 이런 유형에 속한다.

그들은 위급상황을 대처할 수 있는 준비와 훈련이 부족한 채 이런 상황을 만날 수 있다. 하나님의 강력한 개입과 도움의 손길을 보게 되겠지만, 그럼에도 불구하고 이런 상황에 관련 맺는 것은 개인과 가족의 삶에 악영향을 줄 수 있다. 위기상황이라는 게 예측하거나 조정하기 어려운 것이지만, 사역자들은 의료종사자들이 그러하듯이 그들의 생활과 일정을 조율하는 법을 배워야 한다.

재정적인 면에서도 경계 설정이 필요하다. 선교사의 생활양식과 일반 시민들 사이에 경제적 차격차가 발생한다면 곤란하다. 가난한 그리스도인들과 지역 사회에서 재정적 지원을 필요로 하는 이들은 많다.

직업을 잃은 몇몇 사람이나 자녀의 약값이 없어 돈을 빌리기 원하는 부부에게 교회 개척자가 무엇인가 해야 하는가?

누가 이에 대한 분명한 선을 그어 줄 수 있는가?

이런 압박에 대한 대답으로, 교회를 개척하는 가족은 네 가지 영역에서 어떻게 합리적 경계를 설정해야 하는가를 배워야 한다.

- **공간**: 집이 어떤 방식으로 사역을 위해 사용될 수 있는가?
  어떤 공간은 외부인에게 제한되는가?
- **시간**: 어떤 날이 모임과 심방으로 사용되며 어떤 날은 가족을 위해 사역에서 분리되어야 하는가?
  어떤 날이 가족의 안식일이 될 것인가?
- **관계**: 어떻게 부부가 가정에서 우정을 쌓아 갈 수 있는가?
  청소년 자녀들에게 그리스도인 친구들이 있는가?
  사역과 관련된 문제를 부부가 누구에게 털어놓을 수 있는가?
  자녀들이 어떻게 '과잉노출'에서 보호받을 수 있는가?
- **자원**: 가족 재정이 교회의 가난한 이들을 위해 사용되는가?
  그렇다면 어떤 조건이 있는가?
  가족들이 자신의 차와 개인 소유를 공유하는 데 얼마나 기꺼운 마음이 있는가?

처음 교회를 개척하는 부부는 함께 주님의 뜻을 구하며, 이런 어려움에서 그들을 인도할 수 있게 경험 풍부한 동역자들의 멘토링을 구한다. 이에 대한 토론을 위해 다음의 질문들을 사용할 수 있다.

- 소통의 방식이 얼마나 건강한가?
  실제적으로 듣고 함께 문제를 해결하며 서로에게 상처 주지 않으면서 갈등을 해소할 수 있는가?
- 결혼과 가족 생활을 보호할 수 있는 경계 설정을 했는가?
- 휴식과 재미를 함께 즐기기 위한 시간을 정기적으로 가지는가?
- 기도, 우정, 멘토링 등 필요한 면에서 도움을 받고 있는가?
- 부부가 모두 결과를 보기 위해 희생을 감수하는가?
- 사역에서 팀으로 사역하는 것이 기쁜가?
- 영적 전쟁을 위한 준비가 되어 있는가?

- 자녀의 교육을 위한 여러 대안을 살피고 거기에 대한 합의를 이루었는가?
- 자녀들에게 영적 세움과 신앙의 친구들을 제공하기 위해 무엇을 할 것인가?

3) 교회 개척에서 여성의 역할

교회 개척팀에서 미혼이든 남편과 함께한 이든 여성은 중요한 부분을 일구어 낸다. 그들은 동시에 그들만이 겪는 어려움에 직면한다. 무슬림과 부족 문화 등 어떤 종교 체계들은 여성에게 구분된 방식의 예배 및 관행을 가지는데 이성과의 소통을 엄격히 제한하는 것이다.

바울은 브리스가(행 18-19장), 유오디아와 순두게(빌 4장)와 같은 조력자나 루디아(행 16장), 눔바(골 4:15), 뵈베 및 다른(롬 16장) 현지 여성 사역자들과 의미 있는 협력 사역을 하였다. 당시는 여성들이 리더십을 거의 가지지 못할 때였다(Meeks 1986, 23-24; Banks 1994, 124-25). 남성과 여성은 오늘날에도 창조적 협력 관계를 유지하면서 교회 개척 사역을 할 수 있다. 하지만 반드시 만나게 될 어려움들도 있다.

(1) 불공평한 역할

여성은 팀이 내리는 결정에 실질적 반영을 하지 못하면서도 헌신을 요구받을 때가 있다. 한 여성 교회 개척자는 선교단체를 바꾸었는데, 미혼여성이자 전문 의료선교사로서 그녀는 전임사역을 하고 있었지만 팀 모임에서는 투표권이 없었기 때문이었다.

불공평한 역할에 대한 절망은 여성이 이슬람 지역에서 사역할 때 더 악화된다. 공적 영역에 있어서의 여성의 역할은 절대불가하며 가부장적이며 남성우월주의 문화에서는 여성의 교육, 지성, 그리고 '목소리'가 진지하게 받아들여지지 않는다.

여성이 존경받는 환경에서도 교회 개척 과정에서 그들의 자리를 찾는 일은 더욱 어려울 수 있다. 종종 여기서 발생하는 갈등은 작게 시작하지만 그것들이 공개적으로 공평하게 다뤄지지 않으면 심각하게 곪을 수 있다.

(2) 비현실적 기대

어떤 여성들은 그들이 이등 시민이 된 것 같은 느낌을 받기도 하고, 다른 여성들은 자녀들과 씨름하면서도 전임사역을 해야 하는 상황에서 오는 비현실적 기대감으로 인해 고통당한다.

교회 개척에 여성이 동등한 동반자로 참여한다면 그들도 동일한 지원과 훈련을 받아야 하지 않는가?

팀에서 토의하는 주제들을 포함하고 자녀 돌봄 계획까지 말이다. 교회 개척자들의 아내 모임에서 린다 윌슨(Linda Wilson, 2003)은 핵심문제와 그들이 당면한 도전을 작성해 보라고 요구했다. 다른 나라에서 섬기는 여성들도 같은 고민들 때문에 계속해서 씨름하고 있음을 알게 된다(부가자료 15.1 참조).

〈부가 자료 15.1〉
교회 개척에서 여성들이 가장 많이 만나는 문제

---

1. 정체성과 역할 확립
2. 고독과 무기력
3. 전도 접촉점 만들기
4. 훈련되지 않은 상태에서 신자들 상담하기
5. 교회에서 리더 교육하기
6. 재정적 불평등 및 현지인들의 기대에 대처하기
7. 다문화 환경에서 자녀 양육하기
8. 한계 극복하기
9. 조직의 규율과 요청사항들
10. 여성의 역할에 대한 기대와 제한들

자료: Wilson 2003, 362-66에 기초함

남성이든 여성이든 우리의 사역을 가족과 교회 그리고 외부 세상 등 삶의 모든 영역에서 하나님을 섬기는 것으로 이해해야 한다고 캐롤 다우니(Karol Downey, 2005)는 말한다. 이것이 사역자들로 하여금 균형을 잡고 불필요한 죄책감에서 벗어나게 해 줄 것이다.

선교단체는 여성의 역할에 대한 기대를 분명히 해 주어야 한다. 은사에 따라 다양한 사역의 기회를 제공하고, 여성들의 큰 공헌을 인지하고 인정하며, 사역현장 준비와 참여에 경험이 많은 여성들을 보유하고 있어야 한다(ibid.).

여성들이 동역자로 자리매김하고 그들의 은사와 능력으로 사역에서 힘을 발휘한다면 하나님 나라의 영향력은 배가될 것이다. 선교의 장이 확장될 것이다. 무슬림과 불교 지역의 여성들에게도 복음이 전해질 것이다. 현지 여성들이 제자화되고 훈련될 것이다. 여성들의 독특한 관점으로 의사결정과 사역의 질이 향상될 것이다. 그리스도 안에서 여성이 어떻게 평등한가를 보면서 사람들이 놀랄 것이다(Zoba 2000).

이번 장 마지막에 나오는 부가 자료 15.3에서 이 주제와 관련된 더 읽을거리들을 제안한다.

7. 교회 개척자의 이중직

이중직(bivocational work)이라는 표현은 교회 개척 방법 자체를 말하는 것이 아니라, 선교사와 교회 개척자가 재정적으로 스스로를 지원하는 방식을 뜻한다. 이중직 사역자는 자비량 선교사(tentmakers) 혹은 이중 사역자(dual role/career workers)라고도 부르는데, 자신들의 교회 개척 사역을 일부 혹은 전체 지원하기 위해 세상의 직업을 가지거나 사업을 한다. 그들은 양쪽 역할에 다 능숙해야 하며, 그 둘을 종합하고, 가족들에 대한 책임과 함께 그것들을 잘 관리해야 한다.

제4장에서는 전액 사례 지급을 원칙으로 할 때 교회 배가 성장에 적용되는 약점을 지적했고, 제18장에서는 재정과 교회 개척에 관련된 "최고의 실행들"에 대한 개요를 소개할 것이다. 여기서는 이중직 사역의 이유들을 살펴보고, 그들이 겪는 도전을 정의하며, 짧은 제안을 해 보겠다.

1) 증가 중인 현상

사도 바울은 문자적으로 보면 자비량 선교사였다. 당시 가장 강력한 선교사 집단이었던 모라비안 선교사들은 모두가 이중직을 가졌다(Langton 1956; Ward 1992). 오늘날 자비량은 선교에 있어 아주 중요한 요소가 되었다. 특별히 전통적 개념의 선교사들이 비자를 받을 수 없는 지역에서 창조적 접근을 위해서는 더욱 그렇다. 또한, 미국의 도시들과 시골 지역을 포화시키기 위한 국제전략으로 몇몇 연합기관이 적용하기도 했다.[8]

국제 선교에서 이와 관련된 대부분의 표현은 "자비량 선교"(tentmaking)와 "비즈니스 선교"(BAM, 이들의 목적은 전도와 교회 개척보다 더 넓다)로 수렴된다.[9] 패트릭 라이(Patrick Lai)가 이끄는 '국제전문인선교사연결망'(OPEN,

---

[8] 예를 들어, 남침례교의 북미선교위원회는 이렇게 보고한다. "우리는 북미를 그리스도께 드리는 최고의 전략은 평신도들의 관심을 불러일으키고 그들을 세우는 것이라는 헨리 블랙커비(Henry T. Blackaby) 박사의 말에 동의한다. 그는 이렇게 말한다. "성령 하나님께서 그들을 인도하시고 격려하셔서 그들이 신약성경 시대에 했던 일들을 하도록 하나님의 백성들을 일으킬 때이다. … 만약 '평신도'들이 교회 개척에 그들을 사용하고자 하시는 하나님의 계획을 알게 된다면 나라와 세계가 우리 세대에 하나님의 복음을 듣기 위해 몰려올 것이다!"(www.churchplantingvillage.net/site/apps/nlnet/content3.aspx?c=joJMITOxEpH&b=4693097&ct=6105925; accessed February 5, 2010).

[9] "'자비량 선교'는 원칙적으로 고용되어 일하거나 사업을 하면서 스스로의 재정을 지원하는 기독교 전문인의 활동을 말한다. 이 방식으로 그들은 후원자에게 의존할 필요 없이, 선교대상자들에게 짐을 지울 필요 없이 그들의 사역을 수행할 수 있다."(LOP 59, 2005). 하지만 BAM은 사업 발전 안에 선교가 포함된다고 생각한다. 경제적 발전과 하나님 나라 영향력이 전도와 교회 개척보다 더 광범위한 수단이 된다. "선교로서의 사업은 하나님 나라를 중심에 둔 이윤 사업과도 같다"(ibid.). 지금도 성장하고 있는 BAM의 문헌들은 자비량 선교사들에게 유용하다. BAM의 책과 훈련 자료들은 21세기 들어 급속도로 확산되었다. Rundle and Steffen 2003; Lai 2005; Baer 2006; Steffen and Barnett 2006; Johnson and Rundle 2010 같은 자료들이 좋은 예이다.

Overseas Professional Employee Network)은 지난 2009년 설립 10주년을 맞았다.

포먼 저스틴(Forman Justin)에 의하면 OPEN에는(2009년 5월 현재) 10/40창에서 사역하는 전 세계에서 온 약 200명의 자비량 선교사들이 소속되어 있으며, 예수님의 삶과 사역에 대한 정확한 이해가 없는 사람들 가운데 일하는 전문선교사와 BAM선교사들의 사역을 개선하고 돕기 위해 존재한다.[10]

2) 이중직을 가진 팀과 교회 개척하기

하나님 나라 운동을 '영리' 사업과 동시에 진행하는 것에 대한 바람직함과 타당성에 대해서는 의견이 갈린다. 하지만 자비량 선교에 대해서는 선교학 분야에서 이견이 없다.

실제로 복음화되지 않은 나라에서 이중직을 가지고 사역할 때 다문화 선교사가 이중직을 할 능력이 안 되거나 할 마음이 없다면 어떻게 현지 교회 개척을 할 수 있을 것으로 기대할 수 있겠는가?

> 전임목사나 선교사만이 전 세계에 그리스도를 전하는 유일한, 혹은 최고의 방법이라고 말해서는 안 된다(Ott 1993, 287).

평신도 교회 개척이라고 해서 신학적으로 훈련받고 사례를 받는 사역자를 배제하지 않는다. 그들을 교회 개척 운동의 촉매제, 기구 설립, 신앙의 인도자로 재구성한다(Garrison 2004a).[11] 부가 자료 15.2에 교회 개척을 하면

---

10 Justin Forman, "OPEN Network Conferences Come to Pennsylvania + Oregon," www.businessasmissionnetwork.com/2009/09/open-network-conferences-come-to.html(accessed February 5, 2010). OPEN has also made a resource bank website available to those who register:www.opennetworkers.net/.

11 이 경우 신학 기관은 리더들의 리더, 신학자, 설립자 등을 양성하는 데에 초점을 둘 수 있다. 선교 사역자들을 배가 성장시키기 위해 정규 혹은 비정규 교육의 독특한 역할들을 정의하고 그 둘의 연결할 때의 유익을 보여 주는 사례 연구로는 Gupta and Lingen-

서 이중직을 가지는 이유들을 요약해 놓았다(Garrison 2004a, 189-91도 보라).

성경학교와 신학교는 주님의 지상명령을 완수할 만큼 혹은 교회 개척 운동을 지속하기에 충분한 사역자를 배출할 수 없을 것이다. 오직 추수를 위해 헌신된 재생산하는 지역 교회들만이 그들을 공급할 수 있다. 배가 성장이 이루어지기 위해서는 평신도 사역자와 양육을 해 줄 수 있는 특별 훈련을 받은 전임사역자들이 팀을 이루어 사역하는 효과적 동반자 모델이 필요하다.

지난 6년 동안 아홉 개의 다른 대륙과 많은 단체 및 교단에서부터 온 450명의 이중직 사역자들에 대한 조사와 연구가 이루어졌다. 대부분의 사역자들이 필요에 의해서 이중직을 가지고 있긴 하지만 그들은 종교 비자를 가지고서는 지금의 사역현장으로 들어갈 수 없었다. 거의 3분의 2 정도의 사역자들은 실질적 유익을 얻었다(Patrick 2007).

이런 유익을 온전하게 만들기 위해서는 자비량 선교사들이 반드시 만나게 되는 삶의 도전들과 사역의 역동성을 이해하고 그것들에 대해 언급해야 한다.

3) 특수한 도전

스탠 거쓰리(Stan Guthrie, 2001, 84)는 자비량 선교를 하던 초기 시절에 자비량 선교가 가지는 특수한 도전들을 아래와 같이 정리했다.

> 최근에는 너무나도 자주 마술 총알인 선교가 오발을 일으켜 헌신적 지지자들의 발을 정확하게 맞추기도 한다. 선교에 대한 과대 광고의 굵은 글씨가 남발되는 가운데, 교회와 선교단체에 기민한 관찰자들의 수가 증가하는데, 그들은 해외에서 일하는 자비량 선교사들이 이중직으로 인해 심각한 곤란에 빠져 있다는 사실을 보게 된다. 혹은 그들이 영적 훈련의 부재

---

felter 2006, 1-24 참고.

나 다문화 사역으로 인해 부셔지고 절망한 채, 또는 그들의 세속 직업과 영적 사역 사이에서 요구되는 균형을 잡지 못한 채 집으로 돌려보내지는 경우들도 있다.

경제학 교수인 스티븐 런들(Steven Rundle)은 초기 자비량 선교 운동이 가졌던 결점들은 세 가지 항목으로 모아진다고 말한다.

첫째, 사역의 숙련됨의 차이에서부터 발생하는 성경, 신학, 다문화 전도법에 대한 불충분한 훈련
둘째, 정체성과 두 직업 사이에서 오는 역할의 모순 및 갈등이("정신분열적 자비량 선교"라고 하는) 정체성 및 성실성의 혼란을 생산함
셋째, 사업에서 이윤 창출에 실패함으로 사업과 사역 양 쪽 모두에게 영향을 미침(Rundle 2000)

〈부가 자료 15.2〉
이중직과 평신도 교회 개척자 사례

- **신학적 기초**: 이중직 교회 개척은 모든 신자가 제사장의 직분과 사역과 은사를 가진다는 교리를 기초로 하며 신약성경에 나온 실천들을 반영한다. 평신도들에게 동기를 불어넣는 운동은 지상명령을 앞당기며 에베소서 4:11-13에 묘사된 대로 신학적으로 훈련된 목사가 성도를 세우는 역할로 돌아가도록 해 준다.
- **역사적 선행**: 이 방식은 초대 교회에서 있었던 일들을 따른다.

    초기 역사에서 믿음은 훈련되지 않은 전도자들에 의해 자발적으로 퍼져 나갔고, 일터에서 가장 많은 반향을 보였다. … 복음을 전하는 사명에 있어서 초대 교회에서는 전임사역자와 평신도 사이에 구분이 없이 모든 방법을 다 사용했다. … 삶으로 그리고 입술로 그리스도를 증거하는 데에 모든 그리스도인이 부르심을 받았다는 사실은 자명했다(Green 1970, 175).

    만약 1세기에 교역자 계급이 생겨서 복음의 확장이 이 특별한 사람들에게만 맡겨졌다면, 지금처럼 기독교가 퍼지지 못했을 것이다(ibid., 166-93).

- **성도를 세우는 현장 상황**: 지역에서 사역하는 현장이 복음 전도자와 교회 개척자같이 최전선에서 일하는 사람들을 위한 최고의 훈련기지이다. 풀러신학교의 교수이자 학장인 셔우드 링켄펠터(Sherwood Lingenfelter)는 (폴 굽타[Paul R Gupta]와 함께) 이 점에 대해 이렇게 결론 내린다.

  > 정규 교육은 전도자, 교회 개척자, 그리고 사역을 위한 사도적 리더를 세우는 데 적합하지 않으며 효과적이지도 않다. 같은 이유로 목수와 석공수와 항공정비사를 훈련시키는 데에 정규 교육은 한계를 가진다. 기술과 사역은 오직 실천과 경험을 동반한 배움을 통해서만 이해되고 숙달될 수 있다(Gupta and Lingenfelter 2006, 23).

  교회들의 교회를 기반으로 한 훈련과 정규/비정규적 배움이 적절히 섞어서 새로운 사역자들을 준비시키는 일을 최우선으로 할 책임을 가져야 한다.
- **보다 관련됨**: 교역자들은 그들의 훈련과 상태에 있어 어떻게 보면 교회의 성도들과는 동떨어져 있다. 이것이 교회 내에서이 그들의 리더십과 사역을 원활하게 해 주기도 하지만 때로는 그들과 다른 이들 사이에 거리를 만들기도 한다. 이중직 사역자들이 사람들과 더 동화된다. 그들의 언어를 사용하고, 삶의 형태가 비슷하고, 보다 친절하며, 말과 행동에 있어 활발하게 복음을 증거한다(Patrick 2007, 171-73). 이윤을 추구하는 사업에 있어서 그들이 다가가려 하는 이들과 공간을 공유하기 때문에 복음 전도가 보다 자연스럽고 삶과 합해진다.
- **경제적 성공 여부**: 많은 교회가 사역자들에게 사례를 주면서 교회를 유지하기에는 재정적 자원은 너무나 제한적이다. 넉넉한 지역에서도 재정은 보통 목사와 직원들에게 먼저 할당되지 복음 전도자나 교회 개척자에게 돌아오지는 않는다. 평신도 사역자는 더 많은 지역 사역자에게 동기를 주고 그들과 함께 일할 수 있도록 할 뿐 아니라, 지역 교회를 넘어선 선교와 사역을 위한 기금 마련도 가능하게 한다.

(1) 너무 많은 주인 섬기기

이제 어떻게 두 개의 직업을 효과적으로 관리할 수 있느냐의 문제를 생각해야 한다. 많은 경우 이에 더하여 결혼 및 가족과의 관계를 고려해야 하고 거기서부터 나오는 수많은 기대를 충족시켜야 한다. 안식의 필요와 일과 가족 사이의 경계 설정이 보다 중요해지지만 그것을 이루기는 점점 더 어려워진다. 시간적 압박은 거의 항상 압도적으로 다가온다. 융통성, 회복력, 시간 관리 능력이 생존의 필수이다.

하지만 이런 어려움들이 극복 못할 과제는 아니다. 연구 조사들은 영적 훈련을 우선에 두는 데 성공하는 사역자들이 훨씬 더 효과적 사역을 한다는 결과를 보인다(Patrick 2007, 171).

또한, 이윤을 내기 위한 직업에는 두 가지 목적이 있다는 점도 언급되어야 한다. 교회 개척자는 비그리스도인들과 공통의 공간을 찾아야만 하기 때문이다. 이중직은 자연스럽게 복음의 접촉점을 포함해 보다 많은 사람과의 사회 관계망을 제공해 준다(Davies 1986; Patrick 2007).

이에 더하여, 이중직 사역의 삶에서는 성과 속의 명확한 구분이 없기 때문에 강제로 찾지 않아도 자연스럽게 연결점을 찾을 수 있다. 인위적 연결점은 보다 많은 노력을 요구하면서도 더 나은 결과를 주지 못한다(Davies 1986, 96).

(2) 추가적 어려움

이중직을 두 번째 수준으로 격하하여 생각하면 동기화에 불리하게 작용한다. 또는 이중직에 대한 존경심과 보다 가시적인 지원과 인정의 형태가 보류될 때도 같은 일이 일어난다. 에드 스테처는 이중직 선교를 강하게 혐오하는 한 일본 교회 개척자의 말을 인용한다.

> 재정적 필요 때문에 절대 세속 직업을 가지지 말라. 나는 개인적으로 파트타임 사역을 신뢰하지 않는다. 주님께서 사역자에게 필요한 것을 채워 주신다는 충분한 확신이 없다면 처음부터 사역을 하지 말아야 한다(Stetzer 2003a, 260).

자비량 선교사들은 그들의 소명 및 사역에 대한 철학을 설명하고 때로는 방어할 수 있어야 한다. 모든 자비량 선교사들이 성공하는 것은 아니다. 때로는 사업과 교회 개척 두 영역 사이에서 갈등하면서 죄책감으로 씨름하기도 한다. 더글라스 데이비드(Douglas David)는 시간적으로 전환되는 시점에 위치한 경계성(liminality)을 느끼는 감정이 이중직 사역자들이 가지는 정체성 혼란의 일부라 한다(1986, 100).

이중직 교회 개척자들은 성취에 대한 불안에 시달릴 수 있으며 항상 그들이 보여 줄 만한 성취와 업적이 별로 없다고 느낀다. 자비량 선교사들이 그들의 사업에 실패하거나 사업에 대한 진지함이 없으면 신뢰도에 상처를 입게 될 뿐 아니라 그리스도의 증인으로서 자신의 존재에 대한 의문 또한 가지게 된다.

> 자신의 동료들과 '조화를 이루이 못하는' 이들은 성공적 교제를 누리기 어렵다. 누구도 그들을 이해해 주거나 존중해 주지 않기 때문이다(Niles 2000, 306).

그래서 그들은 사역과 사업 모두에서 성공해야 한다는 압박을 받는다.

> 어려운 사업은 기대 수명이 짧기 때문에 가족과 전체 사역에 짐이 된다 (Rundle 2000, 294).

이런 도전은 현실적 기대의 필요를 지적한다. 교회를 시작하는 데 필요한 시간 계획은 이러한 이중 역할에 대한 요구 사항들을 반영해야 한다.

4) 이중직을 가진 교회 개척자를 위한 멘토링

(1) 선택을 개선하고 준비를 증가시키기

자비량 선교가 모두를 위한 사역은 아니다. 이 사역은 특정한 성향을 요구한다. 용기, 관계 중심, 다중 작업 능력, 융통성, 환대심, 회복력, 그리고 개인 전도와 다문화 소통에 능숙할 것 등이다.

맨즈 람스타드(Mans Ramstad)는 기술과 태도를 접목한 예를 들어 준다.

> '접근이 제한된' 국가에서 이런 목표를 달성하는 데 있는 어려움을 알고 있다. 우리는 경찰의 심문을 견뎌 왔고 압도적 무게의 경찰 감시를 느낀다. 하지만 이런 위험과 어려움은 전도와 교회 개척의 최우선되는 중요성으로

부터 우리를 만류할 수 없다(1996, 416).

자비량 선교사가 되려는 사람들은 이윤 창출의 역할을 감당하기 위해 기업가적 기술과 특화된 작업 기술도 가져야 하고 교회 개척의 사명을 수행하기 위해 다문화 사역 훈련 또한 받아야 한다. 또한, 자비량 선교사들은 전문적 역량을 갖추고 적합한 고용환경을 제공하며, 사무장소에 대한 긍정적 태도를 지녀야 하고, 그것을 목적을 위한 수단이 아닌 사역의 일부로 여겨야 한다(Niles 2000).

아프리카에서 창의적 접근으로 이중직 교회 개척자들을 위해 사역하는 한 훈련가는 개척자들을 위한 기본 훈련에 이윤을 창출할 수 있는 사업 계획을 세워 보는 과목을 포함시킨다.

(2) 이윤 창출의 역할을 주의 깊게 선택하기

당연하지만 세속 직업을 가지는 것은 개인적으로 맺는 관계들과 교회 개척에 부합하고 거기에 순응할 때에만 유익하다. 자비량 선교사가 자신에게 딱 맞는 전문직을 찾았다고 해서 반드시 교회 개척이 성공적일 것이라고 예상할 수는 없다. 다른 그리스도인들과 마찬가지로 이중직 사역자들도 그들의 직업 때문에 교회 개척 활동에 손상을 입을 수 있다.

패트릭은 이렇게 말한다.

> 자비량 선교사들이 업무 현장에 너무 집중한 나머지 사역에 효과적이지 못할 수 있다는 점을 인정해야 한다. 우리의 동기는 하나님 중심적이어야지, 자기 중심적이 되어서는 안 된다(2007, 170).

이윤을 추구하는 일은 가능하다면 믿을 만한 고용을 포함하고, 관계를 형성하는 데 도움이 되고, 개인적으로 잘 맞으며, 사역 시간을 확보할 수 있어야 한다.

(3) 분명한 목적과 책임감을 가지고 팀과 함께 사역하기

여러 제약 때문에 자비량 선교사들이 팀을 이루어 책임감을 나누게 되면 많은 유익이 있다.[12] 구성원 각각은 자신의 은사를 가지고 준비된 영역에 집중할 수 있다. 페트릭의 조사에 따르면 한 나라 이상에서부터 온 구성원이 팀을 이루면 다문화로 인한 이해와 소통의 어려움에도 불구하고 보다 효과적인 사역을 한다(Patrick 2007, 172).[13]

열매를 맺는 조건 중 하나는 매주 혹은 격주에 한 번씩의 모임이다(ibid., 174). 팀은 구성원들이 서로를 위한 책임을 질 수 있는 정기적 방법을 제공해야 한다. 왜냐하면, "최소한 한 달에 한 번씩 사역에 대한 책임을 나누는 누군가가 있는 것이 더 효과적일 가능성이 있기 때문이다"(ibid.). 팀은 모든 구성원이 헌신할 수 있는 분명한 공통의 목적과 전략을 가져야 한다.

"교회 개척을 위한 분명한 전략을 가진 사역자들은 매우 효과적이다. 하지만 그렇지 않은 사역자들은 보통의 경우 비효과적이다"(ibid.). 람스타드도 이에 동의한다.

> 어떤 방식으로 우리가 전도자이며 교회 개척자인지, 어떤 방식으로 세속 직업을 가진 그리스도인인지, 쉽게 판단할 수 없다. 하지만 교회로부터 은사와 기도의 후원을 받는 이들은 세 가지 사실을 분명하게 이해해야 한다.
>
> ① 그들이 왜 해외로 나가는가?
> ② 전도와 교회 개척을 위해 그들은 어떤 일을 할 것인가?
> ③ 그 목적을 위해 어떻게 특별한 방식으로 일할 것인가?
>
> 많은 자비량 선교사가 이런 종류의 책임을 지려 하지만 다른 이는 그렇지 않다(1996, 419-20).

---

12 조사된 이들 중 93퍼센트는 팀 사역을 한다(Patrick 2007, 172).
13 다문화 팀의 장단점에 대해서는 제16장에서 다룬다.

(4) 지속적 훈련과 지원 구조 갖추기

분명한 사실은, 인정과 도덕적 지원이 이중직 사역의 지속을 위해 중요한 요소라는 것이다. 크리스티 윌슨(Christy Wilson, 1997, 142)은 자비량 선교사들이 "곳곳에 흩어진 '시한폭탄'과 같아서는 안 되고" 명망 있는 선교단체를 통해 혹은 그 단체와 협력하여 사역할 것을 충고한다.

그렇게 하는 사람들은 앞으로 장애물을 만날 때 사역팀에 합류하여 사전 오리엔테이션(prefield orientation), 멘토링, 보급 지원을 받을 가능성이 높다. 다문화 사역을 위한 훈련이 간과되어서는 안 된다. 그 훈련과 교회 개척의 효과성은 직접적이고 긍정적 상호관계를 가진다(Patrick 2007, 169).

많은 이중직 사역자가 성경학교, 신학교 수업, 집중 선교 훈련 과정, 혹은 단기선교 등의 여러 훈련을 받지만 사역현장에 나가게 되면 지속적 훈련의 필요를 느낀다. 특별히 10/40 창에서 비그리스도인들과 함께 일하는 경우는 더욱 그렇다(Patrick 2007, 170).

지속적 훈련은 멘토링과 상담 등의 격식 없는 것들도 있고, 인터넷을 통한 신학 교육 등 정규직 형태일 수도 있다. 다행히도, 신학 및 사역을 위한 접근 가능한 장거리 교육 기관들이 있다. 추가적으로, 자비량 선교사들은 교육보조금, 기술 습득 기회, 그리고 다른 형태의 연계들과 사회 자본에 대해서도 특별한 고려 대상이다. 그들은 또한 학습공동체의 일원이 되거나 OPEN과 같은 동료 그룹에 가입하여 협력자들과 연계되는 유익을 얻는다.[14]

---

14 OPEN은 공통의 민족 혹은 지역을 두고 사역하는 이중직 사역자들의 '장애물'을 제거할 수 있도록 돕는다. 자비량 선교사들은 대면하여 상호교류할 수도 있지만, 온라인상에서 만나는 경우가 더 많다. 해외 전문직업에서 정기적으로 만나는 실제적 문제에 따라 각 장애물에 대한 프로그램이 마련되어 있다.

> 〈부가 자료 15.3〉
> 교회 개척자들의 개인적 삶에 대한 자료

- **부르심, 영적 성숙, 기도**

    Blackaby, H., and Richard Blackaby. 2001. *Spiritual Leadership: Moving People on to God's Agenda*. Nashville: Broadman and Holman. (헨리 블랙커비, 리처드 블랙커비. 『헨리 블랙커비의 영적 리더십』. 2014. 두란노.)

    Hunt, T. W. 2002. *Life Changing Power of Prayer*. Nashville: Lifeway Church Resources.

    Hunt, T. W., and Catherine Walker. 1997. *Disciple's Prayer Life: Walking in Fellowship with God*. Nashville: Lifeway Church Resources. (T.W.헌트, 캐서린 워커. 『기도의 삶』. 2010. 요단출판사.)

    Sills, M. David. 2008. *The Missionary Call*. Chicago: Moody. (M.데이비드 실즈. 『선교사 소명』. 2010. 생명의말씀사.)

- **영적 전쟁**

    Anderson, Neil T. 2000. *Victory over Darkness: Realizing the Power of Your Identity in Christ*. Ventura, CA: Regal Books. (닐 앤더슨.『내가 누구인지 이제 알았습니다』. 2008. 죠이선교부출판부.)

    _____. 2006. *The Bondage Breaker. Overcoming Negative Thoughts, Irrational Feelings, Habitual Sins*. Eugene, OR: Harvest House. (닐 앤더슨. 『이제 자유입니다』. 2012. 죠이선교회출판부.)

- **다문화 스트레스 및 적응**

    Foyle, Marjorie. 1987. *Overcoming Missionary Stress*. Kent, UK: MARC Europe.

    Jones, Marge, and E. Grant Jones. 1995. *Psychology of Missionary Adjustment*. Springfield, MO: Logion.

    Loss, Myron. 1983. *Culture Shock: Dealing with Stress in Cross-Cultural Settings*. Winona Lake, IN: Light and Life.

- **교회 개척과 여성**

    Janssen, Gretchen. 1989. *Women on the Move: A Christian Perspective on Cross-Cultural Adaptation*. Yarmouth, ME: Intercultural Press.

    Kraft, Marguerite G., ed. 2003. *Frontline Women: Negotiating Cross-Cultural Issues in Ministry*. Pasadena: William Carey Library.

    Kraft, Marguerite G., and M. Crossman. 1999. "Women in Mission." *Missions Frontiers*, August, 13.17.

- **이중직 교회 개척자**

    Johnson, C. Neal, and Steve Rundle. 2010. *Business as Mission: A Comprehensive Guide to Theory and Practice*. Downers Grove, IL: InterVarsity.

    Lai, Patrick. 2005. *Tentmaking: Business as Missions*. Waynesboro, GA: Authentic.

    Steffen, Tom A., and Mike Barnett, eds. 2006. *Business as Mission: From Impoverished to Empowered*. Pasadena, CA: William Carey Library.

(5) 더 많은 공부와 노력이 필요하다

자비량 선교는 만병통치약이 아니다. 하지만 전 세계의 미전도 종족 중 대다수는 선교사가 들어갈 수 없는 지역에 살고 있다. 때문에 많은 나라와 환경 가운데에서 이중직 사역자들의 필요는 증가할 것이다.

릭 러브(Rick Love)도 이를 확증해 준다.

> 신실한 자기 정체성을 가지고, 직업에서의 신뢰와 제자양성의 열매를 모두 맺는 바울 같은 사역자를 훈련시키는 것이 21세기 당면한 도전 과제이다(2008, 36).

현지 사역자 및 다문화 사역자 모두에게 자비량 선교는 신중하게 채택되어야 하지만 거기에 부르심을 입고 검증된 이들은 아주 의도적으로 수용해야 한다. 미국이나 유럽처럼 교회가 평신도들을 동원하는 일과 이중직 교회 개척에 무관심했던 지역에서는 효과적 자비량 선교를 수행하기 위해 신중하게 고안되고 조정된 전략과 끈질긴 인내가 필요하다. 평신도 팀과 신학적으로 훈련된 전임사역자들과의 창의적이면서 상승효과를 가져오는 동역자 관계가 맺어져야 한다.

예를 들어, 교회 개척에 열의를 가진 한 독일 목사는 자신의 시간의 절반을 교회 개척을 연습하는 이들과 함께 일하고 새로운 교회 개척팀을 안내해 주는 데 사용하였다. 교회 개척의 촉매제 역할을 하는 그는 성경학교를 졸업한 이들 및 평신도 리더들을 함께 팀으로 만들어 일한다.

8. 결론

교회 개척자들이 삶 가운데 만나는 여러 사건에 대한 논의는 지면의 한계 때문에 피상적일 수도 있다. 하지만 그 중요성은 간과되어서는 안 된다. 이번 장에서 다룬 내용들이 교회 개척자들로 하여금 개인의 성장과 균형, 그리고 개인적, 사역적 국면의 건전한 통합을 위해 애쓰도록 격려할 것이다. 효과적 멘토링은 둘 다를 똑같이 고려한다(Logan and Carlton 2003).

교회 개척자들은 자기인식을 키우고, 목표를 설정하고, 멘토를 두고, 동료들이 있는 학습공동체에 참여함으로 이런 상황을 능동적으로 대처할 수 있다.

부가 자료 15.3에서 이 방면에 대한 더 깊은 연구를 위해, 많은 탁월한 자료들을 대표할 만한 선별된 자료들을 제공해 준다.

제16장

교회 개척팀

최근까지도 교회 개척 분야에서 팀의 역할에 대해서는 많은 관심을 두지 않았다. 하지만 제3장에서 살펴보았듯이 팀은 첫 번째 사도들이 수행한 선교의 중심이었음에도, 다문화 교회 개척자들은 단호한 개인주의적 선구자가 되어야 한다는 견해들이 유행했었다.

하지만 20세기의 마지막 분기가 시작되면서 공동체와 팀 사역으로의 전환이 일어났다. 세상 사업계에서도 개인주의적 문화에서 팀 문화로 옮겨 가고 있다. 이러한 변화와 더불어 선교사 사이에서도 팀 사역에 대한 관심이 높아진다.[1] 여기서는 이 주제에 대한 대략적 개요만 제공할 뿐이다.[2]

사업장에서의 팀 사역에 대한 광범위한 연구에서는 흥미로운 결과를 도출해 냈다(Katzenbach and Smith 1993, 1-8). 부담이 큰 활동에 대한 도전은 팀을 결성시키는 경향이 있다. 이런 점에서 가장 효과적이고 생산적인 팀은 진공상태에서 만들어지는 것이 아니라, 필요에 의해 나타난다. 대부분의 조직은 태생적으로 개인 혹은 그룹에게 책임을 맡긴다. 그런데 성과에 대한 강한 기준을 가진 회사들은 팀 자체를 만들어 내는 회사들보다 '진짜 팀'을 더 많이 생산한다.

---

1 출판된 논문들만 봐도 이는 분명하다. Evangelical Missions Quarterly에만 해도 Waldron 1971; Bacon 1978; Dyer 1986; Lukasse 1986; Allen 1991; Mackin 1992; Love 1996; O'Donnell 1999; Stetzer 2003b; Zehner 2005; Ellis 2005 등의 논문이 쏟아졌다.

2 선교사들로 이루어진 교회 개척팀에 대한 논의를 보려면, Daniel Sinclair, *A Vision of the possible: Pioneer Church Planting Teams*, 2006 (『열방이 주께 나아오다』, 좋은씨앗) 과 Trent and Vivian Rowland, *Pionner church Planting: A Rookie Team Leader's Handbook*(2001) 참고.

다양한 관점과 기술을 요하는 분명한 임무를 가지고 있을 때 팀은 일을 더 잘할 수 있게 된다. 대부분의 경영진들은 독립적 정신과 시간의 제한을 가지고 있기 때문에 팀 업무가 상위 계층에서 발생하는 일은 거의 없다. 교회 개척은 의심의 여지 없이 다양한 관점과 기술을 요하는 복잡하고 도전적이며, '진정한 팀'을 번창하게 해 주는 임무이다.

1. 정의

어떤 전문가들은 크게는 팀을 두 개의 항목으로 나눈다. 정규적이고 장기적인 팀 그리고 비정규적이고 단기적인 팀이 그것이다. 후자에는 작업반, 위원회, 그리고 일시적 소그룹들이 포함된다(Lanier 1993; Katzenbach and Smith 1993).

교회 개척의 경우 어떤 점에서는 하나로 묶이지 않은 채로 사람들이 함께 일하며 하나의 장기적 목적을 이루기 위해 많은 시간을 헌신한다. 그들은 아마도 팀을 이루어 일하겠지만, 우리가 사용할 용어로서의 교회 개척팀을 결성하지는 않는다. 이 장에서 다룰 어떤 원칙들은 비정규적이고 낮은 헌신도를 요하는 팀에게 적용되겠지만, 그보다는 정규적이고 특별한 헌신으로 수년간 교회 개척 사업을 위해 일할 팀에 좀 더 초점을 맞출 것이다.

팀이란, 기술을 상호 보완하는 한 무리의 사람들로 공통의 목적에 헌신하고 그 목적을 이루기 위해 합의된 방식으로 함께 일한다. 그들은 팀의 결과에 대해 전적으로 그리고 공동의 책임을 진다. 주된 요소는 아래와 같다.

- 같은 성향보다는 상호 보완적일 것
- 공동의 목적에 헌신할 것 (우리의 경우 교회 개척)
- 그 목적(계획)을 이루기 위한 일의 방식을 결정할 것
- 목적과 계획을 공동작업으로 실행할 것
- 결과에 대한 책임을 서로 질 것

스티븐 매키아(Stephen Macchia, 2005, 41)는 이를 그리스도인 사역팀에 맞춰 더 살을 붙인다. 그리스도인 사역팀은 다양한 은사를 가진 사람들이 서로 책임을 나누며 하나님의 영광을 위해 기쁨으로 함께 봉사하는, 관리 가능한 모임이다.

- 공동의 사명을 나눈다
- 그리스도의 사랑의 메시지를 구체화시킨다
- 의미 있는 사역을 성취한다
- 변혁적 결과를 기대한다

팀을 구성한다는 말의 의미는 한 무리의 사람들은 공통의 원인으로 묶어 주려는 협력적이고 조정적인 노력이다. 교회 개척팀은 그리스도 아래에서 하나 혹은 그 이상의 새로운 교회를 시작한다는 목적에 맞게 함께 일하는 한 무리의 그리스도인들이다.

요한 루카시(Johan Lukasse)가 말하듯이 이 팀에는 다양한 모양과 형태가 있다.

> 교회 개척팀은 주로 경험 있는 선교사들 혹은 단기 사역자들로 이루어져 선교사 교회 개척자를 일 년 혹은 이 년 정도 돕는다. 어떤 경우, 팀은 경험 있는 선교사 부부와 여러 민족으로 이루어진다. 때로는 팀이 한 공동체로 생활하기도 한다. 반대로 교회 건물 같은 중앙 장소에서 운영하면서 가족들은, 예를 들어, 한 마을의 여러 특정 지역으로 흩어지기도 한다(1986, 2).

팀의 구성원들은 외부인이나 현지이거나, 혹은 둘 다일 수도 있으며, 전임사역자이거나 자비량 사역자일 수도 있다. 국제적 사역자들을 포함한 교회 개척팀은 현지 리더십팀과 혼란을 겪으면 안 되는데, 이는 교회 개척 과정의 다음 국면에서 일어나기도 하는 일이다.

2. 교회 개척팀의 필요

교회 개척에 관여하는 많은 선교단체가 그들의 전략의 주요 요소로 팀 사역을 채택한다. 특히, 무슬림이나 명목만 그리스도인인 이들처럼 저항이 강한 사람들에게 사역할 때는 더욱 그렇다. 프론티어선교회(Frontiers Missions)는 무슬림들 가운데 교회 개척을 하려는 노력의 기본단위로 팀 사역을 사용한다.

에릭 아담스(Eric Adams)와 팀 루이스(Tim Lewis)는 이렇게 상술한다.

> 현장에서 사역하는 팀은 교회 개척 활동을 통해 접근이 제한된 국가의 무슬림 집단에 침투하려는 변방선교의 주요 수단이다. 팀 구조는 조직의 전반적 목표를 달성하는 핵심 요소이기 때문에 변방선교 운동 전체가 이 기본 단위를 중심으로 구성된다. 각 팀은 특정 무슬림 종족 또는 무슬림 도시의 일부에 들어가기 위한 비전과 전략을 가진 리더를 중심으로 구성된다(Adams and Lewis 1990, 1).[3]

벨기에복음선교회(Belgian Evangelical Mission)의 총재를 역임한 요한 루카시는 벨기에처럼 "딱딱한 토양에서 교회를 뿌리내리게 하기 위해서는 팀 사역이 필요하다"라고 말한다. 그 열매에 대해서 그는 이렇게 말한다.

> 우리는 1972년 우리의 첫 번째 교회 개척 훈련팀을 운영하였다. 1년 만에 교회가 시작되었다. 그보다 조금 작은 두 번째 팀이 그 뒤를 따랐고 2년 만에 3명의 장로와 2명의 집사를 가지고, 50명의 장년이 출석하게 되었다. 그 교회는 2년 뒤 두 번째 교회를 생산했다. 그리고 4년 뒤에는 세 번째 교회를 개척했고, 그 뒤로도 다른 교회를 개척했다. 팀 사역이 성경적이고, 실제

---

[3] 교회 개척을 위해 팀 사역으로 접근하는 방식은 프론티어선교회와 대부분의 무슬림을 비롯한 미전도 종족을 위한 선교 전략에서 지속되고 있다.

적이며, 효과적이기 때문에 이 방법을 사용한다. 실수도 있었지만 주님께서 여전히 우리를 많이 가르쳐 주시기에 8년 만에 우리는 15개 교회를 시작할 수 있었다.(1986, 134-35)[4]

라몬 카모나(Ramón Carmona)는 콜롬비아에서 다섯 개의 교회를 개척했고, 새로운 교회를 시작하도록 팀을 파송하는 인큐베이터 역할을 하도록 카르타헤나(Cartagena)에 있는 다섯 번째 교회에서 목회를 한다. 그는 교회 개척을 방해하는 세 가지 큰 장애물은 확실한 부르심의 부재, 부적당한 교회 개척 전략, 그리고 (지금 강조하듯이) 무능력한 팀 사역이다. 그는 이렇게 말한다.

외로운 특공대가 필요한 게 아니다. … 섬김과 배움의 준비를 위해 선교사가 팀으로 활동한다는 사실은 매우 중요하다(Tone 2000, 11에서 재인용).

3. 교회 개척팀의 장점

팀 사역에는 분명한 장단점이 있다. 주된 장점 중 하나는 문제의 해결을 위해 다양한 견해를 모을 수 있다는 것이다.

스탠포드경영대학원의 데보라 그루엔필드(Deborah Gruenfeld)의 최근 조사에 따르면 특정 질문에 대해 최소 두 개 이상의 견해를 견지하는 더 나은 결정을 내린다. 왜냐하면, 소수의 견해에 대해 다수는 보다 복잡한 생각과 다양한 증거를 고려해야 하기 때문이다. 그루엔필드는 미 대법원이 분석

---

4 루카시는 추가로 이렇게 말한다. "사람들이 모인 팀으로 교회가 개척되는 것이 최선의 사역 방법이라고 믿는다. 하지만 다른 종류의 팀 사역도 생각해 봐야 한다. 전에 말했던 원칙이 적용 가능하겠지만, 포스트모던 시대에서 우리가 하는 활동과 팀 구성원들이 어떻게 운영하는지는 아마도 상당히 다르기 때문이다"(2006).

한 결정들에서 자신의 주장에 대한 증거를 찾는다(Snyder 2004).[5]

벤 사와츠키(Ben Sawatsky, 1987)는 건강하고 효과적인 도시 교회 개척팀의 성격을 정의하기 위해 사도행전에서의 팀 사역과 함께 다섯 개 선교단체에 속한 현대 교회 개척팀을 연구했다. 부가 자료 16.1에서 스와츠키가 발견한 '팀원들이 있을 때의 장점'을 요약했다.

팀 사역이 교회 개척 사역에서 주는 사역적 장점들도 있다. 팀은 균형과 '교차 교육 훈련'(cross-training)을 제공한다. 어떤 사업들은 통제를 중시하는 관리 중심의 생산에서 권한 이양을 중시하는 팀 중심 생산으로 전환한다.

〈부가 자료 16.1〉
팀원들이 있을 때의 장점

1. 은사를 보완함
2. 은사를 개발함
3. 더 강한 지원체계
4. 더 많은 이에게 사역의 기회를 제공함
5. 시간 부족 해결
6. 유혹에서부터 보호
7. 실무적 훈련 제공
8. 책임을 분명히 함
9. 외롭지 않음
10. 각자의 장점에 집중할 수 있음
11. 비전을 강하게 해 줌
12. 더 큰 일에도 도전하게 해 줌

인용: 사와츠키 1987, sec. 6, 14-18

- 해결책을 찾고, 의견을 제공하고, 결과를 평가할 대부분의 권한을 팀이 가진다. 팀은 기꺼이 이 책임을 감당하는데, 그 결과는 놀라울 만큼 성공적이다.
- 팀의 근무 환경에서 결근으로 인한 문제가 줄었다.
- 연구에 따르면 소비자들의 만족도가 개선되었다.
- 의사 결정이 상당히 빨라졌다.
- 문제가 원천적으로 해결된다.
- 보다 조화로운 방식으로 임무가 완수된다.

---

[5] 스나이더(2004)가 언급한 연구는 데보라 그루엔필드와 프레스톤 자레드(Preston Jared)의 "Upending the Status Quo: Cognitive Complexity in US Supreme Court Justices Who Overturn Legal Precedent," *Personality and Social Psychology Bulletin 26*(August 2000)이다.

• 사기가 높다(Norman 1996, 1).

게다가 개성이나 개인적 비전이 아닌 공동의 헌신에 기초하기 때문에 사역 자체도 안정된다(Wardon, 1971).

사와츠키(1987, sec. 6, 19-21)는 추가로 사역의 실제적 부분과 관련하여 팀 사역의 장점을 이렇게 말한다.

1. 팀이 함께 전도할 때 더 담대해진다.
2. 팀이 함께 기도할 때 기도의 능력이 커진다.
3. 팀이 함께 계획할 때 위대한 창의성이 생긴다.
4. 팀이 함께 사역할 때 생산성이 높아진다.
5. 사람 중심이 아니라 사역 중심이 된다.

루카시는 교회 개척에 있어서의 팀 사역이 가져다주는 상승효과를 다음과 같이 묘사한다.

지역공동체에 들어가게 되면, 교회 개척팀은 행동에 들어간다.

첫째, 각 구성원들은 최소 하나나 두 개의 사회모임 혹은 문화모임에 들어간다. 스포츠 동아리 같은 것 말이다. 이때 하나의 동아리에는 한 사람씩만 들어간다. 결과로 거기에 해당하는 사람들과 접촉할 수 있고 그들에게 들어갈 수 있다. 모든 계층의 사람들에게 다가가 위대한 문을 열 수 있는 자연스러운 방법이다.

둘째, 구성원들은 다른 종류의 접근법을 가지고 전도를 시작한다. 이 기간 동안, 그들은 관계를 맺으면서 사람들을 알아 간다. 일부 팀원들은 목표 지역을 선정하기 전에 수행했던 지역 환경에 대한 작업을 보완하기 위한 추가 조사를 한다(1986, 136-37).

4. 교회 개척팀의 단점

팀 사역의 단점 역시 다루어야 한다. 건강한 상호관계를 구축하고 그것을 유지하는 데에는 시간과 노력이 많이 들어간다. 또한, 팀의 목표를 효과적으로 성취하기 위해 사람들에게 충분히 집중하는 일은 쉽지 않다. 벨기에복음선교회는 팀 사역을 믿었지만 그들도 전략을 수정해야 했었다. 루카시는 말한다.

> 벨기에복음선교회의 전략은 바뀌었다. 왜냐하면, 시간이 흘러도 우리는 교회 개척 훈련팀에 합류할 사람들에게 충분한 동기를 부여하지 못했기 때문이다. 다른 방식과 방법론을 찾아야만 했다(Lukasse 2006, 1).

팀을 결성하는 과정에서 어느 정도의 갈등은 항상 일어난다. 초기에는 서로 다른 사역 철학과 팀 리더십을 둔 경쟁이 발생하는데, 개인적 긴장들은 가장 헌신적인 팀에게도 위협이 된다. 팀 내의 불평등도 문제를 발생시킬 수 있다. 모든 구성원을 공평하게 대하고자 하는 열망과 어떤 이가 더 많이 일하고 능력이 많으므로 더 인정받아야 한다는 생각 사이의 긴장이 있다.

은사를 많이 가지거나 더 헌신적 팀원에게 사람들의 시선이 몰릴 때 한쪽에서는 좌절이 생기게 된다. 혹은 다른 구성원들에 비해 많은 시선을 받는 이 때문에 질투가 생기기도 한다.

팀원들은 각자가 팀과 사역을 위해 무엇을 헌신할지에 대한 다른 기대치를 가지고 있다. 이것은 불꽃 튀는 논쟁이 벌어지기 전까지는 언급되지 않는다. 어떤 팀은 개성을 억제시키는가 하면 어떤 팀은 너무 자유롭게 둔다. 어느 쪽이든 극단에 치우치면 관계에 상처를 주고 생산성을 저하시킨다. 팀이 내향적이 되거나 심지어 자기 도취에 빠질 수도 있다. 팀이 선교적 사명에 초점을 유지하지 않으면 상호 의존적 팀 사역 정신을 저해하는 배타적이고 상대를 무시하는 관계가 발생할 수 있다.

어떤 팀은 시작은 잘 했는데 나중에는 역기능 방식으로 빠지기도 한다. 이런 일은 보통 서로 간의 신뢰가 부족하기 때문에 시작되는데, 결국은 결과도 부족하게 나타난다.

신뢰가 부족하면 팀 구성원들은 온전한 헌신과 상호 업무를 하기에 주저한다. 회의할 때는 동의를 표할 수 있지만, 의사 결정과 사역 주도권에 있어 전적 헌신을 하지는 않는다. 진정한 헌신 없이는 책임을 피하려 할 것이고 개별적으로만 활동하게 된다. 외적 조화를 유지하고 갈등을 피하는 데에만 에너지를 쏟는다. 가장 주도적 구성원들도 팀의 분위기를 위협할 만한 행동을 하기는 주저할 것이다. 서로 간의 책임을 회피하니 최종적으로는 결과가 무시당하게 된다(Lencioni 2002, 187-90).[6]

외부인들로 이루어진 팀이 어느 지역에 집중되면 또 다른 난관들이 발생한다. 그들의 사역의 결과로 생긴 교회이기 때문에 현지인들은 '이국적'인 느낌을 가지게 되고, 현지 신자들이 가져야 할 사역의 주도권은 외국인 전문가들이 압도적으로 행사할 수 있다. 게다가 외부인 팀 구성원들이 현지 신자들과 관계를 형성하는 데 실패하거나 의사 결정을 내릴 때 그들과 상의하지 않을 경우, 현지인들은 필요하지 않거나 기여할 수 있는 바가 거의 없을 것이라는 인상을 주어 스스로를 고립시키게 된다.

다마리스 제너(Damaris Zehner)는 다문화 외부인팀들도 벽을 친 채 현지인들로부터 분리된 선교기지처럼 될 수 있다고 경고한다. "선교현장 한 복판의 작은 외국 문화"처럼 말이다(2005, 363).

결론적으로, "팀 사역은 모든 현재와 미래의 조직체들에게 필요한 해법은 아니다. 그들은 모든 문제를 해결할 수 없고, 모든 모임의 결과를 향상시킬 수도 없다. … 또한, 악용되면 팀은 소모적이고 방해될 뿐이다"(Katzenbach and Smith 1993, 34). 다른 한편으로 건강한 팀은 교회 개척자들을 위한 공동체와 향상된 효과성을 제공해 준다. 그렇게 함으로서 그리스도의

---

6 렌시오니(2002, 188-90)에 따르면, 다음의 역기능이 서로 간에 발생한다. (1) 신뢰의 부재, (2) 갈등에 대한 두려움, (3) 헌신의 부재, (4) 책임 회피, (5) 결과에 관심 없음.

교회를 확장시키는 강력한 도구가 된다.

5. 바울 팀에게 배우는 교훈

제3장에서 팀 사역이 사도적 선교에 기여하는 몇 가지 방법을 보았다. 새로운 선교사들은 실습생을 받았고, 필요한 곳에 메신저들을 보냈으며, 은사를 보완하여 더 많은 일을 할 수 있었다. 오늘날의 교회 개척팀이 바울의 팀과 동일해야 하는 것은 아니다. 하지만 선배들로부터 배우고 가치 있는 원칙들을 모을 수는 있다.

무엇보다 바울이 가진 리더십에서 많은 것을 배울 수 있다.

첫째, 오늘날 많은 교회 개척팀이 리더를 많은 권위를 가지지 않은 조정자 정도로 여기며 민주적으로 활동하려고 한다. 이해할 만하지만 이러한 문화적 수정이 교회 개척에 적용되면 사역의 부진이 나타날 수 있다. 성경은 분명한 영적 부르심과 은사에서부터 명확하고 일관된 영적 권위를 인정하는 것이 지혜임을 강조한다.

둘째, 선교적 팀이 된다는 것에서부터 오는 가치이다. 교회 개척팀은 각 구성원의 개인적 필요 때문에, 혹은 그들의 입맛에 맞는 교회를 세우기 위해 존재하는 것이 아니다.

팀 구성원들은 선교의 필요를 기준으로 선택되고, 고용되고, 활동해야 한다. 때로는 어려운 사역을 위해 자신들이 즐기는 사역을 포기해야만 한다. 나중에 그들은 통제권을 포기하고 사역을 현지 리더들에게 넘겨주어 교회가 토착화되고 배가 성장을 할 수 있도록 한다. 처음부터 끝까지 선교에 초점을 맞추어야 한다.

바울이 팀을 사용한 방식을 오늘날 새로운 사역에 적용할 수 있는가?

어떤 연구들은 임무에 대한 높은 수준의 헌신, 보완 능력, 그리고 공동체 의식이 있다면 자연스럽게 성과와 학습을 할 수 있을 것이라 말해 준다(Katzenbach and Smith 1993). 먼저 팀 리더는 사역 기능의 모델이 되어 주며 팀 구성원들의 멘토 역할을 하게 된다. 각 멤버 중 장점을 가진 이들은 동료 간에도 멘토링을 해 줄 수 있다.

실습생들이 그리스도 안에서 성숙하게 되는 그다음 단계에서는 선교사와 현지 실습생들이 서로 간에 배울 수 있고 함께 문화적으로 적합한 방식으로 전도와 예배와 봉사를 발전시켜 나간다. 이런 식으로 모두가 교사이자 학생인 배움의 공동체를 창조한다. 교회 개척팀의 현명한 리더는 팀을 세워 주는 잠재력을 활용할 것이다. 어떤 면에서 그것이 개인의 사역을 축소하더라도 말이다.

바울의 팀은 때로는 독립적으로 그리고 때로는 협력해서 활약할 수 있는 구성원들로 이루어져 유연하고 유동적이었다. 선교사들로 이루어진 교회 개척팀, 특별히 사도적 모델을 사용하는 팀이라면 팀을 결성하는 것을 정적인 것이 아닌 역동적 개념으로 보아야 한다. 팀은 태어나고, 자라고, 축소되고, 방법론을 바꾸고, 흩어지고, 다시 합쳤다가, 마침내는 사라진다. 팀 구성원들은 영적으로 진부하지 않고 포용적이다. 그들은 전체가 함께 일하기도 하고 필요에 따라 소그룹으로 나뉘기도 한다.

타락한 인간의 본성과 역기능을 경험한다 하더라도, 사도행전에서 볼 수 있는 팀 사역이 얼마나 긍정적이고 생산적인가 하는 점은 놀랍기만 하다. 성령 하나님께서 그분의 사역을 완성하기 위해 팀을 모으시고 인도하신 것은 분명하다. 그분이 사역자들을 택하셨고 그들을 부르셨으며, 그들을 흩으시고 자신들의 길을 가게 하셨고, 복음을 전하도록 힘을 주셨다(행 13:2-9). 그들은 팀으로서 거룩한 목적과 인도함을 경험했다(행 14:26-27).

오늘날의 교회 개척팀도 마찬가지로 하나님께서 그들을 모으시고 복음 사역을 진행하신다는 사실을 확신해야 한다. 그들은 매 순간 그분께 의뢰하고, 삶과 가족이 그분을 기쁘시게 하도록 유지하며, 그분께 영광을 돌려야 한다. 마지막으로, 하나님께서 직접 선택하신 거룩한 리더가 있어야 한다.

6. 교회 개척팀의 리더

교회 개척팀에는 자신의 성품과 능력 면에서 신뢰를 불러일으킬 유능한 리더가 있어야 한다. 하지만 다른 구성원들과 분명하게 구별되는 경험, 소명, 은사를 가진 리더가 없을 때에는 어떻게 할 것인가?

한 교회 개척팀은 2년 동안 남녀를 가리지 않고 팀원들이 매달 돌아가면서 리더십을 수행했다. 시간이 지나면서 이 팀은 머리가 없는 몸처럼 기능장애가 생겼고, 이후 수년간의 교회 개척 활동 끝에 교회가 개척되기 전 해산되었다. 유능한 리더십의 필요를 피할 방법은 없다. 가장 성공적인 팀들 중에는 교회 개척의 리더십의 역량이 입증된 후 현장에서 결성된 팀들도 있다. 리더가 팀원을 선택하는 최종 결정권을 가지고, 그들을 신뢰하며, 그들의 충성심을 확신하는 팀으로 구성되는 것이 좋다.

지난 20년간 팀 사역을 통하여 우리가 얻은 교훈 중 가장 중요한 것 하나는 리더의 경험이 중요하다는 사실이다. 교회 개척의 경험이나 새로운 문화에 대한 지식이 부족한 리더를 가진 팀들은 위기를 경험하게 된다. 리더 스스로가 교회 개척이 처음이거나 새로운 문화 환경에서의 사역이 처음이라면 동일한 과정 안에서 다른 이들을 인도하기에 어려움을 겪을 것이다. 보통 선구자적 교회 개척의 환경에서 그러한데, 그 문화권에서의 사역 경험이 있는 리더를 찾기 어려운 경우에서는, 리더가 그와 비슷한 환경에서의 다문화 사역 경험을 가지고 있어야 한다.

어떻게 팀 리더가 권위를 시행하는가?

문화적 다양성 만큼이나 리더십에도 많은 모델들이 있다. 표 16.1에서는 가장 흔한 두 개의 모델을 비교한다. 조직적 리더십과 유기적 리더십이 그것이다(Lanier 1993, 7, 14).

〈표 16.1〉 조직적 리더십 vs 유기적 리더십

조직적 리더십 방식	유기적 리더십 방식
위치 중심	기능 중심
권력 기반	은사 기반
영구적 권위	제한된 권위
충성 강요	신뢰 구축
위에서 지목	팀원들이 수용
결정을 내림	합의를 이룸
리더십 기능들을 보호함	리더십 기능들을 나눔

* 자료: Lanier 1993, 7, 14를 요약함

어떤 교회 개척에는 조직적 리더십 방식이 효과적으로 사용되어 왔지만 선교사로 이루어진 교회 개척팀은 유기적 리더십 방식을 선호해야 한다. 왜냐하면, 유연성, 이동성 및 단계적 철수를 위한 역할 변화의 용이성 때문이다.[7]

리더들은 팀원 및 현지 리더에게 책임을 위임하고 그들과 권력을 나눌 준비가 되어 있어야 한다. 결국, 그들이 가장 염두에 두어야 할 것은 팀을 지휘하는 것이 아니라 교회 개척의 사명을 발전시키는 것이다. 리더들은 팀이 정체성을 확립하고 은사들을 서로 보완하도록 도와서 팀 사역의 열매를 맺을 수 있게 한다.

리더들은 합의를 맺는 걸 선호하겠지만 필요할 때는 어려운 결정을 내릴 수도 있어야 한다. 그들은 가치와 우선순위를 분명히 함으로 공유된 비전을 고취시키고 방향성과 초점을 유지한다. 그들은 필요를 예측하고 도전에 대응하고 변화에 적응하기 위해서 정서적 지능과 유연성을 가진다. 최종적으로 팀원들의 장단점을 파악하고 결과를 소홀히 여기지 않으면서도 팀워크를 향상시키며 창의성을 발휘한다.

---

7   조직적 리더십 방식은 주로 도시 셀 교회의 셀 배가 성장에 사용된다. 이드로의 충고에 따라 모세가 히브리 민족을 재구성한 것이 이 모델의 좋은 예이다(출 18:24-26).

성경에는 이런 유기적 리더십의 몇 가지 예가 있다. 하나님께서는 개개인을 부르심으로 선교를 시작하지만 그것으로 끝나는 일은 거의 없다. 그분은 그 개인들이 다른 이들을 세우고 권한을 나누면서 선교를 이루도록 하신다.[8]

쥬니아스 비너고펄(Junias Venugopal, 1997)은 효과적 팀에는 어떤 요소가 영향을 미치는가를 보기 위해 현재 운영되다 해체된 선교팀들을 연구했다. 그 팀들은 사역에 대한 기대감들을 논의하는 데 실패했고 팀은 갈등만 빚은 채 끝났다. 권위적/위계적 혹은 자유방임주의식 리더십과 소통의 부재, 합의를 이루지 못하는 의사 결정 또한 갈등의 요인이다.

반대로 함께 기도하는 것은 팀이 보다 단합되어 있다는 표시였다. 효과적 팀의 리더들은 명확한 기대감, 권위의 균형과 리더십으로의 참여, 그리고 기도 요청에 집중한다.

> 국제 사무국이 가지는 책임은 유지하면서도, 프런티어 선교회는 팀 리더들에게 자신의 사역현장에서 광범위한 자율성과 권한을 부여한다. 그것은 무슬림들을 대상으로 하는 교회 개척은 임무와 리더십 개발, 기업가 정신 및 위기에 대한 담대한 의지와 더불어 때로는 억압적이고 적대적 환경에서도 팀의 주도권과 사기에 대한 접근이 가능하면 현장에서 바로 이루어지는 것이 낫다는 확신 때문이다. 무슬림들의 세계는 종종 변덕스럽기에 현지팀을 현장 조건에 맞게 빠르게 적용시키는 운영방식은 너무나 중요하다(Adams and Lewis 1990, 4).

바울의 팀 사역의 목적을 이해하면 팀 리더의 주요 기능을 잘 알 수 있게 된다(제3장 참조). 유기적 리더십 방식을 통해 그들은 자신의 은사를 활용하여 팀이 최적의 열매를 맺도록 팀을 돕고 조율하는 기능을 수행한다.

---

[8] 모세(출 17:8-10; 18:24-25), 다윗(삼상 22:1-2), 그리고 느헤미야(느 2:11-18)의 삶을 통해서 잘 나타난다.

이때 팀원들은 협력자가 된다. 리더들은 주된 책임들을 할당하고 팀 구성원들을 과업에 보냄으로서 위임하는 기능을 수행한다. 이때 팀원들은 대표자가 된다. 그들은 팀 구성원들에게 훈련의 기회를 주고 개인적 멘토링을 해 줌으로 세우는 기능을 수행한다. 이때 팀원들은 견습생이 된다. 마지막으로, 리더들은 사역을 할당하고 팀 구성원들이 책임감을 가지도록 함으로 감독하는 기능을 수행한다. 이때 팀원들은 협력자가 된다.

선교사 팀 리더의 자질에는 어떤 것들이 있는가?

그들은 영적으로 성숙해야 하며 감독에 대해 성경이 제시하는 자격을 갖추어야 한다. 그들은 겸손하며 종의 영성을 가져야 한다.

바울은 고린도 교회 성도들을 향하여 이렇게 썼다.

> 우리가 너희 믿음을 주관하려는 것이 아니요 오직 너희 기쁨을 돕는 자가 되려 함이니 이는 너희가 믿음에 섰음이라 (고후 1:24).

팀 구성원들은 목자가 필요하지 조종하는 통치자가 필요한 게 아니다 (벧전 5:3). 그럼에도 팀원들은 자신에게 주어진 권위를 합당하게 사용하는 데 주저하지 않는 리더와 함께할 때 최선으로 임무를 수행한다.

팀 리더들은 부르심에 대한 분명한 마음을 가져야 하며, 그들의 사명을 잘 알고, 그것을 효과적으로 말할 수 있어야 한다. 그들은 기업가 정신과 훌륭한 비전 리더십을 가져야 한다. 임무가 복잡하고 어렵기 때문에 그들은 하나님께 의뢰하는 기도의 사람이어야 한다. 자신에게 주어진 인도자의 사명을 잘 알고 믿음과 확신으로 앞으로 나아가야 한다. 그들은 팀을 구성하는 기술을 가져야 하며 사기를 진작시키고 반대와 낙심에도 팀원들에게 영감을 주어야 한다. 그들은 열심히 일하고, 인내하며, 또 인내해야 한다.

팀 리더들은 확신을 가지고 그들을 인도하고 교회 개척의 임무를 효율적으로 수행하기 위해 사역의 대상이 되는 사람들의 문화를 이해해야 한다. 그들이 지역민들과 함께 사역 경험을 가질 수 있다면 더 좋을 것이다.

팀 리더는 자신들의 은사와 능력을 잘 이해하고 특별한 기능을 완수할 수 있는 구성원들을 선택해야 한다. 자신을 보완해 주고, 충성하며, 힘든 시기에도 사명을 수행하기 위해 남아서 헌신할 수 있는 사람들을 신중하고 지혜롭게 선택해야 한다.

마지막으로, 팀 리더들은 개인이 독립적으로 일하는 것보다 팀으로 함께 일할 때 더 많은 일을 성취할 수 있음을 믿는 팀원이 되어야 한다(전 4:9-12). 이러한 자질과 확신으로 무장한 리더들은 기쁜 마음으로 팀의 발전을 돕고 갈등을 해소하며 눈을 들어 주님을 바라볼 것이다.

7. 다문화 팀

아프리카, 아시아, 남미의 교회들이 선교에 더 많이 참여하면서 선교팀들은 점점 더 국제적, 다문화적 구성을 이루고 있다. 이러한 발전은 21세기 그리스도의 교회의 세계화 추세가 긍정적으로 영향을 미친 것으로, 실제적 유익들을 가져다준다.

다문화 팀은 문화적 우월성에 대한 인식을 불식시키며, 상호 학습을 선호하고, 그리스도의 몸으로서 연합성과 다양성을 가지고, 도시 환경에서 다양한 공동체들을 향해 문을 열 수 있다. 보다 광범위한 자원을 임무에 가져올 수 있다. 그들은 기독교가 서구의 종교가 아니라는 메시지를 보낸다. 게다가 다양한 민족적 배경을 가진 구성원들은 의사 결정에 있어 보다 넓은 식견들을 제공해 주고, 현지인들과 다양한 방식으로 관계를 맺을 수 있다. 다문화 팀은 의심 또한 줄일 수 있다.[9]

---

9   에드 스테처는 이에 대해 이렇게 지적한다. "예를 들어, 서아프리카 아샨티(Ashanti) 부족의 선교사들이 가나 북서부의 무슬림 지역인 왈라(Wala)에 들어가는 것은 의심의 여지를 둘 수 있다. 왜냐하면, 역사적으로 아샨티가 그 지역을 지배했었기 때문에 왈라 지역 사람들은 의심할 수 있는 것이다. 하지만 아샨티 선교사가 서아프리카 판티(Fanti) 부족과 한국인, 보다 좋게는 왈라 부족의 선교사들과 팀을 이룬다면, 그 팀은 보다 긍정적으로 수용될 수 있다"(2003b, 500).

하지만 다문화 팀 역시 큰 도전에 직면하는데, 다양한 문화에서부터 온 구성원들이 서로 상충되는 기대치, 가치관 및 리더십 방식을 가지고 있기 때문이다. 팀 내에서의 관계는 다문화에 대한 오해와 갈등에 대한 추가적 관점의 공유 없이는 충분히 어려울 수 있다.[10]

린네 뢰브게(Leanne Roembke)는 다문화 팀에게 문제를 일으킬 수 있는 전형적 요인을 열거한다.

- 다수 문화 혹은 팀 리더의 문화가 팀 문화를 지배함
- 영어가 팀 언어임
- 남성만이 리더가 됨
- 가족과 가정을 돌보는 일은 아내들만 함
- 현지의 여건을 고려하지 않고 본국의 상황으로 사례를 고정시킴
- 상명하달식의 리더십(2000, 109).[11]

건강한 다문화 팀의 목표는 성취가능한 적합한 방향성, 성숙하고 민감한 리더십, 섬기는 자세, 인내심 있는 소통, 지속적 학습 열망이다. 팀은 재정 사용, 삶의 방식 및 기준, 자원조달 창구 확장, 의사 결정 과정, 핵심 가치, 팀의 언어와 같은 항목들에 질문을 던지면서 참을성 있게 일해야 한다.

뢰브게(2000, 175)는 현지 문화의 구성원으로부터 의견을 들을 것과, 보통의 경우라면 현지 문화의 가치와 언어가 이런 문제에서 우선순위에 놓여야 한다고 제안한다.

리더는 다문화 팀을 구성하고 실행시킬 때 다음의 세 가지를 염두에 두

---

[10] 주요 국제 선교 단체의 한 리더는 사적 대화에서 다문화 팀의 갈등을 해소하는 데 너무나 많은 에너지가 소비되어 많은 경우 사역이 중단되거나 퇴보했다고 고백했다. 그들은 또한 구경꾼들에게 좋지 않은 모습을 보였다. 그러한 팀들은 너무나 역기능적, 비생산적이어서 선교 사역을 완전히 중단할 것을 고려하고 있었다.

[11] 뢰브게의 책 『신뢰할 수 있는 다문화 팀 구성하기』(Building Credible Multicultural Teams)가 이 주제에 가장 도움이 될 만한 책 중 하나이다.

어야 한다. 그것은 문화적 이해, 공동체에 대한 헌신, 보완적 은사이다.[12]

1) 문화적 이해

상호 간 이해는 모든 인간 관계에 필요하지만 특별히 교회 개척팀에 있어서는 더욱 그렇다. 팀 구성원들이 자신들이 가지고 있는 기대감, 견해, 생각들을 나누는 방법을 배우지 않은 채 팀 구성원들이 자신을 이해해 줄 것을 구한다면, 그 팀은 생산적 팀이 될 수 있을 만큼 오랜 시간 살아남기 어렵다. 소통의 많은 부분은 비언어적인데, 그런 신호들은 오해되기 쉽다. 다문화 팀에서는 서로를 오해할 일들이 많이 생긴다.

생활의 기준이나 훈육 방법 등 삶의 방식에 대한 불일치는 항상 일어난다. 어떤 문화에서는 솔직하고 직접적 소통을 가치 있게 여기지만, 다른 문화에서는 그것을 공격적인 것으로 생각해 제안의 형태로 표현한다. 리더십의 방식도 다문화 팀에게 중요한 요소가 된다. 원활한 스타일, 권위적 스타일, 협동을 추구하는 스타일 등 스타일에 따라 리더십의 기대감과 경계를 명확하게 논의하고 합의해야 한다.

공통적으로 겪는 문제는(Cho and Greenlee 1995) 다른 문화에서 온 구성원들이 어떤 윤리적 행동들이 성경에서 금하는 것인지, 확실하게 허락된 것인지, 또는 해석의 여지가 있는 것인지에 대한 합의점을 찾기 어렵다는 것이다. 특정 행동이 윤리적으로 모호하다는 것에는 동의한다 하더라도, 실제 그 행동에 대해 팀이 수용하느냐 하는 것은 또 다른 문제이다.

문화에서 오는 긴장의 또 다른 요인들로는 시간에 대한 인식, 의사 결정 방식, 공동체와 사생활의 관계 등이 있다. 안타깝게도 이러한 오해의 성격과 시기는 예측할 수 없기에 이를 다룰 수 있는 절차들이 미리 마련되어 있어야 한다. 몇 가지 실제적 제안을 한다.

---

[12] 온전한 논의를 보려면, 룀브게의 책 5장 "다문화 팀의 선택, 훈련, 형성" 참고(2000, 197-217).

첫째, 팀을 구성하는 국면에서 추가적 시간을 사용할 것(아래에서 논의함)
둘째, 갈등 해결에 대한 합의에 모든 이가 동의했는지를 분명히 하고 그대로 실천할 것
셋째, 분위기를 전환할 필요가 있을 때에는 어떤 구성원이라도 특별 모임을 요청할 수 있게 하고, 긴장이 생기면 가능한 빨리 그런 모임을 소집하도록 할 것
넷째, 팀 리더가 동의한다면 다문화 소통 전문가를 외부에서 부를 것
다섯째, 팀의 연수회 기간 동안 팀에 대한 평가와 관계 확인을 위해 추가적 시간을 가질 것(팀의 건강과 유지에 대한 부분을 참고하라)

2) 공동체에 대한 헌신

조용기와 데이비드 그린리(David Greenlee)에 의하면(1995, 179) 다문화 팀의 생존을 위해 가장 중요한 요소는 공동체 심리학자들이 '공동체 의식'이라고 부르는 것을 다지는 일이다.[13]

데이비드 맥밀란과 데이비드 챠비스(1986)는 특정한 집단에서 높은 수준의 공동체 의식을 위해 필요한 네 가지 요소를 정의한다.

1. 멤버십의 요소: 소속감 또는 개인적으로 관계된 것들의 공유
2. 영향력의 요소: 집단에 영향을 주고 받는다는 의식
3. 필요를 채움받는 요소: 자신의 필요가 집단의 집합적 자원을 통해 채워질 수 있고 채워지고 있다는 믿음
4. 공유된 정서적 유대감의 요소: 공유된 역사의 경험에서부터 나오는 헌신과 결속력

---

13 공동체 의식은 이렇게 정의될 수 있다. "타인과의 동질감, 타인과의 상호 의존, 타인에게 기대하는 바를 제공하거나 그대로 행함으로 이러한 상호 의존성을 유지하려는 의지, 자신이 보다 의지할 수 있고 안정적 구조의 일부라는 느낌"(Sarason 1974, 157).

다문화 팀이든 아니든 이러한 공동체 의식을 개발하는 일은 아주 어렵고 많은 시간을 요하는 과정이다. 하지만 팀 구성원들이 이러한 과정을 통해 함께 성장하기로 결심하면, 엄청난 유익을 맛보게 된다. 건강한 다문화 팀의 구성원들은 서로의 문화적 가치를 이해하고, 서로를 섬기며, 다른 이를 먼저 배려하고, 서로 배우기 위해 자신의 변화를 기꺼이 감수한다. 레스터 허스트(Lester Hirst)는 도시 교회 개척팀에 관한 연구를 통해 "타인 중심성"이 효과성을 높이기 위한 본질임을 발견했다.

> 교회 개척팀에서 팀 중심성이 강한 구성원들은 타인을 가치 있게 여기고 타인의 성공을 위해 자신의 희생을 감내하는 사람이다. 이러한 타인 중심성은 모두의 유익을 위해 그리고 팀이 설정한 목표를 향해 팀 구성원들이 협력작업을 할 수 있도록 해 준다(1994, 144).

하지만 베누고팔(Venugopal, 1997, 42-44)의 연구에서는 과도한 집단 결속력이 가지는 두 가지 위험에 대해 보여 주었다.

첫째, "사회적 태만"이다. 이는 구성원들이 자신의 빈 자리를 메워 줄 것으로 여겨 열심히 일하지 않을 때 나타난다.
둘째, "집단적 사고"이다. 이는 집단의 조화와 의견일치를 위해 대안적 사고나 행동 과정을 고려하자는 동기를 무시할 때 나타난다. 공동체에 대한 헌신이 발전을 가로막는 역기능으로 나타나지 않도록 해야 한다. 구성원들은 완수해야 할 각자의 개인적 책임을 가지면서, 창의적 아이디어와 독립적 생각을 할 수 있어야 한다.

3) 보완적 은사 및 역할

제15장에서 교회 개척의 우선되는 기능을 수행할 수 있도록 팀 구성원들을 세우는 은사들에 대해 다루었다. 다문화에 대한 역량, 전도, 가르침,

설교, 리더십, 믿음, 위로, 그리고 직접적이진 않지만 그럼에도 중요한 다른 은사들이 있다. 모든 은사가 교회에 필요하듯이 모든 은사가 교회 개척에 사용될 수 있다.

다문화 팀이든 단일문화 팀이든, 팀 구성원들은 그들이 가진 은사를 이해하고 타인과 나누며 교회 개척을 위해 그것들을 사용하여 서로를 돕는다. 모든 구성원은 그리스도를 전하고, 새로운 신자들을 세우고, 소그룹을 인도하는 등 특정한 역할을 가진다. 하지만 자신의 은사와 관련된 영역에서 역할을 수행할 때 가장 효과적이고 만족감을 느낀다.

중요한 은사의 부재로 인해 멕시코 시티의 몇몇 교회 개척이 어려움에 봉착한 것을 보고 난 후, 한 팀 리더는 교회를 개척하는 데 필요한 최소한의 은사군을 정리했다. 그는 자신과 아내가 가지고 있는 은사들과 그렇지 않은 것들을 정하고 부족한 은사를 채울 수 있도록 새로운 팀원을 모집했다.

팀원들은 또한 새로운 신자들이 그들의 은사를 발견하고 개발할 수 있도록 돕는 데 집중했다. 그들은 하나님께서 하나님 나라의 목적을 성취하시기 위해 은사를 받은 사람들을 분배해 주실 것을 믿었다.

교회 개척팀을 위한 최적의 은사군은 어떤 모양일까?

그림 16.1은 교회 개척팀을 위한 보완적 은사들이 이상적으로 균형 잡힌 모습을 그려 준다.[14] 하나님께서는 상황의 필요에 따라 팀을 모으시기 때문에 다양한 모양새가 가능하다는 것을 잊어서는 안 된다. 우리의 책임은 은사와 재능을 가능한 가장 잘 조합하여 실현가능하고 균형 잡힌 팀 사역을 실천하는 것이다. 이때 팀이 완벽해진 것은 아니라는 사실을 깨닫고 있어야 한다.

---

[14] 이는 최적의 집합이며, 이 중 어떤 것이 부족하다 해서 실망할 필요는 없다. 오히려 현지 신자들이 부족한 은사를 채워 주기를 바라야 한다. 은사를 잘 부여받은 교회 개척팀이 모두 외부인들로 이루어져 있다면, 그들은 다른 몇 개의 교회 개척에 협력하여 현지 신자들을 세워야 한다. 이런 방식으로 하나의 교회 개척이 너무 이국적이거나 외부인들로 가득하지 않다는 것을 보여 줄 수 있다. 그렇지 않으면 현지인들은 자발적 참여가 필요 없을 것으로 생각하게 된다.

〈그림 16.1〉 교회 개척팀을 위한 은사군

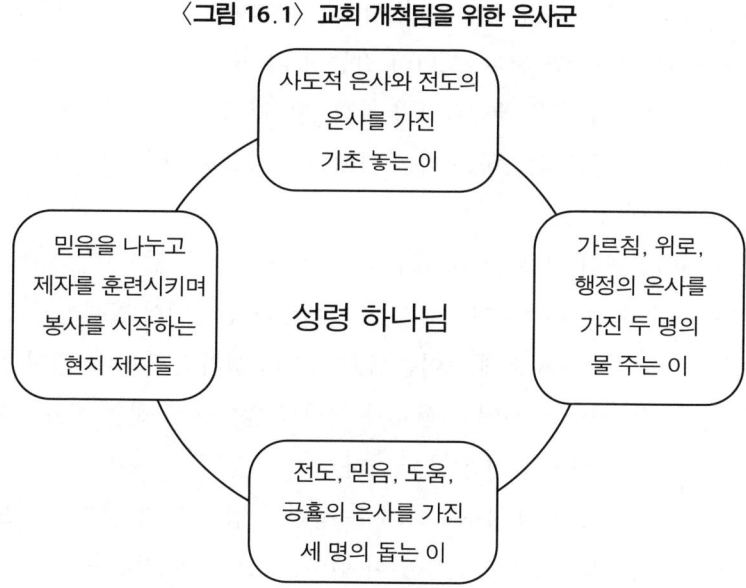

8. 팀 내의 갈등

리더십에 대한 질문들이 해결되었다 하더라도 갈등은 피할 수 없으며 치명적일 수 있다. 선교사팀이 배치되면 많은 시간, 돈, 그리고 훈련이 부여된다. 이런 것들을 제대로 사용하지 못하면, 물질적 비용이 많이 발생하고, 심각한 전략적 손실이 오고, 되돌릴 수 없을 만큼의 피해가 올 수 있다. 불일치의 이유가 무엇이든, 구성원들이 그에 대해 준비되어 있지 않고 그것을 관리하는 데 실패하면 갈등이 커진다.

성경의 명령에 불순종할 때, 편을 가르고 불의를 모으는 파괴적 순환이 생기고, 이는 결국 공개적 싸움이나 일부 구성원들의 탈퇴로 이어지게 된다(Shawchuck 1983). 갈등이 고조되면 구성원들이 용서하고 화해하려 해도, 팀의 신뢰를 다시 구축하고 팀을 보전하기에 힘들어진다.

팀 구성원들은 갈등에 대한 건전한 신학이 필요하다. 노먼 샤우척(Norman Shawchurck, 1983)은 피할 수는 없지만, 모든 갈등이 죄악이거나 해로운 것은 아니라고 하였다(엡 4:26-32).[15] 팀으로 사역하는 교회 개척자들은 갈등을 두려워해서는 안 된다. 오히려 갈등의 피해를 최소화하고 거기서부터 얻을 수 있는 교훈을 극대화하기 위해 준비하고 갈등을 관리하는 법을 배워야 한다. 갈등에 접근하는 법을 이해하고 다르게 반응하는 법을 배우면 많은 유익이 있다.[16]

교회 개척팀에서 갈등이 일어나는 시기는 예측할 수 없다. 깊이 뿌리박힌 성품 문제 혹은 강하게 가지고 있는 가치관과 신념에서 발생할 수도 있다. 겉으로 보기에는 사소해 보이는 오해로부터 생기기도 한다. 하지만 흔하게 발생하는 원인은 개인적 선호와 개성이 많이 작용하는 목표, 전략, 방법론을 가지고 팀이 함께 일할 때이다.

브루스 터크먼(Bruce Tuckman, 1965)은 생산적 팀이 되기 전까지는 보통 네 개의 단계를 거친다는 사실을 알아 냈다. 형성기(신혼기), 폭풍기(일하는 방식이 다름), 규범기(절차와 목표에 대한 합의), 실행기이다(그림 16.2를 보라).[17]

이 단계들은 순환을 거듭하며 갈등은 어느 때에라도 발생할 수 있다. 그럼에도 불구하고 잘 준비된 팀 구성원들은 거기에 굴복하지 않고 관리하는 법을 배울 수 있다.

---

15 영적으로 성숙한 이들도 갈등을 가진다. 사도 바울은 교리 때문에(행 15:1-2), 개인적 결정의 사유로(행 15:38-39), 그리고 다른 사도들과의 불일치로 인해(갈 2:11-13) 갈등을 빚었었다. 하지만 바울은 이런 갈등들을 잘 해결했고 동역자들과의 관계도 회복하였다.
16 로버트 블레이크(Robert Blake)와 제인 무톤(Jane Mouton)은 갈등에 대한 다섯 가지 반응을 이렇게 정의한다(1968). 경쟁하기, 회피하기, 협력하기, 수용하기, 타협하기. 예수님은 이 모든 반응을 다 보이셨다. 그분은 제자들의 믿음이 부족하며 자리를 차지하기 위해 다투는 것 보셨다(마 16:8; 막 10:35-38). 그분은 때로는 갈등을 해결하셨고(요 8:3-11), 때로는 회피하셨다(눅 4:28-30). 그분은 또한 제자들에게 개인이 가하는 사적 공격을 어떻게 다루어야 하는지를 가르쳐 주셨다(마 5:23-24, 38-40; 6:14-15; 18:15-17).
17 역동적 팀 사역을 하는 이들은 이 네 가지 단계를 소그룹 발전에도 적용시킨다. Tuckman 1965과 Tuckman and Jensen 1977 참고.

이 네 단계를 기대하면 팀의 역동성이 향상되고 팀의 고통은 줄어들며 사역에서 열매를 맺을 수 있도록 인내하는 데 도움이 된다(Love 1996, 312).

팀 건설 계획에 갈등 해소를 포함시키는 것은 필수적이다.

9. 팀 구성하기

팀 구성은 갈등에 대비하고 문제를 피하기 위해서만 필요한 게 아니다. 결혼을 준비하는 두 사람이 약혼 기간을 보내는 것처럼, 팀은 3-6개월 동안 팀으로서 앞으로의 삶을 준비하는 구조화된 팀의 모형을 가져 봄으로 유익을 얻을 수 있다. 팀 구성원들이 다른 사역 활동에 관련되어 있다 하더라도 이 기간 동안의 우선순위는 팀으로서 관계 맺기와 기획에 두어야 한다.

팀의 구성을 위한 환경은 중요하다. 어떤 팀들은 현장에 나가기 전에 후원 교회 근처에서 팀 구성을 위한 모임을 가진다. 다른 팀들은 사역현장에 도착하여 바로 사역을 시작할 수 있을 때까지 기다린다.

그리고 일반적으로 선호되는 방식은 언어와 문화 훈련이 끝나갈 무렵, 그러나 구성원들이 사역의 의무를 지기 전에 경험 많은 교회 개척자를 중심으로 팀을 구성하는 것이다. 멘토 혹은 촉진자는 팀의 보고를 돕고, 그들의 관계적 역동성을 관찰하고, 의사 결정 및 갈등 해결 방식에 대한 도움을 줄 수 있어야 한다.

리더는 교회 개척을 멘토링해 줄 수 있는 이와 상담하며 팀 구성 계획을 발전시켜야 하고, 그 뒤 팀 구성원들과 이에 대해 논의한다. 관계를 형성하는 것과 팀 성장 계획에 의견일치를 보는 것이 두 개의 우선되는 목표이다. 그 계획은 다음과 같은 선명한 목표를 가져야 한다.

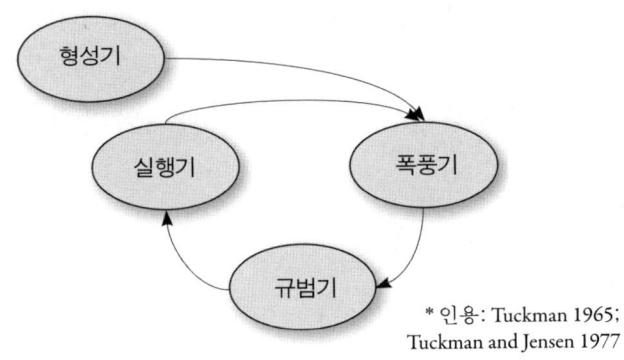

〈그림 16.2〉 팀 갈등 구조

* 인용: Tuckman 1965;
Tuckman and Jensen 1977

- 서로를 잘 알고, 서로를 용납하고, 신뢰를 쌓고, 단결심을 기른다.
- 교회 개척의 사명과 비전을 명확히 한다.
- 사역의 대상이 되는 사람들에 대해 공부한다.
- 핵심가치, 공동의 헌신, 초기 목표에 합의를 이룬다.
- 갈등 관리 및 해결 계획에 합의함으로 갈등의 위험 요소를 제거한다.
- 각 구성원의 주된 은사와 능력을 확인하여 그들의 초기 역할을 정한다.
- 꿈, 두려움, 기대감을 모두에게 표현하며 건강한 방식의 소통을 발전시킨다.
- 모임을 언제 어떤 방식으로 가질 것인지, 의사 결정은 어떻게 이룰 것인지 합의한다.
- 팀 구성의 마지막 단계에서는 팀에 어울리지 않는 사람이 탈퇴하도록 존중해 준다.
- 리더와 팀원들의 책임을 확실히 한다.
- 하나님 안에서 서로 사랑하고, 서로 돕고, 함께 일하기로 헌신한다.

교회 개척의 임무에 잠기기 전에 관계를 든든히 하고 목표에 합의를 이룬 팀은 예배에 더 큰 기쁨이 있고, 보다 지속적으로 지역의 모범이 되어, 보다 생산적이 된다. 팀 구성이 끝나면, 구성원들은 서로를 더 잘 알게 되고, 서로를 더 신뢰하게 되며, 공통의 가치와 헌신을 바탕으로 단결심을 구축하기 시작한다.

> 각 팀은 고유한 리더와 양해각서(MOU)가 있기 때문에 현장 상황에 독특하게 적응하고 팀만의 개성을 가진 많은 다양한 현장 모델이 만들어진다 (Adams and Lewis 1990, 2).

팀 구성 기간을 몇 달 이상으로 연장하는 것은 비생산적 일이 될 수 있다. 팀의 구성원들이 관계 형성에 너무 많은 시간을 들여서, 언어 습득 및 문화 적응, 이웃과 관계를 맺는 데에는 뒤쳐질 수 있다. 신자들 중 핵심 집단이 등장해도 팀은 그 소수의 현지 신자들을 무시하면서 그들의 주도권을 빼앗고, 그들에게 이질감을 줄 수도 있다. 현지 사역자들은 그들이 필요하지 않거나 해야 할 일이 없는 것 같은 인상을 받을 수 있다.

가능하면 선교팀은 몇 개의 교회 개척에 동시에 참여하면서 현지 신자들이 발전을 여지를 주고, 현지 신자들과 어린 아이들이 하듯이 친교와 우정을 쌓아야 한다.

10. 팀의 건강 및 유지

많은 팀이 교회 개척을 시작하지만 모두가 성공하는 것은 아니다. 건강성을 보여 주고, 상호 간 지원해 주는 관계와 은사에 따른 보완적 역할을 가진 팀들만이 성공한다. 팀 리더는 팀의 건강과 가치관의 지키미이다. 그러나 모든 팀 구성원도 팀의 건강도를 점검하고 그것을 강화시킬 책임이 있다.

팀은 적은 성공은 거둘 수 있겠지만, 팀의 유지를 위한 다음의 네 가지 유형을 포함한 계획을 세우지 않는다면 그들의 잠재력을 이끌어 낼 수는 없다.

첫째, 정기적 팀 모임(한 달에 2-4번).

구성원들은 서로 확인하고, 나누고, 기도하는 시간을 가진다. 그들은 어떤 주제라도 논의할 수 있다. 팀에 영향을 줄 수 있는 문제들을 토론하고 함께 계획을 세운다.

둘째, 즐거운 교제를 위한 특별한 가족 모임(일 년에 몇 차례).

식사도 좋고 활동도 좋지만 '일' 이야기는 안 된다. 가족들이 돌아가며 이 모임을 준비한다. 팀 구성원들은 그들의 가족 친지를 떠나 있기 때문에 이런 모임을 통해 성탄절 같은 기간 동안 느낄 수 있는 허전함을 달랠 수 있다.

셋째, 평가와 장기 계획을 위한 팀 수련회(최소 일 년에 한 번).

수련회 기간 동안 그동안의 성과를 축하하고, 팀의 관계와 생산성을 평가하고, 목표를 재점검한다. 수련회 시간은 구성원들이 가족과 후원 교회를 방문하는 시간으로 사용할 수도 있고, 주간 모임에서는 다룰 수 없는 문제들을 논의하는 시간으로 삼아 볼 수도 있다. 수련회는 또한 특별한 교육과 훈련을 받고, 민감한 문제는 논의하거나 새로운 팀 구성원을 맞이하는 기회가 되기도 한다.

넷째, 가족 방문(필요하다면).

팀 리더는 개인적으로 팀 내의 부부 및 미혼자들을 만난다. 리더는 대그룹으로 모일 때는 알 수 없는 팀의 맥박소리를 들을 수 있어야 한다. 팀 구성원들의 가족을 만나 신체적, 정서적 건강 같은 개인적 일에 대해 묻기도 하고, 궁금한 것이 없는지 들어보고, 감사를 전하고 계속 지지해 줄 것을 표현한다.

11. 결론

팀을 이루었다고 해서 만병통치약을 얻었거나 교회 개척의 성공이 보장되는 것은 아니다. 다만 팀이 없거나 혹은 팀이 있어도 그 팀이 건강하지 못하고 비생산적일 때는 시작을 연기하는 것이 더 좋다.

팀의 건강과 생산성을 위해 반드시 필요한 다섯 가지 요소는 다음과 같다.

첫째, 공통의 목적
둘째, 능숙하고 신뢰할 만한 공인된 리더
셋째, 팀 구성원들이 만족하는 공동체
넷째, 집단 내의 기능적 분업
다섯째, 함께 일하는 방식에 대한 합의(Waldron 1971).

선구자적 교회 개척을 할 때에는 팀이 특별히 더 중요하다. 동일 문화에서 교회 개척이 이루어진다 해도 팀으로 사역하는 방식을 심각하게 고려해야 한다. 교회의 배가 성장을 생각하면 더욱 그렇다. 구성원들은 하나님 나라 관계성을 모델로 삼아 새로운 교회 및 미래의 교회를 위해 리더들을 세울 수 있다.

팀은 다양한 은사를 가지고 사역에 상승효과를 기대하며 역동적 훈련가 집단을 섬긴다. 최종 평가로, 팀은 여전히 하나님께서 전 세계 교회의 확장을 위해 사용하시는 중요한 도구이다.

제17장

종, 리더 그리고 개척자 개발하기

모든 교회 개척자는 사역을 위한 충분한 사역자가 없다는 사실에 직면한다. 새로운 신자들이 바라는 만큼 빨리 성숙하지는 못한다. 많은 경우 그들은 은사가 많아 보이지도 않는다.

모든 교회 개척자는 교회가 성장하기 위해서는, 진정한 토착화 교회를 이루기 위해서는, 재생산하기 위해서는, 현지 사역자들과 리더들이 세워져야 함을 알고 깨닫는다. 이런 도전이 새삼스러운 것은 아니다.

사실 예수님도 이러한 상황을 만나셨다.

> 예수께서 모든 도시와 마을에 두루 다니사 그들의 회당에서 가르치시며 천국 복음을 전파하시며 모든 병과 모든 약한 것을 고치시니라 무리를 보시고 불쌍히 여기시니 이는 그들이 목자 없는 양과 같이 고생하며 기진함이라 이에 제자들에게 이르시되 추수할 것은 많되 일꾼이 적으니 그러므로 추수하는 주인에게 청하여 추수할 일꾼들을 보내 주소서 하라 하시니라 (마 9:35-38).

예수님께서 그분의 도움을 구하는 사람들로 둘러쌓여 계셨을 때, 그분은 즉각적으로 초자연적 능력을 발휘하는 것이 궁극적 해결책이 되지 않는다는 결론을 내리셨다. 사역자의 부족이 문제이다. 해답은 기도로부터 시작된다. 교회 개척자들은 추수를 위해 사역자를 개발하고, 그들에게 권한을 위임하고, 파송하기 위한 시작 단계에서 무엇보다 기도해야 한다.

1. 세움을 우선순위에 두기

교회 개척자들은 종종 교회 개척의 시작 단계에서 열정적 전도자와 사업가로서 노력한다. 하지만 이미 보았듯이 시작 단계에서 필요한 은사들과 강화와 배가 성장 단계에서 필요한 은사들은 서로 다르다. 교회가 성장하면서 재생산을 하게 되면 사역을 위해 현지 신자들을 세우는 일에 보다 강조를 두어야 한다.

사도 바울은 에베소서 4:11-13에서 교회를 성숙하게 만드는 열쇠는 "하나님의 백성" 즉 평범한 신자들이 봉사할 수 있도록 세워 주는 리더들에게 있다는 사실을 분명히 밝힌다. 세움이란 단순하게 성경적 진리를 가르쳐 은사들을 실제로 확인하고 그리스도와 교회를 향한 봉사를 하게 하는 것 이상이다.

세움은 단순히 기술을 훈련시켜 주는 것보다 광범위하다. 세움의 목적은 인지 및 행동 영역 뿐 아니라(감정, 태도, 가치관과 관련된) 정서 영역까지 포함한다. 리더 및 사역자 팀은 그리스도의 성품과 확신과 가치관을 가지도록 세워져야 한다.

> 효과적 사역은 세움의 수준에서부터 나온다. 기술적 능력이 아니다. 주님이 토기를 빚으실 때까지는 그분의 뜻에 따라 봉사할 수 없다(Elliston and Kauffman 1993, 165).

교회 개척 초반에 권한을 위임하는 정신이 전체 사역을 접근하는 방식에 들어가 있어야 한다. 교회 개척팀이 봉사할 수 있는 자격이 주어진 유일한 사람들도 아니고 정규 신학 교육을 받은 유일한 사람들도 아니다. 모든 신자가 하나님으로부터 은사를 부여받았고 서로를 섬길 수 있다 (롬 12:4-8; 고전 12장).

사도 베드로는 이렇게 썼다.

> 각각 은사를 받은 대로 하나님의 여러 가지 은혜를 맡은 선한 청지기 같이 서로 봉사하라(벧전 4:10).

자신의 은사를 개발하고 사용하는 모든 신자가 교회의 성장과 성숙의 핵심이며 궁극적으로는 건강한 재생산을 하게 해 주는 요체이다. 교회 개척자의 역할은 동력과 모범에서 동원가와 멘토로 옮겨 간다. 많은 교회에서 가르침, 설교, 상담, 심방과 같은 핵심 사역들은 고도의 훈련된 전임사역자들의 몫이다.

교회 개척의 시작이 고도로 훈련되고 전임으로 사례를 받는 교회 개척자에게 의존한다면 교회의 배가 성장은 더딜 수밖에 없다. 전체 교회를 사역에 동원하기 위해서는 목회와 교회 개척 기능의 모든 요소마다 평신도들에게 리더십을 부여해야 한다.

존 맥스웰(John Mazwell)은 동원을 불러일으키는 세 가지 다른 수준을 그려 준다(표 17.1 참조).

1. "보살핌"(nurturing)은 전체 회중의 기본적 필요를 돌보는 일이다. 유지하는 데 초점이 있으므로 성장은 거의 일어나지 않는다.
2. "세움"(equipping)은 많은 이들을 대상으로 하는데, 임무 중심적이며 은사를 개발하고 실천할 수 있도록 도우면서 사용기술에 대한 강조도 한다.
3. "발전"(developing)은 일부 사람들에게만 일어난다. 개인의 성품과 리더십에 강조점이 있다.

세 수준 모두 중요하다. 목회자 교회 개척자는 보살핌에 강조를 두려 하면서 그들의 목회적 은사를 발휘한다. 배가 성장을 꿈꾸는 사도적 교회 개척자는 현지 신자들이 회중을 보살필 수 있도록 세워짐과 발전의 수준에 초점을 둔다. 그들은 또한 다음 세대 교회 개척자가 될 만한 은사를 가진 이들을 찾는다.

〈표 17.1〉 성도가 동원되는 수준

보살핌	세움	발전
돌봄	사역을 위한 훈련	개인적 성장을 위한 훈련
필요를 채움에 초점	임무에 초점	
관계적	업무적	개인에 초점
봉사	관리	변혁적
리더십 유지	리더십 추가	리더십의 배가 성장
세워줌	보냄	권한 위임
도움	가르침	멘토링
필요 중심	기술 중심	성품 중심
사람들이 원함	교회가 필요로 함	사람들이 필요로 함
욕망	과학	인문학
성장이 적거나 없음	단기 성장	장기 성장
모두	많은 사람	일부 사람

2. 제자에서 종으로 그리고 리더로

리더는 민들레처럼 밤새 갑자기 생기는 것이 아니다. 그들은 단단한 떡갈나무처럼 뿌리를 깊이 내리고 강한 가지를 뻗으면서 천천히 성장한다. 리더 자체를 개발하려고 하기 전에, 섬김의 자세를 가지고 성장하며 리더십에 필요한 자질들을 보여 주는 신실한 제자를 먼저 개발하는 일부터 시작해야 한다.

1) 제자

리더를 양성하는 과정은 첫 번째 신자들이 예수 그리스도의 신실한 제자로 만들어지는 것에서 출발한다. 지상명령을 통해 예수님은 단지 가서 세례를 줌으로뿐 아니라, 주님께서 명령하신 모든 것을 가르치고 지키게 함으로 제자를 만들라고 교회를 부르신다(마 28:19-20).

밀프레드 미내트(Milfred Minatrea)는 선교적 교회의 표지 중 하나는 단지 가르쳐 주는 것이 아니라, "순종하도록 가르치는 것"이라고 말한다.

> 선교적 교회는 성경적 지식을 전하는 것에 만족하지 않는다. 그들의 목표는 구성원들이 영적 진리에 순종하는 것이다. 그들이 무엇을 아느냐가 아니라 어떻게 사느냐가 중요하다(2004, 54).

조지 패터슨(George Patterson)은 순종 지향적 제자 훈련에 기초한 교회 개척 자료들을 발전시켰다(Patterson and Scoggins 1993; O'Connor 2006).

2) 종

섬김을 배움이 가장 기초적 제자 훈련의 일부이다. 이를 통하여 제자는 자신이 배운 것을 다른 이에게 전해 줄 수 있는 능력이 자란다. 섬기면서 섬김의 마음이 자라기 때문에, 자신의 도움이 필요한 곳에서 간결하게 섬기는 것이 섬기는 법을 배우는 길이다.

세움은 교회에 즉각적으로 필요한 곳에 시행될 때 가장 효과적이다. 신자 개인의 발전은 반드시 교회에 대한 섬김과 그리스도의 거대한 하나님 나라의 목적에 부합해야 한다(고전 12:7). 고린도 교회가 직면하고 있었던 많은 문제 중 하나는 구성원들이 자신의 은사들을 교회를 위해서가 아니라 자기 자신을 위해서 사용했다는 데에 있다.

패터슨은 이렇게 경고한다.

> 교육을 하는 사람에게 초점을 맞춘 전통적 교육 목적을 주의하십시오. 성경적 교육의 목적은 교회를 든든히 세우는 것입니다(1981, 606).

실제 사역과 섬김의 행위를 통합하여 세움으로 사역 훈련이 곧 섬김 훈련이 된다.

오스왈드 샌더스(Oswald Sanders)는 스티븐 닐(Stephen Neill)을 인용하면서 이것이 왜 중요한지를 말한다.

> 만약 우리가 리더라는 사람들을 만들어 내기 시작한다면, 우리의 성공은 아마 쉬지도 못하고 야망에 찬, 불만 가득한 지적 사람들을 만든 것으로 나타나게 된다. 당신이 리더로 부름받았다고 말해 주는 것은 그의 영혼을 망치는 가장 확실한 길이다.

샌더스는 이에 더하여 이렇게 말한다.

> 리더가 성도들이나 종만큼 필요하지는 않다는 사실이 앞선에서 꾸준히 강조되지 않으면 기독교 리더십과 관련된 리더십 훈련에 대한 모든 생각은 위험해진다(Sanders 1989, 180).

진정한 섬김의 리더를 개발하는 일은 그리스도와 같은 겸손한 마음으로 남의 필요를 채워 주는 데 초점을 둠을 의미한다(빌 2:1-8). 종으로 훈련시키면 리더를 얻게 된다는 말은 확실하다. 물론 하나님은 모든 종을 교회나 선교의 리더로 부르시거나 그에 맞는 은사를 주신 것은 아니다. 하지만 특별한 사역현장에서 섬김을 통해 성품과 은사가 분명해지고, 겸손한 섬김의 성품이 개발될 가능성이 보다 높다.

3) 리더

시간이 지날수록 교회 개척자는 교회의 미래 지도자 및 선교사가 될 사람들을 개발하는 데 관심을 기울여야 한다. 리더는 항상 종이겠지만, 리더와 사역자의 차이점은 리더는 인도한다는 점이다. 리더는 단순한 도우미가 아니다. 그들은 봉사에 있어 효과적이고 신실한 정도가 아니다. 그들은 일을 해내는 관리가 이상이다. 그들은 다른 이들에게 지침을 제공하고 그들이 섬김을 통해 자신의 잠재력을 발견하고 사용하도록 도움으로 그들을 인도한다. 교회의 배가 성장은 제자들, 사역자들, 그리고 리더들의 배가 성장 위에서 가능하다.

이를 예수님 사역에서 볼 수 있는데 처음에 그분은 군중에게 사역하셨다. 하지만 지상에서의 그분의 삶의 끝이 다가올수록 보다 많은 시간을 제자들과 함께하셨다. 기도로 그들을 선택하시며 시작하셨다. 열두 제자를 부르시기 전에 예수님이 기도하시며 금식하셨던 것을 생각해 보라(눅 6:12-13). 바울과 바나바도 기도와 금식 후 장로들을 세웠다(행 14:23).

교회 개척자의 자질에는 많은 성품적 자질들도 포함되는데(예, 딤전 3:1-10; 딛 1:5-9), 이는 젊은 신자들에게 항상 도드라진 것은 아니다. 리더십의 성경적 가치를 배워야만 한다. 한편으로 리더에 대한 현지 문화의 기대치는 리더에 대한 성경적 기대치와 사뭇 다를 수도 있다. 다문화 교회 개척자들은 리더들에게 성경적이지 않은 이국적 문화 기준을 주입하지 않도록 주의해야 한다(e.g., Thornton 1984를 보라).

교회 개척자가 잠재적 리더를 식별하는데 아주 본질적 두 가지 요소가 있다. 신실함과 은사이다.

바울은 디모데에게 이렇게 말했다.

> 또 네가 많은 증인 앞에서 내게 들은 바를 **충성된 사람들에게** 부탁하라 그들이 또 다른 사람들을 **가르칠 수 있으리라**(딤후 2:2, 강조가 추가됨).

자신에게 주어진 작은 임무와 책임을 신실하게 봉사하는 사람을 찾는다. 책임감있게 수행했는가?

그렇다면, 그에게 더 많은 것을 맡기고 그를 위하여 더 많은 시간을 들일 것이다. 작은 일에 신실한 것이 큰 일을 맡기기 위한 전제조건임을 예수님의 달란트 비유에서 배울 수 있다.

그 주인이 이르되 잘하였도다 착하고 충성된 종아 네가 적은 일에 충성하였으매 내가 많은 것을 네게 맡기리니 네 주인의 즐거움에 참여할지어다 (마 25:23; 참고. 눅 16:10; 19:17).

이에 더하여 은사를 보고 세워야 한다. 그렇지 않으면 실패하게 될 것이고, 피해를 입을 수도 있다. 신실하게 임무를 수행하면서도 다른 이를 가르치거나 인도하는 은사는 없는 이들이 많다. 따라서 영적 성숙이라는 보다 일반적 전제조건에 더하여 신실하게 섬기는 리더, 그리고 교회와 선교를 위해 적합한 리더십의 은사를 가진 리더를 발굴해야 한다.

3. 현지 교회에서 사역자를 세우는 방법

지하실을 리모델링하기 위해 업자와 계약을 맺었다고 생각해 보라. 일을 시작하기 위해 그가 와서는 그의 도구 상자를 열었는데 그가 다양한 망치들을 가지고 있다는 사실을 보게 된다. 양손망치, 빠루망치, 압정망치, 공망치, 고무망치, 나무망치, 등등. 사실 그는 망치 외에는 아무것도 가지고 오지 않았다. 그렇다면 그가 작업을 제대로 해낼 능력이 있을지 걱정하게 된다. 교회에서 제한된 수의 세움의 수단만이 가능하거나 사용되고 있다는 건 작은 일이 아니다.

안타깝게도 많은 교회가 정규적 강의나 개인 제자 훈련 같은 한두 가지의 방법들만 채택하고 있는 상황이다. 너무나 많은 교회가 성도들을 사역에 동원하는 데 실패한다는 건 놀라운 일이 아니다. 종과 리더를 세우는 일은 넓은 범위의 가르침과 발전 방법론들을 요구한다. 교회 내 리더십 개발에 관련된 많은 책이 있다. 교회 개척자들은 그런 책들을 가까이해야 한다.

여기서는 도움이 될 만한 몇 가지 방법을 보여 주겠다.

1) 리더십의 수준과 세움의 모델

성도를 세우는 방법론들을 정하기 전에, 그 사람이 서게 될 봉사 혹은 리더십의 유형을 고려해야 한다. 다양한 방법론이 다양한 임무와 역할에 따라 다르다.

새신자들은 그리스도의 삶의 기본을 이해해야 한다. 그리스도를 따르는 자로서 어떻게 순종하며 살아야 하는지, 어떻게 성경을 읽고 적용해야 하는지, 어떻게 기도해야 하는지, 어떻게 믿음을 나누어야 하는지, 그리스도의 주권 아래에서 어떻게 삶을 정비해야 하는지, 어떻게 다른 이들을 섬겨야 하는지, 반대와 시험이 있을 때에 어떻게 담대히 맞설 수 있는지, 그런 것들 말이다.

성경 공부가 중요한 부분을 차지하긴 하지만 이런 것들은 강의실에서 배울 수 없다. 대부분 형식적이지 않은, 일상의 삶에서 다른 성숙한 그리스도인과 함께 지내며 그를 보고, 그에게서 듣고, 그의 모범을 따르면서 일어난다.

교회나 공동체를 섬기고자 자신의 은사들을 사용하기 원하는 자원봉사자들은 보다 특별한 방식으로 세워져야 한다. 그들은 사역의 효과를 위한 특별한 실천적 기술의 개발에 초점을 두어야 한다. 자원봉사자들은 사역팀에 들어오거나 리더가 되고, 셀그룹 리더, 혹은 가정 교회의 리더가 된다.

이러한 기술들을 개발하기 위한 워크샵과 세미나가 좋은 출발이 될 수 있지만, 더 중요한 건 실습이다. 사역의 실습생들이 잠재력을 개발하기 위해서는 세미나와 워크샵 외에 현장에서의 가르침이 필요하다.

사역에서의 계속되는 훈련 또는 소그룹 리더 모임은 지속적으로 동기를 부여하고 사역 기술을 강화해 줄 것이다. 사역팀 리더나 셀그룹 리더가 된 사람들은 다른 이들을 이끌고 그리스도를 따르는 자로서의 잠재력을 끌어올리기 위해 추가적 멘토링과 가르침이 필요하다. 셀그룹 리더는 목회적 돌봄 및 영적 감독을 위한 기초적 역량이 필요할 것이다.

사역팀 리더는 사람들이 자신의 사역팀에 합류하여 은사를 개발할 수 있도록 어떻게 모집하고 세워 주어야 하는지도 배워야 한다. 지혜로운 교회 개척자들은 현지 교회 리더들과 함께 특정 사역에 전략적으로 집중하기 위해 포괄적 계획을 수립한다(부가 자료 17.1 참조).

〈부가 자료 17.1〉
북뮌헨복음자유교회(North Munich Evangelical Free Church)의 세움 계획

1. 매월 소그룹 리더 모임을 통한 지속적 소그룹 리더 세움
2. 교회 내 두 사람 멘토링하기
   - 목표: 리더십 개발
   - 과목: 장래 리더십을 위한 새신자들 제자 훈련 및 현재 교회 장로들의 성장 도모
3. 특별한 사역 기량을 위한 연 2-3회 훈련 워크샵
   - 목표: 새로운 사역자 모집 및 다른 이들 개발. 기본 기량 전수에 초점
   - 과목: 평신도 설교를 위한 워크샵 계획, 성경 공부 준비, 개인 전도, 상담 등
4. 사역팀 리더 멘토링
   - 목표: 팀 구성원들을 훈련시킬 수 있는 리더들 배가 성장
   - 과목: 예배팀 모임 계획을 돕기 위한 예배팀 리더 모임
5. 교회 장로들의 성품 형성
   - 목표: 장로들의 영성 개발
   - 과목: 주 2회 조찬모임을 통해 장로들의 개인 성장을 논의하고 기도함. 교회 사역 이야기 아님.
6. 은사를 발견하고 개발하는 주된 배경이 되는 소그룹 활동
   - 목표: 은사에 기초한 새 사역자 모집
   - 과목: 소그룹에서 어떻게 이것을 홍보할지 소그룹 리더들과 협력

보다 큰 규모의 교회 및 교회 개척팀에서 리더십을 행사하는 사람들은 성품과 성경에 대한 더 깊은 이해를 필요로 한다. 리더십을 가진 사람들이 역할의 본보기가 되고 다른 이들의 영적 돌봄을 맡아야 하는 상황에서는 보다 성숙한 기준이 요구된다. 리더들은 많은 이의 삶과 전체 운동에 영향을 미치는 복잡한 변화와 의사 결정에 직면한다. 따라서 문제를 제대로 인식하고 성경적 식견과 문화를 고려하여 문제를 해결할 수 있는 능력이 필

요하다. 신학수업, 성경해석, 교회 역사, 상담, 세계 선교, 그 외 다른 과목들을 통해 리더의 지평이 넓어지고 새로운 안목을 가지게 된다.

초반에는 이러한 훈련이 비정규 세미나, 멘토링 혹은 개인 독서 등을 통해 일어날 수 있다. 하지만 실제로는 이 시점에서 대부분의 교회 개척자들 혼자서는 리더들을 세울 수 있는 위치에 설 수 없다.

성경학교 과정이나 신학교 같은 정규 학업은 성도를 세우기 위한 일반적 방법이지만 많은 사람이 그 길을 따라갈 수는 없다. 교회를 기반으로 한 몇 가지 프로그램이 보다 높은 수준의 지역 교회 리더들을 세우기 위해 개발되었다. 특히, 전통적 기숙 학교에 다닐 수 없는 사람들을 위한 원격학습, 통신강좌 및 확장 신학 교육 같은 다른 교육 방법들도 고려되어야 한다. 목표가 일차적으로 평신도 혹은 이중직 교회 개척자를 통한 교회의 배가 성장이라면 비전통적 방식의 세움이 최선의 선택이 될 것이다.

교회 개척 운동을 위한 리더 개발과 관련하여 게리슨은 이렇게 경고한다.

> 새로운 현지 교회 리더들이 기관에서 수년간 훈련받는 동안 그들을 그들의 교회로부터 분리시키려는 유혹을 피하십시오. 중앙에 집중되지 않고 현장에서의 실제 경험이 강조되는 신학 교육이 더 바람직합니다(2000, 44).

이런 방식은 사역이 과도하게 전문화되는 경향을 줄이고 학습자를 현장 상황에 머물게 해서 보다 즉각적이고 적절한 배움의 적용을 가능하게 한다. 리더들이 이러한 신학적 기반에 주의를 기울이는 데 실패하면, 궁극적으로는 가장 역동적인 운동이라도 불안정하고 그릇된 가르침을 허용하게 된다. 성경적이고 신학적 리더 세움은 선택항목이 아니다.

마지막에는 모든 운동은 운동의 리더, 전략가, 그리고 신학자를 필요로 하게 된다. 그들은 비전의 리더십을 제공하고, 당장 눈앞에 있는 문제 너머를 보며, 도전에 창의적 해법을 제시하고, 상세한 성경 공부와 신학을 제공한다. 그리고 성경적으로 상황화된 실천을 발전시킨다. 그들은 이 운동의 선두주자이며 의사 결정자이다.

교회 개척 운동에 이러한 유형의 리더들이 많이 필요한 것은 아니다. 그들은 장기적 건강, 깊이 및 운동의 지속적 성장을 위해 필요하다. 그들은 최고 수준의 훈련을 필요로 하고 사역의 최전방에서도 자유롭게 실험적 사역을 할 수 있어야 하며 또한 서재에서의 연구를 현장에 반영할 수 있어야 한다.

건강한 신학적 기반이 마련되면, 교회와 그리스도의 왕국을 건설하는 참신한 방식을 발견하는 데 필요한 창의적 생각과 비판적 사고를 할 수 있도록 멘토링과 격려를 해 줌으로 리더들을 더욱 강하게 세워 준다.

평신도 동원과 리더십 개발에 가장 도움이 되는 책 중 하나는 에드가 엘리스턴(Edgar J. Elliston)의 『집에서 자란 리더』(*Home Grown Leaders*, 1992)이다. 엘리스턴은 리더십의 다양한 수준에 따라 세움과 발전에 대한 접근 방식도 달라져야 한다고 지적한다(표 17.2를 보라).

많은 선교사와 목사가 성경학교나 신학교 같은 정규과정으로 훈련받았기에 리더를 세우는 일도 학교와 같은 방식으로 모든 수준에 접근하려 하는 경향이 있다. 이런 방식은 이론에는 강하나 실천에는 약하다. 하나의 틀이 모두에게 맞는 것은 아니다. 책임감, 역량, 성품의 깊이, 그리고 리더들에게 기대되는 효과적 사역을 위한 성경에 대한 이해 등을 고려하여 세움 계획이 수립되어야 한다.

〈표 17.2〉 리더 유형에 따른 개발

주제	유형 1 & 2	유형 3	유형 4	유형 5
목적	소그룹 리더십	작은 회중 리더십	큰 회중 혹은 기독단체 리더십	행정, 교육, 또는 집필에 있어 국가/국제적 리더십
내용	특별한 역량 및 제한적 지식	일반화 가능한 역량 및 지식과 관리 역량	이론에 대한 지식 및 이론의 적용	이론에 대한 지식 및 이론 구축
기간	학습자의 상황에 맞는 단기과정	기관의 상황에 맞는 장기과정	학습자의 상황에 맞는 단기과정	학습자의 상황에 맞는 단기과정
자원	일반적으로 학습자와 공동체에서 제공할 수 있는 한정된 양만 필요	많은 양의 집약적 자원이 필요하고 종종 외부 보조금도 요함	적당한 양의 자원 필요	적거나 적당한 양의 자원 필요

비용	최소	높음	적당	낮음
전달 방식	비정규적, 모범, 연습생 제도	고도로 구조화된 정규 교육	보다 덜 구조화되고 비정규 교육	사적 멘토링과 연습생제도
통제	일부분 외부에서 학습자에게로	상당부분 외부에서 학습자에게로	학습자 선택을 보다 중시	학습자 선택 또는 섬기는 단체에서 선택
영성 형성	기초 수립 및 지속에 초점	행위에서 존재로 발전에 초점	수렴된 상황, 역할, 은사에 초점	융합에 초점

* 인용: Elliston 1992, 35

2) 세움의 핵심 방법론

위에서 언급했듯이 세움을 위해서는 정규 학교 교육을 넘어서야 한다. 표 17.3에서 세 가지 세움의 모형을 제시한다. 워크샵, 사역팀 내부에서 세우기, 개인적 가르침(멘토링 및 모범)이 그것이다. 각각은 장단점 및 적합한 적용을 가지고 있다. 최선의 방법을 선택하는 것은 세움의 목적, 참가자, 가능한 자원에 달려 있다.

(1) 워크샵

전형적 워크샵은 주말이나 저녁 시간 며칠 동안 시행된다. 워크샵의 핵심은 참가자들이 실제로 일한다는 데에 있다. '듣는 시간'(워크샵은 실제로는 강의의 한 종류라고 불리기도 한다)이 아니다. 진정한 워크샵은 실천적 적용을 강조한다. 이때 참가자는 학습한 개념을 사용하여 배우는 역량에 적극적으로 매진한다.

설교 워크샵을 예로 들면, 진행자는 참가자들에게 설교 준비를 위한 단계들을 안내해 주고, 참가자들은 그 단계를 따라 설교를 실제로 준비한다. 워크샵은 경험이 없는 새로운 사역자들에게 특정 사역을 소개해 주는 훌륭한 방법이다. 역량을 연마하기 위한 멘토링이 따르기도 한다.

〈표 17.3〉 현지 교회에서 사역자를 세우기 위한 세 가지 유형

	워크샵	팀 내부에서 세우기	개인적 가르침
형식	훈련자가 참가자를 적용과 실천 위주로 가르치고 인도하는 집단 훈련 방식. 비정규적이며 구조를 갖춤	정기적 사역팀 모임의 환경에서 발생. 비정규적이며 조금 구조화됨	일대일 만남을 통한 모범, 멘토링, 권면의 형식. 비정규적이고 최소로 구조화됨
목적	초기 사역에 필요한 지식과 역량 발전, 혹은 확대	사역 역량 및 효과성의 지속적 발전	개인적 성품 형성 또는 특별한 역량 개발
참가자	새로운 사역자 모집 및 훈련, 경험 있는 사역자 개발 모두에 적합	이미 봉사하고 있는 사역팀 구성원	주의 깊게 선정된 높은 잠재력을 가진 신실한 사람. 장래의 리더
기간	단기: 몇 시간. 주로 토요일이나 저녁 며칠간	지속적: 정기적 팀 모임에서 훈련을 위한 시간 설정	단기 혹은 장기: 피훈련자가 필요한 역량과 성숙함을 갖출 때까지 훈련자와 피훈련자가 필요할 때마다 만남
내용	주로 역량 중심. 사역에 필요한 이론. 지식	주로 과정 중심. 대부분 현재의 상황들과 사역에서 발생하는 새로운 문제들을 다룸. 실천	모범을 통한 역량 중심 & 멘토링을 통한 성품 중심. 삶
방법론	훈련자가 자료를 제공하거나 역량을 보여 줌. 참가자는 역량을 실천하거나 지식을 적용함. 지식→실천	사례 연구, 문제 해결, 독서, 실천적 과제, 사역 평가. 지식→실천→지식	개인적 가르침, 인도, 상담, 제자 훈련 우선. 삶↔실천↔지식
장점	• 특별한 임무와 역량을 가르치기에 적합 • 효율성:많은 사역자를 단기간에 훈련 • 검증된 외부 전문가가 인도 • 반복과 정례화 가능	• 훈련을 사역현장에 즉시 적용 가능 • 필요 중심의 적합성 • 참가자의 높은 동기화 • 참가자에게 최소의 시간만 요구 • 지속적 훈련 • 집단 학습	• 성품 형성의 극대화 가능성 • 고도의 효과성 • 리더/사역자의 배가 성장을 이끎
한계	• 워크샵에서 배운 것을 현장에 적용하기에 한계 • 성품 형성이 잘 안 됨	• 외부 자원 활용 어려움 • 제한된 시간과 집중 • 참가자가 비정기적	• 많은 시간 소모 • 소수만 훈련 가능 • 훈련자의 은사와 역량에 의존 • 제도화되지 않음

(2) 사역팀 내부에서 세우기

사역팀이 구성되면 정기적으로 만나 계획을 세운다. 이런 모임은 지속적 세움을 위한 이상적 기회가 된다. 경험상 모임이 두 시간 지속된다면, 첫 번째 시간은 세움을 위해 사용되고 두 번째 시간에는 적합한 계획을 세우게 된다.

이런 방법에는 몇 가지 장점이 있다. 참가자는 훈련을 따로 받기 위해 추가로 시간을 들일 필요가 없고, 이미 사역에 관련되어 있기 때문에 동기가 매우 높고 배운 것을 곧바로 적용한다. 이런 세움을 통해 집단이 현재 직면하고 있는 도전에 응대할 수 있게 된다. 셀그룹 리더, 가정 교회 리더, 어린이 사역가, 청소년 사역가, 상담가 등을 지속적으로 세우기 위한 접근법이다.

특정 리더십을 가진 팀이 이런 세움을 위한 중요한 도구이다. 리더십 공동체는 다음의 목적들을 잘 간직하고 있어야 한다.

- 공동 교육 및 지도를 통한 협동 셀 사역
- 좋은 결과를 나누고 긍정적 모범을 제시함으로 격려함
- 지원을 제공해 주고 어려움을 만난 이들을 위한 기도
- 조정 작업을 위해 동료 리더들로부터 의견 청취
- 문제 해결, 생각 모으기, 역할 훈련, 개인주의 억제에 용이한 집단 환경
- 사역과 관련된 역량과 문제에 대한 특별한 훈련
- 보고를 통한 강화된 책임감
- 리더들 간의 관계 쌓기
- 팀 정신 구현

(3) 개인적 가르침

개인적 가르침은 개별화라는 장점은 있지만 많은 이가 할 수 있는 것은 아니다. 모범, 멘토링, 권면이 전형적 방식이다. 모범은 설명과 함께 임무

를 수행함으로 학습자가 모방하고 그에 대한 의견을 듣는 것을 포함한다. 방식은 단순하다.

- "내가 해 볼테니 잘 보세요."
- "해 보십시오. 내가 봐 줄게요."
- "혼자서 해 보세요."
- "다른 사람이 하도록 가르쳐 보세요."

이 방식은 기초 역량과 임무에만 적합하다. 예를 들어, 복음을 어떻게 전하는가 같은 문제에 대해서 역할 훈련이 기량의 모범을 보이기 위해 사용된다. 물론 리더들은 알게 모르게 그리스도인은 어떻게 살아야 하는지에 대한 모범을 보여야 한다.

교습은 교회 개척자 코칭하는 것에 논의하는 부분에서 좀 더 다를 것이다. 멘토링도 임무 중심을 지향하지만 여기서는 보다 복잡한 임무들을 배우게 된다. 운동 코치가 기술을 공유하고, 경험을 이끌어 주고 선수가 경기하는 것을 지켜 보듯이, 멘토링 사역은 학습자의 활동에 우선 초점을 둔다. 보통은 장기간에 걸쳐 발생하지만 역량이나 임무가 완수될 때까지만 지속된다는 한계가 있다.

멘토링은 경험 많은 리더가 멘토가 되어 멘토링을 받는 이와의 지속적 관계를 형성하면서 함께 배우는 관계 안으로 들어가는 것이다. 멘토링은 모범과 코칭보다 보다 가까운 관계를 유지하고 보다 직중적이다. 또한, 보다 포괄적 목적을 가진다. 즉, 단지 역량을 쌓고 지식을 공유하는 것이 아니라 성품을 형성하는 것도 포함한다. 직원 성장시키고, 협력 문화를 배우게 하고, 기술 습득하고, 상담을 받고, 변화에 적응할 수 있게 사업과 교육의 전문 분야 발전을 위해서는 일반화되어 있다.

> 멘토는 개별적이고 위협받는 세상 속에서 개인적 연결을 제공해 준다(Daloz 1990, 220).

상호 활동적 멘토 유형은 감독자 유형의 보완과 대체제로 사용되어 왔다(Caldwell and Carter 1993). 교회 개척 멘토들은 멘토링 받는 이들로부터 듣고, 그들을 위해 기도하고, 삶과 사역에 있어서의 신실함의 모범을 보여 주고, 방향을 설정하고, 책임감을 지도록 해 주며, 건설적 반응을 해 준다. 멘토링은 성품 형성에 엄청난 영향을 미친다.

3) 세움의 환경 : 봉사 훈련

현장 교육 훈련은 즉각적 적용과 경험 학습을 강조한다. 무엇보다 "학습을 제공하는 것은 교사가 하는 일이 아니다. 그것은 학습자가 하는 일이다"(Elliston and Kauffman 1993, 207).

테드 와드와 사무엘 로완(Ted Ward and Samuel Rowan, 1972, 19-20)은 학습자 중심의 현장 교육의 가치 있는 네 가지 요소를 강조한다.

- 학습자가 이미 가지고 있는 정보와 새로운 정보를 연결할 때 학습이 가장 잘 진행된다
- 학습은 새로 얻은 정보를 즉시로 사용하는 것에 달려 있다.
- 학습은 정보의 중요성을 어떻게 인식하느냐에(학습자의 목표 및 목적에 어떻게 관련되어 있는가에) 달려 있다.
- 학습자에게 새로운 정보의 사용이 적합한 것인지를 즉시 알 수 있다면 학습이 향상된다.

현장 교육 훈련을 통해 훈련자는 연습생의 행동을 관찰하고 문제를 조기에 발견할 수 있다. 어떤 리더들은 정보의 부재로 인해 실패한다. 때로 리더들은 해결되지 않은 태도와 가치관 문제에 뿌리내리고 있는 관계적 성품적 문제를 가진다. 이러한 문제 영역은 세움의 과정에서 발생 가능한 위험을 피하기 위해 가능한 빨리 확인하고 언급해 주어야 한다. 교실 모형은 위에서 다룬 문제들을 확인하고 해결하기 어렵다.

4. 다음 세대 개척자의 모집과 훈련

목표가 교회 개척 운동을 일으키는 것이라면, 한 가지 사실은 분명하다. 리더뿐 아니라 교회 개척자들도 세워지고 배가 성장이 되어야 한다. 사역자들은 반드시 추수를 위한 추수에서 모집되어야 하고, 운동 자체를 위해 교회 외부에서만 모집해서는 안 된다. 개척자는 대부분의 훈련 프로그램의 일반적 경우처럼 추가 모집되는 게 아니라, 개척자의 배가 성장을 양산해 내는 방식을 통해 세워져야 한다.[1]

1) 추수를 위한 추수에서 모집

제3장에서 교회 개척자들을 위한 중요한 교훈을 바울의 선교에서부터 배웠었다. 지금 개척하고 있는 교회에서부터 다음 세대 교회 개척자들을 모집하라. 교회의 배가 성장은 교회 개척자들이 새롭게 만들어진 교회에서부터 모집될 때 성취된다. 그들은 재생산 방식으로 훈련받아 그들 역시 다른 이들을 훈련시킬 수 있어야 한다.

이것은 큰 도전이다. 왜냐하면, 새로운 교회 개척의 수도 적고, 각 교회는 고통받을 것을 두려워해서 사역의 은사를 가진 자들을 내주려 하지 않기 때문이다. 하지만 안디옥 교회가 바울과 바나바라는 가장 재능 있고 사랑받는 두 사람의 리더를 파송한 것이(행 13:1-3) 바울식의 선교를 따르는 교회들의 모범이 되었다.

오늘날 급속도로 성장하는 교회 개척 운동에서 이 원칙을 다시 발견한다. 그들은 운동의 지도력을 강화하기 위해 신학교 졸업생이나 외부에서

---

[1] 볼프강 심슨(Wolfgang Simson, 2001, 108-9)은 전통적 형식의 사역자 배출 훈련은 보통 해마다 같은 수의 졸업생을 배출하게 된다고 지적한다. 이 숫자는 은퇴하는 목사들이나 사역현장에서 떠나는 사역자들의 숫자를 메워줄 수 있을 뿐이다. 교회와 교회 개척자들의 숫자를 실질적으로 늘리는 것이 목표라고 한다면, 아래에서 소개하는 모델이 사역자와 교회들의 재생산과 배가 성장을 위해 반드시 적용되어야 한다.

온 선교사들이 올 때까지 기다리지 않는다. 사역자들, 개척자들, 선교사들은 현지 교회에서 말하자면, "가정에서 자란" 사람들이다.

가정 교회 운동은 MAWL 방식을 사용하기도 하고(그림 17.1 참조), 큰 교회들은 교회 기반 훈련 프로그램과 교회 개척 전문과정생을 운용할 수도 있다. 두 방식의 공통점은 그리스도께로 인도되는 사람들 중에서 다음 세대 사역자들을 모집하고 세운다는 점이다.

2) 교회 개척자 선택 및 평가

북미 및 다른 지역들에서 교회 개척자들의 선택, 훈련, 코칭에 대한 관심이 점차로 증가하고 있다. 교회 개척자가 되기 위해 자원한 모든 사람이 사역을 위한 은사들을 갖추고 있는 것은 아니다. 선택의 과정은 교회 개척자로서의 잠재력을 평가하는 것으로 시작한다.

교회 개척자의 평가는 잠재적 후보자의 준비 및 은사를 알아보고자 하는 목적을 가진다. 긍정적으로 평가받은 교회 개척자들이 평가 과정을 거치지 않은 개척자들보다 성공 가능성이 높고 보다 큰 교회를 개척하는 경향이 있다는 사실이 증거되고 있다(e.g., Mannoia 1994, 67; Stetzer 2006, 82; Gray 2007, 59-60).

평가는 평가 기관에서 시행되는데 거기서 후보자들은 인터뷰, 시험, 시뮬레이션 게임 등을 통한 집중 평가 과정에 참여한다. 다른 평가 방식들은 훈련팀에 의한 추천, 성격 검사, 행동 면접들에 보다 많이 의존한다.

가장 많이 사용되는 평가 기준은 1984년 찰스 리들리(Charles R. Ridley, 1988)의 연구에 기초하는데, 그는 효과적 교회 개척자가 필요로 하는 주요 행동 특성을 열세 가지로 정의하였다.

    1. 비전을 품는 능력이 있음
    2. 내적 동기화가 강함
    3. 사역에 주인의식을 창출함

4. 비그리스도인들과도 관계를 잘 맺음
5. 배우자의 협조를 얻음
6. 관계를 효과적으로 맺음
7. 교회 성장에 헌신함
8. 공동체에 대한 책임의식 가짐
9. 다른 이들을 위해 은사를 활용함
10. 유연하고 순응적임
11. 조직을 응집시킴
12. 회복을 보여 줌
13. 믿음을 훈련함

비록 북미 백인 남성들을 대상으로 이루어진 연구이긴 하지만 다문화적 타당성을 가지고 있다고 본다. 왜냐하면, 이 특성들은 교회 개척자가 어떤 환경에서도 성공하기 위해 효과적으로 수행해야 할 기능들을 묘사하고 있기 때문이다. 리들리는 교회 개척자 평가 프로그램을 만들려는 사람들을 위해 몇 가지 실제적 지침을 준다(Ridley 1988; Ridley and Logan 1998 and 2002; Ridley and Moore 2000).

영적 성숙도, 삶의 다양한 경험들, 교육, 지역 사회 및 교단적 적합성 등 기타 개인적 특성들 역시 평가 과정에서 중요하다(제15장도 보라). 예를 들어, 앨런 톰슨(Allen Thomson, 1995)의 연구에서는 다음의 특성들이 중요하다고 말한다.

- 영적 특성: 기도, 통합, 영적 제자도, 하나님의 영향력을 확신함, 가족의 하나 됨, 거룩함, 한계를 인정함
- 역량적 특성: 리더십, 전도, 설교, 사역 철학, 제자 훈련시키기
- 개인적 특성: 성실, 회복력, 융통성, 호감, 자아상, 민감함, 역동성

많은 상황이 교회 개척자를 위임하기 위해 그들을 선택하는 데 사치를 부릴 수 있도록 허락하지 않는다. 위의 연구들은 서구의 환경에서 수행되었으며 교회 개척자들이 전통적이고 구조화된 교회를 개척한다고 가정한다. 따라서 연구의 결과가 비서구권의 환경이나 전통적이기 않은 교회, 풀뿌리식의 운동에는 적용되지 않을 수 있다.

마이애미의 라틴 아메리카계 교회 개척에 관한 연구에서는 효과적 교회 개척자들의 성품이 비슷하게 나타났다. 중요한 요소이다.

1. 사역 환경에 적응성
2. 다문화적 민감성 및 역량
3. 개인 관계 및 공동체와의 관계 향상 능력(Tucker 2006).

필리핀 다문화 상황에서의 선교사 교회 개척자에 대한 또 다른 연구에서는 일반적 영적 자질에 더하여 다음과 같은 역량들도 중요하다고 말한다.

1. 성경을 현지 언어로 가르치기
2. 현지 언어로 효과적으로 증거하기
3. 토착화 교회 개척 방법론을 효과적으로 사용하기
4. 필리핀 사람들에게 리더십 기술 사용하기
5. 현지 언어로 효과적 복음 초청장 보내기
6. 일대일과 소그룹에서 제자 훈련하기
7. 교회 개척을 위한 전략 기획하기
8. 자기 자신의 사역 평가하기

추가적으로 소통의 능력을 위한 효과적 교회 개척자들의 몇 가지 역량이 포함되었다.

1. 필리핀 사람들과 개인적 관계 형성하기
2. 필리핀 사람들과의 개인 관계 문제 해결하기
3. 현지 언어로 일반적 사안들을 지속적으로 대화하기
4. 필리핀 사람들의 가치관 이해하기(Gopffarth 1993)

문화적 환경이나 교회 모형과는 상관없이, 상식과 신중한 연구를 통해 교회 개척자를 지혜롭게 선택하고 평가하는 것이 자원에 대한 청지기 사명 및 효과적 교회 개척에 기여한다는 사실을 확인하게 된다. 개성, 은사, 임무 경험의 적합한 조합도 포함한다.

3) 교회 개척자 훈련 및 수련과정

평가뿐 아니라 교회 개척자의 훈련도 건강하게 재생산하는 교회와 이 운동을 유지하는 데 중요한 요소이다. 경험 많고 교화적 선교사 교회 개척자들은 교회 개척 훈련가나 지역 교회 개척자들의 코치 역할로 전환하여 영향력을 끼친다. 북미에서는 교회 개척자들을 위한 훈련의 기회가 풍성하다.

많은 신학교에서 교회 개척자들을 위한 과정 및 관련 과목들을 개설하긴 하지만 대부분의 신학교들이 우선적으로 훈련하는 것은 양육, 가르침, 목회 사역이고 선교적 교회 리더십에 대한 과목은 많이 없다(Robinson 1992, 32).

로버트 바즈코(Robert Vaiko)가 안타까움을 가지고 말했다.

리더들이 정규 교육 기관에 등록할 때 그들은 종종 그 교육을 재정적으로 그들을 보장해 줄 수 있는 보다 견고한 교회로 들어가는 입구로 보는 경향이 있다(2005, 297).

따라서 보다 공식적 목회 훈련을 보와하기 위해 많은 교단, 운동, 일부 현지 교회에서는 비정규적 교회 훈련 프로그램을 제공한다. 예를 들어, 교회 개척자 훈련소에서는 일반적으로 교회 개척을 위한 실질적 준비에 초점을 맞춘 1주간 집중적으로 워크샵을 진행한다.

ChurchSmart2[2] 같은 조직이나 Acts 29[3], NEXT[4], NEW Thing[5] 같은 관계망은 교회 개척자를 교육하고 지원하기 위해 높은 수준의 수많은 세미나, 훈련소, 간행물, 자원 및 지원체계를 제공한다. 비슷한 관계망과 조직들이 국제적으로 만들어지고 있다.

글렌 스미스(Glen Smith)의 논문 "교회 개척자를 양성하기 위한 모형들"(Models for Raising Up Church Planters, 2007)에서는 북미에서 시행되는 교회 개척자 훈련에 대한 다양한 방식의 탁월한 설명 및 실례를 보여 준다. 여기서는 풀뿌리식 훈련, 단위별(modular) 훈련, 교회를 기반으로 한 전문과정 및 수련과정, 비공식 지역에서의 훈련, 그리고 코칭의 모형들을 볼 것이다.

(1) 풀뿌리 교회 개척자 훈련

빠르게 성장하는 풀뿌리 교회 개척 운동은 교회 개척자 훈련을 위한 시간도 필요도 없어 보인다. 상대적으로 새로운 신자들이 가정 교회로 발전하게 될 셀그룹 모임을 자연스럽게 시작한다. 하지만 그런 인상에 현혹되어서는 안 된다. 그들의 훈련 방식은 단순하지만 아주 심오하다.

예를 들어, 데이비드 게리슨은 MAWL이라는 머리글자로 그중 하나의 방식을 요약한다.

---

2 www.churchsmart.com.을 보라.
3 www.acts29network.org.를 보라.
4 www.nextchurches.org.를 보라.
5 www.newthing.org.를 보라.

모범이 되고(Model), 돕고(Assist), 본 뒤(Watch), 떠나는(Leave) 것이다. 전도와 교회 개척의 모범을 보인다. 현지 신자들이 같은 일을 할 수 있도록 돕는다. 그들이 그것을 할 수 있음을 확인하기 위해서 본다. 떠나서 다른 곳에서 같은 과정을 시작한다(2004a, 344).

교회 개척자들은 실례를 통해 주로 가르치며 이론적 교육이나 계획은 최소화한다. 최초의 가정 교회 평신도 전도자들에게 기대하는 바를 모델로 삼고, 최초의 분립된 교회를 만들어 그들을 돕고, 그들이 3세대 교회를 시작하는 것을 지켜 본다(그림 17.1).

도움 없이 3세대 교회가 개척된다면 배가 성장 과정이 본격적으로 진행되는 것이다. 가정 교회 리더들은 성경을 해석하고 적용하는 기본 역량과 더불어 성도들의 필요를 돌보는 법을 배우게 된다. 가장 중요한 강조는 전도에 둔다.

〈그림 17.1〉 재생산 순환 과정

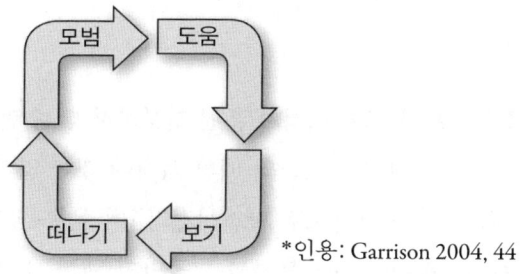

*인용: Garrison 2004, 44

(2) 단위별 교회 개척자 훈련

단위별 훈련을 통해 한 지역 안의 교회 개척자들은 훈련과 격려를 위해 정기적으로 모인다. 1990년대에 로버트 로건과 스티브 오그니(1991b)는 교회 인큐베이터 시스템을 개발했다. 몇 개 교회로부터 교회 개척자와 평신도 리더들이 매달 모여서 격려하고 기도하며 다양한 실천적 주제들에 대해 훈련하는 것이다. 모임과 모임 중간에는 각 교회 개척에 그들이 배운 것을 수행할 수 있도록 돕는 코치가 배정된다.

서구에서는 폭넓게 사용되어 온 개념이다. 비슷한 예가 '불가리안성경연맹'(Bulgarian Bible League)인데, 그들은 다섯 개 단위로 2년이 넘는 기간 동안 전국에서 개척자들을 모았다. 비전, 실천을 위한 도구들, 영적 성품, 행정, 성경 공부 등의 주제들이 다루어졌고, 개척자들에게는 특별한 과제가 주어졌다. 훈련을 받는 이들은 훈련자를 통해 최소 2회의 현장 방문을 받고 이미 교회를 시작한 이들은 추가적 방문을 받았다(Appelton 2008, 2).

유럽에서 독일어를 사용하는 빈야드교회들은 다섯 번의 주말훈련을 포함해 18개월 동안 단위별 교회 개척자 팀훈련 방식을 시행했다. 비전, 기획, 팀 구성, 전도, 제자 훈련 등의 주제를 다루었다(Vineyard Dach 2009).

이런 방식의 가장 뛰어난 장점은 훈련을 받는 이들이 훈련을 받기 위해 그들의 가족으로부터 떨어지거나 직업을 포기하지 않아도 된다는 점이다. 훈련을 받는 이들이 이미 교회 개척에 관여하고 있거나 현지 교회를 섬기는 경우들도 있기 때문에 현장 중심의 훈련이 된다. 이런 방식을 통해 학습자는 높은 동기를 부여받을 수 있고 원칙과 계획을 즉시 현장에서 수행할 수 있다.

(3) 교회를 기반으로 한 교회 개척자 훈련 전문과정 및 수련과정

북미에 있는 몇몇 큰 교회는 교회의 배가 성장에 대한 열심을 올리고 교회 개척자 훈련을 새로운 차원으로 발전시켰다. 이 운동을 시작하고 그들의 경험을 나누려는 비전이 증가하면서 그들만의 교회 개척자 훈련 프로그램을 개발했다. 이는 교회 개척을 위한 전문훈련생 및 견습생들도 포함하는 것이었다. 이 훈련은(신학교 같은) 정규 사역 훈련을 대체하는 형식이 아닌, 교회 개척에 필요한 특별한 역량을 시험하고, 습득하고, 연마할 수 있도록 실제적, 실무적, 현장 중심의 성격을 지닌다. 성품 개발이나 후원 모금 같은 다른 요소들을 포함하기도 한다.

텍사스 오스틴의 힐컨트리성경교회(Hill Country Bible Church)가 이런 식의 프로그램을 인상 깊게 시행했다(2009). 수많은 지원자가 그들의 교회 개척에 대한 잠재력을 평가받고, 그중 네다섯 명은 1년 과정의 교회 개척 전문훈련을 받았다. 각 전문훈련생을 위한 맞춤식 학습 계획이 수립되었다.

참가자들은 주제별로 전문가들에게 코칭을 받았는데, 가장 중요하게는 전도, 제자 훈련, 문화 해석, 사업 관리, 예산, 언어 전달 및 리더십 역량에 대한 훈련을 받았다. 그들은 현재 교회 개척을 돕고 있을 뿐 아니라, 전문훈련이 진행됨에 따라 그들 스스로가 인도하게 될 새로운 교회 개척을 준비하기 시작한다.

훈련을 통해, 후원 교회로부터 참가자들을 모집하여 핵심이 되는 선교팀을 구성하고, 전략계획을 수립하고, 자금을 마련하고, 사역의 대상이 되는 지역을 위한 전도계획을 만드는 일들이 수반된다. 실제로 그들은 팀과 함께 그들은 해당 지역의 불신자들과 최소 200개 이상의 관계를 형성해야 하는 책임이 있다.

교회 개척 전문훈련생들이 12개월의 과정을 이수하면(모두가 이수하는 것은 아니다), 교회 개척에서 성공할 가능성이 매우 높아진다. 훈련은 큰 투자이며, 거기서 받는 영적 배당금도 어마어마하다.

교회 개척자 훈련에 탁월한 또 다른 교회는 텍사스 포트워스(Fort Worth) 근처에 위치한 노스우드교회(North Wood Chuch)이다(Roberts 2008, 137-50). 9개월에 걸친 교회 개척 수련과정을 통해 교회 개척에 대한 잠재력을 인정받은 12명 이상의 수련생을 모집한다.

교회를 기반으로 한 교회 개척자 훈련의 또 다른 선구자로는 뉴욕의 리디머장로교회(Redeemer Presbyterian Chruch)로, 다음과 같은 주제들을 다루는 프로그램을 가진다.

- 교회 개척자의 소명과 능력
- 교회의 비전, 가치관, 사명
- 조사: 인구통계학 및 민족지학
- 상황에 맞는 사역 철학
- 활동 계획

- 리더십 구조
- 지역 사회에 복음 연결하기
- 교회 개척과 성장을 위한 역동성 쇄신
- 소그룹
- 교회 개척 상황에서의 설교(Redeemer Church Planting Center 2009)

대부분의 교회를 기반으로 한 교회 개척자 훈련에는 모집, 평가, 훈련, 코칭, 자원 조달, 동역자 찾기, 지속적 훈련 등 전체를 아우르는 프로그램들이 포함된다. 보통은 이 사역을 전담하는 사역자들이 인도한다. 전문과정생(혹은 수련과정생)이 재정적 지원을 받을 때도 있다. 따라서 이러한 프로그램을 운용하기 위해서는 비용이 많이 든다. 재단 보조금 형태 혹은 개인 후원자들에 의한 외부 자금에 주로 의존한다(Williams n.d., 4).

(4) 비공식 지역의 교회 개척자 훈련

인도에는 HBI(Hindustan Bible Institute, 인도성경기구)라는, 창의적이고 효과적 교회 개척자 훈련 및 동원을 위한 탁월한 사례가 있다(cf. Gupta and Lingenfelter 2006).

공식 학위 프로그램 외에 HBI는 교회 개척자들의 배가 성장을 위해 MTI(Missionary Training Institute, 선교사훈련기구)라는 2년 과정의 비공식 프로그램을 시작했다. 이 계획에는 세 가지 원칙이 있다.

첫째, 전도와 교회 개척에 열정을 가진 학생들을 찾는다.
둘째, 정규 교육을 거의 받지 못한 학습자들을 위해 성경과 실제 사역에 대한 기초과정을 반복한다.
셋째, 학생들이 다른 이들을 직접 교육하면서 그들이 배운 바를 적용한다.

즉, 학생들이 마을의 다른 사람들에게 가서 그들에게 제자 교육을 시킴으로 배운 것을 즉시로 가르친다. 전도자들이 실제로 교회를 개척하는 것을 돕기 위해 현장 중심의 교육 프로그램들이 개발되었다.

훈련생 1인이 개척한 교회는 1991년 평균 1.5개에서 1993년 3개로, 그리고 2003년에는 4.5개로 증가했다(ibid., 38). 이 기간 동안 500명 이상의 교회 개척자들이 MTI의 프로그램을 통해 훈련받았는데, 그들은 약 2,300개의 교회를 개척했고 전체 성도수는 110,000명에 달했다(ibid., 50-53).

이 운동을 성공시키는 핵심사항은 다음과 같다.

- 정규 교육을 받지 못해 자격을 부여받지는 못했지만 교회 개척에 은사가 있는 사람들이 접근가능한 비공식 프로그램을 만들어 개방할 것
- 실제적, 현장 중심적, 경험적 교육 방식
- 정기적 평가, 반복 학습, 현장 멘토링
- 훈련생이 교회 배가 성장을 위해 회심자를 가르치고 동기를 부여할 수 있도록 그들에게 권한을 부여할 것 등

단순 증가에서 배가 성장으로 이동하게 되면서, 다른 이들을 제자화시킬 새신자들을 양성해 낼 수 있는 개척자를 훈련시키는 일이 아주 중요해졌다(ibid., 53). 마침내 다문화 교회 개척자들은 제5장에서 제시된 사도적 교회 개척 방식을 사용하여 인도의 다양한 민족에게 다가갈 수 있도록 훈련을 받을 수 있게 되었다. 풀뿌리 교회 개척자를 훈련하는 다른 많은 프로그램들과 마찬가지로 이중직을 가져 그들 스스로를 지원하며 건강을 유지할 수 있도록 직업 기술, 위생, 기초 의학도 교육받았다.

지역 교회 개척자 훈련 센터의 또 다른 좋은 예는 미얀마(버마)에서 찾을 수 있다. 1996년부터 2007년까지 교인수 100명 미만의 다섯 개 교회가 835명의 성도를 가진 36개 교회로 성장하였다. 성도들은 대부분 불교 배경을 가지고 있던 이들이었다. 교회 개척자 훈련 센터는 수료증과 졸업장을 준다.

모든 교회 개척자는 처음에는 전도자로 시작한다. 사람들이 모이기 시작하면 전도자는 견습목사가 된다. 그 모임이 계속 성장하고 성숙할 때에야 리더가 목사로 인정받는다(Tanner 2009, 154).

센터의 모든 리더들은 신학학위를 가지고 있지만, 호주에서 특화된 전도훈련과 교회 개척 훈련도 받았다.

교회 개척을 위한 훈련팀의 마지막 사례는 마찬가지로 동남아시아의 무슬림을 위한 사역이다. 이미 성경학교와 신학교에서 사역을 위한 일반 성경교육과 실천훈련을 받은 이들을 개척자로 모집한다. 그 후 교회 개척자 전문훈련을 위한 지역의 여러 훈련 센터 중 하나로 이끈다.

6개월 동안 그들은 주 2회 수업을 듣고 다른 날에는 현지 교회 개척팀에 참여하면서 그들이 배운 바를 적용한다. 4-5명으로 구성된 팀들이 만들어지고 새로운 교회 개척을 시작하기 위해 파송된다. 팀들은 정기적으로 교제와 사역 보고, 지속적 세움을 받기 위해 지역에 다시 모인다.

4) 교회 개척자에게 코칭 및 격려해 주기

효과적으로 교회 개척자를 세워 주는 중요한 요소 중 하나는 지속적 코칭과 멘토링이다. 새로운 교회 개척자가 실제 교회 개척이라는 모험에 들어가게 되면 훈련 때는 절대 언급되지 않았던 예기치 못한 어려움들을 직면하게 된다. 교회 개척 원칙들을 적용하고, 문제를 해결하고, 자신의 상황을 향한 새로운 시선을 가지는 것은 자동적으로 되는 일이 아니다. 따라서 어떤 형태의 지속적 지원은 교회 개척자를 전반적으로 세워 주는 데 필수적이다.

다음 단계 세미나 참여도 그런 필요에 대한 하나의 대안이다. 하지만 교회 개척자 개인의 상황에 대한 개인적 보살핌과 상담이 보다 효과적일 것이다. 교회 개척자의 장기적 발전은 임무 중심의 문제해결 역량보다 더 많은 것들을 포함해야 한다. 교회 개척자의 개인적 발전을 포함해야 한다.

낙심과 개인적 한계를 다루고, 자신의 강점을 쌓고, 좋은 결과를 축하하는 일들이 교회 개척자들의 첫해 혹은 두 번째 해 사역을 하는 동안 멘토링이 필요한 부분들이다.

코칭과 멘토링의 중요성은 거의 모든 원칙, 특별 관리, 교육과 운동 분야에서 폭넓게 인정되어 왔다. 어떤 곳에 있는 교회 개척 리더들이라도 지속적 격려와 상담이 교회 개척자들에게 필수적이라는 사실에 동의한다. 셔우드 링겐펠터(Sherwood Lingenf)는 HBI와 연계된 인도의 교회 개척자들의 개인적 멘토링의 중요성을 이렇게 요약해 준다.

> 목사나 다른 리더들에게 멘토링을 받지 않은 채 훈련에 임하게 되면 보통의 경우 성공하지 못한다. HBI의 동기화 프로그램의 모든 수준에서 이는 사실이다. 리더나 동료들의 멘토링 없이는 목사들은 어떻게 두 번째 세 번째 교회를 개척할지 알지 못한다(Gupta and Lingenfelter 2006, 98).

교회 개척자의 코칭이 교회 개척을 가속화시키는가에 대한 경험적 증거는 다소 혼재되어 있긴 하지만[6] 코칭을 통한 개인적 격려와 나눔이 전반적 효과성을 가져온다는 데에 대해서는 의심의 여지가 없다.

때로는 개인의 발전에 특별한 관심을 가지는 멘토링과, 역량에 보다 집중하는 코칭을 구분하기도 한다. 하지만 코치(coach)라는 용어를 사용하건, 멘토(mentor)를 사용하건, 경험이 풍부한 교회 개척자가 상대적으로 경험이 부족한 이에게 개인적 도움을 준다는 의미가 더 중요하다.

멘토링이라는 개념은 성경 자체만큼이나 오래되었고, 모세와 여호수아, 엘리야와 엘리사, 바나바와 바울, 바울과 디모데의 사례에서도 찾아볼 수 있다. 그에 비해 교회 개척자를 돕기 위한 실천적 방법으로서의 코치는 최

---

6 스테저(2006, 102-3)는 코치와의 잦은 만남이 교회 개척의 규모를 성장시킨다는 점을 발견했다. 그레이(Gray, 2007, 146)의 연구에서는 급속도로 성장하는 교회와 교회 개척으로 씨름하는 경우를 비교했을 때 교회 개척자에 대한 코칭이 중요한 요소가 되는지에 대해서 말해 주지는 않는다.

근에 생겼다.

교회 개척자를 위한 코칭을 구체적으로 다루기에는 지면이 부족하다. 여기서는 독자들에게 코칭을 위한 다양한 자료를 제공하기로 한다.

예를 들어, 존 휘트모어(John Whitmore)의 『성과 향상을 위한 코칭 리더십』(Coaching for Performance)에서는 GROW라는 말로 각 코칭의 단계들을 짚어 준다.

- 목표(Goals)를 정의하고 명확히 하기
- 주어진 환경에서의 자신의 현실(Realities) 및 목표를 이루기 위한 장애물 검토하기
- 장애물을 극복하고 목표를 성취하기 위한 선택지(Options) 찾기
- 의지(Will): 코칭생은 목표를 이루기 위한 다음 단계로 무엇을 할 것인가?

로버트 로건(Bobert Logan)과 셰릴린 찰튼(Sherilyn Charlton)은 『코칭 101』(Coaching 101, 2003)에서 이와 비슷하게 코칭을 위한 "5R"을 제시한다.

1. Relate(관계)
2. Reflect(반영)
3. Refocus(재초점)
4. Resource(자원)
5. Review(검토)

함께 제공되는 『코칭 101 핸드북』(Coaching 101 Handbook, Logan and Reinecke 2003a)도 사용할 수 있고, 『탁월한 코칭 개발하기』(Developing Coaching Excellence, Logan and Reinecke 2003b)에서는 주로 5R을 기초로 한 독서 및 오디오 자료를 제공해 준다. 『리더를 세우는 코칭』(Empowering Leaders through Coaching, Ogne and Nebel 1995) 역시 아주 유용한 자료이다.

독서와 오디오 자료, 평가 기준들, 준비단계에서의 질문들, 그리고 평가지를 제공한다. 코칭과 관련된 다양한 온라인 자료들은 www.coachu.com과 www.coachnet.org.에서 볼 수 있다.

대부분의 자료들에서는 코치가 듣는 역량이 발달했다는 전제로 대답은 적게 하고 질문을 많이 해야 한다고 강조한다. 따라서 코치는 목표를 이루기 위한 자신만의 길을 발견하고 당면하게 될 문제의 해법을 찾을 수 있도록 코칭을 받는 이들을 돕는다. 목표는 교회 개척자가 코치에게 의존하는 것을 피하고 대신 자신의 성품, 역량, 문제해결 능력을 개발할 수 있도록 돕는 것이다. 효과적 교회 개척자가 되기 위해서뿐 아니라 이상적으로는 다른 이들의 코치가 되기 위해서도 잘 배워야 한다.

코치와 코칭을 받는 이가 다른 문화에 속한 다문화 코칭의 경우, 다른 기대치와 오해를 양산해 낼 수 있는 소통의 문제들이 추가적으로 발생한다. 예를 들어, 북미 사람들이 선호하는 상대적으로 덜 직설적 코칭 방법은 혼란을 야기할 수 있다. 지나치게 업무 중심적 관계는 불만족스러운 경험을 남길 수 있다.

코치들은 다문화 소통 및 관리의 기준에 친숙해져야 한다. 때로는 '군집 코칭'(Coaching Cluster)라고 부르는 소그룹에서의 코칭이 유용한 또 다른 방식이 된다. 이 코칭법은 개인적 측면은 약하지만 소그룹원들은 동료들로부터 코칭을 받기도 하고 서로에 대한 책임감을 가지면서 가치 있는 경험을 가지게 된다.

어떤 특별한 방식을 택하든 효과적 코칭은 진정한 돌봄의 관계, 분명한 목적, 그리고 정기적 모임, 어느 정도의 책임감이라는 기초 위에 있어야 한다. 이는 양 쪽 모두에게 헌신을 요구한다. 대부분의 교회 개척자 코칭의 주창자들과 실무진들은 적어도 한 달에 한 번의 코칭 모임을 권장하는데, 더 자주 모임을 가진다면 효율성이 높아질 가능성이 높다.

특히, 교회 개척의 초반기 때는 더욱 그렇다. 교회 개척자가 자신의 온전한 잠재력과 인지하고 재생산하는 교회 개척자가 되도록 코치가 돕는 것이 목표이다.

제18장

교회 개척을 위한 동역 관계 및 자원

많은 유행하는 선교에서의 동역 관계라는 개념은 새로운 것은 아니다. 예를 들어, 18세기 존 윌리엄스(John Williams)는 태평양 제도에 복음을 전하고 라로통가(Rarotonga)섬에 기지를 건설했다. 이후 그는 라로통가어로 성경을 번역했고, 훈련센터를 발전시켰으며 라로통가인들로 구성된 전도팀을 수송하기 위한 선박을 만들었다.

> 그의 감독 아래, 거의 대부분 현지 교사들에 의해 복음이 전파되었다. 그들 중 대분분은 거의 훈련을 받지 못했다. … 그럼에도 불구하고, 그들은 자신의 집과 안정된 부족을 떠나 주변 섬 사람들에게 복음을 전하고자 위험을 무릅썼다(Tucker 1983, 211).

이러한 동역 관계가 남해(the South Seas)의 복음화에 중요한 요소였으며, 1834년, 그가 라로통가에 들어온 지 불과 11년이 지난 후, "2,000마일(약 3200km) 내 중요한 모든 섬을 방문하게 되었다"(Herdman 1978). 예루살렘에서 땅 끝까지 제자를 삼는 일은 종종 다양한 국제적, 문화간 동역 관계를 형성해 왔다.

복음은 한 종족에서 다른 종족으로 이동해야 하며, 최근에 복음을 받아들인 사람들이 복음화되지 않은 또 다른 이들을 향해 가기 위해 그들에게 복음을 전해 준 이들과 협력하는 일은 참으로 의미 있다. 게다가 어떤 교회나 교회 연합들도 전 세계 미전도 종족 모두에게 갈 수도 없고 지상명령을 스스로 수행하기 위한 충분한 자원과 지혜를 가지고 있지도 않다.

크리스토퍼 리틀(Christopher Little)은 이렇게 말한다.

> 국제동역운동(IPM, International Partnership Movement)은 논란의 여지 없이 오늘날 전 세계 교회에서 가장 강력한 영향을 미치는 힘이다. … 서구와 비서구 모두에서 조직과 교회와 개인들이 계속 참여함에 따라 더 많은 추진력을 얻고 있다(2005, 2).

선교사의 세계화와 남반구 국가들의 새로운 선교사 파송이 큰 공헌을 했다. 새로운 선교사들은 기존의 서구 선교단체와 상호 존중과 평등의 위치에서 창의적 협력 관계를 구축하기 원한다.

주로 인도의 상황에 대한 글을 쓰는 폴 굽타는 협력 관계의 가치에 대해 이렇게 말한다.

> 훈련자로서, 상담가와 실행가로서, [외부인은] 현지 교회의 교회 개척 운동을 발전시키도록 도울 수 있다. 또는 성숙하고 역동적 그리스도인과 교회로 성장하도록 핵심 리더십 역량과 자원으로 운동을 세워 준다. 외부인들로 이루어진 교회들과 선교단체들이 그들의 비전을 조정하고 **현지 교회들과의 관계에 있어서 그들의 역할을 재정의함에 따라, 그들은 '선구자적' 방식의 노력을 통해 가능했던 것보다 하나님 나라를 위한 보다 강력한 영향력을 미치게 되었다**(Gupta and Lingenfelter 2006, 198, 굵은 글씨로 강조함).

동역 관계에는 단기팀, 긍휼 및 구제 사역, 국가 근로자에 대한 재정 지원과 같은 노력들도 포함된다. 오늘날 동역 관계는 많은 형태로 나타난다.

- 현지 노동자들과 함께 하는 외국 선교사
- 다양한 국가의 선교단체들 간의 협력
- 회중 간의 국제적 동역 관계
- 선교사나 현지 교회와 동역 관계를 맺기 위해 국제적으로 단기팀을

파송하는 지역 교회
- 현지 교회나 선교단체를 통해 현지 노동자들을 직접 지원하는 방식
- 연합단체들 또는 교단 간의 협력을 위한 노력들

그런데 선교에서의 동역 관계는 너무 흔하게, 그리고 때로는 무비판적으로 시행되다 보니 의도하지 않은 부정적 결과를 초래할 수도 있다. 낙심하지 않기 위해, 그리고 전 세계 교회 개척에 있어서 하나님께서 주신 자원의 오용을 막기 위해 동역 관계의 다양한 형태, 일반적 위험 요소, 몇 가지 '모범 사례'를 보려고 한다.

1. 정의와 가정

이번 장에서는 의도적으로 교회 개척을 추구하는 동역 관계에만 초점을 두게 된다. 교회 개척 동역 관계란 하나 혹은 그 이상의 교회 개척을 위해 자발적으로 갖는 협력 관계이다. 건강한 동역 관계를 가질 때, 상호 존중과 신뢰의 보완적 관계 안에서 자원과 생각들을 공유하여 건강한 토착화 교회를 재생산하는데 기여한다.[1]

협동 제자 훈련과 사회적 긍휼 사역을 통합하고 건강한 하나님 나라 공동체의 배가 성장에 기여하는 다양한 유형의 동역 관계를 볼 것이다(제19장 참조).

모든 교회는 동역 관계에 있을 수 있다. 아프리카, 아시아, 남미의 수많은 교회가 선교사를 보낸다. 보냄과 받음이라는 용어는 완전히 새로운 관점에서 사용되어야 한다. 보내는 교회 vs 받는 교회라는 틀은 이제 맞지 않

---

1 현지 노동자에 대한 의존 및 재정 지원에 대한 주제로 방대한 자료들이 나왔고, 활발한 토론이 이루어졌다. 예를 위해서는 McQuilkin 1999 and Bennett 2000 참고. 다니엘 리켓(Daniel Rickett, 2000)은 선교사들의 건강한 상호 의존 및 책임에 대해 논의했다. 여기서는 논쟁을 피하고 교회 개척을 위한 동역 관계에서 자원 사용의 긍정적 방식을 제시하려 한다.

다. 왜냐하면, 어떤 교회들은 계속해서 받기만 한다는 인상을 주기 때문이다. 동역 관계라는 언어는 이 잘못된 이분법을 무너뜨린다.

단순하게 말하기 위해 다문화 환경에서 온 동역자를 외부인이라고 하고 새로운 교회가 개척되는 곳에 있는 동역자를 현지인이라고 부를 것이다. 동역 관계에 놓이는 외부인 교회 개척자들은 선교팀이라고 부를 것이다.

2. 성경적, 실천적 이유들

선교에 동역 관계가 필요한 몇 가지 확실한 성경적 근거가 있다. 지상명령의 가속화와 성취가 언제나 최대의 목표가 되어야 한다.

바울과 디모데는 다른 지역에 복음을 전하는 과정에서 빌립보 교회 성도들에게 의지할 수 있었다(빌 4:10-18). 바울은 또한 로마에 있는 교회에 그가 방문한 후 그가 스페인에 가서 복음을 전할 수 있도록 도와주기를 기대했다(롬 15:24). 동역 관계는 은사와 자원을 전략적으로 한 데 모아 보완해 줌으로 새로운 하나님 나라 공동체의 개척을 돕는다.

동역 관계는 또한 상호 간의 배려와 존중 및 지원을 보여 줌으로 사역의 질적 차원에도 영향을 미친다.

빌립보 교회는 희생적 재정 지원(빌 4:10-19)과 바울의 필요를 돌보게 하기 위해 에바브로디도를 보내 줌으로(빌 2:25-30) 너그러운 모습을 보여 주었다. 바울은 그들의 걱정을 덜어 주고자 에바브로디도를 다시 집으로 보내 주면서(2:28) 편지로 그들을 위로했다. 예루살렘 교회를 위한 기근 구호금 전달을 목적으로 한 바울팀과 이방인 교회들 간의 동역은 유대인과 이방인 교회의 더 큰 연합을 이루기 위해 선행되었다(고전 16:1-4; 고후 8-9장).[2]

---

2   리차드 롱네커(Richard Longenecker, 1964, 228-29)는 두 가지의 목표가 있었지만, 바울이 헌금을 가지고 예루살렘으로 가기로 결정한 것은 유대인과 이방인 기독교 사이의 갈등이 커지는 것에 대한 그의 염려를 나타낸 것이라고 주장한다.

동역 관계가 건전하면 서로 간에 통제보다는 권한을 부여해 준다. 바울은 고린도 교회 성도들이 바울당을 형성하지 않도록 자신이 그들에게 많이 세례를 주는 것을 피했다(고전 1:14-15). 유대 교회의 리더들은 이방인 교회에 그들의 문화적 규범을 강요하지 않기로 결정했다(행 15 장). 동역 관계에 들어오기 위해 자신의 문화적 정체성을 희생해서는 안 된다. 동역의 목표는 서로 다른 둘이 문화적 특성을 보존하고 서로 배우며 각자의 능력에 따라 공통 목표에 중요하게 헌신하는 것이다.

이렇게 자발적으로 협력하기로 연합하면 다양한 은사, 자원 및 아이디어에 상승효과가 발생한다. 바울은 이전에 설립한 교회에서 모집한 동역자들의 강점과 문화적 지식을 새로운 팀에 통합시켰다.[3]

전도서 4:9-12에서 동역 관계가 가져다주는 몇 가지 유익을 열거한다. 큰 수익, 보호, 필요할 때의 도움, 따뜻함, 힘과 같은 것들이다. 더욱이 시간, 재능, 보물을 현명하게 관리하라는 명령은 동역자에게 하나님 나라에 대한 영향력과 열매를 정기적으로 평가하도록 요청한다(눅 16:8-12).

3. 동역의 또 다른 유익들

함께 일함으로 세계 복음화라는 큰 과제를 수행할 수 있고, 그 위대한 과업을 이루기 위해 필요한 다양한 자원을 잘 관리할 수 있다. 세계 복음화를 위해 새로운 일꾼들이 등장하고 있는 상황을 고려할 때 이에 대한 중요성이 더욱 커진다.

21세기가 시작될 무렵 남반구의 선교사 수는 전통적 서구 교회가 파송한 선교사의 수에 가까워졌거나(Jaffarian 2004), 혹은 이를 능가했을 수 있다(Keyes 2003). 또한, 훈련과 배정 및 지속적 봉사 활동 같은 실제적 문제도

---

[3] 바울이 그의 팀 사역에 대해 어떤 의도를 가지고 있었는가에 대해서는 제3장과 제16장에서 교회 개척팀에 대해 다룬 부분을 다시 보라.

관련된 모든 사람의 숙련된 협력을 통해 보다 효과적으로 해결할 수 있다.

동역 관계는 학습공동체로서도의 기능도 있다. 다른 나라에서 온 새로운 사람들은 신선한 관점, 대체 에너지, 그리고 매우 필요한 인력을 제공해 준다. 하지만 지원 구조를 개발하는 일이라든가 장기 사역의 효과성과 관련된 일 등은 같은 지역에 있는 기존 선교단체의 경험에서 배워야 한다.

사례 연구 18.1의 예에서 볼 수 있듯이 아이디어와 전략의 흐름은 점점 더 동쪽에서 서쪽으로 이동하고 있다(예를 들어, 셀 교회 및 가정 교회 운동, 영적 전쟁, 포스트모던 시대에 이교도들에게 도달하는 방법).

〈사례 연구 18.1〉
학습공동체로서의 동역 관계

한 미국 교회 개척자는 고향 교회에서의 경험과 헌신, 그들의 지원에도 불구하고 한 명의 개종자 없이 중앙 아시아에서 7년 동안 일했다. 그는 우즈벡인들 사이에서 많은 친구를 사귀는 데 성공했지만 그들 중 아무도 그리스도를 믿는 데까지 나오지는 않았기 때문에 마음이 상했다. 한국 선교사가 그와 합류했다. 그는 자원은 적었지만 담대했고 우즈벡 전통 문화에 대한 더 깊은 이해를 가졌다. 그는 미국 선교사가 너무 많은 친구를 사귀었기 때문에 우즈벡인들이 가지고 있는 우정과 환대에 대한 기대치에 부응하지 못하고 있다고 설명했다.

두 사람은 우정을 맺는 전도 방식을 버렸다. 그리고 복음에 수용적 "평화의 사람들"(눅 10:6)을 찾는 데 초점을 맞추고 즉시 그들과 영적 토론을 시작했다. 이 방식으로 복음에 닫히지 않은 몇 가정을 열고, 두 개의 교회 개척을 시작할 수 있었다. 각 마을의 "첫 번째 응답자"를 대상으로 성경 공부를 공개적으로 열었기 때문에 우즈벡 사람들은 의심을 거둘 수 있었다. 시간이 지남에 따라 점차로 다른 가족구성원들도 참여하게 되어 이 가정에서 몇 개의 새로운 교회가 더 시작되었다.

한국인 선교사는 문화 방식을 이해했고, 미국인 선교사가 자신의 방식을 현지에 적용할 수 있도록 도와주었다. 한편, 미국인은 팀의 자원을 가져와 교회 설립 단계를 이끌 수 있었다. 학습선교공동체로서의 동역 관계의 가치는 과소 평가되어서는 안 된다.

동역 관계는 더 많은 개인의 참여를 가능하게 한다.

패러다임에 있어서 단기선교는 이미 현지에 있는 그리스도인들과 함께 증거하고 봉사하는 협력적 동역의 한 형태이다(Priest and Priest 2008, 66).

따라서 단기선교(STM, Short-Term Mission)는 말 그대로 수백만 명의 그리스도인들을 다문화를 향한 봉사와 복음 증거에 나서게 한다.

역사가 엘리세오 빌체즈(Eliseo Vílchez)는 이 자발적 운동이 가진 엄청난 잠재력을 주시한다.

종교 세계화의 맥락에서 STM은 전 세계가 경험하고 있는 현대 선교와 종교 변화의 가장 강력한 도구 중 하나입니다(Paredes 2007, 250에서 재인용).

다문화 및 다양한 관계형성에 대한 경험은 개인의 안목을 넓혀 주고 자신의 선입견을 깨트려 준다.[4]

교회의 배가 성장과 관련한 단기선교와의 동역 관계가 가져다주는 장기적 기여를 당연한 것으로 받아들여서는 안 된다. 대부분의 여행은 2주 미만이다. 대부분의 팀은 경험이 없는 청소년들로 구성되고, 관광객이 선호하는 국가가 대상이 된다(Priest and Priest 2008).

10/40 창에 속한 나라에 가는 팀은 거의 없기 때문에,[5] 미전도 지역으로의 확장보다는 기존 사역을 강화하는 효과가 있다(ibid.). 그럼에도 불구하고 장기적으로 볼 때, 교회 개척 동역 관계의 맥락에서 단기선교의 질을 강화하고 설계하는 것이 긍정적이고 지속적 기여를 가져온다. 이와 관련된 실제적 제안을 제시한다.

또한, 하나님 나라 동역 관계가 가져다주는 기여는 기능적 유익을 넘어

---

4 단기선교팀에 관련된 더 자세한 연구를 위해서는 다음의 자료들을 참고하라. 리켓(Rickett 2000)과 리버모어(Livermore 2006)는 상반된 견해를 제시해 준다. 로버트 프리스트(Robert Priest 2008)는 가장 정량적 조사를 제공해 주며 균형 잡힌 시각을 제시한다.

5 "10/40 창"은 위도 10-40도 사이에 있는 나라들을 말한다. 가장 복음화되지 않은 대부분의 나라들이 이 지역에 속해 있다.

선다는 점에 주목해야 한다. 동역 관계를 통해 세상에 그리스도의 사랑을 뚜렷하게 보여 준다면, 그것이 곧 복음의 능력에 대한 간증이 되고 하나님 나라가 실재한다는 표징이 된다.

사메호 모리스(Sameh Maurice)는 그들의 본질적 신학적 가치를 다음과 같이 표현한다.

> 우리는 동역 관계를 분명히 믿습니다. 우리는 그리스도의 몸이 하나임을 믿습니다. 지역 교회는 혼자서 할 수 있는 일이 거의 없습니다. 교회는 함께 더 많은 일을 할 수 있습니다. [우리는] 그리스도의 연합된 몸이 불가능한 일도 할 수 있다고 믿습니다. [그것은] 그리스도만이 하실 수 있는 일입니다. 이것이 우리가 많은 프로젝트에서 동역 관계를 맺도록 전 세계 교회를 초대하는 이유입니다(Maurice 2005).[6]

4. 동역의 유형

교회 개척을 위한 동역 관계는 다양하고 역동적이다. 동역자들이 살아 있는 존재들이기 때문에 마땅히 그렇다. 각각은 뚜렷한 비전, 가용한 자원, 관련된 사람들의 성숙도와 은사에 의해 형성된다. 사역이 진행되면서 더 많은 인원이 추가되기도 한다. 그들의 구조는 동역자의 수와 정체성에 의해 결정된다. 대부분은 둘 (이원적 동역 관계) 또는 세 당사자(삼자 동역 관계) 사이에 있지만 일부는 셋 이상(복잡한 동역 관계)을 포함한다.

회중 대 회중이라고도 부르는 이원적 동역 관계는 현지 교회를 외국 교회 또는 선교사팀과 연결한다. 가장 간단하고 가장 일반적 유형이다. 단기 선교팀을 보내는 일들이 이 범주에 주로 속한다. 단기팀들은 교회 개척이

---

[6] 사메호 모리스는 2005년 11월 18일 이 인터뷰를 진행할 당시 이집트 카이로의 카스르 엘두바라교회(Kasr-El-Dobbara church)의 목사였다.

진행되는 중요한 순간에 에너지, 신뢰도 및 자원을 추가하여 새 교회가 자연 성장의 장벽을 넘어설 수 있도록 돕는다. 일반적으로는 긴 시간을 요하는 협력 작업이다.

선교사는 처음에 '중개인'의 역할을 수행하고, 다음에는 격려자, 권면자 및 문제 해결자로서 동역 관계의 유익을 다른 이들을 위해 봉사한다.

칼 브라운(Carl Brown 2007)의 연구는 선교사의 이 능력과 헌신이 동역 관계 및 교회 개척의 성공에 큰 영향을 미친다는 것을 보여 준다.[7]

둘 이상의 관련자들이 참여하는 협업 노력을 복잡한 동역 관계라고 한다(그림 18.1 참조). 이 관계를 통해 국제적 교회 개척 프로젝트를 돕는 일환으로 몇 개의 해외 교회들과 현지 선교팀을 한데 모을 수 있다. 일반적으로 파트너 수는 프로젝트 규모에 따라 달라진다.

때때로 동역 관계는 지역 기관 간에도 이루어진다. 예를 들어, 수십 개의 북미복음주의자유교회(의 하나의 지부)와 멕시코교회연합과의 조합집단은 훈련, 전도 및 건설을 위해 단기선교팀의 도움을 받아 기존 개척 교회를 강화하고 새로운 개척을 시작했다. 경험이 많은 한 선교사 부부는 프로젝트를 준비하고 팀을 지도하며 많은 프로젝트에 참여함으로써 실행자이자 촉매제 역할로 도왔다.

〈그림 18.1〉 복잡한 동역 관계

핵심 요소: 관계를 증진시키고 체계를 구성해 줄 전문가와의 동역 관계

---

[7] 세계화된 오늘날 세상에서 선교사들의 중재자로서의 역할에 대해서는 Hiebert 2006 참고.

교회 개척 프로젝트를 지원하기 위해 함께 협력하는 현지 교회들의 초교파 연합도 형성되었다. 예를 들어, 밀워키 지역에서는 여러 교회가 협력 단체를 이루어 인도네시아 사역을 지원했다. 이런 일이 잘 진행되려면 실행자가 이 일을 가장 중요한 사역으로 보는 전문가가 되어야 한다. 그들은 교회 개척이 긍정적 결과를 낼 수 있도록 때때로 어려운 단계를 통과해야 하는 복잡한 동역 관계 가운데에서도 여러 도구, 모범 사례 및 시스템을 개발한다.

동역 관계는 또한 어떤 사역을 강조하느냐에 따라서도 구별된다. 교회를 강화시키고 재생산하게 하는 데에 초점을 맞춘 사람들도 다양한 수단들을 활용할 수 있다. 전도와 제자 훈련의 노력은 종종 교회를 개척하는 동역 관계의 일부를 형성하지만 그것이 동역에 참여하는 유일한 수단도 아니고, 반드시 주된 형태가 될 필요도 없다. 부가 자료 18.1은 단기선교팀이 교회 개척에 협력할 수 있는 몇 가지 방법을 보여 준다.

〈부가 자료 18.1〉
단기선교팀이 교회 개척에 참여하는 몇 가지 방법

- 건설 프로젝트: 교회 건물, 놀이터, 주택, 지역 센터
- 우물 파기, 청소, 농업 개발 및 학교, 고아원, 병원을 지원하는 것과 같은 지역 사회 봉사
- 이웃들 여론 조사, 인쇄물 배포
- 길거리 영화, 드라마, 스포츠, 무언극, 음악, 영화 상영
- 복음적 영어 캠프, 영어 과외
- 의료 및 치과 봉사, 지역 사회 보건 교육
- 현지 학교 방문
- 캠핑 및 캠프 사역
- 리더십 개발, 교육, 훈련 세미나
- 기도 사역, 땅밟기 기도
- 의사, 교사, 사업가, 개발사업가 등 평생 교육을 위한 전문 세미나
- 환경 프로젝트
- 대규모 전도 캠페인을 통한 물류 및 기술 지원

5. 건강한 동역 관계를 위한 지침

교회 개척 동역 관계는 큰 잠재력을 가지고 있지만 인력과 에너지 측면에서 비용이 많이 든다. 따라서 다음 지침에 따라 현명하게 진행해야 한다.

1) 분명한 목표를 가져라

중요한 목표는 기도하며 마음을 모아야 한다. 기도를 통해 성령 하나님은 종종 서로가 예상하지 못한 일을 성취하신다. 국제협력(Partners International)은 동역 관계의 효율성을 높이기 위해서는 동역의 최종 결과에 보다 집중해야 한다는 것을 알게 되었고, 동역의 양적, 질적 열매를 공동 평가하기 시작했다(Downey 2006).

2) 기대하는 바를 명확히 하라

동역 관계의 성격, 재정 설계, 의사 결정 및 다른 문제들의 주도권을 누가 가지느냐 하는 점은 처음부터 공개적으로 논의되어야 한다. 다른 문화권에 속한 동역자는 동역 관계의 의미와 목적을 다르게 이해할 수 있다.

예를 들어, 보다 관계 중심적 문화에서는 동역 관계를 협력적 우호관계로 볼 수 있지만, 도시의 기업중심 문화의 사람들은 주로 교회 개척이라는 임무 중심으로 볼 것이다(Brown 2008).

오스카 무리우(2007)는 미국인은 자신감 있고 직접적이며 문제 해결을 좋아하는 반면, 아프리카 사람들은 보다 소박하고 간접적 경향이 있다는 점을 들어, 미국 단기선교팀이 자신들의 생각보다 현지인들의 의견을 중요하게 생각하지 않는다면 동역 관계는 어려워진다고 지적한다.

3) 유연성을 유지하라

관계가 발전하고 상황이 바뀌면, 예기치 않은 전개가 생기게 된다. 한쪽에서는 동역에 대한 서면계약서를 상황 변화에 따른 재협상의 암묵적 임시 단계 정도로 보는 반면, 다른 쪽에서는 보다 엄격한 계약 조건으로 볼 수 있다. 서로 간에 책임이 명확하게 설명된 경우에도 새로운 현실에 맞는 조정이 필요할 수도 있다.

근본적 원칙은 타협해서는 안 되지만, 중요하지 않은 것의 유연성은 모든면에서 더 큰 효과와 만족을 위해 필요하다. 지나치게 엄격한 정책과 일정은 피하는 게 좋다.

4) 두 문화를 모두 아는 중재자를 포함시키라

타락한 세상에서는 서로 간에 채워지지 않는 기대감이 긴장을 유발할 수도 있다. 문화, 언어, 경제 등의 차이가 있으면 오해의 가능성도 크다. 경험이 부족한 동역자들은 종종 이것을 과소 평가한다. 다시 말하지만 양쪽의 문화와 언어에 능숙한 중재자는 관계를 협상하고 각 당사자가 상대방의 특성을 이해하도록 도우며, 양 쪽을 공정하게 대표하는 데 매우 중요하다. 경험 많고 성숙한 선교사들이 이런 중재자의 좋은 예이다.

5) 인내하며 동역 관계를 성장시키라

스페인어 relación de socios(연합 관계)에서 동역 관계는 평등과 신뢰의 동료 관계를 의미한다. 일부 북미 사람들은 결과 지향적이어서 신뢰가 얼마나 빨리 발전하는지, 건강한 교회를 세우는 데 얼마나 오랜 시간이 걸리는지에 대해 비현실적 기대를 가지는 경향이 있다.[8]

---

8   미국 회중들은 "즉각적 결과를 가져다주는 프로그램에 초점을 두는 경향"이 있다

동역자들은 시간을 내 친해지고, 비전을 공유하고, 신뢰를 쌓아야 한다. 그 기반 위에서 상호 존중과 감사 및 이해를 쌓아 갈 수 있다. 신뢰의 다리를 만들고 건강한 의사 소통 방식을 확립한 동역 관계는 살아남을 것이다.

6) 권한을 부여하고 상호 이익을 추구하라

진정한 동역 관계에서 각 구성원은 서로를 세워 주며 서로에게 권한을 주려고 한다(Hiebert and Larsen 1999, 59).

'국제협력'(Partners International)은 동역 관계를 "통제 없는 협력"(Downey 2006, 200)으로 정의하고 그 정신을 다음과 같이 설명한다.

상호 신뢰의 동역 관계 안에서 문화적으로 적절한 방식을 통해 하나님의 일을 수행할 수 있도록 현지 주도적 사역에 권한을 부여하는 것이다(ibid., 202).

동역 관계에서 권한을 부여해 주는 목표는 공동의 목표를 바라보며 투명하게 손을 내밀어 주는 것이다. 우월감, 통제 또는 온정주의와 같은 태도는 큰 피해를 입힐 수 있지만, 자원, 강점, 통찰력, 환대 및 가치를 쌍방향간에 교환하면 동역 관계를 건전하고 상호 의존적으로 유지하는 데 도움이 된다. 궁극적 초점은 하나님의 영광과 그의 왕국의 성장에 있다.

7) 공정한 의사 결정 과정을 수립하라

때때로 더 많은 자원을 가진 쪽이 의도적으로 또는 의도하지 않았지만 의사 결정을 지배할 수 있다.[9] 현지 신자들은 동역자의 생각과 다른 행동

(Wuthnow 1997, 199).

9 동역 관계에서 권력과 권위의 중요성에 대해서는 Davies 1994, 46을 참고하라. 칼 브라운(2007)은 단순한 의사 결정 과정도 문화 간 교회 개척 동역 관계의 건강과 효과에 영

방침을 제안하면 그들이 의지하고 있는 지원이 철회되거나 동역 관계가 해체될지 모른다는 두려움 때문에 무력감을 느낄 수 있다. 또는 진정으로 동의하지는 않으면서 묵인하고 있을 수 있다. 의사 결정 과정을 통해 쌍방의 이익을 존중하고 부적절한 외부의 영향으로부터 현지 사역을 보호해야 한다(Collins 1995).

8) 재정 지원과 관련해 지혜를 발휘하라

동역 관계에서 발생하는 갈등의 가장 흔한 원인 중 하나는 재정 사용 문제이다. 부유한 쪽이 지나치게 조심스럽고 인색하게 구는 데서 어려움이 비롯될 수도 있고, 재정 보조금이 현명하지 않게 관리되거나 관계를 지배하는 요소가 되어 버리면 재정을 건강하지 않은 의미로 의존하기도 한다.

투자와 이익이 동역자 간에 반드시 동일할 필요도 없고 그것을 비교해서도 안 되지만, 양측이 희생을 하며 하나님 나라의 유익을 거둘 것을 기대해야 한다. 이에 대해서는 나중에 다시 다루겠다.

6. 동역 관계의 각 단계를 위한 실천적 과정들

대부분의 관계와 마찬가지로 동역 관계에도 수명이 있다. 건건한 관계라면 신중하게 시작하고 은혜롭게 끝난다. 공동의 프로젝트는 종료되어도 관계는 지속된다. 그러나 동역자들이 교회 개척과 관련된 상호 약속에서 물러서면서 그 관계가 바뀐다. 이것이 최종 국면을 "정점 및 해소"라고 부르는 이유이다(그림 18.2 참조).

향을 주는 핵심 요소임을 말한다.

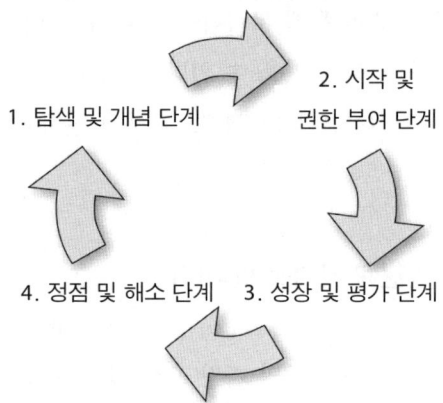

〈그림 18.2〉 동역 관계의 단계들

1. 탐색 및 개념 단계
2. 시작 및 권한 부여 단계
3. 성장 및 평가 단계
4. 정점 및 해소 단계

1) 탐색 및 개념 단계

교회는 교회 개척 동역 관계 형성을 탐색해 보기로 결정한다. 단기선교 팀을 다문화 지역에 파송하는 기존 교회 혹은 새로운 사역을 위해 외부의 도움을 구하는 현지 리더에 의해 동역 관계가 시작될 수 있다. 또는, 동역 관계로부터 유익을 바라는 제3자 선교단체가 양립 가능한 목표, 가치 및 관심사를 가진 현지 교회와 외부 교회(또는 교회들)를 모을 수도 있다.

동역자는 분명한 목표와 기준에 따라 기도하는 마음으로 선택해야 한다. 리더 간의 관계 호환성도 중요하다. 잠재적 동역자는 서로의 문화, 상황 및 역사를 이해하려고 노력해야 한다. 갑자기 맺어지는 건강하지 못한 동역 관계는 사역 성공에 대한 압력, 엄청난 작업량, 새롭고 흥미로운 경험에 대한 추구와 같은 요인들에 기인한다(Lederleitner 2007). 공통분모가 충분히 분명해질 때까지 약속과 합의를 시작하지 않는 것이 좋다.

2) 시작 및 권한 부여 단계

이 동안은 올바른 동역자 선택에서 공동목표 및 계획의 수립으로 초점이 이동한다. 앞서 설명했듯이 양쪽 문화를 잘 아는 중재자가 대화를 이끌어 간다. 양측을 대표하는 사람 또한 이상적으로는 전의 상대방의 문화에 경험이 있는 사람으로, 성실한 유능하고 성숙한 사람이어야 한다.

처음엔 시험 프로젝트를 시행한다. 그 후 실무자와 대표성을 띤 사람들이 함께 보고한다. 공동 평가는 동역 관계를 확인하고 조정할 것을 조정하고 은혜로운 결론을 내리게 해 준다. 단기선교팀의 사역 기간 동안 동역자들은 연락을 유지하면서 공동사역을 위한 다음 단계를 진행한다.

단기선교가 끝난 뒤 그다음 단기선교까지 기간 동안의 동역 관계를 유지하는 방법도 모색해야 한다. 지속적 개인 서신 왕래, 확장된 사역 과제, 서로 간 방문 등을 포함한다.

3) 성장 및 평가 단계

교회 개척이 모양을 갖추고 현지 리더십팀이 등장한다. 특히, 이 단계에서 동역 관계에 필요한 에너지, 주의 및 유연성이 필요하다. 단기선교팀원의 역할은 현지 제자들의 사역을 보완하고 향상시키고자 하는 목적에 따라 변한다.

"교회 개척을 다음 단계로 끌어 올리기 위해 무엇이 필요한가?"

이런 질문으로 목적에 초점을 맞춘다.

"어떻게 장애물을 극복하고 함께 사역을 진행할 수 있는가?"

이런 질문을 통해 단기선교팀은 새로운 교회가 은사와 자원을 관리하도록 장려해야 한다. 외부 자원을 다 사용한 경우 이 시점에서 현지 자원에 대한 의존으로 점진적 전환을 진행해야 한다. 변화, 문제점, 실망 및 충족되지 않은 기대는 즉시 그리고 공개적으로 언급한다(일부 문화에서는 이것이 더 어렵다는 점을 기억하라). 실무자와 대표성을 띤 사람들은 낙심이 어떻게 회복되고 경험으로 학습될 수 있을지 생각해야 한다. 공동 평가 중에는 가장 작은 발전들도 강조하며 확인한다.

4) 정점과 해소 단계

협동 사역에는 건강한 운율이 있다. 여기에는 여름 영어캠프, 겨울 리더십훈련과 같은 반복적 계절 사역이 포함된다. 관계는 보다 편안해지고 사역 계획에 대한 책임은 이미 현지 사역팀에게 위임했다. 친교를 누리고 상호 존중과 책임감이 결실을 맺으며, 결과를 축하한다.

동역 관계가 절정에 달하는 것처럼 건전한 결론을 내릴 수 있도록 준비해야 한다. 프로젝트를 완료하지 못하는 경우, 타성에 젖어 좌절감과 더불어 찜찜한 종료로 이어질 가능성이 높다.

공동 임무가 끝나갈 때에도 관계를 확인하고 지속하지 않으면 동역을 포기하려는 마음이 생길 수 있다. 동역자들은 또 다른 교회를 개척하는 데 협력하거나 완전히 새로운 작업에 참여할 수도 있다. 동역 관계는 개인적 교제, 비정기적 방문 및 특별 협력 프로젝트를 통해 서로를 세워 주는 동반자 관계로 발전할 수 있다.

7. 동역 관계의 장단점

건강한 동역 관계에는 비용이 든다. 동역 관계가 항상 성공하는 것도 아니다. 바울과 바나바 사이의 갈등이 고통스러운 이별의 여정을 가져왔듯이(행 15:36-41), 오늘날 교회 개척에 있어서 동역 관계는 결실과 좌절의 가능성을 모두 가지고 있다.

관계를 맺는 초기에 모든 당사자가 참여하는 평가 방식을 설정하면 좋다. 평가는 자연스럽게, 건설적 비평은 안전하게 진행함으로 그에 관련된 생각들을 끌어낼 수 있다면 좋다. 교회 개척에서 오는 다면적 유익, 즉 상호 학습과 성장 및 가시적 결과는 관계에서 오는 것을 보았다. 정직한 평가는 이 모든 것들을 고려해야 한다.

앞서 언급했듯이 모든 동역 관계는 고유하다. 그러나 공통적 비평점들이 발생하는데, 그 원인에 따라 요약하고 집단화했다. 여기에서는 세 가지 관점, 즉 외부 교회, 현지 토착 교회, 전통 선교사라는 관점에서 이 문제를 보겠다.

1) 외부 교회의 관점

교회 개척을 발전시키고 선교에 더 많이 참여하고자 하는 것 외에도, 외부 교회는 종종 단기선교팀 구성원들의 삶에 개인적 성장이 일어나기를 기대한다. 어떤 이들은 단기선교 여행을 삶을 변화시키는 일종의 훈련소라고 생각한다.

그러나 랜디 프리슨(Randy Friesen, 2005)은 첫 번째 단기선교 경험에서는 인지 및 태도의 큰 변화가 일어나지만 대부분의 경우 1년 후에는 퇴보가 발생한다는 사실을 발견했다.[10] 이상하게도 대부분의 참가자들은 단기선교 여행 후 1년 동안 영적 훈련, 도덕적 순결 및 교회 참여가 저조해졌다.

마찬가지로 온두라스 단기선교 프로젝트를 위한 퀴르트 페르 베이크(Kurt Ver Beek, 2006)의 연구에서는 단기선교 경험의 결과로 참가자의 삶에 큰 변화가 있거나 삶의 양식을 제공한다는 증거가 없다고 한다.

프리슨(2005)은 충분한 기초가 이미 있는 참가자라면 단기선교 여행이 영적 훈련 수행을 향상시킬 가능성이 더 높다고 한다. 따라서 영적으로 성숙하지 않은 사람들을 어려운 상황에 노출시켜 성숙해지기를 바라면서 단기선교에 보내는 것은 실수이다.[11]

---

10 2001년 9월부터 2002년 8월 중 한 달에서 1년 기간에 걸쳐 진행된 다섯 번의 단기선교 여행 중 하나에 참여한 18-30세 사이의 116명이 이 연구에 참여했습니다. 단기선교에 대한 다른 우려들은 Livermore 2006을 참고하라.
11 이 연구는 또한 다음과 같이 보고한다. "단기선교 여행 사전 훈련을 폭넓게 받은 참가자는 훈련을 받지 않은 사람들보다 훨씬 더 높은 변화 점수를 경험했다. … 하나님과의 개인적 소통(기도), 삶의 길잡이로서의 성경, 기독교 공동체의 가치, 현지 교회와의 관계 및 전도 등이 사전 훈련에 포함된다"(Friesen 2005, 453).

자기의 믿음을 공유하지 않고 자신의 가정에서 긍정적 영향력을 행사하지 못하면 참가자들이 외국 상황에서 그렇게 할 것이라고 기대하기는 어렵다. 경험상, 보다 성숙한 채 단기선교를 시작할수록 영적으로 개인적으로 긍정적 영향을 받을 가능성이 커진다. 또한 지침, 보고, 후속 조치 및 이어지는 봉사활동의 기회가 추가되면 참가자의 지속적 변화가 발생할 가능성이 높다.

2) 현지 토착화 교회의 관점

종종 현지 교회는 다른 나라의 평신도 자원봉사자들의 헌신을 갈망한다. 그들은 자비로 들어 와서 희생적 봉사를 보여 주며 상당한 기여를 한다. 불신자들에게 다가가고, 전문기술을 사용하며, 지역 사회 관계를 개선하고, 리더십 교육을 제공하고, (건물, 도로, 우물, 다리 등의) 사회기반시설 개발에 도움을 준다.

때때로 외국인 동역자들은 단기선교 여행 후에도 재정적 도움을 준다. 고아를 후원하고, 교육 또는 의료 사업에 기여하고, 신학교 학생들에게 장학금을 제공하며, 교회 개척자를 재정적으로 지원하기도 한다.

로버트 프리스트(2007)는 페루 리마의 복음주의 목사 551명을 대상으로 설문 조사를 실시했다. 58퍼센트가 단기선교팀을 맞이했으며 그 경험에 대해서 긍정적 평가가 압도적이었다.

> 겸손한 봉사, 희생적 청지기 사역, 현명한 리더십이 뒷받침될 때 단기선교 여행이 잠재적으로 전 세계 교회에 중요한 기여를 할 수 있다(187).

단기선교 여행 참가자들의 주요 공헌은 전도가 아니라 자원을 공유하고, 신뢰를 구축하며 문을 여는 일이었다.[12]

---

12 현지 주민들이 갈망했던 사회 자본 구축이라는 효과를 선교팀이 가져 왔다. 즉, 기회

오스카 무리우는 직설적으로 균형 잡힌 관점을 제공해 준다. 그는 단기선교팀원들이 종종 세상에 대한 정보가 부족하고 지나치게 자신감이 넘치며 다문화 사역에 대한 준비가 잘못되어, 결과적으로 효과가 떨어지는 것을 발견했다.

> 단기선교의 경험도 어느 정도 있을 것이다. 하지만 더 신중하게 팀을 구성해야 한다. 교회는 너무나 자주 이렇게 말한다.
> "단기적 경험을 위해 오고 싶습니다."
> 그런 다음 그들은 이렇게 말해버린다.
> "우리는 이런 저런 일들을 할 것입니다. 우리 손에 달려 있습니다"(Muriu 2007, 97).

그는 이러한 여행을 단기선교 학습기회라고 부른다.[13] 남미 사람들도 비판을 억누르지 않는다. 이 문제에 관해 기고한 몇몇 사람을 대표하는 한 글을 소개한다.

> 사전 준비 및 후속 평가를 간과하게 되면 단기선교팀은 '종교 관광'을 떠날 위험에 처할 수 있다. 즉, 우리가 현지 교회와의 진지한 계획과 조정에서 멀어질수록 하나님 나라를 건설하는 데 더 효과적으로 사용될 수 있는 수백만 달러의 돈을 '종교 관광'에 투자할 위험이 커진다(Cerron 2007, 31).

를 창출하고 선의를 생산하며 현지 교회 개척에 대한 신뢰성을 높이는 관계를 만든 것이다.

13 토드 폴터(Todd Poulter, 2006, 452-53)는 "비전 판매", "탑승 시키기" 그리고 "소유권 이전"과 같은 비유를 현지 신자들과 관련하여 사용하는 건 무례하고 해로운 것이라 주장한다. 현지 신자들과 함께 지역 사회를 위한 공동의 사역에 참여하도록 교회를 파송하는 개념으로 이해하는 게 바람직하다.

3) 전통적 선교사의 관점

전통적 선교사[14]들은 단기선교와 그들을 유지하게 해 주는 동역 관계에 대해 복잡한 감정을 가지고 있을 수 있다. 단기선교를 통해 수천 명의 사람들이 그들처럼 자신의 삶을 하나님 나라에 헌신하게 하는 교육 및 동기 부여를 해 주는 가치를 경험한다. 때때로 단기선교 참가자는 장기 체류를 위해 다시 오거나 다른 사람을 보낼 수 있도록 도움을 준다.[15]

때때로 전통적 선교사들은 상충되는 이해 관계나 목표 사이에서 중재자의 역할을 한다. 그들은 또한 단기선교 여행팀을 맞기 위해 필요한 엄청난 양의 작업에 압도당할 수도 있다. 현지 교회 리더들과 마찬가지로 그들은 단기선교팀원들에게 문화 훈련과 실제적 준비가 필요하다는 것을 알고, 그들이 성공하도록 도울 책임감을 느낀다.

일부 선교사들은 또한 장기적 교회 개척과 발전을 위해 사용될 수 있는 엄청난 자원을 단기선교에 사용하는 것도 우려한다.

> 프린스턴대학교의 종교사회학자인 로버트 워드나우(Robert Wuthnow)가 조사한 바에 따르면, 2주 이하의 단기선교 여행으로 작년에 약 160만 명의 미국인이 외국 선교지에 갔다(MacDonald, 2006).

참가자의 해외 단기선교 여행 평균 비용은 1,000-1,500달러이다(Priest and Priest 2008, 57). 이는 매년 미국에서 출발하는 단기선교 여행에 무려 16-24억달러가 지출된다는 것을 의미한다.

페르 베이크(2006)는 그의 연구에서 단기선교팀이 지은 집의 평균 비용은 30,000달러인 반면, 온두라스 현지 기독교 단체에서 지은 동일한 품질

---

14 전통적 선교사는 보통 서구 선교단체에서 후원을 받는 전임선교사를 뜻한다.
15 프리슨(2005, 452)에 의하면 단기선교 여행을 마치고 돌아온 지 1년이 지나도 경험의 결과로 장기 봉사에 더 관심을 갖게 된 사람들이 있는가 하면, 거의 같은 숫자는 장기 선교에 관심을 덜 갖게 되었다.

의 집은 2,000달러에 불과하다는 사실을 말한다.

그러한 수치는 우리로 하여금 잠시 멈추어 청지기의 사명을 생각해 보도록 요청한다. 대부분의 경우 참가자들이 스스로 기부하고, 가족의 도움을 받고, 자신의 친구 및 친척에게서(ibid.) 자금 잔고를 높이기 때문에 선교에 미치는 영향은 계산할 수 없다. 또한, 일부 단기선교 여행 참가자는 장기 계획을 위한 기부자가 되어 다른 참가자들을 모집한다.

또 다른 우려는 단기선교팀 자원봉사자들의 아마추어 같은 자세이다. 참가자의 미성숙 또는 사역 준비 부족으로 인해 발생되는 수준까지도 비판의 대상이 된다. 그러나 게리슨(2004a, 261-66)은 아마추어라는 단어가 말 그대로 사랑으로 하는 사람을 의미하지 급여를 받는 사람이 아니라는 점, 그리고 많은 자원봉사자들이 자신의 경력을 통해 현지 신자들 및 주민들과 소통할 수 있는 고도로 숙련된 전문가들임을 상기시켜 준다.

이것이 새로운 신자들에게 강력한 메시지를 전달해 준다(ibid., 262).

4) 결론적 제안

이러한 다양한 관점을 종합할 때, 이 평신도 자원봉사자 운동의 장기적 효과를 높이는 데 우리의 관심을 돌리게 된다. 많다고 반드시 좋은 것은 아니다. 단기선교 사역은 전통적 교회 개척 사명을 대신하기보다는 보충해 주는 것으로 보아야 한다.

단기선교팀의 동역 관계가 장기 목표에도 기여하고, 동역 관계 조정자들이 이를 잘 관리해서 기대가 명확해지고 장기선교사들이 배제되거나 압도하지 않도록 할 때 단기선교가 유익하다는 합의점이 도출된다. 더 나은 선택, 방향 제시 및 교육이 모두 필요하다. 비용은 신중하게 조사하고 관리되어야 한다.

단기선교 운동은 선교기관에 의해 계획되지 않으며 그것의 보전을 위한 것으로 축소되지도 않을 것이다. 논쟁의 여지는 있지만, 대부분 신약성경의 교회 개척자들은 어떤 의미에서 다른 생계 수단을 가진 단기선교사들이었음을 잊지 말아야 한다. 단기 및 장기선교사 모두 서로를 무시하거나 배제할 수 있다. 모든 동역자가 서로의 강점을 인식하고 그것을 사용하여 분명한 사명을 수행할 때 가장 큰 결실을 맺는다.

기독교 리더들과 교회가 동역 관계를 형성하지 않은 채 전진해야 할 때가 있다. 단기선교팀들이 사명을 수행하는 방식이 되면 바람직하지 않은 동역 관계가 만들어지고 하나님 나라에 대한 담대한 주도권이 억제될 수 있다.

그러나 건강하고 권한을 부여해 주는 동역 관계는 어려움이 있는 곳에서도 기쁨을 가져다준다. 그들은 에너지를 발산하고 참가자에게 동기를 부여하며 눈에 띄는 결과를 만들어 낸다. 문제가 없는 동역 관계는 없겠지만 건강한 동역자라면 상대방이 성장하고 하나님 나라를 위해 보다 효과적 사역을 할 수 있도록 협력적 상승효과를 만들어낸다.

8. 재정적 요인과 교회의 배가 성장

> 교회 개척 운동은 토착성에서 시작한다. 현지인들을 통해 빠르게 배가 성장을 하려면 내부 추진력이 있어야 한다. 교회 개척 운동을 무력화시키는 가장 확실한 방법 중 하나는 재생산을 위해 외부 자원을 끌어들이는 것이다 (Garrison 2004a, 267).

어떤 재정적 실천이 교회의 배가 성장에 새로운 물결을 불러오는가?

1) 평신도 사역자들에 대한 의존

신학 훈련을 받고 안수 받은 목사를 필요로 하지 않고 평신도 또는 이중직 사역팀이 교회 개척을 이끄는 곳에서 교회의 배가 성장이 가장 빠르게 일어난다. 제15장에서 보았듯이 이것이 신약성경에서 볼 수 있는 방식이다. 사도들이 기존 교회로부터 도움을 받지 않았다는 것은 아니다. 그러나 그들은 그 도움을 교회 개척의 전제 조건으로 삼아 의지하지는 않았다. 모라비안 선교 운동은 현지 교회에서 훈련받은 일꾼들을 통해 하나님이 하시는 일을 잘 보여 준다.

> 세례 교인 중 [모라비안] 선교사들의 비율은 1:60으로 추정되는데, 이는 나머지 개신교의 1:5,000 비율과 비교되는 수치이다(Norman 1978, 676).

평신도 운동은 오늘날에도 가능하다. 21세기 초 페루에서 가장 빠르게 성장하고 있는 풀뿌리 운동인 MMM(Movimiento Misionero Mundial, 세계선교운동)은 하나님이 보내 주신 현지인 및 자원과 함께 일한다는 사실에서 놀라운 성장의 이유를 찾는다.

MMM의 교회 개척자들은 평신도 사역자들이 이끄는 가정 교회로 시작하는데, 사역자들이 스스로를 효과적 전도자나 목자라고 구별하는 예외적 경우에만 성경 공부나 모임 장소를 위한 자금을 제공한다. 재정 지원은 일시적이며 새 교회는 스스로의 건물을 임대하거나 구입해야 한다.

로돌포 크루즈(Rodolfo Cruz)는 외부 자원을 의존하던 것에서 자유로워지자 교회가 지역 기금을 사용하여 텔레비전 방송, 선교 활동 및 지역 복음 캠페인과 같은 폭넓은 사역에 자금을 지원할 수 있었다고 덧붙였다.[16]

목회자들이 절대 급여를 받아서는 안 된다고 말하는 것은 아니다. 이것은 지역 신자들이 전임사역자를 청빙하고 지원할 수 있는 위치에 서는 사역의 후기 단계에서 일어날 수 있는 일들이다. 다른 교회들은 계속해서 이중직 장로들이 인도하면서 그들의 기금은 교회 확장과 선교에 사용할 수 있다.

---

16 2005년 10월 *Movimiento Misionero Mundial*의 총재인 로돌포 크루즈의 개인 인터뷰에서 인용.

2) 사도적 삶의 방식

보통 사역의 확장은 가족을 떠나 다른 일자리를 찾을 필요가 없는 현지 평신도 사역자팀에 의해 시작된다. 그러나 멀리 떨어진 지역에서 다문화 사역을 시작하기 위해서는 교회 개척자가 이사도 해야 하고 교회의 지원을 받거나 다른 일자리를 찾아야 한다.

많은 국가에서 선교사들에게 필요한 만큼 재정적으로 지원할 수 있는 충분한 기반이 없기 때문에 선교사를 지원할 수 있는 새로운 방식을 모색해야 한다. 개척자들은 재정 지원에 대한 기대치를 낮추어야 하겠고, 단순하고 검소한 생활 방식을 채택하며, 예수님과 사도들의 모범을 따라 필요한 경우 추가 수입원을 찾아야 한다.

페루의 사무엘 니에바(Samuel Nieva) 목사는 리마 빈민가에서 일어난 풀뿌리 교회의 확산에 대해 이야기해 준다. 그곳은 그런 일이 있을 거라고 기대하기 어려운 곳이었다.

> 사람들은 의자가 필요할지, 강단이 필요할지, 모든 문제를 다 걱정하지 않습니다. 단지 건축을 시작합니다. 돈은 '폴라다스'(polladas)라 부르는 닭튀김 판매, 의류 판매 및 기타 일들을 통해 모을 수 있습니다(Berg and Pretiz 1996, 217).

교회 개척 운동은 생계를 유지해야 하는 상황 및 교회에 대한 강한 반대 속에서도 성장하고 있다(Garrison 2004a). 이것은 교회의 배가 성장이 자원 중심적일 필요가 없다는 확실한 증거이다.

다른 한편, 자원의 부족이 미흡한 준비에 대한 변명이 되어서는 안 된다. 초기의 종잣돈은 큰 차이를 만들어 낼 수 있다.

"라틴 아메리카에서 교회 개척자들이 실패하는 가장 큰 이유는 무엇인가?"

많은 교회 개척 리더들은 자금 부족과 교단 지원 부족을 주요 원인으로 말한다. 물론 준비와 계획이 희생적 사역과 하나님을 의지하는 것을 대체할 수는 없다. 지원 교회로부터 고정적 기부를 해 주기를 바랄 수도 없고, 고정된 예산을 책정하여 건물이나 사례 및 프로그램을 위한 재정을 마련하기도 힘들다.

그들은 제한적이고 불안정한 예산을 가지고 있다. 그래도 구성원들의 높은 자발적 참여가 있기에 융통성을 발휘하면서 하나님께서 무엇을 위해 그들을 부르시는지 보고, 그것을 이루기 위해 함께 기도하며 일할 뿐이다.

제4장에서 우리는 외부 보조금 없이 사역자를 지원하는 콜롬비아의 소규모 풀뿌리 운동의 예를 보았다. 평균 미화 300-400달러를 가지고 어렵게 사는 교회 개척자를 지원하는 창의적 방법을 찾았다. 많은 사람이 독신으로 살기로 선택한다. 어떤 이들은 교회 건물 안에 숙소에 살거나 교회 구성원들끼리 함께 산다. 대부분은 가족과 친구들로부터 약 3분의 1, 지역 교회로부터 3분의 1, 공동 선교 기금에서 3분의 1을 받는다. 아르바이트를 하는 이들도 있다.

3) 비용이 드는 프로그램과 건물 매입 미루기

이제 막 시작한 교회가 건물을 구입하거나 지을 때 외부 자금 사용할 것인가 하는 고려에는 큰 지혜가 필요하다. 역사적으로 교회가 번영하기 위해 부동산이 필요하지는 않았다. 부동산을 소유한 교회에서 온 선교사들은 때때로 건물이 교회 생활에 중요한 요소라고 생각한다.

그러나 어떤 사회에서는 새로운 신자들이 예수님을 따르기 위해 가족들로부터 거부당하고 일자리도 잃는다. 어떤 이들은 하루하루 근근이 생계를 이어 가면서 교회 건물은 커녕 자신의 집도 마련할 수 없다. 그런 경우, 기독교 공동체는 자신만의 고유한 건물을 가져야 한다는 기대가 있을 때 교회 개척은 더뎌지거나 중단될 수 있다. 교회의 유기적 재생산성은 손상된다.

그렇다고 만남을 위한 물리적 장소가 중요하지 않다는 의미는 아니다. 교회가 현재 가지고 있는 것부터 시작하여 성숙함과 여건이 좋아짐에 따라 나중에 재산을 획득하는 것이 건강한 방식이다. 교회 배가 성장 운동에서는 교회 건물이 어쨌거나 필요한데 일반적으로는 지역 자재 및 재료로 세워진 단순한 구조를 가진다. 그렇지 않으면 외부인만이 교회를 지을 수 있고 현지인들이 지은 교회 건물은 열등하다는 태도가 급속도로 번질 수 있다.[17]

4) 삶과 자원에 대한 청지기직 가르치기

생명과 자원에 대한 바른 청지기직 수행이 건강한 교회 개척 운동의 DNA이다. 그 과정에서 기부는 교회 개척의 중요한 부분이 된다. 자기 자신 및 물질을 나누고, 사치품을 사용하지 않으며, 자원을 공유하는 일이 모두 필요하다.

나이로비교회의 오스카 무리우 목사는 자원 중심 지향적으로 자원을 수입해 오는 방식은 자원이 부족한 국가에서는 사용할 수 없는 모델이라고 경고한다.

> 돈에 의존하지 않는 새로운 교회를 만들 수 있다(Muriu 2007, 96).

첫 번째 교회 개척 운동은 경제적 지위에 관계 없이 선교에 힘을 실어 주는 데 필요한 관대함과 청지기 소명을 일으키는 공동체적 활동을 목표로 한다.

---

[17] 교회 건물을 위한 자원의 오용 사례는 Wood 1998, 9와 Saint 2001, 54-55에서 볼 수 있다.

- 공동체는 사랑과 신뢰의 관계를 기반으로 건설된 실제이다(행 4:32).
- 나눔은 강제가 아니라 자발적이다(행 4:32).
- 율법이 아니라 은혜가 주된 정신이다(행 4:33).
- 생명과 소유물에 대한 청지기 사명을 포함하여 예수님이 명령하신 모든 것을 배운다(마 28:20; 요 13:14-17).
- 리더들은 관대함의 모범을 보인다(행 4:36-37).
- 기부하는 것은 자유지만 정직함이 필요하다(행 5:1-10).
- 영적 사역자들이 분배의 공정성을 감독한다(행 6:1-7).

외부 자원도 도움이 될 수 있으며 교회의 배가 성장에 반대 되는 것은 아니다. 어쨌거나 선구자적 단계에서는 교회 건물도 없으며(인적, 전략, 기술, 재정 등) 모든 자원이 외부에서 와야 한다. 그러나 이러한 자원은 건강하고 자립 및 재생산 가능한 교회로 배가 성장하는 데에 방해가 되지 않도록 지혜롭게 처리되어야 한다.

9. 교회 개척에 있어서 재정적 자원 공유하기

선교사가 교회 개척을 할 경우 외부 자원의 사용과 관련하여 극단적인 강력한 주장들이 있다. 재정 지원을 제공해서는 안 된다고 주장하는 사람들은 교회가 외부 재정에 의존하지 않고 현지 자원을 기반으로 스스로를 유지하면서 재생산하는 법을 배워야 한다고 말한다.

사도 바울은 그가 개척한 교회에 재정 지원을 한 적이 없었으며(Allen 1962a, 49-61), 이는 가장 빠르게 성장하는 토착 교회 개척 운동에서도 같았다(Garrison 2004a). 재정 의존과 지혜롭지 못한 자금 사용으로 인해 깨어진 관계, 분노, 남용, 조작 및 복음 발전의 방해에 대한 사례들은 많이 있다.

그런가 하면 어떤 이들은 회중들이 자신의 재산을 나누는 건 성도의 의무라고 열정적으로 주장한다(e.g., Rowell 2007).

바울은 고린도후서 8:13-14에서 이렇게 말한다.

> 이는 다른 사람들은 평안하게 하고 너희는 곤고하게 하려는 것이 아니요 균등하게 하려 함이니 이제 너희의 넉넉한 것으로 그들의 부족한 것을 보충함은 후에 그들의 넉넉한 것으로 너희의 부족한 것을 보충하여 균등하게 하려 함이라 (고후 8:13-14).

그들은 자전, 자치, 자립이라는 전통적 삼자(三自) 목표는 성경에서 찾을 수 없는 서구의 실용적이고 개인주의적인 구조라고 주장한다. 재정적 지원을 필요한 악으로 보는 것이 아니라 공평한 자원 분배로 여긴다.

다른 많은 논쟁과 같이 이에 대한 대답도 부분적으로는 둘 다 옳다는 것이다. 전부/전무 혹은 이것/저것 식의 접근 방식으로는 최상의 결과를 얻지 못한다. 우리에게는 재물을 공유하고 하나님 나라 발전을 위해 다양한 유형의 자산을 모아야 할 의무가 있다. 동시에 위임해 주되 통제하지 않는 방식으로 자원을 공유해야 한다. 받는 사람의 입장에서는 무심하지 않게, 주는 사람의 입장에서는 겸손해야 한다. 교회의 배가 성장과 복음의 발전에 대한 더 큰 그림을 볼 것을 요구한다.

또한, 각 상황을 개별적으로 고려해야 한다. 특정 상황에서 자금의 사용을 결정할 때는 현지 상황, 문화적 규범 및 다양한 기타 요인을 고려해 자금의 사용을 결정해야 한다.

데이비드 마란츠(David Maranz, 2001)는 복잡한 아프리카 재정 문제에 대한 훌륭한 토론을 제공해 준다. 아프리카 현지 문화의 구성원은 저축과 지출, 가부장주의와 동역 관계, 독립성과 상호 의존, 책임과 회계 체계와 같은 몇 가지 주요 문제에 대해 미국인과 매우 다른 견해를 가지고 있다.

지나친 의존의 위험에 대한 경고나 자원 배분의 이점을 찬양하는 것을 너머, 교회 개척 동역 관계에서 재정의 긍정적 사용의 실제를 살펴보려 한다. 문제는 어떻게 사역의 장기적 발전을 위해 자원을 지혜롭게 사용하면서 전 세계 교회가 상호 의존적 연대를 맺고 있음을 보여 주는가에 있다. 아래는 재정 지원을 마련할 수 있는 일곱 가지 방법과 각 방법을 현명하게 사용하는 지침이다.

1) 시작 기금

현지의 자원이 제한된 곳에서 새로운 노력이나 운동을 시작할 수 있도록 지원을 제공한다. 이를 '점프'(jump-Starting) 프로젝트라고 부를 수 있다 (사례 연구 18.2 참조). 기독교인이 거의 없거나 아예 없는 곳에서는 선교사를 파송, 현지 교회 개척자를 지원, 전도 기금, 임시 시설 임대료 등의 외부 자원이 필요하다. 출판물, 성경 또는 기타 자료의 제작도 필요하다. 교회 개척자를 위해 자전거나 오토바이와 같은 형태의 교통수단을 구입하는 것도 이 범주에 속한다.

〈사례 연구 18.2〉
페루 리마, 하나님과의 만남 프로젝트

개척의 시작을 위한 가장 인상적이고 성공적 자금 지원 사례 중 하나는 페루 리마에 있는 '기독교선교연합'(the Christian and Missionary Alliance)의 '하나님과의 만남'(Encounter with God) 프로젝트였다. 300,000달러의 보조금이 제공되었고 포괄적 전도 및 교회 개척 전략이 실행되었는데, 그중에는 남는 돈을 지역에 환입시키는 전략도 있었다. 기금은 전도, 홍보, 부동산 구입 및 교회 건물 건축에 사용되었다(Mangham 1987; Turnidge 1999).

1973년에 117명의 교인이 있는 한 교회에서 시작된 이 운동은 1987년에는 20개 교회 9,127명의 교인이 참여하는 운동으로 성장했다. 1997년에는 38개 교회에 15,870명의 성도를 가졌고, 주일 평균출석은 25,000명이 되었다. 리마 프로젝트는 교회 개척 운동을 시작하려고 유사한 시도를 하는 다른 많은 나라들에 영감을 주었지만, 그중 원래 프로젝트의 놀라운 결과와 일치하는 것은 없었다.

시작 기금은 일반적으로 금액과 기간에 있어 제한적이다. 자동차 시동에 사용되는 점프케이블과 마찬가지로 교회 개척이 '실행'되면 지원은 제거된다. 기금은 시작을 돕기 위한 것이지 운동을 유지하기 위한 것이 아니다. 일반적으로 이러한 종류의 자금은 지속적 지출이 아닌 단회적 프로젝트에 사용되어야 한다. 교회 개척이 시작되기 위해서 시작 기금이 항상 필요하다는 선례가 생기게 되면, 교회 개척 운동의 성장은 그러한 외부 자금의 가용성 여부에 따라 제한될 것이다.

교회 개척 운동은 교회를 개척하고 재생산하기 위한 현지 자원과 토착화된 지원방식이 개발될 때까지 확장된다. 따라서 시작 기금이 제공될 때 처음부터 장기적으로 지속 가능하고 재생산이 가능한 방식을 고려해야 한다. 때때로 미래의 교회 개척을 위한 시작 기금은 이미 지역 내에 개척된 교회에서 모여지기도 한다.

2) 확대 기금(Lengthening Funds)

'확대 기금'이란 현지 신자들의 기부 능력을 장려하고 확장하기 위한 목적의 기부를 뜻한다. 가장 일반적으로는 정률보조금(matching grants)[18] 형태로 이루어진다. 이것은 프로젝트에 대한 현지의 소유권과 헌신을 자극하(고 보장해 주)는 장점을 지닌다.

정률보조금은 주어진 상황에서 무엇이 현실적인지에 따라 1일 1보다는 5대 1 정도가 될 수 있다. 중요한 것은 현지 기부금이 실제로 현지에서 모금된다는 것이다. 즉, 교회의 성도들이 실제로 보조금에 상응하는 기금을 제공하고 다른 외부의 자금이 그 목적을 위해 사용되지 않는다는 것이다.

정률보조금의 사용은 건물이나 장비 구매와 같은 일회성 사업에 적합하다. 인도 및 다른 지역에서 발생했던 것처럼 건물이 현지 목회자의 자부심이 되거나 또는 심지어 회중을 빼앗아 가는 수단이 되지 않도록 주의해야 한다.[19]

---

[18] "지방자치단체가 지출하는 국고보조 사업비의 일정비율 금액을 국가가 보조하는 것으로, 현재 국고보조금의 원칙적 지출 형태"를 뜻한다(https://www.kpfis.or.kr/lay1/S1T268C272/contents.do에서 인용). 민간에서도 수익자의 출자에 응하여 기업이나 단체가 내는 보조금을 말한다 – 역주.

[19] 라자마니 스탠리(Rajamani Stanley), 로저 헤드런드(Roger Hedlund)와 마시흐(J.P. Masih)는 다른 교단에서 건물을 지어 주겠다고 유혹해서 시작된 교회 개척에 대해 이렇게

현지 교회 개척자나 목사의 사례 지급를 위한 보조금은 금방 문제가 될 수 있다. 이러한 방식은 유급 목사는 항상 필요한 것이고 외부에서의 자금 지원은 계속해서 제공될 것이라는 기대를 굳게 하는 경향이 있다. 건물이나 전문적으로 임금을 받는 사역자를 너무 많이 강조하면 교회의 배가 성장은 위태롭게 된다.

3) 지렛대 기금(Leveraging Funds)

'지렛대 기금'은 다른 사역들에 영향을 미치는 사역에 투자함으로써 영향력을 높이고 수익을 증가시킨다. 지렛대 기금의 가장 일반적 형태는 리더십 개발에 대한 투자이다. 점점 더 현지 교회 개척자를 위한 훈련 센터에 대한 후원이 증가한다. 훈련센터에서는 이중직 준비, 즉 직업 또는 기술에 대한 훈련 및 사역 준비를 제공한다. 훈련을 마친 사람들은 그들이 배운 직업으로 수입을 얻으면서 세속 일과 함께 교회를 개척하는 자립형 자비량 선교사가 된다.

교회 개척에 도움이 되는 다른 형태의 지렛대 기금으로는 정규 학교 외 확장된 신학 교육 후원, 기독교 문학 제작, 소규모 기업형 사역 창업, 제자 훈련 자료 개발 및 성경 번역 등이 있다.

4) 연계 기금(Linking Funds)

'연계 기금'은 새로 개척된 교회가 조직을 갖추고 지역적, 국가적, 국제적으로 다른 교회와 기독교인을 연결하는 것을 가능하게 해 준다. 여기에는 지역 교회 개척 워크숍 후원, 지역 교회 개척 책임자 및 멘토, 또는 훈

말한다. "오늘날 남인도에서는 그런 방식으로 회중을 빼 가는 계획적 전략의 증거들이 있다. 회중이 모이긴 했지만 아직 건물을 확보하지 않은 어떤 지역에 전략적으로 건축을 하는 계획이다." 이런 방식은 기부자들에게 교회 성장의 생생한 역사에 대한 잘못된 인상을 주게 된다(Stanley, Hedlund and Masih 1986, 299).

련과 친목 및 격려를 위해 함께 모이는 지도자 여행 경비 등이 포함된다. 교단 사무직원이나 리더의 국제 여행을 후원하는 일은 이 범주에 속한다.

이제 막 싹트는 교회 개척 운동도 일반적으로는 현지의 기부로부터 현지 비용을 충당할 것으로 기대하지만 그런 프로젝트를 위한 적절한 기금을 마련하는 경우는 거의 없다.

5) 온정 기금(Loving Funds)

마지막 장에서 긍휼 사역과 교회 개척의 관계를 다시 살펴보게 될 것이다. 둘은 공생적일 수 있으며, 공생해야 한다. 즉, 서로를 향상시켜 주는 관계가 되어야 하고, 각각 개별적으로 사역하는 것보다 함께할 때 더 큰 영향을 미친다.

이처럼 교회 개척과 관련된 긍휼 사역에 후원하는 일은 그리스도의 사랑을 보여 주고 지역 사회에 대한 교회의 헌신을 보여 주는 중요하고 실용적 방법이다. 복음이 말과 행동을 통한 통합적 방법으로 선포되면 무시할 수 없게 된다. 긍휼 사역과 기금은 현지 지도자들과 신중하게 논의되어야 한다.

외부 기금을 통해 전도나 다른 사역보다 긍휼 사역에 보다 쉽게 자금이 모이는 것을 현지 교회 리더들이 알게 되면 문제가 발생할 수 있다. 예를 들어, 어떤 교회는 수입원으로 고아원을 운영하기 시작하고 결국 전도와 제자도를 소홀히 할 수 있다. 둘 다 합법적이고 중요하지만 균형을 쉽게 잃을 수 있으며 자금 사용의 순수성이 손상될 수 있다(Stanley, Hedlund and Masih 1986; Yost 1984).

6) 대출 기금(Lending Funds)

'대출 기금'은 교회 개척에 사용할 회전 자금을 만들기 위해 일회성 보조금이 주어질 때 발생한다. 재정이 확보되면 회전 자금이 된다. 자금이 차입되고 상환됨에 따라 향후 프로젝트에 자금을 지원하는 데 계속 사용할 수 있다. 가장 일반적으로는 교회 건물에 대한 대출 또는 주요 자본 투자가 포함된다.

프로젝트가 무엇이든, 대출금을 상환할 수 있는 미래 자금 창출에 대한 약속이 있어야 한다. 부유한 국가가 아니라면 상환율이 100퍼센트가 되는 경우는 거의 없기 때문에 이 사실을 염두에 두어야 한다.

7) 장기 기금(Lingering Funds)

'장기 기금'은 명확한 상환 계획없이 무기한으로 계속되는 교회 개척을 위한 보조금이다. 일반적으로 이런 형태의 자금은 권장하지 않는데, 자금이 마지막엔 감소하거나 중단되어야 함에도 건강하지 못한 의존과 원망을 유발하기 때문이다.

자금의 축소는 또한 긴장과 어려움을 야기하기도 한다. 후원받는 교회와 후원자 모두 좌절감을 경험한다. 보조금이 중단될 때까지 매년 일정 비율로 줄이는 시스템(예를 들어, 외부 보조금은 연간 20퍼센트 줄이고 현지 신자들로부터 보조금을 연간 20퍼센트 증가시키기)은 풍요로운 상황에서는 종종 잘 작동했다.

그러나 그러한 방식은 협력하는 교회들 사이에 경제적 차이가 많이 날 때에는 조화롭게 또는 효과적으로 작동하는 경우가 거의 없다.

그런데 왜 재정적 의존이 잘못된 것일까?

사실 어떤 교회도 다른 교회와 완전히 독립될 수는 없다. 신약성경에서 보는 사례는 주로 지속적 생계를 위해서가 아니라 간헐적 재정 지원과 기근 구호의 범주에 속한다(고전 16:1-4, 고후 8장). 부는 필요할 때 공유할 수 있고 공유되어야 하지만 그 목표는 보통의 상황에서는 각자가 자신을 부양하는 것이다(예를 들어, 더 어린 과부도 스스로를 부양해야 했다. 딤전 5:8-11).

실용적 관점에서 볼 때 전략적 청지기 사명이 최고의 관심이 되어야 한다. 한 교회가 도움을 받고 있는 한, 같은 자원을 사용하여 더 어려운 지역에 새로운 교회 개척을 시작할 수 없다. 미전도 종족에게 다가가는 목표를 달성하려면 모든 교회가 보통의 상황에서 생존하고 자립하여, 마침내 다른 이들을 위해 기부하고 파송하는 교회가 될 수 있어야 한다.

장기 지원은 후원 교회가 현지의 의사 결정, 주도권 및 소유권을 훼손하기 쉽게 만든다. 생존 정신, 혹은 더 나쁘게 표현하면, 거지 근성이 적용될 수 있다. 어떤 이는 이것을 "교회 복지 시스템"이라고 부른다(Elder 2003).

8) 결론적 제안

외부 자원의 전략적 투자를 위한 실질적 지침을 요약함으로 재정 자원에 대한 이 장을 마무리한다.

(1) 현지 자원을 기반으로 하여 결국에는 교회의 배가 성장으로 이어지는 방식으로 기부하라

재정 지원이 현지 리더십 및 자금 조달로 즉시 전환할 수 있는 방식으로 단기 프로젝트나, 교육, 리더십 및 현지 조정작업에 초점을 두고 있음을 의미한다. 교회 개척은 현지 자원을 사용하여 재생산할 수 있어야 한다.

(2) 사역을 지원하는 현지 후원자가 없도록 하는 노력하라

예를 들어, 평신도 목사가 있는 작고 가난한 교회라도 성도들의 십일조를 통해 지속적 비용을 지불할 것으로 기대하는 것이 합리적이다. 다른 한편으로 보면, 교회 개척자 훈련센터와 긍휼 사역은 적어도 초기 단계에서는 즉각적으로 지원할 후원자를 가지지는 못한다.

(3) 현지 주도권을 억누르거나 장기적 의존성을 만드는 방식으로 기부하지 말라

어떤 이들이 제안하는 것처럼, 현지 전도자와 교회 개척자들을 지원하는 게 세계 복음화를 위한 황금열쇠는 아니다. 현실은 그보다 더 어렵고 복잡하기에 현명하게 수행하지 않으면 오히려 사역을 방해할 수도 있다(Ott 1993). 이러한 방식은 현지에서 지속 가능하거나 재생산적 경우가 거의 없다.

(4) 사역이 돈, 건물 또는 전임사역자들에게 달려 있다는 인상을 주지 말라

교회의 역사를 통해 볼 때 복음은 가장 불리한 상황에서 발전해 왔다. 전임사역자는 아주 유용하긴 하지만 교회의 건강과 배가 성장에 필수적이지는 않다. 교회 건물도 마찬가지이다. 가장 역동적 교회 개척 운동 중에는 평신도 주도로 단순한 수단 및 모임 장소를 사용하여 이루어진 경우들도 많다. 부유한 교회들은 돈 없으면 사역도 못한다는 인상을 주지 않도록 배려해야 한다.

(5) 현지 문화, 관습 및 필요를 알고 현지 리더들의 말에 귀를 기울이라

현지의 필요와 관습을 잘 이해하지 못하는 사람들이 외부 재정 지원을 주도적으로 행사하는 건 안타까운 일이다. 기부는 현지 주민들에게 권한을 부여하고 그들의 판단을 존중하며 모든 동역자의 필요와 목표를 고려하는 방식으로 이루어져야 한다.

제19장

세상을 변혁시키는 교회 개척

진정 하나님 나라의 증인이요 표징이며 예표가 되는 교회를 개척하려면, 협의의 전도와 제자 훈련뿐 아니라 더 넓은 인류의 필요와 관심을 다루어야 한다. 특히, 가난하고 억압받고 문맹인 사람들 사이에 교회를 개척할 때 더욱 그렇다. 그들의 필요를 무시해서는 안 된다.

단지 개척된 교회 수 뿐 아니라 개척하는 교회의 질과 삶과 공동체에 미치는 영향까지도 관심을 가져야 한다. 개척된 교회는 하나님의 메시지를 선포할 뿐 아니라 하나님의 성품도 나타내야 한다. 하나님 나라의 영향력을 행사하는 교회여야 한다.

하나님 나라는 그리스도께서 오실 때까지 완전히 이루어지지 않는다. 그러나 이 시대에도 그리스도께서 통치하시는 곳에는 하나님 나라가 그곳 가운데 있다. 하나님 나라는 성령 안에서 누리는 의와 평강과 희락을 특징으로 가진다(롬 14:17). 그리스도의 통치는 보이지 않는 중생에서 시작된다. 성령 하나님에 의해 거듭나고 자신의 삶에서 그리스도의 주권에 순종하는 순간이다(마 7:21; 눅 9:23; 요 3:3-5).

그분의 통치는 성도의 삶을 변화시키고, 이어서 성도들의 공동체인 교회의 삶을 형성하고, 이어서 교회가 있는 세상에 영향을 미친다. 이것이 하나님 나라의 영향력이 의미하는 것이다. 그리스도의 통치 아래 만물의 의와 긍휼, 정의와 회복을 반영하고 발전시킴으로써 교회의 영향력이 모든 관계마다 미친다. 완성될 하나님 나라에서 우리는 하나님의 영광스러운 임재를 누리고 죽음, 고통, 슬픔, 불의가 없는 세상을 보게 될 것이다. 만물이 새롭게 된다(계 21:1-5).

이 시대의 교회는 완성될 하나님 나라의 미완의 표지이다. 아직 그리스도의 통치에 완전히 복종하지 않는 세상을 변화시키는 교회의 능력은 제한적이지만, 소금과 빛으로서 하나님 나라의 증인이 되어야 하며 모든 사람을 교회의 선함과 영광 안으로 인도해야 한다. 이러한 하나님 나라의 영향력을 가지고 교회를 개척하길 원한다.

이 장에서는 하나님 나라 공동체의 세 가지 국면, 즉 지상명령, 대계명, 그리고 위대한 부르심에 대해 간략하게 보고자 한다. 그다음 지역 사회에 영향을 미침으로 시작하기, 교회 개척 및 봉사 사역의 통합, 그리고 봉사 사역, 경제 개발 및 교회 개척의 몇 가지 어려움에 대한 실질적 질문에 대해 논의하게 된다. 마지막으로 극빈층 교회 개척에 대해 간략히 설명할 것이다.

1. 하나님 나라 공동체의 세 가지 관점

교회는 하나님의 부르심을 받아 삶의 모든 면에서 그리스도의 주권을 나타내야 하는 사람들의 지상 공동체이다. 변화시키시는 하나님의 사역은 궁극적으로 개인, 가족, 사회, 경제, 정치 등 삶의 모든 영역을 포함한다. 제1장에서 그리스도의 변화시키는 능력을 경험하고 그분의 주권을 나타내는 교회를 '하나님 나라 공동체'라고 부른다 했었다.

자크 니링기에(Zac Niringiye)는 "하나님 나라 공동체는 하나님 나라의 좋은 소식을 선포하는 수단이자 목표입니다"라고 말한다(2008, 18). 하나님 나라 공동체는 세 가지 관점을 가지고 있으며, 강조점은 다르지만 실제로는 상호 연관되어 있다.

1) 지상명령: 전도와 제자 훈련

이 책에서 지금까지 말한 모든 것을 볼 때 지상명령에 대한 강조는 두말할 필요가 없다. 지상명령은 분명하다.

> 그러므로 너희는 가서 모든 민족을 제자로 삼아 아버지와 아들과 성령의 이름으로 세례를 베풀고 내가 너희에게 분부한 모든 것을 가르쳐 지키게 하라(마 28:19-20).

파송하고, 선포하고, 세례를 주고, 가르치고, 회중으로 모이고, 다시 파송하여 모든 민족에 제자와 교회를 배가 성장 시키라는 명령이다. 어린양의 피로 사신 모든 백성, 나라, 족속, 언어가 왕의 왕과 함께하는 교제에 들어갈 때까지 결코 쉴 수 없다(계 5:9-10).

교회는 복음 가운데 태어나고, 성령의 능력으로 세상에 나아간다. 어떤 종류의 교회이든 반드시 복음이 그 중심에 있는 공동체여야 한다. 더 이상 복음을 전파하지 않고 제자를 삼지 않는 교회는 이미 그들의 권세를 상실한 것이다. 개인의 삶이 복음의 권능으로 변화될 때에만 공동체의 변화도 진정으로 가능하다.

2) 대계명: 행함으로 사랑하라

가장 큰 계명이 무엇인지를 물었을 때 예수님은 이렇게 대답하셨다.

> 네 마음을 다하고 목숨을 다하고 뜻을 다하여 주 너의 하나님을 사랑하라 하셨으니 이것이 크고 첫째 되는 계명이요 둘째도 그와 같으니 네 이웃을 네 자신 같이 사랑하라 하셨으니 이 두 계명이 온 율법과 선지자의 강령이니라(마 22:37-40).

아래에서 하나님을 사랑하라는 이 말씀의 전반부를 볼 것이다. 그러나 하나님을 사랑하는 것과 이웃을 사랑하는 것은 분리될 수 없다.

> 누구든지 하나님을 사랑하노라하고 그 형제를 미워하면 이는 거짓말하는 자니 보는 바 그 형제를 사랑하지 아니하는 자는 보지 못하는 바 하나님을 사랑할 수 없느니라(요일 4:20).

심지어 우리를 미워하는 사람들을 향해서도 행하는 실제적이고 희생적인 사랑은 하나님의 성품을 드러내 준다(마 5:43-44). 우리는 사랑하지 않을 수 없다. 교회(및 교회 개척)의 사역을 통해 사랑은 긍휼, 정의, 인간 존엄성 옹호, 전인적 필요 충족 등의 모습으로 드러날 것이다.

영원한 구원을 필요로 한다는 점에서 사람들은 단순한 한 영혼 이상이다. 우리는 그들을 돌보야 하기 때문에 반드시 그렇게 할 수밖에 없다. 초창기 개신교 선교 사역에는 전도 및 교회 개척과 함께 의료, 교육 및 다양한 긍휼 사역이 포함되었다.

도시 교회와 가난한 사람들 사이에서 일하는 사람들은 전도, 제자도, 교회 개척이 사람들의 일상적 사회적, 경제적, 신체적 필요를 다루는 사역과 분리될 수 없음을 쉽게 인식한다. 복음주의자들은 전인, 몸, 영혼, 정신과 더불어 사회적 질병을 해결하는 일의 중요성을 강조하는 전체론적 사명을 오랫동안 주장해 왔다.[1]

하지만 국제기아대책기구(Food for the Hungry)의 야마모리 테츠나오(Tetsunao Yamamori)와 같은 전체론적 사역옹호론자들도 가난한 사람들을 섬기기 위한 총체적 도시 전략의 일환으로 교회 개척을 포함시킨다(Yamamori 1998, 9).

"도시 빈곤층을 위한 기독교 증인의 태국 보고서"(Thailand Report on Christian Witness to the Urban Poor)는 이렇게 선언한다.

---

[1] 전체론적 사역에 대한 복음적 토론의 다른 자료들은 http://www.lausanne.org/documents/2004forum/LOP33_IG4.pdf.에서 볼 수 있는 2004년 세계복음화포럼의 LOP 33, "전체적 선교"(Holistic Mission)를 참고하라.

우리는 도시 빈곤층의 복음화를 위한 기본 전략은 기독교인이 다른 사람들과 평등하게 살며 나누는 공동체의 창조 혹은 갱신이라고 믿습니다 (LOP 22, 1980, 16).

즉, 하나님 나라 공동체이다. 이 장의 대부분에서 그러한 사랑, 봉사 사역과 교회 개척 사이의 관계를 살필 것이다.

3) 위대한 부르심: 예배와 하나님께 영광 돌리기

예배와 하나님께 영광 돌림은 모든 선교의 궁극적 결말이다. 존 파이퍼(John Piper)의 유명한 말처럼 "예배가 없기 때문에 선교가 존재한다. … 그러므로 예배는 선교의 연료이자 목표이다"(1993, 11). 다른 모든 것이 사라지면 예배만이 영원토록 교회의 일이 될 것이기 때문에 예배가 목표이다. 에베소서 1장 서두에서 바울이 표현한 것처럼 예배는 영원한 과거에서 영원한 미래에 이르도록 우리를 부르신 위대한 부르심이다(강조 추가).

> 그 기쁘신 뜻대로 우리를 예정하사 예수 그리스도로 말미암아 자기의 아들들이 되게 하셨으니 이는 그가 사랑하시는 자 안에서 우리에게 거저 주시는 바 **그의 은혜의 영광을 찬송하게 하려는 것이라** … 모든 일을 그의 뜻의 결정대로 일하시는 이의 계획을 따라 우리가 예정을 입어 그 안에서 기업이 되었으니 이는 우리가 … **그의 영광의 찬송이 되게 하려 하심이라** … 그 안에서 또한 믿어 약속의 성령으로 인치심을 받았으니 … **그의 영광을 찬송하게 하려 하심이라**(엡 1:5-14).

크리스토퍼 라이트(Christopher Wright)는 이렇게 말한다.

> 찬양이 있기 때문에 선교가 존재한다고 말할 수 있습니다. 교회가 하는 찬양은 선교를 위한 활력을 주며 선교공동체라는 교회의 특징을 말해 줍니다(Wright 2006, 134).

부활하신 그리스도와의 관계에서 힘과 영감과 동기를 얻을 때 교회는 하나님의 영광을 향한 열매 맺는 선교를 행할 수 있고 지상명령과 대계명이라는 두 개의 관점을 깨달을 수 있다(요 15:5-8).

다른 이유가 없다면, 우리가 개척하는 교회는 예배하는 공동체여야 한다. 그들은 찬양, 기도, 헌금, 하나님 말씀 듣기, 세례와 성찬 거행 등을 행하는 공동예배를 위해 모일 뿐 아니라, 그들의 삶 자체가 하나님께 드리는 예배이다(롬 12:1). 그들이 직장이든, 집이든, 교회이든, 어디에 있든 그들은 하나님의 영광을 위한 향기이다(고후 2:14-15; 벧전 2:12).

성도들은 모든 나라와 족속과 백성과 방언에서 온 모든 사람과 함께 모여 영원토록 하나님의 어린양을 경배하고 섬기는 그날을 기대하며 산다(계 7:9-17). 이것이 교회를 향한 위대한 부르심이다.

이 세 가지 관점, 즉 지상명령, 대계명, 위대한 부르심은 교회, 하나님의 택하신 백성, 하나님 나라 공동체가 무엇을 의미하는지를 완전하게 구성한다. 다양한 교회가 각기 다른 방식으로 증거하겠지만, 모두가 증거하면서 서로에게 도움을 주어야 한다.

전도와 사회 활동의 관계에 대한 최고의 복음주의적 선언 중 하나가 로잔위원회(Lausanne Committee for World Evangelization) 후원으로 미시간 주 그랜드 래피즈(Grand Rapids)에서 열린 '전도와 사회적 책임 사이의 관계에 관한 국제 협의'(the International Consultation on the Relationship between Evangelism and Social Responsibility, 1982)에서 발표되었다. 결과보고서(LOP 21, 1982)는 사회 활동이 전도의 결과이며 교량이자 동반자라고 결론 내린다.

> 사회적 의도를 우선적으로 가지지 않는다 하더라도 전도는 사회적 차원을 가지고 있으며, 사회적 책임은 복음적 의도를 우선적으로 가지지 않는다 하더라도 전도적 차원을 가지고 있습니다. 따라서 전도와 사회적 책임은 서로 구별되지만 우리가 복음을 선포하고 순종하는 데에는 통합적으로 관련되어 있습니다. 동반 관계는 실제로는 결혼과 같습니다(LOP 21, C).

라틴 아메리카의 사례를 생각해 보라.

> 베네수엘라 카라카스(Caracas)에서 가장 큰 복음주의 교회는 아카시아복음주의오순절교회(La Iglesia Evangélica Pentecostal Las Acacias)이다. 그들은 전화 상담을 통해 도시 사람들에게 다가가기 시작했다. 반응은 폭발적이었다. 전화로 연락을 받은 사람들이 회중을 형성했고 나중에는 2,000석을 규모의 오래된 영화관을 구입했고 도시 전체를 점령하게 되었다.
>
> 성령 충만한 교회의 복음 증거는 명확하고 타협하지 않는다. 교회는 의료 및 법률 서비스, 결혼 및 가족 상담을 통해 침체된 주변 이웃들의 필요를 돕고 있다. 가장 최근에는 마약재활센터인 '새생명의집'(Hogar Nueva Vida) 설립을 도왔다. 아카시아교회의 삶과 봉사는 영적인 것과 육적인 것 두 가지 큰 현실의 빛 아래 놓여져 있다. 이 교회에서 그리스도는 영적 천국뿐 아니라 극심한 고통으로 가득 찬 굶주린 현실 세계의 주님이시다(Berg and Pretiz 1992, 151).

이것이 하나님 나라의 총체적 영향력을 끼치는 교회이다. 이 장의 나머지 부분에서는 교회 개척과 관련된 긍휼, 사회 봉사, 지역 사회 및 경제 발전 사역에 보다 집중하게 될 것이다.

2. 필요를 인식하고 시작하기

긍휼, 경제 발전, 정의 및 기타 유사한 사역을 봉사 사역이라고 부를 것이다. 이 책에서는 전체론적 사역의 방대한 문헌과 많은 원칙을 다루지는 않는다. 요약만 제공할 수 있다.

다음은 봉사 사역을 위한 몇 가지 예시이다.

- 의류 및 음식 프로그램
- 의료 및 치과 진료 또는 서비스
- 법률 자문 및 변호
- 위기, 결혼, 가족, 트라우마, 중독 및 기타 상담
- 문해 교육, 개인지도, 교육 및 학교 프로그램
- 직업 훈련 및 취업 기회
- 재난 구호
- 교도소, 고아, 병원 및 기타 기관 봉사 또는 방문
- 지역 사회 개발 및 공중 보건 교육
- 중독, 이혼, 편부모 및 기타 다양한 자립이 필요한 이들
- 경제 개발, 소액 대출, 순환 기금, 협동조합
- 환경 교육, 사업 및 지지

봉사 사역을 시작하는 방법을 고려할 때는 몇 가지 요소를 주의 깊게 평가해야 한다. 지역 사회의 필요, 가용한 전문 지식 및 자원, 헌신의 수준, 가능한 동역 관계 등. 교회 개척자들은 그러한 사역의 요구와 더불어 그에 관련된 함정들도 과소 평가해서는 안 된다. 예배 사역이 교회 개척의 다른 많은 요구와 어떻게 균형을 이룰지를 생각해야 한다. 무엇이 현실적이고 효과적인지 주의 깊게 평가하는 지혜가 필요하다.

교회 개척자들이 일하는 곳마다 인류에게 필요한 것은 너무도 많다. 가난한 사람들 사이에서 일할 때 더 크게 그 소리가 들릴 것이다. 그러나 더 부유한 사람들 사이에서도 욕구는 표면 바로 아래에서 잠자고 있다. 실제로 민감한 교회 개척자는 필요의 거대함에 압도당해 어디서부터 시작해야 할지 알지 못하게 된다. 계획과 신중한 준비 없이 서두르면 사역이 재앙으로 이어질 수 있다.

다음은 몇 가지 기본 단계이다.

(1) 지역 사회와 함께 시작하라

현지 주민들에게 가장 필요한 것이 무엇이라고 생각하는가?

그들은 필요의 근본 원인을 무엇이라 부르며 어떤 해결책을 시도하거나 제안했는가?

포함되어야 하는 지역 사회의 주요 의사 결정자 또는 모니터요원은 누구인가?

필요와 해결책에 대한 외부인의 인식이 현지인들의 그것과 크게 다를 수 있기 때문에 이런 질문들은 중요하다(cf. Tembo 2003). 지역 사회 리더들과 이야기하고 평범한 시민들의 말을 주의 깊게 듣되, 너무 이르게 잘못된 희망을 주거나 해결책을 제시하지 말라. 인식 요구가 항상 실질 요구가 아니기 때문에 분별력 또한 필요하다.

(2) 작은 노력부터 시작하라

이성적으로 다룰할 수 있는 한두 가지 필요 사항을 기도하는 마음으로 파악하는 것부터 시작하라. 교도소, 병원 또는 고아원 방문에는 상대적으로 전문적 기술이나 재정 자원이 거의 필요하지 않는다. 작은 교회를 위해 지역 사회 청소 사업을 감당하거나, 치과 진료소를 운영하거나, 놀이터를 짓는 단기 팀 후원 등은 상대적으로 관리하기 쉬운 프로젝트가 될 것이다. 사람들의 삶에 상당한 변화를 가져올 수 있지만 개척되는 교회를 압도할 만큼 큰 사업은 아니다.

그러한 프로그램은 또한 젊은 교회에 지역 사회를 돌보고 봉사하는 DNA를 심어 줄 것이다. 이런 방법들은 교회 개척에 후원 교회를 참여시키고 지역 사회와의 관계를 구축하는 좋은 방법이다. 교회는 더 작은 프로젝트와 행사들을 통해 경험을 쌓고 봉사 사역을 성장시킬 수 있다. 그러한 프로젝트에 대한 지역 언론의 보도는 대중들로 하여금 교회에 큰 호감을 갖게 할 수 있다.

(3) 필요를 채우기 위해 지역의 자원과 자산을 평가하라

장기적 해법은 지역에 주도권을 두고 지역의 자원을 기반으로 해야 한다. 종종 교회 개척팀은 기존에 하고 있는 노력이나 사역에 함께하게 된다. 이것은 교회 개척에 쏟아야 할 에너지와 자원을 과도하게 사용하지 않으면서도 지역 사회와의 신뢰와 협동정신을 발전시켜 준다.

예를 들어, 새 병원을 여는 대신 기존 지역 보건소에서 자원봉사하는 것을 고려하라. 기독교인들로 된 개발 및 구호 단체 사이에서도 서로의 노력을 조정하지 않으면 낭비적이고 비생산적이며 불필요한 경쟁이 발생할 수 있다. 다른 한편, 해결되지 않은 지역 사회의 필요를 발견하고, 이를 채우기 위해 새로운 노력을 시작할 수도 있다.

(4) 교회 개척을 하면서 현실적으로 기여할 수 있는 전문성, 자원 및 헌신의 수준을 세심하게 평가하라

성취할 수 없는 프로젝트에 헌신하는 것은 잘못된 희망을 불러 일으키고 악의를 낳게 된다. 적절한 전문적 리더십이 부족한 프로그램을 시작하려는 시도도 마찬가지로 이익보다 해를 끼쳐 지역 경제, 환경 또는 개인의 사회적, 심리적, 신체적 건강에 부정적 영향을 미칠 수 있다.

교회 개척 중 더 큰 프로그램에 참여하는 것을 고려하고 있다면, 실질적으로 도움이 될 방법을 통해 필요를 채워 줄 준비가 되었는지 확인하기 위해 미리 전문적 멘토링을 얻어야 한다.

사역의 끝을 생각하라. 예를 들어, 교도소 방문 사역을 시작하려면 종종 수감자들이 석방된 후 그들이 일자리를 찾고, 집을 구하고, 정상적 생활에 적응할 수 있도록 돕는 일이 수반된다.

교회가 이런 사역에 잘 준비되어 있는가?

(5) 경험이 풍부한 기독교 봉사 사역 또는 NGO 중 하나와 동역하는 것을 고려하라[2]

세계구호(World Relief), 사마리안인의 지갑(Samaritan's Purse), 국제컴패션(Compassion International), 티어펀드(Tearfund) 및 기타 많은 기관과 같은 조직은 종종 현지 단체들 및 교회들과 협력한다.

참여하는 방식은 성탄선물 제공부터 학교 급식 프로그램 자금 지원, 전 직원이 참여하는 개발 프로젝트 또는 의료서비스 개시에 이르기까지 다양하다(사례 연구 19.1 참조). 이런 종류의 구호 및 개발 조직들은 교회 개척자가 단독으로 제공할 수 없는 자원, 전문성 및 경험을 제공한다. 동역 관계에서는 모든 당사자의 기대치를 사전에 명확하게 설명해야 한다.

예를 들어, NGO는 민감한 상황에서 사역을 혼란스럽게 할 수도 있는 보고서나, 후원받는 아동의 편지 또는 그들의 이름과 사진을 기대하고 있는가?
NGO는 교회와 지역 주민들에게 어떤 수준의 자원봉사나 헌신을 기대하는가?
NGO가 떠난 후에는 어떻게 되는가?

교회는 또한 이안 월리스(Ian Wallace, 2002, 135)가 말하는 "열린 관 신드롬"(open pipe syndrome)에 빠지지 않도록 주의해야 한다. 즉, 교회는 가난한 사람들에게 도움을 제공하기 위한 편리한 통로가 되지만 그 과정에서 어쩔 줄 몰라하거나 산만해지고 실제로 고통을 겪게 된다.

---

2   NGO는 비정부 조직이다. 여기에 언급된 조직들은 지역 사회 개발, 구호, 또는 사회적/신체적 필요를 위해 일한다. 적십자 및 UN의 여러 조직과 같은 일부는 본질상 세속적이다. 사마리아인의 지갑(Samaritan's Purse)과 국제기아대책(Food for Hungry) 같은 단체들은 기독교적이다.

〈사례 연구 19.1〉

친차에서 발생한 지진

아래에 나오는 리치글로벌(ReachGlobal) 소속 선교사 메러디스 맥칼리스터(Meredith McAllister)의 보고서는 2007년 페루 친차(Chincha)에서 발생한 지진을 위한 기도편지를 담고 있는데, 현지 교회와 다양한 동역자가 즉시 그리고 장기적으로 사람들을 만나 그들의 영적, 물리적 필요를 채워 주는 다각도의 동역 관계를 보여 준다.

페루 리마에서 남쪽으로 3시간 떨어진 지역에 8월 15일 7.9규모의 지진이 발생했습니다. 우리의 첫 번째 대응은 이카(Ica)에 있는 한 현지 교회를 통해 배포할 구호품을 모으고 보내는 것이었습니다. 엘샤다이(El Shaddai)교회는 지진 발생 후 첫 두 달 동안 NGO가 되어 활동했는데, 신뢰감을 주는 그들의 명성 때문에 여러 세속 기업들의 유통 경로가 되었습니다.

우리는 또한 위기에 처한 지역 사회에 교회가 다가갈 수 있도록 돕기 위해 기독교 심리학자 조나단 올포드(Jonathan Olford)가 개발한 "위기 가운데 그분의 임재"(His Presnece in Crisis)라는 세미나를 개최했습니다.

우리 중 세 명이 통역을 담당했고, 친차시에 있는 50명의 목사들과 리더들이 참석했고 이카시에서는 100명이 넘는 사람들이 참석했습니다. 자신의 가정, 가족 및 교회에 직접적 영향을 미친 이 위기에 대응하려고 노력하는 많은 현지 리더가 감동받았습니다. … 이제 우리는 보다 복잡한 두 번째 단계인 재건을 위해서 일합니다. 몇 가지 선택지들을 조사한 후, 가장 큰 피해를 입은 세 도시 중 하나인 인구 4만명 규모의 친차시의 Salto de la Liza라는 단체와 함께 진행하기로 결정했습니다. 국제기아대책은 60채가 넘는 주택의 재건축을 포함하는 포괄적 계획을 가지고 있는데, 건축자들이 내진 건설기술에 대해 교육을 받으면 그 수가 증가할 것입니다.

(6) 현지에서의 지속 가능 여부를 고려하여 계획하라

누군가에게 물고기를 주면 하루를 먹여 주지만, 그에게 낚시를 가르치면 평생 그를 먹여 살리게 된다.

이런 오랜 속담은 진리이다.

큰 계획에는 장기적 지속 가능성이 고려되어야 한다. 극단적 상황에서는 불가능할수도 있지만 궁극적으로 사람들은 외부 지원과는 별도로 자신의 필요를 충족시키는 방법을 배워야 한다. 한 사례에서 1차보건의료팀이 지역 사회 건강교육 프로그램 운영 중 엑스레이 또는 값비싼 장비를 사용하지 않았는데, 이는 나중에 해당 지역 사회에서 그러한 장비를 사용할 수 없다는 것을 알고 있었기 때문이다(Seale 1989).

이런 접근 방식은 때때로 저비용 및 저기술 해법을 창조적으로 찾을 것을 의미한다. 지역적으로 지속 가능한 프로젝트는 자신의 자립과 행복을 위해 외부인에게 지속적으로 의존하지 않게 해 줌으로 지역 사회의 자부심을 세워 준다. 외부 지원이 철회되자 마자 개발 프로젝트가 중단되는 일은 너무나 많다. 따라서 처음부터 현지인들을 모집하고 훈련시키는 계획이 필요하다. 그들이 사역을 유지하는 데 필요한 기술을 습득하고 지역 사회가 자체적 사역을 만들도록 도울 것이다.

(7) 원조보다는 권한 위임에 더 집중하라

기근 구호와 같은 긴급 상황에서는 생명을 구하기 위해 즉각적 도움이 필요하다. 그러나 궁극적으로 사람들은 외부 지원과는 별도로 자신에게 닥친 도전과제를 스스로 해결할 수 있는 권한을 위임받아야 한다.

한 작가가 말했다.

> [개발은] 다른 사람에게 이끌리거나 상황에 희생되기도 하는 자신의 관점을 자신의 발전을 위한 동력 중 하나로 바꾸기를 구하는 것이다. 이는 절망적인 것에서 희망적인 것으로, 무력함과 자기 굴욕에서 부지런한 자기 확신으로의 변화이다(McCauley 2007, 16-17).

예수 그리스도의 복음은 인간의 존엄성을 높이고, 희망을 주고, 개인적 책임을 부여하고, 근본 가치를 변화시키는 일들과 같은 능력을 부여해 준다.

(8) 영적 차원을 봉사 사역과 자연스럽게 통합하라

다수의 문화는 삶을 전체론적으로 보는 반면, 서양문화는 삶을 물리적 영역과 영적 영역 두 갈래로 나누는 경향이 있다. 서양 선교사들은 때때로 육체적/사회적 돌봄을 영적 돌봄에 포함시키기를 꺼린다. 물론 사람의 필요나 취약성을 조작과 강압의 기회로 삼아서는 안 된다.

그러나 교회 개척자들은 그리스도의 사랑에 감동하여 영혼육 전인의 필요를 채우고자 한다는 사실을 적절하고 자연스러운 방법으로 알려야 한다. 이런 식으로 간단하게 선언할 수 있다.

> 우리는 기독교 조직입니다. 우리는 믿음을 가졌느냐 여부에 상관없이 모든 사람을 섬기기 위해 여기 있습니다. 하지만 하나님께서 우리 마음에 두신 사랑 때문에 그렇게 한다는 것은 반드시 알고 있어야 합니다. 우리는 여러분을 위해 기도할 것이고 여러분이 원한다면 그리스도 안에 있는 하나님의 사랑에 대해 더 많이 나누고 싶습니다.

르완다의 외딴 지역에서 두 개의 의료 봉사가 운영되었다. 하나는 기독교 선교부, 다른 하나는 세속 NGO였다. 양쪽에서 제공하는 의료서비스는 다르지 않았지만 지역 사람들은 거리가 멀어도 기독교 병원을 선호했다. 연구자들이 이유를 조사했을 때 많은 이가 말했다.

> 기독교 병원에서는 우리를 위해 기도도 해 줍니다.[3]

---

3   르완다 선교사였던 월터 라폴드(Walter Rapold)와의 개인적 대화에서 인용.

3. 교회 개척을 위해 실제적으로 관련된 봉사 사역

봉사 사역은 교회 개척과 조직적으로 어떤 관련이 있는가?

아래의 각 시나리오는 하나님의 사랑을 실천적으로 보여 주고 복음을 전하는 통로를 제공한다. 봉사 사역은 교회 개척에 신뢰를 주고 지역 사회에 선한 영향력을 주며 새로운 신자의 원천이 되기도 한다. 또한, 신자들이 실천적 방식으로 이웃을 섬기는 기회를 제공해 준다.

이와 반대편에서 교회 개척은 봉사를 통해 사역의 대상이 되는 이들에게 영적 가정, 상담, 제자 훈련을 제공해 준다. 교회 개척은 또한 봉사자들에게 멘토링과 격려를 제공할 수 있다. 이런저런 방식으로 봉사와 교회 개척은 종종 함께 진행된다.

1) 봉사 사역과 교회 개척 사역 연결하는 방법

실제적인 면에서 봉사 사역이 교회 개척과 관련 될 수 있는 몇 가지 방법이 있다. 각각은 특정 상황에서 보다 효과적일 수 있으며 각각 고유한 과제들이 있다.

(1) 부속 사업

한 가지 가능한 일은 교회 개척이 지역의 필요를 충족시키기 위해 간헐적으로 프로젝트 혹은 행사를 조직하거나 후원하는 것이다. 보건 전문가들로 구성된 단기봉사팀이 일주일간 진행하는 의료 봉사,[4] 극빈자나 수감자 가족을 위한 성탄 선물 배포, 의류 나눔, 직업 박람회, 유아 돌봄 세미나 등을 예로 들 수 있다. 이러한 봉사가 효과적이려면 시간, 비용, 전문기술 및 에너지의 한계를 설정하는 작업이 필요하다.

---

[4] 단기의료팀 구성에 관한 실제적 지침에 대해서는 Dohn and Dohn 2006을 보라.

봉사를 통하여 지역 사회의 필요를 채우고 선한 영향력을 생산할 수는 있지만, 그것이 교회 개척팀의 다른 사역들을 압도해서는 안 된다. 특히, 교회 개척 초기 단계에서 이러한 방식으로 시작하는 것이 현실적이기도 하고, 나중에 교회의 규모와 자원이 커질 때 보다 광범위하고 장기적 봉사를 할 수 있는 토대를 마련할 수 도 있다.

(2) 완전한 통합

여기에서는 지속적 봉사 사역과 교회 개척 사역이 완전히 통합되어 직원을 공유하고, 공동 예산, 리더십팀, 이사회 또는 후원자를 공동으로 가지게 된다. 봉사 사역은 일반적으로 교회 개척자 또는(책임을 위임받은) 목사의 권한하에 있으며, 교회의 교구에서 시행되거나 교회 직원 혹은 자원봉사자가 수행한다. 이때 봉사와 교회 개척은 명백하고 즉각적으로 그리고 바람직하게 정의된다. 그리스도에 대한 증거는 전체론적이어야 한다.

구세군의 사역은 아마도 교회 개척과 가난한 이들에 대한 봉사가 결합된 가장 확실한 사례 중 하나일 것이다. 다른 사례들을 보기 위해서는 사례 연구 19.2를 참고하라.

대다수는 아니더라도 전 세계 많은 교회 개척자에게 이런 전체론적 접근은 완전히 자연스러운 일이다. 사람들의 다른 일상적 필요 사항을 해결하지 않고서 그들의 영적 필요를 돌본다는 건 불가능하다. 완전한 통합사역은 무료 급식소, 에이즈 교육, 행정관리, 자원 또는 전문기술을 적게 필요로 하는 방과 후 학교 같은 봉사들을 통해 적용된다. 보통의 경우는 자원봉사자 또는 최소한의 교육을 받은 이들과 이 일을 함께 할 수 있다.

그러나 마약재활센터, 고아원, 보건소 또는 직업훈련센터와 같은 더 복잡하고 까다로운 사역은 교회 개척과 완전히 통합될 때 오히려 문제가 되기도 한다. 봉사 사역에서 오는 요구 사항들은 교회 개척의 필요를 쉽게 가릴 수 있고 두 가지 모두를 섬기려는 사역자들은 지칠 수 있다.

위에서 언급한 사역들은 또한 일반적 교회 개척자들이 가지고 있지 않은 기술을 필요로 한다. 아래에서도 언급하겠지만, 교회의 리더들이 사업을 책임지고, 소상공인 대출을 분배하는 등 경제 개발 프로그램을 운영하려 한다면 문제가 될 수 있다.

〈사례 연구 19.2〉

푸랄 알토(Purral Alto)의 순복음교회

1991년 로차(Rocha) 목사는 전형적 빈민가인 코스타리카 푸랄 알토(Purral Alto)에서 열두 명의 여성으로 구성된 작은 교회를 목회하기 위해 왔다. 이곳의 사람들은 자투리 목재와 양철로 만든 방 하나 짜리 작은 판자집에 산다. 주민 대부분은 실업 상태였고, 빈곤의 순환을 깨뜨릴 수 있는 자녀 교육 기회는 충분하지 않았다. 목회자에게 가장 큰 어려움은 전체론적 사역을 발전시키려는 그의 비전이 효과가 있을 것이라고 교회를 설득하는 것이었다.

교회가 비전을 얻은 후 그들은 지역 사회의 어린이들을 위한 유치원을 개설했다. 그것은 곧 아동을 위한 영양 프로그램으로 이어졌다. 왜냐하면, 하루 중 충분한 식사를 제공하는 것은 유치원들뿐이었기 때문이다. 이로써 교회가 이웃에게 다가가고 다른 긍정적 관계들도 시작할 수 있도록 지역 사회와 좋은 공적 관계를 맺게 되었다.

유치원의 성공 후 로차 목사의 사역은 교회를 양적, 질적으로 발전시키고, 지역 사회를 더욱 발전시키는 두 가지 길을 만들었다.

교회의 양적, 질적 발전을 달성하기 위해 성도들은 셀그룹으로 편성되었다. 이 소그룹들을 맡은 리더들이 교회 리더십의 핵심을 형성했다. 셀그룹에 참여함으로써 지역 사회 회원들은 교회를 통해 제공되는 다른 프로그램도 알게 되었다. 시간이 지남에 따라 교회가 실천했다.

- 현지 병원에서 기증하고 전문가가 자발적으로 섬기는 장비를 갖춘 치과 진료소
- 어린이와 성인에게 컴퓨터 사용 능력을 개발해 주는 컴퓨터 실습실
- 여성에게 시장성 있는 기술인 바느질 작업장
- 영어를 제2 외국어로 가르치는 프로그램 제공

지역 사회 개발 외에도 교회는 자체 성장에도 열심을 내 현재 175명의 성도가 있다. 지금은 새로운 교회를 개척하기 위해 사도적 개척팀을 발전시키고 있다.

한 정부 대표가 지역 사회에 미치는 교회의 영향력을 본 뒤 가용한 정부 기금을 활용할 수 있도록 지원해 줌으로 교회의 사회 활동을 도왔다. 하지만 프로그램을 시작하고 유지하기 위한 자본의 대부분은 교회 성도들로부터 나왔다(Armet 1997, 19-20).

(3) 완전한 분리

이 모형에서 봉사 사역은 교회 개척과 독립적으로 운영된다. 직원이나 자원봉사자가 약간 겹칠 수는 있다. 봉사 사역자들은 교회 개척에 참석할 수 있고, 교회 개척자는 봉사 사역에 영적 정보를 줄 수 있다. 그러나 봉사 사역은 조직적으로, 재정적으로, 그리고 봉사자에 있어 교회 개척과는 독립적으로 운영된다. 때때로 봉사 사역과 교회는 어떤 의도를 가지고 드러내 놓고 구분되지 않는 방식을 취하기도 한다.

이것은 실제적 이유 때문에 의도된 것이다. 요컨대, 교회나 선교와 관련된 어떤 문제, '쌀 신자'(rice Christians) 문제 또는 아래에 설명된 기타 위험이 있을 경우 봉사 사역이 법률적으로 위협받을 수 있다. 종종 봉사 사역은 재정적으로나 조직적으로 교회 개척과 완전히 독립적 기독교 NGO에 의해 후원되거나 운영된다. 이를 통해 두 사역은 각자의 전문 분야에서는 효과적으로 업무에 집중하고 자금을 조달할 수 있으며, 비공식적으로 서로를 보완해 준다.

(4) 중복 사역

여기에서는 봉사 사역과 교회 개척 사업이 완전히 통합되거나 분리되지는 않으면서 사역자, 예산, 정체성 등에 많은 부분 중복된다. 이러한 중복 사역에는 어려움도 있다. 예를 들어, 두 사역들은 에너지, 자원 또는 자원봉사자와 후원자의 헌신을 놓고 경쟁할 수 있다. 또한, 권한의 범위가 명확하지 않을 수 있다.

(5) 생산적 관계

하나의 사역이 이미 존재하고 있는 상황에서 시간이 지나면 다른 사역이 생성된다. 예를 들어, 교회가 없는 지역에서 일하는 기독교 구호 기관의 직원은 결국 많은 사람을 그리스도께로 인도한다. 이것은 교회를 개척하는 결과를 가져온다. 때때로 구호 활동가들은 봉사 활동과 함께 교회 개척을 이끌고자 한다. 더 많은 경우는 교회 개척자 또는 교회 개척팀이 개척을 감당하기 위해 모집되는 것이다.

반대로, 교회 개척을 통해 지역 사회의 큰 필요를 발견 할 수 있다(예를 들어, 청소년 약물 남용). 새로운 사역이 발전해도 그것이 교회 사역의 틀 안에 남아 있게 된다. 그러나 지역의 필요를 채우기 위해서는 교회 개척의 수준을 넘어 사역이 스스로의 생명력을 가져야 한다.

따라서 자체 예산과 법적 지위를 가진 재단과 같은 독립적 사역을 만들고, 자체 직원을 모집하고, 자체 자금을 조달하면서 하나에 집중된 사역을 추구한다. 생산적 관계에서는 새로운 사역이 더 독립적이 되기 때문에 권한과 책임의 영역을 명확히 하는 것이 중요하다.

일반적으로 봉사 사역이(병원이나 고아원 등) 제도화될수록 교회 개척 사역과 조직적으로 통합하기가 더 어렵다고 볼 수 있다. 잘 설립된 교회만이 일반적으로 그러한 서비스를 운영할 수 있지만, 그렇다고 그들에게도 어려움이 없는 것은 아니다.

레딩대학교(University of Reading) 국제농촌개발부의 이안 월리스(Ian Wallace)는 교회와 봉사의 관계는 "빈민을 위한 것이든, 교회를 위한 것이든, 잘하는 것은 어렵다"(2002, 136)고 말한다. 한편으로는 풀뿌리 사역이 많을수록 완전한 통합을 이루기는 더 쉽다. 입양된 혹은 확대된 가족을 돌보기 위해 AIDS 고아 돕기 프로그램을 교회 기반으로 시행하는 것은 좋은 하나의 사례가 될 수 있다.

〈사례 연구 19.3〉

봉사 주체와 현지 교회들

2004년 태국에서 열린 세계복음화포럼(Forum for World Evangelization)에서의 총체적 사역 문제를 다루었던 그룹과 국제기아대책(Food for the Hungry)의 전 회장 야마모리 테츠나오(Tetsunao Yamamori)는 지역 교회와 봉사 기관의 관계에 대해 다음과 같은 원칙을 제공한다.

1. 봉사 기관은 훈련생의 역할을 한다.
   그리스도의 몸의 일부로서 봉사 기관의 회원들은 총체적 선교 개념 안에서 지역 문제를 배우고 다루기 위해 교회 안에서 함께 사역해야 한다.
2. 봉사 기관은 실행자의 역할을 한다.
   봉사 기관은 교회가 총체적 사명을 수행할 수 있도록 교회 옆에 위치해야 한다.
3. 봉사 기관은 촉매제의 역할을 한다.
   총체론적 선교의 비전을 가진 교회의 수가 증가하고 있음에도 불구하고 그들의 사명에 대한 더 넓은 비전을 위해서는 여전히 많은 도움이 필요하다. 봉사 기관은 이런 교회들이 그들의 지역 사회에 참여하도록 격려하기 위해 존재한다.
4. 교회는 선구자의 역할을 한다.
   훈련생, 실행자, 촉매제로서의 봉사 기관의 역할은 지역 교회가 지역 사회에 있을 때만 성취될 수 있다. 교회가 존재하지 않는 경우, 봉사 기관은 그 지역 사회에서 일하지 않거나, 단독 또는 다른 지역의 교회와 협력하여 교회를 개척하기 위한 전략적 계획을 세우거나 둘 중 하나를 택해야 한다(LOP 33, 2005, 23).

4. 봉사와 교회 개척 동역 관계에서의 함정 피하기

봉사 사역이 만나는 모든 어려움에 대해 논의할 수는 없다. 여기서는 교회 개척과 동역 관계를 맺을 때 생길 수 있는 잠재적 어려움에 초점을 맞출 것이다. 긍휼 활동 및 다양한 사회 사역을 통해 자연스럽게 복음이 흘러가야 하겠지만, 실제로 그 관계에 대해 말하는 것은 복잡한 문제이다.

1) 쌀 신자 생산

오래되고 잘 알려져 있는 문제이다. 사람들은 밥 한 그릇, 교육 또는 중소기업 대출 등 개인적으로 얻을 수 있는 것을 위해 종종 기독교인이 된다. 때때로 그러한 사람들이 나중에 헌신적 그리스도인이 되기도 한다.

그러나 그들은 도움이나 혜택이 중단될 때 신앙에서도 멀어지는 모습을 보인다. 가난과 불의가 지배하는 곳에서는 어느 정도 이 문제를 피할 수 없으며, 하나님만이 동기를 판단하실 수 있음을 기억해야 한다. 교회 개척에서 물질적 이익을 추구하는 사람들이 숫자를 부풀리지 않도록 분별력을 발휘해야 한다. 어떤 이들이 교회 개척과 봉사 사역의 완전한 분리를 주장하는 이유 중 하나이다.

그러나 쌀 신자를 만드는 위험은 실제로 두려워하는 것보다는 적다. 도시 빈민들에 대한 전체론적 사역의 옹호자인 비브 그릭(Viv Grigg)은 다음과 같이 말한다.

> 빈민촌에 세워진 100 여개의 교회 중 외부 원조를 통해 생겨난 교회는 단 두 개뿐입니다(1992, 247).

구호는 지속적 관심을 불러 일으킬 수는 있지만 그것이 영적 돌파구로 이어지는 경우는 드물다고 그는 말한다. 서구 상황에서 처음에는 의심스러운 동기로 기독교에 관심을 보인 사람들이 결국에는 그리스도의 진실한 추종자가 되는 일은 드물지 않게 일어난다. 사랑으로 행하는 모든 행사는 남용될 위험을 가지고 있지만, 그것이 우리가 사랑을 중단해야 함을 의미하지는 않는다.

2) 리더십 누수

남반구에서 관찰된 불안한 경향 중 하나는 현지 교회의 가장 재능 있는 지도자들이 교회 사역을 떠나 NGO와 파라처치 사역에서 리더십을 행사하고 있다는 사실이다. 부분적으로는 이러한 사역이 괜찮은 급여와 자동차 및 여러 혜택을 제공하며, 직원을 양육하고 가르칠 지도자를 찾기 때문에 발생한다. 교회는 그에 상응하는 급여와 혜택을 제공할 수 없다. 물론 그러한 사역은 성실하고 신앙적으로 성숙된 국가 지도자를 원하고 필요로 한다.

그러나 많은 사람이 이것이 교회를 위한 최고의 지도자들이 사라지는 중요한 문제라고 생각한다. 교회에도 강력한 지도자가 필요하다. 균형이 필요하다. 이상적으로는, NGO와 파라처치 사역에서 교회가 지불하기에 어려울 만큼의 불합리한 사례를 지불하지 않도록 급여 규모를 조정하는 것이 필요하다.

3) 탈진과 확산

봉사 사역은 재정뿐 아니라 상당한 인적 자원도 필요로 한다. 봉사 사역이 교회 개척과 동시에 진행되는 경우, 봉사 사역은 전도와 제자 훈련 사역에서 과도한 양의 에너지와 자원을 가져갈 수 있다. 대부분의 상황에서 교회 개척은 소수의 신자들로 시작된다. 그들이 일반적 교회 사역에서처럼 자원하여 봉사를 하는 것이라면, 그들은 과도한 사역에 압도당하고 지칠 수 있다.

종종 개척 교회 목사가 봉사 사역에서도 리더십을 발휘한다. 이러다 보면 목회자는 봉사 사역 때문에 기도와 말씀의 사역을 등한히 할 수도 있게 된다. 인도의 한 교회는 고아원을 운영하는데 목사가 두 사역 모두를 책임진다. 고아원을 위한 행정과 모금은 목사의 에너지를 소모하여 교회 개척을 어렵게 만들 수 있다.

한 보고서 내용이다.

> 대부분의 경우 목사는 고아원의 구입과 은행업무, 그리고 그것을 감독하는 일에 전념하기 때문에 그의 양 떼는 양질의 영적 양식을 못 먹는 채 고통받는다(Stanley, Hedlund, and Masih 1986, 296).[5]

초대 교회는 장로들과 함께 집사를 임명함으로써 이 긴장을 해소하였고, 각 집단이 하나님께서 그들을 부르시고 은사를 주신 사역에 집중할 수 있었다(행 6:1-6).

월리스는 교회라는 '개'를 흔드는 지역 사회 개발이라는 '꼬리'의 문제를 다음과 같이 설명한다.

> 가난한 라틴 아메리카 국가의 작은 성공회 교구를 상상해 보라. 이 교구는 토지를 구입하고 그 위에 이주한 원주민 공동체를 정착시키기 위해 중요한 사업을 시작한다. 이것이 빠르게 몇몇 파라처치 및 세속 기관의 관심을 끌고 이어서 대규모 사업이 개발된다. 교회는 여전히 작고 자원은 부족하다. 개발 부서에는 20여 명의 외부직원들이 번쩍이는 자동차와 무전기를 가지고 있다. 곧 사업감독이 주교보다 더 많은 권한을 갖고 있다는 것이 분명해졌다(Wallace 2002, 135).

물론 전도와 제자도는 봉사 사역을 통해 이루어질 수 있다. 서방 교회들은 종종 제자도는 실천적 봉사와는 별개로 성경과 개인적 영적 훈련의 문제라고 생각했다. 긍휼 사역 혹은 개발 사역에서 봉사하는 것은 영적 원리를 배우고, 믿지 않는 사람들과 신앙을 나눌 수 있는 기회이며, 순종을 보여 주고, 은사를 사용하고, 지역 사회의 소금과 빛으로서 사명을 감당하는

---

[5] 안타깝게도 모순되는 상황이 발생할 수 있다. "고아원에 대한 수요가 폭발적으로 있기 때문에 이제 고아들끼리의 경쟁이 생겼다. 고아원의 아동 중 상당 부분은 실제로는 고아가 아니다"(Stanley, Hedlund, Masih 1986, 296).

수단이 될 수 있다. 그러나 현실적으로는 봉사 사역이 커질수록 교회 사역은 점점 더 소모적이 되고 건전한 교회 개척은 방해를 받는다.

4) 피상적이거나 순진하거나

교회 개척자들은 필요의 깊이, 그것을 충족시키기 위한 비용, 그리고 효과를 발휘하는 데 필요한 전문 지식을 고려하지 않은 채 봉사 사역을 수행하려고 하는 유혹을 받을 수 있다. 지킬 수 없는 약속을 하는 것보다 제한된 범위와 기간 동안 소규모 사업을 수행하는 것이 더 낫다.

브루스 스완슨(Bruce E. Swanson, 1993)은 유용한 원리를 언급하는데, 그중 몇 가지가 아래와 같다.

1. 당신이 진정으로 무엇을 할 수 있는지 확인하라.
2. 대규모 사업을 시도하기 전에 지역 사회의 문제에 개인적으로 참여하라.
3. 필요에 대한 '자체' 답변을 제공하지 말라.
4. 지역 사회의 장기적 필요에 기꺼이 협력하라.

의사나 사회복지사처럼 봉사 사역 훈련을 특별하게 받은 사람들은 교회 개척 훈련은 거의 받지 않는다. 그와 마찬가지로 교회 개척자들은 전문 봉사 사역을 이끌 자격을 갖추지 못한다. 만약 그렇게 한다면, 보통은 둘 중 한 사역이 어려워지고 헌신하는 마음은 나뉘게 된다. 따라서 해당 사역에 자격을 갖춘 사람이 있는 것이 가장 좋다(사례 연구 19.4 참조).

〈사례 연구 19.4〉

1차보건의료와 교회 개척

폴 실(Paul Seale, 1989)은 필리핀에서 1차보건의료 개발을 교회 개척을 위한 수단으로 삼았던 한 프로젝트를 설명해 준다. 목표는 15개월 동안 지역 주민들에게 예방 중심의 건강관리를 교육하는 것이었다. 곳곳마다 교회의 개척을 위한 전도, 제자 훈련 및 가정성경 공부가 진행되었고, 건강관리프로그램에서 만든 연락처도 한 켠에 있었다. 팀은 교회 개척자와 의사와 의료 경험이 있는 여러 조력자들로 구성되었다. 팀이 정기적으로 방문하는 곳 중 의료서비스를 제대로 받지 못하는 몇 개의 작은 마을들을 목표로 삼았다.

외딴 지역을 위한 3일 간의 "의료 십자군"도 다녀왔다.

의료 진료 및 교육과 병행하여 전도 설교와 저녁예배를 진행했다. 외딴 지역 중 한 곳에서 150명의 사람들이 신앙고백을 했고, 거의 대부분의 사람들이 문맹이었음에도 불구하고 교회는 평신도들의 지도하에 스스로 조직을 갖추기 시작했다. 의료 프로그램이 단계적으로 폐지된 후, 현지 교회는 여러 마을의 새로운 신자들에 대한 후속 조치를 취했다. 결과적으로 두 교회가 개척되었다. 교회 개척에서 계획에 대한 책임이 있는 사람들은 이웃 교회들에서 왔기 때문에 그들이 직면하게 된 특별한 도전에 대해 실(Seale)은 이렇게 기록했다.

> 그러한 프로그램은 전도를 위한 훌륭한 노력이긴 하지만 자신의 교회 구역 밖 지역에 새로운 교회를 개척하는 활동에는 많은 에너지가 필요하다(357).

13개월 동안 매주 마을을 방문한 의료진이 결국 교회 개척의 책임을 맡게 되었다. 확대된 개인 접촉을 통해 실행될 수 있었다.

실은 계속해서 이러한 프로그램에 대한 다양한 변화를 권장한다. 예를 들어, 그는 "건강한 사역자와 교회 개척을 주된 책임으로 하는 잔도 사역자가 짝을 이루는 것이 중요하다"고 본다(358). 일반적 접근 방식의 강점은 분명하다.

> 다른 교회 개척 방법과는 달리 우리 의료 프로그램의 가장 큰 장점은 이전에 접근할 수 없었던 새로운 지역 사회에서 일을 시작할 수 있다는 것이다. 전통적으로 이 지역의 교회 개척자들은 교회 성도들의 친구나 가족을 통해 얻은 연락처에 의존했는데, 그런 연락처들을 항상 쉽게 얻을 수 있는 것은 아니다(357).

결론적으로 실은 "과거의 의료 선교 프로그램은, 반응이 너무 적은 지역들을 제외하고는, 기독교 의료서비스로 보여 주는 긍휼이 전도의 열매를 가져올 수 있음을 보여 주었다. 그러나 좋은 의도를 가진 그런 프로그램들은 전도와 교회 개척에 대한 전문 지식이 부족한 의료진들에 의해 주도되었다. 교회 개척을 계획하고 수행할 많은 시간과 사람들을 헌신하지 않았기 때문에 전도와 교회 개척을 위한 엄청난 기회를 잃었다"(359-60).

이것은 봉사 사역이 교회 개척과 팀을 이룰 때, 두 사역에서 자격을 갖춘 사역자들이 참여하고 자신의 특정 사역에 전념하는 것이 중요하다는 우리의 제안을 다시 확인시켜 준다.

5) 유인술

봉사 사역은 그리스도의 사랑과 하나님의 의로우심에 대한 증거이다. 그러나 그것이 실제로는 사람들을 전도 행사로 이끄는 미끼로만 사용되어서는 안 된다. 봉사의 성격에 따라서는 봉사 사역의 일환으로 복음을 전하는 것이 아주 자연스러울 수도 있다.

예를 들어, 고아원에서 어린이를 위한 예배나 성경 교육을 하는 것은 전적으로 적절한 모습이다. 병원에는 예배당이 있다. 육아 관련된 강의들을 통해 유아의 영적 발달에 대해 논의할 수도 있다.

그러나 사람들이 치료를 받기 전에 복음을 들어야 한다고 강요하는 것은 부적절하다. 재정 계획에 관한 세미나를 광고해 놓고 재정에 관해서는 10분만 사용하고 복음을 전하는데 20분을 사용하는 것은 유익보다 해를 끼칠 가능성이 높다. 세미나 후에 발표자의 간증을 듣도록 하면 아무도 속았다는 느낌을 받지 않을 수 있다.

이런 문제에 대해 다양한 모양새를 생각해 볼 수 있다. 기본 원칙은 순수함이다. 봉사 사역은 해야 할 옳은 일이기 때문에 반드시 해야 하고 그리스도의 이름으로 행할 수 있지만, 사람들을 속이거나 강요하여 복음을 듣도록 유혹하는 수단이 되어서는 안 된다.

5. 경제 발전과 교회 개척

고용을 제공하고, 지역 경제를 활성화하고, 소기업에 자금을 지원하기 위해 소액 대출을 제공하는 등의 경제 개발 프로그램은 현지 기독교인 및 다른 사람들에게 아주 큰 도움이 될 수 있다. 또한 공개 전도와 교회 개척이 법으로 금지된 곳에서도 교회 개척자들이 일할 수 있는 도구를 제공할 수 있다. 이런 사업들은 그 자체로 합법적 형태의 기독교 사역이다(이와 관련된 여러 사례 연구는 Yamamori and Eldred 2003 참조).

사업과 교회 재정 조달을 결합한 전략은 윌리엄 캐리(Stanley 1992)까지 거슬러 올라가야 할 만큼 개신교 선교에서 오랜 역사를 가지고 있다. "선교로서의 사업"이라는 주제에 대한 상당한 자료들이 쏟아져 나오고 있다.

하지만 이러한 경제 개발 프로그램들은 제대로 수행되지 않으면 자원 낭비와 질투, 적대감, 갈등 및 동기 혼재 등을 유발하는 지뢰밭이 될 수도 있다. 이 모든 것이 교회 개척을 방해할 수도 있는데, 최악의 시나리오는 지역 사회에 악의를 불러 일으키거나 교회 개척을 파괴할 수도 있다. 이런 프로그램에 대책없이 참여하는 교회 개척자들의 수는 적지 않은데, 오해, 낙담, 고통, 남용 등으로 끝난다.

경제 개발과 교회 개척의 통합은 그 자체로 어려운 과제들로 가득 차 있다. 다시 말하지만 여기서는 경제 개발, 벤처 사업, 또는 소액 대출 프로그램에 대한 완전한 논의를 할 수 없다. 다만 교회 개척자들을 위한 세 가지 지도 원칙을 제시한다.

1) 교회 개척자들을 위한 지침

첫째, 원칙은 자격을 갖추고 실정을 아는 사람이 사역을 인도하는 것이다. 그들은 사업에 대한 이해도가 높을 뿐 아니라 현지 관습과 사업 관행에 어느 정도 익숙해야 한다. 더 많이 참여하고 더 많은 자원을 사용할수록 때로는 어려운 결정도 현명하게 내릴 수 있는 자격과 경험이 있는 사람의 참여가 더 중요하다. 영적 리더가 항상 좋은 사업 리더는 아니다. 벤처 사업 또는 소액 대출 프로그램을 감독하면서 교회를 개척하려는 시도는 일반적으로 둘 중 하나는 어려움을 겪고 있다는 것을 의미한다.

둘째, 일반적으로 봉사 운영을 책임지는 공식적 교회 리더십과는 별도로 이사회 또는 재단을 갖는 것이 가장 좋다.

위에서 언급했듯이 교회와 사업을 혼합하는 것은 복잡한 일이다. 자금 분배, 대출 상환 관리 또는 누구에게 고용을 제안할 것인가와 관련된 결정은 개인 및 가족 과의 관련 및 친밀도 등의 이유로 복잡해질 수 있다. 나쁜 감정과 질투가 발생한다. 집단주의 문화에서는 가족이나 부족에 대한 충성도가 종종 건전한 사업 결정보다 우선하기 때문에 이런 위험이 더욱 심해진다. 영적 상담 그리고 교회 재정 책임을 가진 교회 개척자 또는 영적 리더는 필연적으로 갈등에 휘말리게 된다.

셋째, 소유, 직업 윤리 및 돈에 관한 현지인들의 세계관을 고려해야 한다. 이것은 해외로 파견된 교회 개척자나 개발 사역자들과는 상당히 다르다. 데이비드 마란츠(David Maranz)의 『아프리카 친구들과 돈 문제』(*African Friends and Money Matters*, 2001)라는 책에서는 아프리카 상황에서 이러한 차이의 깊이와 복잡성에 대한 놀라운 설명을 제공해 준다.

경제 개발 프로그램을 운영하는 사람들은 그러한 문제에 대해 잘 알고 있어야 한다. 이상적으로는 이사회에 현지의 기대와 관행을 이해하는 사람과 후원자의 이익과 기대를 대변할 수 있는 사람을 포함시키면 좋다.

2) 무심코 물질주의를 홍보

가난한 사람들의 생활 수준을 높이려는 노력은 분명 고귀한 일이지만, 어떤 형태의 경제 발전은 비성경적 물질주의의 가치를 높일 수 있다.

선교사들이 다수 세계(the Majority World)에서 세속화 세력이라는 비난을 받아 온 것에는 그들이 물질주의적 세계관을 선교지에 가져갔기 때문이라는 이유도 있다. 사람들의 경제적 지위를 향상시키기 위한 프로젝트를 지속적으로 강조하다 보면 잘못된 메시지를 보낼 수도 있다(cf. Power and Power 1998). 자금이 조달되기 쉬운 곳에서는 그것을 받을 수 있는 특권이 빠르게 발생할 수 있다.

지역 주민들은 더 많은 소액 대출, 취업 기회 또는 개발 혜택을 기대하게 된다. 기독교인이나 비기독교인이나 할 것 없이 이런 혜택을 받지 못하거나 지역 사회 모든 사람에게 그것이 충분하지 않을 때 똑같이 화를 내거나 실망하게 된다.

짐 요스트(Jim Yost)는 사위(Sawi) 사람들과 함께 이리안 자야(Irian Jaya)의 외딴 지역에 교회 개척과 개발 작업을 동시에 수행했다. 그는 과일나무 심기, 축산, 어망 만들기와 같은 지역 사회 발전이 도입됨으로 교회 성장이 크게 감소했음을 발견했다.

그가 확인한 이유 중 하나는 사람들이 영적 행복보다 물질적 행복에 더 관심을 갖게 되었기 때문이다. 그들은 또한 선교사의 인도를 따르는 경향을 가지고 있었다. 선교사가 개발에 우선순위를 두면 지역 주민들도 그렇게 할 것이다. 지역 주민들을 위해 작은 상점을 운영하면 선교사는 교회를 위해 일하는 것이 아니라 실제로는 사업을 운영하기 위해 그곳에 있다는 메시지를 전달하는 것이라고 말한다.

그의 결론은 어쩌면 극단적이지만 그럼에도 불구하고 고려할 만한 가치가 있다.

> 절대적으로 해야 할 필요가 없는 한 교회 개척 선교사가 지역 사회 개발에 참여하지 않을 것을 제안합니다. 당신의 지역에서 개발 프로젝트를 원한다면 개발 전문가를 불러와서 하십시오. 사람들이 당신의 누구인지 혼동하지 않도록 하십시오(Yost 1984, 356).

그는 계속해서 말한다.

> 비기독교인들은 기독교인이 된다는 것이 당신을 위해 무언가 하는 것을 의미한다고 생각하게 될 겁니다(Yost 1984, 358).

이런 경험들이 교회 개척자들로 하여금 사람들의 삶을 개선하고, 정직한 생활을 하고, 가족을 부양하고, 사역에 필요한 것을 제공하는 일을 무가치하게 느끼게 해서는 안 된다. 가치 있는 일에는 항상 남용과 실패의 위험이 있다. 그러한 일은 성급하게 또는 대책 없이 수행해서는 안 된다.

3) 교회 운영 사업을 통해 교회 개척 자금 마련

사업 활동 촉진과 자금 조달이 때로는 교회 개척에 직접 수입을 제공하려는 목표로 간주되기도 한다. 어떤 경우에는 교회가 사업체를 소유하고 운영한다.[6] 언뜻 보기에 이것은 특히 빈곤이 만연하고 교회 회원들의 수입이 적은 곳에서 교회 개척에 자금을 조달하는 실용적이고 효율적 방법으로 보일 수 있다. 그러나 사업을 교회 개척의 주요 직접 수입원으로 삼는 것은 몇 가지 이유로 권장되지 않는다.

첫째, 성경은 청지기 사명의 원리를 분명하게 가르친다.

하나님의 사역은 하나님의 백성의 은사와 헌금으로 한다. 가난한 사람들도 자신이 가진 것을 줄 수 있으며, 개인적 희생 없이도 사역이 잘 된다는 인상을 주어서는 안 된다. 성도들은 하나님의 사업을 지원하는 데서 오는 기쁨과 책임을 배워야 한다.

둘째, 교회는 사업이 아니며 사업을 운영하는 기업이 되어서는 안 된다.

영적 사역을 발전시키는 방법과 수익성 있는 사업을 운영하는 방법 사이에 이해상충이 곧 발생하게 된다. 교회의 에너지가 벤처 사업을 위해 사용될 수 있다.

셋째, 대부분의 교회 개척자들은 사업관리 교육을 받지 않는다.

교회 개척자들이 이해도가 거의 없고 훈련도 덜 된 사업에 참여하는 것을 몇 번이나 보았다. 사업이 실패하면 사람들에 대한 오해와 어려움이 초래되어 잠재적으로 복음을 불신하게 만드는 결과를 초래할 수도 있다.

넷째, 대부분의 기업이익 경영이 아니다.

특히, 상당한 수입을 올릴 수있는 큰 기업은 시장 변동, 기술 발전, 그리고 수익 창출 사업을 빠르게 금전적 손실로 바꾸는 여러 요인들로 인해 실

---

6 교회 개척자가 자신의 개인적 지원을 제공하기 위해 소규모 사업을 운영하는 상황과 혼동되어서는 안 되며, 사업은 교회와 명확하게 분리되어야 한다.

제로 교회 자금을 고갈시킬 수 있다. 교회 사역을 지원하기 위해 농업 프로젝트를 시행한 아프리카에서 이런 경우들이 많이 발생했다.

교회와 독립적으로 별도 소유되고 운영되는 사업으로 지역 신자들에게 고용을 제공하는 것이 더 좋은 방법이다. 신자들은 훌륭한 청지기 사명과 교회의 필요를 지원하기 위한 기부를 동시에 배워야 한다. 교회는 무엇보다도 신앙의 영적 공동체를 유지해야 하며 영리 사업을 운영하는 일과 얽혀서 방해되거나 타협하지 않아야 한다. 사업이윤이 사역을 지원하는 데 사용된다 하더라도 말이다.

6. 극빈층 교회 개척

종종 가난한 사람들이 복음에 가장 잘 반응한다. 여기서 가난한 사람은 평범한 사람보다 훨씬 수도 적고 아주 가난한 극빈자들을 말한다. 극빈자들은 간신히 살아남는 사람들이다. 그들은 다음 식사가 어디에서 올지 모른 채 하루하루 살아가거나 심하게 착취당하는 사람이다. 노숙자, 난민, 판자촌 및 빈민가 거주자들이 포함된다. 그들은 자주 아프고, 영양 실조, 과로, 수면 부족을 겪으며 범죄와 학대에 노출된다.

그러한 사람들 가운데 교회를 개척하려는 시도는 사람들이 육체적으로 극빈할 뿐 아니라 종종 절망감에 가득하고, 교육을 받지 못하고, 자존감과 주도권이 결여되어 있다는 도전에 직면한다. 그들은 복음에 긍정적으로 반응할 수 있지만 의존과 무능함에 사로잡혀 있다. 안전과 생존에 대한 요구가 일상을 지배하고 있으니 그것들을 진지하게 생각해야 한다.

대부분의 기성 교회는 그러한 사람들을 그들의 교제로 초대하지 않는다. 만약 환영을 받는다 해도 극빈한 사람들은 그런 교회에서 편안함을 거의 느끼지 못한다. 이상적이라고 할 수는 없지만, 극빈층에게 특별히 초점을 맞춘 교회를 개척하는 것 외에는 대안이 없는 경우가 많다.

가난한 사람들 사이에서 일하는 교회 개척팀은 강한 인내심과 하나님의 부르심에 대한 강한 확신, 장기 사역에 대한 헌신을 가져야 한다. 한편으로는 사역의 대상이 되는 사람들을(낮은 생활 수준을 포함하여) 정의하고, 다른 한편으로는 스스로의 탈진과 낙심을 피하기 위해 개인 건강, 안전 및 스트레스 해소를 제공해 주어서 섬세한 균형을 유지해야 한다. 그러한 상황에서 사역자가 직면하는 스트레스 수준을 과소 평가해서는 안 된다.

일반적으로 볼 때, 사역에 대한 성육신적 접근이 필요하다. 교회 개척자는 사람들과 가까운 삶의 표준을 채택하고 지역 사회에서 생활하며 일상생활을 맞춘다. 이를 통해 신뢰를 쌓고, 연대를 굳건히 하며, 그리스도를 닮은 봉사의 모범을 보여 준다.

이런 환경에서 일하는 사역자들은 비브 그릭의 『도시 빈민들의 울부짖음』(Cry of the Urban Poor, 1992)을 참고해야 할 것이다. 이 책은 극빈이라는 환경에서 어떻게 교회를 개척할 것인가에 대한 실천적 지침을 주는 몇 안 되는 책 중에 하나이다.

교회 개척팀은 가난한 사람들을 온정주의에 기반하여 취급하는 자선단체처럼 불충분함과 의존감이라는 그들의 감정을 쉽게 강화시켜 버릴 수 있다. 교회 기반 프로그램은 오히려 사람들에게 권한을 부여하여 가난이라는 상황에도 불구하고 그들의 잠재력을 인지하고 실행할 수 있도록 도와야 한다. 가장 가난하고 교육을 적게 받은 사람들도 받은 것을 다른 사람들에게 전달할 수 있다. 슬럼가 거주자, 난민, 그리고 거리의 갱단으로부터도 영적 리더십의 잠재력을 가진 리더들이 종종 등장한다.

가난한 사람들 사이에 세워진 교회는 때때로 놀라운 일을 할 수 있다. 라이베리아는 1989-1996년과 1999-2003년에 내전으로 황폐화된 국가이다. 젊은 세대 전체가 교육을 받지 못했다.

수도인 몬로비아(Monrovia)에서 대부분이 가난한 성도들로 구성된 50명 규모의 개척 교회인 소망교회(Hope Evangelical Free Church)는 200명 이상의 어린이를 위한 초등학교를 운영하고 있다. 임시로 만든 갈대판으로 점토 벽돌 구조를 가진 작은 교실을 넷으로 나눈다. 전기나 수도 시설은 없다.

건물이 아이들을 다 수용할 수 없기 때문에 대부분의 아이들은 야외 "교실"에서 모인다.

서구 기준으로 이 학교는 원시적이지만 루크(Luke) 목사는 교회가 행한 일을 자랑스럽게 생각한다. 성도들은 외부인과 정부의 도움 없이 모든 것을 스스로 만들었다. 학급 교사에게 가장 기본적 자료도 부족하고 겨우 쌀을 구입할 수 있는 정도의 월급만 받는다. 불가능해 보이는 일을 어떻게 할 수 있는지 물었을 때 루크 목사는 대답했다.

> 우리는 해야 합니다. 우리 아이들은 나라의 미래이며 어떤 대가가 들어도 교육을 받아야 합니다.

소망교회의 사례가 아주 특별한 것은 아니다. 비슷한 교회를 기반으로 한 한 교실짜리 학교들은 라이베리아 전역에서 찾을 수 있다. 교회의 성도들이 단순히 희생자로서 살기를 거부했기 때문에 하나님 나라의 영향력을 행사하는 교회들이다. 그들은 성경적으로 영감 받은 소망과 더 나은 세상을 만들기 위해 필요한 모든 것을 할 희생적 헌신을 가지고 있다.

그라민 파친 만달(Gramin Pachin Mandal) 운동은 인도의 가난한 사람들 중에서도 가장 가난한 사람인 방기(Bhangis)를 대상으로 한 놀라운 토착 교회 운동이다. 방기는(때로는 추방자 또는 불가촉천민이라고도 불리는) 달리트(Dalits) 중에서도 가장 낮은 계급이다. 그들의 직업에는 사람의 배설물 청소, 죽은 동물 제거 및 하수도 청소 등이 있다. 그들은 다른 이들이 버리거나 남긴 음식으로 살아가기도 한다.

1984년에 그들 가운데 그리스도로께 향하는 운동이 시작되어 2004년까지 세례자 약 70만 명과 150만 명의 어린이 신자 및 세례예비자가 생겼다! 이 이야기는 폭발적 성장과 특별한 복음의 상황화뿐 아니라 전체론적 사역을 말해 준다. 예를 들어, 그라민 파친 만달 신앙규칙 19조에는 "경제적으로 자신을 부양하는 것은 신자들의 절대적 종교적 의무"라고 한다(Pierson 2004, 45).

본격적 교육 프로그램은 초등부에서 대학 수준까지 개발되었다.

> 이것은 하나님 앞에서 품위와 자아를 회복한 것에 대한 합당한 결과이다. 달리트가 빈곤에서 벗어나기 위해서도 이와 같은 노력이 필요하다 (ibid., 52).

많은 남성이 건설 분야에서 더 나은 일자리를 얻었고 여성들은 의류 제조를 배웠다. 다른 사람들은 사업가가 되었다. 이들은 영적, 정신적, 육체적, 경제적 변혁에 헌신하는 진정한 하나님 나라 공동체이다.

에필로그

1774년에 존 채프먼(John Chapman)이라는 남자가 매사추세츠에서 태어났다. 25살이 되었을 때 그는 뉴욕과 펜실베이니아에서 사과 과수원을 시작했다. 노스웨스트 주가 정착을 위해 개방됨에 따라 존은 현재 오하이오, 미시간, 인디애나 및 일리노이 지역을 처음으로 탐험한 사람 중 한 사람이 되었다.

그는 50년 동안 땅을 돌아다니며 어디를 가든 사과 씨를 심고 사과나무를 키웠다. 존(프롤로그에 나옴)은 "말라깽이" 배가 성장의 원리를 이해했다. 그는 미래 시장을 겨냥하여 전략적으로 심었고, 잘못된 선택을 하는 경우는 거의 없었다. 그가 묘목들을 심은 근처에 많은 마을이 형성되었다. 그의 "묘목 중 일부는 서부에서 풍성한 열매를 맺기 위해 덮개가 있는 마차를 타고 대평원을 건넜을지도 모른다"는 말들도 생겼다.

그는 "사과 아저씨"(the Apple Man)로 유명해졌다.

어떤 이는 그에 대해 이렇게 썼다.

> 그는 어디든 어떻게든 사과나무로 꽃피는 광야의 비전에 사로잡혔습니다. 잘 키운 나무들로 가득한 과수원 너머 또 다른 과수원이 있는, 향기로운 꽃이 정착민들에게 풍성한 수확을 약속하는 비전 말입니다.[7]

---

[7] 이 인용문과 존 채프먼의 삶에 대한 기사 중 일부는 www.millville.org/workshops_f/Dich_FOLKLORE/WACKED/story.html (2007년 1월 5일)에서 발췌했다. "사과 아저씨 존 이야기"(The Story of Johnny Appleseed), www.swedenborg.org/jappleseed/history.html (2009년 5월 25일) 및 "사과 아저씨 존: 선구자적 영웅"(Johnny Appleseed: A Pioneer Hero), Harper's New Monthly Magazine 64(1871): 830-31을 참고하라.

이 비전을 실현하기 위해 지불해야 할 대가가 있었다. 존은 인내심을 가지고 자신의 꿈을 이루기 위해 일하면서 순회 광야 생활의 고난을 견뎌냈다. 그가 가는 곳마다 길가에 씨앗 몇 개를 떨어 뜨리는 것처럼 간단한 일이 아니었다.

체계적 방식으로 그는 잡초와 덤불을 치우고, 양질의 비옥한 땅을 찾아, 짐승들을 막기 위해 보호 장벽을 만들고, 조심스럽게 씨앗을 심었다. 그는 다른 사람들이 하는 것처럼 접목이나 싹틔우기보다 항상 씨를 뿌림으로써 최상의 열매를 맺기 위해 노력했다.

존은 어린 묘목들을 버리지 않았다. 어린 나무를 돌보고 울타리를 수리하고 흙을 가꾸고 더 많은 묘목을 심을 수 있을 때면 다시 돌아왔다. 그러나 그의 꿈은 미래의 정착민들의 땅을 준비하기 위해 새로운 묘목들을 심으며 지경을 넓혀가는 것이었다.

그래서 그는 대부분의 시간을 국경에서 보냈다. 그는 사람들이 말하는 것처럼 외톨이가 아니었다. 때때로 그는 다른 사람들을 데리고 갔고, 이웃들이 나무를 보호하고 팔아서 나눌 수 있다면 그들에게 맡기고 묘목을 떠났다. 그는 자신의 소명을 알았고 대부분의 경작을 다른 사람들에게 맡겼다.

엘리아스(Elias)[8]는 채프먼과 비교할 수 있다. 그는 라이베리아에서 교회를 시작했지만 그의 비전은 그 이상이었다. 엘리아스는 청년들이 신자의 교제를 시작하고 인도하도록 세워질 수 있다고 믿었다. 10년이 채 안 되서, 주로 그의 훈련과 교육 사역을 통해 첫 번째 교회가 16개의 교회 운동으로 성장했다. 일부는 가정 교회였고, 다른 교회들은 임대 건물에서 모였다. 그중 하나는 마약 중독자들에게 다가가고자 시장 내에 이동식 교회로 만들어졌다.

---

[8] 이 이야기에 나오는 이름은 가명이다.

존 채프먼과 마찬가지로 엘리아스도 농업 경제학자였다. 그의 지도 아래 이 교회들은 궁핍한 가정을 위한 식량을 생산하기 위해 약 2만 5천평의 땅을 구입했다. 우물을 파서 농장에 물을 공급하고 인근 마을에 식수를 공급했다. 그 땅에는 제자 훈련, 리더 및 사역자를 위한 훈련 센터가 건설되고 있었다.

그 후 엘리아스는 다음 10년 동안 수백만 명의 사람들의 삶을 복음으로 감동시키려는 도전에 대해 듣게 되었다.

그는 친구들과 함께 다음과 같은 질문들을 안고 씨름했다.

"지상명령의 어떤 부분이 우리 책임인가?"

"아프리카인으로서 아프리카의 복음화되지 않은 사람들에게 다가가기 위해 어떤 일을 함께 할 수 있을까?"

그 후 토착 아프리카 선교부가 조직되었고, 리더들은 6개의 아프리카 미전도 종족을 목표로 삼고 1,500명의 교회 개척 선교사를 훈련 시키기로 결정했다.

엘리아스는 무슬림이 지배하는 지역을 포함하여 라이베리아의 수많은 다른 지역에서 새로운 교회 개척을 시작할 기회를 모색하기 위해 여행했다.

복음이 뿌리를 내릴 때까지 지역 사회에 지속적으로 참여할 필요가 있다.

그는 현재 교회의 배가 성장을 위해 촉매제 역할을 할 리더 양성에 전념하고 있다. 그의 선교부는 이미 이웃 국가의 무슬림 종족들에게 자비량 선교사를 파송하여 교회를 시작했다.

내가 이 글을 쓰는 동안, 그와 그의 친구들은 또 다른 서아프리카 국가에서 60명의 목회자와 교회 개척자를 위한 교회 배가 성장 훈련을 시작하고 있다. 올해 말 그들은 중앙아프리카에서 900명의 목사들과 교회 배가 성장의 비전을 나눌 것이다.

사과 아저씨 존과 같은 사도적 교회 개척자들은 씨앗을 심는 것부터 시작한다. 그들은 많은 다른 사람을 초대하여 하나님 나라 공동체의 과수원을 키우는 노력에 동참하도록 한다. 그들은 그들 자신이 예수님의 메시지를 들을 때까지 예수님의 통치를 확장하기 위한 거대한 계획의 중요한 대리인이라고 믿는다.

건강하고 재생산하는 교회 운동에 헌신할 엘리아스와 같은 사람들을 하나님께서 일으켜 세워 주시기를 우리는 기도한다.

참고 문헌

Adams, Eric, and Tim Lewis. 1990. "New Mission Structures for Church Planting," *Mission Frontiers*, December, www.strategicnetwork.org/index.php?loc=kb&view=v&id=4753&fby=e16d4680d785ae386ddb7a4dc4179056&fti=new%20mission& (accessed February 6, 2010).

Allen, Frank W. 1991. "Your Church-Planting Team Can Be Booby-Trapped." *Evangelical Missions Quarterly* 27, no. 3 (July): 294–97.

Allen, Roland. 1962a [1912]. *Missionary Methods: St. Paul's or Ours?* Grand Rapids: Eerdmans.

———. 1962b [1927]. *The Spontaneous Expansion of the Church and the Causes Which Hinder It*. Grand Rapids: Eerdmans.

Anderson, Neil T. 2001. *Steps to Freedom in Christ: A-Step-by-Step Approach*. Ventura, CA: Regal.

Anderson, Rufus. 1869. *Foreign Missions: Their Relations and Claims*. New York: C. Scribner.

Andrews, Colin E. 2009. "Contextualization in a Glocalizing World." *Evangelical Missions Quarterly* 45, no. 3 (July): 314–17.

Appelton, Joanne. 2008. "Preparing to Plant: Calling, Equipping, and Enabling Church Planters in Europe." European Church Planting Network Concept Paper 3, www.ecpn.org/content.php?section_id=9&content_type_id=59 (accessed April 14, 2009).

Armet, Stephen. 1997. "Holistic Church Planting among Latin America's Urban Poor." *Urban Mission* 14, no. 4 (June): 17–22.

Arn, Win. 1986. "How to Use Ratios to Effect Church Growth." In *Church Growth: State of the Art*, edited by C. Peter Wagner, Win Arn, and Elmer L. Towns, 97–103. Wheaton: Tyndale House.

Arnold, Clinton A. 1996. *The Colossian Syncretism: The Interface between Christianity and Folk Belief at Colossae*. Grand Rapids: Baker Books.

Bacon, Dan. 1978. "Should Mission Boards Send Teams as Well as Individuals?" *Evangelical Missions Quarterly* 14, no. 2 (April): 95–99.

Baer, R. Michael. 2006. *Business as Mission: The Power of Business in the Kingdom of God*. Seattle: YWAM.

Baker, Ken. 2005. "What Do You Do When Sin Seems Ignored?" *Evangelical Missions Quarterly* 41, no. 3 (July): 338–43.

Banks, Robert J. 1994. *Paul's Idea of Community: The Early House Churches in Their Historical Setting*. Peabody, MA: Hendrickson.

Barna, George. 1999. *The Habits of Highly Effective Churches*. Ventura, CA: Regal.

Barrett, David B., Todd M. Johnson, and Peter F. Crossing. 2008. "Missiometrics 2008." *International Bulletin of Missionary Research* 32, no. 1 (January): 27–30.

Bate, Fr. Stuart. 1994. "Inculturation: The Local Church Emerges." *Missionalia* 22, no. 2 (August): 93–117.

Beaver, Pierce. 1981. "The History of Mission Strategy." In *Perspectives on the World Christian Movement*, edited by Ralph Winter and Steven Hawthorne, B58–72. Pasadena, CA: William Carey Library.

Beckham, William. 1995. *The Second Reformation*. Houston: Touch.

Befus, Constance P. 1988. "A Multilevel Treatment Approach for Culture Shock Experienced by Sojourners." *International Journal of Intercultural Relations* 12, no. 4 (Winter): 381–400.

Bennett, Robertson. 2000. "Open Letter to Robertson McQuilkin." *Evangelical Missions Quarterly* 36, no. 2 (April): 210–14.

Berg, Clayton L., and Paul E. Pretiz. 1996. *Spontaneous Combustion: Grass-Roots Christianity, Latin American Style*. Pasadena, CA: William Carey Library.

Berg, Mike, and Paul E. Pretiz, 1992. *The Gospel People of Latin America*. Monrovia, CA: MARC and World Vision International.

Bibby, Reginald. 1987. *Fragmented Gods*. Toronto: Irwin.

Blackaby, Henry, and Richard Blackaby. 2001. *Spiritual Leadership: Moving People on to God's Agenda*. Nashville: Broadman and Holman.

Blake, Robert R., and Jane S. Mouton. 1968. *Corporate Excellence through Grid Organization Development*. Houston: Gulf.

Bosch, David. 1991. *Transforming Mission. Paradigm Shifts in Theology of Mission*. Maryknoll, NY: Orbis.

Bowers, Dan. 2005. "Globalization and the Missionary Potential of International Churches." *Evangelical Missions Quarterly* 41, no. 3 (July): 284–90.

Bowers, W. P. 1987. "Fulfilling the Gospel: The Scope of the Pauline Mission." *Journal of the Evangelical Theological Society* 30: 185–98.

Brierley, Peter W. 1997. "Missionary Attrition: The ReMAP Report" in *Too Valuable to Lose*, edited by William D. Taylor, 85–103. Pasadena, CA: William Carey Library.

Bright, Bill. 2007 [1965]. *The Four Spiritual Laws*. Peachtree City, GA: Campus Crusade for Christ.

Britt, David. 1997. "From Homogeneity to Congruence: A Church-Community Model." In *Planting and Growing Urban Churches,* edited by Harvie Conn, 135–49. Grand Rapids: Baker Books.

Brock, Charles. 1994. *Indigenous Church Planting: A Practical Journey.* Neosho, MO: Church Growth International.

Brown, Carl M. 2007. "Exploratory Case Studies and Analysis of Three Intercultural Congregation-to-Congregation Partnerships." PhD diss., Trinity International University.

———. 2008. "Friendship Is Forever: Congregation-to-Congregation Relationships." In *Effective Engagement in Short-Term Missions,* edited by Robert Priest, 209–37. Pasadena, CA: William Carey Library.

Brown, G. Thompson. 1994. "Why Has Christianity Grown Faster in Korea Than in China?" *Missiology* 22, no. 1 (January): 77–88.

Bruce, A. B. 1971 [1894]. *The Training of the Twelve.* Grand Rapids: Kregel.

Bruce, F. F. 1965. *The Acts of the Apostles: The Greek Text with Introduction and Commentary.* Grand Rapids: Eerdmans.

———. 1969. *New Testament History.* New York: Doubleday.

———. 1977. *Commentary on the Book of Acts.* Grand Rapids: Eerdmans.

Caldwell, Brian, and E. M. A. Carter, eds. 1993. *The Return of the Mentor: Strategies for Workplace Learning.* London: Falmer.

Carle, Robert D., and Louis A. Decaro Jr., eds. 1999. *Signs of Hope in the City: Ministry of Community Renewal.* Valley Forge, PA: Judson.

Cerron, Francisco. 2007. "Short-Term Missions: An Initial Assessment from Experience." *Journal of Latin American Theology* 2, no. 2: 21–32.

Chaney, Charles L. 1982. *Church Planting at the End of the Twentieth Century.* Wheaton: Tyndale House.

Chaves, Mark, Mary Ellen Konieczny, Kraig Beyerlein, and Emily Barman. 1999. "The National Congregations Study: Background, Methods, and Selected Results." *Journal for the Scientific Study of Religion* 38, no. 4 (December): 458–76.

Chester, Tim. 2000. "Church Planting: A Theological Perspective." In *Multiplying Churches,* edited by Stephen Timmis, 23–46. Fearn, Ross-Shire, UK: Christian Focus.

Cho, Paul Yonggi. 1981. *Successful Home Cell Groups.* South Plainfield, NJ: Bridge.

Cho, Yong Joong, and David Greenlee. 1995. "Avoiding Pitfalls of Multicultural Teams." *International Journal of Frontier Missions* 12, no. 4 (October): 179–84.

Ciesniewski, John. 2006. "How Much Does a New Site Really Cost?" www.newthing.org/news/articles/staff/124-how-much-does-a-new-site-really-cost (accessed January 30, 2010).

Clinton, Robert J. 1988. *The Making of a Leader.* Colorado Springs: NavPress.

Cole, Neil. 2004. *Cultivating a Life for God: Multiplying Disciples through Life Transformation Groups.* St. Charles, IL: ChurchSmart Resources.

———. 2005. *Organic Church: Growing Faith Where Life Happens.* San Francisco: Jossey-Bass.

Coleman, Robert. 1963. *The Master Plan of Discipleship.* Old Tappan, NJ: Revell.
———. 1987. *The Master Plan of Discipleship.* Rev. ed. Old Tappan, NJ: Revell.
Collins, Travis M. 1995. "Missions and Churches in Partnership for Evangelism: A Study of the Declaration of Ibadan." *Missiology* 23, no. 3 (October): 331–39.
Comiskey, Joel. 1999. *Groups of Twelve: A New Way to Mobilize Leaders and Multiply Groups in Your Church.* Houston: Touch.
Condon, John C. 1997. *Good Neighbors: Communicating with the Mexicans.* Yarmouth, ME: Intercultural.
Conn, Harvie M. 1979. "The Muslim Convert and His Culture." In *The Gospel and Islam: A 1978 Compendium*, edited by Don M. McCuny, 97–113. Monrovia, CA: MARC.
Cordelle, Steve. 2005. *The Church in Many Houses.* Nashville: Abingdon.
Costas, Orlando. 1979. *The Integrity of Mission: The Inner Life and Outreach of the Church.* San Francisco: Harper and Row.
Crow, Kenneth E. n.d. "The Life Cycle of Nazarene Churches." http://media.premierstudios.com/nazarene/docs/The%20Life%20Cycle%20of%20Nazarene%20Churches.pdf (accessed April 28, 2007).
Cymbala, James, and Dean Merrill. 2001. *Fresh Power.* Grand Rapids: Zondervan.
Daloz, Laurent A. 1990. "Mentorship." In *Adult Learning Methods*, edited by M. Galbraith, 205–24. Malabar, FL: Robert E. Krieger.
Davies, Douglas J. 1986. "Person, Power, and Priesthoods." In *Working for the Kingdom: The Story of Ministers in Secular Employment*, edited by J. Fuller and Patrick H. Vaughan, 93–101. London: SPCK.
Davies, Stanley. 1994. "Responding to Butler: Reflections from Europe." In *Kingdom Partnerships for Synergy in Missions*, edited by William D. Taylor, 43–48. Pasadena, CA: William Carey Library.
Denney, J. 1976 [1895]. *Studies in Theology.* Grand Rapids: Baker Books.
DeSilva, Ranjit. 1996. "The Missing Ingredient in Leadership Training." *Evangelical Mission Quarterly* 31, no. 1 (January): 50–56.
Dever, Mark. 2000. *Nine Marks of a Healthy Church.* Wheaton: Crossway.
Dietterich, Inagrace T. 2004. "Leading the Missional Church: The Shape of the Church." www.allelon.net/articles/article.cfm?id=141 (accessed January 30, 2010).
Dohn, Michael N. and Anita L. Dohn. 2006. "Short-Term Medical Teams: What They Do Well . . . and Not So Well." *Evangelical Missions Quarterly* 42, no. 2 (April): 216–24.
Downey, Karol (pseud.). 2005. "Missionary or Wife? Four Needed Changes to Help Clarify the Role of a Missionary Wife." *Evangelical Missions Quarterly* 41, no. 1 (January): 66–74.
Downey, Steven. 2006. "Partnership Re-visited." *Evangelical Missions Quarterly* 42, no. 2 (April): 200–204.
Duck, Arthur. 2001. "Attrition and Retention Factors in Three Pentecostal Churches in Curitiba, Brazil." PhD diss., Trinity International University.

Duclos, R. P. 1982 [1913]. *Histoire du Protestantisme français en Amérique du Nord* [The History of French Protestantism in North America]. Cap-de-la-Madeleine, Quebec: Éditions Impact.

Dudley, Carl S. 1979. "Churches in Changing Communities." In *Metro-ministry: Ways and Means for the Urban Church*, edited by David Frenchak and Sharrel Keyes, 78–91. Elgin, IL: David C. Cook.

Dudley, Carl S., and Nancy T. Ammerman. 2002. *Congregations in Transition*. San Francisco: Jossey-Bass.

Duewel, Wesley. 1995. *Revival Fire*. Grand Rapids: Zondervan.

Dyer, Kevin. 1986. "Crucial Factors in Building Good Teams." *Evangelical Missions Quarterly* 22, no. 3 (July): 254–58.

Eenigenburg, Susan E. 2008. "Preparing Missionary Couples for Cultural Stress." *Evangelical Missions Quarterly* 44, no. 4 (October): 422–29.

EFCA (Evangelical Free Church of America). n.d. "Ten Leading Indicators of a Healthy Church." www.efca.org/church-health/reachnational-church-health/ten-leading-indicators-healthy-church (accessed May 7, 2009).

Eiesland, Nancy L. 1999. *A Particular Place: Urban Restructuring and Religious Ecology in a Southern Exurb*. New Brunswick, NJ: Rutgers University Press.

Elder, Brett. 2003. "Dismantling the Ecclesiastical Welfare System." *Occasional Bulletin*, Evangelical Missiological Society, 15, no. 3 (Fall): 1–2, 5.

Ellis, Jordan. 2005. "Let's Get Real about Missionary Team Chemistry." *Evangelical Missions Quarterly* 41, no. 4 (October): 440–45.

Elliston, Edgar J. 1992. *Home Grown Leaders*. Pasadena, CA: William Carey Library.

Elliston, Edgar J., and J. Timothy Kauffman. 1993. *Developing Leaders for Urban Ministries*. New York: Peter Lang.

Elmer, Duane. 1993. *Cross-Cultural Conflict*. Downers Grove, IL: InterVarsity.

———. 2002. *Cross-Cultural Connections*. Downers Grove, IL: InterVarsity.

———. 2006. *Cross-Cultural Servanthood*. Downers Grove, IL: InterVarsity.

Engel, James. 1977. *How Can I Get Them to Listen?* Grand Rapids: Zondervan.

Engel, James F., and William A. Dyrness. 2000. *Changing the Mind of Mission: Where Have We Gone Wrong?* Downers Grove, IL: InterVarsity.

Evangelical Alliance Information and Resources Centre. 2006. "2005 Church Census." www.eauk.org/resources/info/statistics/2005englishchurchcensus.cfm#denomination (accessed April 28, 2007).

Farnsley, Arthur E. n.d. "A Quick Question: When Is Average Not Average?" http://hirr.hartsem.edu/research/quick_question9.html (accessed February 6, 2010).

Fee, Gordon D. 1987. *The First Epistle to the Corinthians*. Grand Rapids: Eerdmans.

Fee, Gordon D., and Douglas Stuart, 1982. *How to Read the Bible for All Its Worth: A Guide to Understanding the Bible*. Grand Rapids: Zondervan.

Felde, Markus. 1998. "Truly Vernacular Worship for the Sake of the Gospel." *International Review of Mission* 87, no. 344 (January): 39–47.

Ferguson, Dave. 2003. "The Multi-site Church: Some Strengths of this New Life Form." *Leadership* 24, no. 2 (Spring): 80–84.

―――. 2007. "Reproducing Churches: Church Growth to Missional Movement." Presentation handout, 2007 Exponential New Church Conference, Orlando, FL, April 24–26.
Flemming, Dean E. 2005. *Contextualization in the New Testament: Patterns for Theology and Mission*. Downers Grove, IL: InterVarsity.
Fowler, Floyd J. 2009. *Survey Research Methods*. 4th ed. Thousand Oaks, CA: Sage.
Foyle, Marjorie. 1987. *Overcoming Missionary Stress*. Kent, UK: MARC Europe.
Freytag, Walter. 1961. *Reden und Aufsätze*. 2 vols. Munich: Kaiser.
Friesen, Randy. 2005. "The Long-Term Impact of Short-Term Missions." *Evangelical Missions Quarterly* 41, no. 4 (October): 448–54.
Garrison, David. 2000. *Church Planting Movements*. Richmond, VA: International Mission Board, Southern Baptist Convention.
―――. 2004a. *Church Planting Movements: How God Is Redeeming a Lost World*. Midlothian, VA: WIGTake Resources.
―――. 2004b. "Church Planting Movements v. Insider Movements." *International Journal of Frontier Missions* 21, no. 4 (Winter): 151–54.
―――. 2005. "Global Church Planting: Something Is Happening." *Journal of Evangelism and Missions* 4 (Spring): 77–87.
Garrison, V. David. 1990. *The Nonresidential Missionary*. Monrovia, CA: MARC.
Gehring, Roger W. 2004. *House Church and Mission: The Importance of Household Structures in Early Christianity*. Peabody, MA: Hendrickson.
Gensichen, Hans-Werner. 1971. *Glaube für die Welt: Theologische Aspekte der Mission*. Gütersloh, Germany: Gütersloher Verlagshaus Gerd Mohn.
George, Carl F. 1991. *Prepare Your Church for the Future*. Grand Rapids: Revell.
George, Timothy. 1994. *Galatians*. Nashville: Broadman and Holman.
Gilliland, Dean S., ed. 1989. *The Word among Us*. Dallas: Word.
Glover, Robert. 1960. *The Progress of Worldwide Missions*. New York: Harper and Brothers.
Gobena, Iteffa. 1997. "Ethiopian Church Planting." *World Evangelization* 81 (December): 15–16.
Goldsmith, Martin. 1980. "Parabolic Preaching in the Context of Islam." *Evangelical Review of Theology* 4, no. 2 (October): 218–22.
Gómez, Jorge. 1995. "Protestant Growth and Desertion in Costa Rica: Viewed in Relation to Churches with Higher Attrition Rates, Lower Attrition Rates, and More Mobility, as Affected by Evangelism (i.e., Message and Method) and Discipleship Practices (including Church Discipline)." DMin diss., Columbia International University.
―――. 1996. *El crecimiento y la deserción en la iglesia evangélica costarricense* [Growth and Desertion in the Costa Rican Church]. San José, Costa Rica: Publicaciones IINDEF.
Gopffarth, William. 1993. "A Study of the Functional Competencies of Southern Baptist Missionaries Who Originate Indigenous Churches in the Philippines." EdD diss., University of North Texas.

Grady, Dick, and Glenn Kendall. 1992. "Seven Keys to Effective Church Planting." *Evangelical Missions Quarterly* 28, no. 4 (October): 366–73.

Graham, Thomas. 1987. "How to Select the Best Church Planters." *Evangelical Missions Quarterly* 23, no. 1 (January): 70–79.

Gray, Stephen. 2007. *Planting Fast-Growing Churches*. St. Charles, IL: ChurchSmart Resources.

Green, Michael. 1970. *Evangelism in the Early Church*. Grand Rapids: Eerdmans.

Greer, Luke. 2009. "Sometimes It Just Seems Good: Another Look at Missionary Call." *Evangelical Missions Quarterly* 45, no. 3 (July): 326-32.

Grigg, Viv. 1992. *Cry of the Urban Poor*. Monrovia, CA: MARC.

Grover, Rick. 2004. "Urban Church Planting: The Call to the City." In *Church Planting from the Ground Up*, edited by Tom Jones, 40–51. Joplin, MO: College.

Gupta, Paul R., and Sherwood G. Lingenfelter. 2006. *Breaking Traditions to Accomplish Vision: Training Leaders in a Church Planting Movement*. Winona Lake, IN: BMH Books.

Guthrie, Donald. 1973. *Galatians*. Grand Rapids: Eerdmans.

Guthrie, Stan. 2001. *Missions in the Third Millennium: 21 Key Trends for the 21st Century*. Rev. ed. Waynesboro, GA: Paternoster.

Hadaway, C. Kirk. 1982. "Learning from Urban Research." *Review and Expositor* 80, no. 4 (Fall): 543–52.

Hadaway, C. Kirk, Francis M. DuBose, and Stuart A. Wright. 1987. *Home Cell Groups and House Churches*. Nashville: Broadman.

Hardman, Keith J. 1978. "John Williams (1796–1839)." In *The New International Dictionary of the Christian Church*, edited by J. D. Douglas, 1052. Grand Rapids: Zondervan.

Harrison, Rodney, Tom Cheyney, and Don Overstreet. 2008. *Spin-Off Churches: How One Church Successfully Plants Another*. Nashville: Broadman and Holman.

Hart, Archibald. 1999. *The Anxiety Cure*. Nashville: Word.

Hempelmann, Heinzpeter. 1996. *Gemindegründung: Perspektive für eine Kirche von Morgen?* Giessen, Germany: Brunnen.

Herrington, John. 2009. "A City Movement." Presentation at Church Planting Week at Trinity Evangelical Divinity School, January 27.

Herron, Fred. 2003. *Expanding God's Kingdom through Church Planting*. New York: Writer's Showcase.

Hertzberg, Hutz H. 2008. "Personal Characteristics and Ministry Perceptions of Younger Evangelical Church Planters." PhD diss., Trinity Evangelical Divinity School.

Hertzberg, Hutz H., and Francis A. Lonsway. 2008. "Young Evangelical Church Planters." *Theological Education* 43, no. 2: 67–77.

Hesselgrave, David J. 1980. *Planting Churches Cross-Culturally. A Guide for Home and Foreign Missions*. Grand Rapids: Baker Academic.

———. 1991. *Communicating Christ Cross-Culturally*. 2nd ed. Grand Rapids: Academie Books.

Hesselgrave, David J., and Edward Rommen. 1989. *Contextualization: Meanings, Methods, and Models.* Grand Rapids: Baker Books.

Hibbert, Richard Y. 2008. "Stagnation and Decline Following Rapid Growth in Turkish-Speaking Roma Churches of Bulgaria." PhD diss., Trinity International University.

Hiebert, Paul G. 1982. "The Flaw of the Excluded Middle." *Missiology* 10, no. 1 (January): 35–47.

———. 1987. "Critical Contextualization." *International Bulletin of Missionary Research* 11, no. 3 (July): 104–11.

———. 1989. "Form and Meaning." In *The Word among Us*, edited by Dean S. Gilliland, 101–20. Dallas: Word.

———. 1994. *Anthropological Reflections on Missiological Issues.* Grand Rapids: Baker Books.

———. 2006. "The Missionary as Mediator of Global Theologizing." In *Globalizing Theology*, edited by Craig Ott and Harold A. Netland, 288–308. Grand Rapids: Baker Academic.

———. 2008. *Transforming Worldviews: An Anthropological Understanding of How People Change.* Grand Rapids: Baker Academic.

Hiebert, Paul G., and Eloise Hiebert Meneses. 1995. *Incarnational Ministry: Planting Churches in Band, Tribal Peasant, and Urban Societies.* Grand Rapids: Baker Books.

Hiebert, Paul G., and Sam Larsen. 1999. "Partnership in the Gospel: Misers, Accountants, and Stewards." *Direction* 28, no.1 (Spring): 55–62.

Hilary, Mbachu. 1995. *Inculturation Theology of the Jerusalem Council in Acts 15: An Interpretation of the Igbo Church Today.* Frankfurt am Main: Lang.

Hill Country Bible Church. 2009. Diagram of Church Plants. www.hcbc.com/templates/System/details.asp?id=28485&PID=212315 (accessed March 21, 2009).

Hirsch, Alan. 2006. *The Forgotten Ways: Reactivating the Missional Church.* Grand Rapids: Brazos.

Hirst, Lester J. 1994. "Urban Church Planting Missionary Teams: A Study of Member Characteristics and Experiences Related to Teamwork Competencies." PhD diss., Trinity Evangelical Divinity School.

Hoke, Stephen, and William D. Taylor. 1999. *Send Me: Your Journey to the Nations.* Pasadena, CA: William Carey Library and World Evangelical Fellowship.

Holste, Scott, and Jim Haney. 2006. "The Global Status of Evangelical Christianity: A Model for Assessing Priority People Groups." *Mission Frontiers* 28, no. 1 (January-February): 8–13.

Hopkins, Bob. 1988. *Church Planting.* Bramcote, UK: Grove Books.

Hull, Bill. 1988. *The Disciple Making Pastor.* Grand Rapids: Baker Books.

Hunter, Malcolm J. 2000. "The Nomadic Church: The Church in Its Simplest Form." *International Journal of Frontier Missions* 17, no. 3 (Fall): 15–19.

Jaffarian, Michael. 2004. "Are There More Non-Western Missionaries Than Western Missionaries?" *International Bulletin of Missionary Research* 28, no. 3 (July): 131–32.

Johnson, C. Neal and Steve Rundle. 2010. *Business as Mission: A Comprehensive Guide to Theory and Practice.* Downers Grove, IL: InterVarsity.

Johnstone, Patrick. 2001. *Operation World.* 3rd ed. Minneapolis: Bethany House.

Johnstone, Patrick, and Jason Mandryk. 2005. *Operation World.* 21st century ed. Waynesboro, GA: Paternoster USA.

Jones, Philip B. n.d. "Research Report: Executive Summary of Southern Baptist Congregations Today." www.namb.net/atf/cf/%7BCDA250E8–8866–4236–9A0C–C646DE153446%7D/Exec_Summary__stand_alone.pdf (accessed June 26, 2007).

Jongeneel, Jan. 1991. "The Missiology of Gisbertus Voetius: The First Comprehensive Protestant Theology of Missions." *Calvin Theological Journal* 26, no. 1 (April): 47–79.

Julien, Thomas. 2000. "Apostolic Church-Planting Team (ACT) Strategy (2.0)." Manuscript. Grace Brethren International Missions.

Kane, J. Herbert. 1976. *Christian Missions in Biblical Perspective.* Grand Rapids: Baker Books.

Katzenbach, Jon R., and Douglas K. Smith. 1993. *The Wisdom of Teams: Creating the High Performance Organization.* New York: HarperCollins.

Kee, Paul. 1991. "Retention among the 'Nso of Cameroon." MA thesis, Harding Graduate School of Religion.

Kelley, J. N. D. 1963. *The Pastoral Epistles.* London: Adam and Charles Black.

Kelly, Dean M. 1977. *Why Conservative Churches Are Growing: A Study in Sociology of Religion.* New York: Harper and Row.

Kendall, Glenn. 1988. "Missionaries Should Not Plant Churches." *Evangelical Missions Quarterly* 24, no. 3 (July): 218–21.

———. 1990. "Tiny Rwanda Shines as Example of Cluster Church Planting." *Evangelical Missions Quarterly* 26, no. 2 (April): 136–43.

Keyes, Larry. 2003. "A Global Harvest Force." In *Perspectives on the World Christian Movement: A Reader*, edited by Ralph Winter and Stephen Hawthorne, 744–47. Pasadena, CA: William Carey Library.

Kiddle, Martin. 1940. *The Book of Revelation.* London: Hodder and Stoughton.

King, Roberta. 2005. "Variations on a Theme of Appropriate Contextualization: Music Lessons from Africa." In *Appropriate Christianity*, edited by Charles H. Kraft, 309–24. Pasadena, CA: William Carey Library.

King, Steve. 2007. "Closing the Back Door." *Idea*, September-October. www.eauk.org/resources/idea/SepOct2007/closing-the-back-door.cfm (accessed June 1, 2009).

Kirk, J. Andrew. 2000. *What Is Mission? Theological Explorations.* Minneapolis: Fortress.

Klippenes, George. 2001. *Church Planter Boot Camp.* Minneapolis: Evangelical Free Church of America Press.

———. 2003. *Church Planter's Start Up Bootcamp.* Minneapolis: Evangelical Free Church of America Press.

Köstenberger, Andreas J., and Peter T. O'Brien. 2001. *Salvation to the Ends of the Earth: A Biblical Theology of Mission.* Leicester, UK: Apollos.

Kraemer, Hendrik. 1938. *The Christian Message in a Non-Christian World*. New York: Harper and Brothers.
Kraft, Charles H. 1979. *Christianity in Culture*. Maryknoll, NY: Orbis.
———, ed. 2005. *Appropriate Christianity*. Pasadena, CA: William Carey Library.
Kraft, Charles H., and Tom N. Wisley, eds. 1979. *Readings in Dynamic Indigeneity*. Pasadena, CA: William Carey Library.
Kreider, Larry, and Floyd McClung. 2007. *Starting a House Church*. Ventura, CA: Gospel Light.
Küng, Hans. 1967. *The Church*. New York: Sheed and Ward.
Ladd, George Eldon. 1974. *A Theology of the New Testament*. Grand Rapids: Eerdmans.
Lai, Patrick. 2005. *Tentmaking: Business as Missions*. Waynesboro, GA: Authentic.
Langton, Edward. 1956. *History of the Moravian Church*. London: Allen and Unwin.
Lanier, Don. 1993. *Team Assessment and Development: A Process for Improving Team Effectiveness*. Colorado Springs: Navigators.
Latourette, Kenneth S. 2003. *A History of Christianity*, vol. 1, *To AD 1500*. New York: HarperCollins.
Lederleitner, Mary Mallon. 2007. "The Devil Is in the Details: Avoiding Common Pitfalls When Funding New Partnership Endeavors." *Evangelical Missions Quarterly* 43, no. 2 (April): 160–65.
Lencioni, Patrick. 2002. *The Five Dysfunctions of a Team: A Leadership Fable*. San Francisco: Jossey-Bass.
Liefeld, Walter L. 1978. "Theology of Church Growth." In *Theology and Mission*, edited by David J. Hesselgrave, 173–87. Grand Rapids: Baker Books.
———. 1995. *Interpreting the Book of Acts*. Grand Rapids: Zondervan.
Lingenfelter, Sherwood G., and Marvin K. Mayers. 2003. *Ministering Cross-Culturally*. 2nd ed. Grand Rapids: Baker Academic.
Little, Christopher R. 2005. *Mission in the Way of Paul*. New York: Peter Lang.
Livermore David. 2006. *Serving with Eyes Wide Open: Doing Short-Term Missions with Cultural Intelligence*. Grand Rapids: Baker Books.
Livingstone, Gregory. 1993. *Planting Churches in Muslim Cities: A Team Approach*. Grand Rapids: Baker Books.
Logan, Robert E. 1988. *International Church Planting Guide*. Alta Loma, CA: Strategic Ministries.
Logan, Robert E., and Gary B. Reinecke. 2003a. *Coaching 101 Handbook*. St. Charles, IL: ChurchSmart.
———. 2003b. *Developing Coaching Excellence*. St. Charles, IL: ChurchSmart.
Logan, Robert E., and Sherilyn Carlton. 2003. *Coaching 101*. St. Charles, IL: ChurchSmart.
Logan, Robert E., and Steve L. Ogne. 1991a. *The Church Planter's Toolkit*. Pasadena. CA: Charles E. Fuller Institute of Evangelism and Church Growth.
———. 1991b. *New Church Incubator*. Fullerton, CA: Church Resource Ministries.

———. 1995. *Churches Planting Churches*. St. Charles, IL: ChurchSmart Resources.
Longenecker, Richard N. 1964. *Paul: Apostle of Liberty*. Grand Rapids: Baker Books.
———. 1971. *The Ministry and Message of Paul*. Grand Rapids: Zondervan.
———. 1981. "Acts." In *The Expositors Bible Commentary*, vol. 9, gen. ed. Frank E. Gabelein. Grand Rapids: Zondervan.
———. 2002. "Paul's Vision of the Church and Community Formation in His Major Missionary Letters." In *Community Formation in the Early Church and in the Church Today*, edited by Richard N. Longenecker, 73–88. Peabody, MA: Hendrickson.
LOP 1 [Lausanne Occasional Paper]. 1978. "The Pasadena Consultation: Homogeneous Unit Principle." Wheaton: Lausanne Committee for World Evangelization.
LOP 21. 1982. "Evangelism and Social Responsibility: An Evangelical Commitment." Wheaton: Lausanne Committee for World Evangelization.
LOP 22. 1980. "The Thailand Report on the Urban Poor: Report of the Consultation of World Evangelization Mini-consultation on Reaching the Urban Poor." Wheaton: Lausanne Committee for World Evangelization.
LOP 33. 2005. "Holistic Ministry." Wheaton: Lausanne Committee for World Evangelization.
LOP 43. 2005. "The Realities of the Changing Expressions of the Church." Wheaton: Lausanne Committee for World Evangelization.
LOP 54. 2005. "Making Disciples of Oral Learners." Wheaton: Lausanne Committee for World Evangelization.
LOP 59. 2005. "Business as Mission." Wheaton: Lausanne Committee for World Evangelization.
Loss, Myron. 1983. *Culture Shock: Dealing with Stress in Cross-Cultural Settings*. Winona Lake, IN: Light and Life.
Love, Rick. 1996. "Four Stages of Team Development." *Evangelical Missions Quarterly* 32, no. 3 (July): 312–16.
———. 2008. "How Do We Deal with the Baggage of the Past? Blessing the Nations in the 21st Century, a 3D Approach to Apostolic Ministry." *International Journal of Frontier Missiology* 25, no. 1 (Spring): 31–37.
Lukasse, Johan. 1986. "It Takes Team Effort to Root Churches in Hard Soil." *Evangelical Missions Quarterly* 22, no. 1 (January): 34–42.
———. 2006. "Update on the Use of Teams in the BEM [Belgian Evangelical Mission]." E-mail to Jim Reapsome, November 23.
Lyons, Carol. 2009. "The Story of God and Man: Narrations from God's Word for Building a Solid Foundation of Faith." Manuscript. Dar es Salaam, Tanzania.
Macchia, Stephen A. 1999. *Becoming a Healthy Church: Traits of Vital Ministry*. Grand Rapids: Baker Books.
———. 2005. *Becoming a Healthy Team: Five Traits of Vital Leadership*. Grand Rapids: Baker Books.
MacDonald, Jeffrey. 2006. "Rise of Sunshine Samaritans: On a Mission or Holiday?" *Christian Science Monitor*, May 25, www.csmonitor.com/2006/0525/p01s01-ussc.html (accessed June 16, 2009).

Mackin, Sandra L. 1992. "Multinational Teams: Smooth as Silk or Rough as Rawhide?" *Evangelical Missions Quarterly* 28, no. 2 (April): 134–40.

Malphurs, Aubrey. 1992. *Planting Growing Churches for the 21st Century*. Grand Rapids: Baker Books.

———. 2005. *Advanced Strategic Planning: A New Model for Church and Ministry Leaders*. 2nd ed. Grand Rapids: Baker Books.

Mangham, William F., Jr. 1987. "A Study of the History and Strategy of the Movement 'Lima to an Encounter with God,' 1973–1986." MA thesis, Columbia Biblical Seminary.

Mannoia, Keven W. 1994. *Church Planting: The Next Generation*. Indianapolis: Light and Life.

Maranz, David E. 2001. *African Friends and Money Matters: Observations from Africa*. Dallas: SIL International.

Mateer, Samuel. 1988. "The Missionary's Ministry Prayer." *Evangelical Missions Quarterly* 24, no. 2 (April): 144–48.

Maurice, Sameh. 2005. "From Now to Eternity." Author's transcript of interview from DVD. November 18. Middle East Christian Outreach (MECO).

Maxwell, John C. 1995. *Developing the Leaders around You*. Nashville: Thomas Nelson.

McCauley, Horace. 2007. "The Church and Development." *A.M.E. Zion Quarterly Review* 119, no. 4 (October): 16–19.

McConnell, Scott. 2009. *Multi-Site Churches: Guidance for the Movement's Next Generation*. Nashville: Broadman and Holman.

McGavran, Donald A. 1955. *The Bridges of God*. New York: Friendship.

———. 1980. *Understanding Church Growth*. Rev. ed. Grand Rapids: Eerdmans.

McIlwain, Trevor. 1987. *Building on Firm Foundations*, vol. 1. Sanford, FL: New Tribes Mission.

McMillan, David W., and David M. Chavis. 1986. "Sense of Community: A Definition and Theory." *American Journal of Community Psychology* 14, no. 1 (January): 6–23.

McNamara, Roger N., and Ken Davis. 2005. *The Y-B-H Handbook of Church Planting (Yes, But How?)*. Longwood, FL: Xulon.

McQuilkin, Robertson. 1999. "Stop Sending Money! Breaking the Cycle of Mission Dependency." *Christianity Today* 43, no. 3 (March): 57–59.

———. 2002. *The Great Omission*. Waynesboro, GA: Authentic Media.

Meeks, Wayne. 1986. *The Moral World of the First Christians*. Philadelphia: Westminster.

Metzger, Bruce M. 1971. *A Textual Commentary on the Greek New Testament*. London: United Bible Societies.

Miller, Darrow L., and Scott Allen. 2005. *Against All Hope: Hope for Africa*. Nairobi: Samaritan Strategy Africa Working Group of the Disciple Nations Alliance.

Minatrea, Milfred. 2004. *Shaped by the Heart of God: The Passion and Practices of Missional Churches*. San Francisco: Jossey-Bass.

Moffat, James. 1961. *The Book of Revelation*. Grand Rapids: Eerdmans.

Montgomery, Jim. 1989. *DAWN 2000: 7 Million Churches to Go*. Pasadena, CA: William Carey Library.

Moreau, A. Scott. 2006. "Contextualization That Is Comprehensive." *Missiology* 34, no. 3 (July): 325–35.

Morin, R. 1994. "La culture québécoise [Quebec culture]." *L'Action Nationale* 5 (May): 579–82.

Muriu, Oscar. 2007. "The African Planter: An Interview with Oscar Muriu." *Leadershipjournal.net*, Spring, www.christianitytoday.com/le/2007/002/3.96.html (accessed on January 22, 2009).

Murray, Stewart. 1998. *Church Planting: Laying Foundations*. Carlisle, Cumbria, UK: Paternoster.

Neeley, Paul. 1999. "Noted Ministry." *Evangelical Missions Quarterly* 35, no. 2 (April): 156–61.

Neighbour, Ralph W. 1990. *Where Do We Go from Here? A Guidebook for the Cell Group Church*. Houston: Touch.

Neumann, Mikel. 1999. *Home Groups for Urban Cultures: Biblical Small Group Ministry on Five Continents*. Pasadena, CA: William Carey Library.

Nevius, John. 1958 [1885]. *Planting and Development of Missionary Churches*. Nutley, NJ: Presbyterian and Reformed.

Newbigin, Lesslie. 1954. *The Household of God*. New York: Friendship.

———. 1989. *The Gospel in a Pluralistic World*. Grand Rapids: Eerdmans.

Nida, Eugene Albert. 1960. *Message and Mission: The Communication of the Christian Faith*. Pasadena, CA: William Carey Library.

———. 1974. *Understanding Latin Americans: With Special Reference to Religious Values and Movements*. Pasadena, CA: William Carey Library.

Niles, Nathan (pseud.). 2000. "Professional Tentmakers Open Doors for Ministry." *Evangelical Missions Quarterly* 36, no. 3 (July): 300–306.

Niringiye, D. Zac. 2008. "To Proclaim the Good News of the Kingdom," pt. 2. In *Mission in the 21st Century: Exploring the Five Marks of Global Mission*, edited by Andrew Walls and Cathy Ross, 11–24. Maryknoll, NY: Orbis.

Norman, J. G. 1978. "Moravian Brethren (Unitas Fratrum)." In *The New International Dictionary of the Christian Church*, edited by J. D. Douglas, 676. Grand Rapids: Zondervan.

Norman, Nathan. 1996. "The Value of Teams in the Workplace." *University Record*, October 8, www.ur.umich.edu/9697/Oct08_96/artcl15c.htm (accessed June 26, 2009).

Oberg, Kalvero. 1960. "Cultural Shock: Adjustments to New Cultural Environments." *Practical Anthropology* 7, no. 4 (July-August): 177–82.

O'Brien, Peter T. 1995. *Gospel and Mission in the Writings of Paul*. Grand Rapids: Baker Books.

Oborji, Francis Anekwe. 2006. *Concepts of Mission*. Maryknoll, NY: Orbis.

O'Connor, Patrick. 2006. *Reproducible Pastoral Training: Church Planting Guidelines from the Teachings of George Patterson*. Pasadena, CA: William Carey Library.

O'Donnell, Kelly. 1999. "The CACTUS Kit for Building Resilient Teams." *Evangelical Missions Quarterly* 35, no. 1 (January): 72–78.

Ogne, Steven L., and Thomas P. Nebel. 1995. *Empowering Leaders through Coaching*. St. Charles, IL: ChurchSmart.

Ollrog, Wolf-Henning. 1979. *Paulus und seine Mitarbeiter* [Paul and His Coworkers]. Neukirchen-Vluyn, Germany: Neukirchener Verlag.

Olson, Daniel V. A. 2002. "Do New Nazarene Churches 'Do Better' When Started Near Existing Nazarene Churches?" Report, Church of the Nazarene. www.nazarene.org/files/docs/NewstartProximity.pdf (accessed January 21, 2009).

OPEN [Overseas Professional Employee Network]. 2009. "Huddles." www.opennetworkers.net/huddles (accessed June 1, 2009).

Orr, E. 1970. *Evangelical Awakenings in India*. New Dehli: Christian Literature Institute.

Ortiz, Manuel. 1996. *One New People*. Downers Grove, IL: InterVarsity.

Osborne, Larry. 2008. *Sticky Church*. Grand Rapids: Zondervan.

Ott, Craig. 1993. "Let the Buyer Beware: Financially Supporting National Pastors and Missionaries May Not Always Be the Bargain It's Cracked Up to Be." *Evangelical Missions Quarterly* 29, no. 3 (July): 286–91.

———. 1994. "Evangelikale Christen in München." Manuscript. Report for Evangelische Allianz and Kreis zur Einheit, Munich.

———. 2001. "Matching the Church Planter's Role with the Church Planting Model." *Evangelical Missions Quarterly* 37, no. 3 (July): 338–44.

Ott, Craig, and Stephen J. Strauss. 2010. *Encountering Theology of Mission*. Grand Rapids: Baker Academic.

Padilla, C. René. 1982. "The Unity of the Church and the Homogeneous Unit Principle." *International Bulletin of Missionary Research* 4, no. 1 (January): 23–30.

Pantoja, Luis, Jr., Sadiri Joy Tira, and Enoch Wan, eds. 2004. *Scattered: The Filipino Global Presence*. Manila: LifeChange, 2004.

Pao, David W. 2002. *Acts and the Isaianic New Exodus*. Grand Rapids: Baker Academic.

Paredes, Tito. 2007. "Short-Term Missions: What Can Be Rescued, What Can Be Criticized, and the Challenge of Contextualization." *Journal of Latin American Theology* 2, no. 2: 249–59.

Parshall, Phil. 1979. "Contextualized Baptism for Muslim Converts." *Missiology* 7, no. 4 (October): 501–15.

———. 1989. "Lessons Learned in Contextualization." In *Muslims and Christians on the Emmaus Road*, edited by J. Dudley Woodberry, 251–65. Monrovia, CA: MARC.

Patrick (pseud.). 2007. "Tentmaking Unveiled: 'The survey says.'" *Evangelical Missions Quarterly* 43, no. 2 (April): 168–75.

Patterson, George. 1981. "The Spontaneous Multiplication of Churches." In *Perspectives on the World Christian Movement: A Reader*, edited by Ralph D. Winter and Steven C. Hawthorne, 601–18. Pasadena, CA: William Carey Library.

Patterson, George, and Richard Scoggins. 1993. *Church Multiplication Guide*. Pasadena, CA: William Carey Library.

Payne, J. D. 2003. "Problems Hindering North American Church Planting Movements." *Evangelical Missions Quarterly* 39, no. 2 (2003): 220–27.

———. 2007. *Missional House Churches*. Colorado Springs: Paternoster.

PC(USA). 2005. "PC(USA) Congregations and Membership: 1995–2005." www.pcusa.org/research/compstats/cs2005/2005_table1.pdf (accessed February 6, 2010).

Peters, George W. 1970. *Saturation Evangelism*. Grand Rapids: Zondervan.

———. 1981. *A Theology of Church Growth*. Grand Rapids: Zondervan.

Pfister, Jürg. 1998. "Gemeindegründungsbewegung in Macenta, Guinea." Term paper submitted for the course Missionarische Gemeindegründung, Columbia International University, Korntal Branch Campus.

Pierson, Paul E. 2004. "The Gramin Pachin Mandal among Dalits in India." Chapter 3 in *Transformation from the Periphery: Emerging Streams of Church and Mission*. 2004 Forum for World Evangelization, Thailand, September 2004.

Pinney, Jay. 2006. "Essential Tools for Strengthening the Life and Ministry of Church Planters: A Training Manual." DMin thesis, Fuller Theological Seminary.

Piper, John. 1993. *Let the Nations Be Glad: The Supremacy of God in Missions*. Grand Rapids: Baker Academic.

Pobee, John S. 1981."The *Skenosis* of Christian Worship in Africa." *Studia Liturgica* 14, no. 1: 37–52.

Poulter, Todd. 2006. "Partnerships in Ministry: Moving from Misguided Metaphors to Sustainable Strategies." *Evangelical Missions Quarterly* 42, no. 4 (October): 452–56.

Power, Grant, and Nancy Power. 1998. "Promoting Urban Economic Transformation at the Grassroots." In *Serving with the Urban Poor: Cases in Holistic Ministry*, edited by Tetsunao Yamamori, Bryant L. Myers, and Kenneth L. Luscombe, 149–66. Monrovia, CA: MARC.

Priest, Robert J. 2003. " 'I discovered my sin!' Aguaruna Evangelical Conversion Narratives." In *The Anthropology of Religious Conversion*, edited by Andrew Buckser and Stephen Glazier, 95–108. Lanham, MD: Rowman and Littlefield.

———. 2007. "Peruvian Churches Acquire 'Linking Social Capital' through STM Partnerships." *Journal of Latin American Theology* 2, no. 2: 175–89.

———. 2008. *Effective Engagement in Short-Term Missions: Doing It Right*. Pasadena, CA: William Carey Library.

Priest, Robert J., and Joseph P. Priest. 2008. " 'They see everything, and understand nothing': Short-Term Mission and Service Learning." *Missiology* 36, no. 1 (January): 53–73.

Prill, Thorsten. 2009. "Expatriate Churches: Mission and Challenges." *Evangelical Mission Quarterly* 45, no. 4 (October): 450–54.

Quicke, Michael. 1998. Foreword to Stuart Murray, *Church Planting: Laying Foundations*. Carlisle, Cumbria, UK: Paternoster.

Rainer, Thom S. 1999. *High Expectations: The Remarkable Secret of Keeping People in Your Church*. Nashville: Broadman and Holman.

Ramsay, William Mitchell, Sir. 1963 [1904]. *The Letters to the Seven Churches of Asia and Their Place in the Plan of the Apocalypse*. Grand Rapids: Baker Books.

―――――. 1982 [1895]. *St. Paul the Traveler and the Roman Citizen*. Grand Rapids: Baker Books.

Ramstad, Mans. 1996. "Making Tents or Building Churches?" *Evangelical Missions Quarterly* 32, no. 4 (October): 416–21.

Reapsome, Jim. 1995. "What Went Wrong in Rwanda?" *Evangelical Missions Quarterly* 31, no. 1 (January): 2.

Redeemer Church Planting Center. 2009. *Redeemer Church Planting Center Partner Program*. Brochure. www.redeemer2.com/rcpc/rcpc/Church_Planting_Brochure.pdf (accessed March 23, 2009).

Reinhardt, Wolfgang. 1995. *Das Wachstum des Gottesvolkes: Biblische Theologie des Gemeindewachstums*. Göttingen, Germany: Vandenhoeck und Ruprecht.

Rhodes, H., and A. Campbell. 1964. *History of the Korean Mission*. New York: United Presbyterian Church in the USA.

Rickett, Daniel. 2000. *Building Strategic Partnerships: A Practical Guide to Partnering with Nonwestern Missions*. Pleasant Hill, CA: Klein Graphics.

Ridley, Charles R. 1988. *How to Select Church Planters*. Pasadena: Fuller Evangelistic Association.

Ridley, Charles R., and Robert E. Logan. 1998. *Training for Selection Interviewing*. St. Charles, IL: ChurchSmart.

―――――. 2002. *Church Planter's Assessment Guide*. St. Charles, IL: ChurchSmart.

Ridley, Charles R., and Tweed Moore. 2000. *Evaluating and Reporting*. St. Charles, IL: ChurchSmart.

Riesner, Rainer. 1998. *Paul's Early Period: Chronology, Mission Strategy, Theology*. Grand Rapids: Eerdmans.

Robb, John D. 1990. "Prayer as a Strategic Weapon in Frontier Missions." Paper presented to the International Society for Frontier Missiology, September 13–15.

Roberts, Bob. 2008. *The Multiplying Church: The New Math for Starting New Churches*. Grand Rapids: Zondervan.

Roberts, Dayton. 1971. *Strachan of Costa Rica: Missionary Insights and Strategies*. Grand Rapids: Eerdmans.

Robinson, Martin. 1992. "Church Planting and the Kingdom of God." In *Planting Tomorrow's Churches Today*, edited by Martin Robinson and Stuart Christine, 15–58. Speldhurst, Kent, UK: Monarch.

Robinson, Martin, and Stuart Christine. 1992. *Planting Tomorrow's Churches Today*. Speldhurst, Kent: Monarch.

Roembke, Leanne. 2000. *Building Credible Multicultural Teams*. Pasadena, CA: William Carey Library.

Rowell, John. 2007. *To Give or Not to Give? Rethinking Dependency, Restoring Generosity, and Redefining Sustainability*. Atlanta: Authentic.

Rowland, Trent, and Vivian Rowland. 2001. *Pioneer Church Planting: A Rookie Team Leader's Handbook*. Littleton, CO: Caleb Project.

Rundle, Steven L. 2000. "Ministry, Profits, and the Schizophrenic Tentmaker." *Evangelical Missions Quarterly* 36, no. 3 (July): 292–300.

Rundle, Steven L., and Tom A. Steffen. 2003. *Great Commission Companies: The Emerging Role of Business in Missions*. Downers Grove, IL: InterVarsity.

Saint, Steve. 2001. *The Great Omission*. Seattle: YWAM.

Sanders, J. Oswald. 1989 [1967]. *Spiritual Leadership*. Chicago: Moody.

Sankey, Paul J. 1994. "The Church as Clan: Reflections on African Ecclesiology." *International Review of Mission* 83, no. 330 (July): 437–49.

Sanneh, Lamin. 1989. *Translating the Message: The Missionary Impact on Culture*. Maryknoll, NY: Orbis.

———. 1995. "The Gospel, Language, and Culture: The Theological Method in Cultural Analysis." *International Review of Mission* 84. no. 332 (January-April): 47–64.

———. 2008. *Disciples of All Nations: Pillars of World Christianity*. New York: Oxford University.

Sarason, Seymore B. 1974. *The Psychological Sense of Community: Prospects for a Community*. San Francisco: Jossey-Bass.

Sawatsky, Benjamin. 1987. "World Glass City Frontier Project: A Team Training Manual." Minneapolis: Evangelical Free Church of America.

———. 1991. "What It Takes to Be a Church Planter." *Evangelical Missions Quarterly* 27, no. 4 (October): 342–47.

———. 1997. "The Profile of a Cross-Cultural Church Planter." Teaching notes, EFCA Annual Cross-Cultural Church Planting School, Minneapolis.

Schindler, Dietrich. 2008. "Good to Great Church Planting: The Road Less Traveled." *Evangelical Missions Quarterly* 44, no. 3 (July): 330–37.

Schnabel, Eckhard J. 2004. *The Early Christian Mission*. Downers Grove, IL: InterVarsity.

———. 2008. *Paul the Missionary: Realities, Strategies, and Methods*. Downers Grove, IL: InterVarsity.

Schomerus, H. W. 1935. "Bildung von Kirche als Aufgabe der Mission." *Neue allgemeine Missionszeitschrift* 12, no. 9: 289–312.

Schwarz, Christian A. 1996. *Natural Church Development*. St. Charles, IL: ChurchSmart.

Scott, J. M. 1995. *Paul and the Nations: The Old Testament and Jewish Background of Paul's Mission to the Nations, with Special Reference to the Destination of Galatians*. Tübingen: J. C. B. Mohr / Paul Siebeck.

Seale, J. Paul. 1989. "Primary Health Care and Church Planting." *Evangelical Missions Quarterly* 24, no. 4 (October): 350–61.

Shawchuck, Norman. 1983. *How to Manage Conflict in the Church: Understanding and Managing Conflict*. Orland Park, IL: Spiritual Growth Resources.

Shenk, David W., and Erwin R. Stutzman. 1988. *Creating Communities of the Kingdom*. Scottsdale, PA: Herald.

Shorter, Aylward. 1988. *Toward a Theology of Inculturation*. Maryknoll, NY: Orbis.

Simson, Wolfgang. 1995. *Gottes Megatrends*. Emmilsbühl, Germany: C&P.

———. 2001. *Houses That Change the World*. Waynesboro, GA: Authentic Media.

Sinclair, Daniel. 2006. *A Vision of the Possible: Pioneer Church Planting in Teams*. Waynesboro, GA: Authentic Books.

Singh, Godwin R., ed. 1985. *A Call to Discipleship: Baptism and Conversion*. Delhi: SPCK.

Slack, James B., James O. Terry, and Grant Lovejoy. 2003. *Tell the Story: A Primer on Chronological Bible Storying*. Rockville, VA: International Center for Excellence in Leadership.

Smith, Glenn. 1995. "Urban Mission in the French North Atlantic." *Urban Mission* 12, no. 4 (June): 5–21.

———. 1997. "The Protestant Church in the Quebec Regions: Since 1960." Manuscript. Montreal, Quebec: Christian Direction.

———. 2007. "Models for Raising Up Church Planters." *Leadership Network*, www.leadnet.org/Resources_downloads.asp (accessed May 9, 2009).

Snyder, Bill. 2004. "Better Decisions through Teamwork." *Stanford Graduate School of Business News*, April, www.gsb.stanford.edu/news/research/ob_teamdecisionmaking.shtml (accessed June 23, 2009).

Snyder, Howard A. 1975. "The Church as God's Agent in Evangelism." In *Let the Earth Hear His Voice*, edited by J. D. Douglas, 327–60. Minneapolis: World Wide Publications.

Speer, Robert E. 1902. *Missionary Principles and Practice*. New York: Revell.

Spradley, James P. 1980. *Participant Observation*. Orlando, FL: Harcourt Brace Jovanovich College.

Stanley, Brian. 1992. "Planting Self-Governing Churches: British Baptist Ecclesiology in the Missionary Context." *Baptist Quarterly* 34 (October): 378–89.

Stanley, Rajamani, Roger Hedlund, and J. P. Masih. 1986. "The Curse of Money on Missions to India." *Evangelical Missions Quarterly* 22, no. 3 (July): 294–302.

Stauffer, S. Anita. 1996. "Worship and Culture: An International Lutheran Study." *International Review of Mission* 85, no. 337 (April): 183.

Stedman, Ray. 1972. *Body Life*. Glendale, CA: Regal Books.

Steffen, Tom A. 1996. *Reconnecting God's Story to Ministry: Cross-Cultural Storytelling at Home and Abroad*. La Habra, CA: Center for Organizational and Ministry Development.

———. 1997. *Passing the Baton: Church Planting That Empowers*. La Habra, CA: Center for Organizational and Ministry Development.

———. 2001. "Exit Strategy: Another Look at Phase-Out." *Evangelical Missions Quarterly* 37, no. 2 (April): 180–92.

Steffen, Tom A., and Mike Barnett, eds. 2006. *Business as Mission: From Impoverished to Empowered*. Pasadena, CA: William Carey Library.

Steffen, Tom A., and James O. Terry. 2007. "The Sweeping Story of Scripture Taught through Time." *Missiology* 35, no. 3 (July): 315–35.

Stetzer, Ed. 2001. "Closing the Back Door." *On Mission*, November-December, www.onmission.com/site/c.cnKHIPNuEoG/b.830375/k.6EA3/Closing_the_back_door.htm (accessed June 1, 2009).

―――. 2003a. "The Impact of the Church Planting Process and Other Selected Factors on the Attendance of Southern Baptist Church Plants." PhD diss., Southern Baptist Theological Seminary.

―――. 2003b. "Multicultural Teams in Church Planting." *Evangelical Missions Quarterly* 39, no. 4 (October): 498–505.

―――. 2006. *Planting Missional Churches*. Nashville: Broadman and Holman.

―――. 2007. "Church Squared: Churches across the Country Are Finding New Ways to Obey Acts 1:8—To Multiply to the Ends of the Earth; Is There an Equation That Works for Your Church?" *Outreach Magazine*, July-August, http://server.mbcworld.org/files/church%20planting/church%20squared%20by%20ed%20stetzer.pdf (accessed January 30, 2010).

Stetzer, Ed, and Phillip Connor. 2007. "Church Plant and Survivability Study." Center for Missional Research, North American Mission Board.

Steyne, Philip M. 1992. *In Step with the God of Nations*. Houston: Touch.

Strachan, Kenneth. 1968. *The Inescapable Calling*. Grand Rapids: Eerdmans.

Strauss, Steve. 2006. "Creeds, Confessions, and Global Theologizing: A Case Study in Comparative Christologies." In *Globalizing Theology*, edited by Craig Ott and Harold A. Netland, 140–56. Grand Rapids: Baker Academic.

Stricker, Barry, and Nik Ripken. 2007. "Muslim Background Believers and Baptism in Cultures of Persecution and Violence." In *Missions in Contexts of Violence*, edited by Keith Eugene Eitel, 155–73. Pasadena, CA: William Carey Library.

Sullivan, Bill M. 1997. *Starting Strong New Churches*. Kansas City, MO: NewStart.

Surratt, Geoff, Greg Ligon, and Warren Bird. 2006. *The Multi-site Church Revolution*. Grand Rapids: Zondervan.

Swanson, Allen J. 1986. *Mending the Nets: Taiwan Church Growth and Losses in the 1980s*. Pasadena, CA: William Carey Library.

Swanson, Bruce E. 1993. "Compassion Pre-evangelism: The Master Key to the Town." *Evangelical Missions Quarterly* 29, no. 1 (January): 6–9.

Sylvia, Ron. 2006. *Starting New Churches on Purpose*. Lake Forest, CA: Purpose Driven.

Tanner, John. 2009. "A Story of Phenomenal Success: Indigenous Mission Training Centers and Myanmar." *Evangelical Missions Quarterly* 45, no. 2 (April): 152–57.

Taylor, Mrs. Howard. 1959. *Behind the Ranges: Fraser of Lisuland Southwest China*. London: Overseas Missionary Fellowship and Lutterworth Press.

Taylor, William D., ed. 1991. *Internationalizing Missionary Training: A Global Perspective*. Grand Rapids: Baker Books.

―――, ed. 1997. *Too Valuable to Lose: Exploring the Causes and Cures of Missionary Attrition*. Pasadena, CA: William Carey Library.

Taylor, William D., and Steve Hoke. 2003 [1998]. "General Profile of a Cross-Cultural Church Planter." Report for World Evangelical Alliance Missions Commission, Austin, TX.

Teeter, David. 1990. "Dynamic Equivalent Conversion for Tentative Muslim Believers." *Missiology* 18, no. 3 (July): 305–13.

Tembo, Fletcher. 2003. *Participation, Negotiation, and Poverty: Encountering the Power of Images; Designing Pro-poor Development Programmes*. Burlington, VT: Ashgate.

Tennent, Timothy C. 2007. *Theology in the Context of World Christianity*. Grand Rapids: Zondervan.

Terry, John Mark. 2000. "Indigenous Churches." In *Evangelical Dictionary of World Missions*, edited by A. Scott Moreau, 483–85. Grand Rapids: Baker Books.

Thompson, J. Allen. 1995. "Church Planter Competencies as Perceived by Church Planters and Assessment Center Leaders: A Protestant North American Study." PhD diss., Trinity Evangelical Divinity School.

―――. 2007. "Church Leader Inventory: A PCA Qualitative and Quantitative Study." Lawrenceville, GA: Presbyterian Church of America.

Thornton, W. Philip. 1984. "The Cultural Key to Developing Strong Leaders." *Evangelical Missions Quarterly* 20, no. 3 (July): 234–41.

Tippett, Alan. 1967. *Solomon Islands Christianity: A Study in Growth and Obstruction*. London: Lutterworth.

―――. 1971. *People Movements in Southern Polynesia: Studies in the Dynamics of Church-Planting and Growth in Tahiti, New Zealand, Tonga, and Samoa*. Chicago: Moody.

―――. 1992. "The Cultural Anthropology of Conversion." In *Handbook of Religious Conversion*, edited by Newton Maloney and Samuel Southard, 192–258. Birmingham, AL: Religious Education.

Tone, Ralph. 2000. "No Lone Rangers Need Apply: The Call to Multiply Churches Takes a Team Effort." *Latin America Evangelist*, July–Oct., 10–11.

Towns, Elmer, Ed Stetzer, and Warren Bird. 2007. *11 Innovations in the Local Church*. Ventura, CA: Regal.

Travis, William. 1997. "His Word to His World: First Baptist Church Flushing." In *Planting and Growing Urban Churches*, edited by Harvie M. Conn, 231–34. Grand Rapids: Baker Academic.

Tucker, Eric. 2006. "Competencies of Effective Hispanic Church Planters in Miami, Florida, as Perceived by Reformed Hispanic Church Planters and Pastors." PhD diss., Trinity Evangelical Divinity School.

Tucker, Ruth A. 1983. *From Jerusalem to Irian Jaya: A Biographical History of Modern Missions*. Grand Rapids: Zondervan Academic.

Tuckman, Bruce W. 1965. "Developmental Sequence in Small Groups." *Psychological Bulletin* 63, no. 6 (June): 384–99.

Tuckman, Bruce W., and Mary Ann Jensen. 1977. "Stages of Small Group Development." *Group and Organizational Studies* 2 no. 4 (December): 419–27.

Turnidge, John E. 1999. "Developing a Reference Guide for Encounter with God Churches." DMiss project, Trinity Evangelical Divinity School.

Untener, Ken. 2005. "The Mystery of the Romero Prayer." www.larynandjanel.com/blog/prophets-of-a-future-not-our-own-oscar-romero (accessed May 20, 2009).

Vajko, Robert J. 1996. "Principles for the Design and Implementation of a Working Strategy for the Multiplication of the TEAM-Related Churches in France by the Daughter Church Method." DMiss Project, Trinity Evangelical Divinity School.

———. 2005. "Why Do Some Churches Reproduce?" *Evangelical Missions Quarterly* 41, no. 3 (July): 294–99.

Van Gelder, Craig. 2000. *The Essence of the Church*. Grand Rapids: Baker Books.

Venugopal, Junias V. 1997. "Individual Mender Adaptation for Effective Team Work: A Research of Operational and Disbanded Evangelical Missionary Teams." PhD diss., Trinity Evangelical Divinity School.

Ver Beek, Kurt Alan. 2006. "The Impact of Short-Term Missions: A Case Study of House Construction in Honduras after Hurricane Mitch." *Missiology* 34, no. 4 (October): 477–95.

Vicedom, Georg. 1965. *The Mission of God: An Introduction to a Theology of Mission*. St. Louis: Concordia.

Vineyard Dach. 2009. "Training and Coaching." www.vineyard-dach.net/churchplanting/training-coaching.html (accessed April 14, 2009).

Wagner, C. Peter. 1981. *Church Growth and the Whole Gospel*. San Francisco: Harper and Row.

———. 1990. *Church Planting for a Greater Harvest*. Ventura, CA: Regal.

Waldron, Scott. 1971. "Teams and Teamwork." *Evangelical Missions Quarterly* 7, no. 2 (April): 111–21.

Wallace, Ian. 2002. "Bringing Good News to the Poor: Does Church-Based Transformational Development Really Work?" *Transformation* 19, no. 2 (April): 133–37.

Walls, Andrew F. 1982. "The Gospel as the Prisoner and Liberator of Culture." *Missionalia* 10, no. 3 (November): 93–105.

———. 1985. "Culture and Coherence in Christian History." *Evangelical Review of Theology* 9, no. 3 (July): 214–55.

Wang, John. 2007. "Congregations in Transition: Contextualization in Urban Immigrant Communities." PhD seminar paper, Trinity Evangelical Divinity School.

Ward, Ted, and Samuel F. Rowan. 1972. "The Significance of the Extension Seminary," *Evangelical Missions Quarterly* 9, no. 3 (Fall): 17–27.

Ward, W. Reginald. 1992. *The Protestant Evangelical Awakening*. Cambridge: Cambridge University Press.

Warner, Stephen R. 1994. "The Congregation in Contemporary America." In *American Congregations*, vol. 2, edited by James Wind and James Lewis, 54–99. Chicago: University of Chicago Press.

Warren, Rick. 1995. *The Purpose-Driven Church*. Grand Rapids: Zondervan.

Wasson, Alfred. 1934. *Church Growth in Korea*. New York: International Missionary Council.

Wedderburn, A. J. M. 1988. *The Reasons for Romans*. Edinburgh: Clark; Wheaton: Tyndale House.

Whiteman, Darrell L. 1983. *Melanesians and Missionaries*. Pasadena, CA: William Carey Library.

———. 1997. "Contextualization: The Theory, the Gap, the Challenge." *International Bulletin of Missionary Research* 21, no. 1 (January): 2–7.

Whitmore, John. 2009. *Coaching for Performance*. 4th rev. ed. London: Nicholas Brealey.

Williams, Andy. n.d. "Church Multiplication Centers: Best Practices from Churches That Do High-Yield Church Planting." *Leadership Network*, www.leadnet.org/resources_downloads.asp?IsSubmit=true#churchmult (accessed April 14, 2009).

Williams, C. Peter. 1990. *The Ideal of the Self-Governing Church*. Leiden, Netherlands: E. J. Brill.

Wilson, David Dunn. 1996. "Colonies of the Kingdom: A Biblical Image of Church Planting." *Epworth Review* 23, no. 1 (January): 42–48.

Wilson, Eugene. 1998. "Equipping Quebecois Cell Leaders in a Cell Church in Montreal." DMin thesis, Westminster Theological Seminary.

———. 2001. "Plantación de iglesias del punto de vista de un movimiento" [Church Planting from a Movement Perspective]. Electronic document. Latin America Training Network, San José, Costa Rica.

Wilson, J. Christy, Jr. 1997. "Successful Tentmaking Depends on Mission Agencies." *International Journal of Frontier Missions* 14, no. 3 (July-September): 140–43.

Wilson, Linda. 1996a. "Culture Shock: What's Experience Got to Do with It?" MEd thesis, McGill University.

———. 1996b. "Women and Culture Shock." *Evangelical Missions Quarterly* 32, no. 4 (October): 442–49.

———. 2003. "Issues for Women in Church Planting." *Evangelical Missions Quarterly* 39, no. 3 (July): 362–66.

Wilson-Hartgrove, Jonathan. 2008. *New Monasticism*. Grand Rapids: Brazos.

Winter, Ralph D., Steven C. Hawthorne, Darrell R. Dorr, D. Bruce Graham, and Bruce A. Koch. 1999. "Finishing the Task." In *Perspectives on the World Christian Movement: A Reader*, edited by Ralph D. Winter and Steven C. Hawthorne, 531–46. Pasadena, CA: William Carey Library.

Wood, Rick. 1995. "A Church Planting Movement: The Key to Reaching Every People and Every Person." *Mission Frontiers* 20, nos. 5–6 (May-June): 8–15.

———. 1998. "Fighting Dependency among the 'Aucas': An Interview with Steve Saint." *Mission Frontiers* 20, no. 5–6 (May-June): 8–15.

Woodberry, J. Dudley. 1989. "Contextualization among Muslims: Reusing Common Pillars." In *The Word among Us*, edited by Dean S. Gilliland, 282–312. Dallas: Word.

Woolever, Cynthia. 2005. "The Other Half of Health: Patterns in Declining Churches." Paper presented at the Society for the Scientific Study of Religion annual meeting, Rochester, NY, November 4. www.uscongregations.org/pdf/cw-sssr-2005.pdf (accessed April 28, 2007).

Wright, Christopher J. H. 2006. *The Mission of God*. Downers Grove: InterVarsity.

Wuthnow, Robert. 1997. *The Crisis in the Churches: Spiritual Malaise, Fiscal Woe*. New York: Oxford University Press.

Yamamori, Tetsuanao. 1998. Introduction to *Serving with the Urban Poor*, edited by Tetsuanao Yamamori, Bryant L. Myers, and Kenneth L. Luscombe, 1–9. Monrovia, CA: MARC.

Yamamori, Tetsuanao, and Kenneth A. Eldred, eds. 2003. *Kingdom Business*. Wheaton: Crossway.

Yost, Jim. 1984. "Development Work Can Hinder Church Growth." *Evangelical Missions Quarterly* 20, no. 4 (October): 352–60.

Zadero, Rad. 2004. *The Global House Church Network*. Pasadena, CA: William Carey Library.

Zahniser, A. H. Mathias. 1997. *Symbol and Ceremony: Making Disciples across Cultures*. Monrovia, CA: MARC.

Zehner, Damaris. 2005. "Building Teams, Building Walls." *Evangelical Missions Quarterly* 41, no. 3 (July): 362–69.

Zoba, Wendy Murray. 2000. "A Woman's Place." *Christianity Today* 44, no. 9 (August): 40–48.